건축 인테리어 3D 입문자 를 위한

스케치업
2·0·2·5

with Ruby + Twinmotion

지난 10여 년 전까지만 해도 건축/인테리어 분야에서 3D 모델링의 대부분은 오토데스크사의 **3DS-MAX**를 사용했습니다. 하지만 학습 난이도가 높고 라이선스 비용에 대한 부담으로 기업이나 개인, 입문자가 활용하기에 어려움이 많았습니다. 반면 스케치업은 간단한 인터페이스로 짧은 시간에 학습이 가능하고, 비용 또한 다른 소프트웨어보다 저렴하다는 장점이 있습니다.

스케치업은 새로운 버전이 출시될 때마다 신속한 모델링과 다양한 플러그인의 지원으로 많은 학생과 실무자들이 사용하게 되었고, 현재 대부분의 교육기관과 기업에서 없어서는 안 될 소프트웨어로 자리 잡고 있습니다. 또한 뛰어난 편의성으로 인해 건축/인테리어는 물론 조경, 도시계획, 토목, 웹툰, 게임 등 다양한 산업에 활용되고 있습니다.

현재 건축/인테리어 분야에서 스케치업은 오토캐드와 더불어 필수로 익혀야 할 소프트웨어입니다. 스케치업은 짧은 시간에 학습이 가능한 툴이지만 대부분의 학생, 입문자, 실무자들은 추가 비용과 시간을 들여 학원 수강을 하거나 많은 시행착오로 오랜 시간 어렵고 비효율적으로 학습하는 경우가 많습니다. 이에 필자는 스케치업 사용자들이 프로그램 학습 시간을 줄이고 좀 더 효율적으로 활용할 수 있도록 도움을 줄 수 있는 교재가 필요하다고 생각하였습니다.

이 책은 필자의 오랜 강의 경력과 실무 경험을 바탕으로 3D 모델링의 개념을 쉽게 이해하고, 스케치업의 운용 시스템과 모델 과정을 정확히 파악할 수 있도록 집필하였습니다. 또한 스케치업 모델링 학습과 시각화에 필요한 **V-Ray**, 트윈모션의 활용 방법을 함께 구성하였습니다. 모쪼록 많은 3D 입문자를 비롯한 여러분의 학습이나 업무에 조금이나마 도움을 주는 교재가 될 수 있기를 바랍니다.

마지막으로 20여 년이 넘는 필자의 경험과 지식을 한 권의 책에 담아 출판될 수 있도록 발판을 마련해주시고 이끌어주신 시대인 출판사에 감사드립니다. 그리고 집필 기간 중 가정에 소홀했지만 부족한 필자를 응원하고 격려해주며, 곁에서 힘이 되어준 사랑하는 아내와 가족에게 감사의 마음을 전합니다.

본 교재의 특징

01 건축 및 인테리어 관련 직종에 입문하거나 3D 디자인을 처음 시작하는 학습자들을 위해 따라하기 과정을 설명하였습니다.

02 단순 매뉴얼식 기존 교재를 벗어나 각 기능에 따른 실습 예제를 토대로 진행하여 학습자가 직접 문제를 해결할 수 있도록 유도합니다.

03 3D 모델링의 기초를 탄탄히 하면서 다양한 실무활용이 가능한 내용으로 구성하였습니다.

04 모델링 자료를 활용한 렌더링 학습은 물론 실무에 필요한 레이아웃 과정을 학습하고 프레젠테이션 자료까지 작성할 수 있습니다.

PART 1 스케치업의 시작

CHAPTER 01 스케치업 준비

- Step 1 '스케치업'이란? 14
- Step 2 스케치업 프로그램 다운로드 및 설치 16
- Step 3 스케치업 2024, 2025 버전에서 추가된 기능 18

CHAPTER 02 작업환경 설정

- Step 1 화면구성 살펴보기 22
- Step 2 사용자 환경 구성 및 템플릿 설정 26
- Step 3 재질(Materials) 추가 설치 31
- Step 4 컴포넌트(Components) 추가 설치 34

CHAPTER 03 작업화면 조작과 제어

- Step 1 작업화면 조작 38
- Step 2 카메라 및 뷰의 유형 40
- Step 3 단축키(Shortcuts) 45

CHAPTER 04 모델링 과정의 이해

- Step 1 스케치업의 3D 모델링 48
- Step 2 평면 작성 후 높이를 적용 49
- Step 3 입면 작성 후 깊이 적용 49
- Step 4 절단면 작성 후 회전 적용 50
- Step 5 절단면 작성 후 따라가기 적용 50
- Step 6 CAD 도면(DWG) 활용 51

PART 2 모델링 기본 편 | 주요 도구 익히기 |

CHAPTER 01 테이블, 건물 매스 만들기

Step 1　테이블 만들기　　　　　　　　　　　　　　54
Step 2　건물 매스 만들기　　　　　　　　　　　　63

CHAPTER 02 벤치 만들기

Step 1　입면 스케치　　　　　　　　　　　　　　69

CHAPTER 03 벽 장식 디자인

Step 1　바닥, 벽, 걸레받이 만들기　　　　　　　　91
Step 2　원형 장식 만들기　　　　　　　　　　　　100
Step 3　재질 넣기　　　　　　　　　　　　　　　112
Step 4　가구 배치하기　　　　　　　　　　　　　114

CHAPTER 04 소극장 디자인

Step 1　공간 구성하기　　　　　　　　　　　　　119
Step 2　천장 디자인　　　　　　　　　　　　　　122
Step 3　관람석, 단상 디자인　　　　　　　　　　　128
Step 4　재질 넣기　　　　　　　　　　　　　　　134
Step 5　결과물 출력　　　　　　　　　　　　　　139

CHAPTER 05 계단실 만들기

Step 1	난간 만들기	145
Step 2	난간 두겁(손스침) 만들기	154
Step 3	따라가기(Follow Me)로 두겁 만들기	156
Step 4	각 층으로 복사하기	162
Step 5	좌표축을 활용한 모델링	163

CHAPTER 06 버스 정류장 만들기

Step 1	정류장 구조물 만들기	171
Step 2	의자 모델링	177
Step 3	창문 모델링	186
Step 4	3D 텍스트 만들기	191
Step 5	주변 요소 가져오기	195

PART 3 모델링 응용편 | 판스워스 하우스 모델링 |

CHAPTER 01 CAD 도면을 활용한 구조 모델링

Step 1	CAD 도면 불러오기	202
Step 2	바닥, 지붕 만들기	205
Step 3	기둥(H형강) 만들기	211
Step 4	계단 만들기	220
Step 5	건물 유리벽 만들기	226

CHAPTER 02 컴포넌트를 활용한 내부 모델링(3D Warehouse)

Step 1 단면(Section Plane)으로 시야 확보하기 233
Step 2 가구(구성요소) 배치하기 241

CHAPTER 03 재질 및 배경 표현

Step 1 재질 표현 248
Step 2 배경 표현(조경 및 태양 설정) 252

CHAPTER 04 Scenes(장면) 설정과 애니메이션

Step 1 장면 설정 262
Step 2 이미지(JPEG) 파일로 내보내기 272
Step 3 애니메이션으로 동영상 만들기 277

CHAPTER 05 모델링에 유용한 기능과 실무자 TIP

Step 1 스케치 기준면 지정 281
Step 2 올가미 선택과 반전 선택 283
Step 3 줄자로 객체 크기 변경 284
Step 4 회전축 지정 286
Step 5 단면(종단) + 단면(횡단) 287
Step 6 제자리 붙여 넣기(Paste In Place)의 활용 289

CHAPTER 06 확장 도구 루비(Ruby) 및 생성형 AI의 활용

- Step 1 루비(Ruby) 다운로드 — 293
- Step 2 루비 설치 — 296
- Step 3 TrueBend — 298
- Step 4 Joint Push/Pull — 300
- Step 5 Round Corner — 305
- Step 6 Solid Inspector² — 307
- Step 7 생성형 AI SketchUp Diffusion — 309

PART 4 모델링 실무편 | 아이소메트릭, 실내 투시도(커피 전문점), 투시도 |

CHAPTER 01 아이소메트릭

- Step 1 바닥과 벽체 만들기 — 318
- Step 2 개구부 오픈하기 — 324
- Step 3 문 만들기 — 327
- Step 4 창 만들기 — 336
- Step 5 걸레받이 만들기 — 343
- Step 6 바닥, 벽의 재질 적용 — 346
- Step 7 가구 배치 및 이미지 출력 — 349

CHAPTER 02 실내 투시도(커피 전문점)

Step 1	CAD 도면 불러오기	353
Step 2	공간구성	356
Step 3	실내구성	358
Step 4	내부 모델링	360
Step 5	외부 이미지를 활용한 재질 적용	371
Step 6	컴포넌트 배치	374
Step 7	출력 설정	378

CHAPTER 03 투시도

Step 1	캐드 도면 불러오기	380
Step 2	바닥과 벽체 만들기	382
Step 3	개구부 오픈하기	384
Step 4	창호 배치(기본 컴포넌트 사용)	390
Step 5	옥상	392
Step 6	대지 및 경관 조성	396
Step 7	이미지 출력	399

PART 5 모델링 활용편 | Twinmotion을 활용한 실시간 렌더링 |

CHAPTER 01 언리얼 엔진을 탑재한 트윈모션

| Step 1 | Twinmotion 2024 시스템 요구사항 확인 | 404 |
| Step 2 | Twinmotion 무료 버전 설치 | 405 |

CHAPTER 02　Twinmotion의 환경설정 및 화면구성

Step 1　환경설정　407
Step 2　화면구성　409
Step 3　공간 탐색(내비게이션)　411

CHAPTER 03　트윈모션의 주요 도구 익히기

Step 1　스케치업 모델 불러오기(학습 모델 : Farnsworth House)　415
Step 2　장면 저장　418
Step 3　씬 패널　419
Step 4　라이브러리 패널 – 머티리얼(재질)　421
Step 5　모델링 수정　427
Step 6　라이브러리 패널 – 오브젝트　429
Step 7　라이브러리 패널 – 식생과 지형　433
Step 8　애니메이터　439
Step 9　HDRI 환경　441
Step 10　라이팅　443

CHAPTER 04　렌더링 이미지 및 동영상 출력

Step 1　이미지 저장　446
Step 2　영상 출력　452

PART 6　LayOut 2025 활용 ｜프레젠테이션｜

CHAPTER 01　프레젠테이션 자료 작성

Step 1　첨부 이미지 준비　463
Step 2　겉표지 작성　463
Step 3　이미지 자료 레이아웃　468
Step 4　도면 작성(스케치업 모델링 파일 활용)　477
Step 5　출력(PDF)　493

예제파일 다운로드 방법

❶ 인터넷을 실행하여 시대에듀 홈페이지에 접속합니다.

(www.sdedu.co.kr/book)

❷ [로그인]을 합니다.

※ '시대' 회원이 아닌 경우, [회원가입]을 클릭하여 가입한 후 로그인합니다.

❸ 화면 위쪽의 [프로그램]을 클릭합니다.

❹ 목록에서 학습에 필요한 자료 파일을 찾아 선택합니다.

※ 검색란을 이용하면 목록을 줄일 수 있습니다.

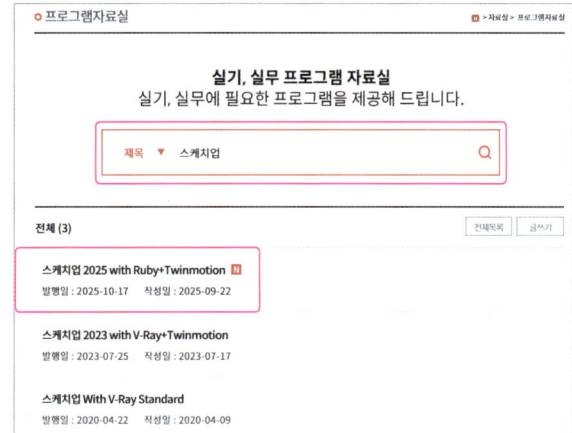

❺ 첨부된 zip(압축 파일) 파일을 클릭하여 사용자 컴퓨터에 저장하고, 다운로드된 파일의 압축을 풀어 실습 시 활용합니다.

Chapter 01	스케치업 준비
Chapter 02	작업환경 설정
Chapter 03	작업화면 조작과 제어
Chapter 04	모델링 과정의 이해

스케치업의 시작

CHAPTER 01 스케치업 준비

STEP 1 '스케치업'이란?

스케치업(Sketchup)은 트림블사의 3D 모델링 프로그램으로 기존에 복잡하고 어려운 3D 모델링 프로그램보다 더 빠르게 배워 디자인 업무에 적용할 수 있는 비교적 가벼운 프로그램입니다. 건축 및 인테리어는 물론 영화, 게임, 웹툰 등 다양한 직종에서 폭넓게 사용되고 있으며, 스케치업 홈페이지(https://www.sketchup.com)를 방문하면 프로그램 다운로드, 학습, 구매 등 다양한 정보를 확인할 수 있습니다.

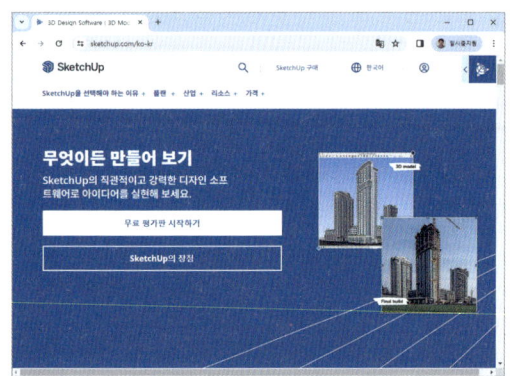
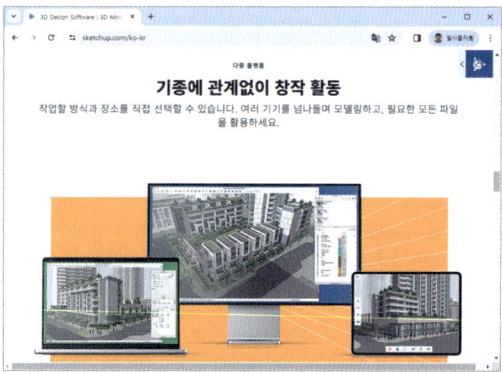

1 장점

① 다른 3D 설계 프로그램에 비해 저렴합니다.
② 모델링에 필요한 라이브러리(가구 등 디자인 소스)가 무료입니다.

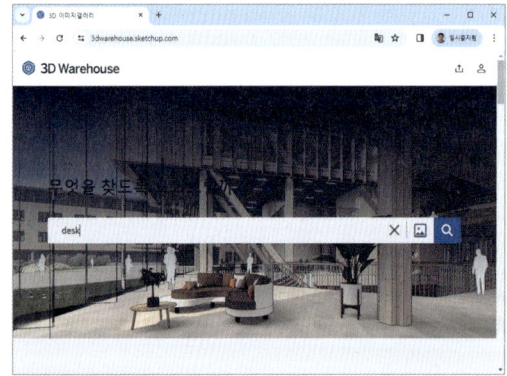
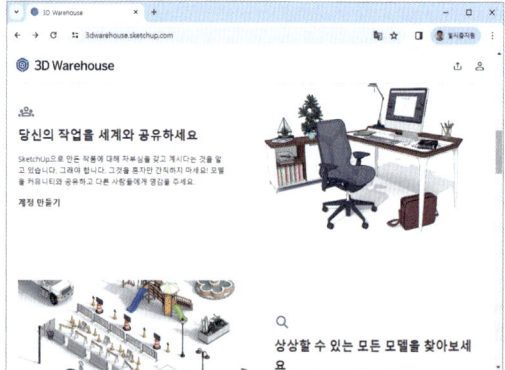

▲ 누구나 무료로 사용할 수 있는 3D Warehouse의 라이브러리(https://3dwarehouse.sketchup.com)

③ 인터페이스가 단순하고 모델링에 필요한 명령이 적습니다.

④ 모델링 방법과 과정이 직관적입니다.

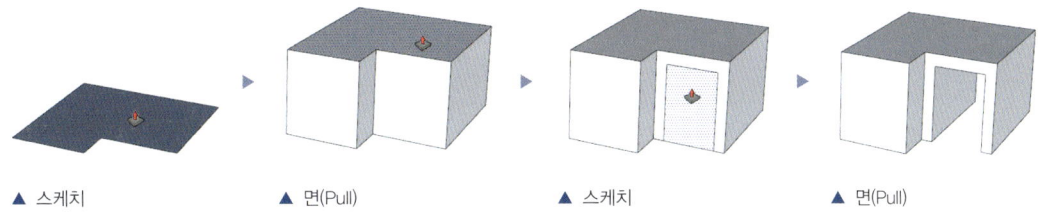

▲ 스케치　　　　▲ 면(Pull)　　　　▲ 스케치　　　　▲ 면(Pull)

⑤ 학습 기간이 짧고, 배우기 쉽기 때문에 즐겁게 공부할 수 있습니다.
　　스케치업의 학습 기간은 30~40시간 정도로 학습자 성향과 목적에 따라 차이가 있을 수 있습니다.

⑥ AutoCAD, Revit, 3Ds Max 등 디자인 프로그램과의 호환성이 우수합니다.

⑦ Extension Manager를 사용하면 필요한 도구를 쉽게 추가 할 수 있습니다.

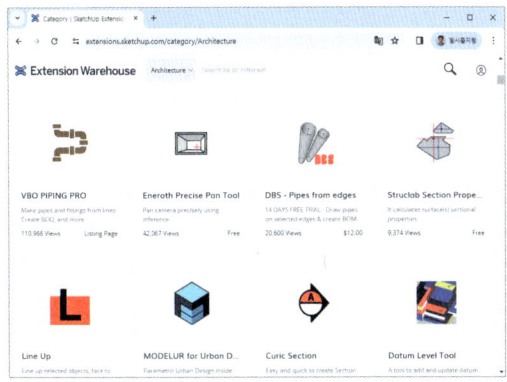

▲ 스케치업의 부족한 기능을 보완하는 Extension Warehouse(https://extensions.sketchup.com)

2 단점

① 곡면을 활용한 디자인 작업은 한계가 있어 확장 도구(Ruby)와 외부 프로그램을 병행하여 디자인하는 경우가 있습니다.

② 자체 렌더링을 지원하지 않아 Twinmotion, Enscape, V-Ray, Podium 등 별도의 렌더링 프로그램을 추가로 설치해야 합니다.

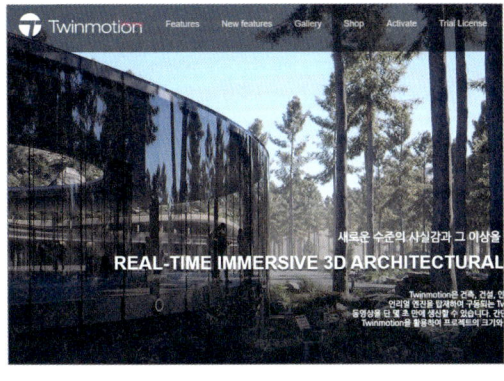

▲ Twinmotion 홈페이지(https://www.twinmotion3d.co.kr)

STEP 2 스케치업 프로그램 다운로드 및 설치

스케치업(SketchUp) 프로그램은 트림블사 홈페이지에서 다운로드할 수 있습니다.

01 'https://www.sketchup.com/download/all'을 인터넷 주소 창에 입력하고 Enter 키를 눌러 다운로드 페이지에 접속합니다. [SketchUp 2025 Windows 64 Bit]를 클릭하면 다운로드가 시작됩니다.

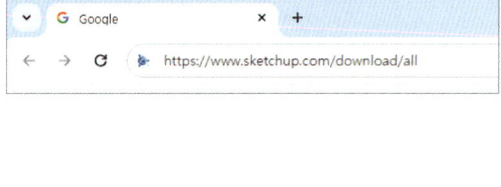
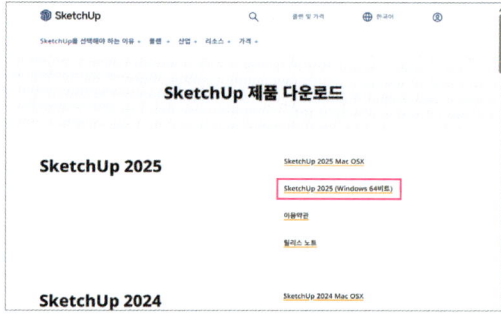

02 다운 받은 폴더에서 설치파일( )을 더블 클릭하면 설치가 시작됩니다.

SketchUP 2025 프로그램은 정식 라이선스를 구매하지 않으면 7일간만 무료로 사용할 수 있습니다.

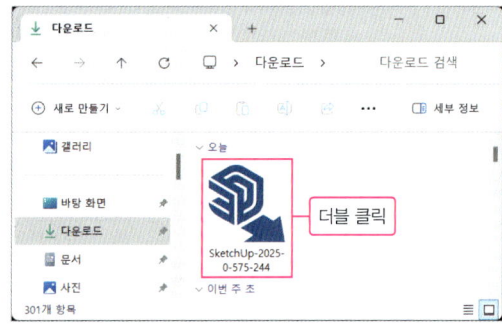

03 설치 과정에서 언어 선택 창이 나타나면 언어 설치의 [변경] 버튼을 클릭합니다. '한국어' 체크 항목을 해제하고 [확인] 버튼을 클릭한 후 [설치] 버튼을 클릭합니다.

 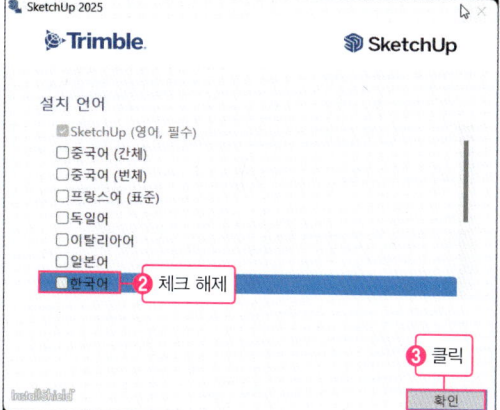

04 선택한 언어로 설치가 끝나면 [마침] 버튼을 클릭합니다.

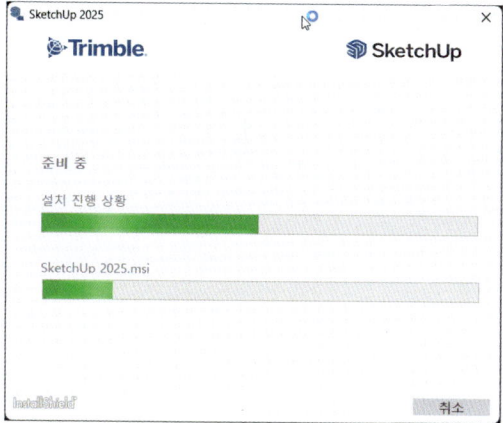 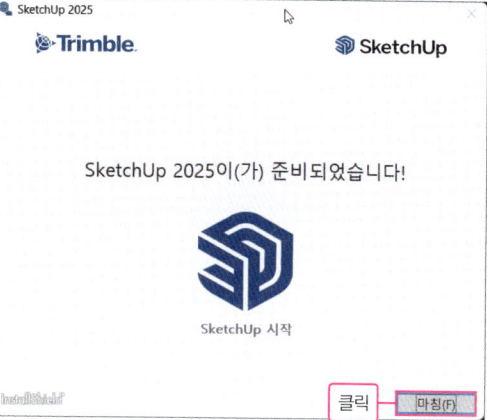

STEP 3 스케치업 2024, 2025 버전에서 추가된 기능

스케치업 2024, 2025 버전에서 더 빠르고 편리해진 스케치업의 새로운 기능을 확인해 보겠습니다.

01 새로운 그래픽 엔진 탑재(2024 버전 이상)

3D 생성 모델의 다양한 구성, 크기 및 복잡성 등에 대해 초당 그려내는 프레임이 크게 향상되었습니다. 데이터 처리 능력과 반응성이 업그레이드되어 쾌적한 모델링 환경을 제공합니다. [Window] 메뉴의 [Preferences]에서 새로운 그래픽 엔진을 설정합니다.

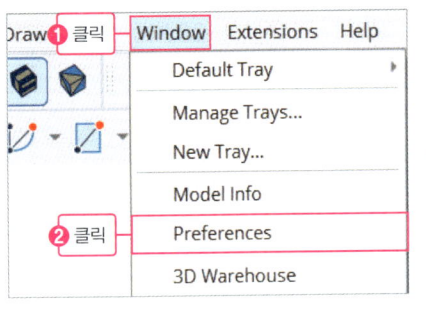 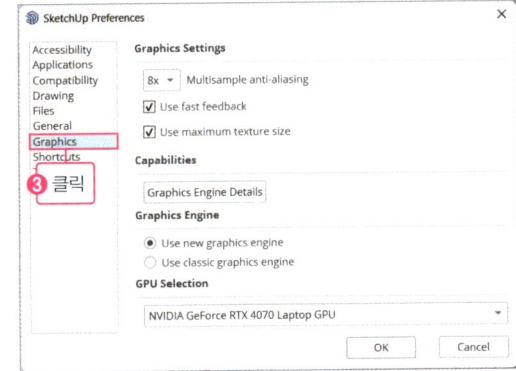

02 Ambient Occlusion(2024 버전 이상)

스케치업 2024 버전의 사실적인 그림자 표현 방법을 활용해 공간의 깊이감을 조금 더 디테일하고 자연스럽게 표현할 수 있습니다. [View] 메뉴의 [Face Style]에서 클릭 한 번으로 적용할 수 있고 [Styles] 트레이에서 세부 설정이 가능합니다.

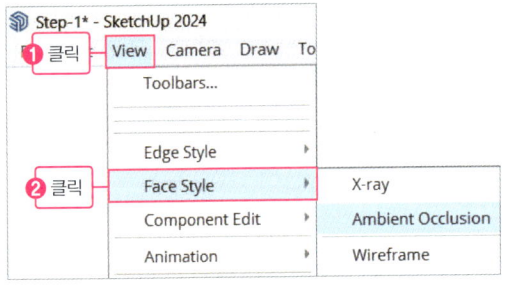 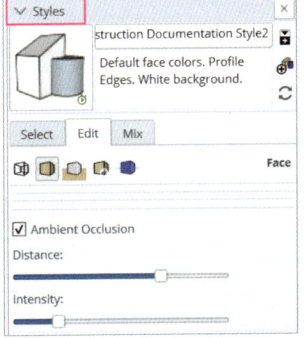

▲ Default Style   ▲ Ambient Occlusion Style

03 Trimble Connect Link Sharing & Add Location(2024 버전 이상)

Connect Link Sharing을 통해 생성한 링크를 팀원 및 클라이언트에게 공유하여 수정된 최신 모델의 정보를 즉시 확인할 수 있습니다. Add Location은 스케치업 화면으로 불러온 지형에서 정북 방향을 확인할 수 있어 정확한 방위의 모델링이 가능합니다.

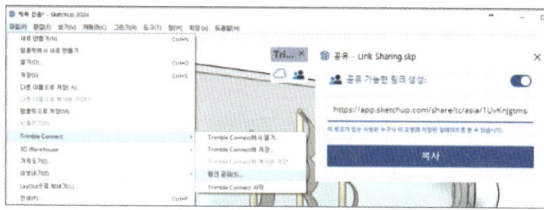
▲ https://store.buildingpoint.co.kr

04 SketchUp Diffusion(2023 버전 이상)

스케치업 디퓨전은 생성형 인공지능 Ai를 통해 사용자가 입력한 텍스트를 기반으로 다양한 아이디어를 제시하는 스케치업의 새로운 솔루션입니다.

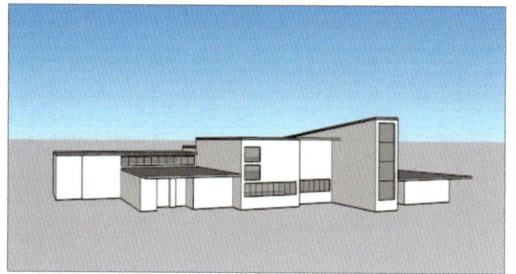
▲ 기본 모델링 https://help.sketchup.com/en/sketchup-diffusion A-09

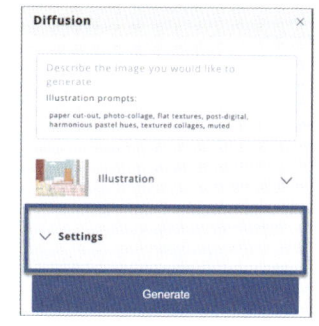
▲ 프롬프트를 입력한 후 Generate를 클릭

▲ Ai 아이디어 모델링 https://help.sketchup.com/en/sketchup-diffusion

05 PBR 재질 적용(2025 버전 이상)

스케치업 2025 버전부터는 일반 재질이 아닌 반사, 굴절 등의 정보가 포함된 PBR(Physically Based Rendering) 재질을 사용하여 사실적인 표현을 지원합니다. [Styles] 도구에서 'Display Photoreal Materials' 아이콘을 클릭해 적용하며 주변 환경을 표현하는 Environments 설정과 연관됩니다.

▲ Styles 도구의 Display Photoreal Materials

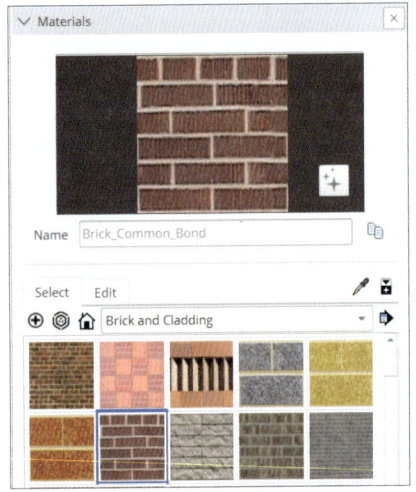

▲ 2024 버전까지 사용된 재질 라이브러리

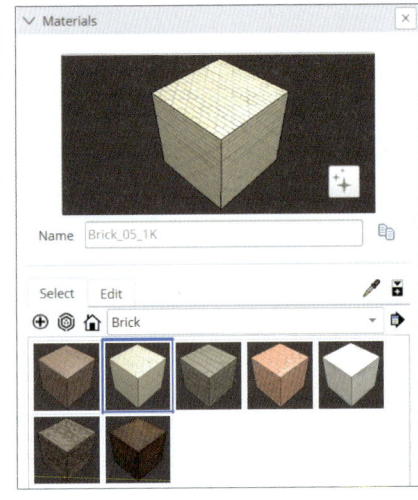

▲ 2025 버전부터 사용된 재질 라이브러리

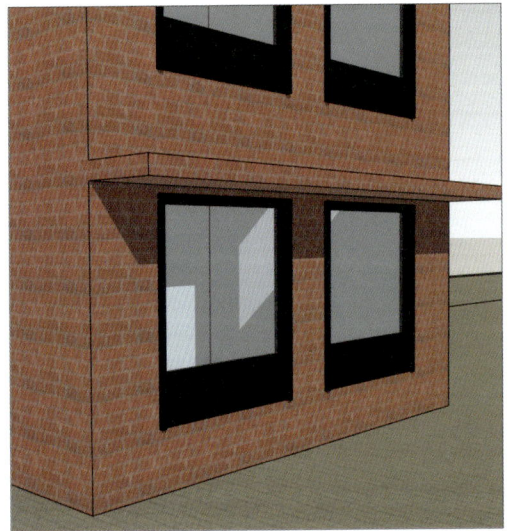

▲ 2024 버전까지 사용한 일반 재질

▲ 2025 버전에서 사용되는 PBR 재질

06 회전, 스냅 등 기능 개선(2025 버전 이상)

그룹 및 컴포넌트를 회전할 때 중심점을 표시하는 스냅 포인트가 추가되었습니다.

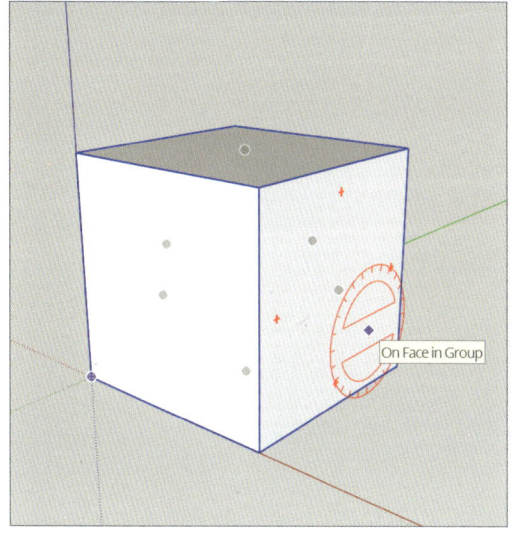

▲ 회전 도구의 중심 스냅 추가   ▲ 호의 연속 작성(더블 클릭)

07 Tray에 [Environments] 설정 추가(2025 버전 이상)

HDRI를 활용하여 주변 환경을 설정합니다.

▲ Tray의 Environments

▲ 미적용   ▲ HDRI 환경 적용 1   ▲ HDRI 환경 적용 2

CHAPTER 02 작업환경 설정

STEP 1 화면구성 살펴보기

작업을 위해 작업화면의 명칭과 위치 등을 확인해 보겠습니다.

1 스케치업 실행과 화면구성

01 바탕화면에서 'SketchUp 2025'와 'LayOut 2025' 아이콘 중 SketchUp 2025(🎯)를 더블 클릭해 실행합니다. 프로그램이 실행되면 'Architectural Millimeters' 템플릿을 클릭하여 모델링을 시작합니다.

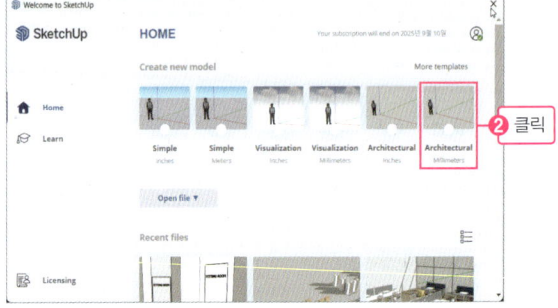

스케치업의 화면은 크게 작업공간인 Work Space, Menu, Tool Bar, Status Bar, VCB, Tray로 구성됩니다.

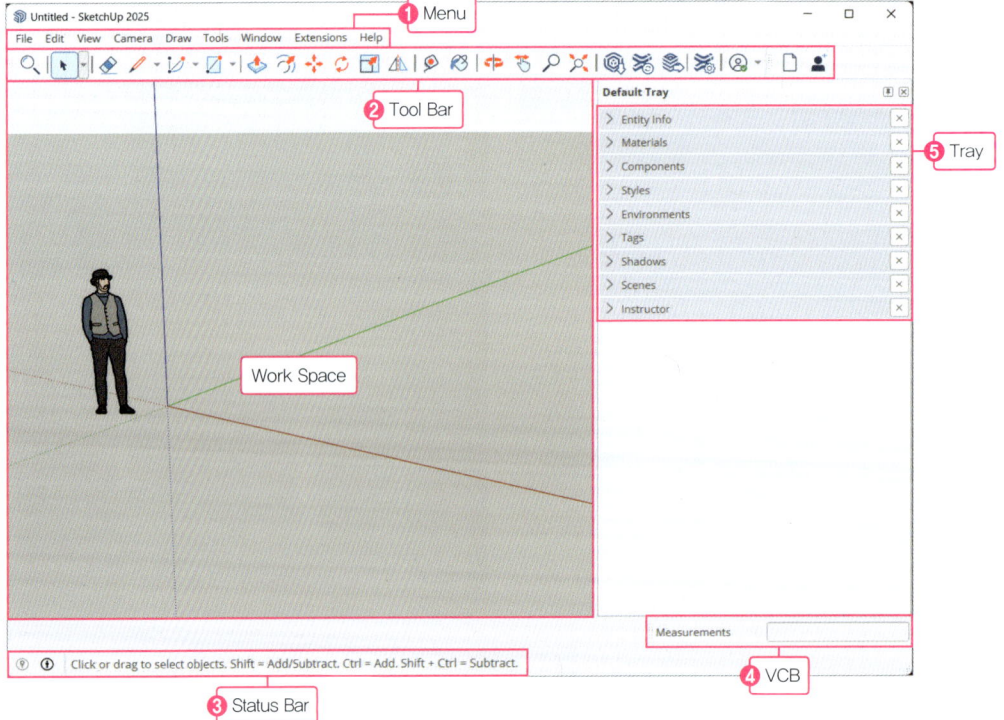

① Menu

작업에 필요한 기능들을 분류해 화면 상단에 묶어 놓았습니다.

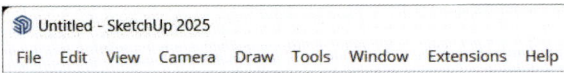

- File : 저장하기, 가져오기, 내보내기 및 출력 관련 메뉴입니다.
- Edit : 잘라내기, 숨기기, 그룹 등 편집 관련 메뉴입니다.
- View : 좌표, 그림자, 도구 막대 등 스케치업 작업화면 관련 메뉴입니다.
- Camera : 시점, 투시도 설정 및 화면의 줌 관련 메뉴입니다.
- Draw : 선, 사각형, 호, 원 등 그리기 관련 메뉴입니다.
- Tools : 이동, 복사, 회전, 문자, 치수, 밀기/당기기 등 주요 모델링 관련 메뉴입니다.
- Window : 트레이, 환경설정 메뉴입니다.
- Extensions: 확장 도구, Extension Warehouse 메뉴입니다.
- Help : 도움말, 라이선스, 업데이트 관련 메뉴입니다.

② Tool Bar

Menu의 일부 기능을 막대 모양의 아이콘으로 표시합니다. 사용자의 유형에 따라 위치 및 구성을 다르게 할 수 있습니다.

③ Status Bar

현재 상태를 표시하고, 진행 중인 작업의 도움말을 표시합니다.

④ VCB(Value Control Box)

작업에 필요한 수치, 수량, 세그먼트 등을 입력합니다.

Measurements

⑤ Tray

작업에 필요한 객체 정보, 재질, 구성요소, 스타일 등 세부적인 설정이 가능한 트레이로 사용자가 위치와 구성을 설정할 수 있습니다.

• Entity Info 트레이 : 선택된 객체의 정보를 표시합니다.

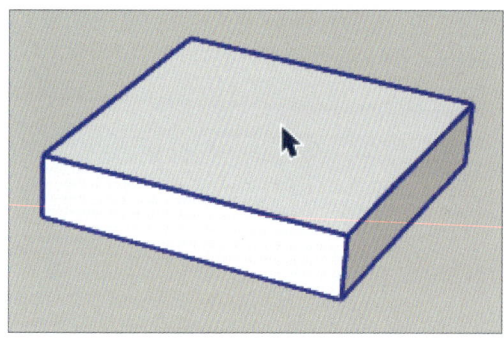 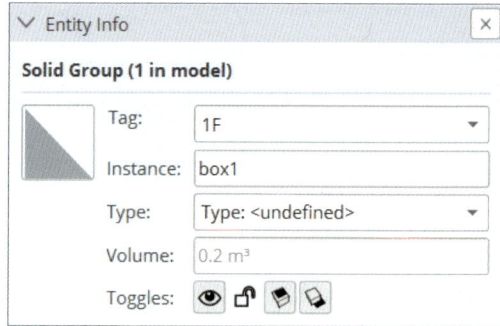

• Materials 트레이 : 재질을 선택하고 편집합니다.

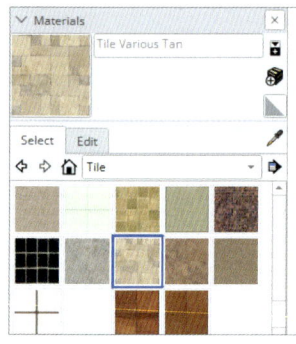 

• Components 트레이 : 모델링 요소(환경, 가구, 소품 등)를 삽입하고 편집합니다.

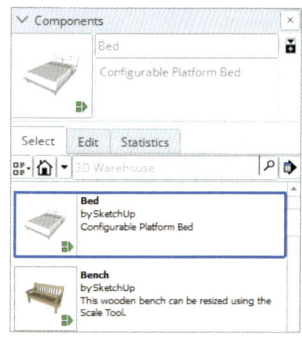 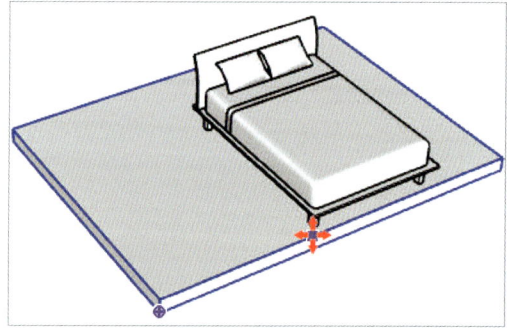

• Styles 트레이 : 모델링의 표현 스타일을 설정하고 편집합니다.

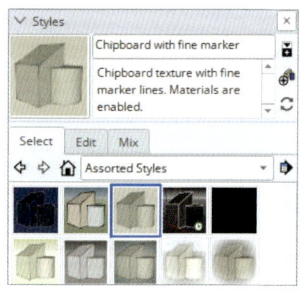 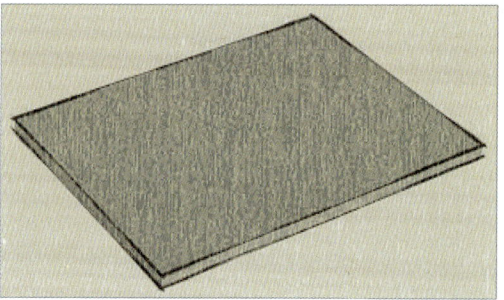

2024 버전부터 Ambient Occlusion 항목이 추가되었습니다. 모델의 그림자 영역에 깊이감이 강조되어 기존보다 사실적인 연출이 가능합니다. [Default Tray]의 [Styles] 트레이와 메뉴에서 [View]의 [Face Style]에서 적용할 수 있습니다.

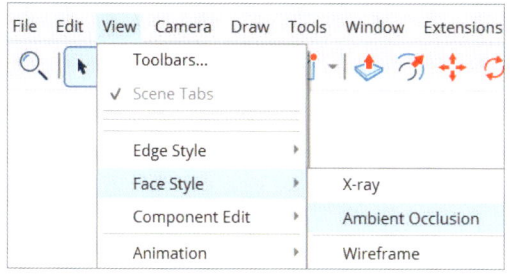

▲ 메뉴에서 적용　　　　　　　　　　　　　▲ 트레이에서 적용

▲ Shaded　　　　　　　　　　　　　▲ Ambient Occlusion(2024 버전 이상)

- Environments : HDRI를 활용하여 환경을 설정합니다.

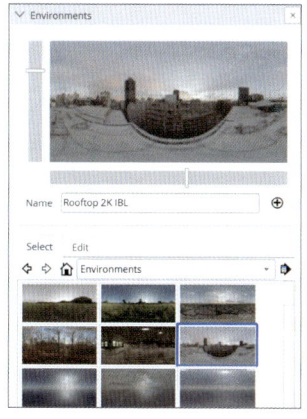  

▲ 적용 전　　　　　　　▲ 적용 후

- Tags 트레이 : 태그 (도면층)를 생성하고 관리합니다.

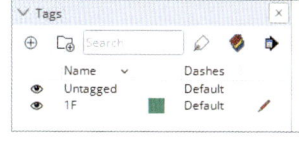 

• Shadows 트레이 : 그림자를 설정합
  니다.

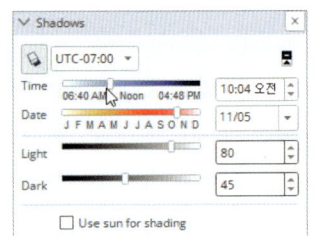 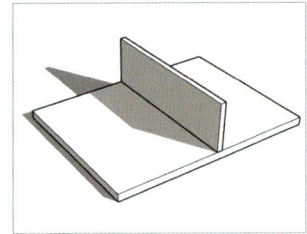

• Scenes 트레이 : 장면을 설정하고 편집합니다.

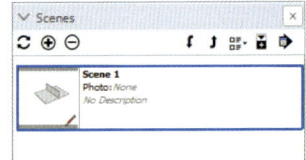

• Instructor 트레이 : 사용할 도구를 클
  릭하면 도움말을 표시합니다.

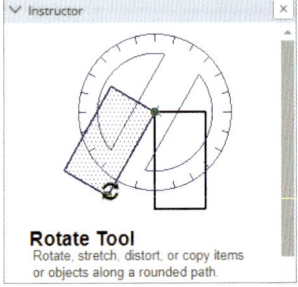

STEP 2 사용자 환경 구성 및 템플릿 설정

스케치업은 사용자가 작업환경을 구성해 시작 템플릿에 추가할 수 있습니다. 효율적인 학습 및 작업을 위해 기본 설정을 변경하고 템플릿을 추가해 보겠습니다.

01 스케치업을 실행하고 'Architectural Millimeters'를 클릭합니다.

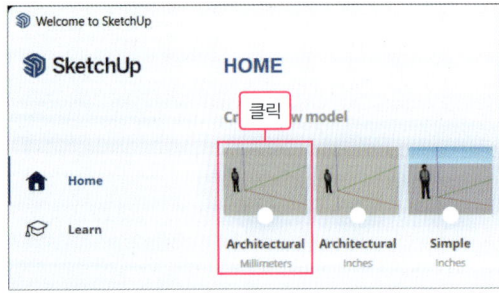 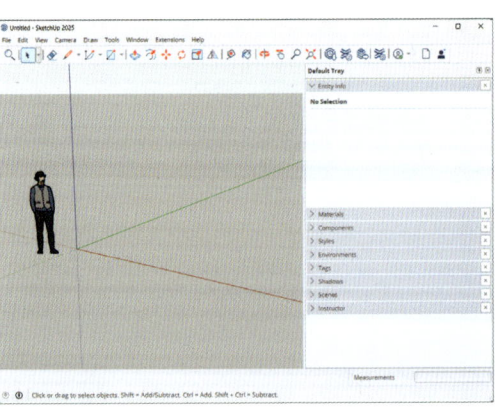

02 톰(Thom) ❶을 클릭하고 Delete 키를 눌러 삭제합니다. 샘플 인물은 버전에 따라 다른 인물이 표시됩니다.

Default Tray 우측 상단의 📌(Auto Hide) 버튼 ❸을 클릭하면 자동 숨기기가 적용되어 커서를 'Default Tray' ❹ 근처로 이동하면 트레이가 나타나고 사용하지 않을 때는 숨겨집니다. 버튼을 다시 클릭하면 해제됩니다.

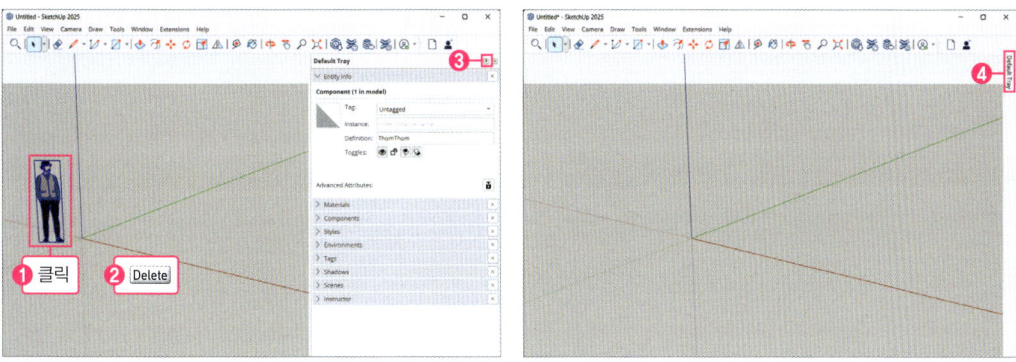

03 메뉴에서 [View]를 클릭하고 [Toolbars]를 클릭합니다. 그림과 같이 Toolbars의 항목을 체크하고 [Close] 버튼을 클릭합니다.

– 체크 항목 : Large Tool Set / Section / Solid Tools / Standard / Styles / Tags / Views / Warehouse

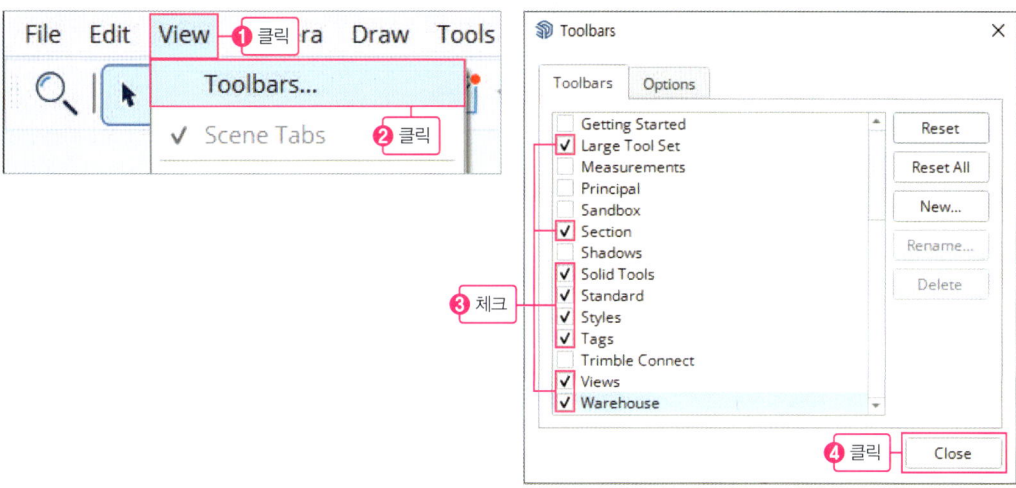

> **TIP**
> **Toolbars 크기 설정**
> ① Toolbars 설정에서 [Options] 탭을 선택하면 아이콘의 크기를 조절할 수 있습니다.
> ② 'Large Icons' 항목을 해제하면 작업화면을 좀 더 넓게 사용할 수 있습니다.

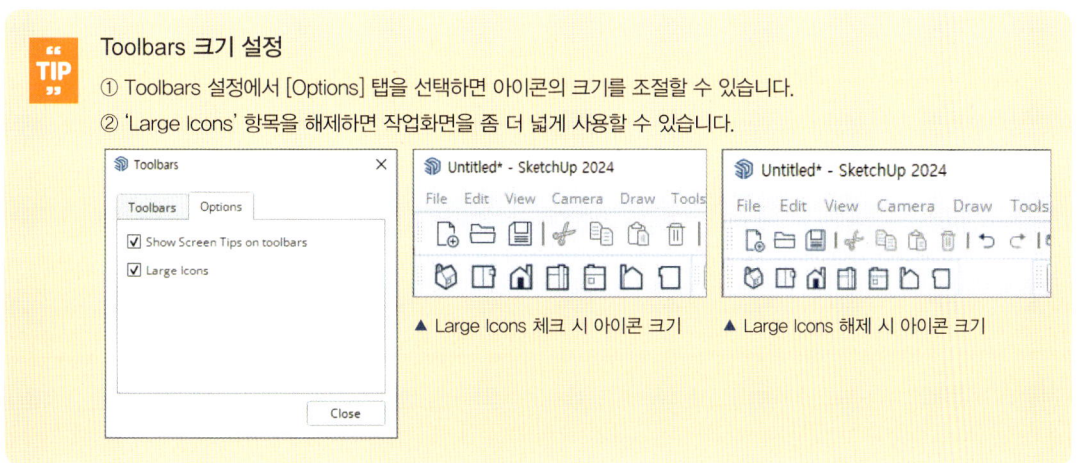

▲ Large Icons 체크 시 아이콘 크기   ▲ Large Icons 해제 시 아이콘 크기

04 도구 막대가 작업화면의 공간과 분리되어 있는 경우 푸른색 부분을 클릭한 후 드래그하여 상단으로 배치할 수 있습니다.

도구 막대의 배치는 사용자의 성향과 컴퓨터 해상도에 따라 달라질 수 있습니다.

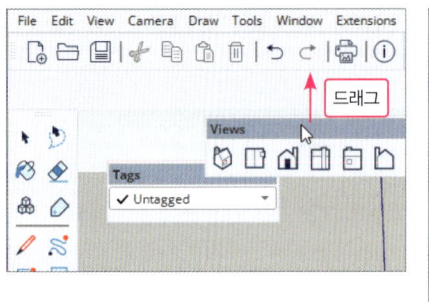
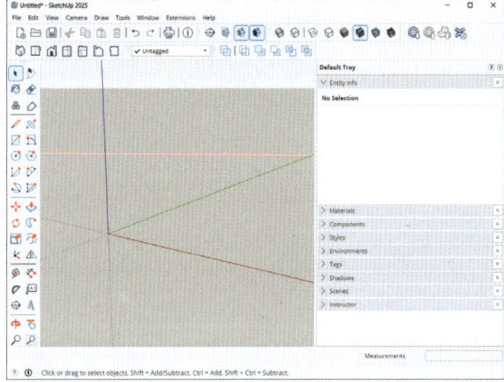

05 모델 설정을 위해 [Window]를 클릭하고 [Model Info]를 클릭합니다. 좌측 카테고리에서 'Units'을 선택하고 그림과 같이 'Decimal(십진법)'로 설정합니다.

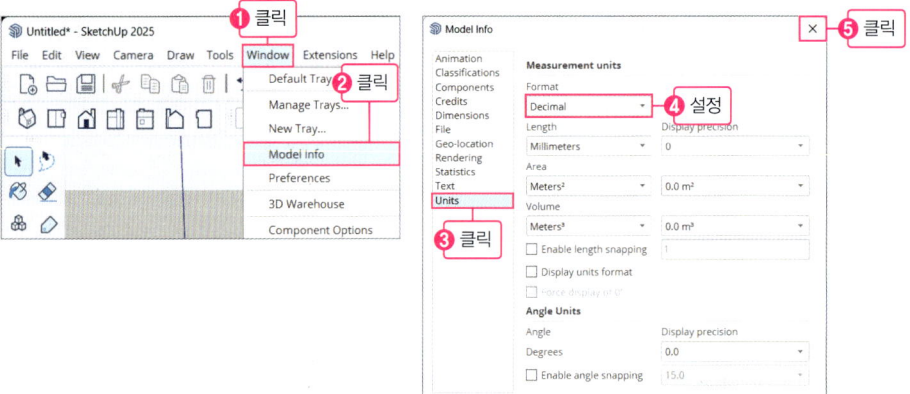

06 시스템 설정을 위해 [Window]를 클릭하고 [Preferences]를 클릭합니다. 좌측 카테고리에서 'Graphic'을 선택하고 그림과 같이 설정합니다. 2022 버전까지는 'Graphic' 항목이 'OpenGL'로 표시됩니다. [OK] 버튼을 클릭합니다.

– 체크 항목 : 8x Multisample anti-aliasing / Use fast feedback, Use maximum texture size

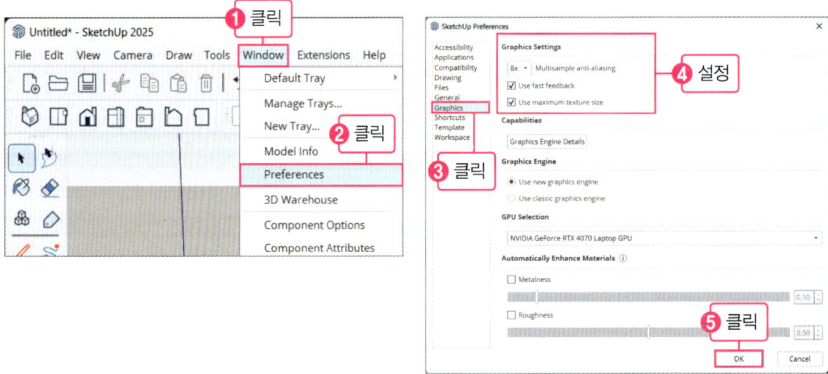

새로운 그래픽 엔진
SketchUp은 2024 버전부터 모델링 처리 능력과 반응성이 크게 향상되었습니다. 새로운 그래픽 엔진이 적용되는 하드웨어는 기본적으로 적용되며, 지원하지 않는 경우 이전 방식의 Classic 엔진을 사용합니다.

07 트레이 설정을 위해 [Window]를 클릭하고 [Default Tray]의 [Instructor]는 해제하고 [Outliner]는 체크합니다.

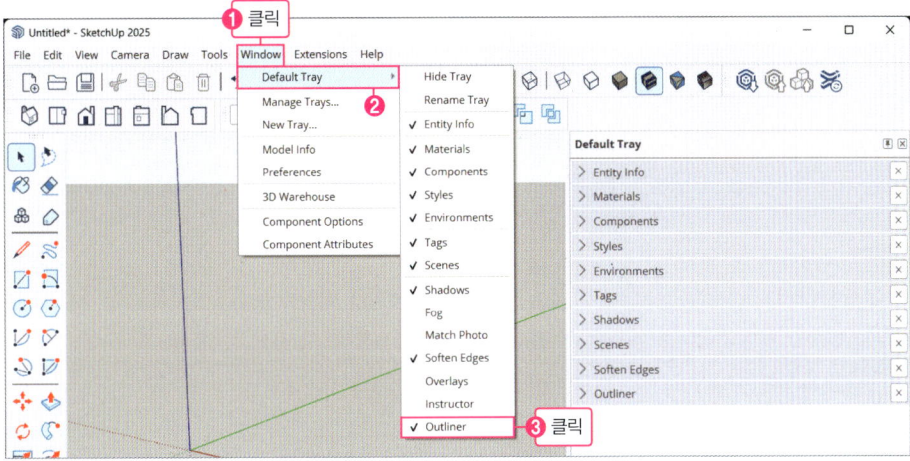

08 우측 Default Tray에서 [Styles] 트레이를 클릭해 옵션을 확장합니다. [Edit] 탭을 클릭하고 'Profiles' 항목을 해제 (OFF)하거나 값을 '1'로 변경합니다.

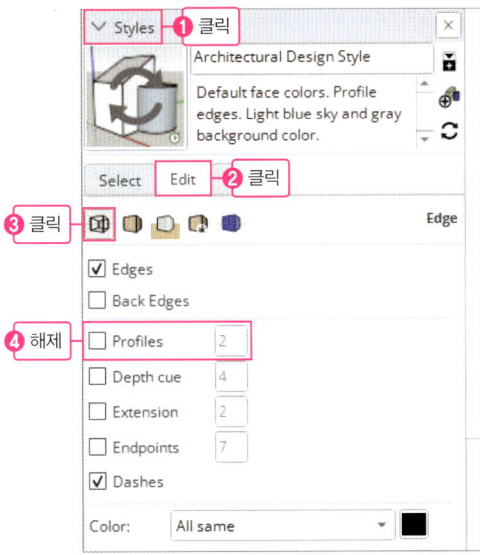

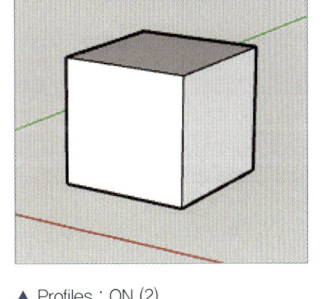
▲ Profiles : ON (2)

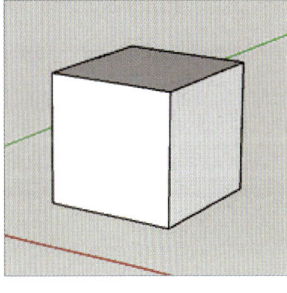
▲ Profiles : OFF

09 변경된 설정을 템플릿으로 저장하기 위해 메뉴에서 [File]을 클릭하고 [Save As Template]을 클릭합니다. 템플릿 정보를 입력하고 [Save] 버튼을 클릭합니다. 불필요한 요소 삭제(Purge) 메시지가 나타나면 [Yes] 버튼을 클릭합니다.

Name : Study / Description : 기본(mm) / File Name : Study.skp / Set as default template 체크

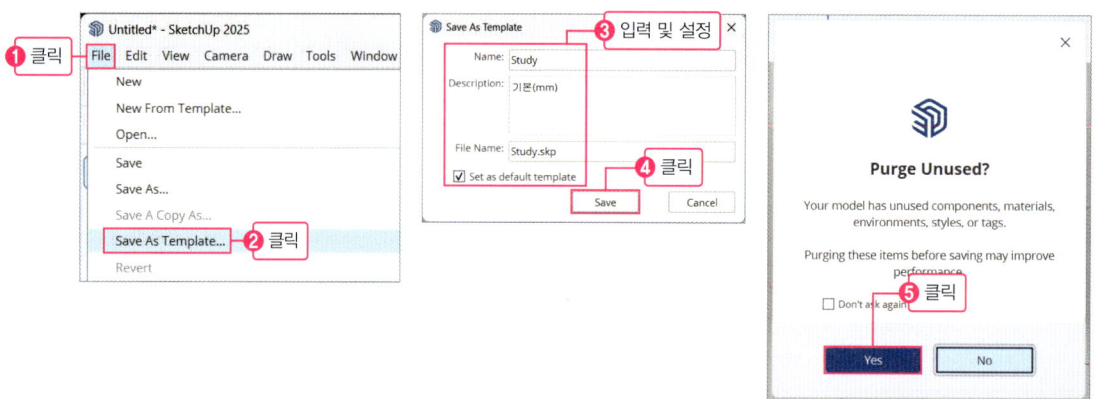

10 스케치업을 종료하고 다시 실행합니다. 저장된 'Study' 템플릿을 클릭해 설정된 환경을 확인합니다. 템플릿은 프로그램 전반을 학습한 후 모델링의 목적에 맞게 템플릿을 작성하여 사용합니다. 템플릿에 표시된 하트 표식은 [File] 메뉴에서 [New]를 클릭해 새 파일로 시작할 때 사용할 템플릿입니다.

템플릿 설정은 사용자의 성향, 업무 내용 등에 따라 달라질 수 있습니다.

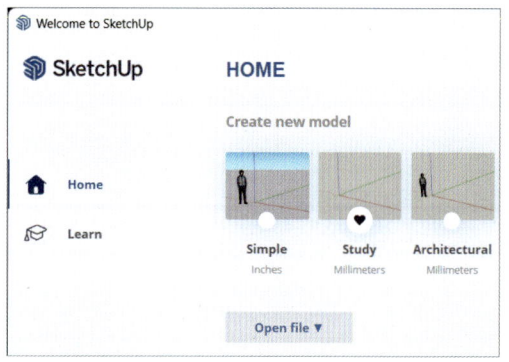
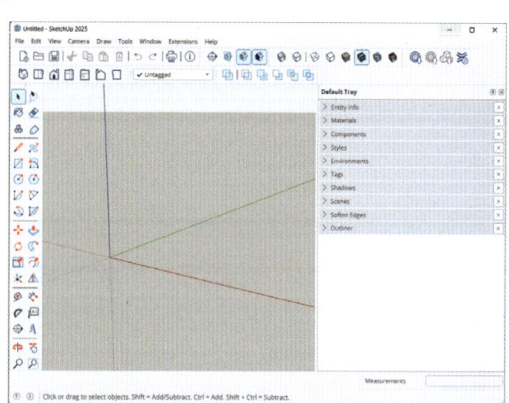

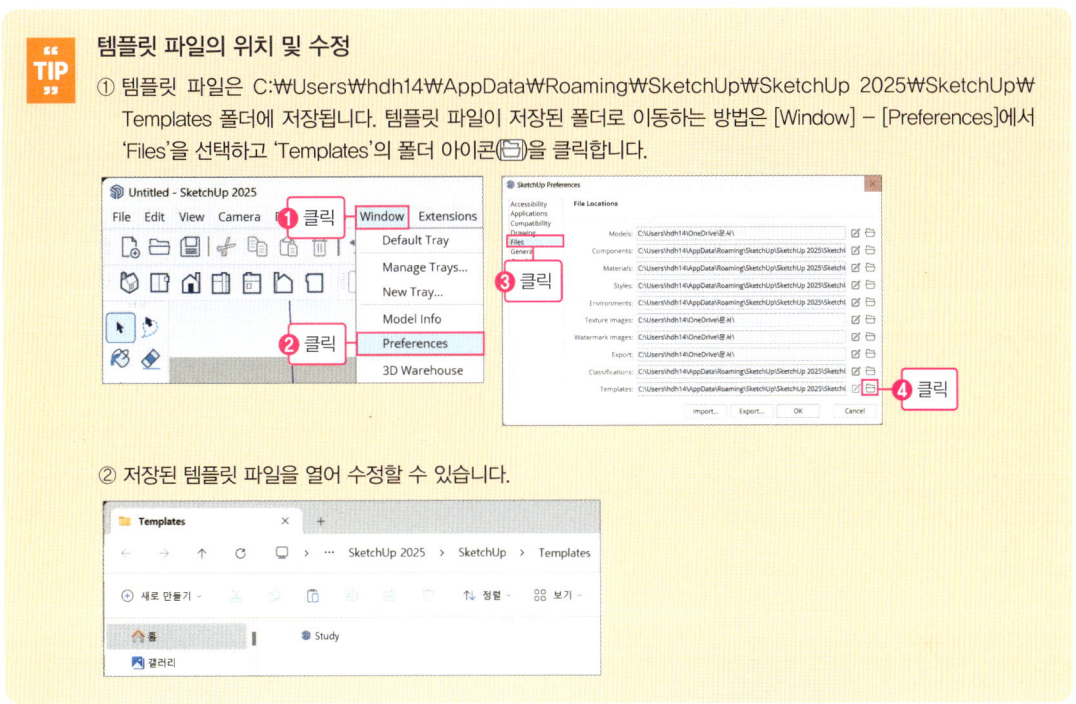

STEP 3 재질(Materials) 추가 설치

스케치업은 기본적인 재질이 저장되어 있지만 학습 및 작업을 하기에는 부족함이 있습니다. 원만한 학습을 위해 재질을 추가해 보겠습니다.

01 작업화면 우측 상단 Default Tray에서 [Materials] 트레이를 클릭합니다. 재료 항목 ❷를 'Stone'로 설정한 후 각 재료의 종류를 확인하면 종류가 많지 않음을 알 수 있습니다. 스케치업 프로그램을 종료합니다.

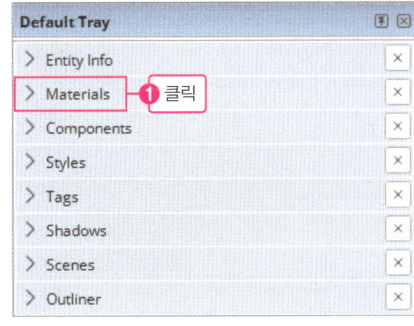
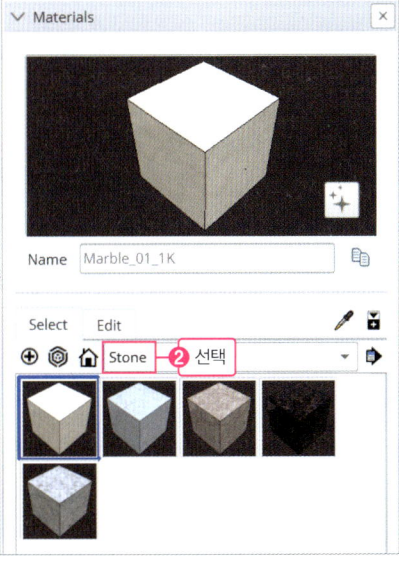

02 재질을 추가하기 위해 [예제파일/P01/Ch02/materialwen.exe] 파일 ❶을 더블 클릭하고 [Next] 버튼 ❷를 클릭합니다. 앱 디바이스 변경 메시지가 나타나면 [예]를 클릭합니다.

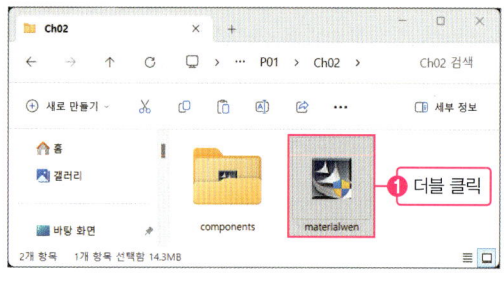
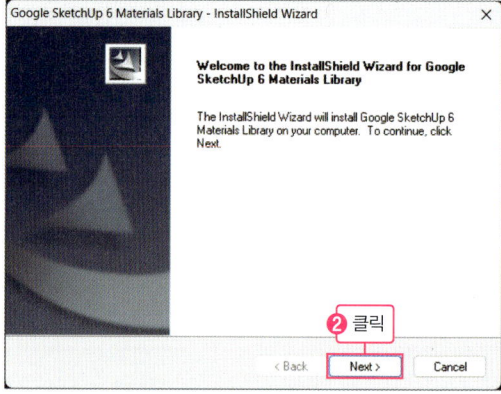

03 'I accept the terms of the license agreement' 항목 ❶을 선택하고 [Next] 버튼 ❷를 클릭합니다. 설치 경로 설정 창에서 [Change] 버튼 ❸을 클릭합니다.

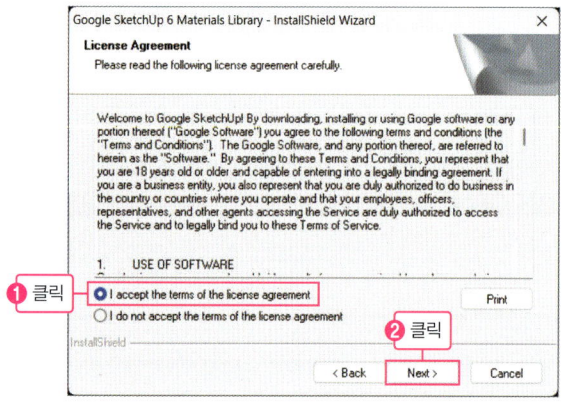
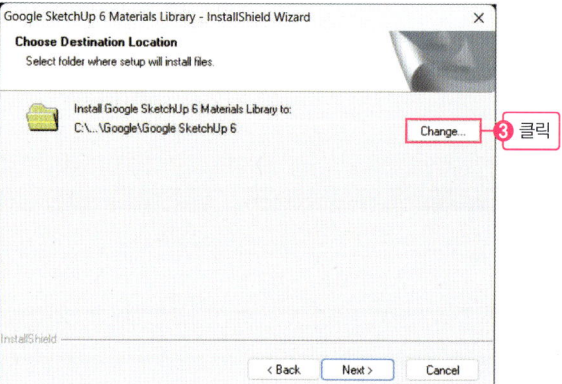

04 설치 경로를 그림과 같이 'C:₩ProgramData₩SketchUp₩SketchUp 2025₩SketchUp'으로 변경하고 [확인] 버튼 ❷를 클릭합니다. 경로 지정이 올바르지 않으면 재료가 추가되지 않습니다. [Next] 버튼 ❸을 클릭합니다.

사용 버전에 맞는 폴더를 선택하여 설치합니다. 2025 버전 이하 202X 버전의 경우 설치 경로는 'C:₩ProgramData₩SketchUp₩SketchUp 202X₩SketchUp' 입니다.

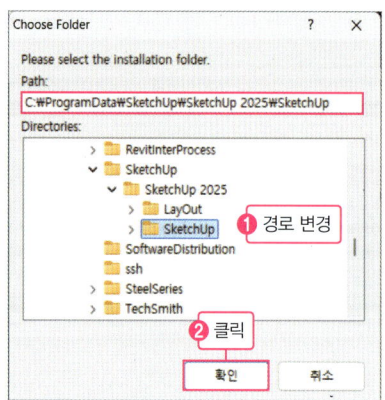
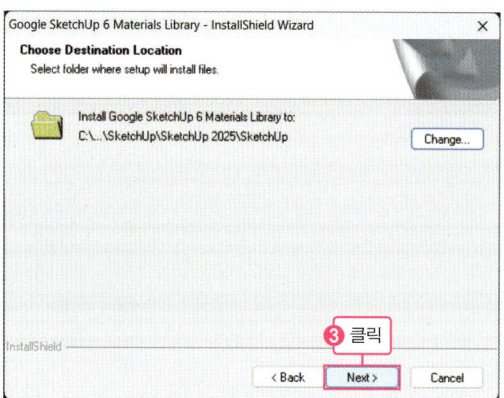

TIP C: 드라이브에서 ProgramData 폴더가 보이지 않을 때

[파일 탐색기]를 실행하고 메뉴에서 [보기]를 클릭합니다. [표시/숨기기] 그룹에서 '숨긴 항목'을 체크하고 다시 설치를 진행합니다.

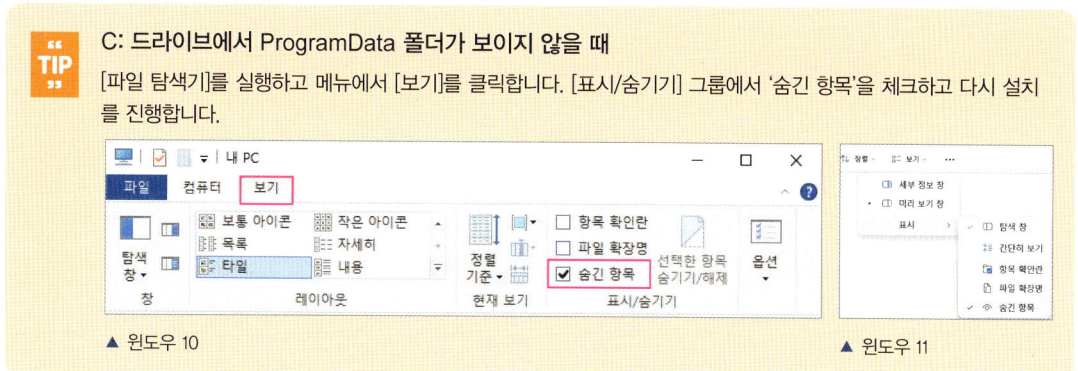

▲ 윈도우 10   ▲ 윈도우 11

05 [Install] 버튼 ❶을 클릭하고 설치가 끝나면 [Finish] 버튼 ❷를 클릭합니다.

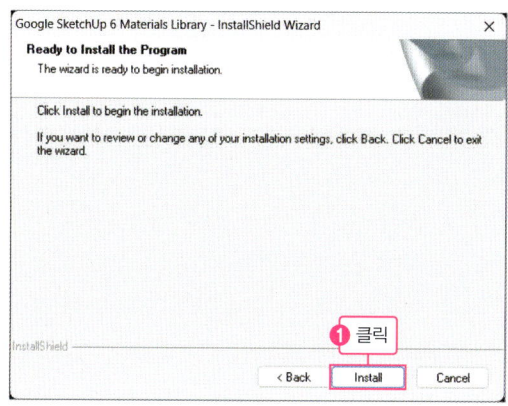 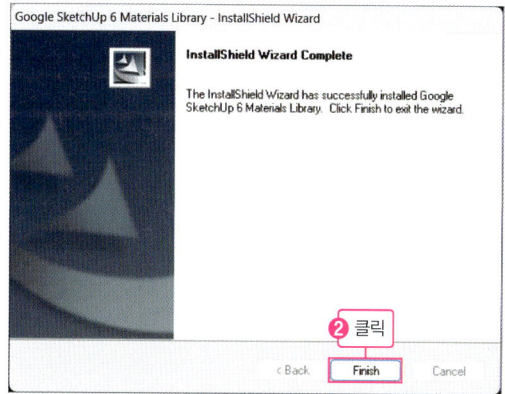

06 스케치업을 실행하고 'Study' 템플릿을 클릭합니다. Default Tray에서 [Materials] 트레이를 클릭하면 추가된 재질을 확인할 수 있습니다. 'Stone', 'Tile', 'Wood' 등 각 카테고리에 추가된 재료를 살펴봅니다.

_{PBR 재질은 반사, 굴절 등 물리적 성질을 포함하는 재질입니다. 추가한 일반 재질도 'AI 생성' 도구를 사용해 PBR 재질로 만들 수 있습니다.}

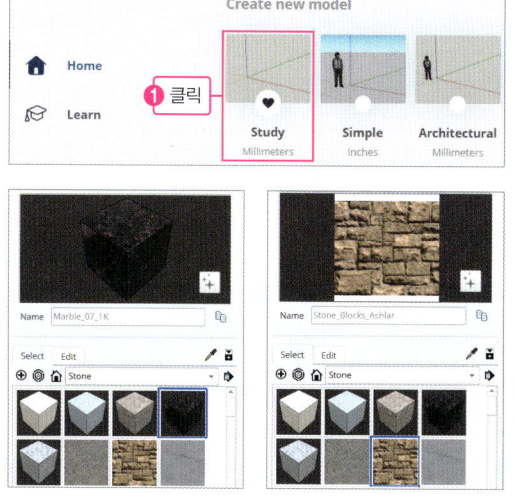

▲ 기본 PBR 재질   ▲ 추가한 일반 재질

Chapter 02 • 작업환경 설정   33

STEP 4 컴포넌트(Components) 추가 설치

스케치업은 기본적인 컴포넌트가 저장되어 있지만 공간의 성격을 표현하기에는 다소 부족합니다. 순조로운 학습을 위해 컴포넌트를 추가하겠습니다. 설치 과정은 STEP 3 의 재질과 동일하게 진행됩니다.

01 작업화면 우측 상단 Default Tray에서 [Components] 트레이 ❶을 클릭합니다. 컴포넌트 항목 화살표 ❷를 클릭하고 'Components' ❸을 클릭합니다. 모델링에 필요한 컴포넌트(가구, 인물, 차량 등)가 유형별로 구분되지 않고 종류 또한 많지 않습니다. 스케치업을 종료합니다.

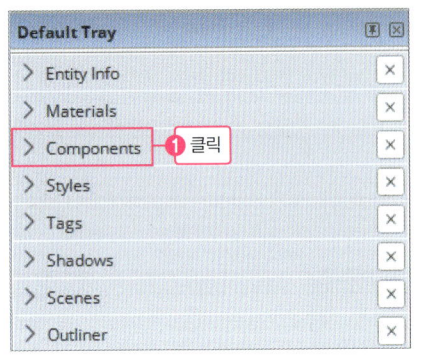
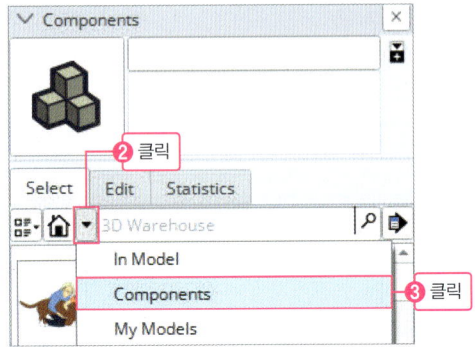

 Components(컴포넌트)
컴포넌트는 모델링에 사용되는 소품이나 가구, 차량 등 구성요소를 미리 만들어 저장한 것을 이야기합니다. 오토캐드의 라이브러리(블록), 레빗(Revit)의 패밀리와 유사한 용도로 사용됩니다.

02 Components를 추가하기 위해 [예제파일/P01/Ch02/components/CAW6.0.0.01ENA.exe] 파일 ❶을 더블 클릭하고 [Next] 버튼 ❷를 클릭합니다.

파일명이 비슷하므로 한번 더 확인한 후 더블 클릭하고, 앱 디바이스 변경 메시지가 나타나면 [예]를 클릭합니다.

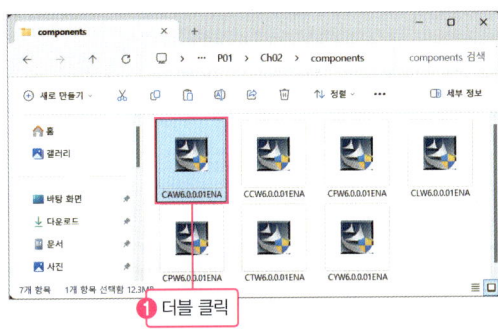
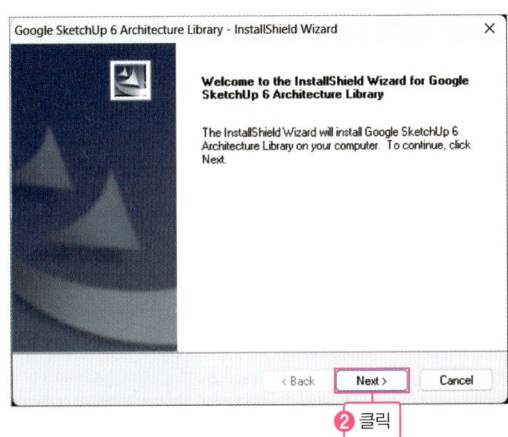

03 'I accept the terms of the license agreement' 항목 ❶을 선택하고 [Next] 버튼 ❷를 클릭합니다. 설치 경로 설정 창에서 [Change] 버튼 ❸을 클릭합니다.

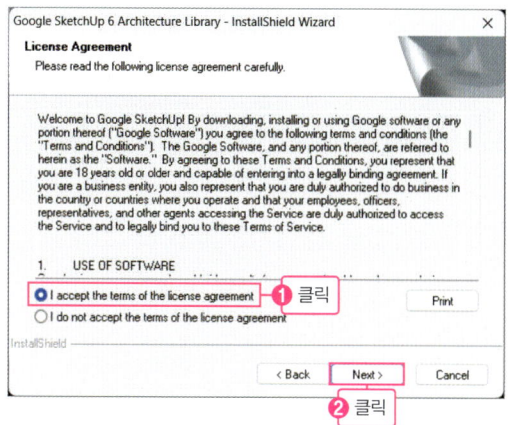
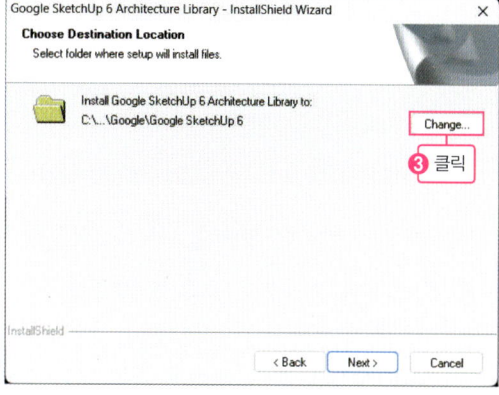

04 설치 경로를 'C:₩ProgramData₩SketchUp₩SketchUp 2025₩SketchUp'으로 변경하고 [확인] 버튼 ❷를 클릭합니다. [Next] 버튼 ❸을 클릭합니다.

> 유형별로 6가지 컴포넌트를 추가로 설치해야 하므로 경로를 블록으로 지정하고 Ctrl + C 키를 눌러 복사합니다. 2025 이하 202X 버전의 경우 설치 경로는 'C:₩ProgramData₩SketchUp₩SketchUp 202X₩SketchUp' 입니다.

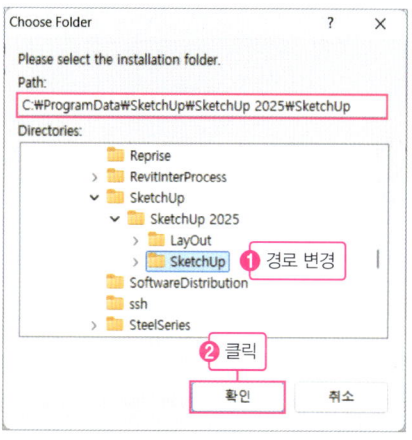
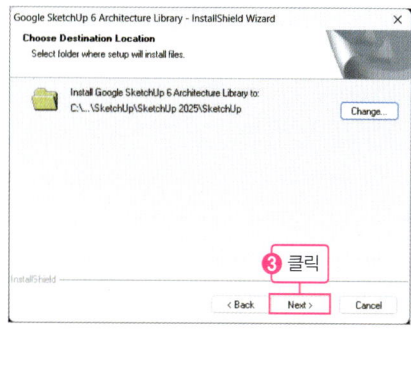

05 [Install] 버튼 ❶을 클릭하고 설치가 끝나면 [Finish] 버튼 ❷를 클릭합니다.

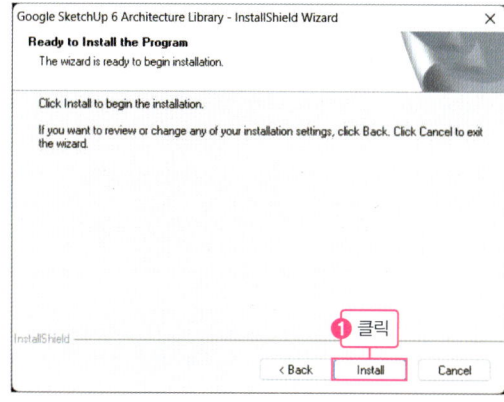

06 나머지 6개의 컴포넌트 파일도 **02**~**05**번 과정과 동일한 방법으로 설치합니다.

설치 경로를 변경할 때 Ctrl + V 키를 눌러 복사한 경로를 붙여 넣으면 편리합니다.

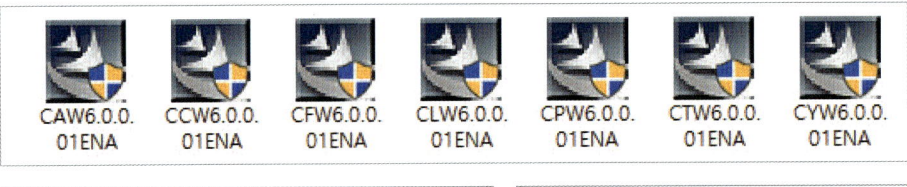

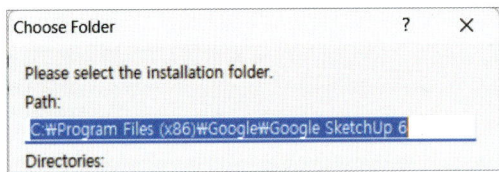 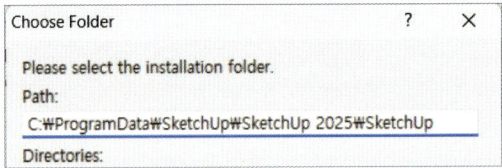

07 스케치업을 실행하고 'Study' 템플릿을 클릭합니다. [Components] 트레이로 이동합니다.

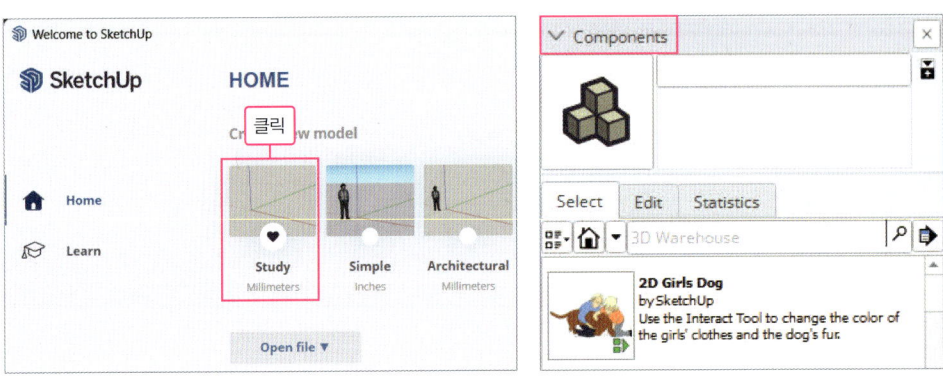

08 컴포넌트 항목에서 화살표 ❶을 클릭하고 'Components' ❷를 클릭합니다. 표시 방법 ❸을 클릭하고 'Large Thumbnails' ❹를 클릭합니다.

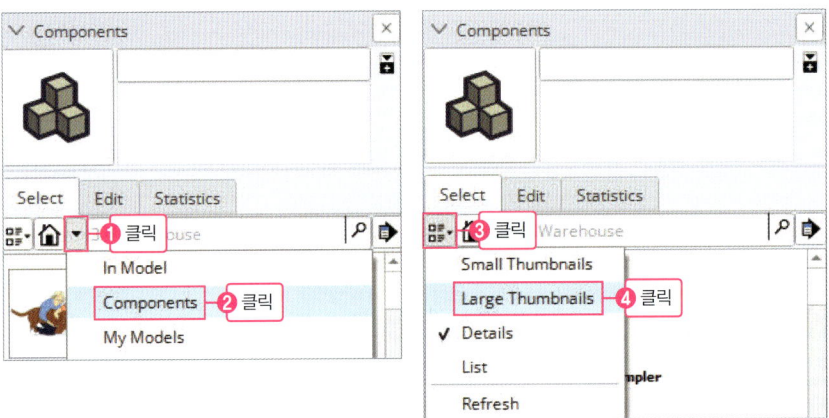

36   Part 1 • 스케치업의 시작

09 기본 컴포넌트 폴더 3개와 추가로 설치한 7개를 포함해 총 10개의 폴더에서 컴포넌트를 사용할 수 있습니다.

상위 폴더로 이동하려면 화살표 **❶**을 클릭하고 'Components'를 클릭합니다.

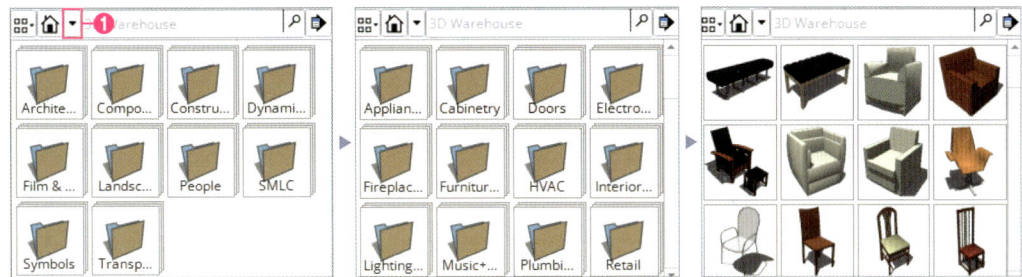

> **TIP** 컴포넌트 사용
> 컴포넌트 트레이에서 삽입할 요소를 선택한 후 배치할 위치에서 클릭합니다.

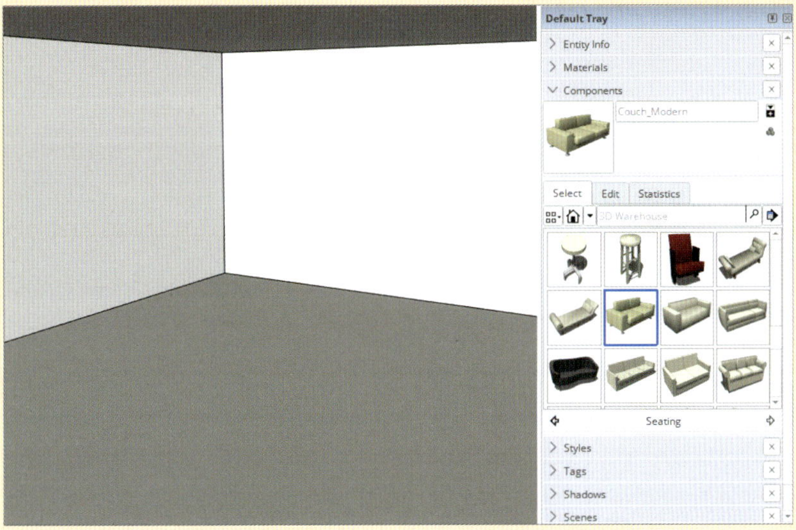

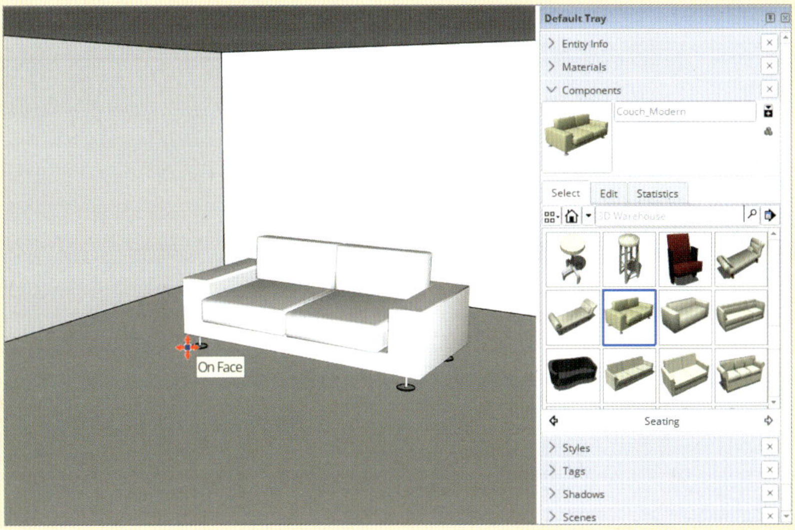

작업화면 조작과 제어

마우스와 줌 관련 도구를 사용하여 모델링 작업을 도와주는 화면의 조작 및 제어 기능을 다뤄보겠습니다.

STEP 1 작업화면 조작

작업 진행을 위해 작업화면의 조작 방법을 확인해 보겠습니다.

01 [예제파일/P01/Ch03/살펴보기.skp] 파일을 더블 클릭하면 스케치업이 실행되고 파일이 열립니다.

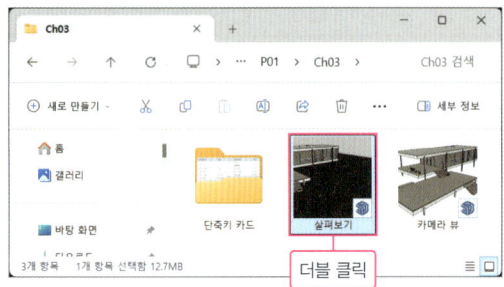
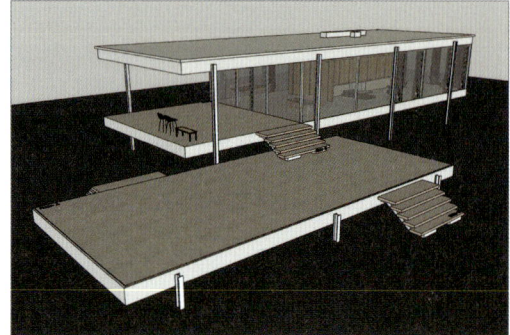

02 뷰(View)의 확대와 축소

커서를 작업화면 중앙 ❶지점으로 이동한 후 마우스 휠을 아래쪽으로 돌리면 축소되고 위쪽으로 돌리면 확대됩니다.

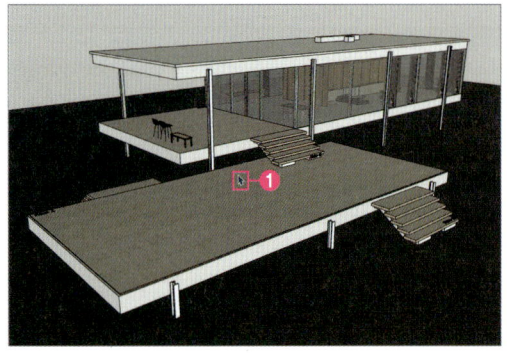
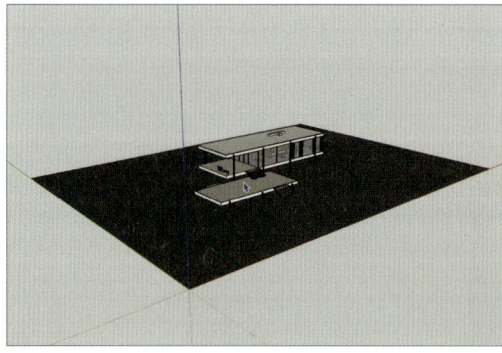

확대와 축소의 기준은 커서의 위치입니다. 마우스 커서를 계단 쪽에 위치시키고 휠을 위로 돌리면 계단이 확대되고 의자에 커서를 두고 휠을 위아래로 돌리면 의자가 확대/축소됩니다.

03 뷰의 이동(Pan)

`Shift` 키를 누른 상태에서 마우스 휠을 꾹 누르면 마우스 커서의 모양이 손바닥(🖐) 모양으로 변경됩니다. 이때 마우스를 움직이면 마우스가 이동하는 방향으로 화면이 이동됩니다. 상하좌우로 화면을 이동해 봅니다.

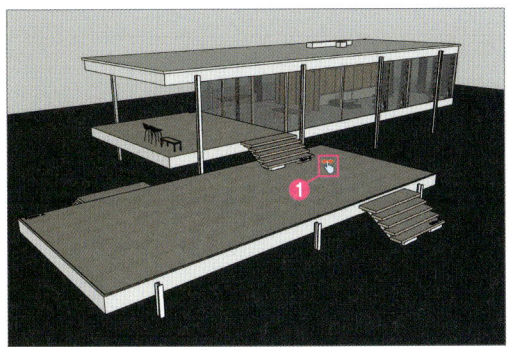

04 전체 보기(Zoom Extents)

의자나 계단 등 특정 부분을 그림과 같이 확대합니다. `Shift` 키를 누른 상태에서 `Z` 키를 누르면 Zoom Extents가 적용되어 작성된 모든 객체가 화면에 꽉 차게 변경됩니다. 반대로 뷰를 작게 축소한 후 `Shift` + `Z` 키를 눌러도 모든 객체가 화면에 표시됩니다.

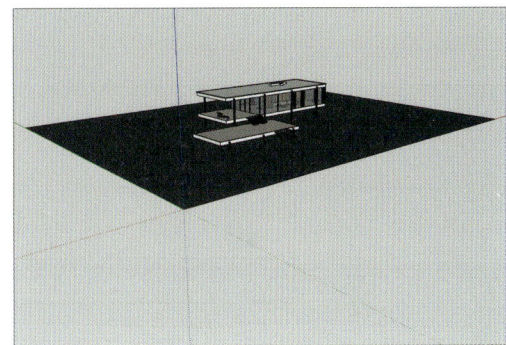

05 뷰의 회전(Orbit)

마우스 휠을 꾹 누르고 있으면 커서의 모양이 회전(🔄) 모양으로 변경됩니다. 이때 마우스를 움직이면 마우스가 이동하는 방향으로 화면이 회전됩니다. 상하좌우로 화면을 회전해 봅니다.

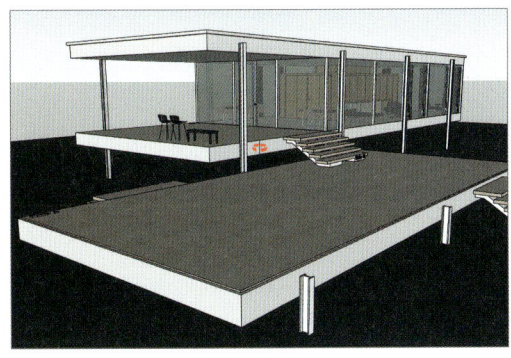
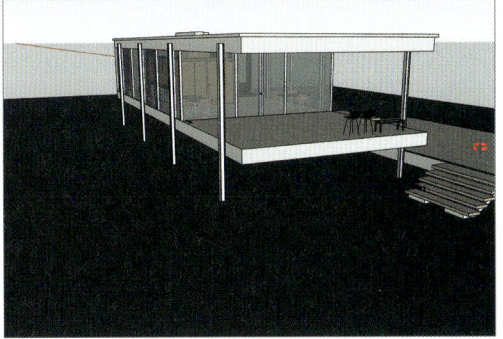

STEP 2 카메라 및 뷰의 유형

카메라(투시도)의 유형과 뷰 스타일에 따른 특징을 배워봅니다.

01 [예제파일/P01/Ch03/카메라 뷰.skp] 파일을 더블 클릭합니다.

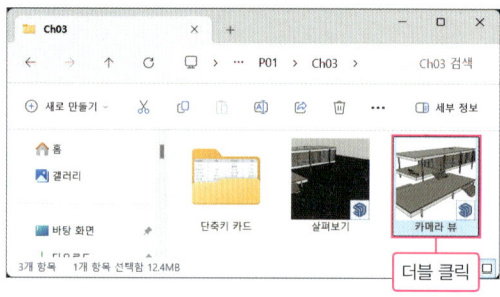
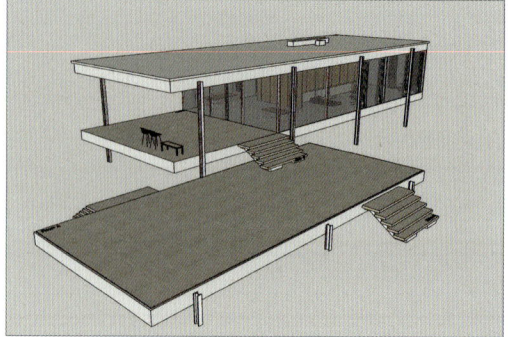

02 카메라 유형 변경

메뉴에서 [Camera]의 [Parallel Projection]을 클릭합니다. [Perspective], [Two-Point Perspective]도 선택해서 차이점을 확인합니다.

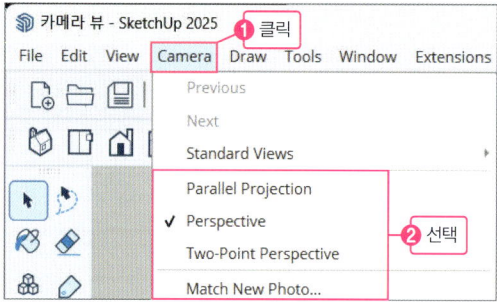

① Parallel Projection : 평행 투시도로 원근감이 없는 뷰입니다.(A와 B의 길이가 같게 나타납니다.)

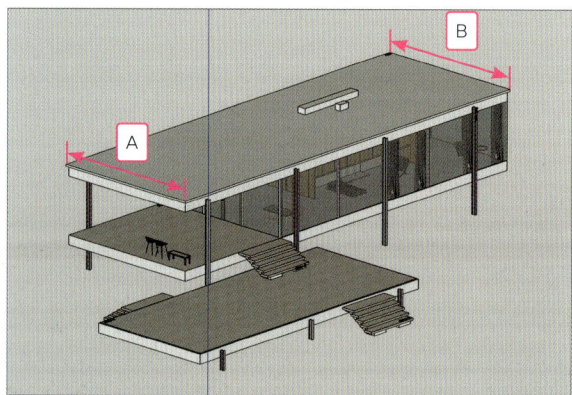

② Perspective : 1소점 투시도로 원근감이 있는 뷰입니다.(A와 B의 길이가 다르게 나타납니다.)

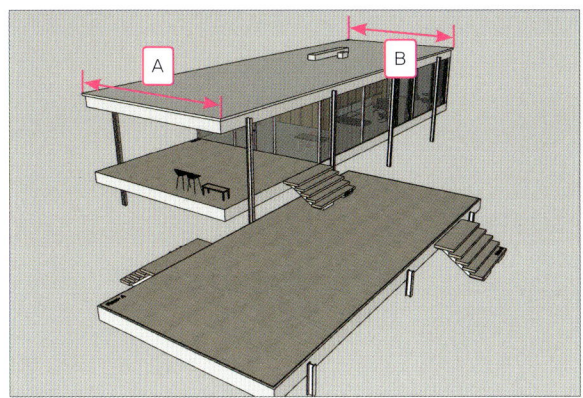

③ Two-Point Perspective : 2소점 투시도이며, 최종 결과물에 사용되는 뷰로 기둥과 같은 수직 요소가 나란히 직각으로 정렬됩니다.

Two-Point Perspective 적용 시 모델이 화면 밖으로 벗어나면 클릭 & 드래그(Pan)로 초점을 조정합니다. Two-Point Perspective는 마우스 휠을 꾹 눌러 화면을 회전하면 1소점 투시도인 Perspective로 전환됩니다.

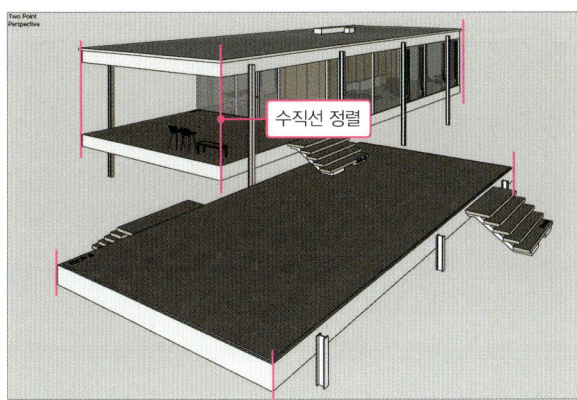

03 뷰의 유형(Style)

작업화면 상단에서 Styles 도구 막대(　　　　　　　)의 첫 번째 아이콘 'X-ray'를 클릭합니다. 다시 클릭하면 선택이 해제됩니다.

① X-Ray : 가려진 부분까지 투영하는 반투명 뷰입니다.(ON/OFF 가능)

② Back Edges : 가려진 부분을 파선으로 표시하는 뷰입니다.(ON/OFF 가능)

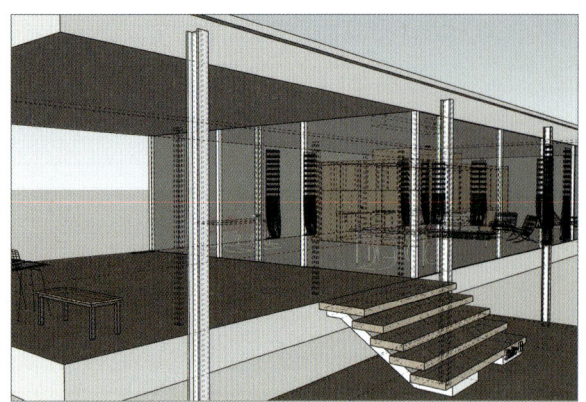

③ Wireframe : 객체를 선으로만 표현하는 뷰입니다.

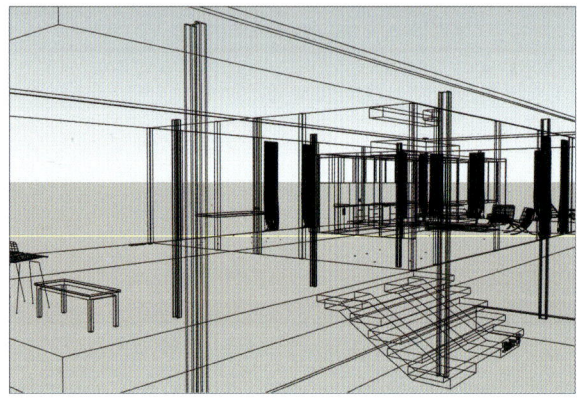

④ Hidden Line : 가려진 부분과 면의 재질 색상을 숨기는 뷰입니다.

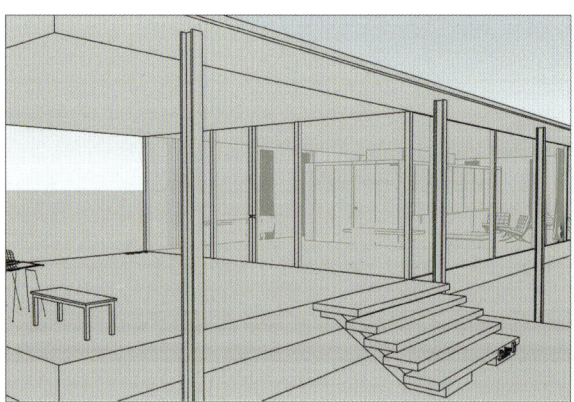

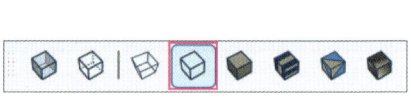

⑤ Shaded : 재질을 단색으로 표현하는 뷰입니다.

⑥ Shaded With Textures : 재질의 패턴과 색상을 자세히 표현하는 뷰입니다.(기본값)

⑦ Monochrome : 면의 앞면(흰색), 뒷면(하늘색) 색으로만 표현하는 뷰입니다.

⑧ Display Photoreal Materials : 환경 조명을 사용해 사실적으로 표현하는 뷰입니다.(아이콘 클릭 후 'OK' 버튼을 클릭합니다.)

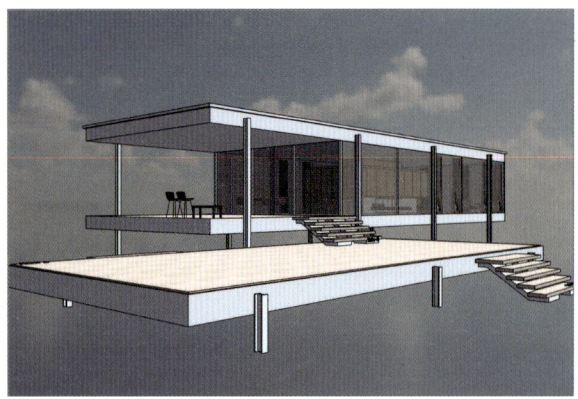
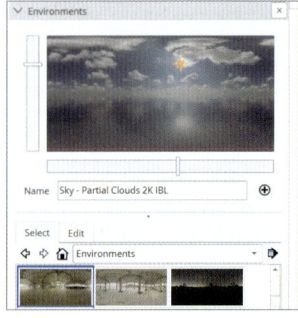

▲ 환경 이미지 HDRI는 Environments에서 설정합니다.

04 다양한 스타일을 확인한 후 기본 설정인 'Shaded With Textures'로 변경합니다. HDRI 배경을 해제하기 위해 [Environments] 트레이에서 'In Model'을 설정하고 'No Environments'를 클릭합니다.

STEP 3 단축키(Shortcuts)

단축키는 신속한 작업을 위한 필수 요소입니다. 모든 단축키를 암기하는 것도 좋지만 사용 빈도가 높은 단축키 10개 정도만 숙지해도 작업의 효율이 상당히 높아집니다. 학습 전 스케치업 단축키를 정리해 책상이나 모니터 주변에 붙여 놓고 자주 확인하면서 암기하는 것을 권합니다.

01 단축키 다운로드(Quick Reference Card)

스케치업 홈페이지(www.sketchup.com)에서 'Shortcuts'을 검색하여 단축키가 정리된 PDF 파일을 다운로드하거나 [예제파일/P01/Ch03/단축키 카드] 폴더의 PDF 파일을 출력해서 사용합니다.

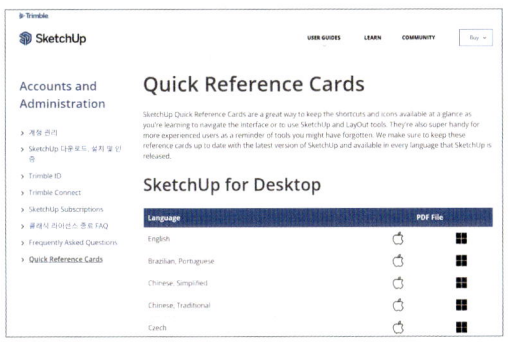 

02 입문자 단축키

학습 전 'Quick Reference Card'를 출력하거나 스케치업 단축키를 다음과 같이 정리하여 컴퓨터 주변에 붙여 놓고 암기하는 것이 좋습니다.

도구(단축키)	내용	도구(단축키)	내용
Line (L)	선	Select (Space Bar)	선택
Rectangle (R)	사각형	Eraser (E)	지우기
Circle (C)	원	Push/Pull (P)	밀기/끌기
2 Point Arc (A)	호(2Point)	Offset (F)	간격 띄우기
Move (M)	이동 및 복사	Search (Shift+S)	도구 검색
Rotate (Q)	회전 및 회전복사	Zoom Extents (Shift+Z)	전체화면에 맞춤
Scale (S)	배율 및 신축	Tape Measure (T)	줄자(측정/보조선)
Paint Bucket (B)	페인트(재질)	Scroll : Zoom(확대/축소) Click-Drag : Orbit(궤도) Shift+Click+Drag : Pan(팬) Double-Click : Re-Center view (뷰 중심점 다시 설정)	

01 제시된 조건으로 환경을 설정하고 템플릿 파일로 저장하시오.

① 시작 템플릿 : Interiors(mm)

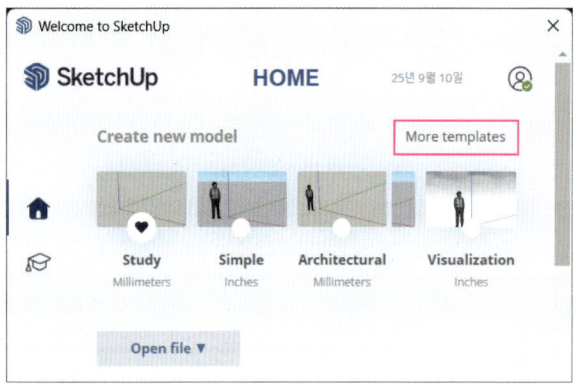

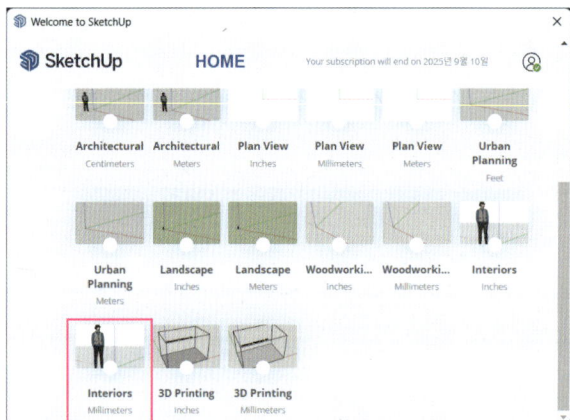

* 템플릿 선택 창 우측 상단 [More templates]을 클릭하면 'Interiors(mm)' 템플릿 및 더 많은 기본 템플릿을 선택할 수 있습니다.

② 샘플 인물 삭제

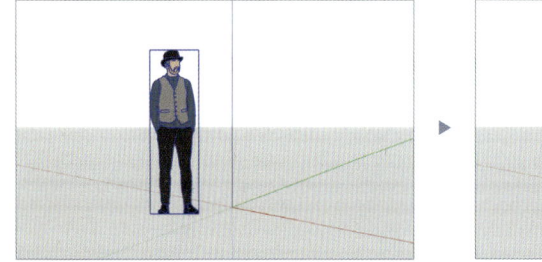 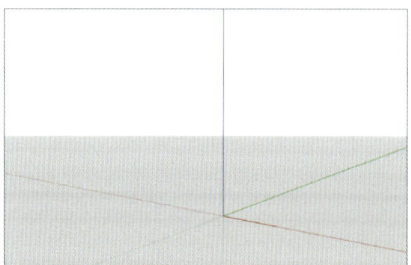

③ 도구 막대(Toolbars) 사이즈를 작게 설정

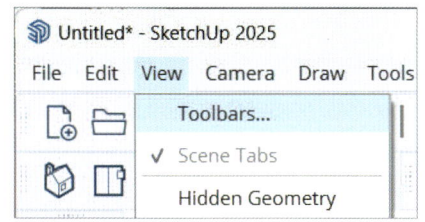 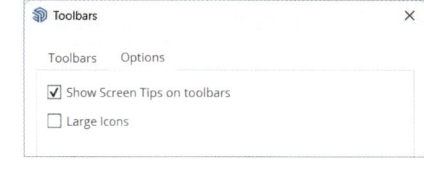

④ Model Info에서 단위 설정

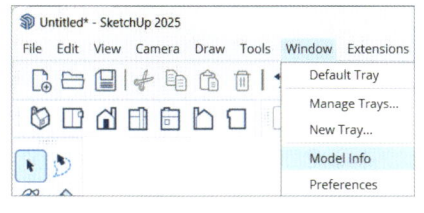 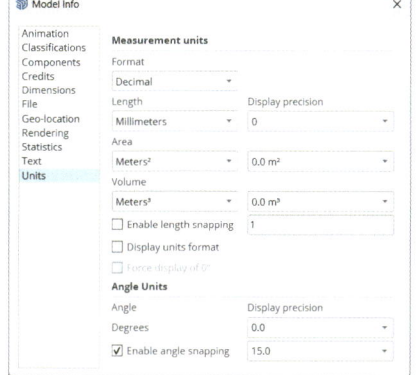

⑤ 템플릿 파일로 저장

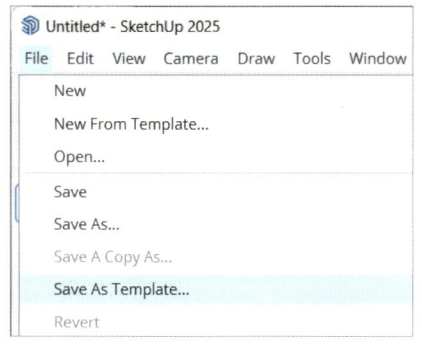 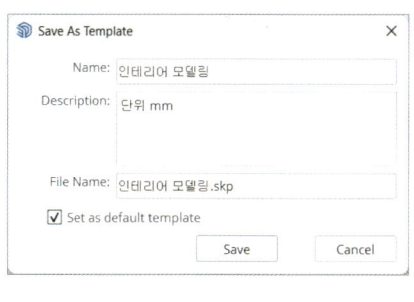

CHAPTER 04 모델링 과정의 이해

스케치업의 주요 모델링 방법은 면을 스케치하고 밀기, 회전, 따라가기 등으로 입체적인 형태를 만들어 나갑니다. 각 Step의 내용을 확인하고 기본적인 모델링 방법을 이해할 수 있도록 합니다.

STEP 1 스케치업의 3D 모델링

스케치업 모델링의 핵심은 그리기 도구로 닫힌 면을 만들고 밀기/끌기로 3D 객체로 만드는 작업입니다.

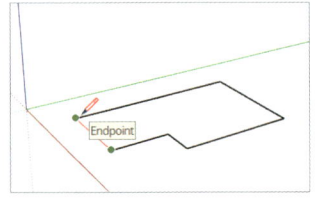

▲ 면 스케치

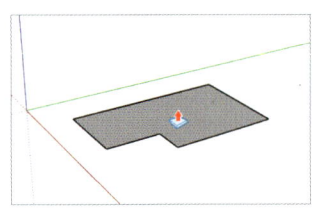

▲ 면 끌기

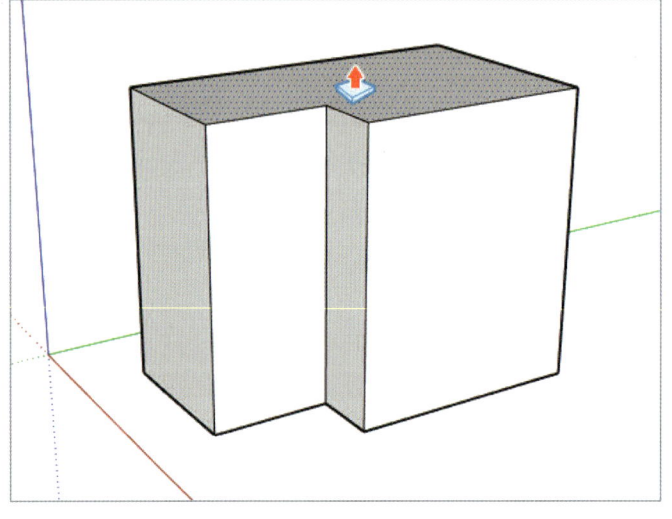

선이나 도형을 그려서 면을 분할하고, 밀거나 끌 수도 있습니다.

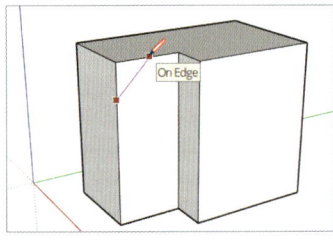

▲ 면 나누기

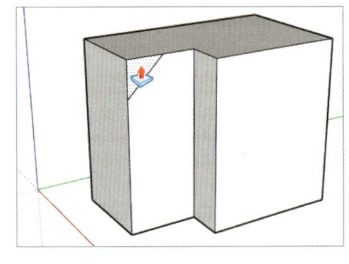

▲ 면 밀기

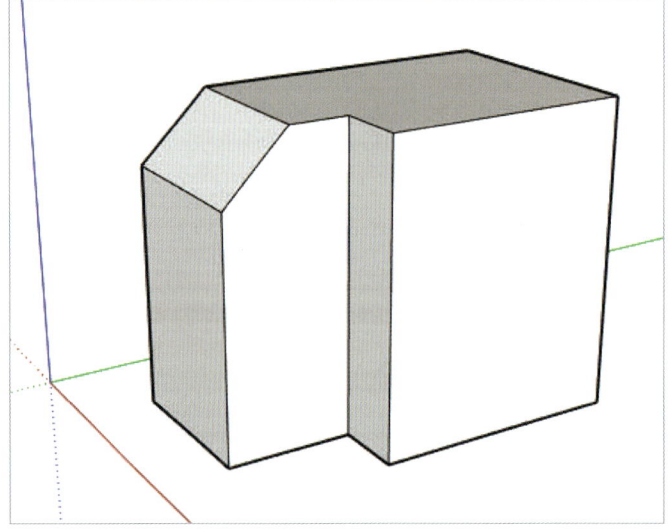

STEP 2 평면 작성 후 높이를 적용

이 작업은 모델링에 있어 가장 많이 사용되며, 3D 설계 프로그램이 익숙하지 않은 초보자도 쉽게 사용하는 방법입니다. 표현하고자 하는 형상의 평면을 스케치하여 높이 값을 적용하는 과정으로 모델링합니다.

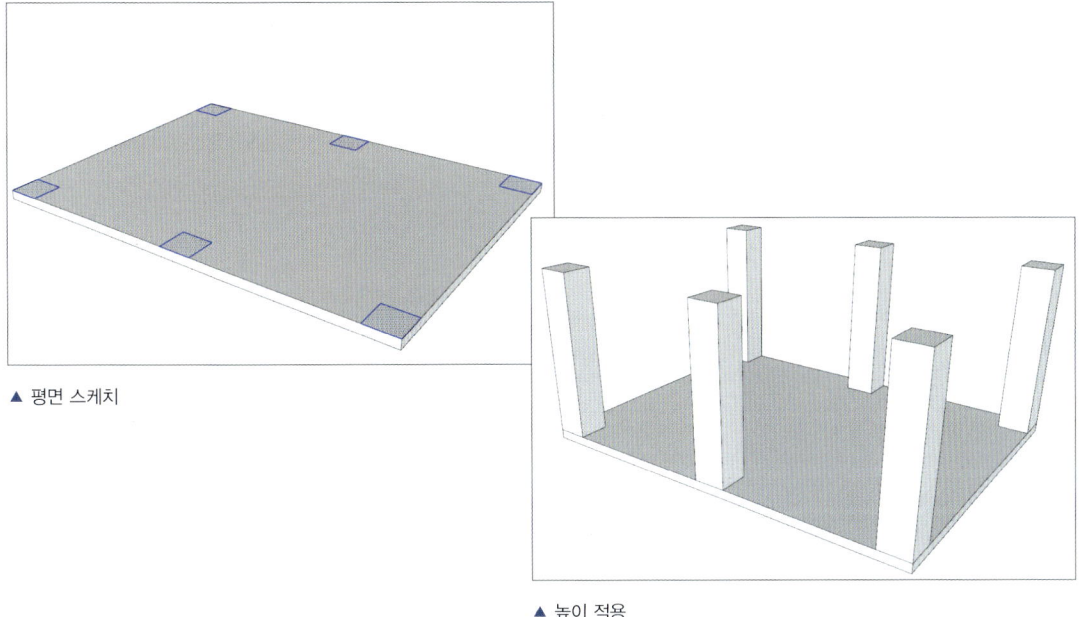

▲ 평면 스케치

▲ 높이 적용

STEP 3 입면 작성 후 깊이 적용

표현하고자 하는 형상의 입면(정면, 측면)을 스케치하여 깊이 값을 적용하는 과정으로 모델링합니다. 각 부분의 높이가 다른 계단 같은 형상을 쉽게 모델링 할 수 있습니다.

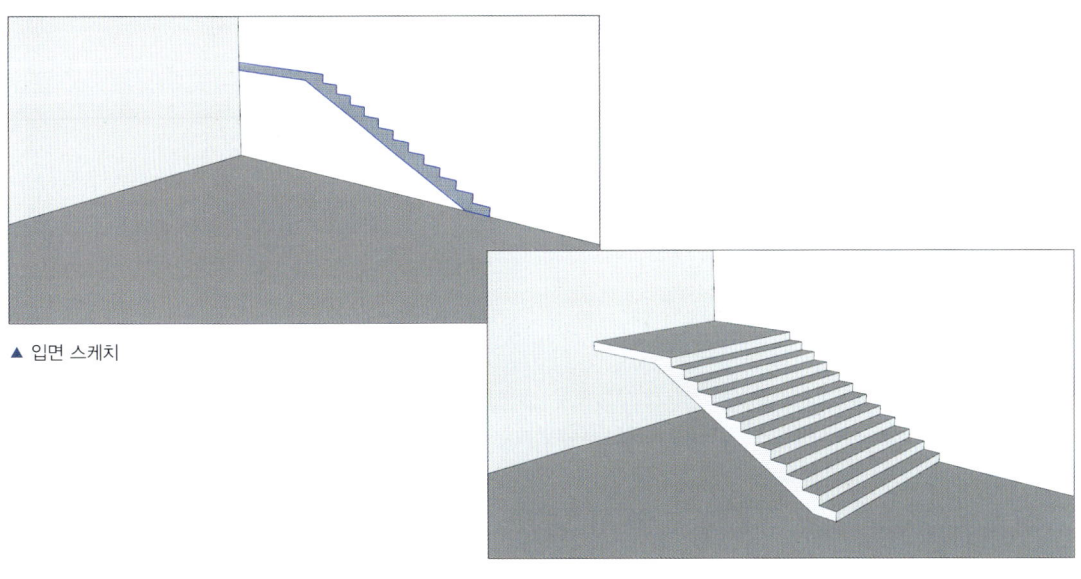

▲ 입면 스케치

▲ 길이 적용

STEP 4 절단면 작성 후 회전 적용

표현하고자 하는 형상의 절단면을 스케치한 후 회전축에 대한 회전 각도를 적용하는 과정으로 모델링합니다. 회전체와 같은 형상을 쉽게 모델링할 수 있으나 형상의 단면을 이해할 수 있어야 합니다.

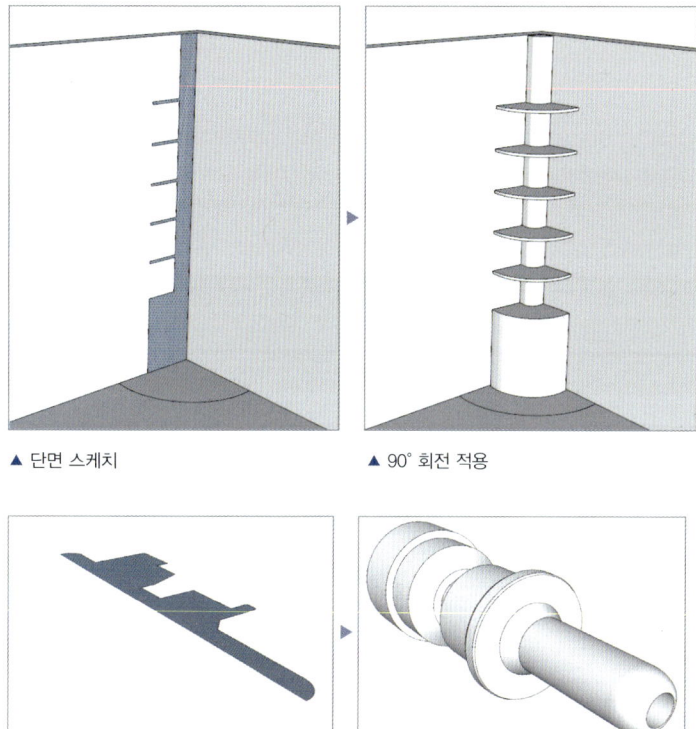

▲ 단면 스케치   ▲ 90° 회전 적용

STEP 5 절단면 작성 후 따라가기 적용

표현하고자 하는 형상의 절단면을 스케치한 후 진행될 경로를 적용하는 과정으로 모델링합니다. 천장 몰딩, 난간의 두겁(손스침)과 같은 형상을 쉽게 모델링할 수 있습니다.

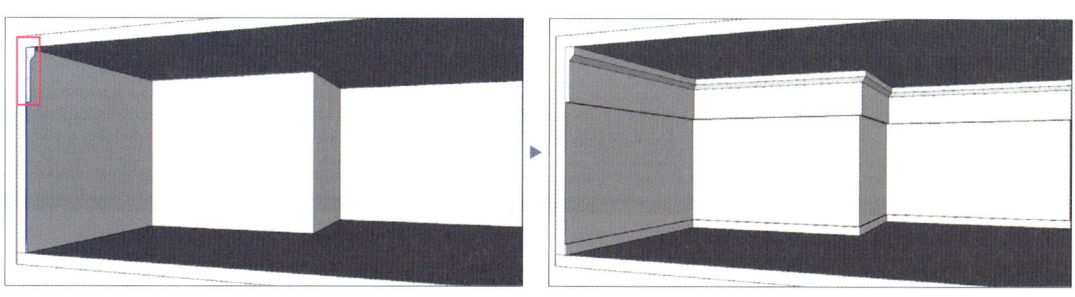

▲ 단면 스케치   ▲ 경로 적용

STEP 6 CAD 도면(DWG) 활용

CAD로 작성된 2D 도면(평면도, 입면도)을 바탕으로 건축물의 실내 및 외관을 모델링할 수 있습니다.

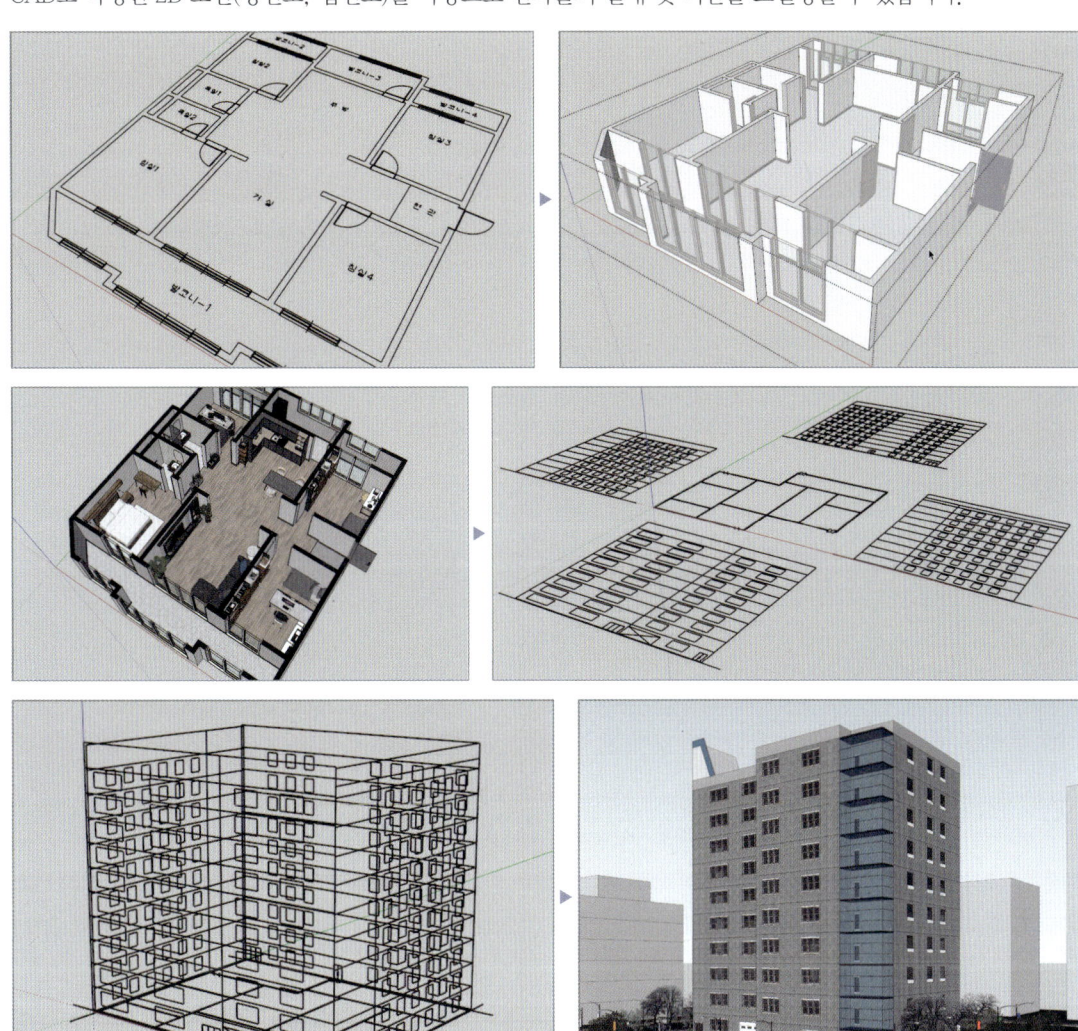

스케치업 모델링에 사용되는 대표적인 방법 6가지 과정을 이해한 후 Part 2 학습을 시작합니다.

Chapter 01	테이블, 건물 매스 만들기
Chapter 02	벤치 만들기
Chapter 03	벽 장식 디자인
Chapter 04	소극장 디자인
Chapter 05	계단실 만들기
Chapter 06	버스 정류장 만들기

모델링 기본편
주요 도구 익히기

CHAPTER 01 테이블, 건물 매스 만들기

모델링 도구 중 사용 빈도가 가장 높고 기본적인 도구인 직사각형(Rectangle), 원(Circle), 밀기/끌기(Push/Pull)을 활용해 모델링의 원리와 과정을 학습합니다.

STEP 1 테이블 만들기

① 모델링에 필요한 주요 도구
- 선 : (Line(L)), 원 : (Circle(C)), 직사각형 : (Rectangle(R)), 밀기/끌기 : (Push/Pull(P))

② 운영 기능
- 궤도 : (Orbit), 확대/축소 : (Zoom) 등 화면 제어

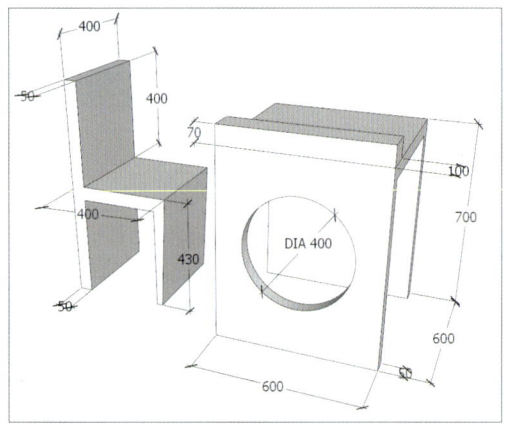

▲완성파일: [예제파일/P02/Ch01/테이블.skp]

01 스케치업을 실행하고 'Study' 템플릿을 클릭합니다.

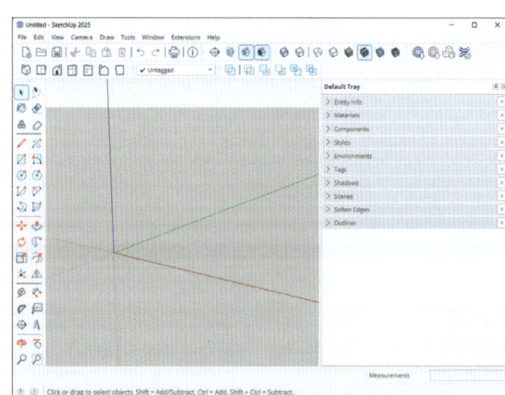

02 의자 만들기

사각형을 그리기 위해 직사각형(Rectangle(▭)) 도구 [R] 키를 누르고 ❶지점을 클릭합니다. 커서를 ❷방향으로 이동한 상태에서 '400,400'을 입력하고 [Enter] 키를 누르면 가로, 세로가 400mm인 사각형이 그려집니다.

400,400을 입력할 때 커서의 위치와 관계없이 키보드 숫자키를 누르면 우측 하단에 있는 VCB 창에 입력됩니다.

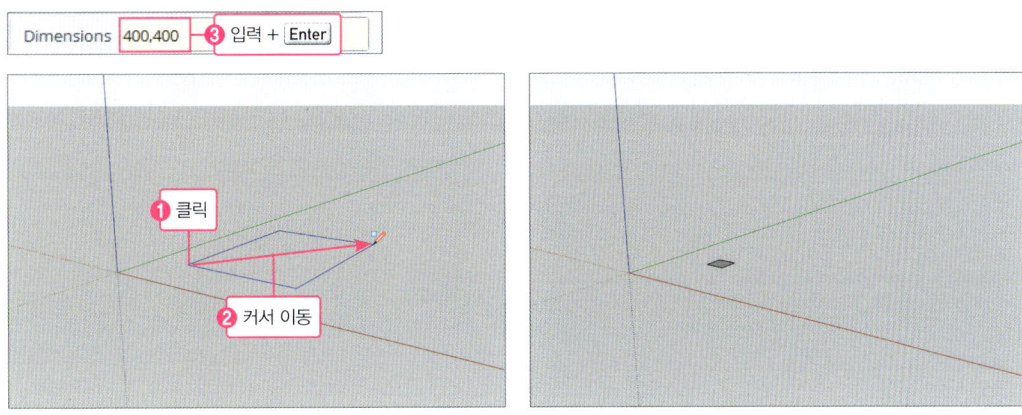

03

커서를 사각형 근처로 이동한 후 마우스 휠을 위로 돌려 적절히 확대합니다. 밀기/끌기(Push/Pull(◆)) 도구 [P] 키를 누르고 ❶지점을 클릭합니다. 커서를 ❷방향으로 이동한 상태에서 '430'을 입력하고 [Enter] 키를 누르면 상자 모양이 만들어집니다.

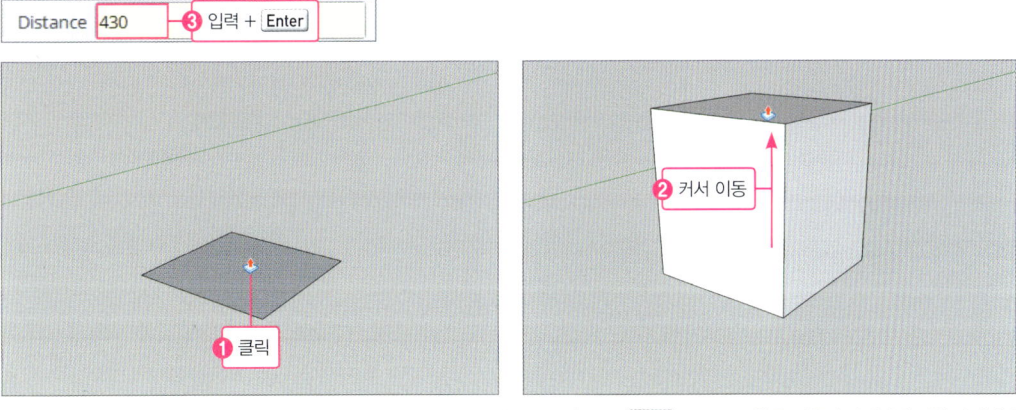

객체가 너무 작거나 한쪽으로 치우쳐 있으면 Zoom(확대/축소), Orbit(마우스 휠), Pan([Shift] + 마우스 휠)을 이용해 작업하기 편한 시점과 위치로 조정합니다.

04 시점을 조정한 후 직사각형(Retangle(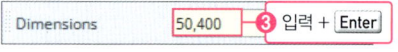)) 도구 R 키를 누르고 ❶지점을 클릭합니다. 커서를 ❷방향으로 이동한 상태에서 '50,400'을 입력하고 Enter 키를 누릅니다.

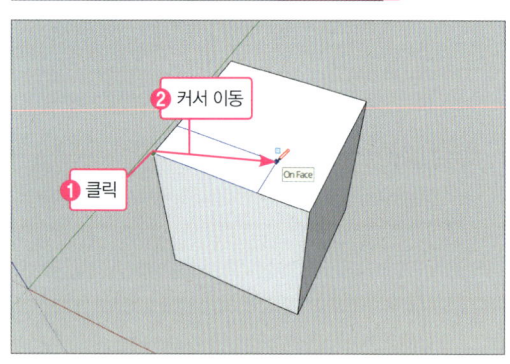

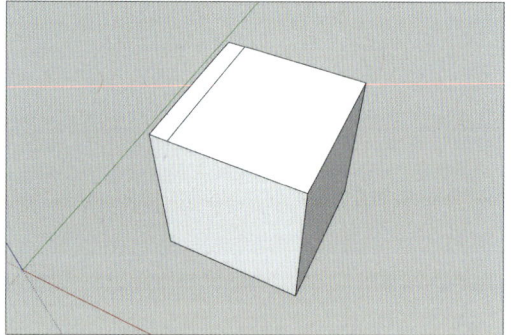

> **TIP** 사각형 그리기에서 값 입력의 기준
>
> **1. 그라운드에 그릴 경우**
> 사각형을 그릴 때 먼저 입력되는 값은 Length(X), 두 번째 입력되는 값은 Width(Y)입니다.
>
>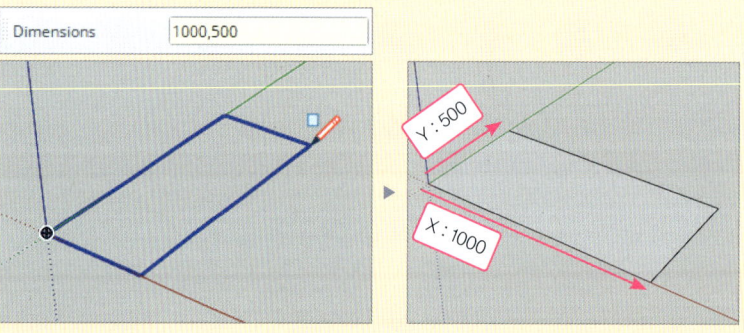
>
> **2. 면에 그릴 경우**
> 사각형의 첫 번째 코너 점을 클릭하고 커서를 이동해 VCB 창에 표시되는 값의 비율을 보고 판단하는 것이 정확합니다. 사각형의 Length(X), Width(Y)의 값을 반대로 입력한 경우 곧바로 입력을 다시 하고 Enter 키를 누르면 수정됩니다.
>
>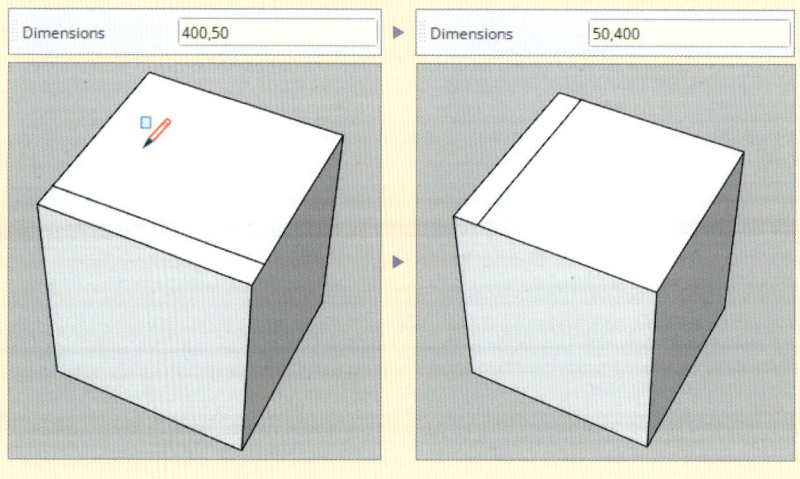

05 밀기/끌기(Push/Pull(◈)) 도구 [P] 키를 누르고 ❶지점을 클릭합니다. 커서를 ❷방향으로 이동한 상태에서 '400'을 입력하고 [Enter] 키를 누르면 면이 당겨져 등받이 모양이 만들어집니다.

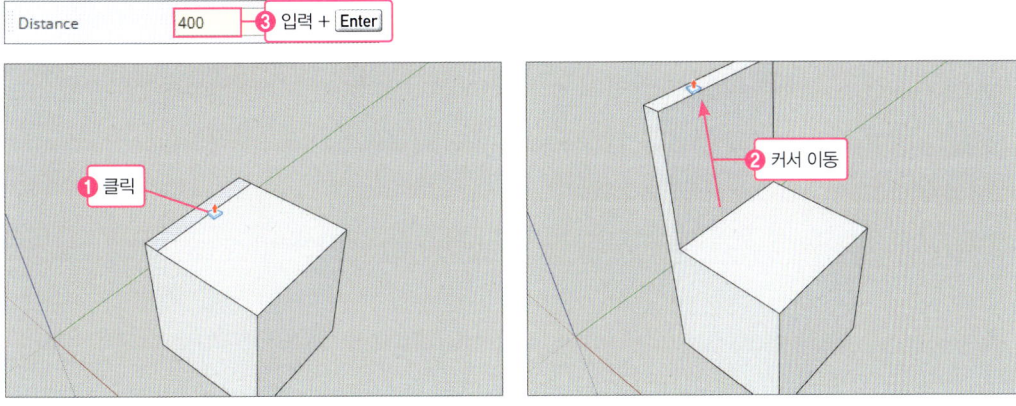

06 시점을 조정한 후 선을 그리기 위해 선(Line(✏)) 도구 [L] 키를 누르고 ❶지점을 클릭합니다. 커서를 선이 그려지는 방향인 ❷방향으로 이동한 상태에서 '50'을 입력하고 [Enter] 키를 누릅니다.

선을 겹쳐 그리면 겹친 선의 끝부분을 기준으로 선이 나누어집니다.

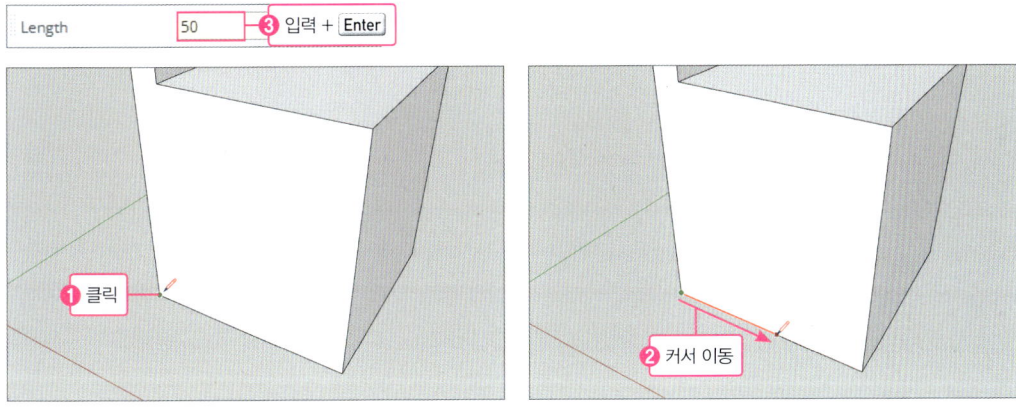

07 선 그리기 상태에서 ❶지점(Endpoint)을 클릭합니다. 커서를 선이 그려지는 방향인 ❷방향으로 이동한 상태에서 '380'을 입력하고 [Enter] 키를 누릅니다.

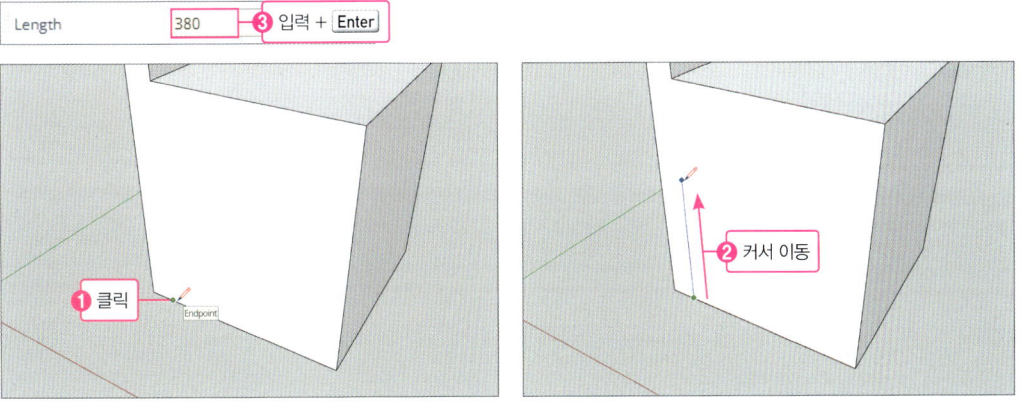

08 계속해서 커서를 선이 그려지는 방향인 ❶지점으로 이동한 상태에서 '300'을 입력하고 Enter 키를 누른 후 ❸지점 (On Edge)을 클릭합니다.

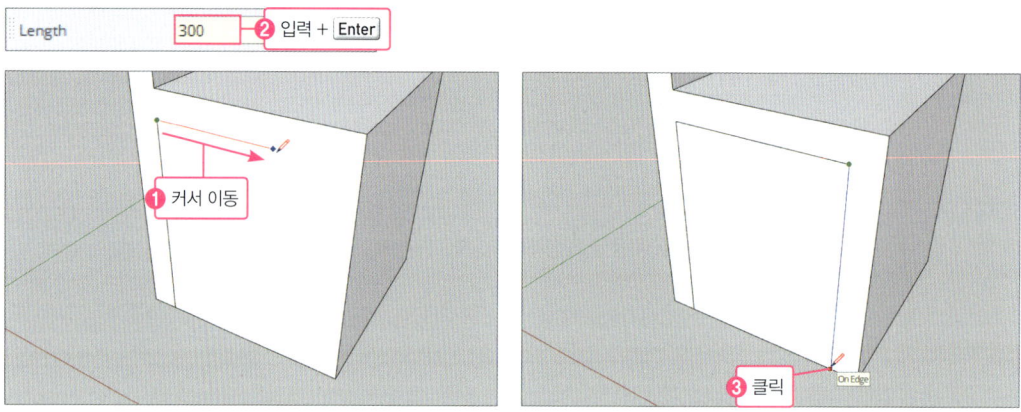

09 밀기/끌기(Push/Pull) 도구 P 키를 누르고 ❶지점을 클릭합니다. 커서를 ❷방향으로 이동한 상태에서 '400'을 입력하고 Enter 키를 누르면 면이 밀려 사각의 구멍이 만들어집니다.

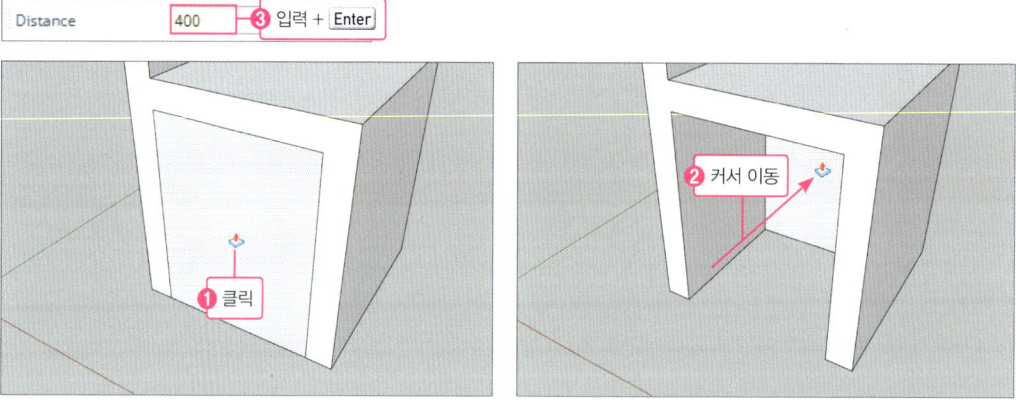

10 선(Line) 도구 L 키를 누르고 ❶지점(Endpoint)을 클릭한 후 ❷지점(Midpoint)을 클릭합니다. 밀기/끌기(Push/Pull) 도구 P 키를 누르고 ❸지점을 클릭합니다. 면의 끝인 ❹지점을 클릭해 모서리를 따냅니다.

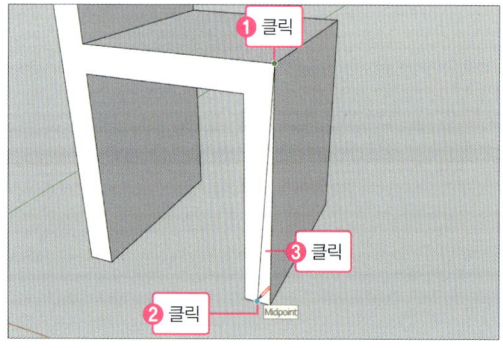 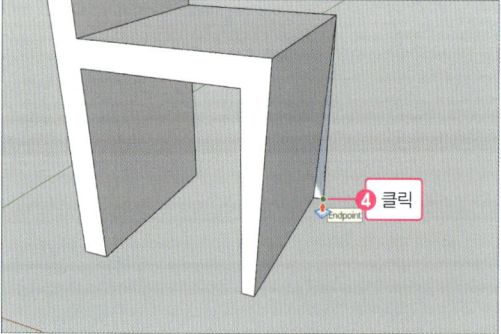

11 테이블 만들기

직사각형(Rectangle(✏️)) 도구 R 키를 누르고 ❶지점을 클릭합니다. 커서를 ❷방향으로 이동한 상태에서 '600,600'을 입력하고 Enter 키를 누릅니다.

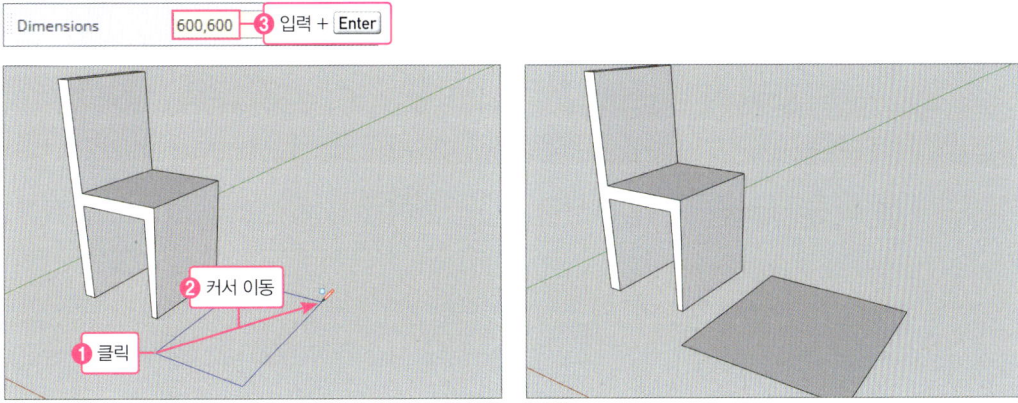

12
밀기/끌기(Push/Pull(👆)) 도구 P 키를 누르고 ❶지점을 클릭합니다. 커서를 ❷방향으로 이동한 상태에서 '700'을 입력하고 Enter 키를 누르면 면을 당겨 상자 모양이 만들어집니다.

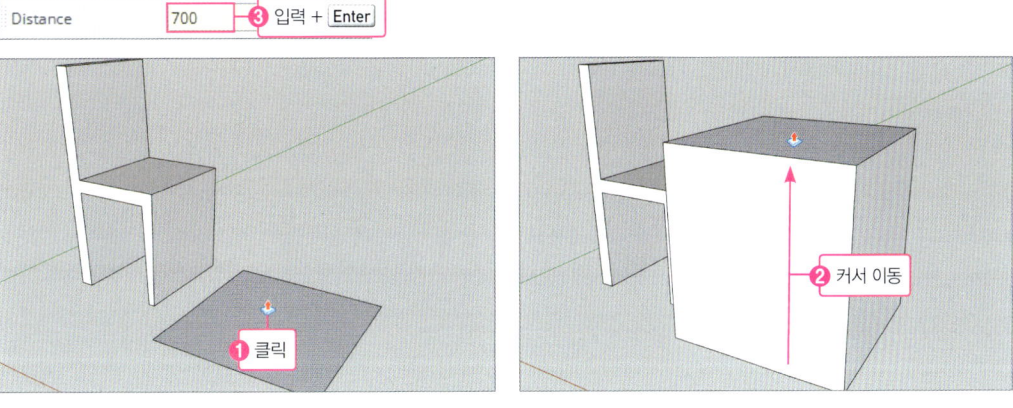

13
시점을 조정한 후 선(Line(✏️)) 도구 L 키를 누르고 ❶지점을 클릭합니다. 커서를 선이 그려지는 방향인 ❷방향으로 이동한 상태에서 '50'을 입력하고 Enter 키를 누릅니다.

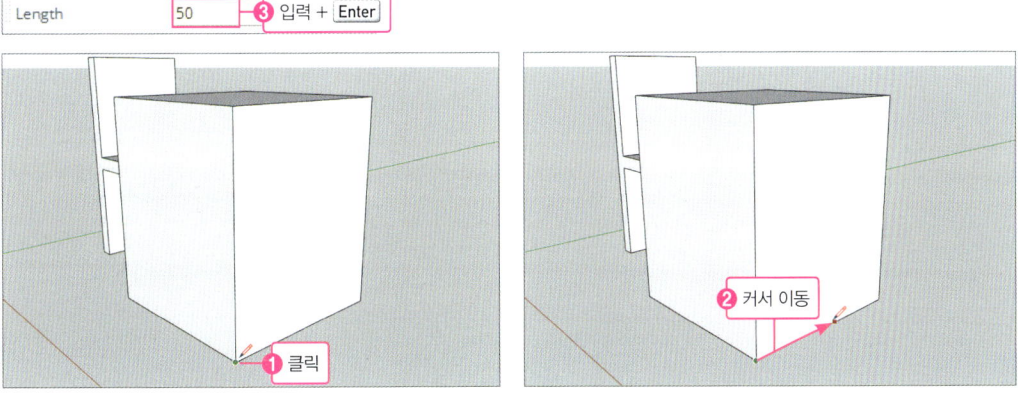

14 직사각형(Rectangle(▢)) 도구 ®® 키를 누르고 ❶지점(Endpoint)을 클릭합니다. 커서를 ❷방향으로 이동한 상태에서 '650,500'을 입력하고 Enter 키를 누릅니다.

'500,650'으로 입력하면 그려진 사각형이 그림과는 다른 모양이 되며 바로 '650,500'을 입력하고 Enter 키를 누르면 모양을 수정할 수 있습니다.

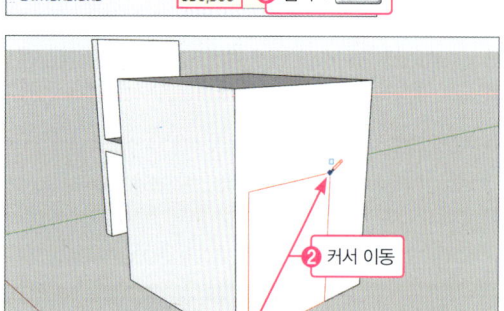
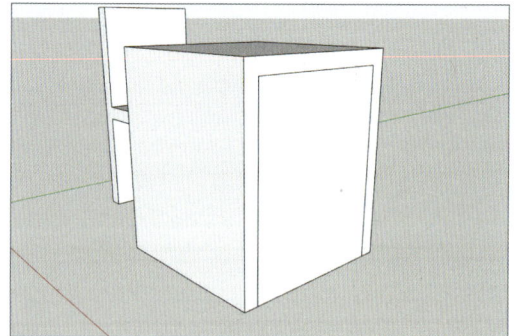

> **TIP 중심을 기준으로 사각형 작성하기**
>
> 직사각형(Rectangle) 그리기는 기본적으로 한쪽 코너점을 클릭해 그립니다. 하지만 코너점(시작점)을 클릭하고 Ctrl 키를 누르면 사각형의 중심을 기준으로 그릴 수 있습니다. 다시 Ctrl 키를 누르면 한쪽 코너점을 기준으로 그려집니다.

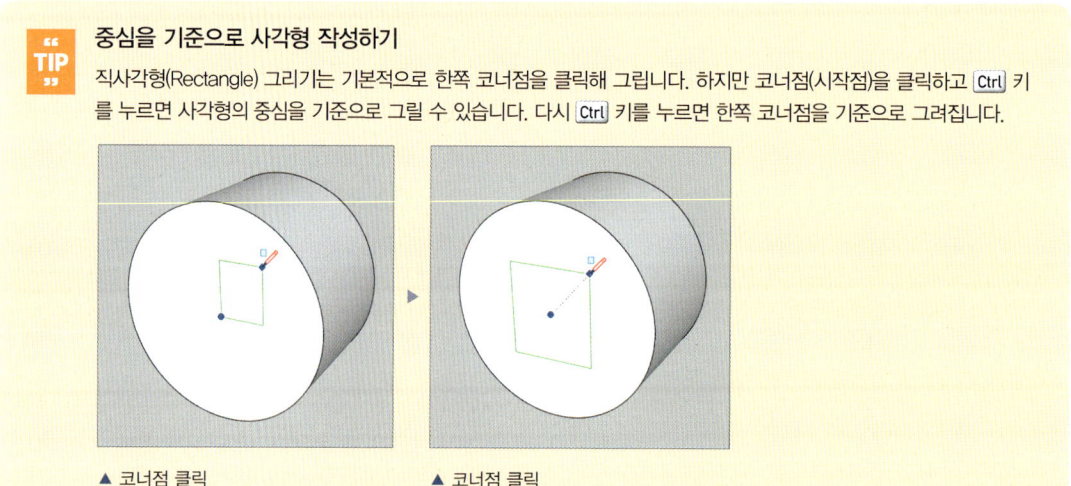

▲ 코너점 클릭   ▲ 코너점 클릭

15 밀기/끌기(Push/Pull(◈)) 도구 ®® 키를 누르고 ❶지점을 클릭합니다. 밀어낼 거리 값과 동일한 위치인 ❷방향을 클릭하면 면이 밀려 사각 구멍이 만들어집니다.

❷방향과 동일한 거리를 나타내는 ❸이나 ❹지점을 클릭해도 결과는 동일합니다.

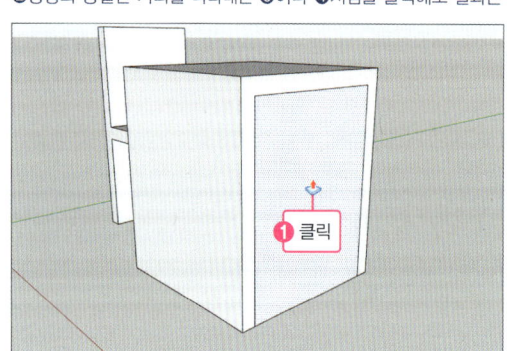
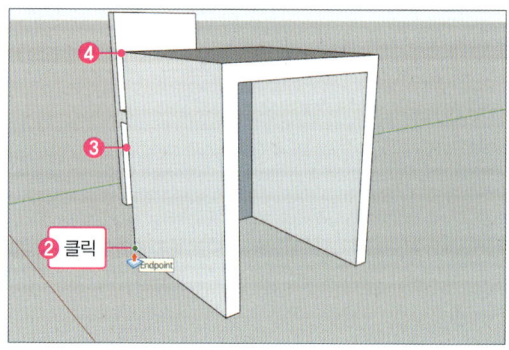

16 원(Circle( )) 도구 C 키를 누르고 커서를 ❶지점(Midpoint)으로 이동한 다음, 다시 커서를 ❷지점(Midpoint)으로 이동하고 축을 따라 ❸지점으로 천천히 이동하면 중앙에 From Point가 표시됩니다.

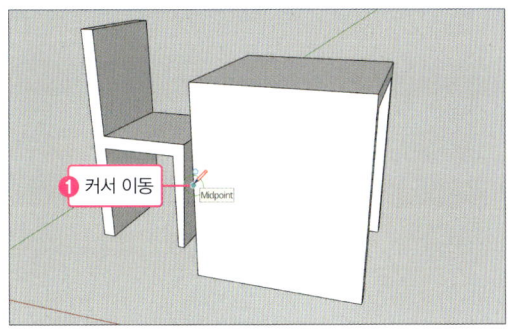
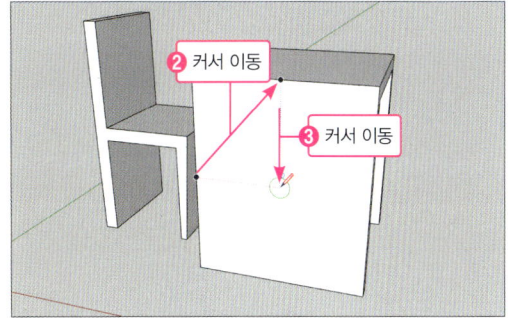

17 교차 부분인 ❶지점을 클릭하고 커서를 ❷방향으로 이동하면 원이 나타납니다. 반지름 '200'을 입력하고 Enter 키를 누릅니다.

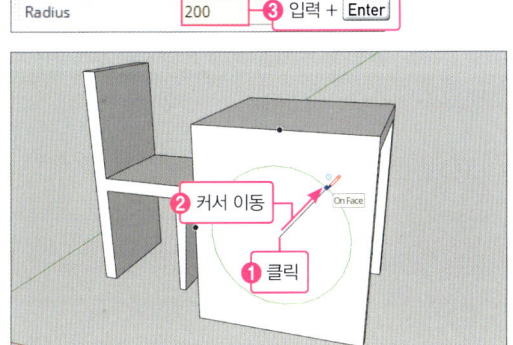
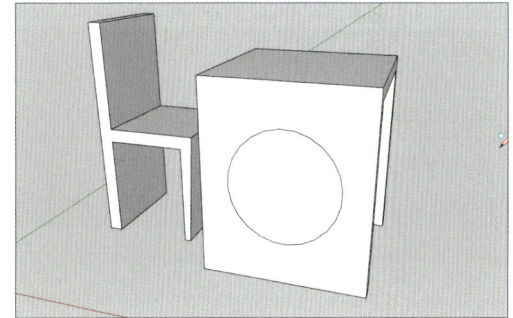

> **TIP** **원의 Sides 값**
>
> ① 스케치업은 원이나 호를 표현할 때 완전한 곡선이 아닌 여러 개의 선으로 표현됩니다. 기본적인 원은 24각형이며, 원을 그리기 전에 Sides 값을 설정하여 거친 원이나 좀 더 부드러운 원을 그릴 수 있습니다. 전체 모델에서 원이 차지하는 부분이 작다면 기본값 24로 문제가 없으나 원이 차지하는 부분이 큰 경우에는 값을 50 이상으로 변경하는 것이 좋습니다. Sides 값은 중심점을 클릭하기 전에 입력해야 합니다.
>
>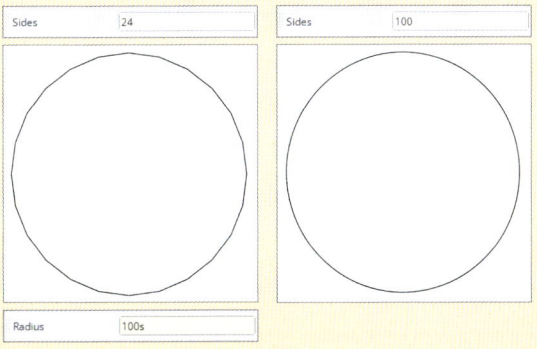
>
> ② 중심점 클릭 후 Sides 값을 변경하려면 VCB 창에 'Sides 값 + S '를 입력하면 됩니다.

18 밀기/끌기(Push/Pull(🔽)) 도구 P 키를 누르고 ❶지점을 클릭합니다. 커서를 ❷방향으로 이동해 'On Face' 표식이 나타났을 때 클릭하면 면이 밀려 원형 구멍이 만들어집니다.

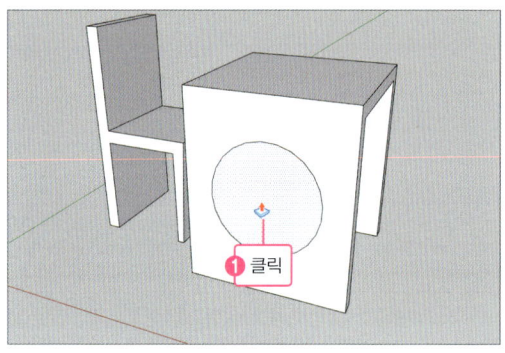
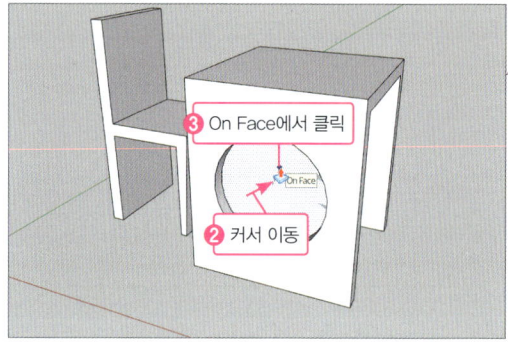

19 직사각형(Rectangle(▭)) 도구 R 키를 누르고 ❶지점(Endpoint)을 클릭합니다. 커서를 ❷방향으로 이동한 상태에서 '600,100'을 입력하고 Enter 키를 누릅니다.

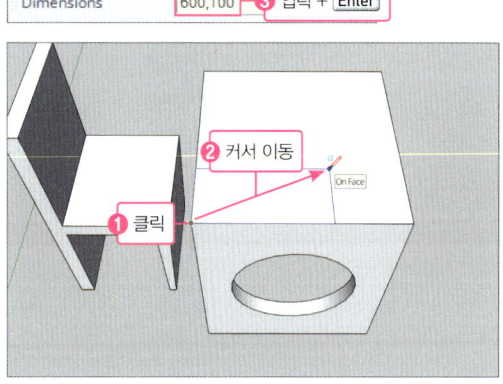
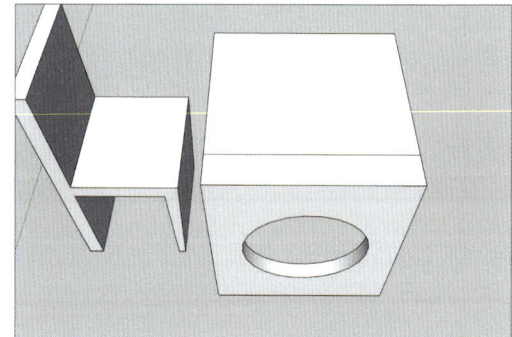

20 밀기/끌기(Push/Pull(🔽)) 도구 P 키를 누르고 ❶지점을 클릭합니다. 커서를 ❷방향으로 이동하면 면이 당겨지는 것을 확인할 수 있습니다. 이때 Ctrl 키를 누르면 커서에 '+' 표식이 나타나고 경계가 생기면서 면이 추가되어 당겨집니다. '70'을 입력하고 Enter 키를 눌러 테이블을 완성합니다.

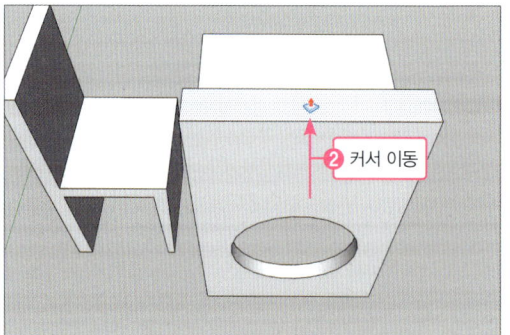

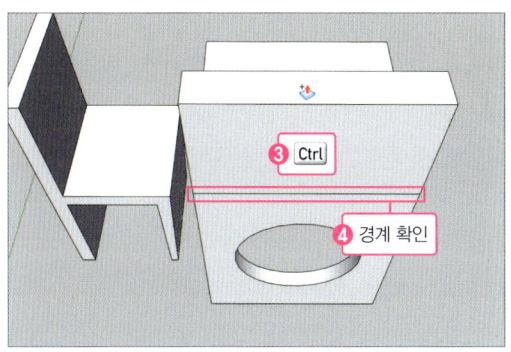 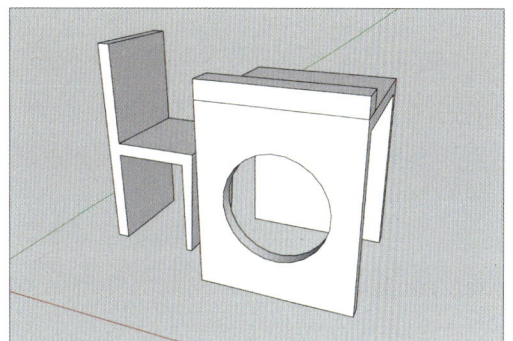

STEP 2 건물 매스 만들기

① 모델링에 필요한 주요 도구

- 직사각형 : (Rectangle(R)), 밀기/끌기 : (Push/Pull(P))

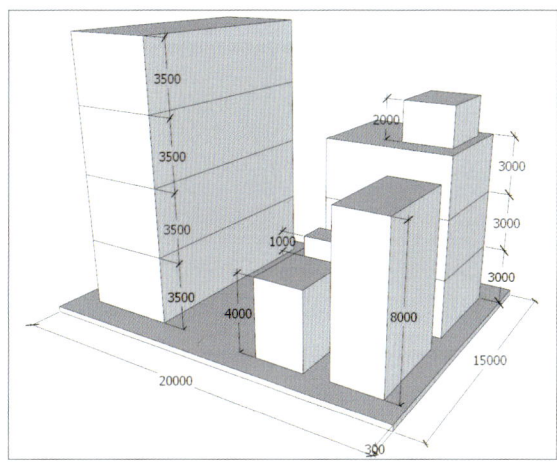

▲ 완성파일 : [예제파일/P02/Ch01/건물매스.skp]

01 스케치업을 실행하고 'Study' 템플릿을 클릭합니다.

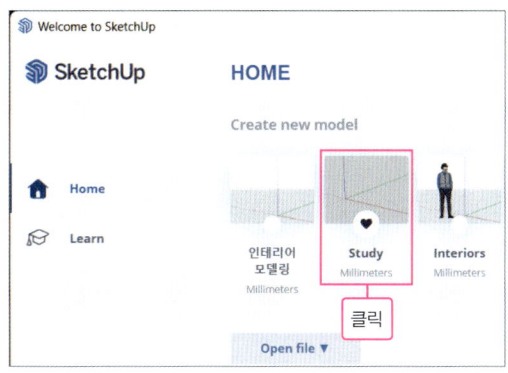 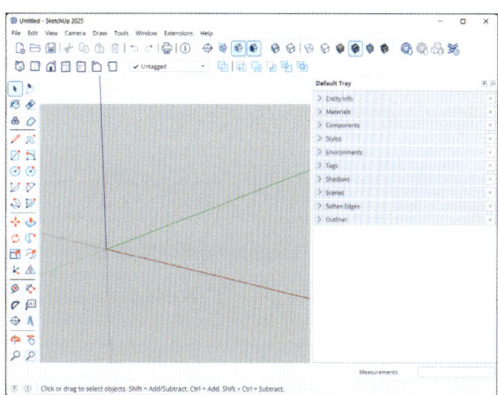

Chapter 01 • 테이블, 건물 매스 만들기   63

02 건물 매스 만들기

직사각형(Rectangle(▨)) 도구 R 키를 누르고 ❶지점을 클릭합니다. 커서를 ❷방향으로 이동한 상태에서 '20000,15000'을 입력하고 Enter 키를 누릅니다. Shift + Z 키를 누르면 벗어난 사각형이 작업화면에 들어옵니다.

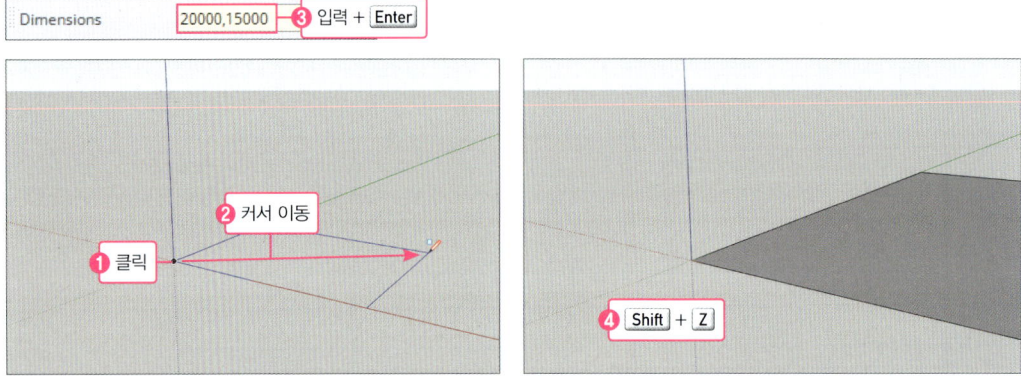

스케치업 2022 버전 이상에서는 작성한 사각형의 위쪽 면은 앞면(흰색)으로, 2021 버전까지는 뒷면(푸른색)으로 표시됩니다. 버전과 관계없이 작성된 면을 밀기/끌기로 당긴 후 보이는 면은 앞면(흰색)입니다.

03

작성한 사각형이 작업화면에 들어오도록 시점을 조정한 후 밀기/끌기(Push/Pull(◈)) 도구 P 키를 누르고 ❶지점을 클릭합니다. 커서를 ❷방향으로 이동한 상태에서 '200'을 입력하고 Enter 키를 누릅니다.

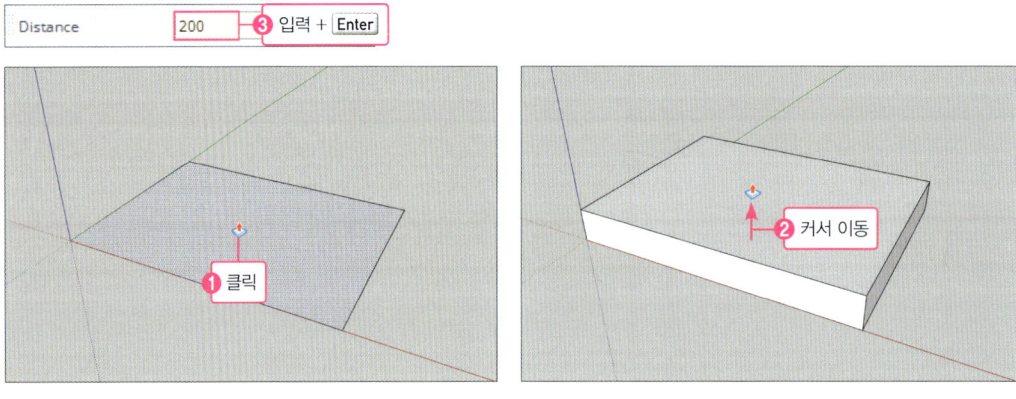

04

직사각형(Rectangle(▨)) 도구 R 키를 누릅니다. ❶지점 근처에서 클릭하고 ❷지점 근처에서 클릭합니다. 대략적인 크기로 작성하면 됩니다.

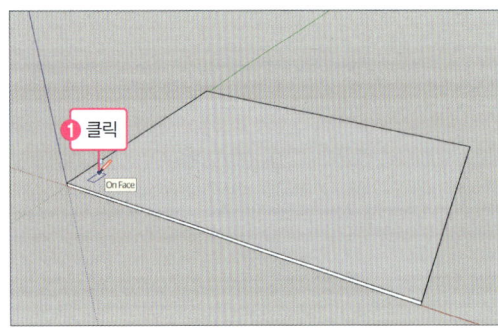 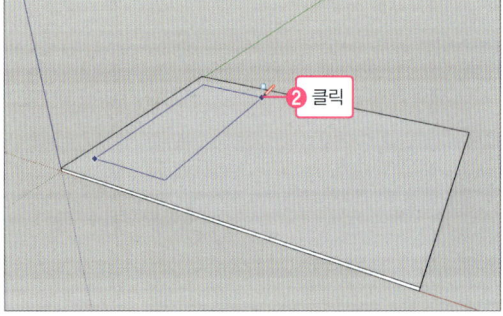

05 밀기/끌기(Push/Pull( )) 도구 P 키를 누르고 ❶지점을 클릭합니다. 커서를 ❷방향으로 이동한 후 '3500'을 입력하고 Enter 키를 누릅니다.

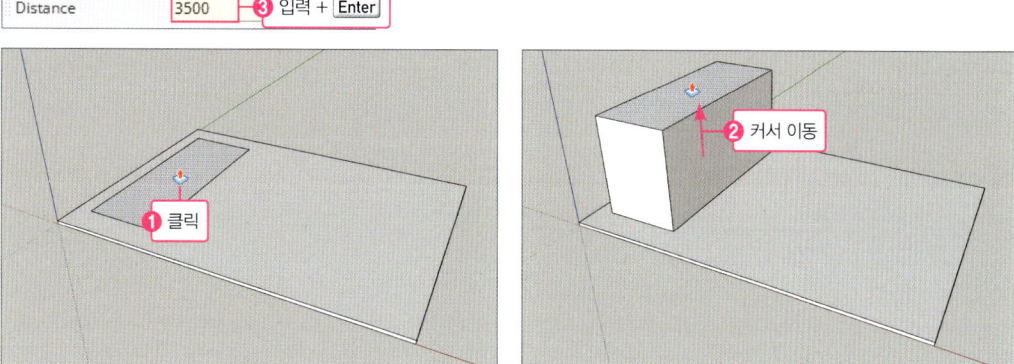

06 밀기/끌기가 실행 중인 상태에서 Ctrl 키를 누르면 커서의 모양이 에서 더하기 표시가 붙은 로 변경됩니다. ❷지점에서 더블 클릭하면 이전에 작업한 높이 값 '3500'이 적용되어 면이 당겨집니다.

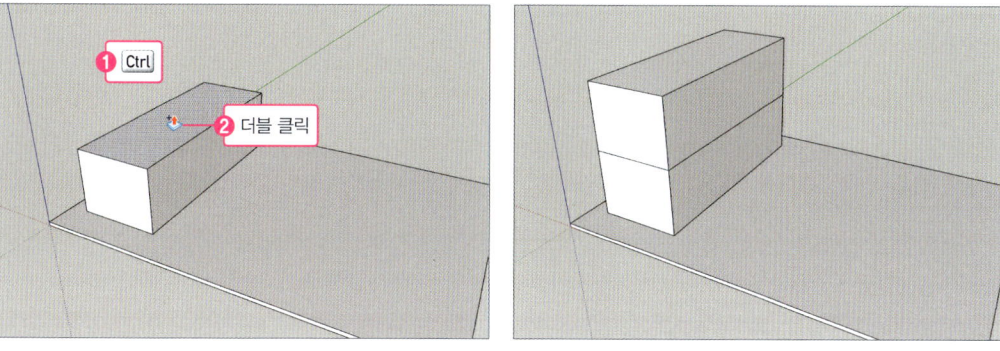

07 커서가 상태에서 ❶지점을 더블 클릭해 3층을 만들고, 한 번 더 반복해 4층으로 표현합니다.

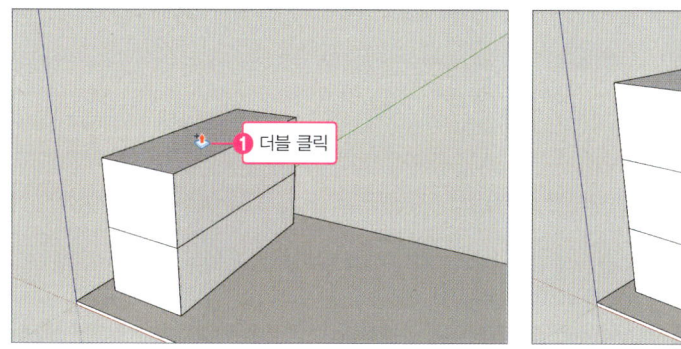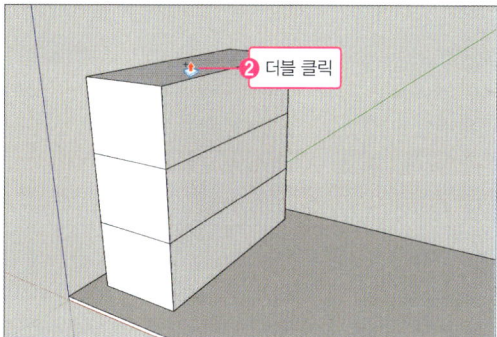

밀기/끌기()의 토글

2022 버전까지 밀기/끌기(Push/Pull) 도구의 토글은 Ctrl 키를 사용한 면 추가() 기능만 되었지만 2023 버전 이상부터 Alt 키를 사용한 신축() 기능이 추가되었습니다.

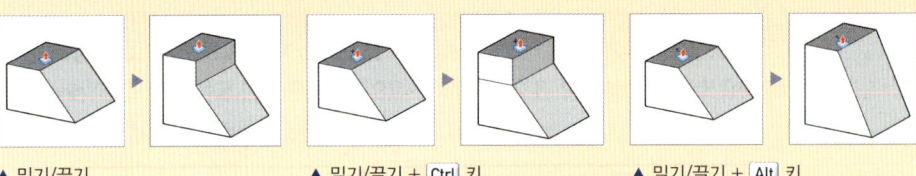

▲ 밀기/끌기   ▲ 밀기/끌기 + Ctrl 키   ▲ 밀기/끌기 + Alt 키

08 다음과 같이 사각형을 그려 건물의 높이를 표현해 봅니다.

그림과 모양이 똑같지 않아도 관계없습니다. 건물의 위치와 가로, 세로 치수는 임의로 하여 건물 패드 위에 보기 좋게 스케치한 후 높이만 맞춥니다.

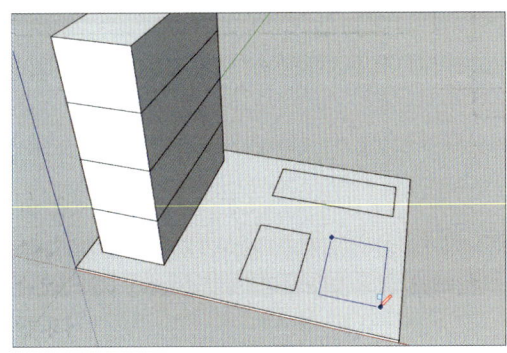
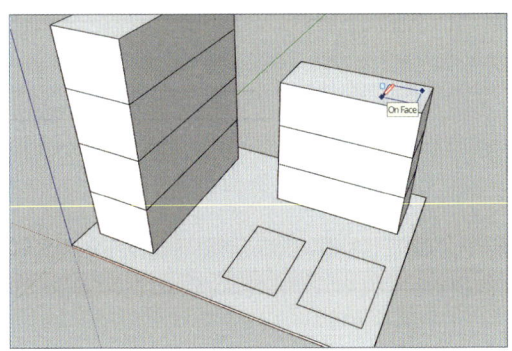
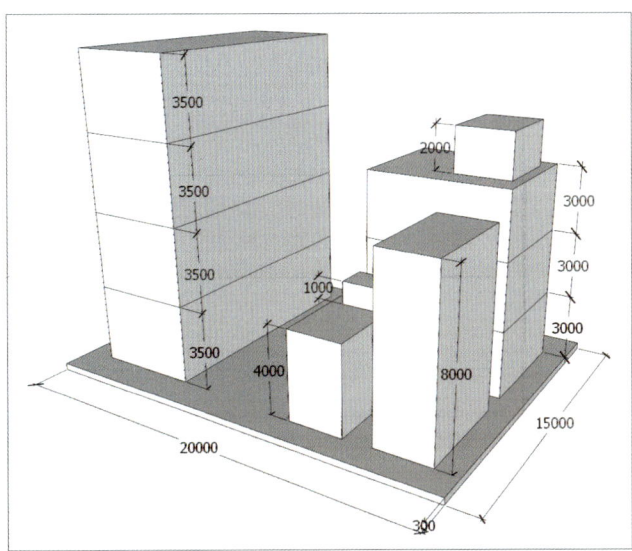

01 다음 모델을 작성하시오.

- 모든 벽과 홈의 두께는 200으로 작성

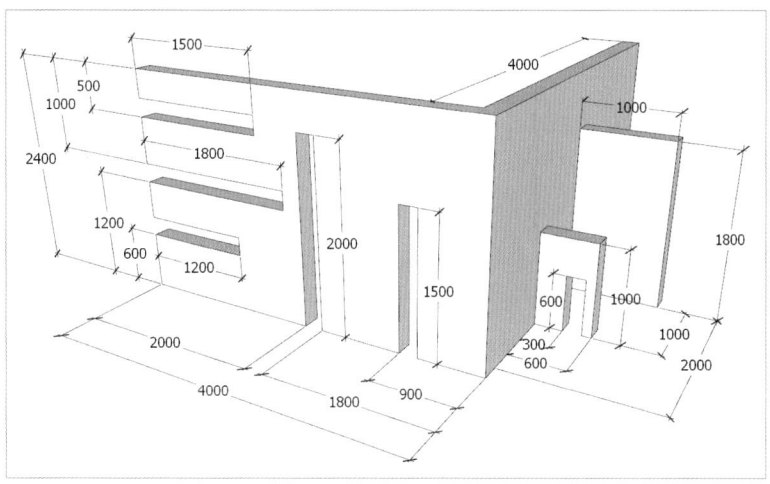

▲ 완성파일 : [예제파일/P02/Ch01/칸막이 벽.skp]

- 모델링 과정

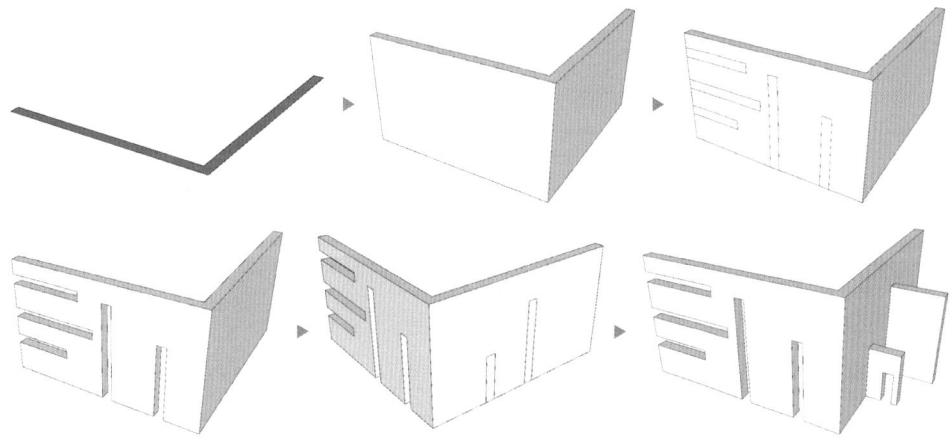

02 다음 모델을 작성하시오.
- 모델링 과정은 먼저 100×100×100 육면체를 작성한 후 밀기/끌기(Push/Pull) 도구의 면 추가(Ctrl)를 활용합니다.
- 각 객체의 위치는 작업자가 임의로 설정합니다.

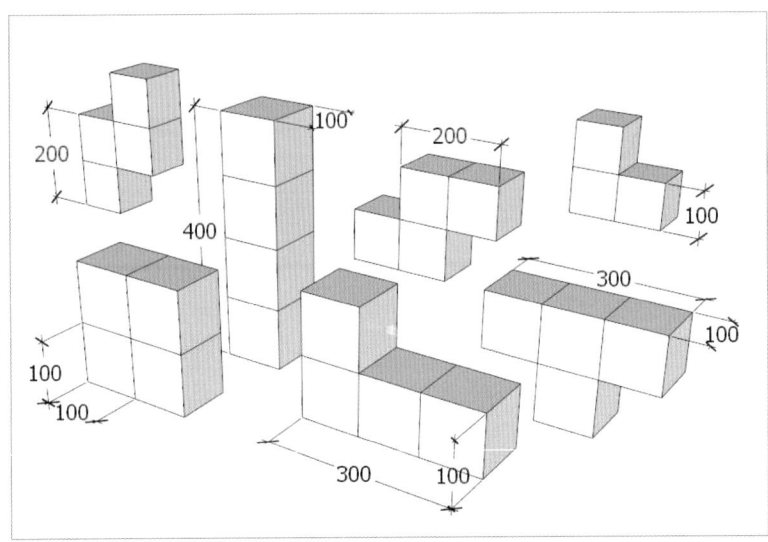

▲ 완성파일 : [예제파일/P02/Ch01/테트리스 블록.skp]

03 다음 모델을 작성하시오.

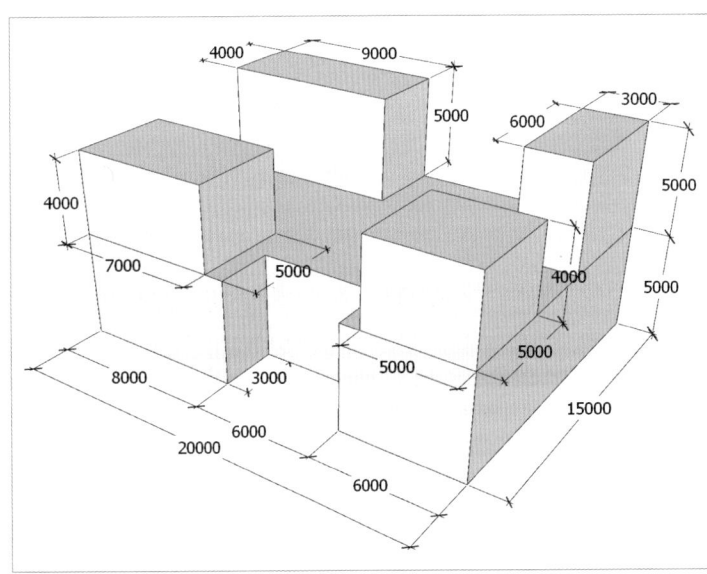

▲ 완성파일 : [예제파일/P02/Ch01/건물 매스2.skp]

CHAPTER 02 벤치 만들기

이동(Move)의 확장 기능과 뷰(Views)를 활용한 스케치로 벤치를 만들어 보겠습니다. 모델링 과정에서 형태를 이루는 객체를 하나로 묶어 관리하는 Group의 개념을 이해할 수 있어야 합니다.

STEP 1 입면 스케치

① 모델링에 필요한 주요 도구
- 뷰 : ◻◻◻◻◻◻(Views), 이동 : ✥(Move(M))

② 운영 기능
- 그룹(Group), 분해(Explode), 단축키 설정(Shortcut)

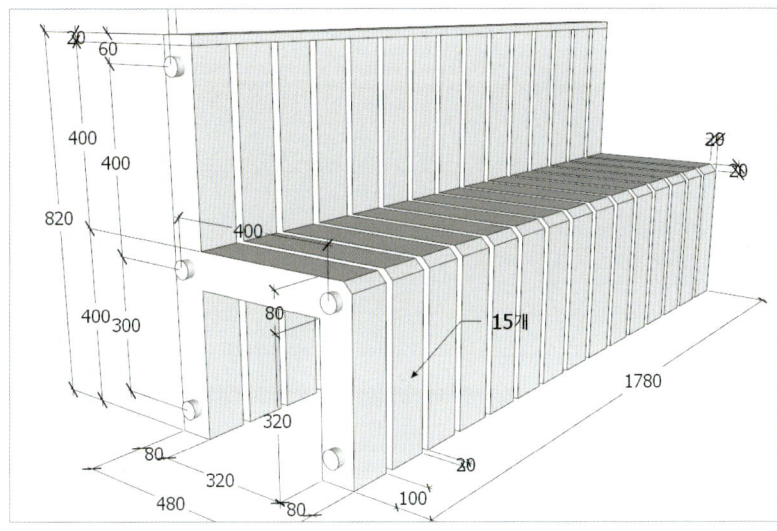

▲완성파일: [예제파일/P02/Ch02/벤치.skp]

01 스케치업을 실행하고 'Study' 템플릿을 클릭합니다.

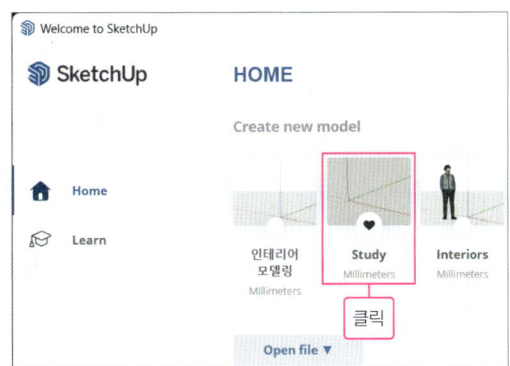
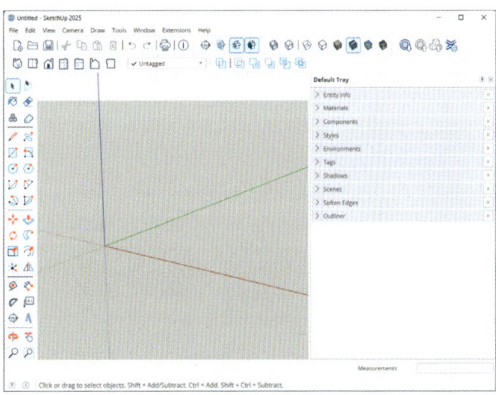

02 벤치의 측면 형태를 스케치하기 위해 Views의 Front ❶을 클릭하고, [Camera]의 [Parallel Projection]을 클릭해 원근감이 없도록 설정합니다.

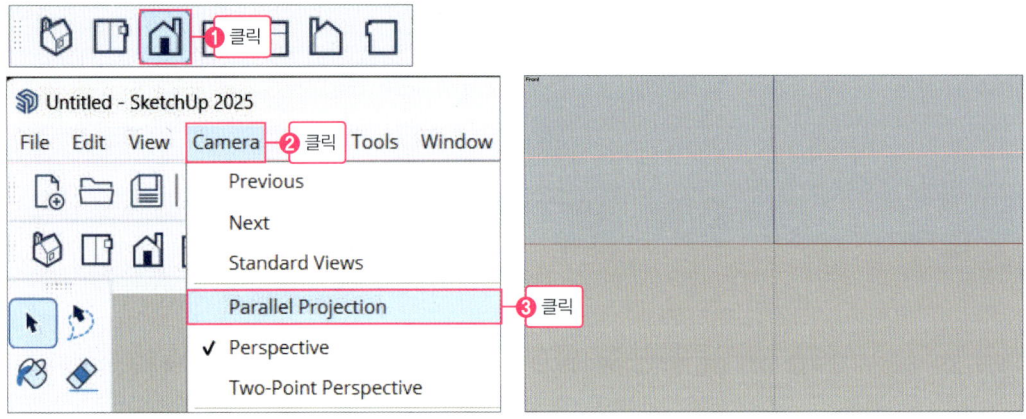

03 선(Line(✏️)) 도구 ⓛ 키를 누르고 ❶지점(원점)을 클릭합니다. 커서를 ❷지점으로 이동한 상태(On Blue Axis)에서 '800'을 입력하고 Enter 키를 누릅니다. 계속해서 우측 방향으로 그림과 같이 그려나갑니다. 처음 시작점인 ❶지점까지 선을 그리면 닫힌 영역이 되어 면이 생성됩니다.

치수는 작성하지 않습니다.

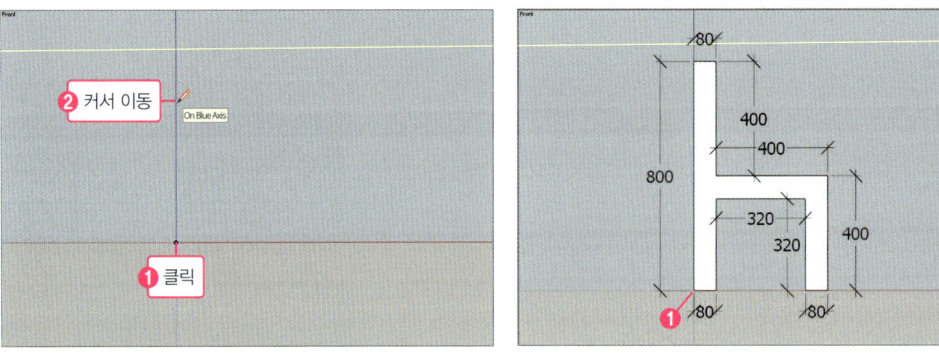

작업 중 시점이 틀어지면 다시 Views의 Front를 클릭하면 됩니다.

04 오른쪽 위 모서리 부분을 확대하고 ❶지점에서 20씩 선을 그립니다. 다시 ❷지점(endpoint)에서 ❸지점(endpoint)으로 선을 그려줍니다.

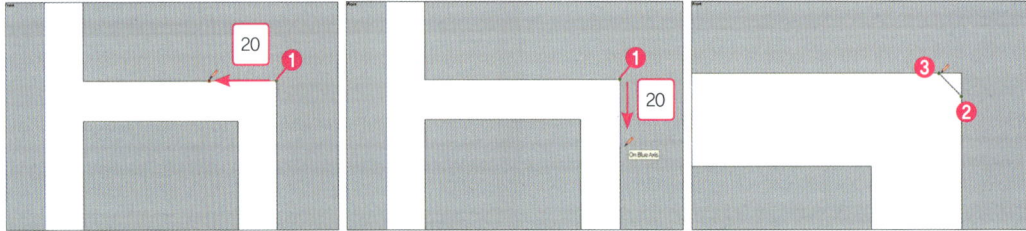

05 모서리를 편집하기 위해 지우개(Eraser(◆)) 도구 E 키를 누릅니다. 불필요한 선분 ❶과 ❷를 차례로 클릭합니다.

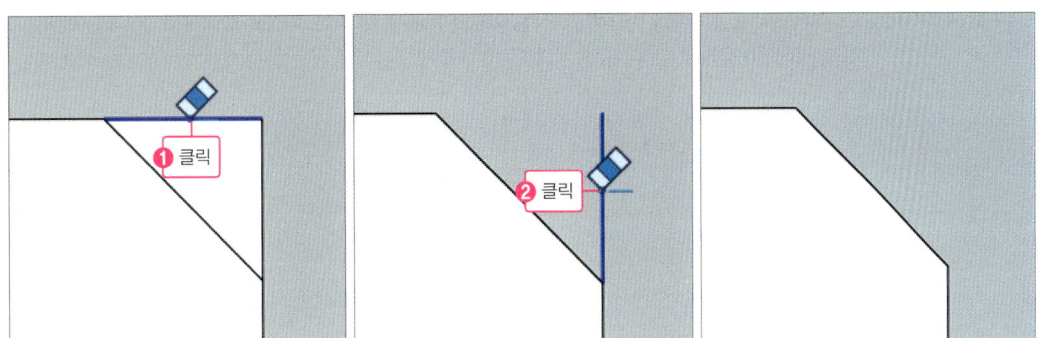

> **TIP 지우개 사용법**
>
> ① 지우개 아래 작은 원에 지울 선을 걸쳐 놓고 클릭하면 지워집니다.
>
>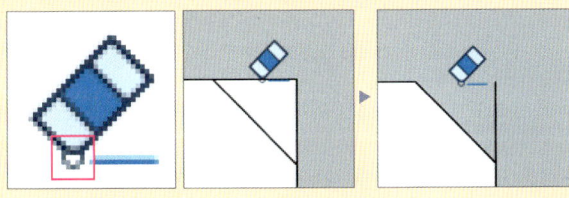
>
> ② 지우기할 때 하나하나 객체를 클릭해도 되지만 빈 영역에서 클릭 & 드래그로 지우개가 객체를 지나쳐도 삭제됩니다. 삭제할 객체가 많은 경우 클릭 & 드래그로 신속하게 지울 수 있습니다.
>
>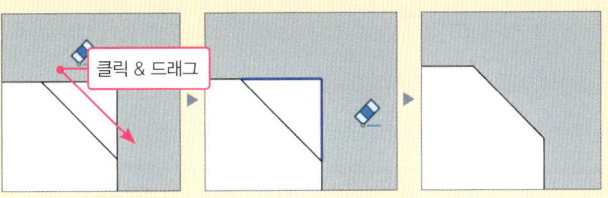
>
> ③ 지울 선을 선택 커서로 클릭하고 Delete 키를 누르면 지워집니다.
>
>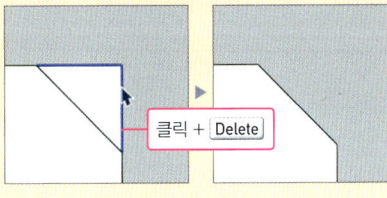

06 마우스 휠을 꾹 눌러 시점을 조정한 후 밀기/끌기(Push/Pull( )) 도구 [P] 키를 누르고 ❶지점을 클릭합니다. 커서를 ❷방향으로 이동한 상태에서 '100'을 입력하고 [Enter] 키를 누릅니다.

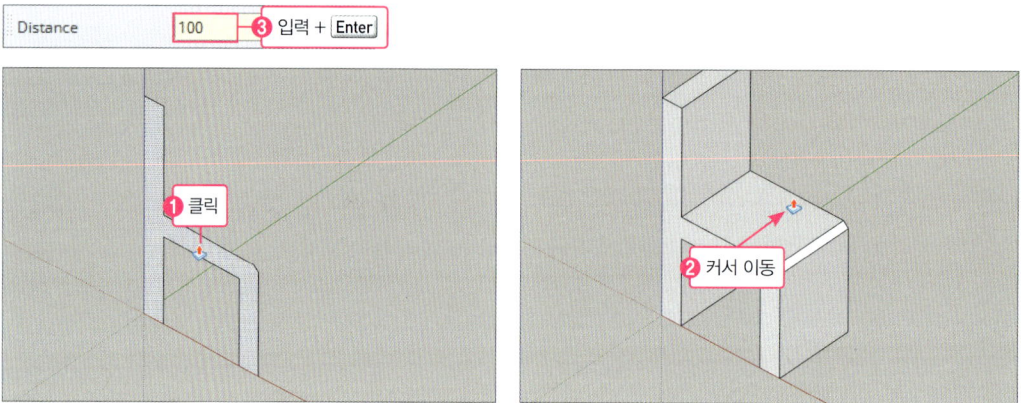

07 그룹 지정(Make Group)

작성된 객체를 하나의 그룹으로 설정하겠습니다. [Space bar] 키를 눌러 선택(Select( )) 도구로 전환하고 ❶지점에서 트리플 클릭(연속 3번 클릭)합니다. 클릭한 부분과 연결된 모든 선과 면이 선택됩니다.

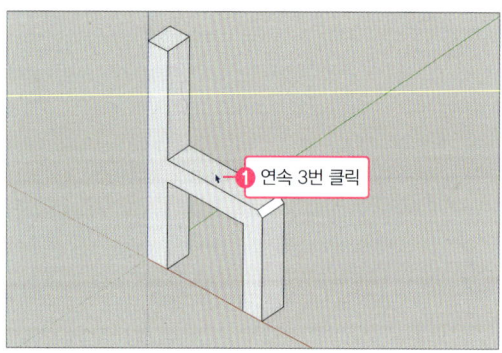 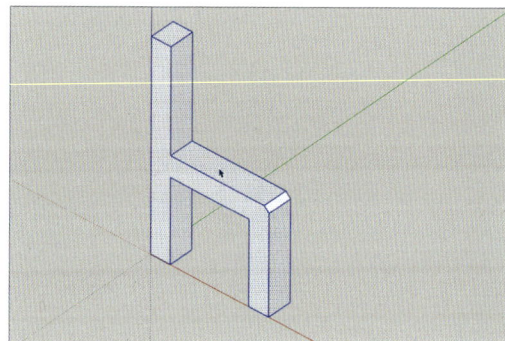

선택하기
스케치업에서는 클릭, 더블 클릭, 트리플 클릭의 세 가지 방법으로 객체를 직접 선택할 수 있습니다.

① 클릭
클릭한 선이나 면만 선택됩니다.

 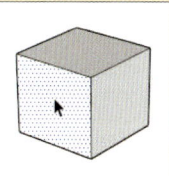

② 더블 클릭
선을 더블 클릭하면 선과 접한 면까지 선택됩니다. 면을 더블 클릭하면 면과 접한 선까지 선택됩니다.

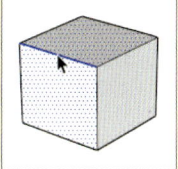 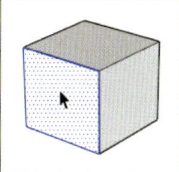

③ 트리플 클릭(연속 3번 클릭)
선이나 면을 트리플 클릭하면 연결된 모든 부분이 선택됩니다.

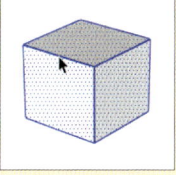 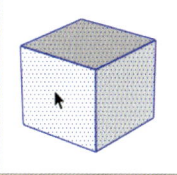

08 객체 위에서 마우스 오른쪽 버튼을 클릭하고 메뉴에서 [Make Group]을 클릭합니다. Group 설정 후 빈 영역 ❸지점을 클릭하고 ❹를 클릭하면 하나의 객체로 선택되는 것을 확인할 수 있습니다.

 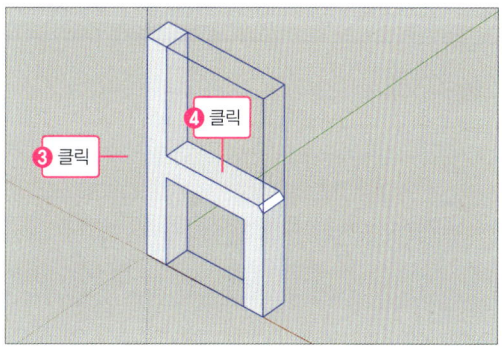

09 Space bar 키를 눌러 선택(Select( )) 도구로 복사 대상 ❶을 클릭합니다. 이동하기 위해 이동(Move( )) 도구 M 키를 누르고 ❷지점을 클릭합니다.

그룹으로 지정한 직후에는 그룹 객체가 선택된 상태이므로 선택 과정 없이 M 키를 누르고 ❷지점을 클릭해도 됩니다.

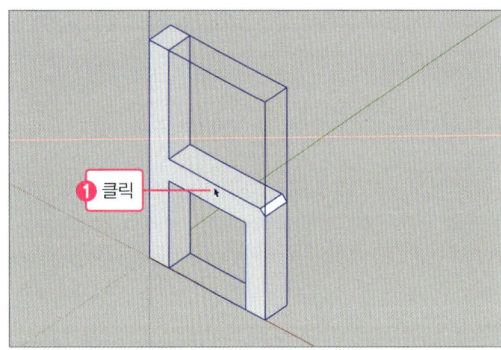 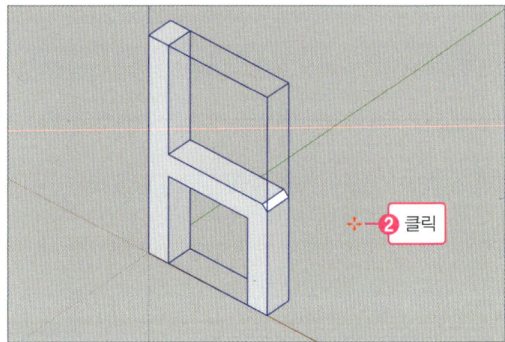

10 Ctrl 키를 누르면 커서가 이동( )에서 복사( ) 모양으로 변경됩니다. 커서를 ❶방향(Y축 녹색)으로 이동한 상태에서 '120'을 입력하고 Enter 키를 누릅니다.

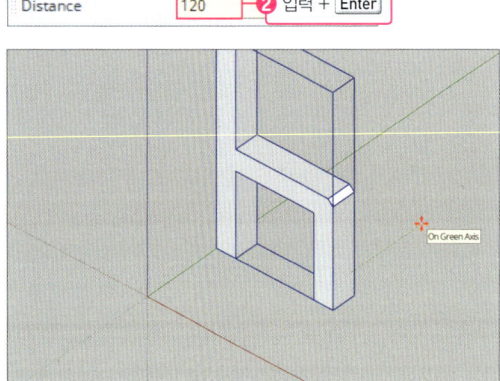 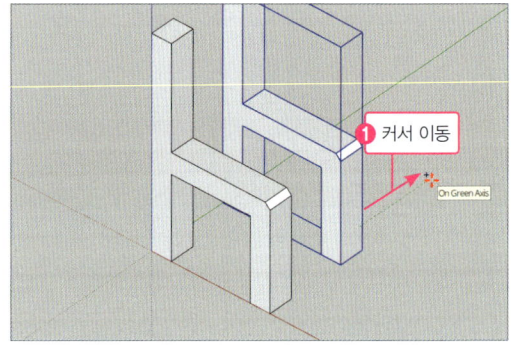

11 복사 후 계속해서 '*14'를 입력하고 Enter 키를 누르면 다중 복사가 적용됩니다.

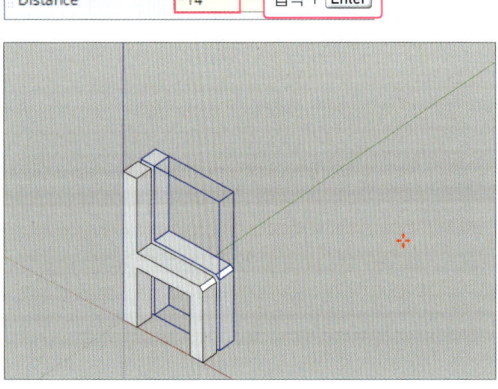 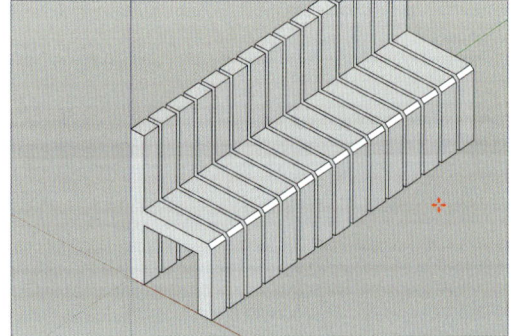

이동(Move) 도구의 다양한 기능

① 이동하기( )

객체 선택 → M 키 누름 → 기준점 클릭 → 목적지 클릭 또는 거리 값 입력 후 Enter 키 누름

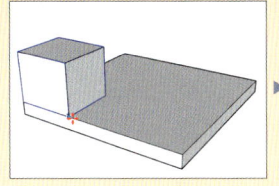 ▶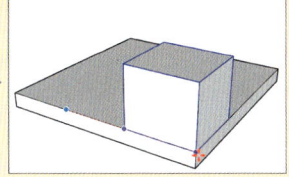

② 늘리기( )

객체 선택 → M 키 누름 → 기준점 클릭 → 목적지 클릭 또는 거리 값 입력 후 Enter 키 누름

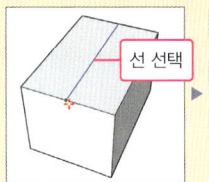 ▶ 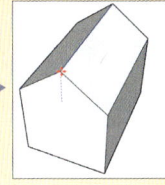 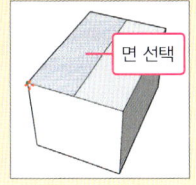 ▶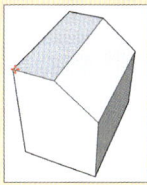

③ 복사하기( )

객체 선택 → M 키 누름 → 기준점 클릭 → Ctrl 키 누름 → 목적지 클릭 또는 거리 값 입력 후 Enter 키 누름

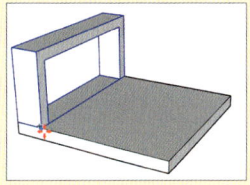 ▶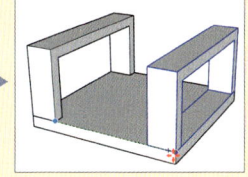

④ 다중 복사( )

객체 선택 → M 키 누름 → Ctrl 키 누름 → Ctrl 키 누름 → 기준점 클릭 → 목적지 클릭 또는 거리 값 입력 후 Enter 키 누름

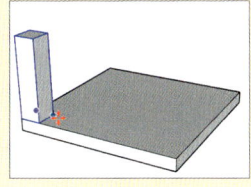 ▶ 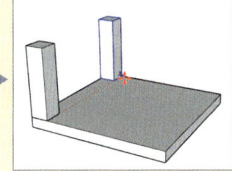 ▶ 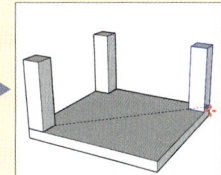 ▶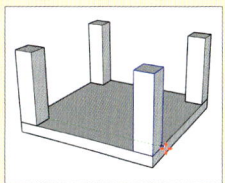

⑤ 자동 접기( )

객체 선택 → M 키 누름 → Alt 키 누름 → 기준점 클릭 → 목적지 클릭 또는 거리 값 입력 후 Enter 키 누름

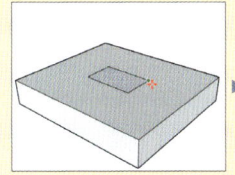 ▶ 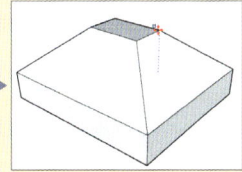 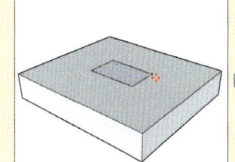 ▶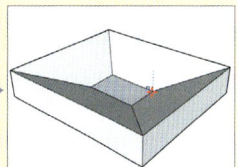

⑥ 외부 배열

복사 후 *N 또는 Nx 입력 후 Enter 키 누름

N 값은 복사 수량을 입력합니다.

⑦ 내부 배열

복사 후 /N 입력 후 Enter 키 누름

N 값은 복사 수량을 입력합니다.

12 상부 지지대를 만들겠습니다. 직사각형(Rectangle( )) 도구 R 키를 누르고 ❶지점을 클릭하고 ❷지점을 클릭합니다.

면 위에 면을 만들면 두 개의 면이 겹쳐지면서 면이 이글거리게 표현됩니다. 면이 깨끗하게 보이지 않는 현상은 정상입니다.

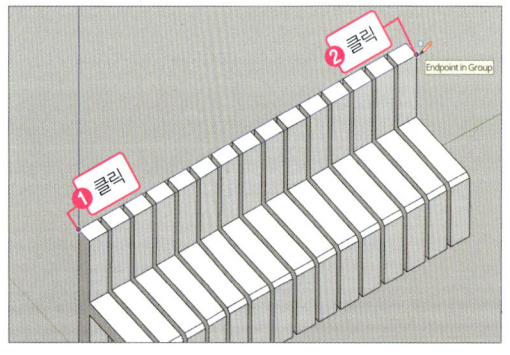 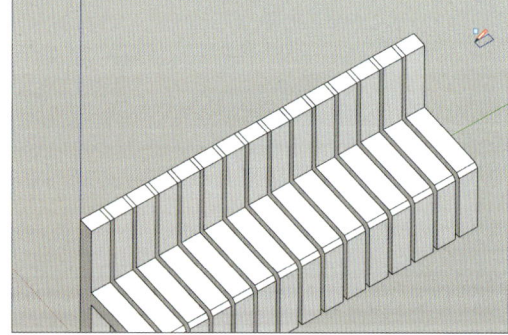

13 밀기/끌기(Push/Pull( )) 도구 P 키를 누르고 ❶지점을 클릭합니다. 커서를 ❷방향으로 이동한 상태에서 '20'을 입력하고 Enter 키를 누릅니다.

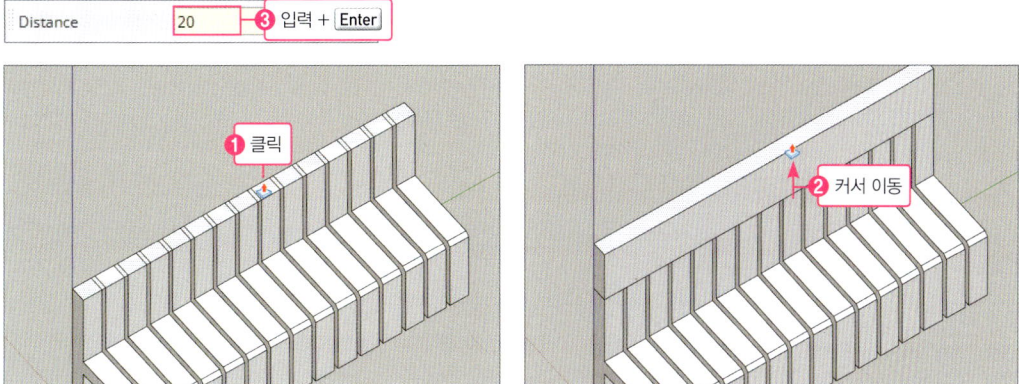

14 Space bar 키를 눌러 선택(Select( )) 도구로 전환하고 ❶지점에서 트리플 클릭(연속 3번 클릭)합니다. 마우스 오른쪽 버튼을 클릭하고 메뉴에서 [Make Group]을 클릭합니다.

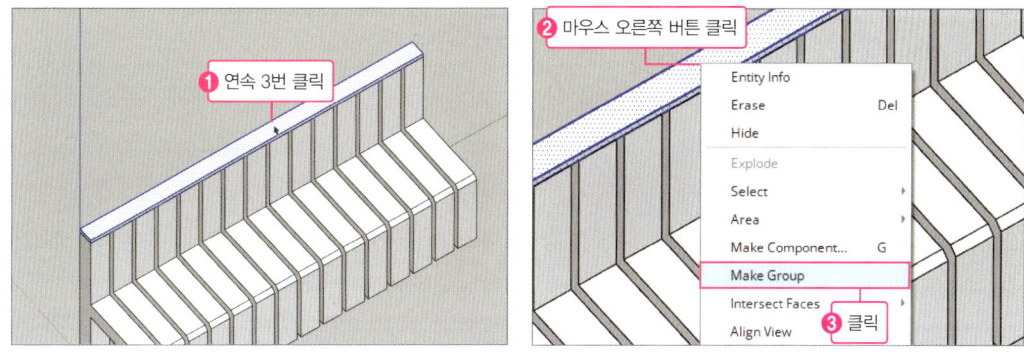

하나의 형태(부재의 단위)가 만들어지면 향후 편집 및 관리를 위해 Group을 만드는 것이 좋습니다.

Group(그룹) 설정

① 모델링 과정에서 겹치게 되는 면과 선은 공유되어 독립적이지 못하고 하나로 합쳐지게 됩니다. 이러한 이유로 객체와 객체를 붙여서 만들 때 이전 객체를 그룹으로 작성 후 다음 객체를 만들어야 이동 및 편집에 영향을 받지 않습니다. 아래와 같은 큰 상자와 작은 상자가 이루는 객체가 하나의 덩어리로 재료가 동일한 객체라면 그룹으로 작성하지 않지만 서로 성격이 다른 독립적인 객체라면 첫 번째 상자를 만들고 그룹으로 작성한 후 두 번째 상자를 만들어야 합니다. 이는 스케치업 모델링 과정에서 가장 중요한 부분입니다.

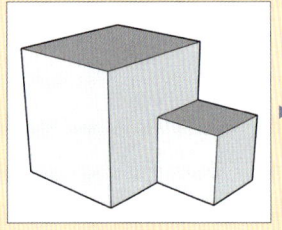 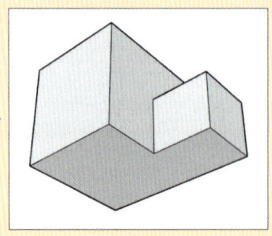

▲ 그룹으로 작성하지 않은 경우의 밑면(큰 상자와 작은 상자를 떼어 낼 수 없음)

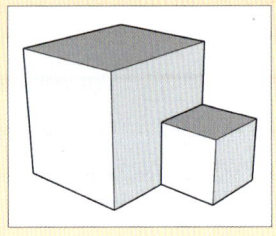 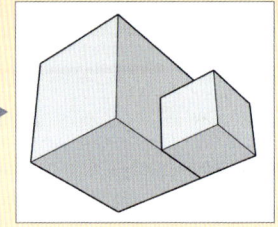

▲ 그룹으로 작성한 경우의 밑면(큰 상자와 작은 상자를 떼어 낼 수 있음)

② 그룹 객체를 마우스 오른쪽 버튼으로 클릭하면 다양한 옵션을 사용할 수 있습니다.

- Entity Info : 트레이의 Entity Info 패널 오픈
- Erase : 그룹 삭제
- Hide : 그룹 숨기기
- Lock/Unlock : 그룹 잠금/해제
- Edit Group : 편집 모드 전환
- Explode : 그룹 분해
- Make Component : 컴포넌트 작성
- Select : 선택 옵션 사용(반전, Tag)
- Unglue : 컴포넌트 부착면의 오픈 취소
- Reset Scale : 배율 적용 취소
- Reset Skew : 기울이기 취소

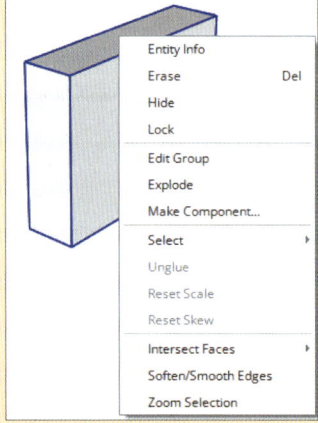

• Intersect Faces : 교차 부분으로 면 분할

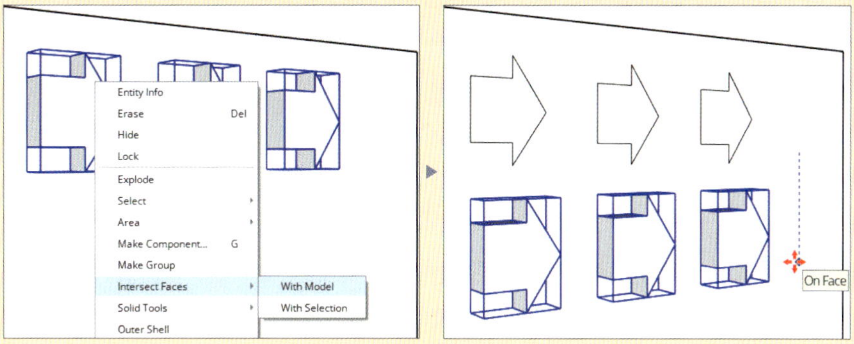

• Soften/Smooth Edge : 모서리의 부드러움 설정

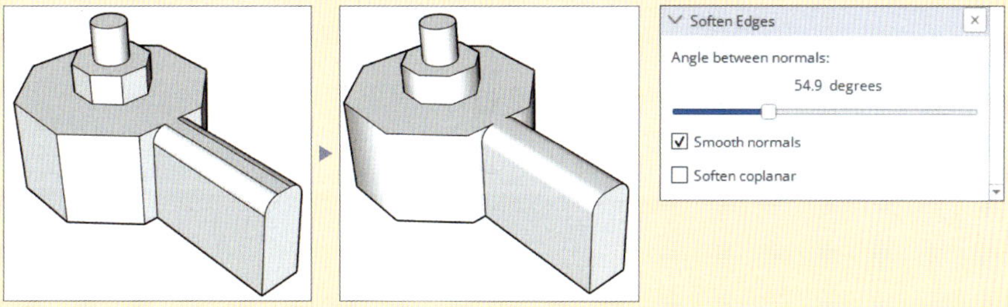

• Zoom Selection : 최대로 확대

15 선을 그리기 위해 선(Line(✏️)) 도구 ⌴ 키를 누르고 ❶지점(Midpoint)을 클릭합니다. 커서를 선이 그려지는 방향인 ❷방향으로 이동한 상태에서 '60'을 입력하고 Enter 키를 누릅니다.

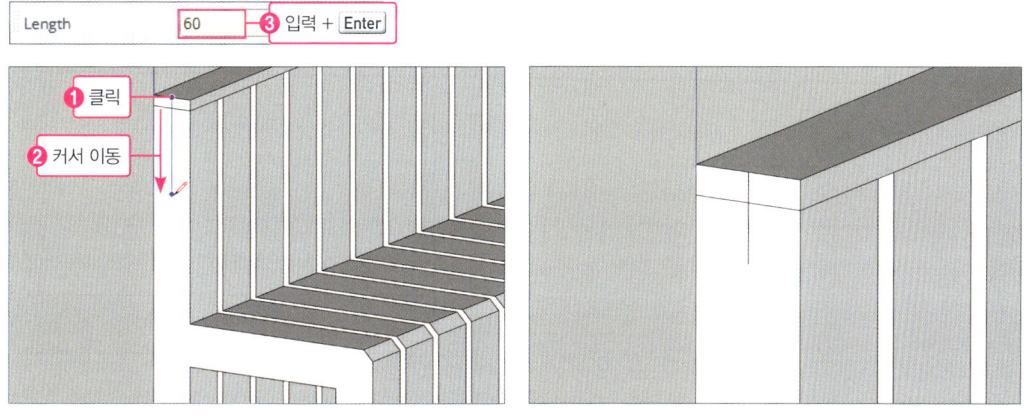

16 원(Circle(⊙)) 도구 ⓒ 키를 누르고 원의 중심 ❶지점(Endpoint)을 클릭합니다. 커서를 ❷방향으로 이동해 미리보기 원을 확인한 후 반지름 값 '20'을 입력하고 Enter 키를 누릅니다.

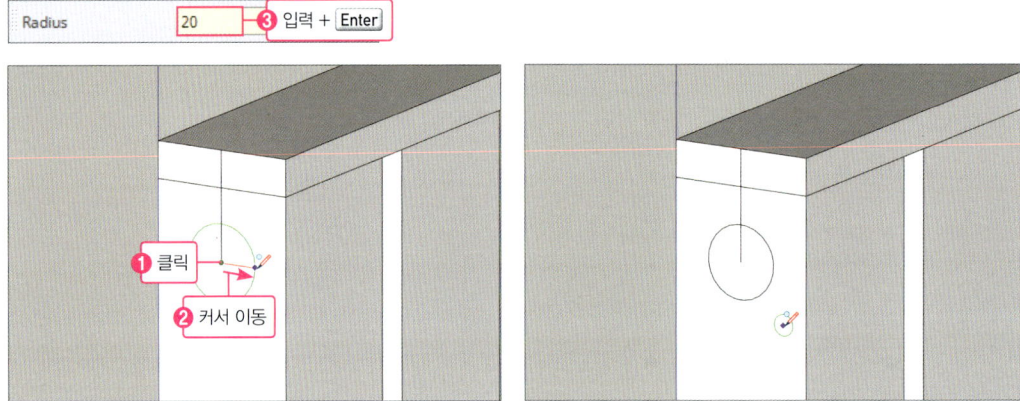

17 불필요한 선분을 삭제하기 위해 Space bar 키를 눌러 선택(Select(▶)) 도구로 전환합니다. 불필요한 선분 ❶을 클릭한 후 Shift 키를 누른 상태로 ❷를 클릭하고 Delete 키를 누릅니다.

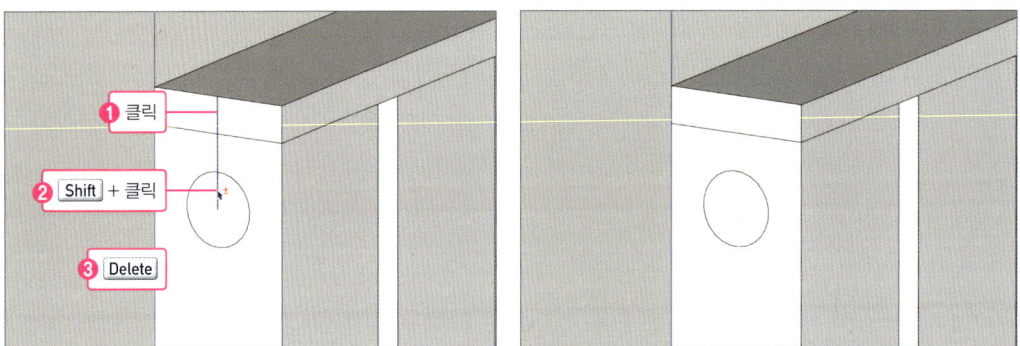

객체를 삭제하는 방법은 05번 과정에서 사용한 지우개(Eraser(◆)) 도구와 Delete 키를 사용하는 방법 중 편한 방법을 사용하면 됩니다.

다양한 선택 방법

선택(Select(▶)) 도구 상태에서 Shift 키를 누르고 커서가 상태일 때 객체를 클릭하면 선택을 추가하거나 해제할 수 있습니다. 이외에도 다음과 같이 다양한 선택 방법이 있습니다.

① Ctrl + A : 모든 대상을 선택합니다.
② Ctrl + T : 모든 대상의 선택을 해제합니다.
③ 선택(▶) 도구 + Ctrl : 선택하여 추가( ) 할 수 있습니다.
④ 영역으로 선택합니다.

- 윈도우 선택 : 선택(▶) 도구를 이용해 왼쪽에서 오른쪽으로 클릭 & 드래그. 실선 사각형에 완전히 포함되는 선이나 면, 그룹 등의 요소를 선택합니다.

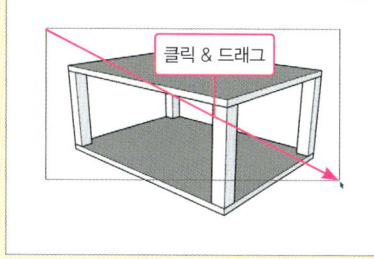 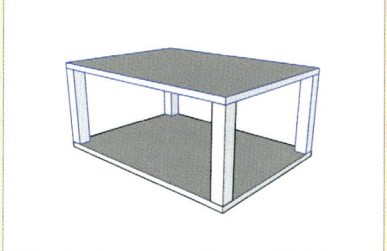

영역에 포함되지 않은 기둥 1개와 바닥은 선택되지 않습니다.

- 크로싱 선택 : 선택(▶) 도구를 이용해 오른쪽에서 왼쪽으로 클릭 & 드래그. 점선 사각형에 걸치거나 포함되는 선이나 면, 그룹 등의 요소를 선택합니다.

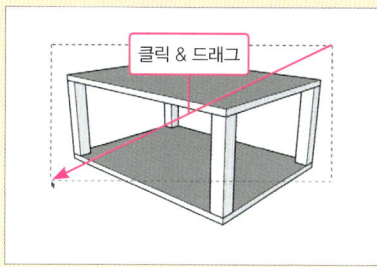 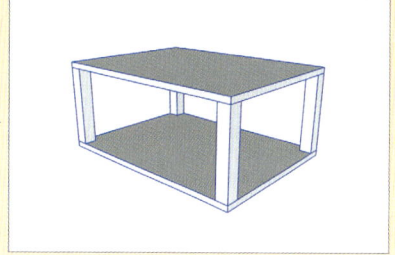

영역에 포함된 객체 외에 영역에 걸쳐진 기둥 1개와 바닥까지 선택됩니다.

18 밀기/끌기(Push/Pull(🔲)) 도구 P 키를 누르고 ❶지점을 클릭합니다. 커서를 ❷방향으로 이동한 상태에서 '1800'을 입력하고 Enter 키를 누릅니다.

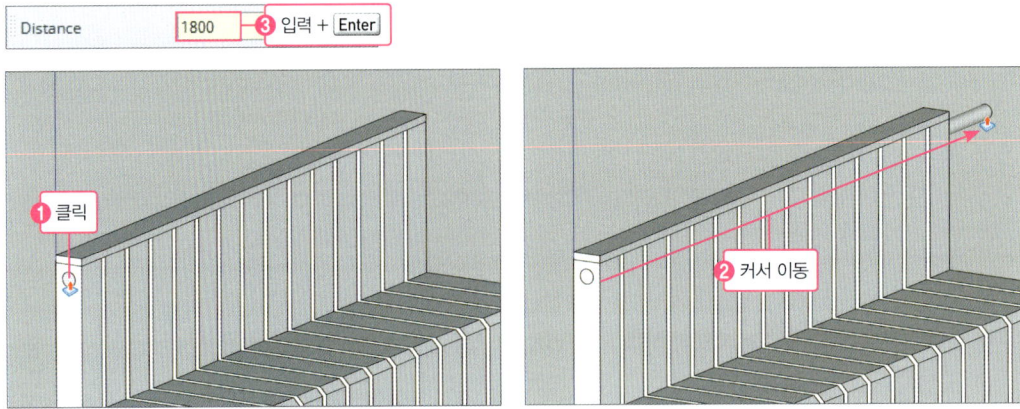

19 계속해서 ❶지점을 클릭하고 커서를 ❷방향으로 이동한 상태에서 '20'을 입력하고 Enter 를 누릅니다.

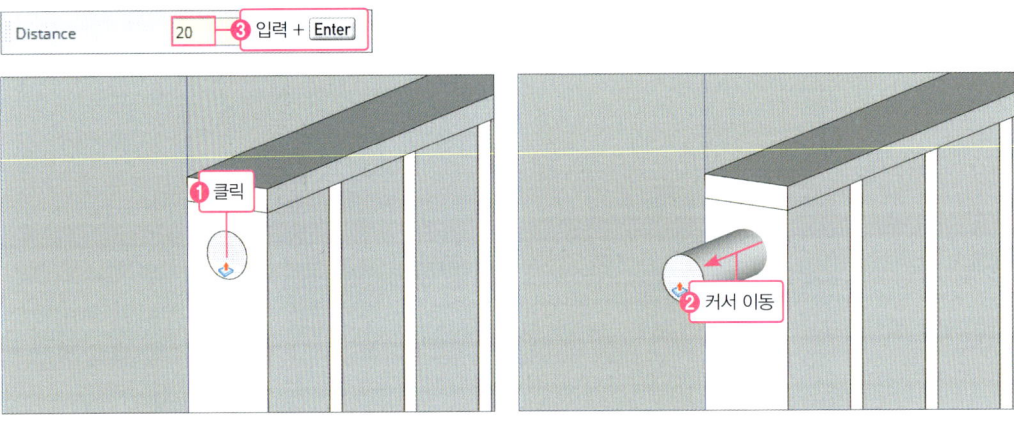

20 Space bar 키를 눌러 선택(Select(▶)) 도구로 전환하고 ❶지점에서 트리플 클릭(연속 3번 클릭)합니다. 마우스 오른쪽 버튼을 클릭하고 메뉴에서 [Make Group]을 클릭합니다.

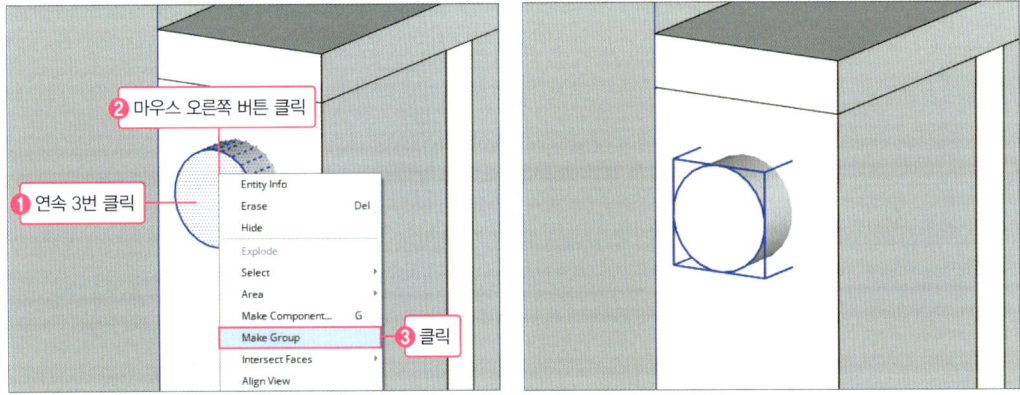

21 원형 고정핀을 복사하겠습니다. Space bar 키를 누른 후 선택(Select(▶)) 도구로 복사 대상 ❶을 클릭합니다. 이동 (Move(✥)) 도구 M 키를 누릅니다. Ctrl 키를 누르면 커서가 ✥(이동)에서 ✥(복사) 모양으로 변경됩니다. Ctrl 키를 한 번 더 눌러 ✥(다중 키를 복사)로 설정합니다.

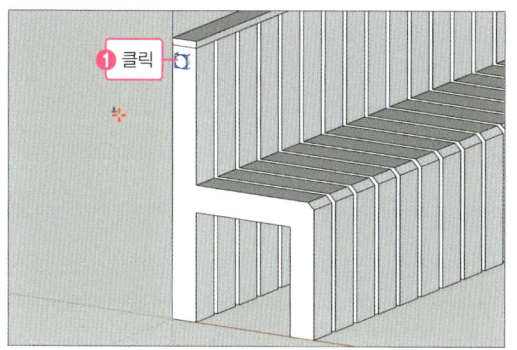
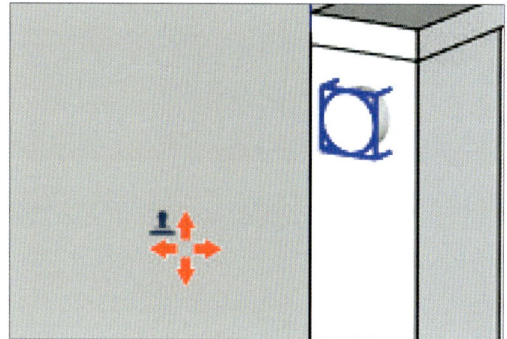

22 복사 기준점 ❶지점을 클릭합니다. 커서를 ❷방향(Z축 파랑)으로 이동한 상태에서 '400'을 입력하고 Enter 키를 누릅니다.

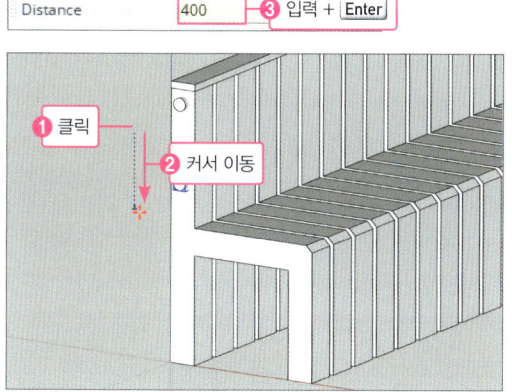
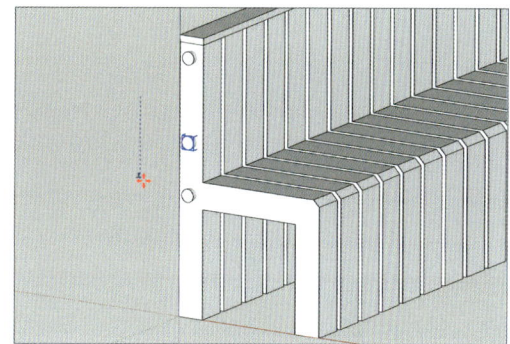

23 계속해서 Z축 방향을 유지한 상태로 '700'을 입력하고 Enter 키를 누릅니다. 다음 작업을 위해 Space bar 키를 누릅니다.

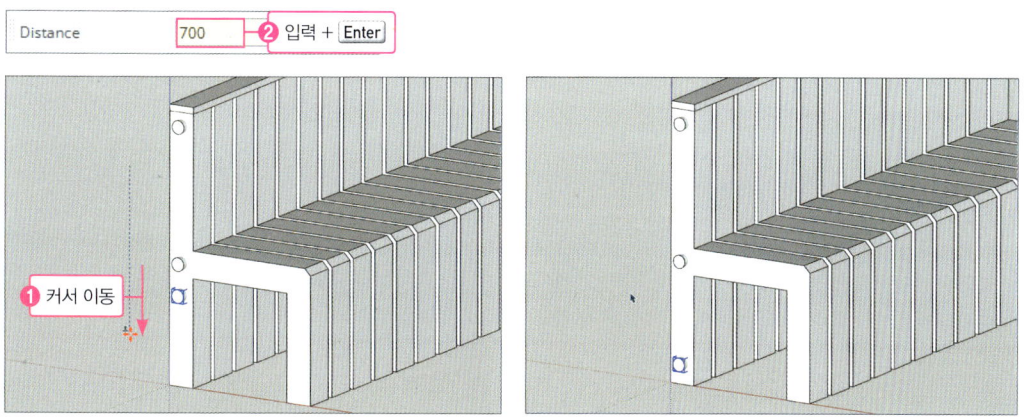

2021 이하 버전은 다중 복사가 지원되지 않으므로 21~23번 과정을 일반 복사로 진행합니다.

24 선택(Select(▶)) 도구 상태에서 Shift 키를 누르고(🞣) 원형핀 ❶을 클릭합니다. 이동(Move(✥)) 도구 M 키를 누르고 ❷지점을 클릭합니다.

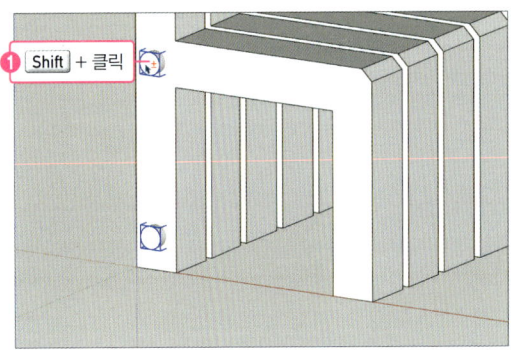
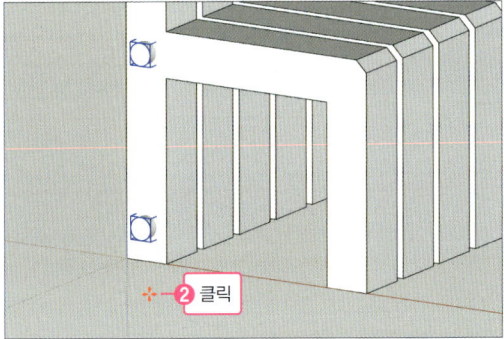

25 Ctrl 키를 누르고 커서를 ❶방향(X축 빨강)으로 이동한 상태에서 '400'을 입력하고 Enter 키를 누릅니다.

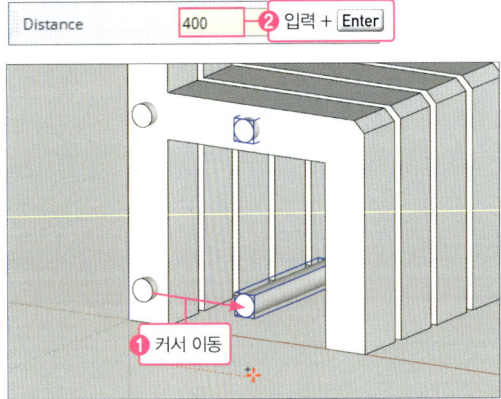
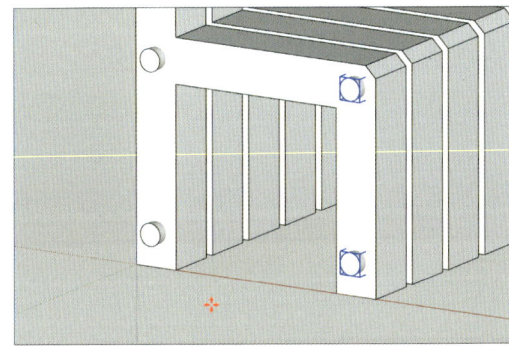

26 [Camera] 메뉴의 [Perspective]를 클릭해 1소점 투시도로 변경합니다. 마우스 휠을 클릭한 상태로 드래그하여 결과물을 확인합니다.

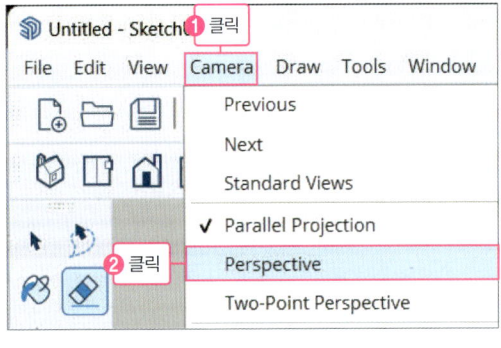
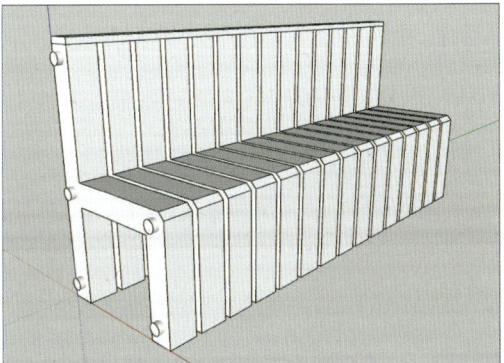

27 그룹 편집(Edit Group)

등받이 쪽 상부 지지대를 수정하겠습니다. 상부 지지대는 그룹으로 지정된 상태로, 그룹 편집 모드로 변경한 후 수정해야 합니다. Space bar 키를 눌러 선택(Select(▶)) 도구로 전환하고 ❶지점에서 더블 클릭하면 편집 모드로 전환됩니다.

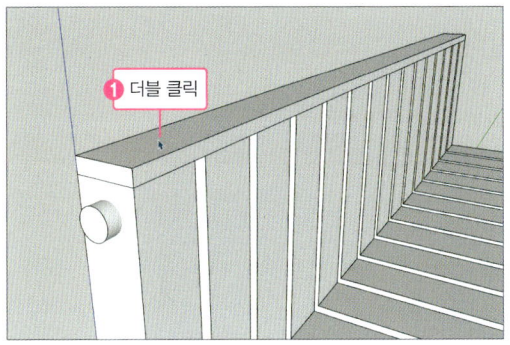 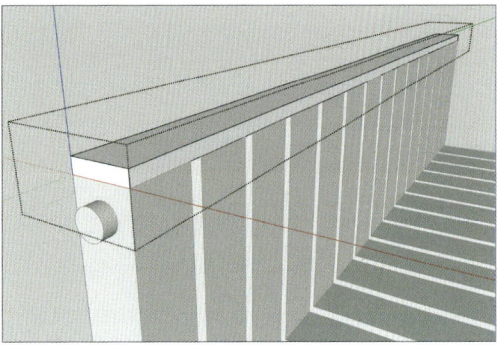

그룹 요소는 독립된 객체로 그룹 상태로 이동, 복사, 회전이 가능하지만 형태를 수정하기 위해서는 그룹 편집(Edit Group) 모드로 전환해야 합니다.

28

높이를 수정하기 위해 밀기/끌기(Push/Pull(◆)) 도구 P 키를 누르고 ❶지점을 클릭합니다. 커서를 ❷방향으로 이동한 상태에서 '20'을 입력하고 Enter 키를 누릅니다.

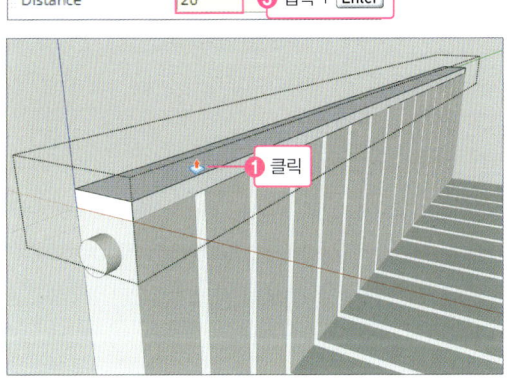 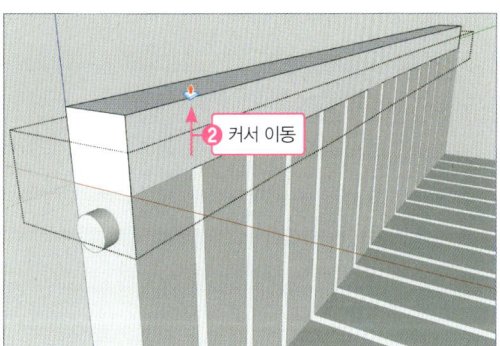

29

편집 모드 상태에서 선(Line(✏)) 도구 L 키를 누르고 ❶지점(Midpoint) 클릭 후 ❷지점(Midpoint)을 클릭합니다. 밀기/끌기(Push/Pull(◆)) 도구 P 키를 누르고 ❸지점을 클릭합니다.

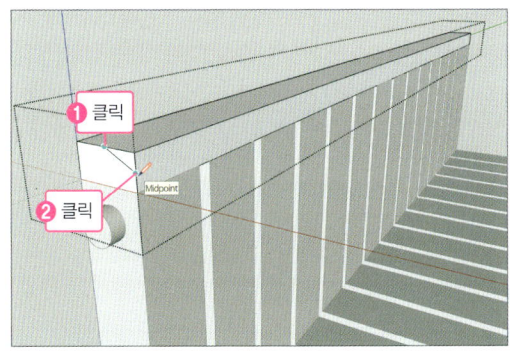 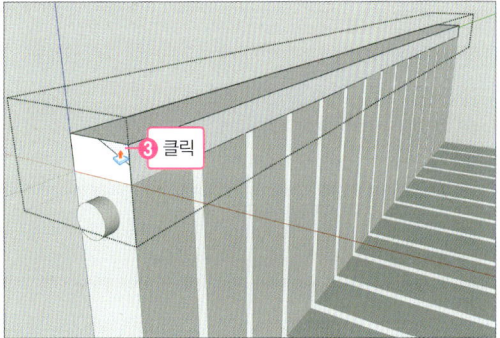

30 밀어낼 위치 ❶지점(Endpoint)을 클릭합니다. 그룹 편집(Edit Group)을 종료하기 위해 [Space bar] 키를 눌러 선택 (Select(▶)) 도구로 전환하고 편집 영역의 바깥쪽 ❷지점을 클릭합니다.

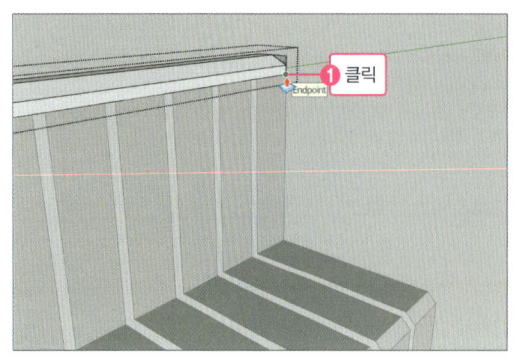 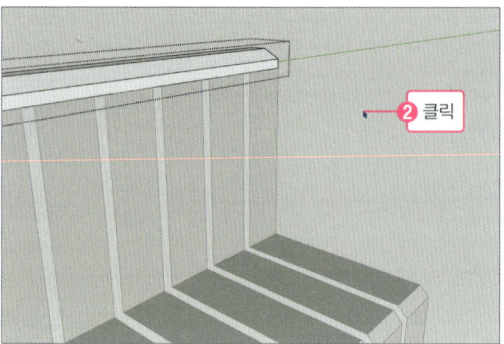

스케치업의 모델링은 그룹과 그룹 편집을 반복하면서 진행됩니다.
모델링 과정 : 면(선, 직사각형, 원) 스케치 → 밀기/끌기로 매스 작성 → 그룹 → 그룹 편집

> **TIP**
>
> **그룹 지정의 기준**
>
> 객체를 그룹으로 묶는 기준은 사용자의 특성이나 작업의 목적에 따라 다를 수 있지만 일반적으로 사용되는 부재의 단위(예: 상판, 다리, 보강재 등)로 지정하는 것이 수정하기 좋습니다.
>
>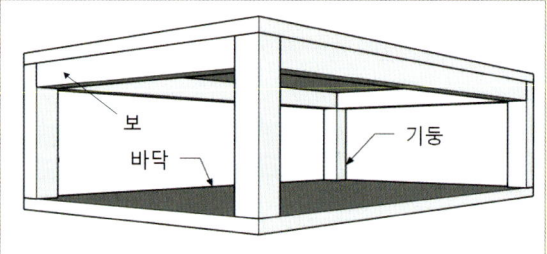
>
> 예1) 가구   예2) 철근콘크리트 구조

단축키 설정

스케치업의 모델링 과정에서 그룹과 그룹 편집이 반복되므로 그룹 작성을 단축키로 등록하면 효율적인 작업이 가능합니다. 그룹 외에도 자주 사용되는 Hide(숨기기), Explode(분해) 등의 기능도 추가로 등록할 수 있습니다.

① [Window] 메뉴의 [Preferences]를 클릭하고 좌측 카테고리에서 'Shortcuts'를 클릭합니다.

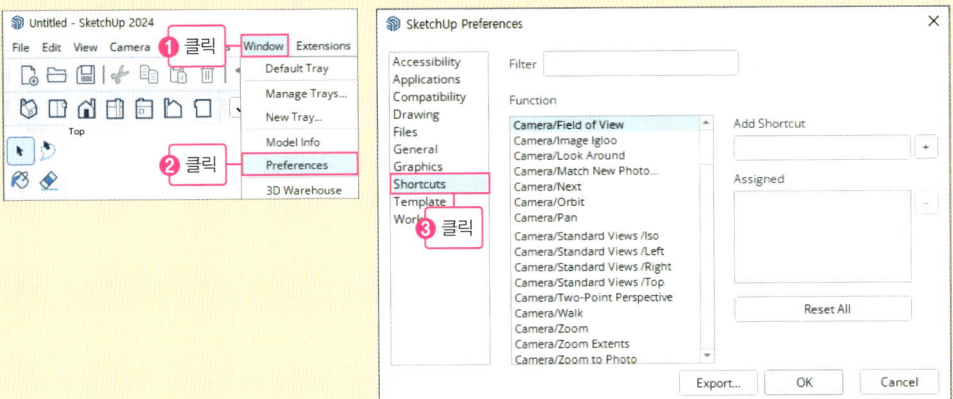

② 등록할 기능은 'Filter'에서 검색하거나 'Function'의 스크롤바를 이동해 찾을 수 있습니다. 'Filter'에 'Group'을 입력하면 관련 기능이 Function 항목에 나열됩니다. 'Edit/Make Group'를 클릭하고 'Add Shortcut'에 단축키 'W'를 입력합니다. 추가 버튼(+)을 클릭하면 입력한 'W'가 'Assigned' 항목에 등록되어 단축키를 사용할 수 있습니다.

만약 Group의 앞글자 'G'를 단축키로 입력할 경우 'Edit/Make Component'의 단축키로 설정되어 있다는 경고문이 나타납니다. '예(Y)'를 클릭하면 'Edit/Make Group'의 단축키를 'G'로 적용할 수 있습니다. 신규로 등록 가능한 단축키 알파벳이 부족한 경우 Function Key(F2 ~ F12)를 사용하면 됩니다.

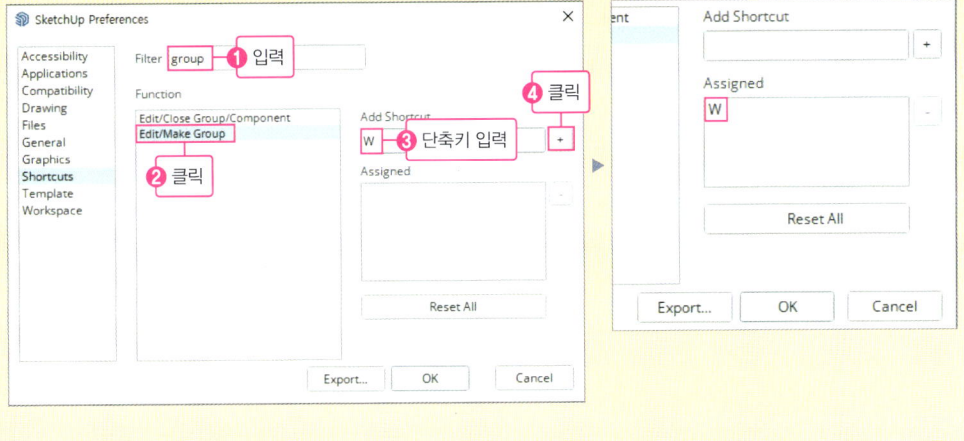

Chapter 02 • 벤치 만들기   87

01 다음 스페이스월을 모델링하시오.

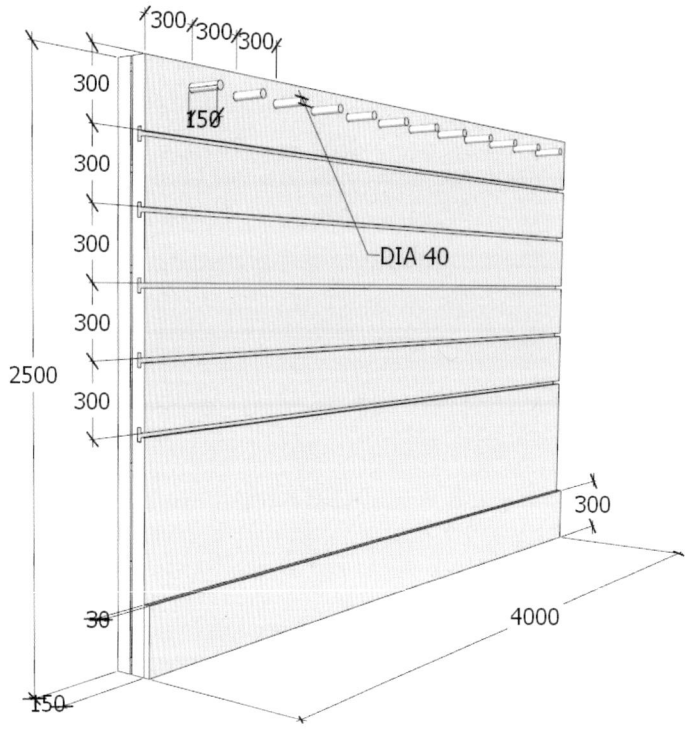

▲ 완성파일 : [예제파일/P02/Ch02/스페이스월.skp]

[상세 치수]

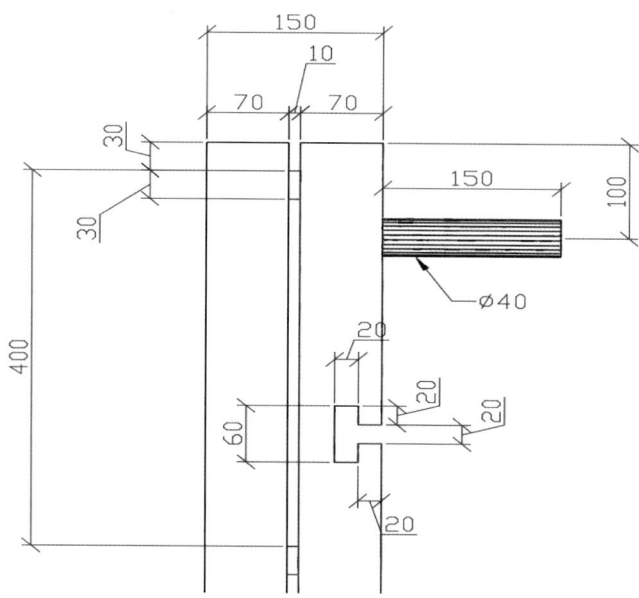

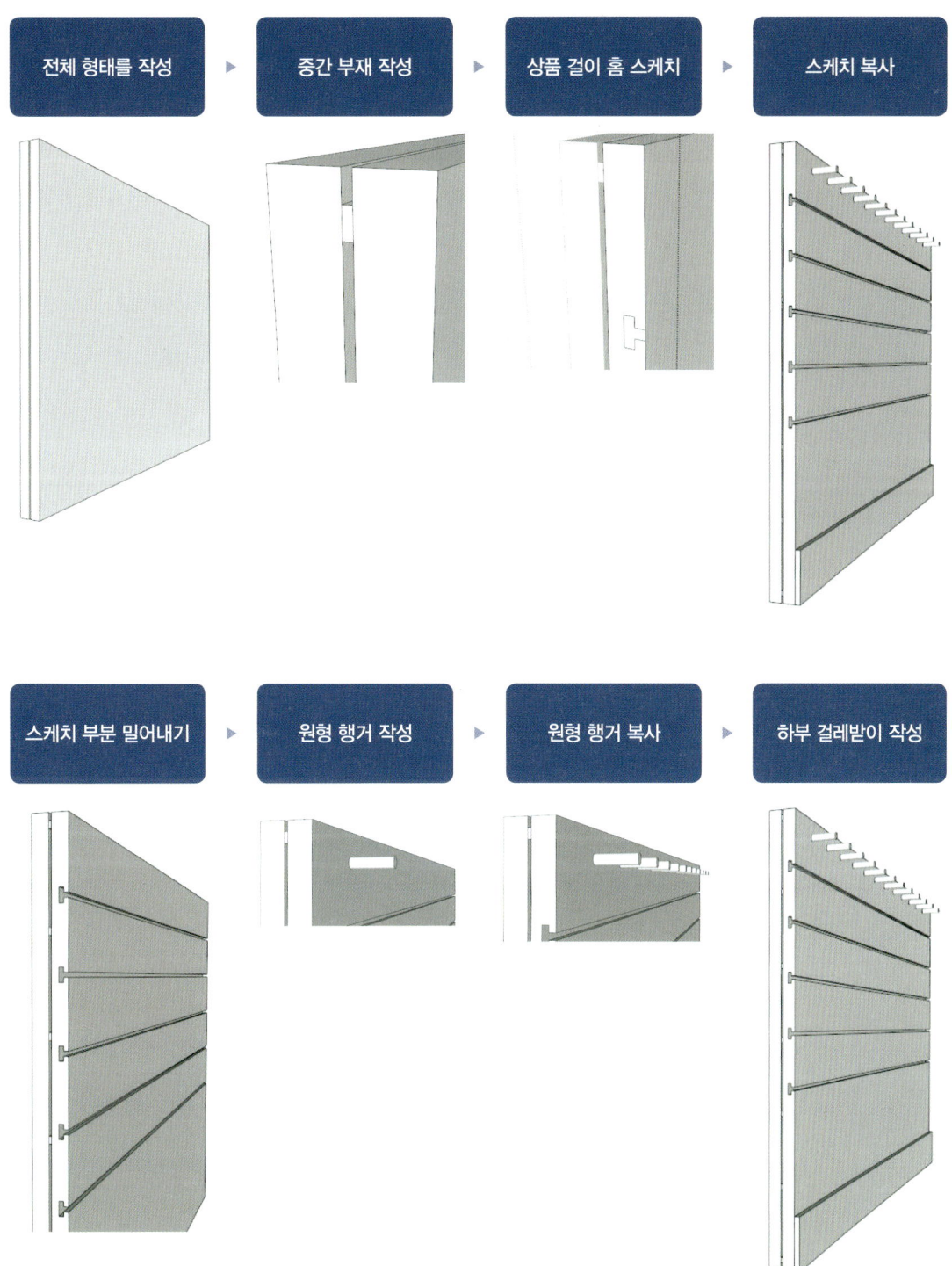

02 다음 계단을 모델링하시오.

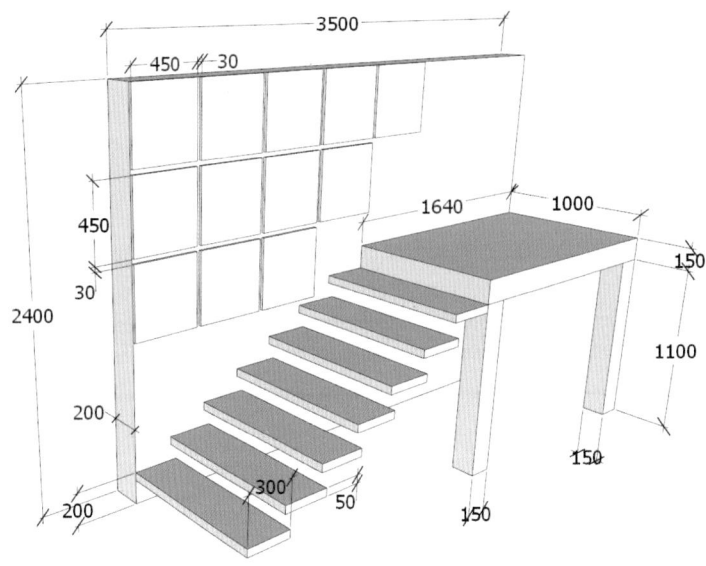

▲ 완성파일 : [예제파일/P02/Ch02/계단.skp]

[상세 치수]

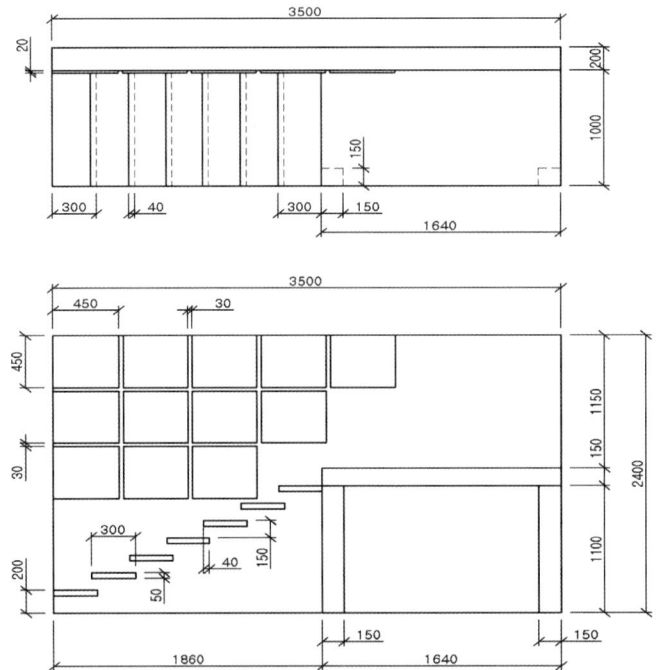

CHAPTER 03 벽 장식 디자인

회전(Rotate) 도구의 복사 기능과 줄자(Tape Measure)를 활용하여 벽의 장식을 모델링하고 페인트 통(Paint Bucket) 도구를 사용해 재질까지 표현해 보겠습니다.

STEP 1 바닥, 벽, 걸레받이 만들기

① 모델링에 필요한 주요 도구
- 줄자 : (Tape Measure(T)), 다각형 : (Polygon), 회전 : (Rotate(Q)), 페인트 통 : (Paint Bucket(B))

② 운영 기능
- 안내선(Guides), 재질(Material), 뷰 스타일(View Style), 가져오기(Import)

▲완성파일: [예제파일/P02/Ch03/장식 벽 디자인.skp]

01 스케치업을 실행하고 'Study' 템플릿을 클릭합니다.

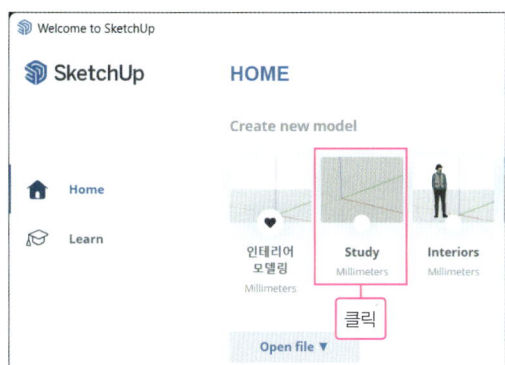
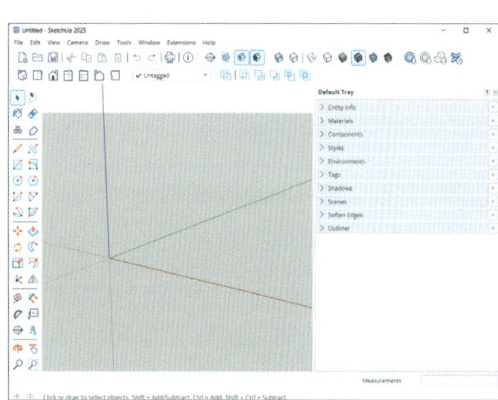

02 바닥, 벽 만들기

직사각형(Rectangle(▱)) 도구 R 키를 누르고 ❶지점을 클릭합니다. 커서를 ❷방향으로 이동한 상태에서 '5120,5000'을 입력하고 Enter 키를 누릅니다.

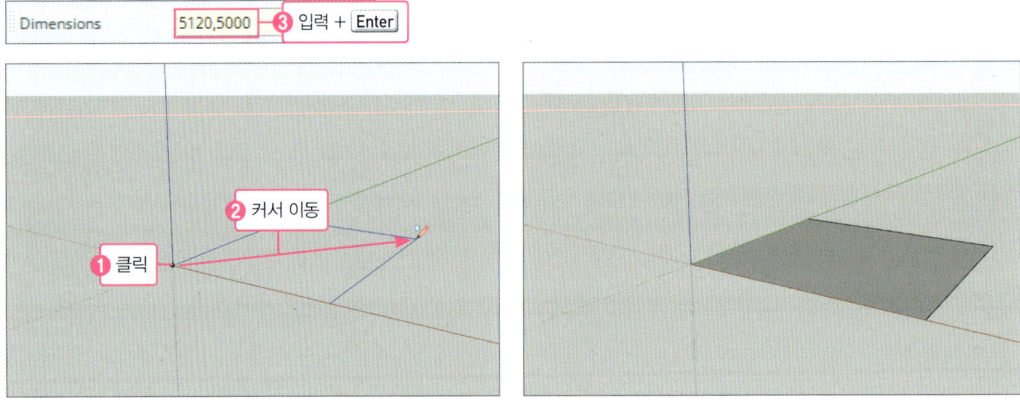

03

밀기/끌기(Push/Pull(◆)) 도구 P 키를 누르고 ❶지점을 클릭합니다. 커서를 ❷방향으로 이동한 상태에서 '200'을 입력하고 Enter 키를 누릅니다.

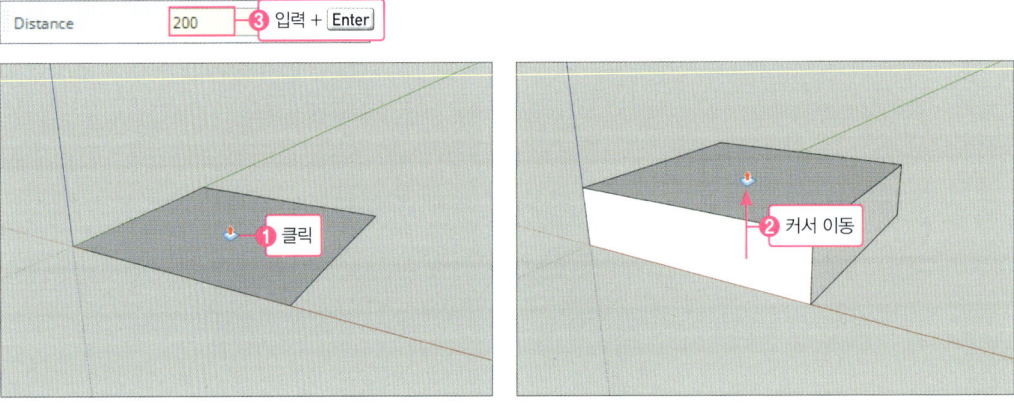

04

Space bar 키를 눌러 선택(Select(▸)) 도구로 전환하고 ❶지점에서 트리플 클릭(연속 3번 클릭)합니다. 마우스 오른쪽 버튼을 클릭하고 메뉴에서 [Make Group]을 클릭합니다.

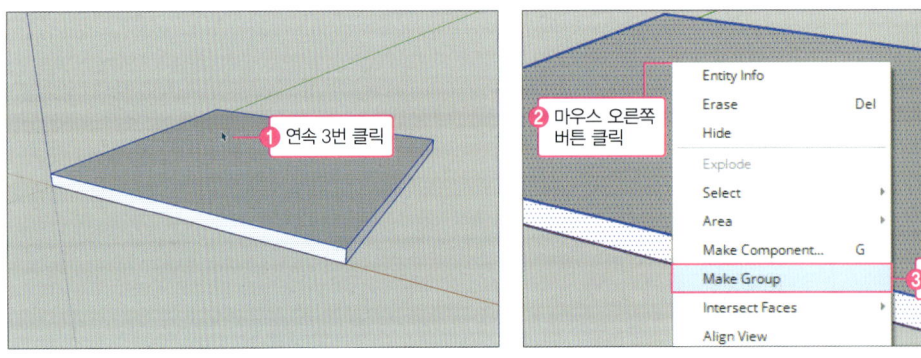

형태가 만들어지면 Make Group 작업을 습관화하는 것이 좋습니다.

05 직사각형(Rectangle(⬚)) 도구 ㄹ 키를 누르고 ❶지점을 클릭합니다. 커서를 ❷방향으로 이동한 상태에서 '100,5000'을 입력하고 Enter 키를 누릅니다.

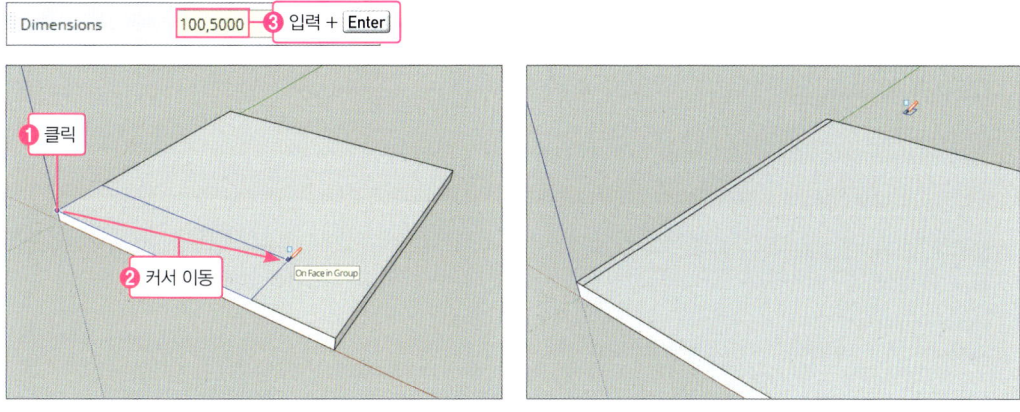

06 밀기/끌기(Push/Pull(♦)) 도구 ㅍ 키를 누르고 ❶지점을 클릭합니다. 커서를 ❷방향으로 이동한 상태에서 '2800' 을 입력하고 Enter 키를 누릅니다.

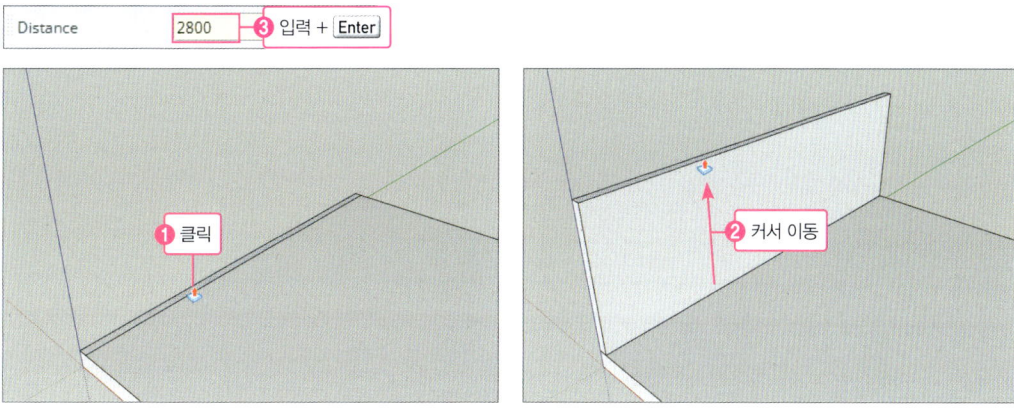

07 Space bar 키를 눌러 선택(Select(▶)) 도구로 전환하고 ❶지점에서 트리플 클릭(연속 3번 클릭)합니다. 마우스 오른쪽 버튼을 클릭하고 메뉴에서 [Make Group]을 클릭합니다.

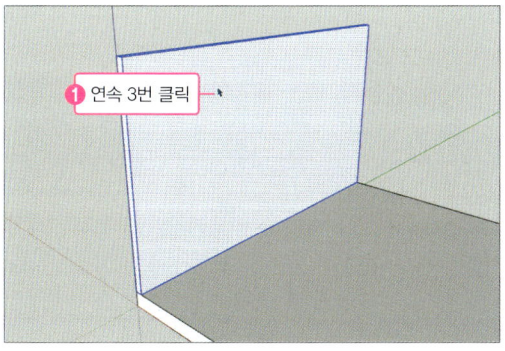 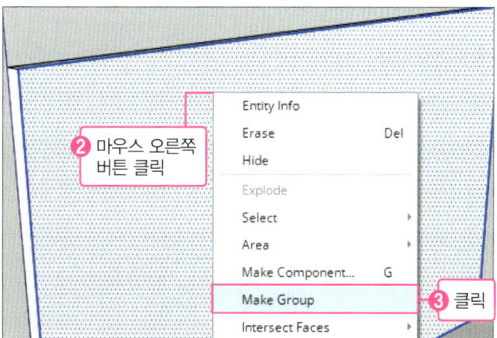

08 줄자(Tape Measure(　)) 도구 T 키를 누르고 모서리 ❶지점(임의의 위치)을 클릭합니다. 커서를 ❷방향으로 이동한 상태에서 '1400'을 입력하고 Enter 키를 누릅니다.

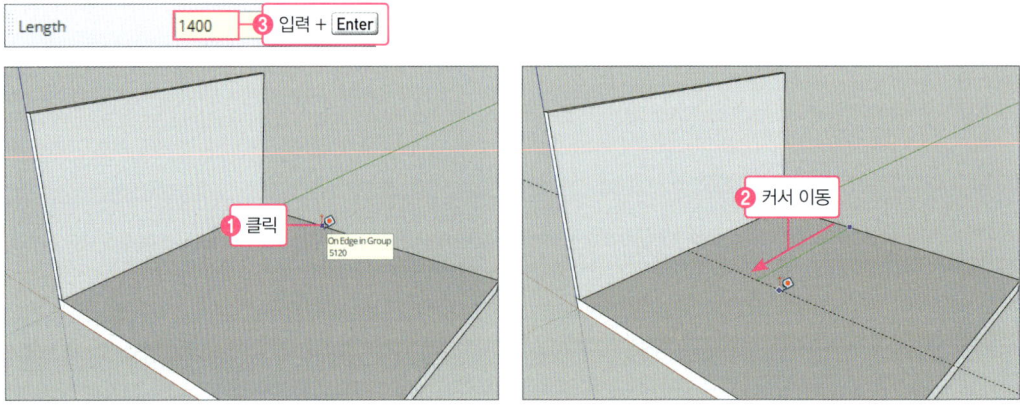

09 직사각형(Rectangle(　)) 도구 R 키를 누르고 ❶지점을 클릭합니다. 커서를 ❷방향으로 이동한 상태에서 '3000,50'을 입력하고 Enter 키를 누릅니다.

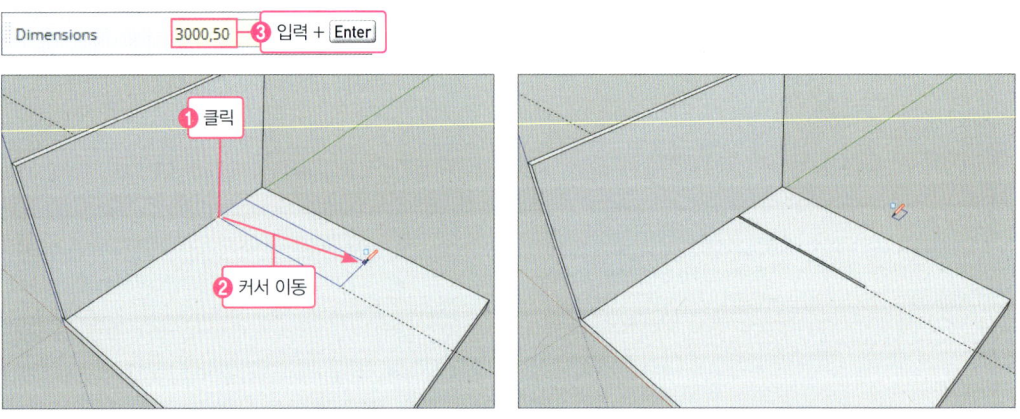

10 밀기/끌기(Push/Pull(　)) 도구 P 키를 누르고 ❶지점을 클릭합니다. 커서를 ❷방향으로 이동한 상태에서 '1900'을 입력하고 Enter 키를 누릅니다.

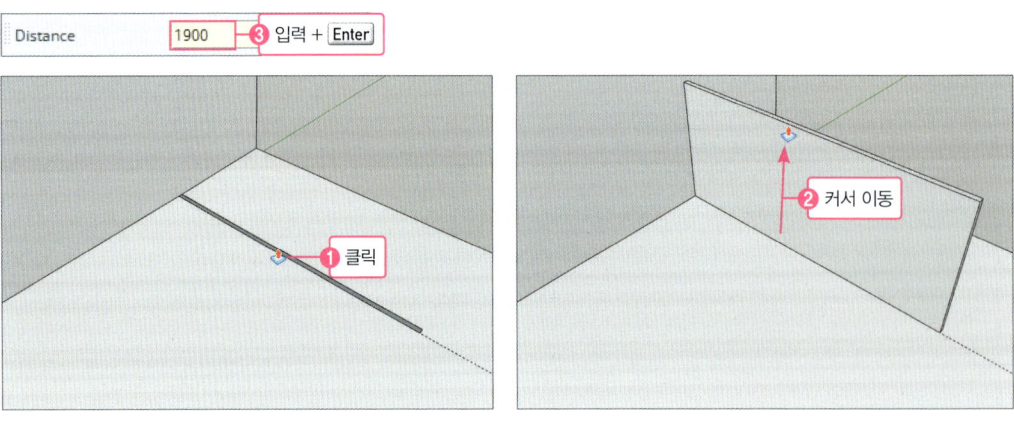

11 Space bar 키를 눌러 선택(Select(▶)) 도구로 전환하고 ❶지점에서 트리플 클릭(연속 3번 클릭)합니다. 마우스 오른쪽 버튼을 클릭하고 메뉴에서 [Make Group]을 클릭합니다.

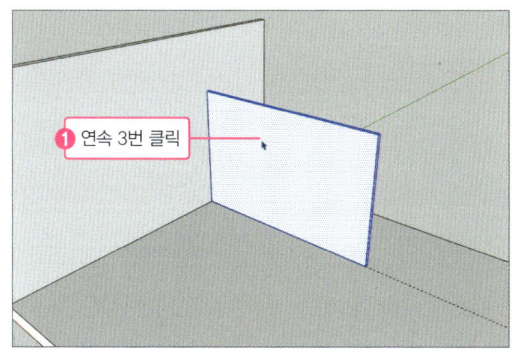
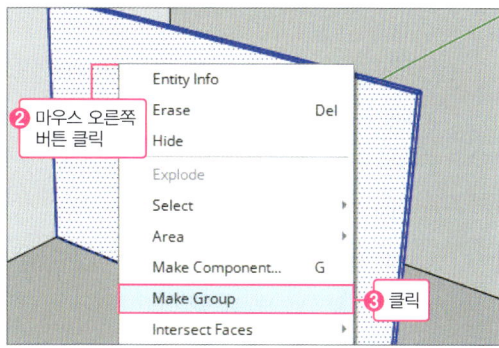

12 줄자로 만든 가이드 선 ❶을 선택(Select(▶)) 도구로 선택한 후 Delete 키를 눌러 삭제합니다.

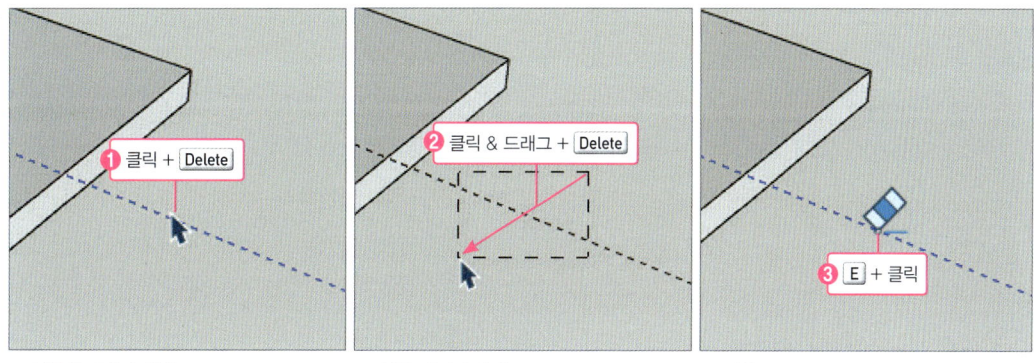

▲ 선을 클릭해서 선택   ▲ 선을 걸쳐서 선택   ▲ 선을 지우개로 삭제

줄자와 각도기

1. 줄자의 기능(Tape Measure())

① 모서리 길이 측정

줄자 커서를 모서리에 올려 두면 해당 모서리의 길이가 화면에 표시됩니다.

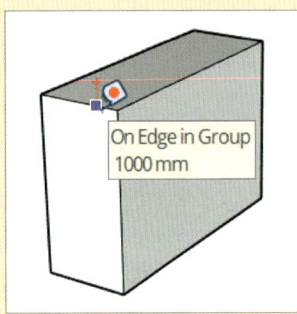 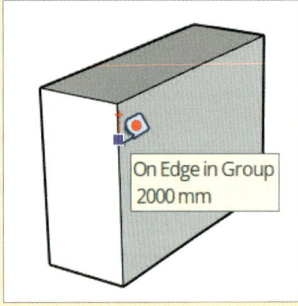 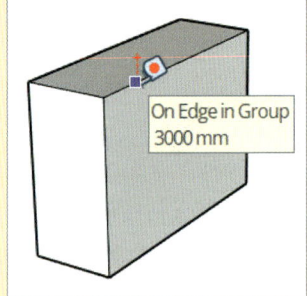

② 거리 측정

측정할 첫 번째 점을 클릭하고 두 번째 점으로 커서를 이동하면 측정 거리가 화면과 VCB 창에 표시됩니다.

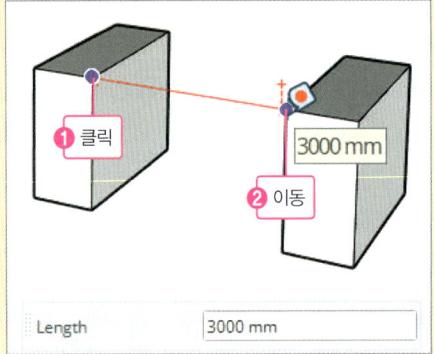

③ 안내선 작성

- 무한선 : 거리가 시작되는 모서리에서 첫 번째 점을 클릭하고 안내선을 표시할 방향으로 커서를 이동해 거리 값을 입력합니다.

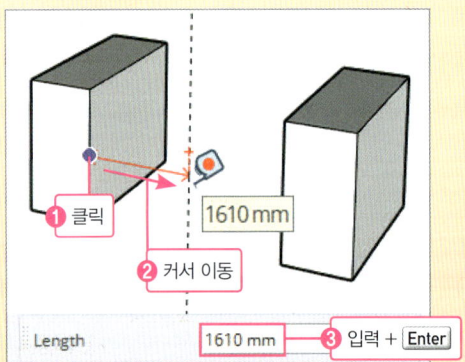

• 유한선 : 거리가 시작되는 꼭짓점에서 첫 번째 점을 클릭하고 안내선을 표시할 방향으로 커서를 이동해 거리 값을 입력합니다.

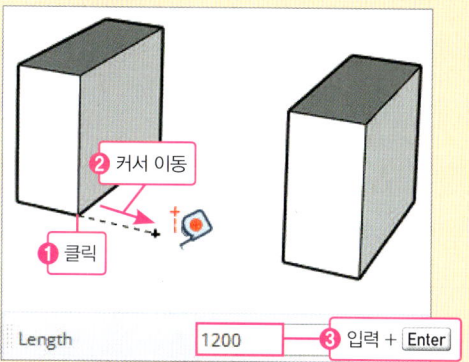

2. 각도기의 기능(Protractor(⌒))

① 각도 측정

각도의 기준점을 클릭합니다. 각도의 시작점을 클릭하고 끝점으로 이동하면 각도가 표시됩니다.

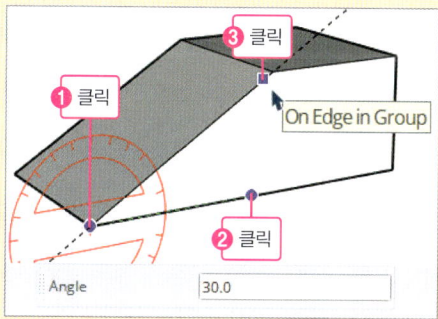

② 안내선 작성

각도의 기준점을 클릭합니다. 각도의 시작점을 클릭하고 각도 안내선을 표시할 방향으로 커서를 이동해 각도 값을 입력합니다.

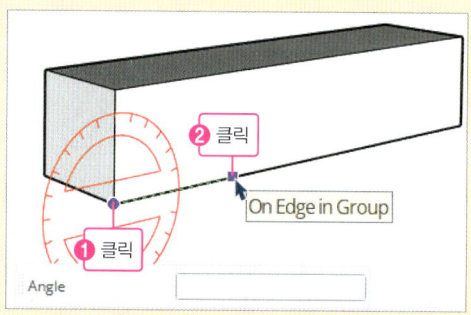 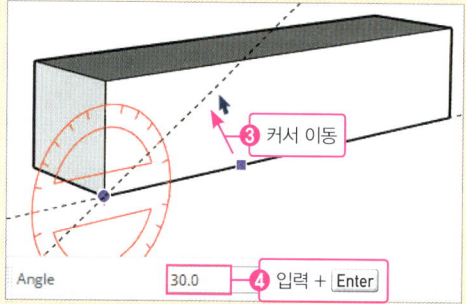

Chapter 03 • 벽 장식 디자인   97

13 걸레받이 만들기

직사각형(Rectangle(▱)) 도구 R 키를 누르고 ❶지점을 클릭합니다. 커서를 ❷방향으로 이동한 상태에서 '3600,120'을 입력하고 Enter 키를 누릅니다.

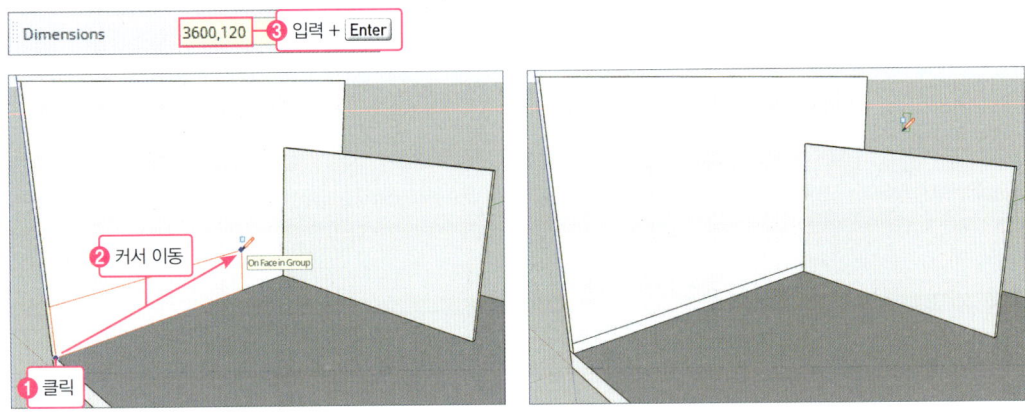

14

직사각형(Rectangle(▱)) 도구 R 키를 누르고 ❶지점을 클릭합니다. 커서를 ❷방향으로 이동한 상태에서 '3000,120'을 입력하고 Enter 키를 누릅니다.

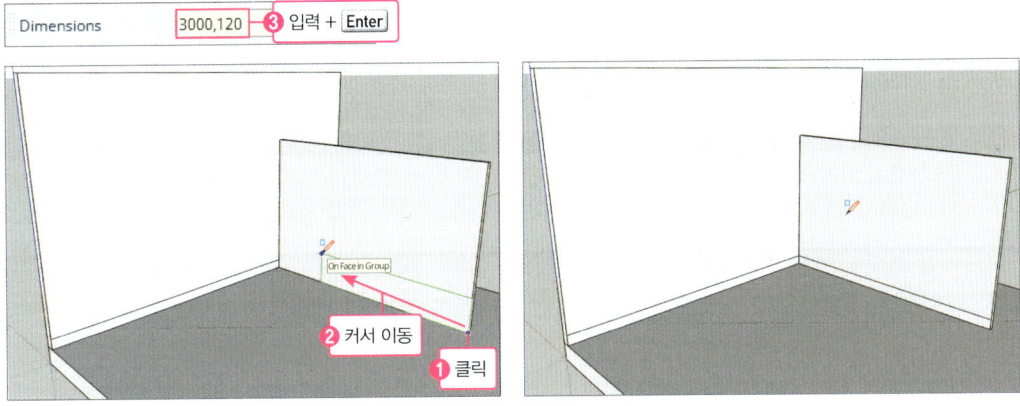

15

밀기/끌기(Push/Pull(◈)) 도구 P 키를 누르고 ❶지점을 클릭합니다. 커서를 ❷방향으로 이동한 상태에서 '20'을 입력하고 Enter 키를 누릅니다.

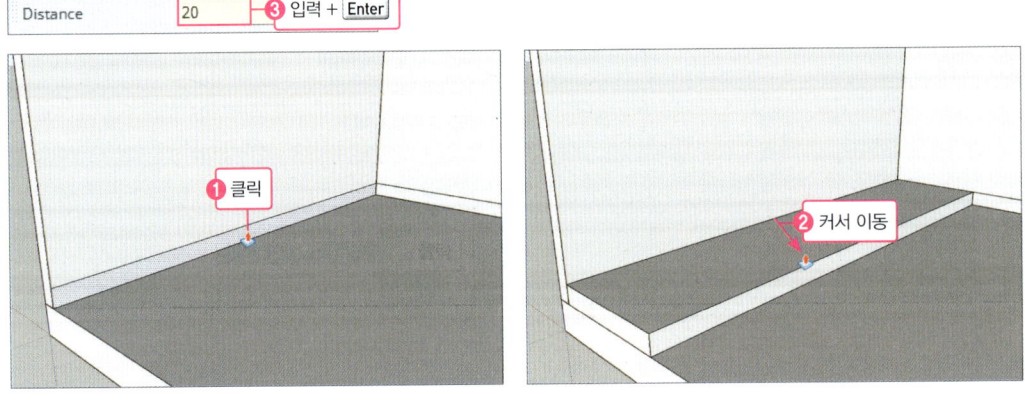

16 계속해서 밀기/끌기가 진행 중인 상태로 ❶지점을 더블 클릭해 바로 전에 끌기한 값을 적용합니다. A 부분을 확대하고 선분 ❷를 지우개로 삭제합니다.

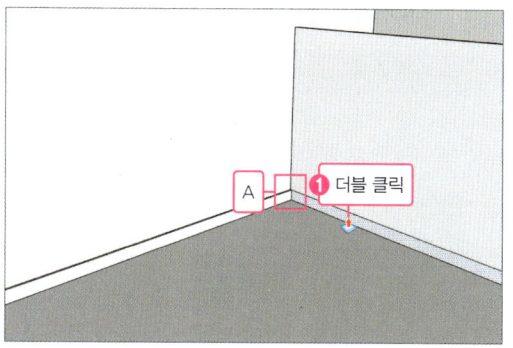
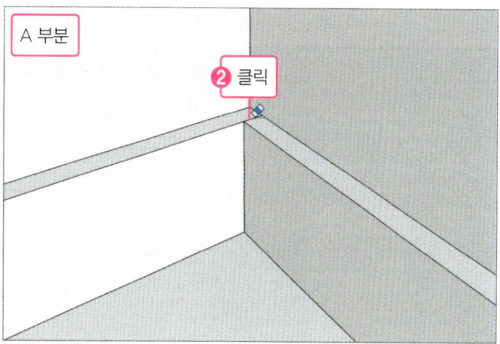

17 `Space bar` 키를 눌러 선택(Select(▶)) 도구로 전환하고 ❶지점에서 트리플 클릭(연속 3번 클릭)합니다. 마우스 오른쪽 버튼을 클릭하고 메뉴에서 [Make Group]을 클릭합니다.

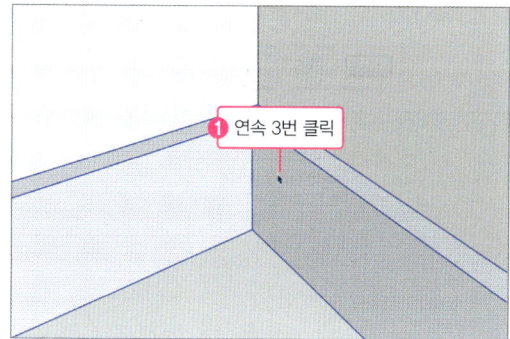
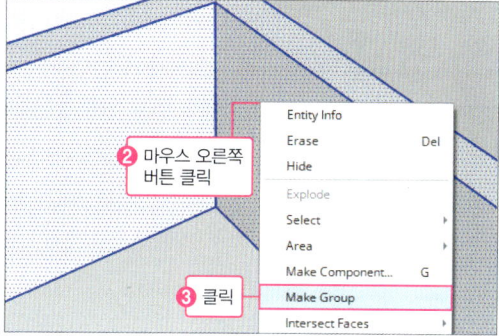

18 바닥, 벽, 걸레받이가 각 그룹으로 작성되었습니다. 중간 저장을 하기 위해 저장(Save(💾))을 클릭합니다. 파일 이름을 '장식벽 디자인'으로 입력하고 [저장] 버튼을 클릭합니다. 단축키 `Ctrl` + `S` 키를 눌러 저장할 수도 있습니다.

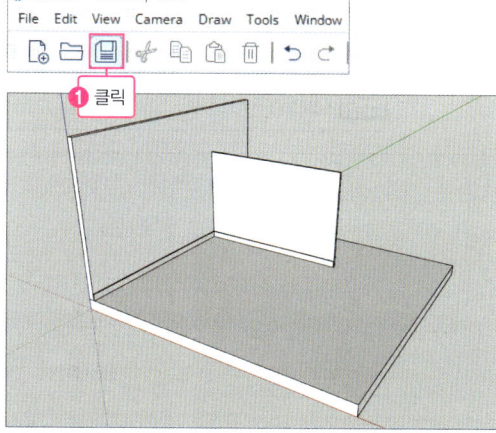
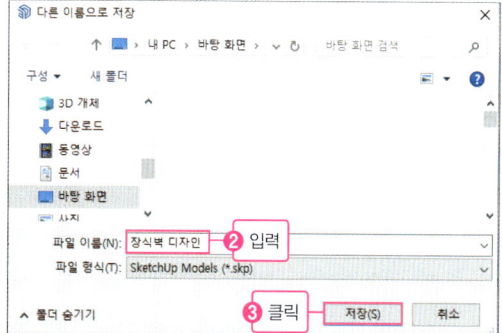

STEP 2 원형 장식 만들기

01 장식 위치 표시

줄자(Tape Measure( )) 도구 [T] 키를 누르고 ❶지점(임의의 위치)을 클릭합니다. 커서를 ❷방향으로 이동한 상태에서 '1300'을 입력하고 [Enter] 키를 누릅니다.

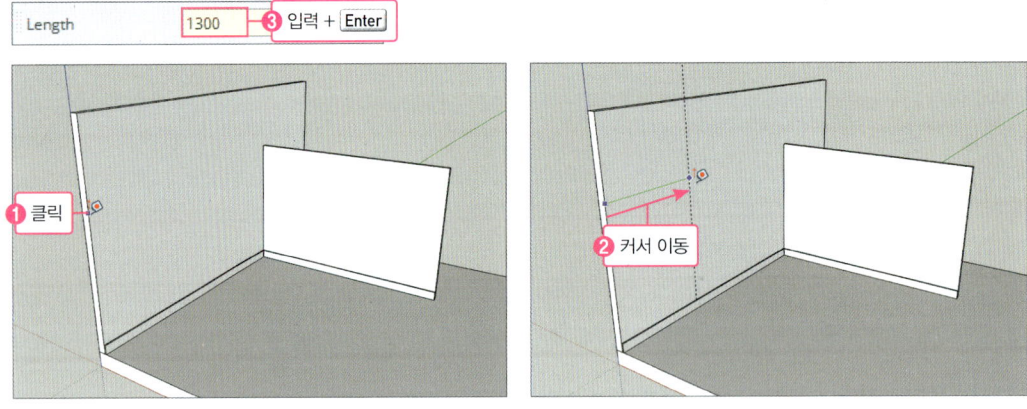

02 ❶지점(임의의 위치)을 클릭하고 커서를 ❷방향으로 이동한 상태에서 '1100'을 입력하고 [Enter] 키를 누릅니다.

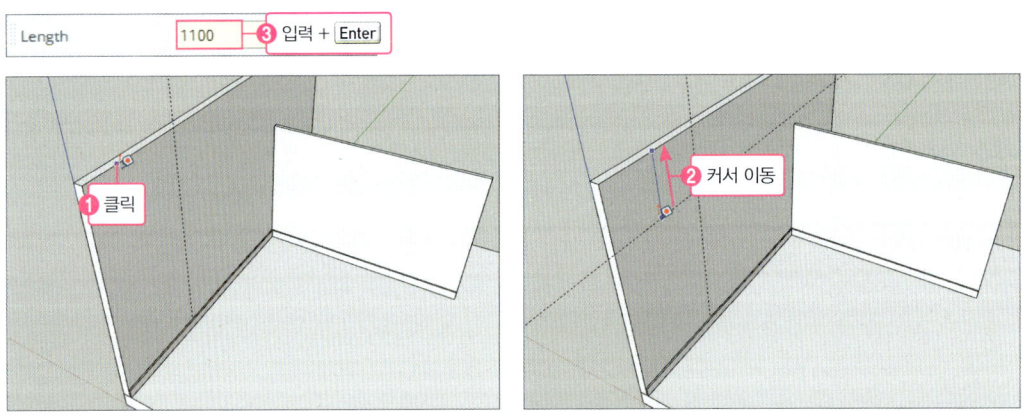

03 다시 가이드 선 ❶지점을 클릭하고 커서를 ❷방향으로 이동한 상태에서 '300'을 입력하고 [Enter] 키를 누릅니다.

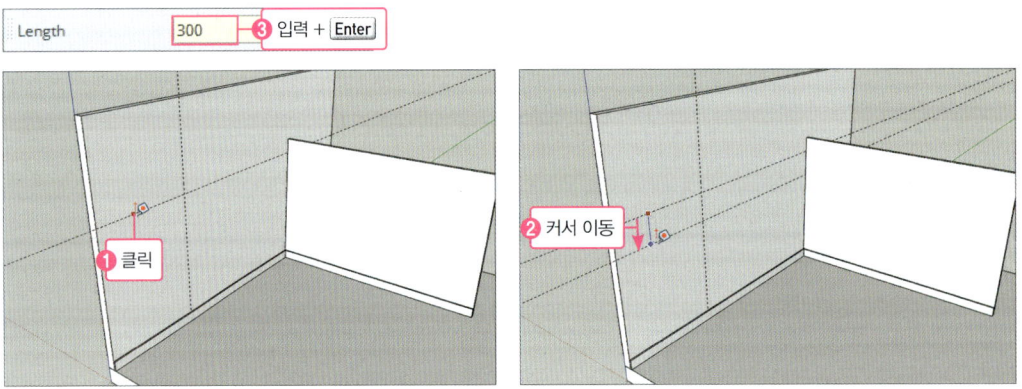

04 장식 만들기

직사각형(Rectangle(▱)) 도구 R 키를 누르고 ❶지점(임의의 위치)을 클릭합니다. 커서를 ❷방향으로 이동한 상태에서 '50,900'을 입력하고 Enter 키를 누릅니다.

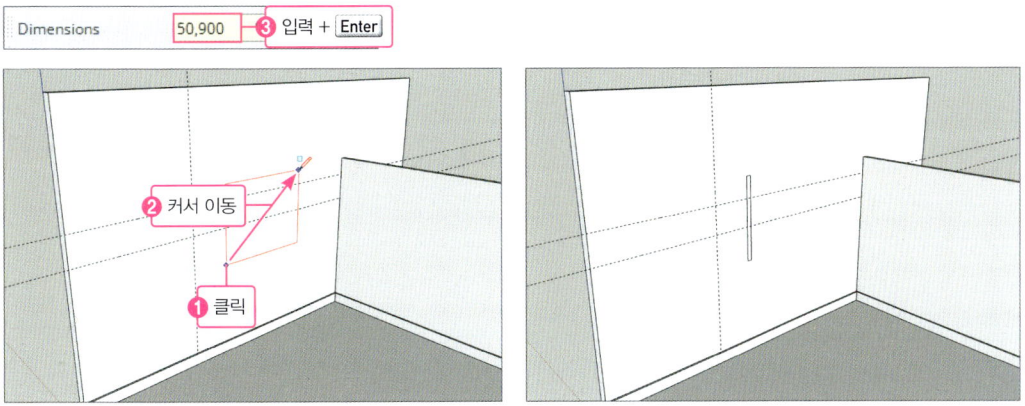

05

밀기/끌기(Push/Pull(◆)) 도구 P 키를 누르고 ❶지점을 클릭합니다. 커서를 ❷방향으로 이동한 상태에서 '50'을 입력하고 Enter 키를 누릅니다.

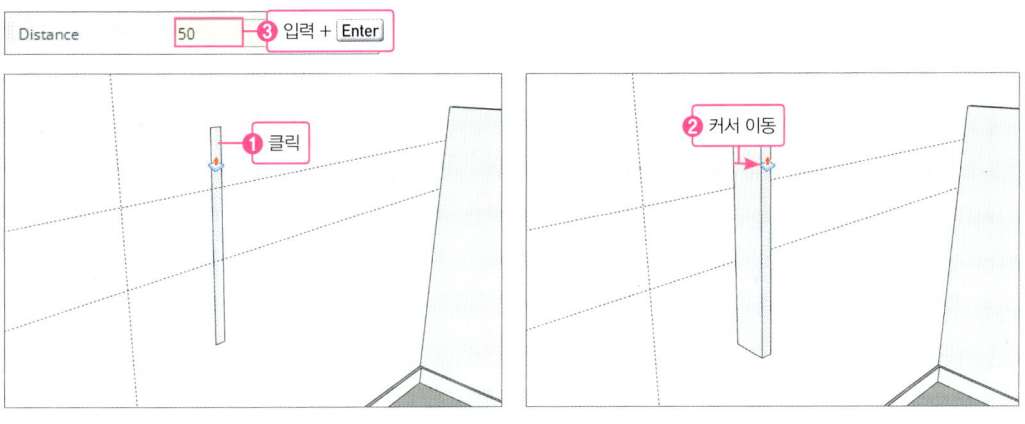

06

Space bar 키를 눌러 선택(Select(▶)) 도구로 전환하고 ❶지점에서 트리플 클릭(연속 3번 클릭)합니다. 마우스 오른쪽 버튼을 클릭하고 메뉴에서 [Make Group]을 클릭합니다.

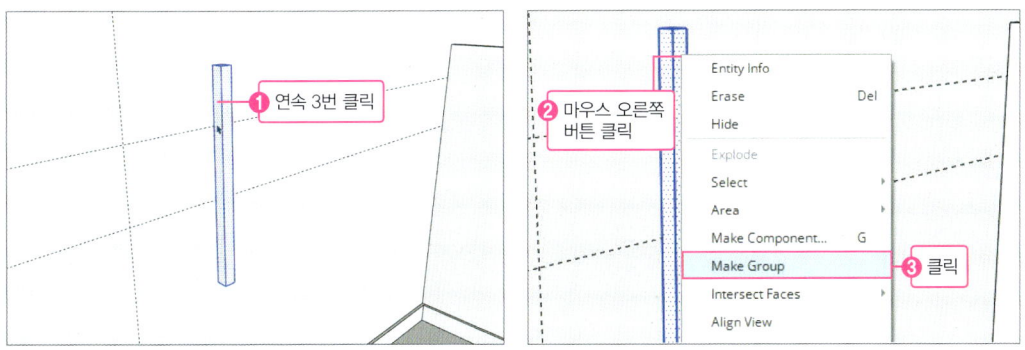

Chapter 03 • 벽 장식 디자인

07 Space bar 키를 누른 후 선택(Select(▶)) 도구로 이동 대상 ❶을 클릭합니다. 이동(Move(✥)) 도구 M 키를 누르고 막대 하단의 중간점(Midpoint) ❷지점을 클릭합니다.

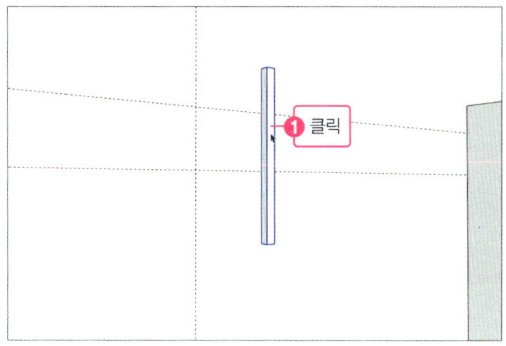
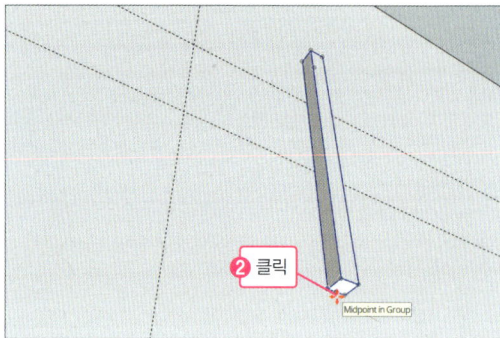

08 시점을 조정하고 ❶지점(가이드 선 ❷와 ❸의 교차점)을 클릭합니다.

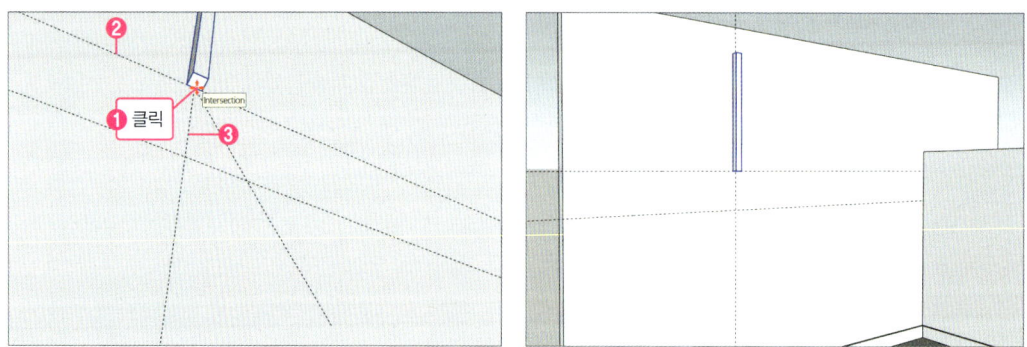

시점을 변경하거나 뷰를 확대, 축소할 때 화면 제어가 안되면 Shift + Z 키를 누릅니다.

09 회전 복사

Space bar 키를 누른 후 선택(Select(▶)) 도구로 회전 대상 ❶을 클릭합니다. 회전(Rotate(⟳)) 도구 Q 키를 누르고 가이드 선의 교차점(Midpoint) ❷지점(기준점)을 클릭합니다.

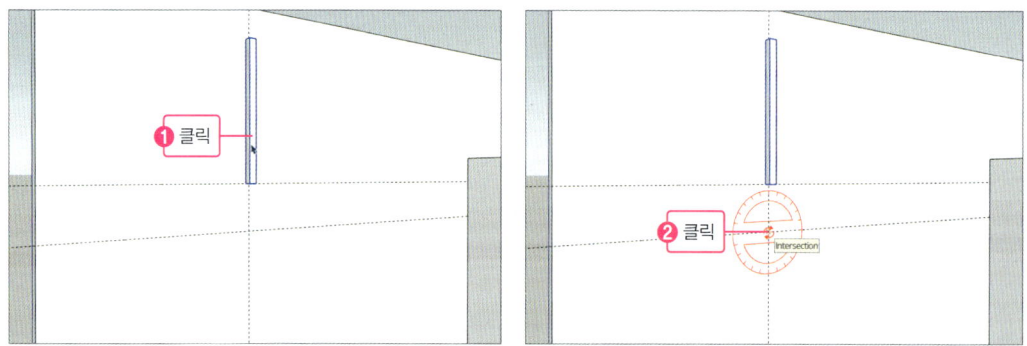

기준점을 지정할 때 나타나는 각도기의 색은 회전축을 의미합니다. 각도기 색에 따라 회전되는 결과가 달라집니다.

10 회전이 시작되는 ❶지점(임의의 위치)을 클릭하고 Ctrl 키를 눌러줍니다. 커서를 회전 방향을 ❸방향으로 이동한 상태에서 각도 값 '270'을 입력하고 Enter 키를 누릅니다.

복사를 하지 않고 회전할 경우에는 Ctrl 키를 누르지 않고 진행합니다.

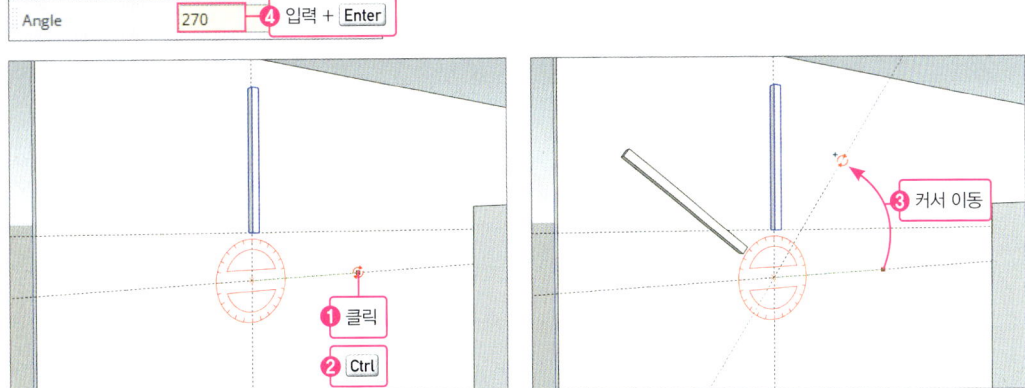

각도 값을 입력하는 경우 시작 각도의 위치는 아무 곳이나 클릭해도 무방하며, 복사하기 위해 Ctrl 키를 누르는 것은 각도 값을 입력하기 전에만 눌러주면 됩니다.

11 회전 복사 직후 '/30'을 입력하고 Enter 키를 누르면 앞서 복사한 270° 내부에 30개가 복사됩니다.

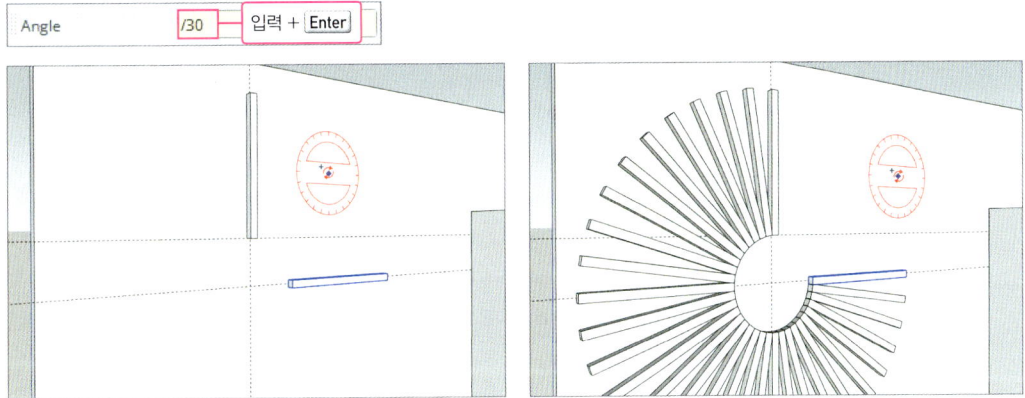

Rotate의 다양한 기능

① 회전 : 객체 선택 → 기준점 클릭 → 회전 시작 클릭 → 회전 각도 입력 후 Enter 키 누름(회전 위치 클릭)

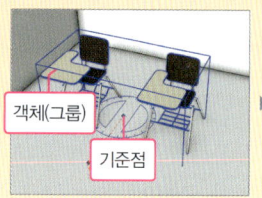 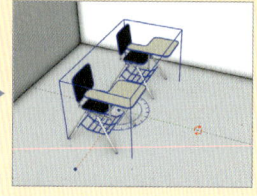  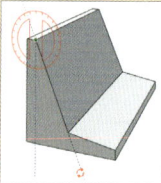

▲ 그룹 개체의 회전　　　　　　　　　　　　　　▲ 면의 회전

② 복사 : 객체 선택 → 기준점 클릭 → 회전 시작 클릭 → Ctrl 키 → 회전 각도 입력 후 Enter 키 누름(회전 위치 클릭)

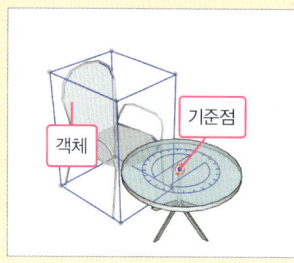 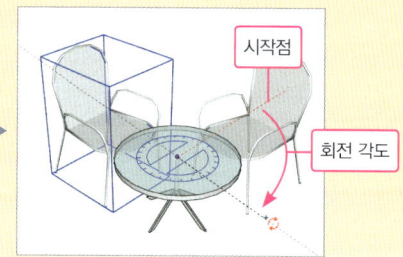

③ 외부 배열 : 복사 후 *N 또는 Nx로 N에 복사 수량 입력 후 Enter 키 누름

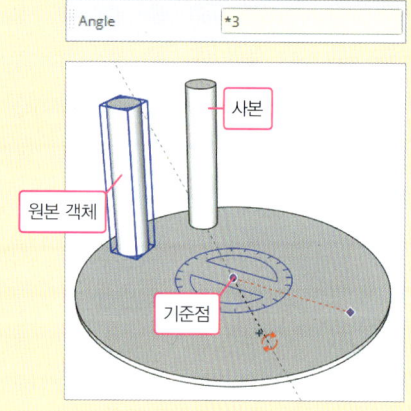 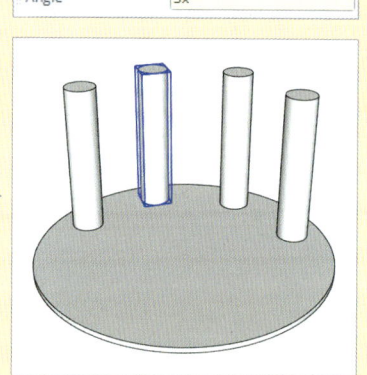

④ 내부 배열 : 복사 후 /N으로 N에 복사 수량 입력 후 Enter 키 누름

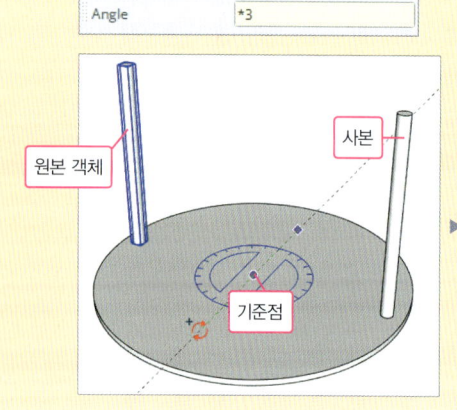 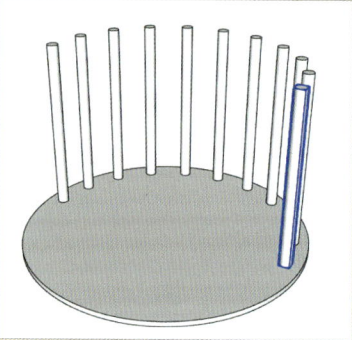

12 반대편 작은 벽의 모양을 편집하기 위해 그룹 편집(Edit Group)을 적용해야 합니다. Space bar 키를 누른 후 선택 (Select( )) 도구로 편집 대상 ❶을 더블 클릭합니다.

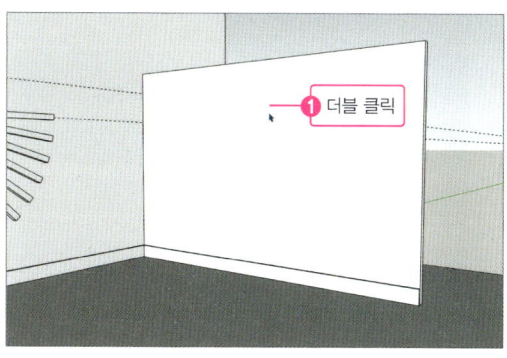
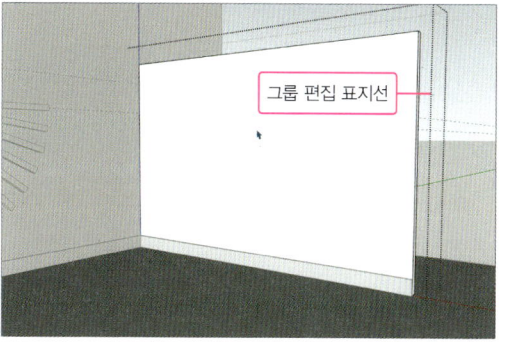

13 줄자(Tape Measure( )) 도구 T 키를 눌러 가이드 선 ❶, ❷, ❸을 다음과 같이 표시하고 장식에 필요한 사각형 ❹(50,600)를 그려줍니다.

사각형의 위치는 중요하지 않습니다.

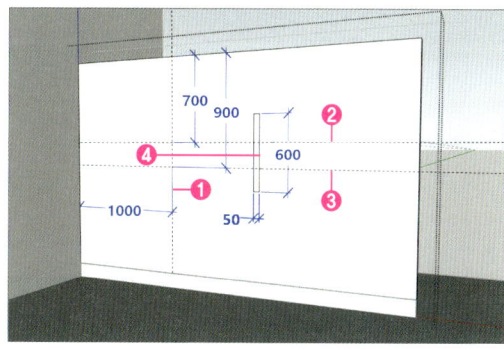

14 Space bar 키를 누른 후 선택(Select( )) 도구로 ❶지점부터 ❷지점까지 클릭 & 드래그로 사각형을 선택합니다. 이동(Move( )) 도구 M 키를 누르고 막대 하단의 중간점(Midpoint) ❸지점을 클릭합니다.

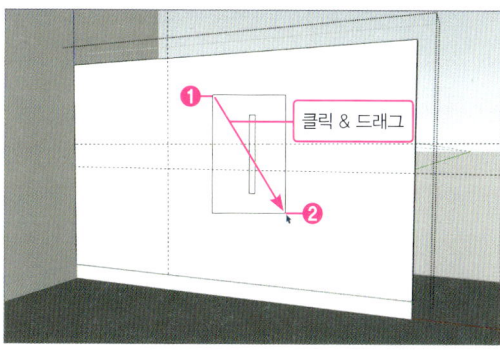
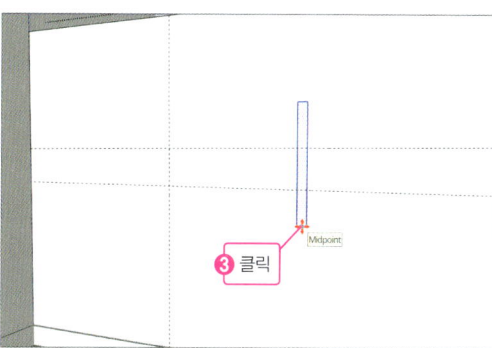

Chapter 03 • 벽 장식 디자인 105

15 시점을 설정하고 ❶지점(가이드 선 ❷와 ❸의 교차점)을 클릭합니다. 복사할 객체가 선택된 상태이므로 회전 (Rotate(🔄)) 도구 Q 키를 누르고 가이드 선의 교차점(Midpoint) ❹지점(기준점)을 클릭합니다.

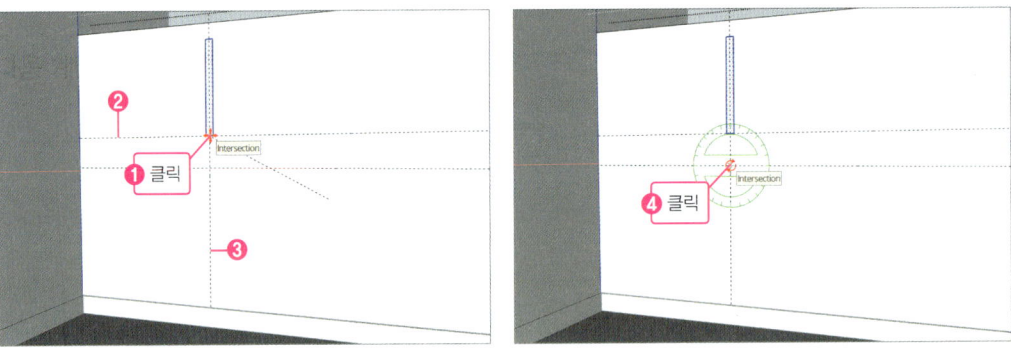

16 회전이 시작되는 ❶지점을 클릭하고 Ctrl 키를 눌러줍니다. 커서를 회전 방향인 ❷지점으로 이동한 상태에서 각도 값 '270'을 입력하고 Enter 키를 누릅니다.

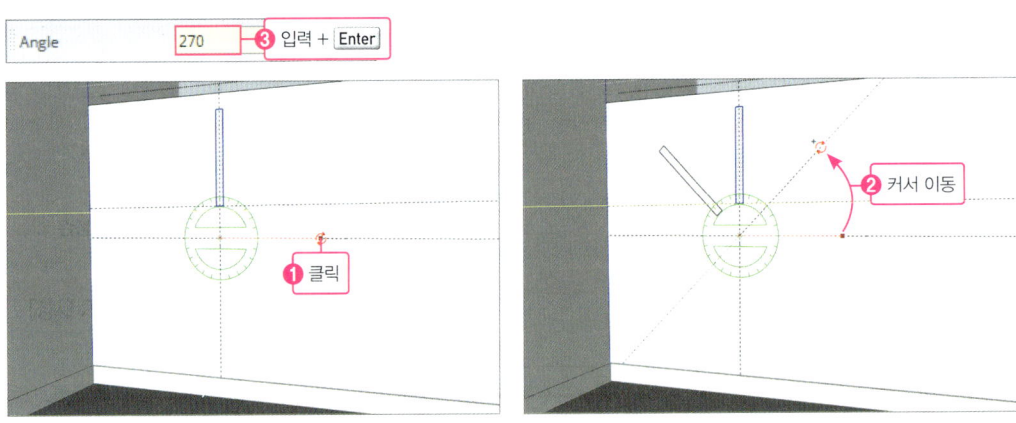

17 회전 복사 직후 '/15'를 입력하고 Enter 키를 누르면 앞서 복사한 270° 내부에 15개가 복사됩니다.

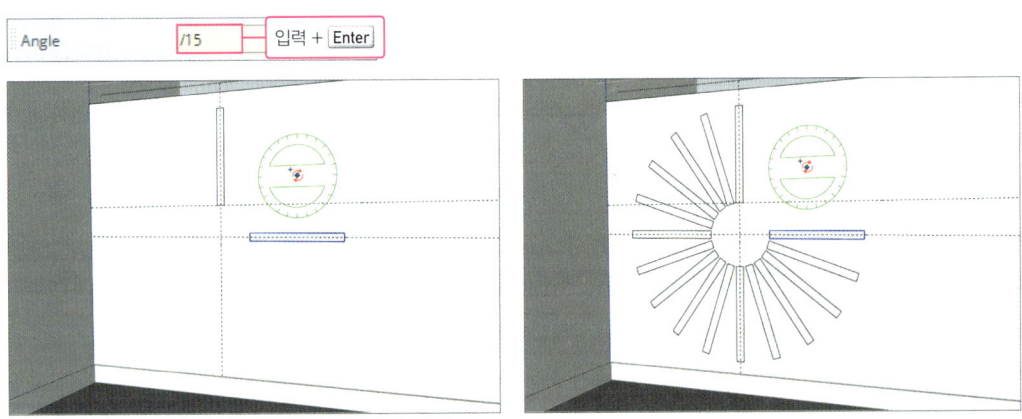

18 밀기/끌기(Push/Pull(◆)) 도구 P 키를 누르고 ❶지점을 클릭합니다. 밀어낼 위치인 ❷지점을 클릭하면 직사각형 모양의 구멍이 뚫립니다.

❷지점으로 이동한 상태에서 '50'을 입력하고 Enter 키를 눌러도 동일한 결과를 확인할 수 있습니다.

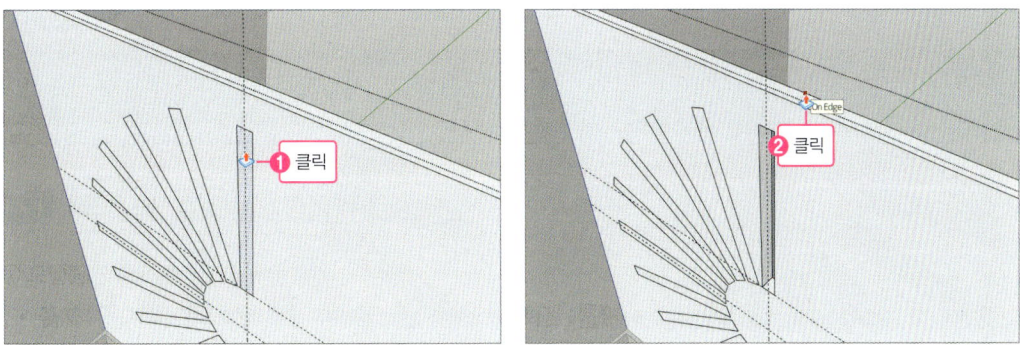

밀기/끌기(Push/Pull(◆)) 도구로 벽을 밀어낼 수 없다면 그룹 편집 상태에서 복사된 것이 아니거나 복사 후 그룹 편집이 종료된 것일 수 있습니다.

19 이전에 작업한 밀기/끌기의 값(50)을 반복적으로 적용하겠습니다. 밀기/끌기(Push/Pull(◆)) 상태에서 ❶지점을 더블 클릭합니다. 나머지 면도 같은 방법으로 밀어 벽을 뚫어줍니다.

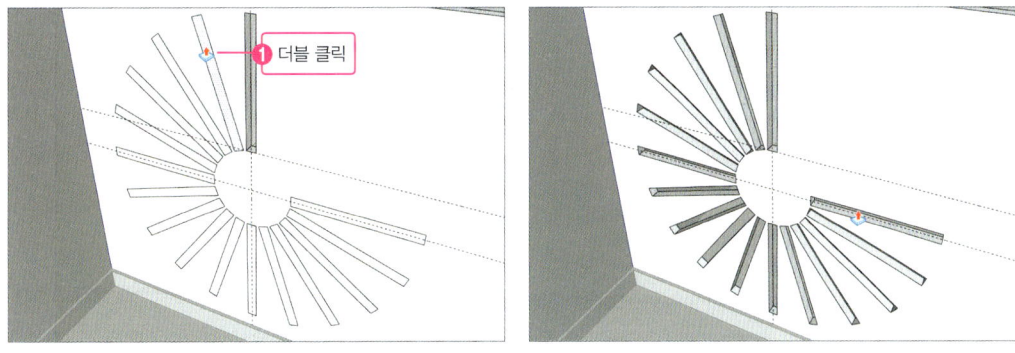

20 중앙에 다각형 구멍을 내기 위해 다각형(Polygon(⬢)) 도구를 클릭합니다. 다각형 모서리의 수(Sides) '6'을 입력하고 Enter 키를 누른 후 다각형의 중심 ❸지점을 클릭합니다.

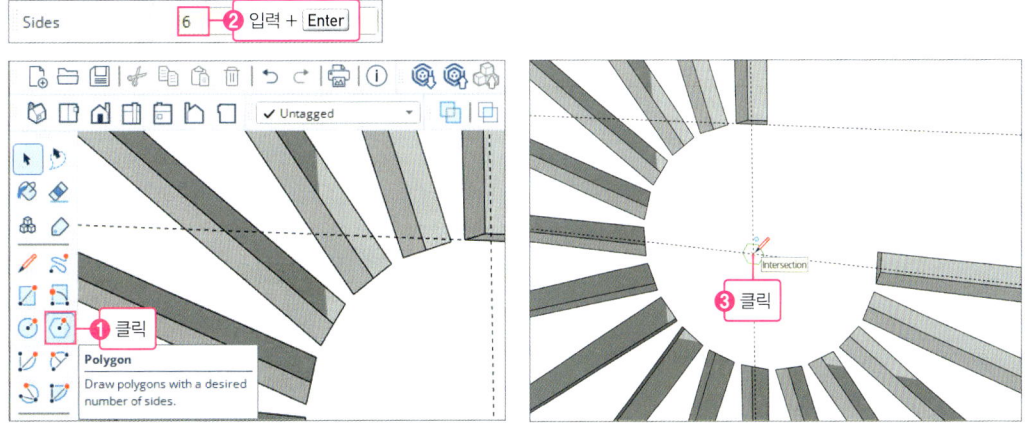

21 커서를 ❶지점으로 이동한 상태에서 '150을' 입력하고 Enter 키를 누릅니다.

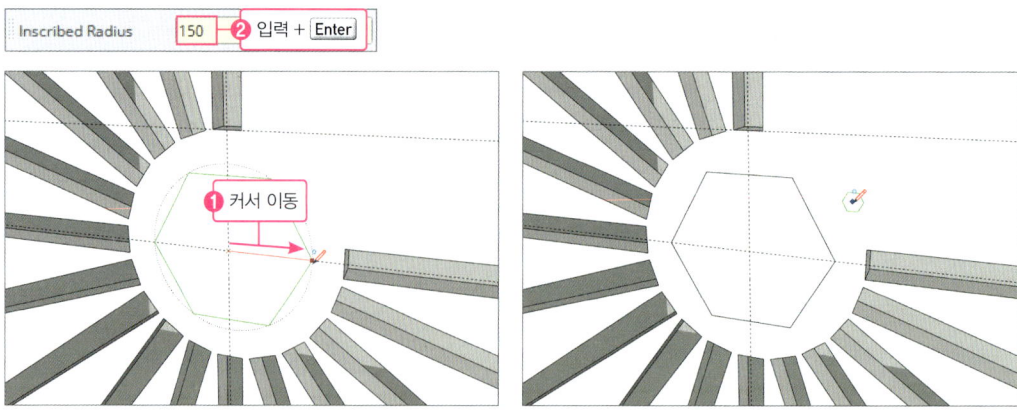

> **TIP** **Polygon의 내접과 외접**
>
> 다각형을 그리는 Polygon은 원의 반지름 크기를 기준으로 작성됩니다. 반지름 입력 전 Ctrl 키를 눌러 원의 내접과 외접을 변경할 수 있으며, Ctrl + +, - 키로 모서리의 수를 증감할 수 있습니다. 같은 반지름 값을 입력해도 내접과 외접에 따라 크기가 달라질 수 있는 것에 주의합니다.
>
> • 반지름이 150인 경우 내접과 외접의 크기

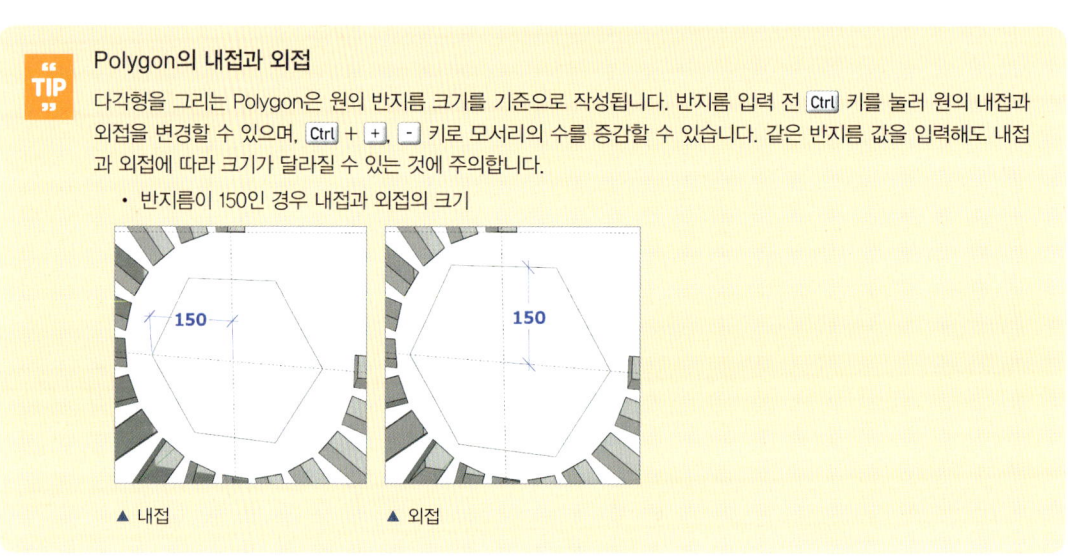

▲ 내접   ▲ 외접

22 밀기/끌기(Push/Pull(🔽)) 도구 P 키를 누르고 ❶지점을 클릭합니다. 커서를 ❷지점으로 이동해 'On Face' 표식이 나타났을 때 클릭하면 면이 밀려 다각형 구멍이 만들어집니다.

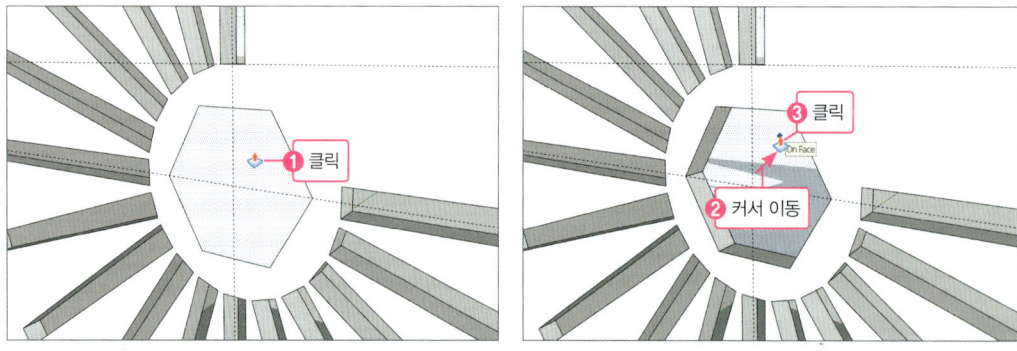

23 작은 벽의 편집을 마무리하기 위해 빈 영역 ❶을 클릭하거나 ❶지점에서 마우스 오른쪽 버튼을 클릭하고 [Close Group]을 클릭합니다.

그룹 편집 모드는 선택 도구 상태일 때 Esc 키를 눌러 종료할 수 있습니다.

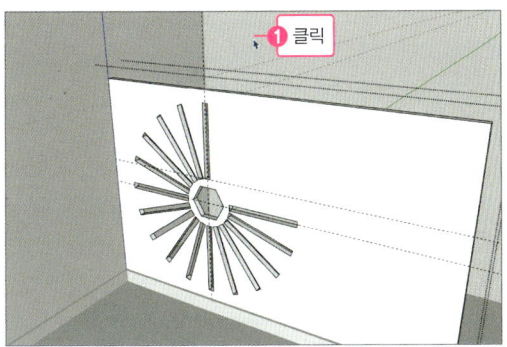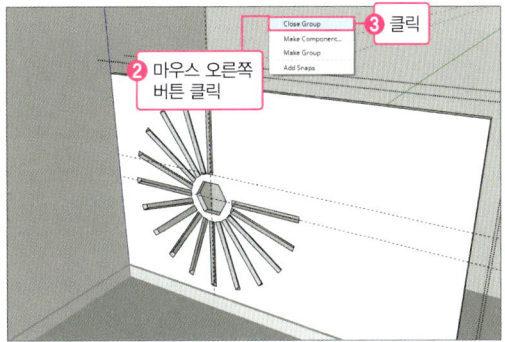

24 불필요한 가이드 선을 삭제하기 위해 [Edit] 메뉴의 [Delete Guides]를 클릭합니다.

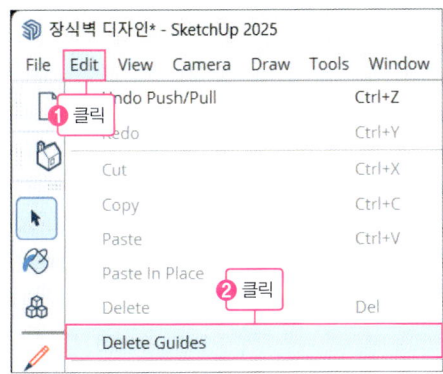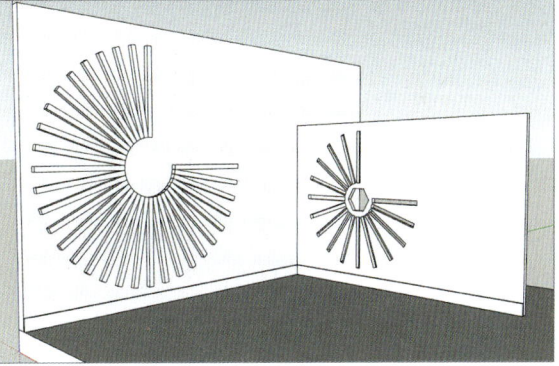

25 큰 벽과 작은 벽 우측은 다음 도면을 참고해 동일한 방법으로 편집합니다.

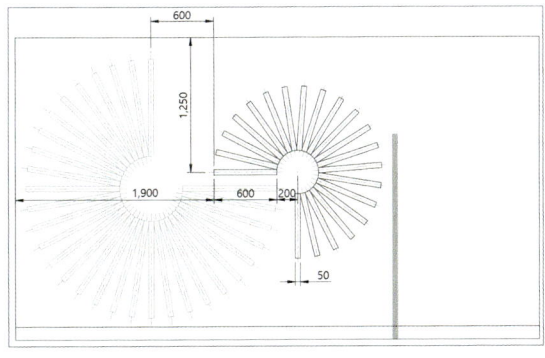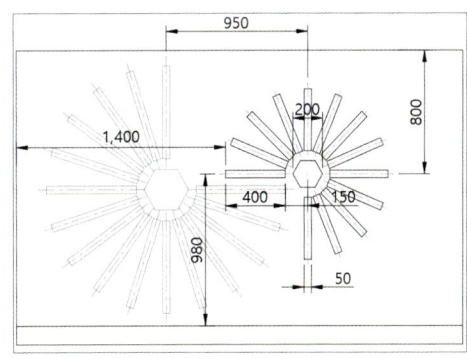

▲ 큰 벽   ▲ 작은 벽

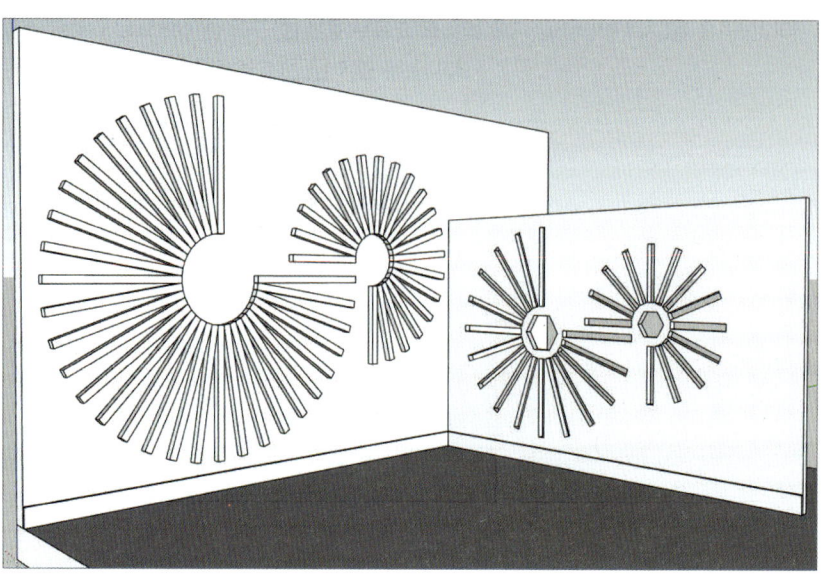

▲ 완성파일 : [예제파일/P02/Ch03/벽 디자인.skp]

26 돌출 장식 중 일부를 그룹으로 지정하겠습니다. Space bar 키를 눌러 선택(Select( )) 도구로 전환하고 ❶지점에서 ❷지점까지 클릭 & 드래그로 선택합니다. ❸지점에서 마우스 오른쪽 버튼을 클릭하고 메뉴에서 [Make Group]을 클릭합니다.

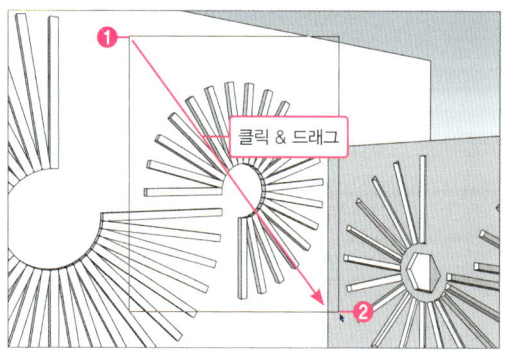
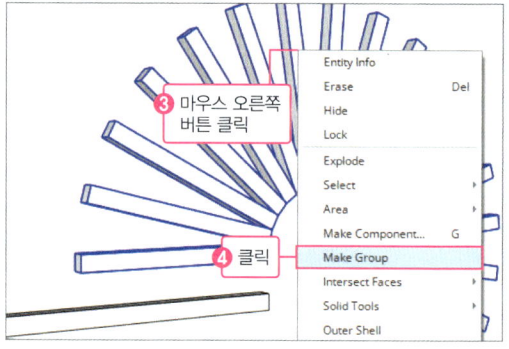

축(Axes)의 추정과 작업면(On Face)의 고정

3D 모델링에서 축과 작업 기준면은 작업시간 및 정확도와 연결되는 매우 중요한 부분입니다. 스케치업에서는 축의 방향 및 작업 면의 위치를 방향키와 Shift 키로 쉽게 설정할 수 있습니다.

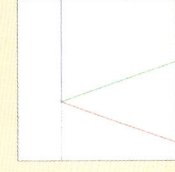

① 축(Axes)의 추정

키보드의 방향키(→, ←, ↑, ↓)로 제어합니다. 한 번 누르면 고정, 한 번 더 누르면 해제됩니다.

• X축 고정(→) : 추정이 X축(빨간색)으로 고정되어 움직입니다.

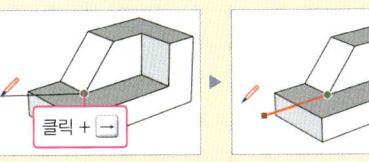
▲ 선

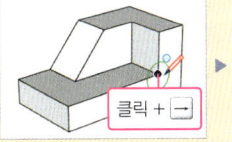
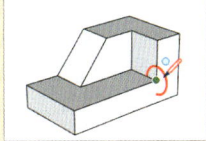
▲ 원(사각형, 다각형)

• Y축 고정(←) : 추정이 Y축(녹색)으로 고정되어 움직입니다.

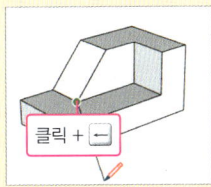
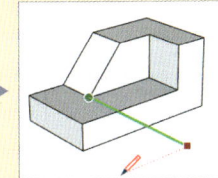
▲ 선

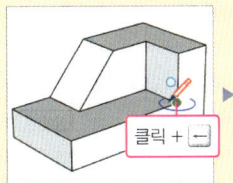
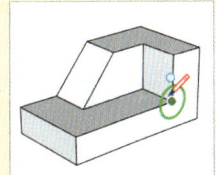
▲ 원(사각형, 다각형)

• Z축 고정(↑) : 추정이 Z축(파란색)으로 고정되어 움직입니다.

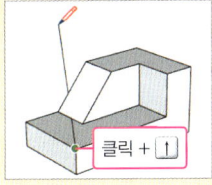
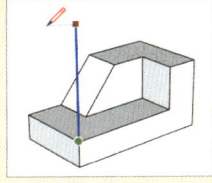
▲ 선

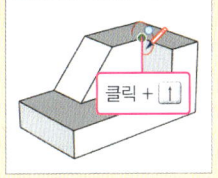
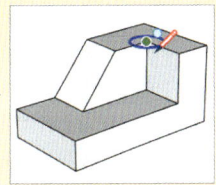
▲ 원(사각형, 다각형)

• 병렬(평행)/수직(↓) : 평행/수직으로 이루는 부분이 자홍색 선으로 나타납니다. 자홍색 표시선이 나타나면 ↓ 키를 눌러 방향을 고정합니다.

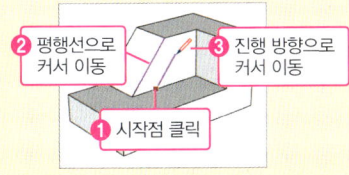
▲ 병렬(평행) 방향으로 고정

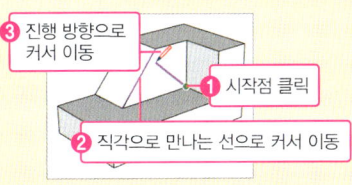
▲ 목적지의 수직(직각) 방향을 고정

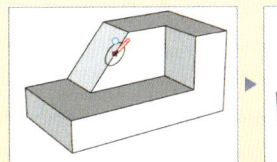
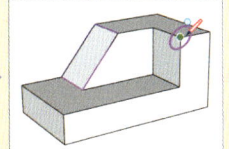
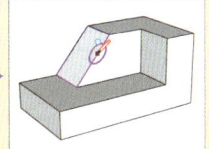

커서를 면의 각도와 일치하는 모서리로 이동한 후 ↓ 키를 눌러 각도를 고정하고 그릴 위치로 이동합니다.

▲ 면의 각도를 고정

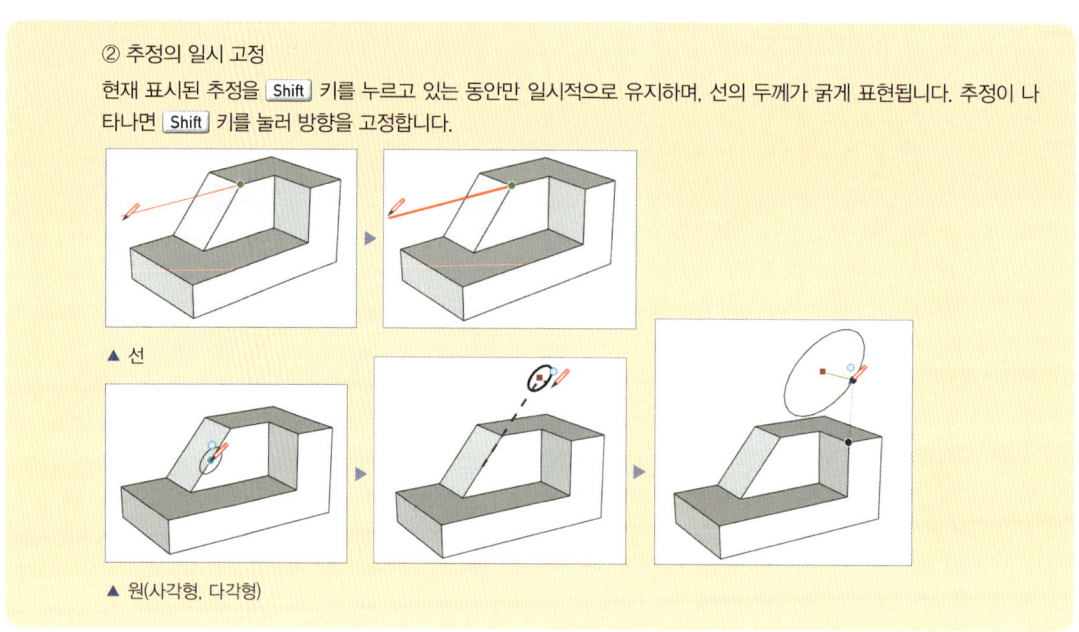

▲ 선

▲ 원(사각형, 다각형)

STEP 3 재질 넣기

01 돌출된 벽 장식을 확대합니다. 페인트 통(Paint Bucket(🖌)) 도구 B 키를 누르고 커서를 Default Tray로 이동합니다. [Materials] 트레이 ❶을 클릭해 확장하고 카테고리에서 'Wood(목재)' ❷를 선택한 후 'Wood_Cherry' 재질 ❸을 클릭합니다.

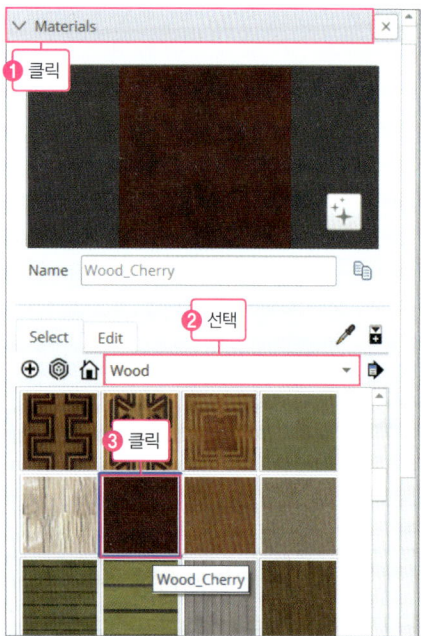

02 페인트 통( ) 모양의 커서로 돌출된 장식 ❶을 클릭하면 선택된 재질이 적용됩니다. 남은 장식 막대를 모두 클릭합니다.

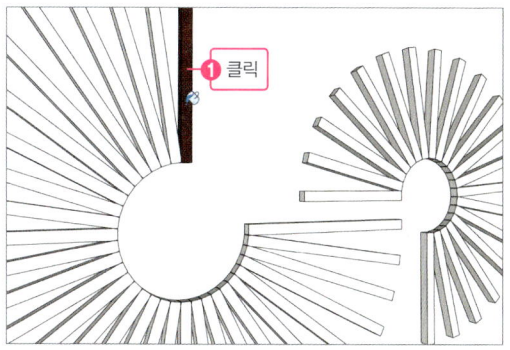 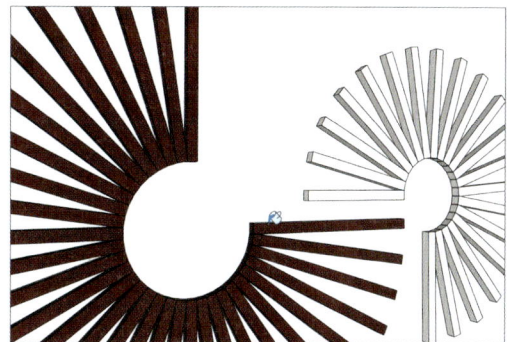

좀 더 효율적인 작업을 위해 회전 복사 전 재질을 넣는 것이 좋습니다.

03 [Materials] 트레이를 확장하고 'Wood_Wicker' 재질 ❶을 클릭합니다. 돌출된 장식 ❷를 클릭하면 선택된 재질이 적용됩니다.

재질은 면과 그룹 단위로 적용되므로 이전과는 다르게 모든 장식이 한 번에 적용됩니다.

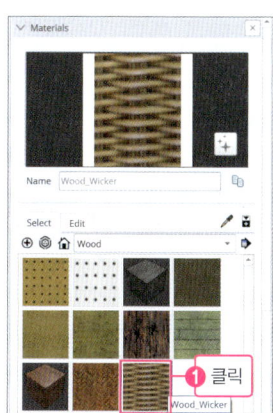 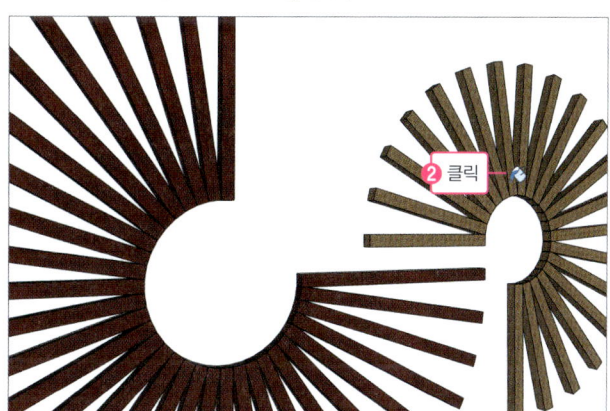

04 벽의 재질은 카테고리에서 'Tile(타일)' ❶을 선택하고 'Granite Tile'이나 'Tile_Ceiling_Drop' 재질 ❷를 클릭합니다. 벽의 ❸부분과 ❹부분을 클릭하면 선택된 재질이 적용됩니다.

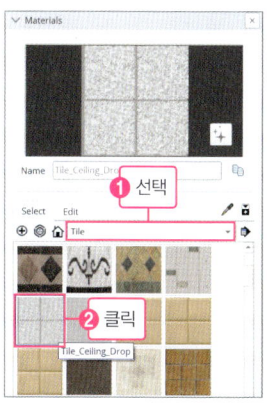 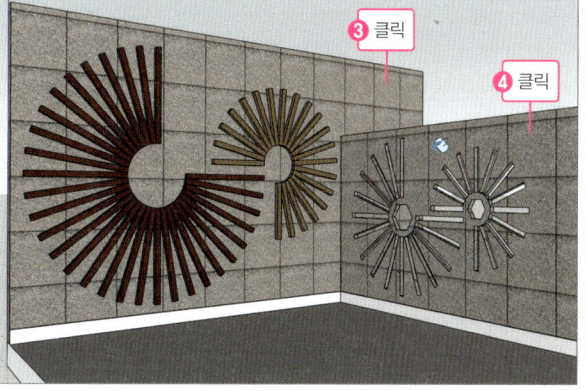

05 걸레받이는 타일 카테고리에서 'Tile_Various_Gray' 재질 ❶을 적용하고, 바닥은 'Tile_Marble_Basket' 재질 ❷를 적용합니다.

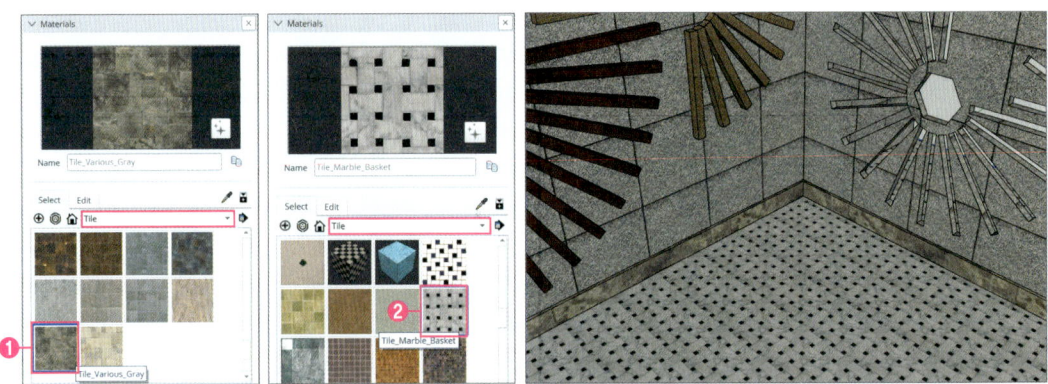

STEP 4 가구 배치하기

01 미리 만들어진 소파를 가져와 배치하겠습니다. [File] 메뉴에서 [Import]를 클릭하고 [예제파일/P02/CH03/소파.skp] 파일을 불러옵니다. 커서를 바닥 부분으로 이동해 'On Face in Group' 표시가 나타나면 클릭합니다.

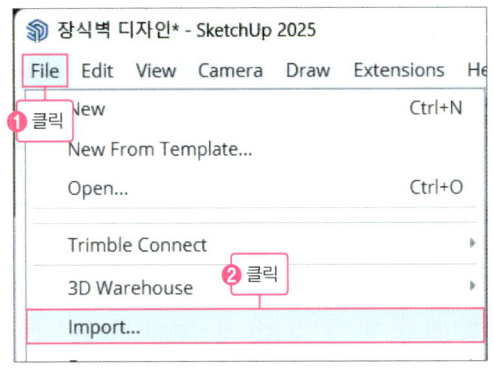

> **TIP** **Import**
> [Import] 대화상자에서 가져올 파일이 보이지 않는다면 오른쪽 아래 파일 유형이 스케치업 파일인 'skp'로 되어 있는지 확인합니다. 파일은 선택된 유형 이외에는 나타나지 않습니다.

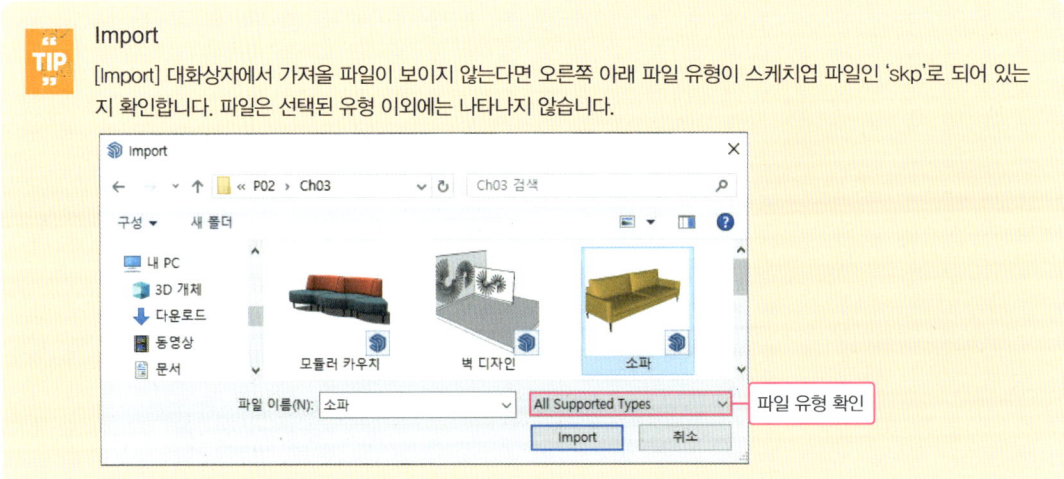

02 소파가 선택된 상태에서 회전(Rotate( )) 도구 Q 키를 누르고 ❶지점을 기준점으로 클릭합니다. 각도가 시작되는 ❷지점을 클릭합니다.

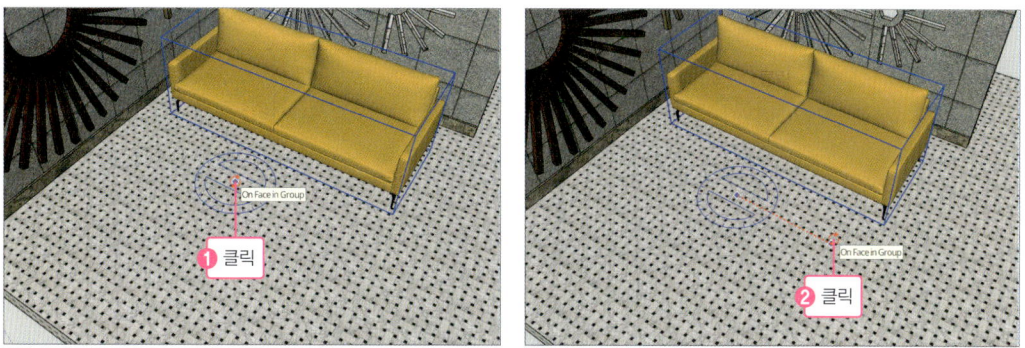

기준점을 지정할 때 나타나는 각도기의 색은 회전축을 의미합니다. 각도기 색에 따라 회전되는 결과가 달라집니다.

03 복사하기 위해 Ctrl 키를 누릅니다. 커서를 회전 방향 ❶지점으로 이동한 상태에서 각도 값 '90'을 입력하고 Enter 키를 누릅니다. 이동(Move( )) 도구 M 키를 눌러 적절한 위치로 이동합니다.

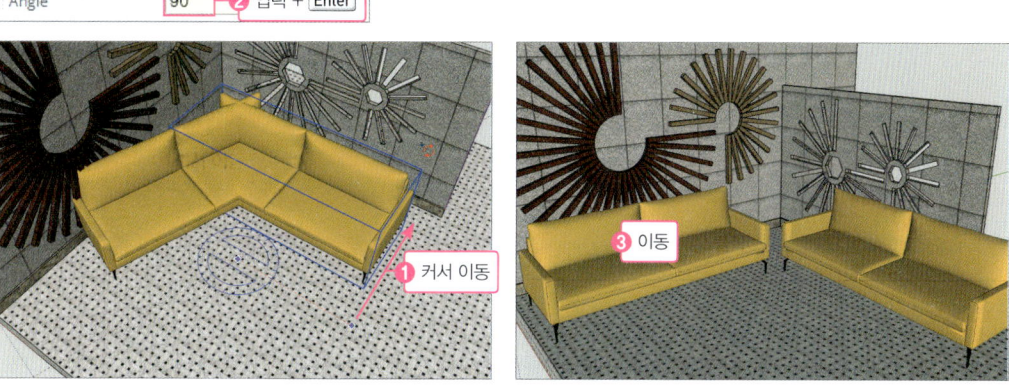

Chapter 03 • 벽 장식 디자인　115

01 다음 모델을 작성하시오.

- 원형 테이블과 의자는 [Import]로 가져와 배치합니다.
- 주어지지 않은 치수는 작업자가 임의의 값으로 설정하며, 의자는 회전시켜 자연스럽게 배치합니다.

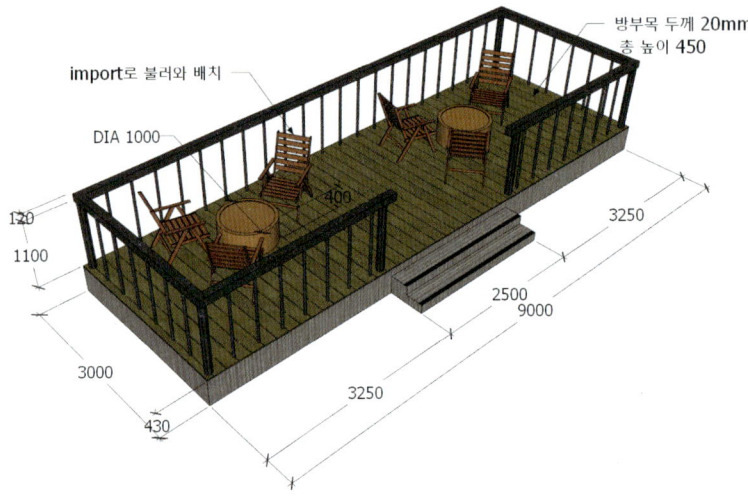

▲ 완성파일 : [예제파일/P02/Ch03/테라스.skp]

- 삽입(Import)할 의자는 '테라스 의자 type-A' 또는 '테라스 의자 type-B'를 사용합니다.

테라스 의자
type-A

테라스 의자
type-B

[상세 치수]

- 계단(측면)

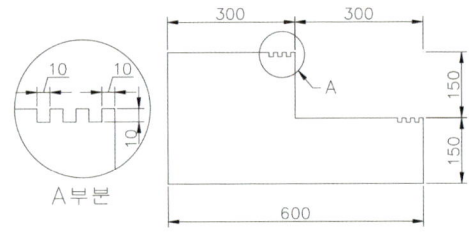

- 손스침(입체)

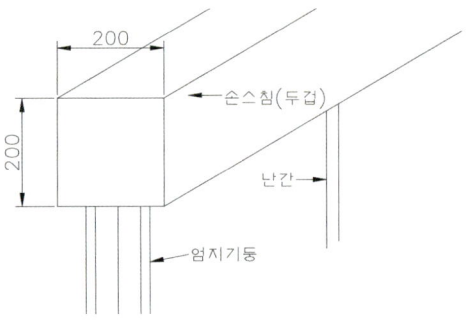

• 난간 위치와 크기(평면)

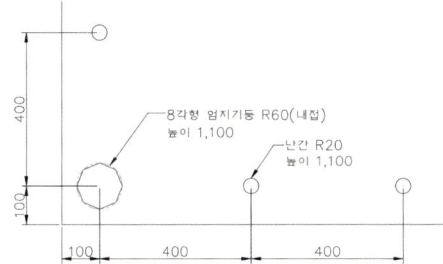

02 다음 모델을 작성하시오.

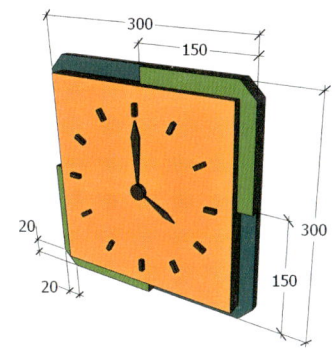

▲ 완성파일 : [예제파일/P02/Ch03/시계.skp]

[상세 치수]

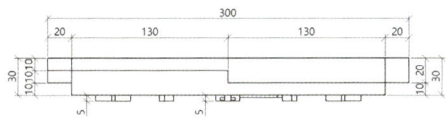

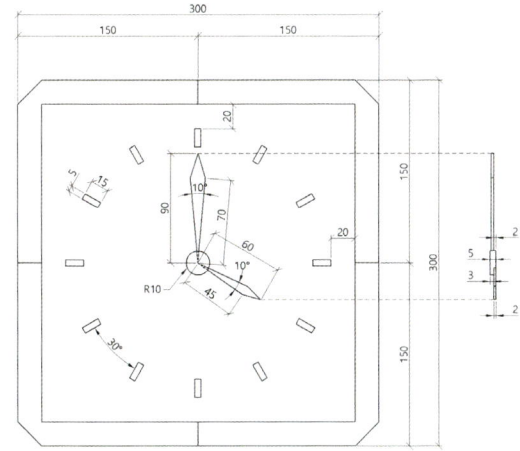

3D Warehouse

스케치업은 3D Warehouse를 통해 디자인에 사용되는 가구, 소품, 차량 등의 컴포넌트와 재질을 무료로 다운로드하여 손쉽게 작업공간에 배치할 수 있습니다.

1. 컴포넌트 다운로드

① 스케치업에서 3D Warehouse( ) 아이콘을 클릭하거나 3D Warehouse 홈페이지 'https://3dwarehouse.sketchup.com'으로 접속합니다.

※ 익스플로러 웹 브라우저는 지원하지 않으므로 크롬, 엣지, 파이어폭스 등을 사용해야 합니다.

② 필요한 컴포넌트를 검색하고 버전에 맞는 파일을 다운로드합니다. 다운로드한 가구는 [Import]로 배치할 수 있습니다.

※ 구글 계정의 로그인이 필요합니다.

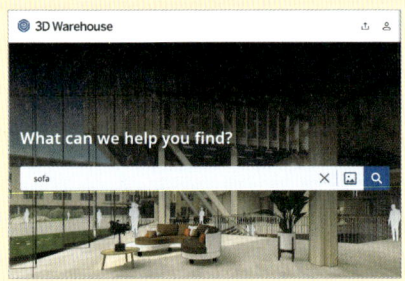 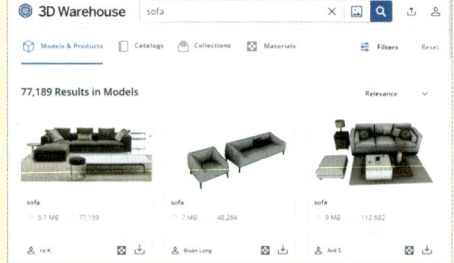

2. 재질 다운로드

① 재질 종류를 검색하고 파일을 다운로드합니다.

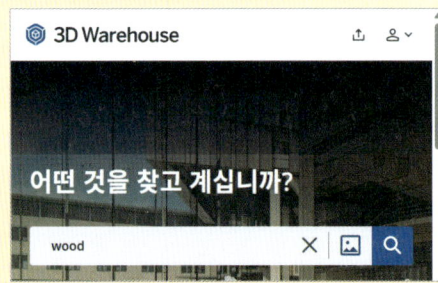 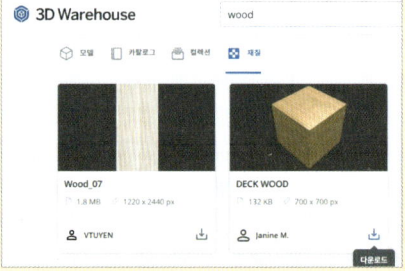

② 다운로드한 재질 파일(skm)을 스케치업 재질 폴더에 복사하면 객체에 적용할 수 있습니다.

CHAPTER 04 소극장 디자인

오프셋(Offset) 도구의 간격 띄우기를 활용해 실내 공간을 구성하고 카메라와 둘러보기 도구로 적절한 뷰를 표현해 보겠습니다.

STEP 1 공간 구성하기

① 모델링에 필요한 주요 도구
- 오프셋 : (Offset(F)), 지우개 : (Eraser(E))

② 운영 기능
- 내보내기(Export)

▲ 완성파일 : [예제파일/P02/Ch04/소극장 디자인.skp]

01 스케치업을 실행하고 'Study' 템플릿을 클릭합니다.

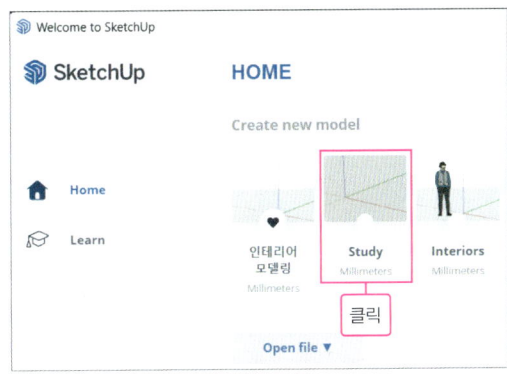
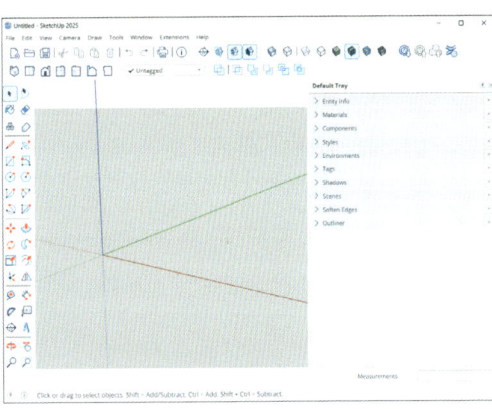

02 공간이 될 육면체 만들기

직사각형(Rectangle(📐)) 도구 R 키를 누르고 ❶지점을 클릭합니다. 커서를 ❷방향으로 이동한 상태에서 Dimensions에 '9000,6500'을 입력하고 Enter 키를 누릅니다.

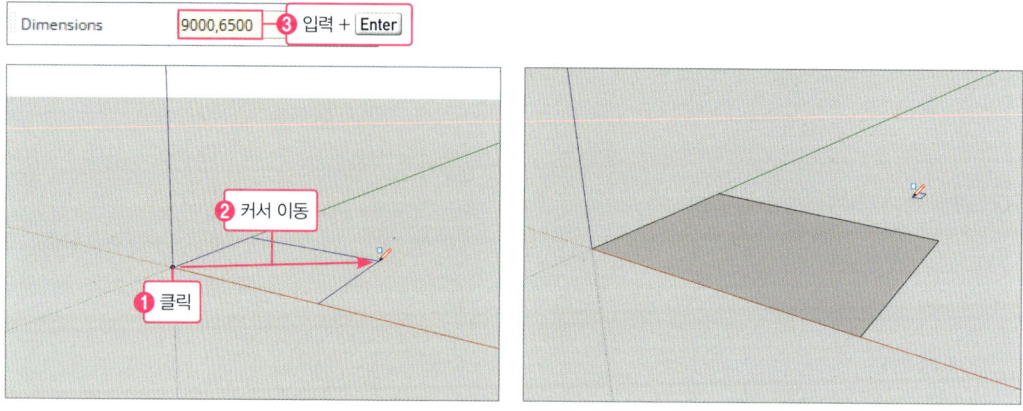

03
밀기/끌기(Push/Pull(👆)) 도구 P 키를 누르고 ❶지점을 클릭합니다. 커서를 ❷방향으로 이동한 상태에서 Distance에 '3500'을 입력하고 Enter 키를 누릅니다.

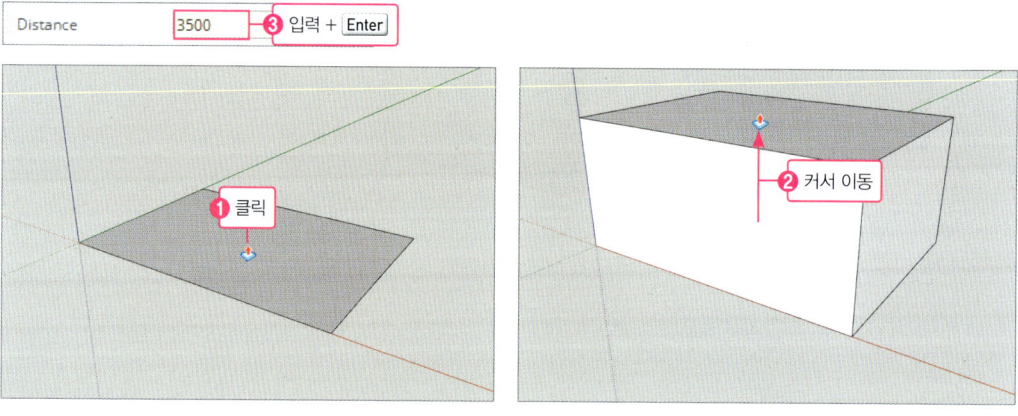

04
간격 띄우기를 하기 위해 오프셋(Offset(📐)) 도구 F 키를 누르고 커서를 ❶지점으로 이동해 모서리가 빨간점으로 표시되면 클릭합니다. 복사 방향 ❷로 이동한 상태에서 Distance에 '100'을 입력하고 Enter 키를 누릅니다.

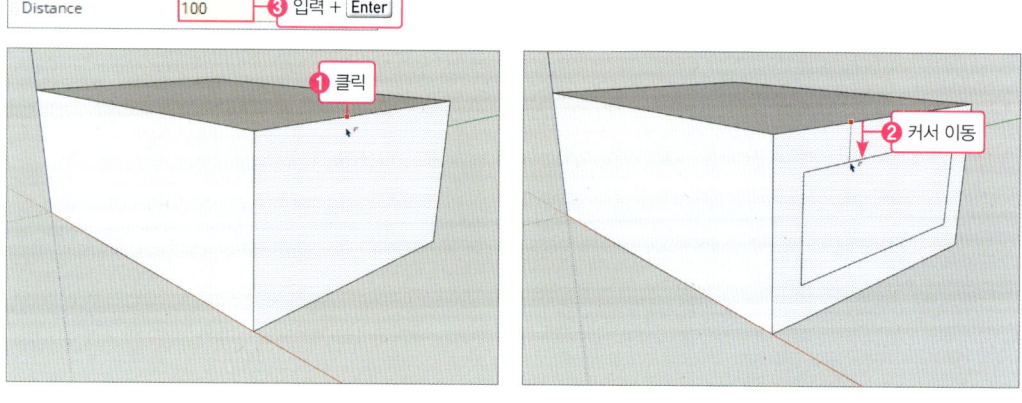

05 밀기/끌기(Push/Pull( )) 도구 P 키를 누르고 ❶지점을 클릭합니다. 커서를 ❷방향으로 이동한 상태에서 Distance에 '8900'을 입력하고 Enter 키를 누릅니다. 면이 밀려 공간이 만들어집니다.

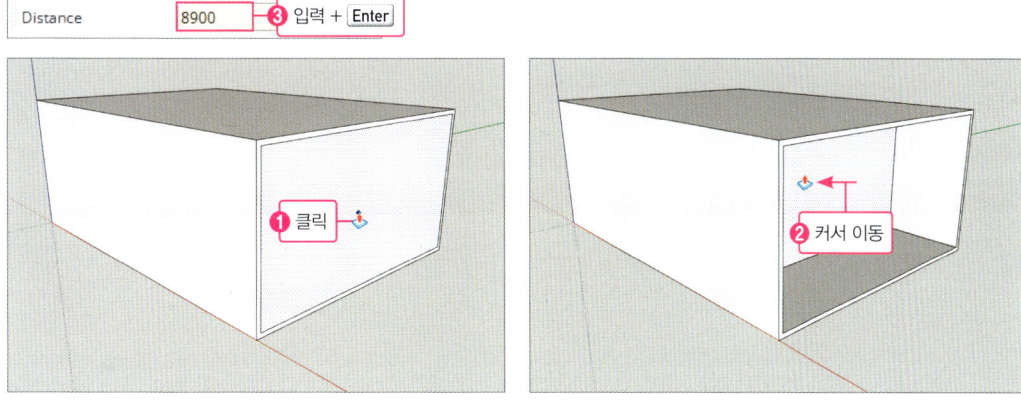

06 오프셋(Offset( )) 도구 F 키를 누르고 커서를 ❶지점으로 이동해 모서리가 빨간점으로 표시되면 클릭합니다. 복사 방향 ❷로 이동한 상태에서 Distance에 '200'을 입력하고 Enter 키를 누릅니다.

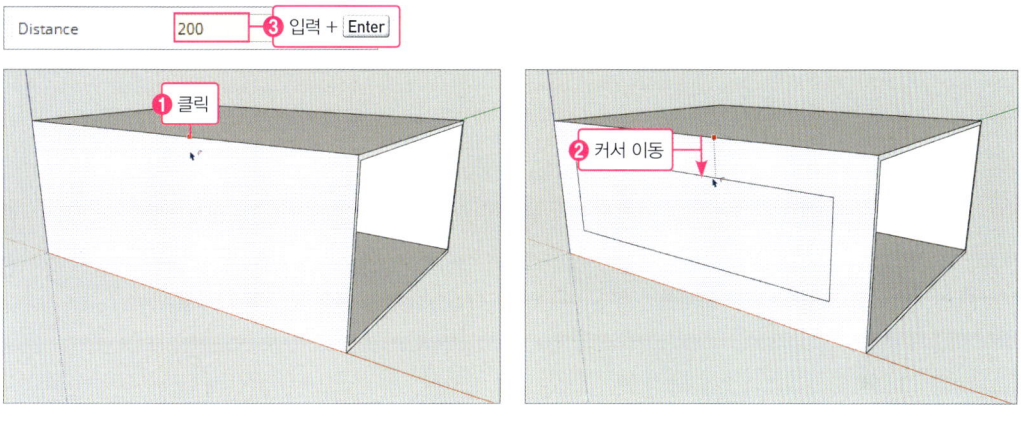

07 밀기/끌기(Push/Pull( )) 도구 P 키를 누르고 ❶지점을 클릭합니다. 커서를 ❷방향으로 이동해 'On Face'가 표시되면 클릭합니다. 벽 두께가 밀려 오픈됩니다.

커서를 ❷방향으로 이동한 상태에서 '100'을 입력해도 됩니다.

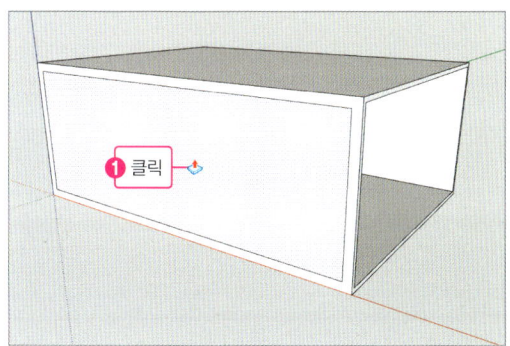
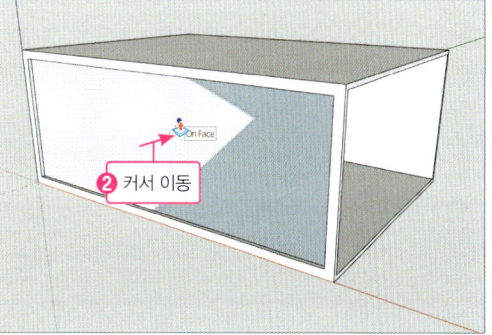

08 Space bar 키를 눌러 선택(Select(▶)) 도구로 전환하고 ❶지점에서 트리플 클릭(연속 3번 클릭)합니다. 마우스 오른쪽 버튼을 클릭하고 메뉴에서 [Make Group]을 클릭합니다.

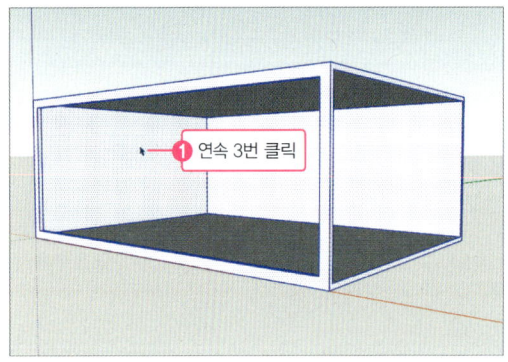
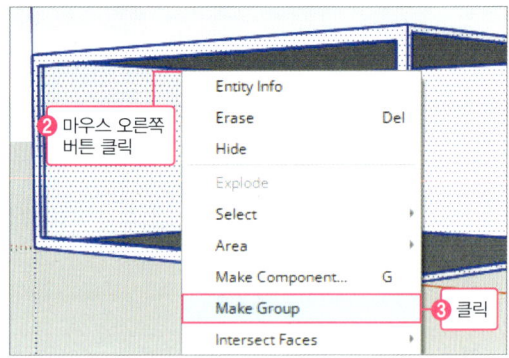

STEP 2 천장 디자인

01 천장 위치 표시

줄자(Tape Measure(⌀)) 도구 T 키를 누르고 ❶지점을 클릭합니다. 커서를 ❷방향으로 이동한 상태에서 Length에 '900'을 입력하고 Enter 키를 누릅니다.

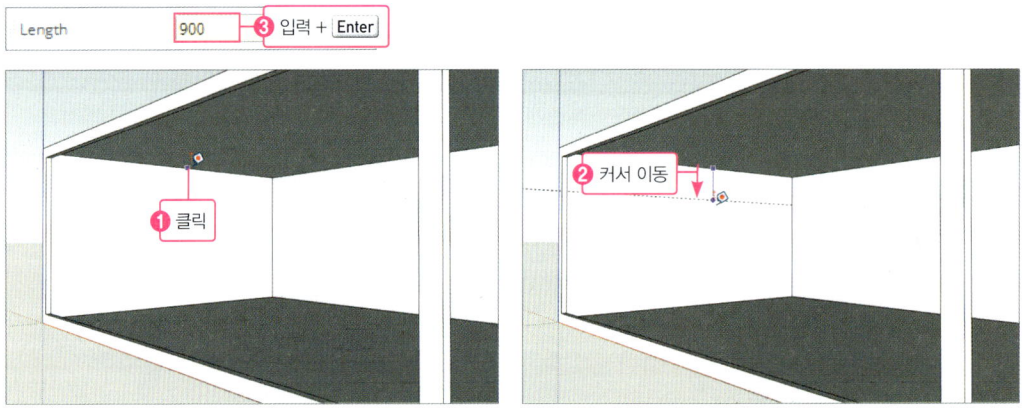

02 ❶지점을 클릭하고 커서를 ❷방향으로 이동한 상태에서 Length에 '200'을 입력하고 Enter 키를 누릅니다. 반대편 코너도 동일하게 200 간격으로 가이드 선을 표시합니다.

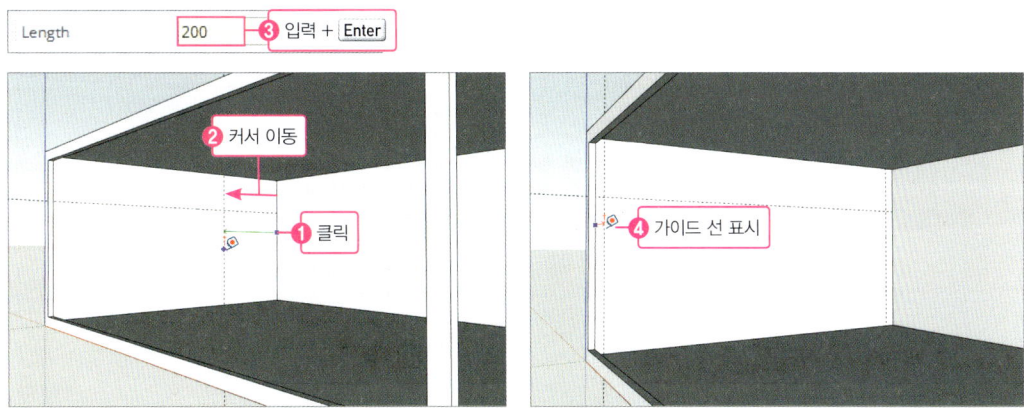

03 천장 스케치

직사각형(Rectangle(⬜)) 도구 R 키를 누릅니다. ❶지점을 클릭하고 ❷지점을 클릭합니다.

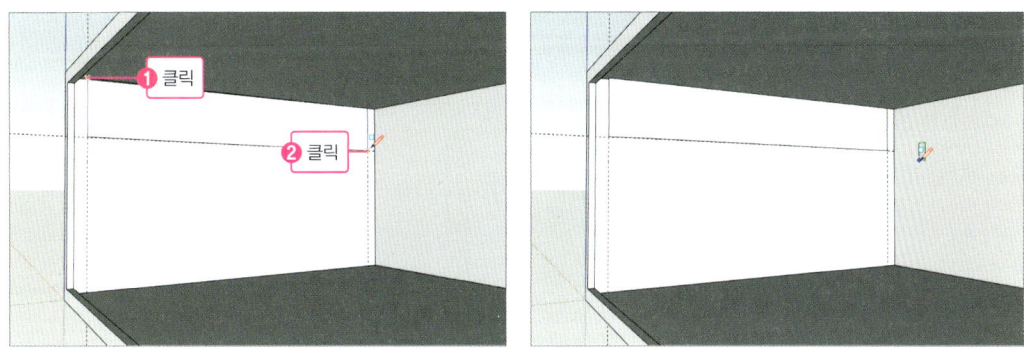

04 Space bar 키를 눌러 선택(Select(▶)) 도구로 전환합니다. 오프셋(Offset) 대상 ❶을 클릭하고 Shift 키를 누른 상태로 ❷, ❸을 클릭합니다.

선택 여부는 색상(파랑)으로 판단합니다.

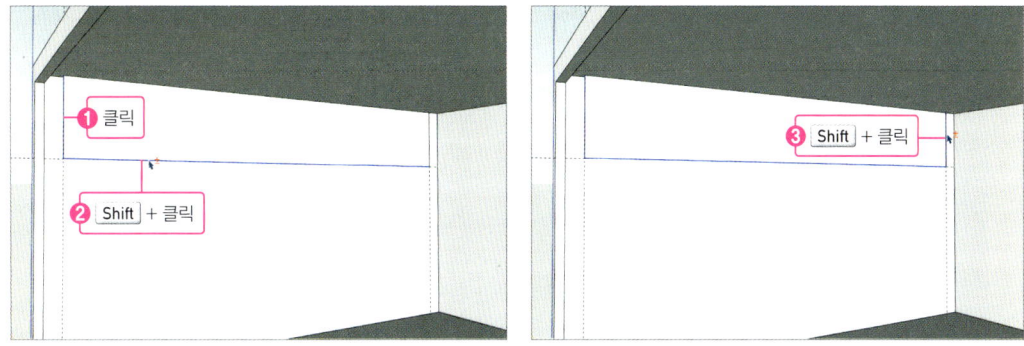

05 간격 띄우기를 하기 위해 오프셋(Offset(🗋)) 도구 F 키를 누르고 ❶지점을 클릭합니다. 복사 방향 ❷로 이동한 상태에서 Distance에 '100'을 입력하고 Enter 키를 누릅니다.

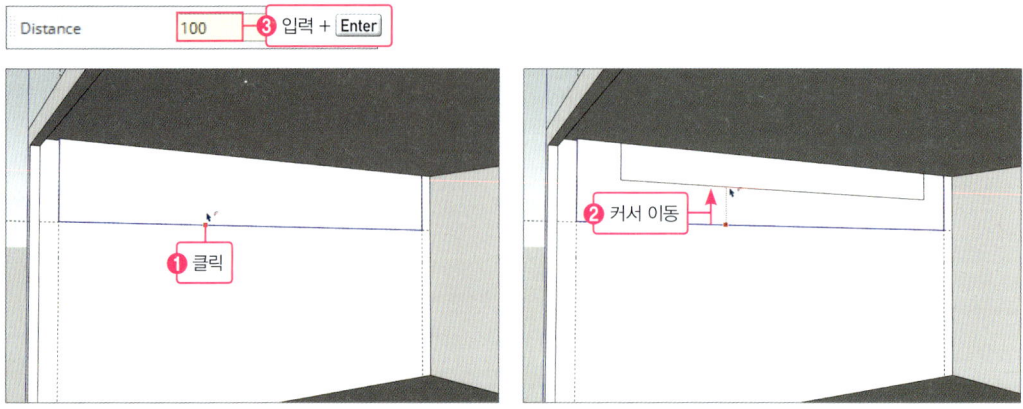

06 ❶지점을 클릭하고 복사 방향 ❷로 이동한 상태에서 Distance에 '200'을 입력하고 Enter 키를 누릅니다.

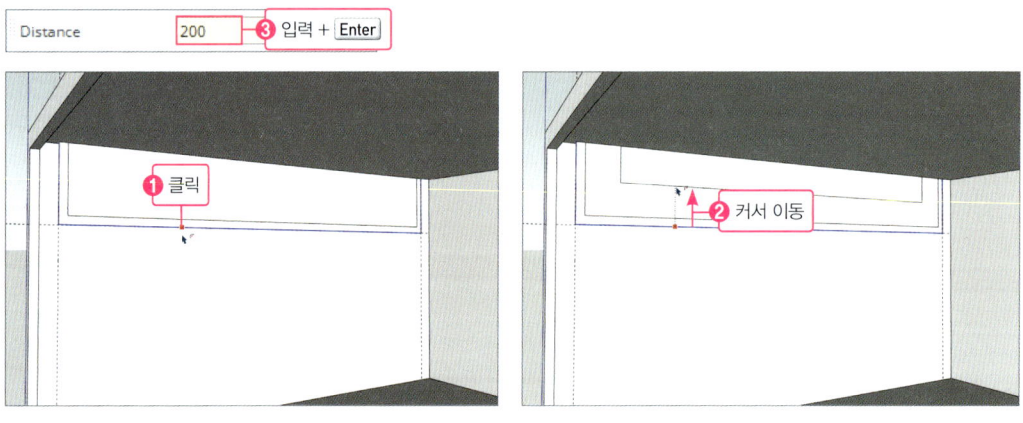

07 06 과정을 반복해 '300', '400', '500', '600', '700', '800'까지 작성합니다.

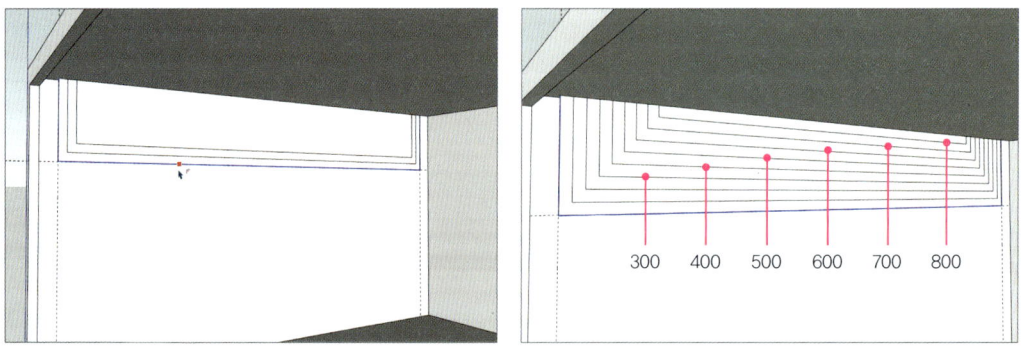

Offset의 사용

① 간격 띄우기인 오프셋(Offset)은 밀기/끌기와 같이 더블 클릭으로 반복 사용이 가능하지만, 값이 다르면 다시 실행해 새로운 값을 입력해야 합니다.

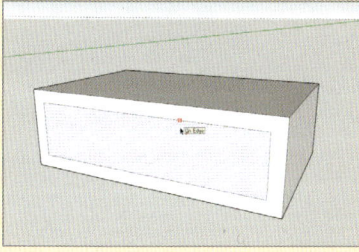 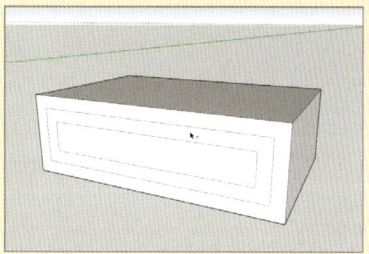

② 면에 둘러싸인 모서리는 면의 위치를 변경하여 오프셋(Offset) 할 수 있지만, 면의 일부 모서리를 선택하여 오프셋(Offset) 하면 작업 후 모서리 선을 변경할 수 없어 종료 후 다시 실행해 새로운 모서리를 선택해야 합니다.

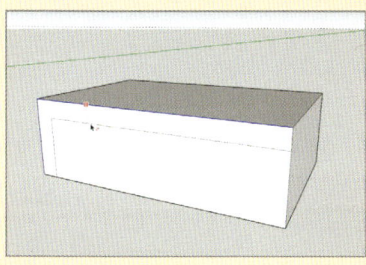 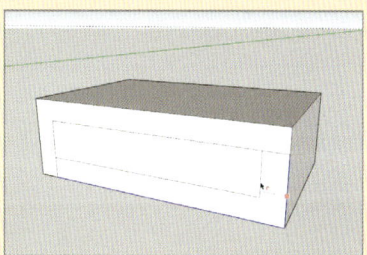

③ 오프셋(Offset)은 2개 이상의 모서리 선분이 선택되어야 사용할 수 있습니다. 1개의 모서리 선은 오프셋(Offset)으로 작업할 수 없으므로 이동/복사 도구(Move(M))를 사용합니다.

08 돌출 형태 만들기

밀기/끌기(Push/Pull( )) 도구 P 키를 누릅니다. ❶지점을 클릭하고 ❷지점을 클릭합니다.

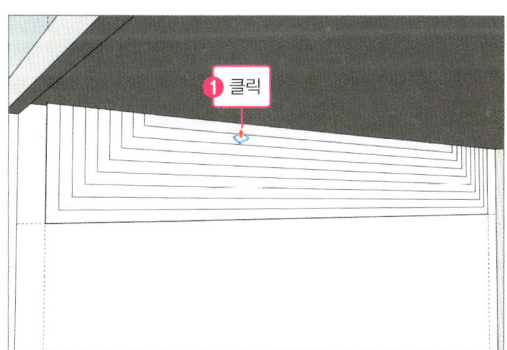 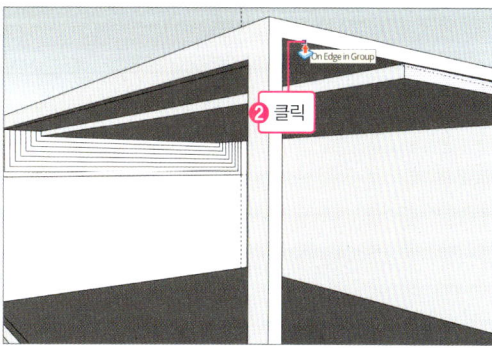

Chapter 04 • 소극장 디자인 125

09 밀기/끌기(Push/Pull(◆)) 도구 ⓟ 키를 누르고 ❶지점을 클릭합니다. 커서를 ❷방향으로 이동한 상태에서 Distance에 '6000'을 입력하고 Enter 키를 누릅니다.

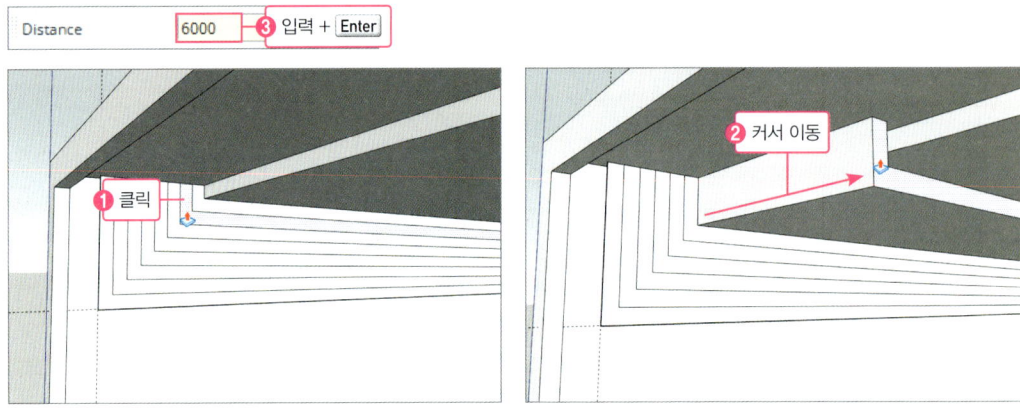

10 밀기/끌기(Push/Pull(◆)) 도구 ⓟ 키를 누르고 **09** 과정과 동일한 방법으로 ❶지점은 '3500', ❷지점은 '1800', ❸지점은 '800'만큼 면을 끌어줍니다.

2021 버전 이하에서는 천장면이 뒷면(회색)으로 작업됩니다.

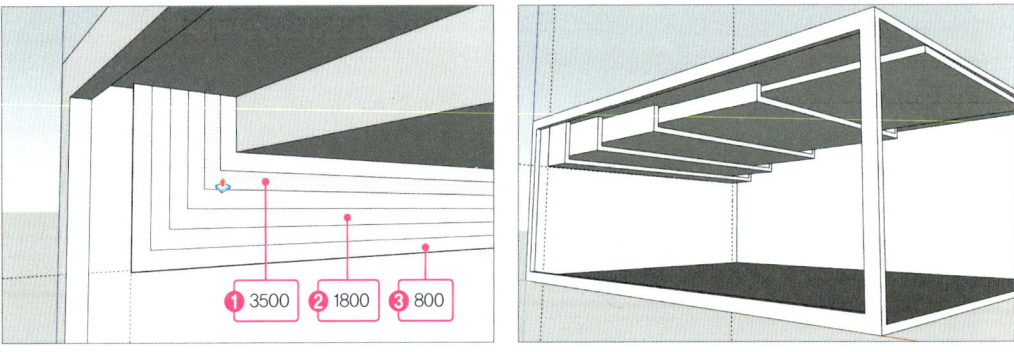

면의 반전과 분할면의 특징

① 면의 반전

스케치업의 면은 앞면과 뒷면으로 구분되며, 2021 버전까지는 분할된 면이 돌출되면 뒷면(회색)으로 작업됩니다.

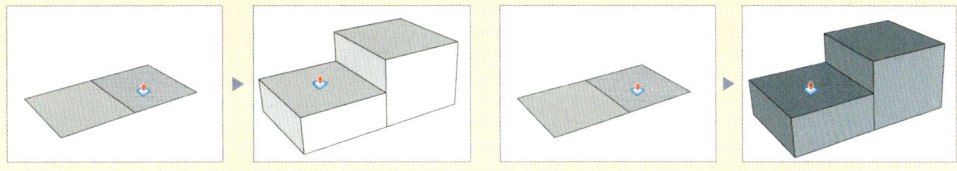

▲ 2022 버전 이상　　　　　　　　　　　　▲ 2021 버전 이하

향후 렌더링을 목적으로 한다면 앞면이 나타나도록 모델링하는 것이 좋습니다. Space bar 키를 눌러 선택(Select( )) 도구로 전환하고 ❶지점에서 트리플 클릭(연속 3번 클릭)합니다. 마우스 오른쪽 버튼을 클릭하고 메뉴에서 [Reverse Faces]를 클릭합니다.

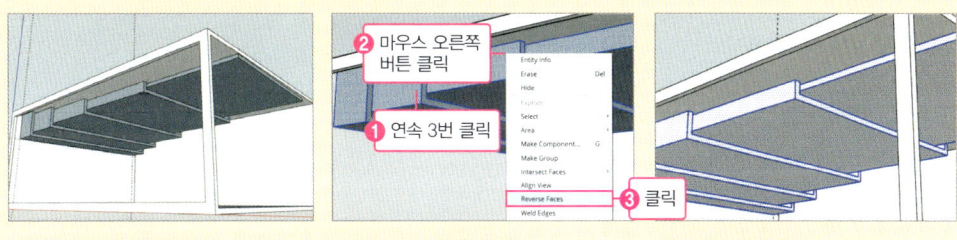

▲ 뒷면으로 작성된 경우　　　▲ 변경 전 : 뒷면(푸른색)　　　▲ 변경 후 : 앞면(흰색)

② 분할면의 특징

분할된 면을 밀기/끌기(Push/Pull( )) 도구를 사용해 끝면 바닥면이 작성되지 않습니다. 분할면의 경우 Ctrl 키를 누르고 밀기/끌기(Push/Pull( )) 도구를 사용하거나 매스(육면체)를 만든 후 면을 분할하여 밀기/끌기(Push/Pull( )) 도구를 사용하면 됩니다. 이미 바닥이 없는 상태라면 직사각형(Rectangle( )) 도구 R 키를 눌러 바닥면을 그려주거나 선(Line( )) 도구 L 키를 눌러 바닥 모서리를 한 번 더 그려줍니다.

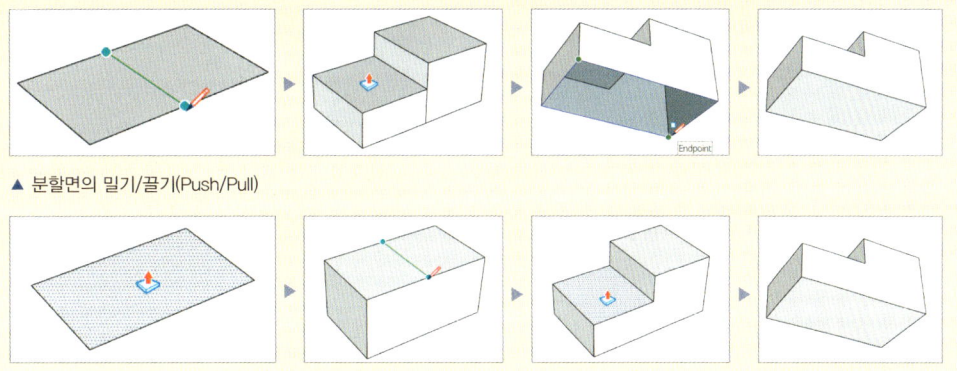

▲ 분할면의 밀기/끌기(Push/Pull)

▲ 단일면의 밀기/끌기(Push/Pull)

11 Space bar 키를 눌러 선택(Select(🔲)) 도구로 전환하고 ❶지점에서 트리플 클릭(연속 3번 클릭)합니다. 마우스 오른쪽 버튼을 클릭하고 메뉴에서 [Make Group]을 클릭합니다.

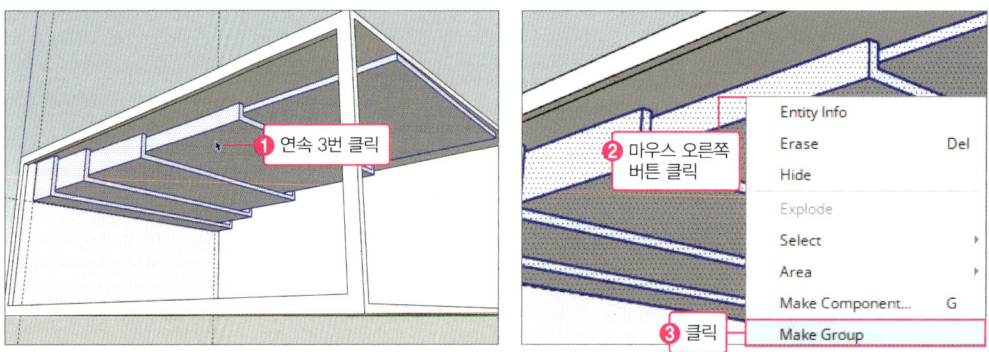

STEP 3 관람석, 단상 디자인

01 관람석 위치 표시

직사각형(Rectangle(🔲)) 도구 R 키를 누르고 ❶지점을 클릭합니다. 커서를 ❷방향으로 이동한 상태에서 Dimensions에 '4600,1500'을 입력하고 Enter 키를 누릅니다.

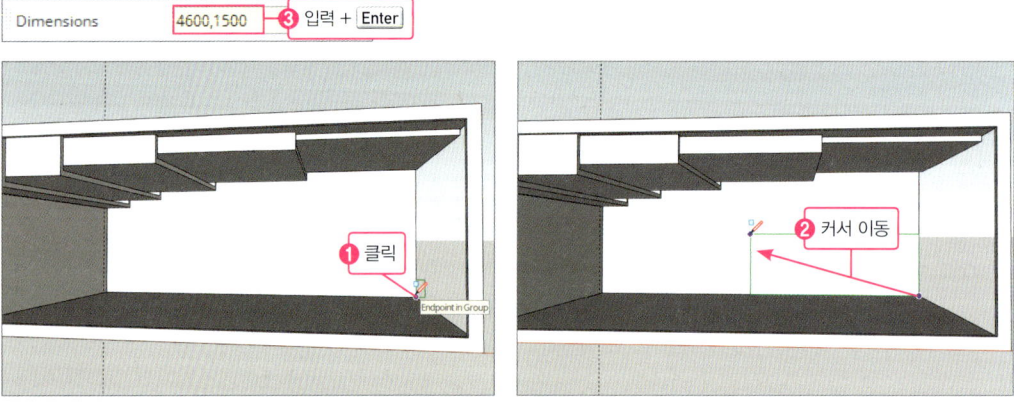

02 밀기/끌기(Push/Pull( )) 도구 P 키를 누르고 ❶지점을 클릭합니다. 커서를 ❷방향으로 이동한 상태에서 Distance에 '5000'을 입력하고 Enter 키를 누릅니다.

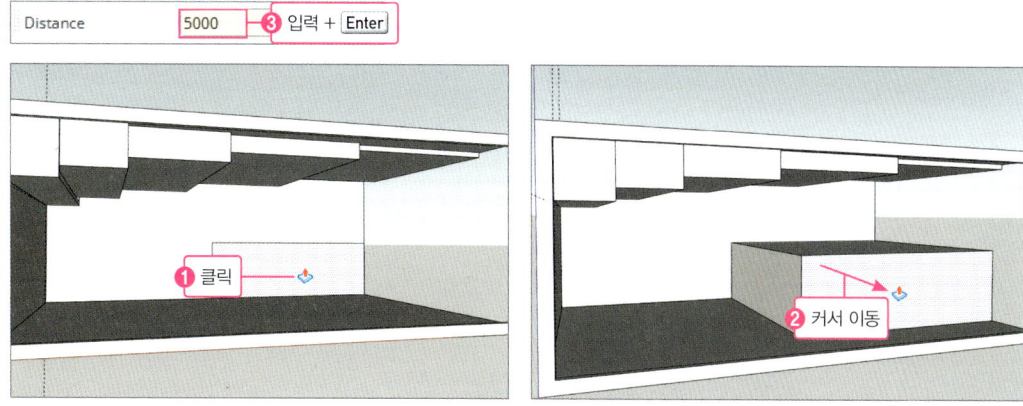

03 관람석 스케치

Space bar 키를 눌러 선택(Select( )) 도구로 전환합니다. 오프셋(Offset) 대상 ❶을 클릭하고 Shift 키를 누른 상태로 ❷를 클릭합니다.

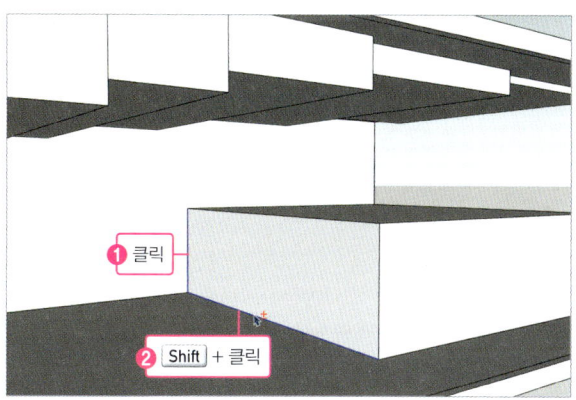

04 오프셋(Offset( )) 도구 F 키를 누르고 ❶지점을 클릭합니다. 복사 방향 ❷로 이동한 상태에서 Measurements에 '300'을 입력하고 Enter 키를 누릅니다.

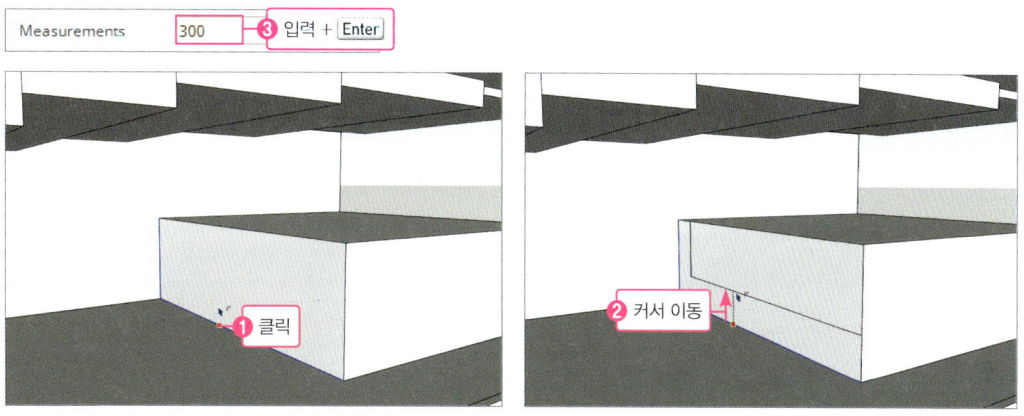

05 ❶지점을 클릭하고 복사 방향 ❷로 이동한 상태에서 Distance에 '600'을 입력하고 Enter 키를 누릅니다.

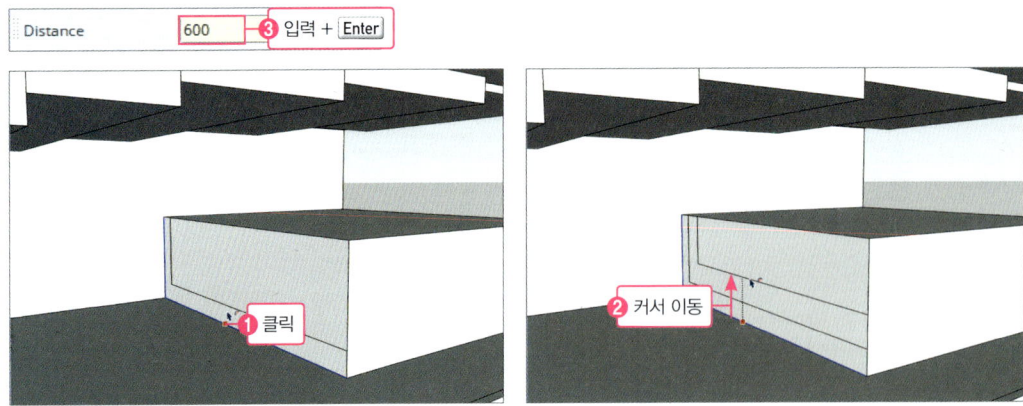

06 05 과정을 반복해 '900', '1200'까지 작성합니다.

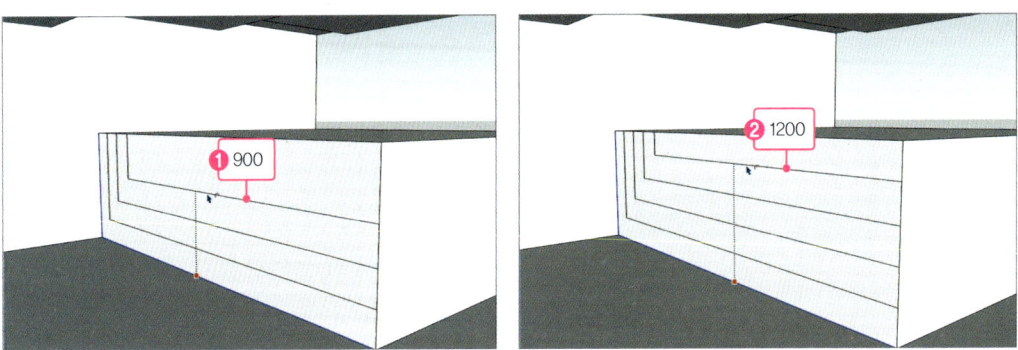

07 형태 만들기

밀기/끌기(Push/Pull) 도구 P 키를 누르고 ❶지점을 클릭합니다. 커서를 ❷방향으로 이동한 상태에서 Distance에 '3200'을 입력하고 Enter 키를 누릅니다.

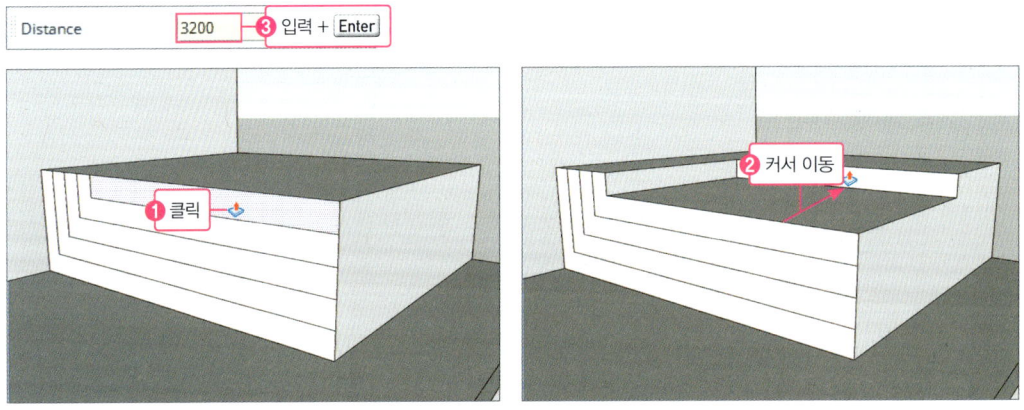

08 07 과정과 같은 방법으로 ❶은 '2400', ❷는 '1600', ❸은 '800'을 입력해 면을 밀어줍니다.

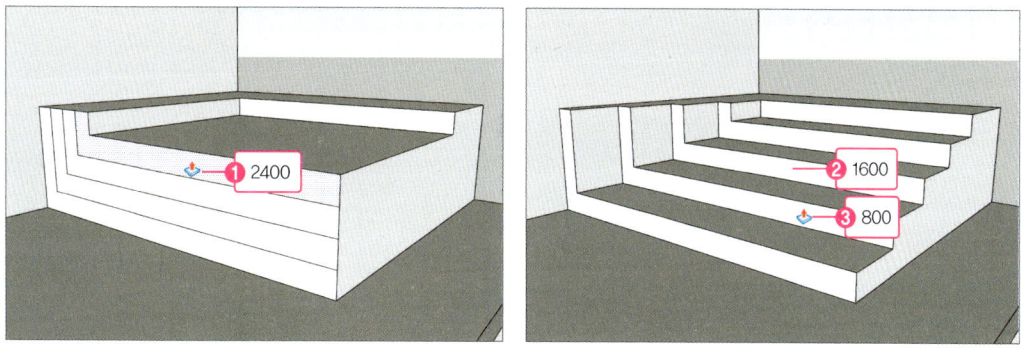

09 Space bar 키를 눌러 선택(Select(▶)) 도구로 전환하고 ❶지점에서 트리플 클릭(연속 3번 클릭)합니다. 마우스 오른쪽 버튼을 클릭하고 메뉴에서 [Make Group]을 클릭합니다.

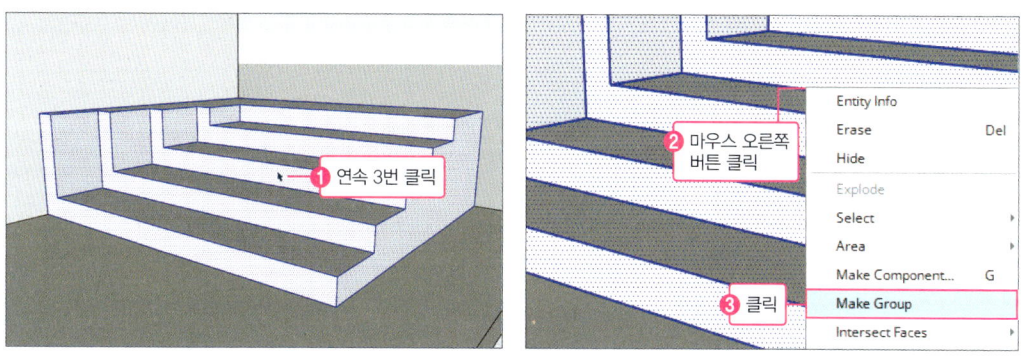

10 단상 만들기

직사각형(Rectangle(▣)) 도구 R 키를 누르고 ❶지점을 클릭합니다. 커서를 ❷방향으로 이동한 상태에서 Dimensions에 '5900,300'을 입력하고 Enter 키를 누릅니다.

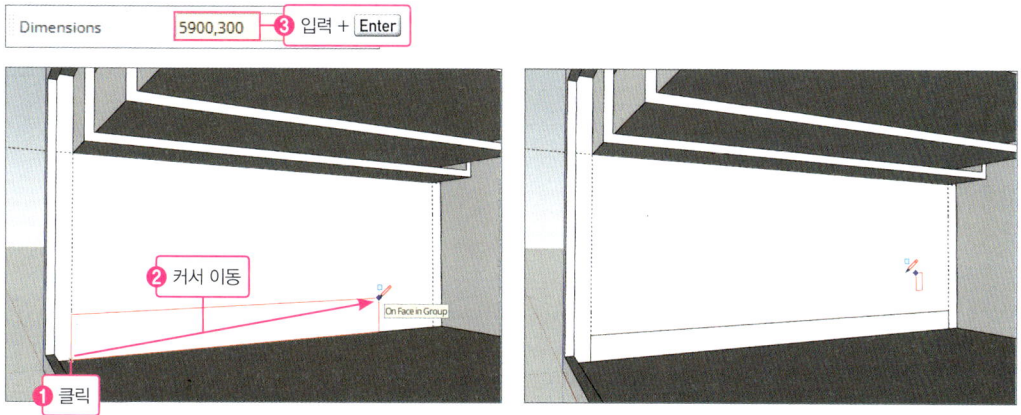

11 밀기/끌기(Push/Pull(◈)) 도구 [P] 키를 누르고 ❶지점을 클릭합니다. 커서를 ❷방향으로 이동한 상태에서 Distance 에 '2500'을 입력하고 [Enter] 키를 누릅니다.

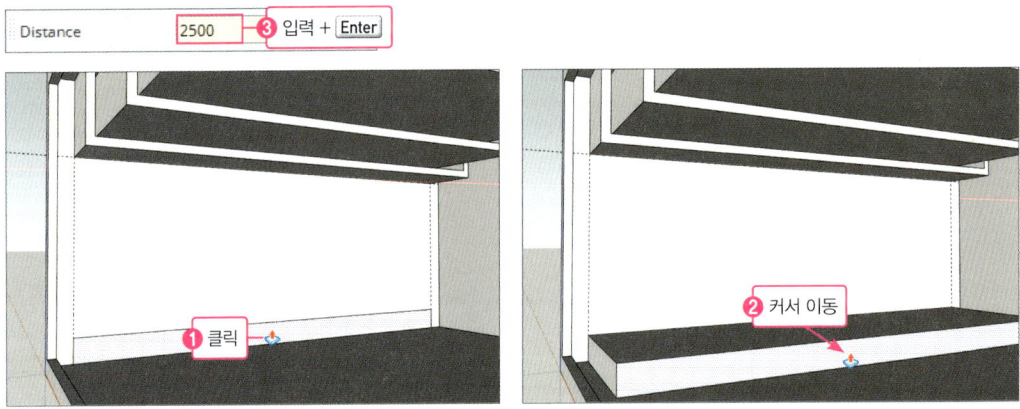

12 [Space bar] 키를 눌러 선택(Select(▶)) 도구로 전환하고 ❶지점에서 트리플 클릭(연속 3번 클릭)합니다. 마우스 오른쪽 버튼을 클릭하고 메뉴에서 [Make Group]을 클릭합니다.

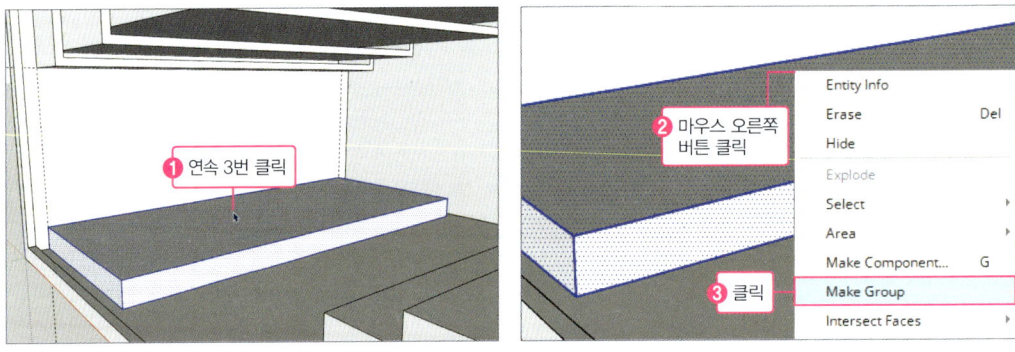

13 몰딩을 작성하기 위해 선(Line(✎)) 도구 [L] 키를 누르고 ❶, ❷, ❸, ❹지점을 클릭합니다. [Space bar] 키를 눌러 선택 (Select(▶)) 도구로 전환하고 오프셋(Offset) 대상 ❺, ❻, ❼을 클릭합니다.

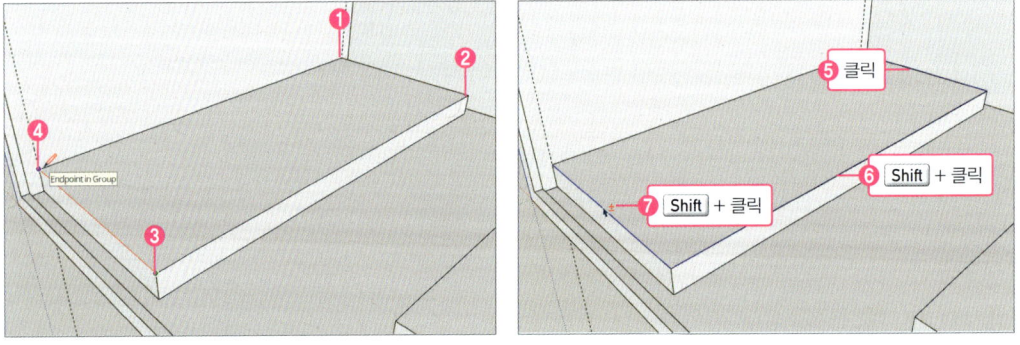

14 오프셋(Offset(⤴)) 도구 F 키를 누르고 ❶지점을 클릭합니다. 복사 방향 ❷로 이동한 상태에서 Distance에 '50'을 입력하고 Enter 키를 누릅니다.

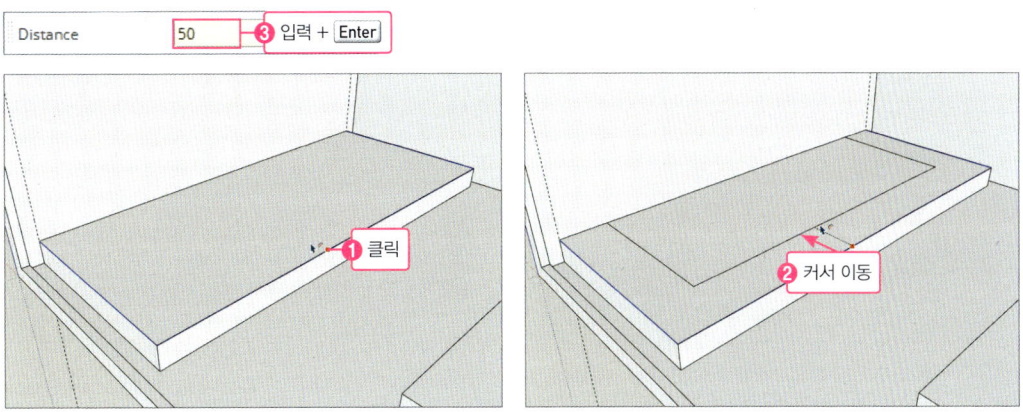

15 선(Line(✏)) 도구 L 키를 누르고 A 부분의 ❶, ❷를 클릭합니다. Space bar 키를 누르고 다시 선(Line(✏)) 도구 L 키를 눌러 B 부분의 ❸, ❹지점을 클릭합니다. 닫힌 도형이 작성되면서 면으로 변경된 것을 확인합니다.

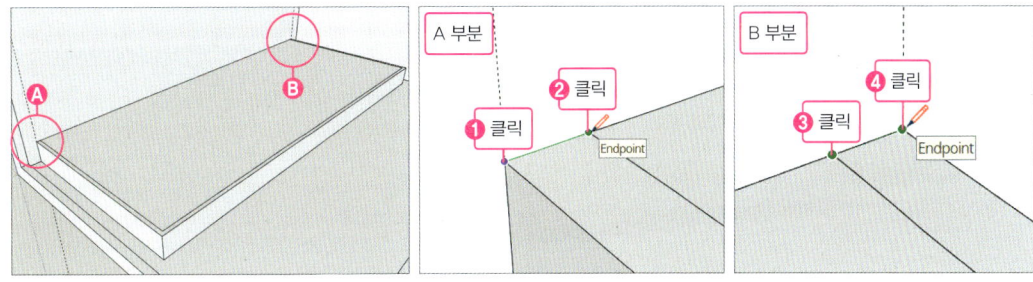

16 밀기/끌기(Push/Pull(◆)) 도구 P 키를 누르고 ❶지점을 클릭합니다. 커서를 ❷방향으로 이동한 상태에서 Distance에 '10'을 입력하고 Enter 키를 누릅니다.

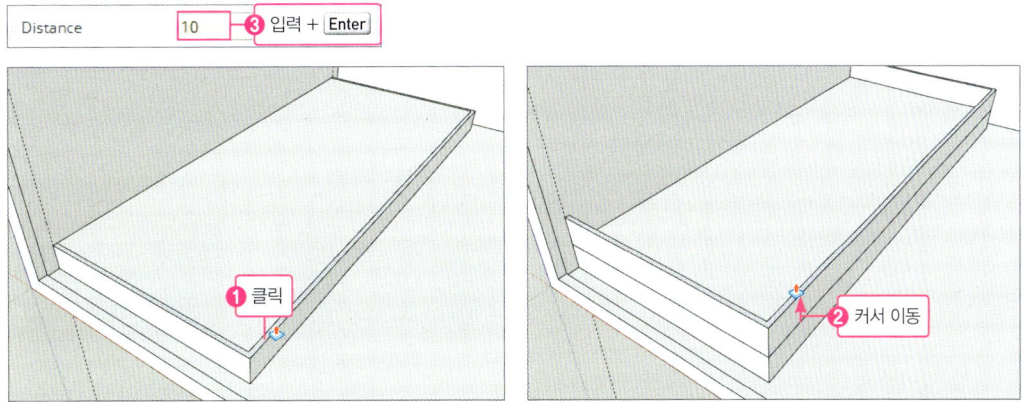

17 Space bar 키를 눌러 선택(Select(▶)) 도구로 전환하고 ❶지점에서 트리플 클릭(연속 3번 클릭)합니다. 마우스 오른쪽 버튼을 클릭하고 메뉴에서 [Make Group]을 클릭합니다.

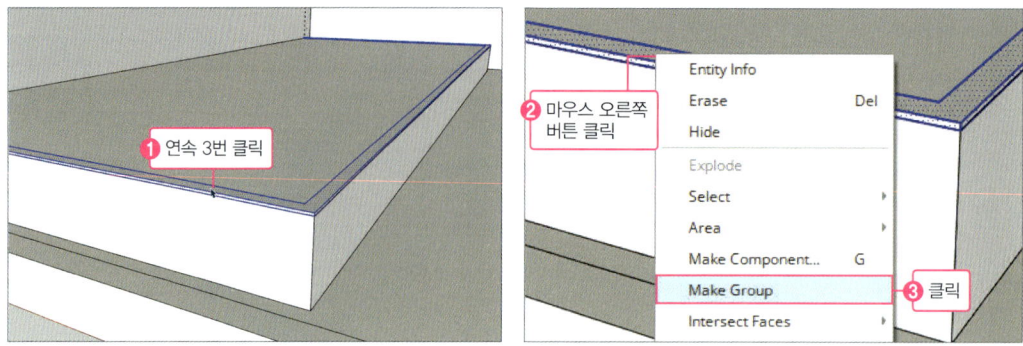

18 벽면을 개인 취향에 맞춰 선반 등으로 자유롭게 장식하고 [Make Group]을 적용합니다. [Edit] 메뉴에서 [Delete Guides]를 클릭해 불필요한 가이드 선을 삭제합니다.

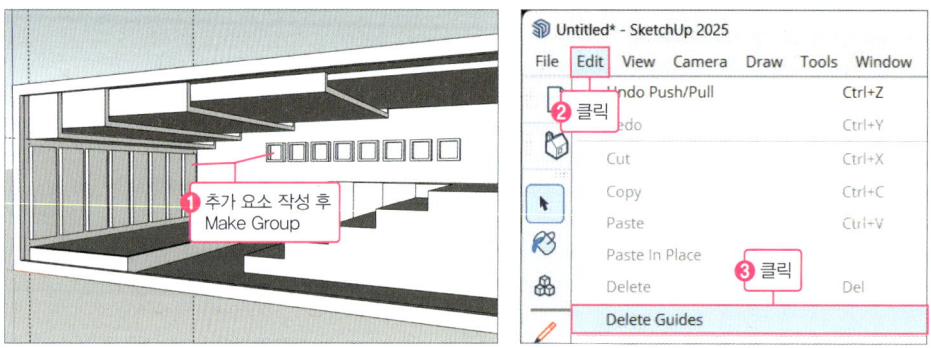

STEP 4 재질 넣기

01 페인트 통(Paint Bucket(🎨)) 도구 B 키를 누르고 커서를 Default Tray로 이동합니다. [Materials] 트레이 ❷를 클릭해 확장하고 카테고리에서 'Wood' ❸을 선택한 후 'Wood_Bamboo_Light' 재질 ❹ 또는 'Plywood_01_1K' ❺를 선택합니다.

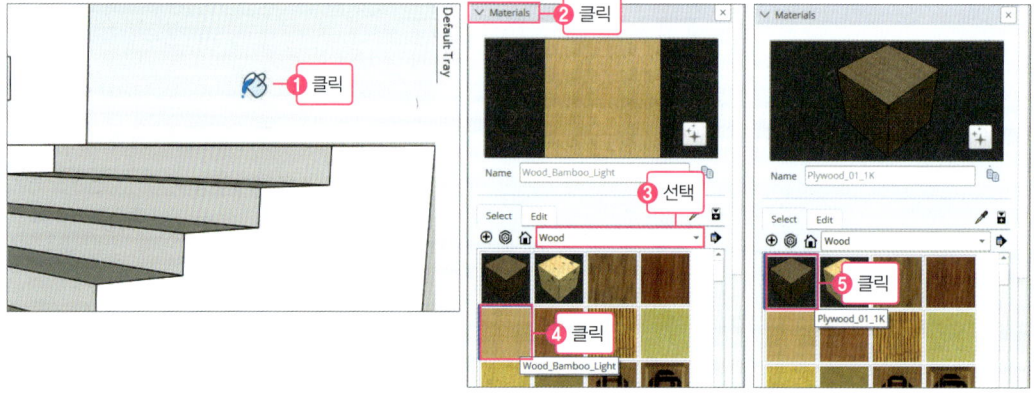

02 관람석 ❶과 천장 ❷를 클릭합니다. 객체가 그룹(Group)으로 되어있어 한 번에 재질이 적용됩니다.

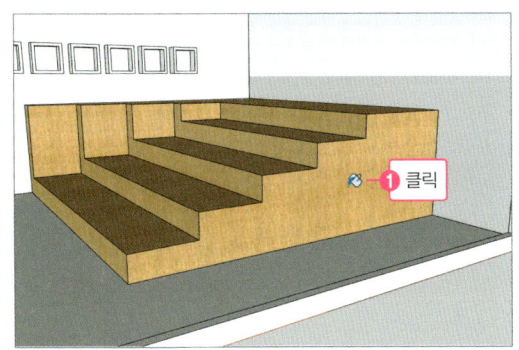 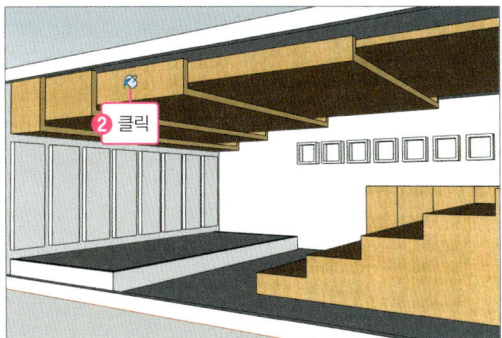

> **TIP** 면 선택과 그룹 선택에 따른 재질 적용의 차이
> ① 트리플 클릭(연속 3번 클릭) 또는 포함 선택하여 재질을 적용하는 경우 안쪽면은 재질이 적용되지 않습니다.
>
>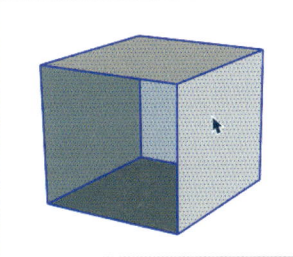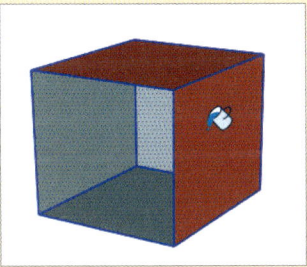
>
> ② 그룹 객체를 선택해 재질을 적용하는 경우 안쪽면까지 재질이 적용됩니다. 적용되는 재질도 파일의 용량과 관련되므로 큰 프로젝트인 경우 필요한 부분만 적용하는 것이 좋습니다.
>
>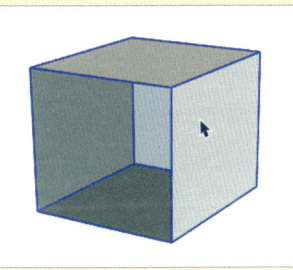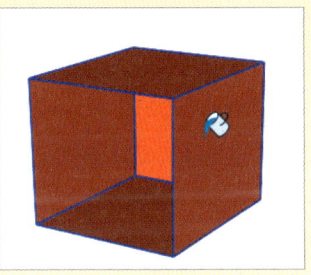

03 [Materials] 트레이에서 'Wood' 카테고리 ❶을 선택한 후 'Wood_Lumber_ButtJoined' 재질 ❷를 선택합니다. 단상 ❸과 ❹를 클릭합니다.

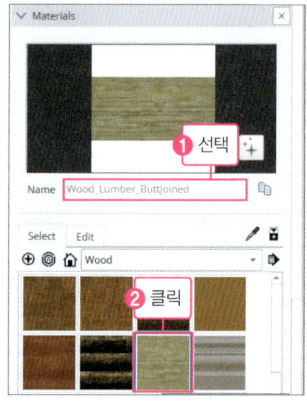
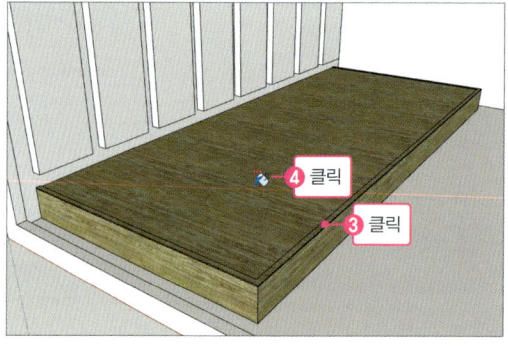

04 Space bar 키를 눌러 선택(Select(▶)) 도구로 전환하고 ❶지점에서 더블 클릭합니다.

바닥, 벽, 천장은 그룹으로 지정되어 있어 각 면에 별도의 재질을 적용하기 위해서는 그룹 편집(Edit Group) 상태에서 재질을 적용해야 합니다.

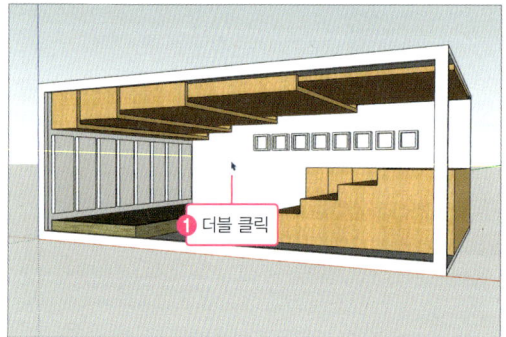
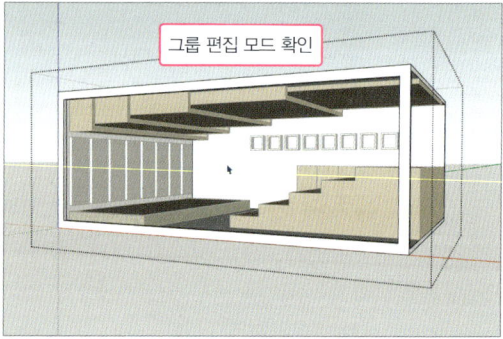

05 페인트 통(Paint Bucket(⊘)) 도구 B 키를 누르고 커서를 Default Tray로 이동합니다. [Materials] 트레이 ❷를 클릭해 확장하고 'Tile' 카테고리 ❸을 선택한 후 'Granite Tile' 재질 또는 'Tile_Ceiling_Drop' 재질 ❹를 선택합니다.

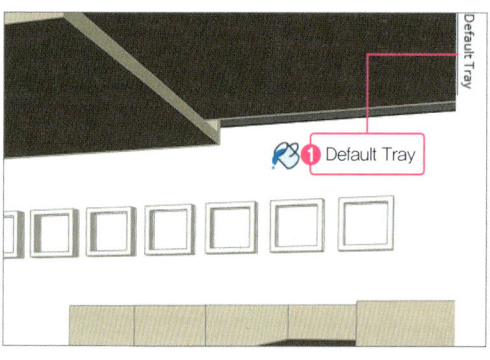

06 벽면 ❶과 ❷를 클릭합니다. 그룹 편집 상태이므로 각각의 면에 재질을 적용할 수 있습니다.

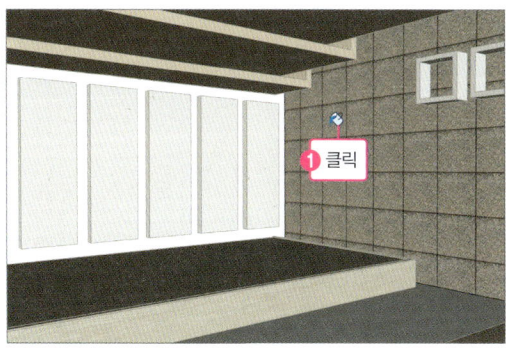 

07 바닥은 [Materials] 트레이를 확장하고 'Wood' 카테고리 ❶을 선택한 후 'Wood_Floor2' 또는 'Wood_Floor_01_1K' 재질 ❷를 선택합니다. 바닥 ❸을 클릭해 재질을 적용합니다.

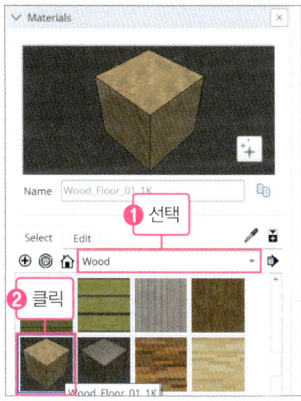 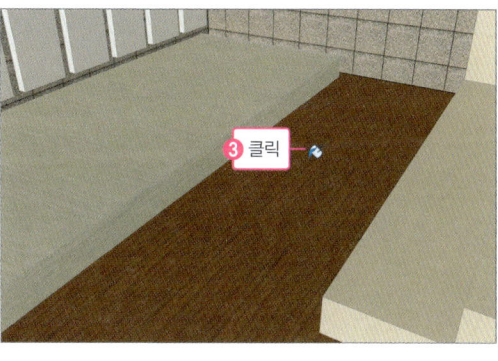

08 바닥과 벽에 재질 넣기를 마치면 그룹 편집을 해제해야 합니다. 화면을 축소하고 Space bar 키를 눌러 선택(Select(▶)) 도구로 전환합니다. 그룹 영역 밖인 ❶지점을 클릭해 그룹 편집을 종료합니다.

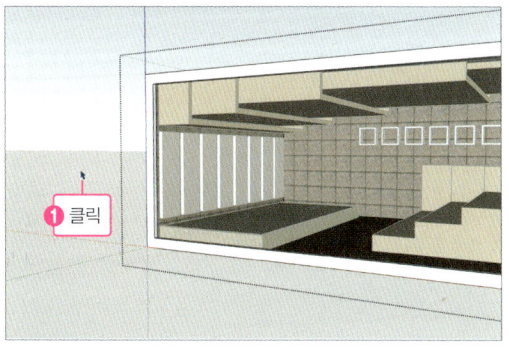 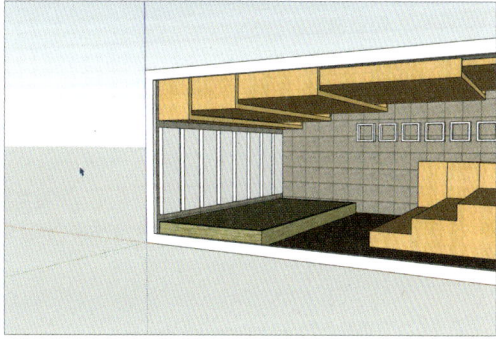

09 나머지 천장과 벽의 장식 요소에도 자유롭게 재질을 입혀 모델을 완성합니다.

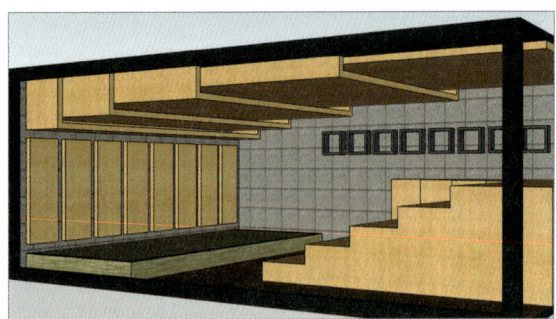

> **TIP 재질 옵션**
>
> 페인트 통으로 재질 적용 시 Ctrl, Alt, Shift 키를 사용하면 좀 더 효율적인 재질 적용이 가능합니다.
>
> ① 샘플링(Alt + 🖌) : 적용된 재질의 견본을 추출합니다.
>
> 페인트 통(🎨) 상태에서 Alt 키를 누르고 재질을 추출할 부분에서 🖌 커서로 클릭합니다. 이후 추출한 재질을 적용할 객체를 클릭합니다.

 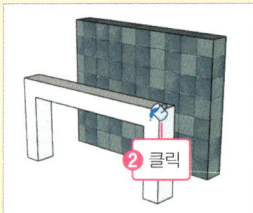 

> ② 면 재질 채우기(Ctrl + 🎨) : 인접한 면이면서 재질이 동일한 부분에 일괄 적용됩니다.
>
> 페인트 통(🎨) 상태에서 Ctrl 키를 누르고 적용할 재질면을 🎨 커서로 클릭합니다.

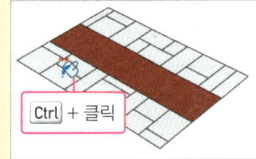 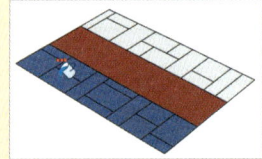

> ③ 객체 재질 채우기(Ctrl + Shift) : 객체를 기준으로 재질이 동일한 부분에 일괄 적용됩니다.

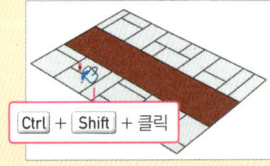 

> ④ 재질 교체(Shift + 🎨) : 모든 객체의 동일한 색상이나 재질에 일괄 적용됩니다.

 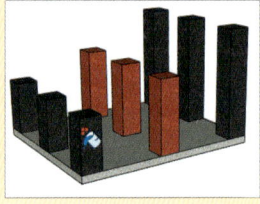

STEP 5 결과물 출력

01 모델링이 끝난 결과물을 이미지 파일로 출력해 보겠습니다. 마우스 휠을 사용해 화면을 보기 좋은 시점으로 설정하고 [Camera] 메뉴에서 [Two-Point Perspective]를 클릭합니다.

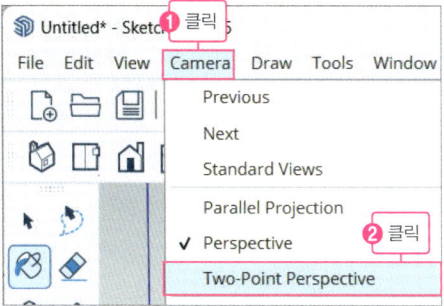

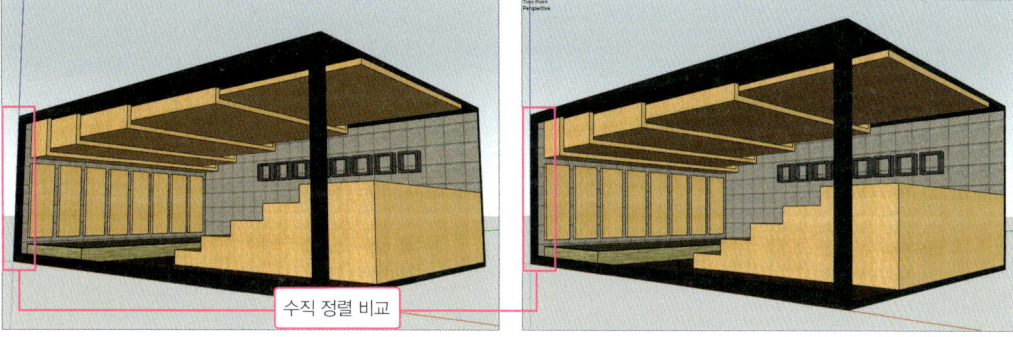

▲ Perspective   ▲ Two-Point Perspective

02 모델에 음영을 적용하기 위해 [View] 메뉴에서 [Face Style]의 [Ambient Occlusion]을 클릭합니다.

Ambient Occlusion은 스케치업 2024 버전부터 적용이 가능하며 Tray의 Style에서 세부 설정이 가능합니다.

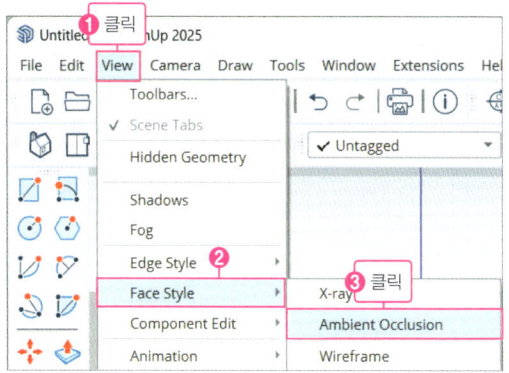
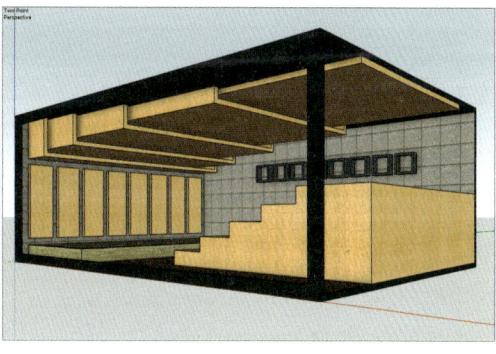

03 [File] 메뉴에서 [Export]의 [2D Graphic]을 클릭합니다.

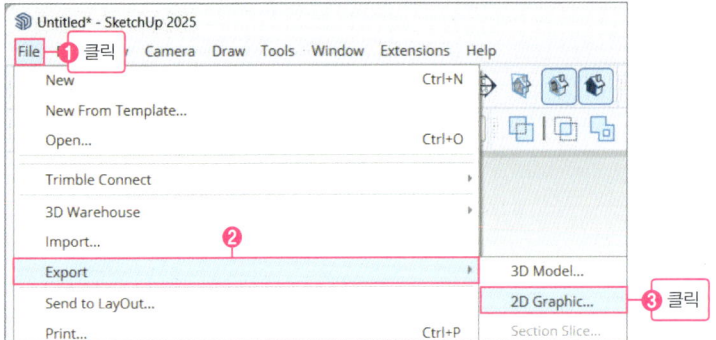

04 저장 경로를 '바탕 화면'으로 설정하고 파일 이름은 '소극장 디자인'으로 입력합니다. [Options] 버튼을 클릭해 다음과 같이 설정한 후 [Export] 버튼을 클릭하면 이미지 파일로 저장됩니다.

Width : 3000 pixels, Height : 1960 pixels, Line scale multiplier : 1.00x, Anti-alias 체크
윤곽을 나타내는 선을 두껍게 하려면 Line scale multiplier 값을 3~5 정도로 설정합니다.

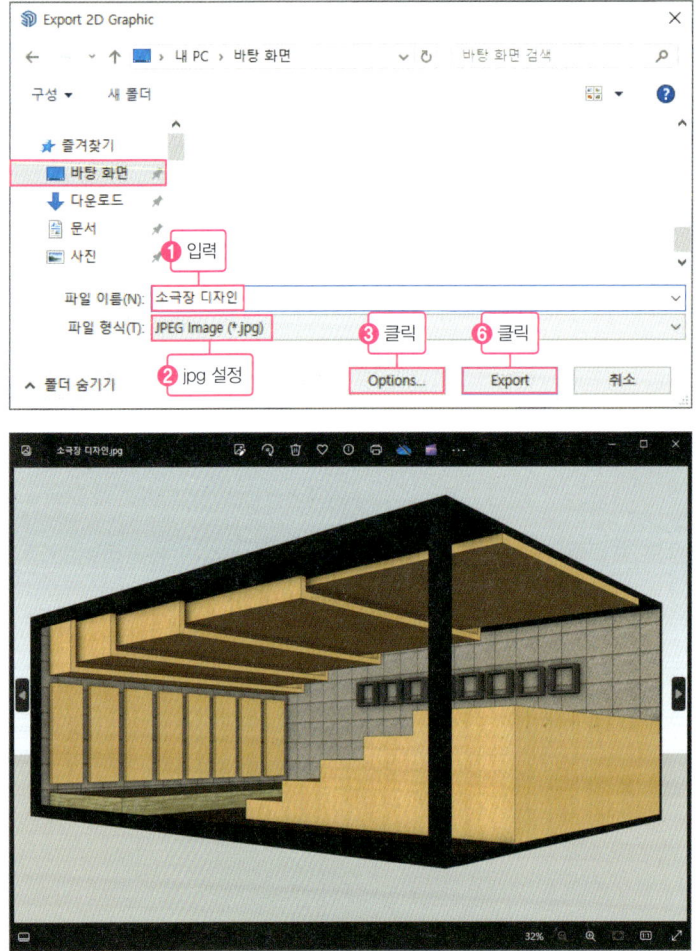
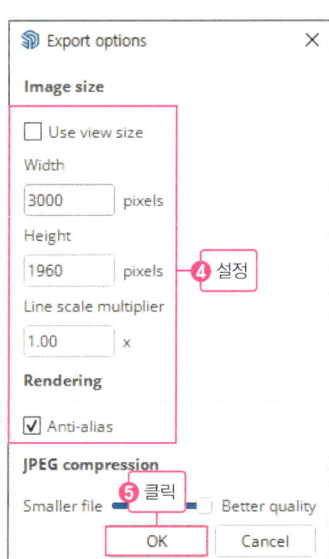

01 다음 모델을 작성하시오.

- 상세 도면의 세부 치수를 확인하면서 모델링합니다.

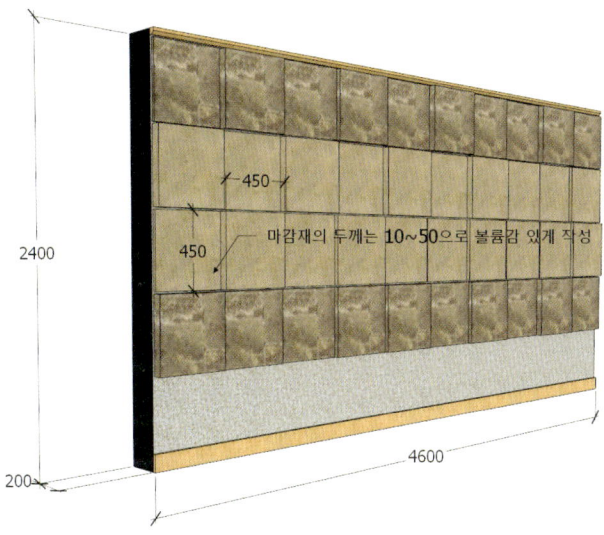

▲ 완성파일 : [예제파일/P02/Ch04/거실벽.skp]

[상세 치수]

- 벽 상부

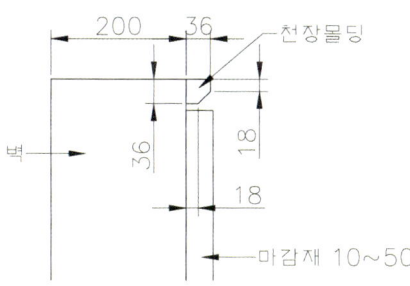

- 벽 하부

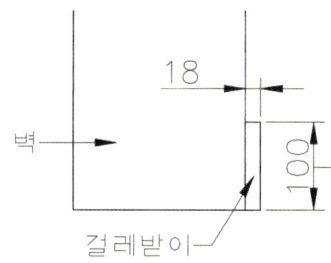

• 벽 정면

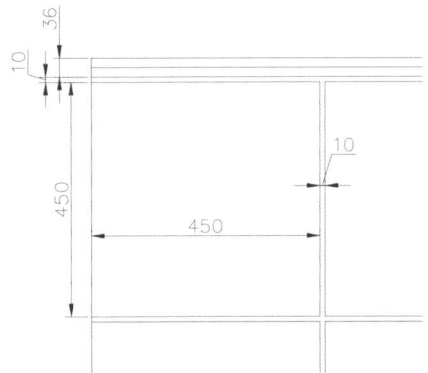

02 다음 모델을 작성하시오.

- TV와 거실장의 손잡이는 Import로 가져와 배치합니다.
- 주어지지 않은 조건은 작업자가 임의의 값으로 자유롭게 모델링합니다.

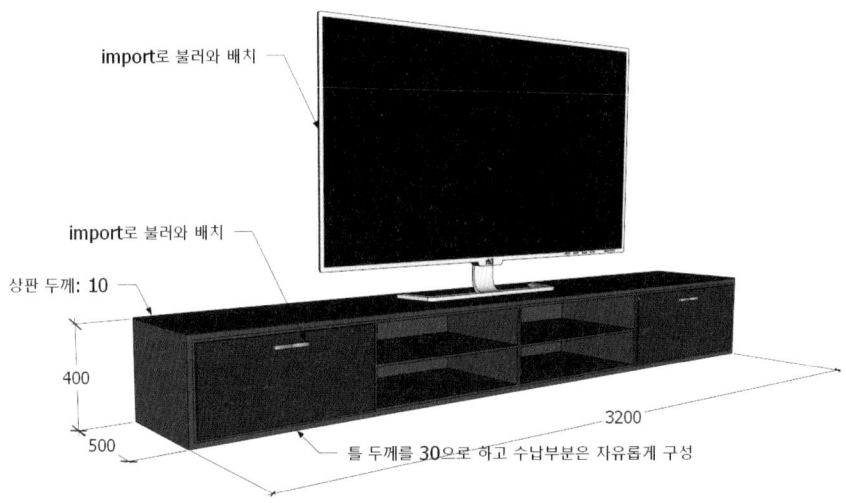

▲ 완성파일 : [예제파일/P02/Ch04/거실장.skp]

03 작성된 거실벽(문제 01)과 거실장(문제 02)을 다음과 같이 배치하시오.

▲ 완성파일 : [예제파일/P02/Ch04/거실장 완성.skp]

04 다음 모델을 작성하시오.

• 상세 도면의 세부 치수를 확인하면서 모델링 후 자유롭게 재질을 적용합니다.

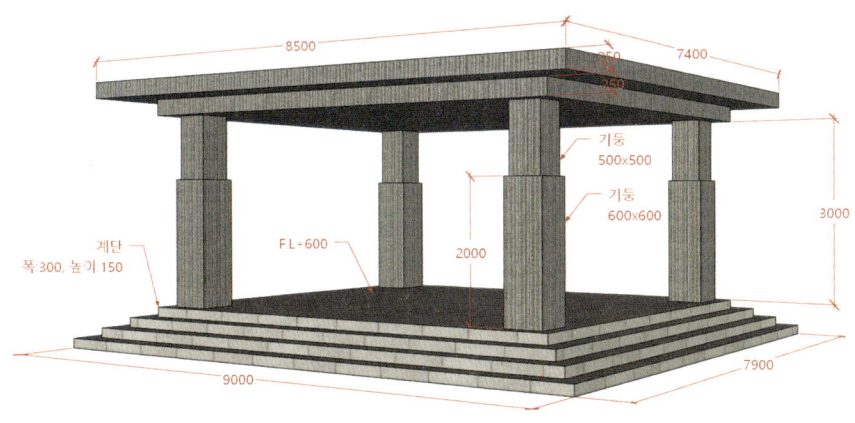

▲ 완성파일 : [예제파일/P02/Ch04/구조물.skp]

[상세 치수]

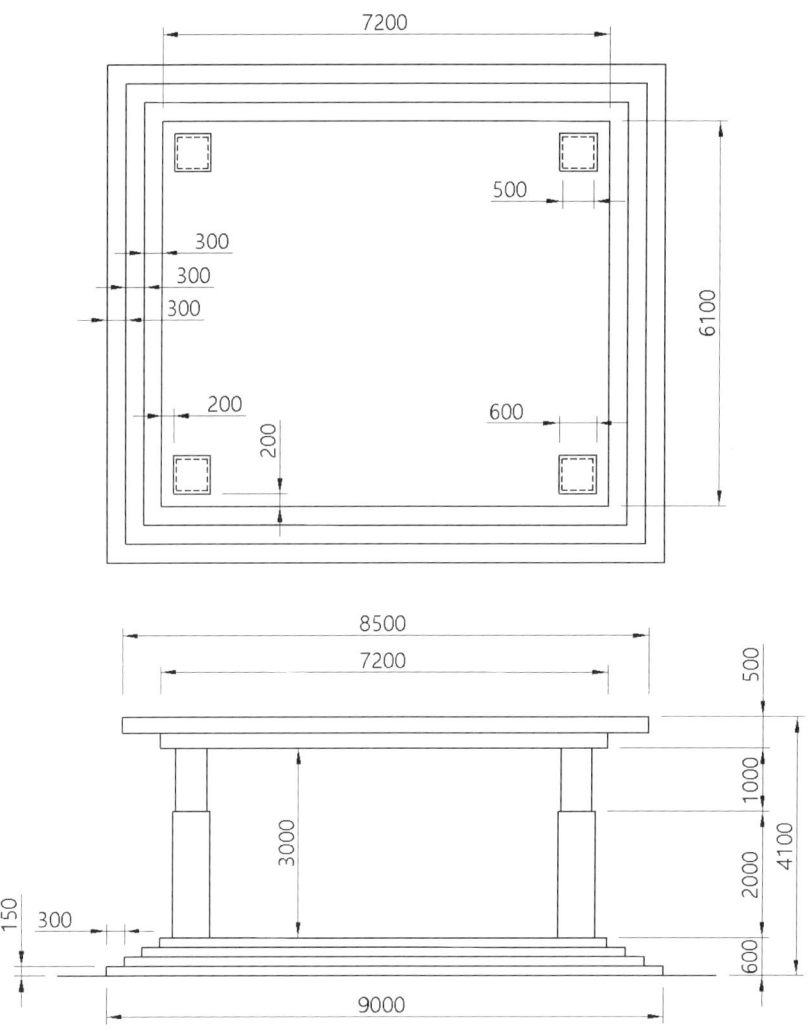

CHAPTER 05 계단실 만들기

따라가기(Follow Me) 도구를 활용해 계단의 난간을 구성하고 카메라와 둘러보기 도구로 적절한 뷰를 표현해 보겠습니다.

STEP 1 난간 만들기

① 모델링에 필요한 주요 도구
- 2점 호 : (2 Point Arc(A)), 따라가기 : (Follow Me), 카메라 배치 : (Position Camera), 둘러보기 : (Look Around)

② 운영 기능
- 내보내기(Export), 모두 연결됨(All Connected), 면 반전(Reverse Faces)

▲ 완성파일 : [예제파일/P02/Ch05/계단실.skp]

01 스케치업을 실행하고 'Study' 템플릿을 클릭합니다.

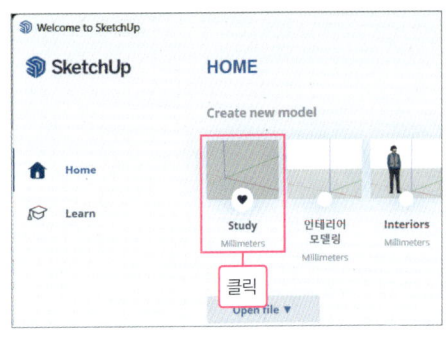
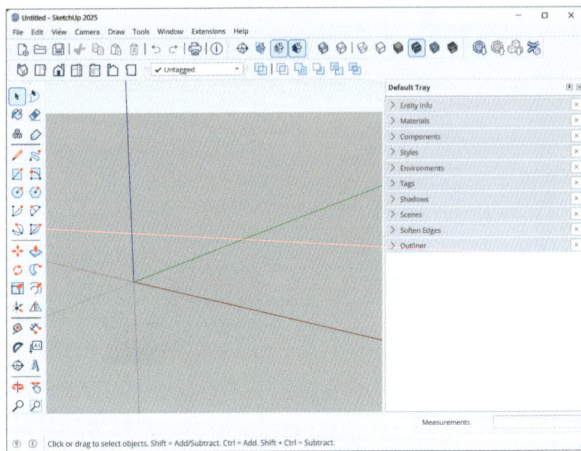

02 건물 가져오기

[File] 메뉴에서 [Import]를 클릭합니다. [예제파일/P02/Ch05/건물.skp]를 선택하고 [Import] 버튼을 클릭합니다.

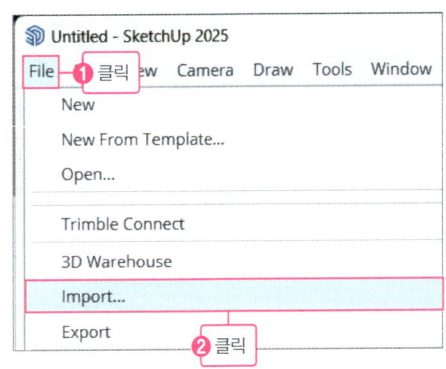
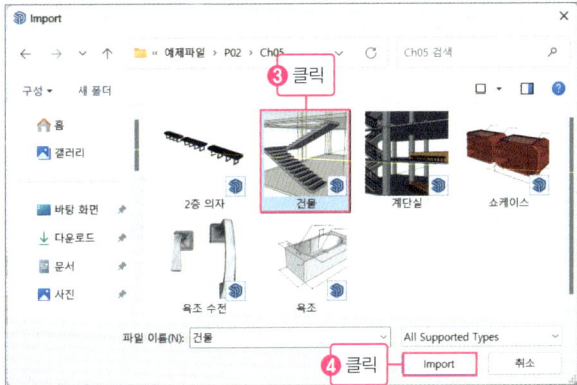

03 커서를 원점이 시작되는 ❶지점으로 이동해 'Origin' 표시가 나타나면 클릭합니다.

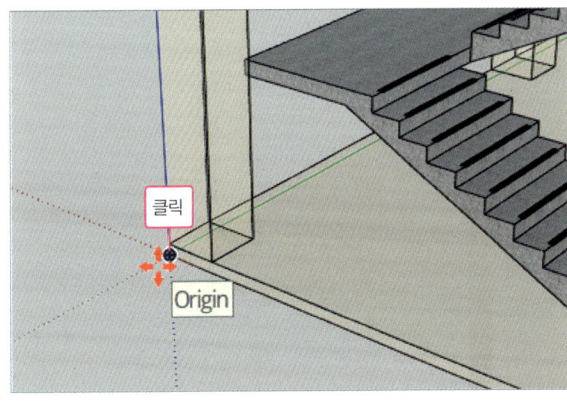

04 난간 만들기

계단이 시작되는 부분을 확대합니다. 줄자(Tape Measure(🔍)) 도구 ⊤ 키를 누르고 ❶지점에서 클릭합니다. 커서를 ❷방향으로 이동한 상태에서 '165'를 입력하고 Enter 키를 누릅니다. 계속해서 ❸지점을 클릭하고 커서를 ❹방향으로 이동한 상태에서 '50'을 입력하고 Enter 키를 누릅니다.

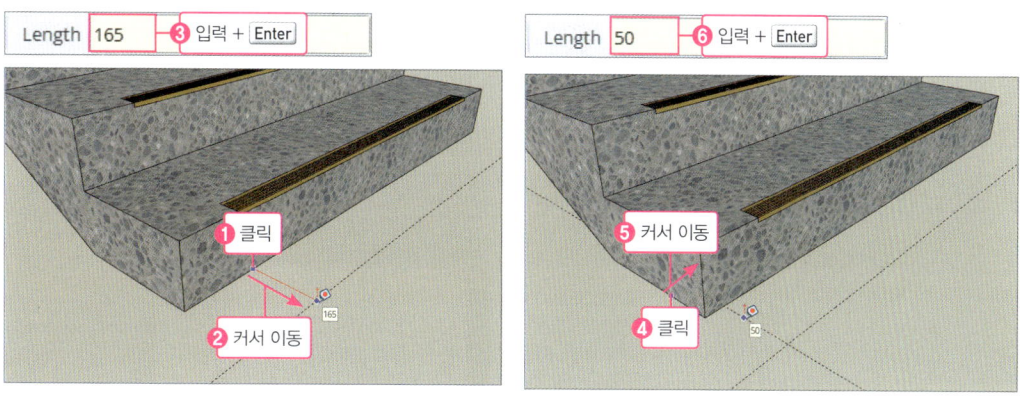

05
직사각형(Rectangle(▱)) 도구 R 키를 누르고 ❶지점을 클릭합니다. 커서를 ❷방향으로 이동한 상태에서 Dimensions에 '30,30'을 입력하고 Enter 키를 누릅니다.

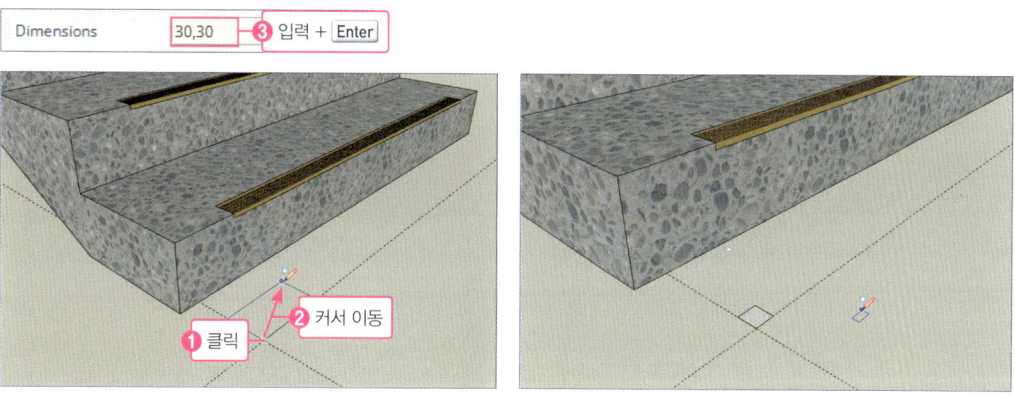

06
밀기/끌기(Push/Pull(◈)) 도구 P 키를 누르고 ❶지점을 클릭합니다. 커서를 ❷방향으로 이동한 상태에서 Distance에 '1000'을 입력하고 Enter 키를 누릅니다.

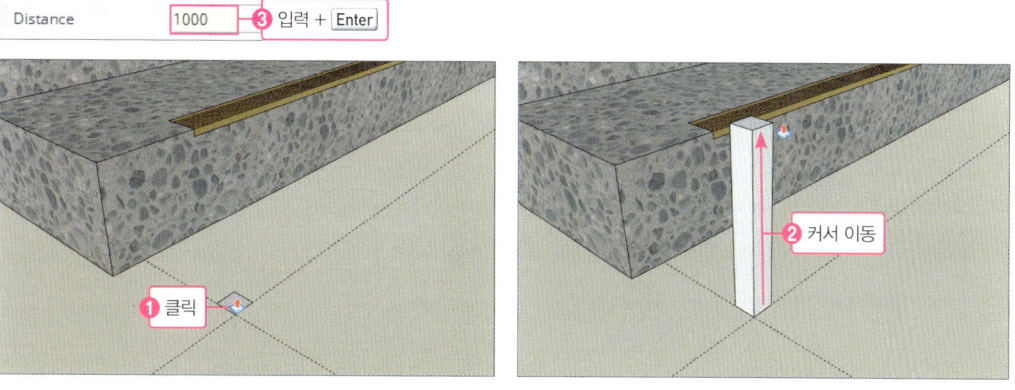

07 Space bar 키를 눌러 선택(Select(▶)) 도구로 전환하고 ❶지점에서 트리플 클릭(연속 3번 클릭)합니다. 마우스 오른쪽 버튼을 클릭하고 메뉴에서 [Make Group]을 클릭합니다.

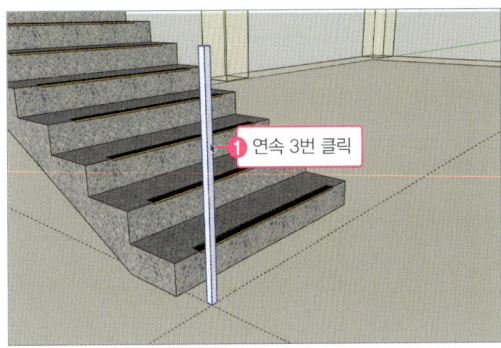 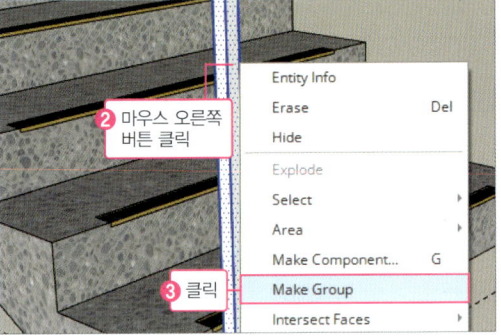

08 Space bar 키를 누른 후 선택(Select(▶)) 도구로 복사 대상 ❶을 클릭합니다. 이동(Move(✥)) 도구 M 키를 누르고 ❷지점을 클릭합니다.

객체가 선택된 경우에는 바로 M 키를 누르면 됩니다.

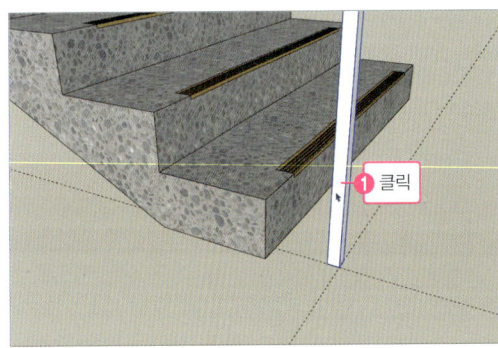 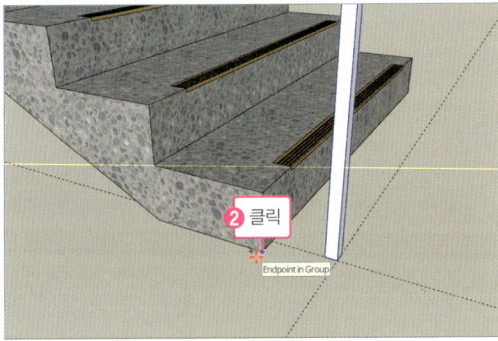

09 Ctrl 키를 누르면 커서가 이동(✥)에서 복사(✥)로 변경됩니다. ❶지점을 클릭한 후 Distance에 '*12'를 입력하고 Enter 키를 누릅니다.

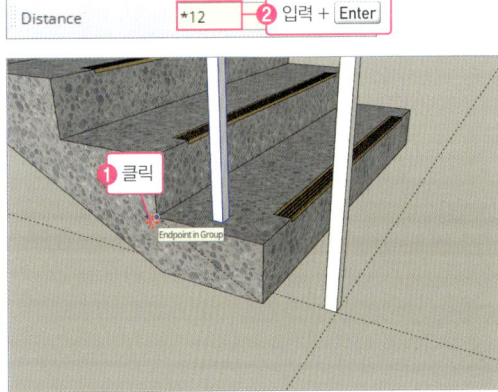 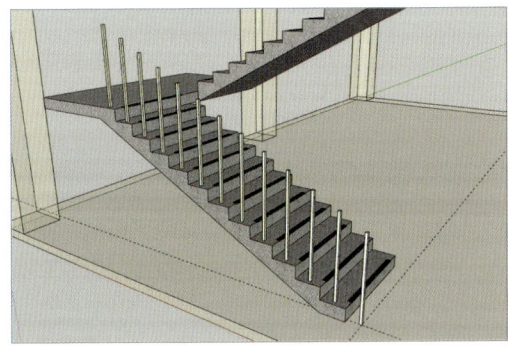

10 `Space bar` 키를 눌러 선택(Select(▶)) 도구로 전환하고 ❶지점부터 ❷지점까지 클릭 & 드래그(포함 선택)하여 모든 난간 기둥을 선택합니다. 마우스 오른쪽 버튼을 클릭하고 메뉴에서 [Make Group]을 클릭합니다.

커서를 난간에 두고 마우스 오른쪽 버튼을 클릭해야 메뉴가 나타납니다.

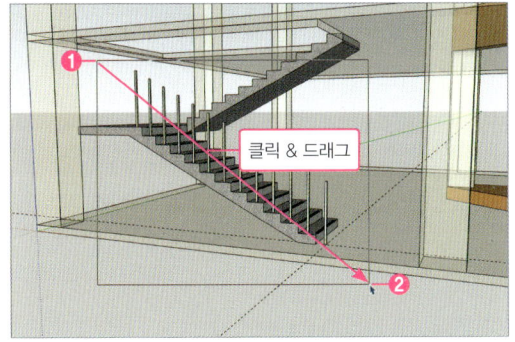
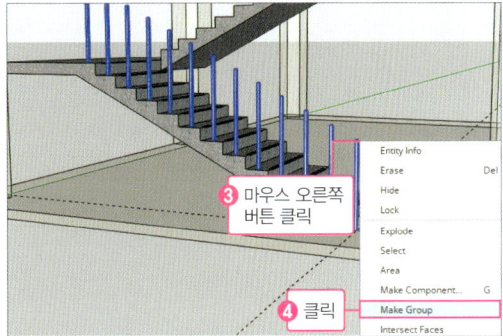

11 `Space bar` 키를 누른 후 선택(Select(▶)) 도구로 복사 대상 ❶을 클릭합니다. 이동(Move(✥)) 도구 `M` 키를 누르고 ❷지점을 클릭합니다. 객체가 선택되어 있다면 바로 `M` 키를 누르면 됩니다.

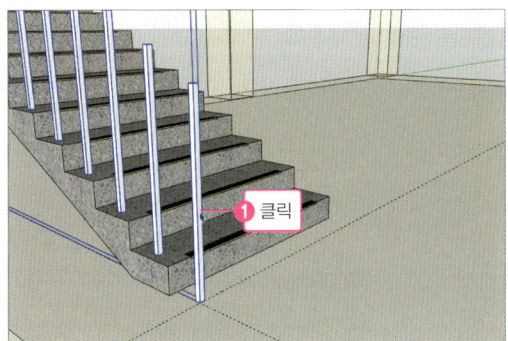
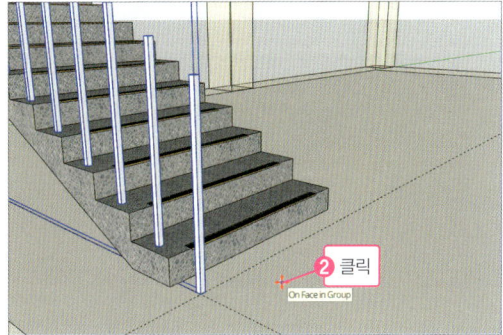

12 `Ctrl` 키를 누르면 커서가 이동(✥)에서 복사(✥)로 변경됩니다. 커서를 ❶방향(Y축 녹색)으로 이동한 상태에서 Distance에 '1270'을 입력하고 `Enter` 키를 누릅니다.

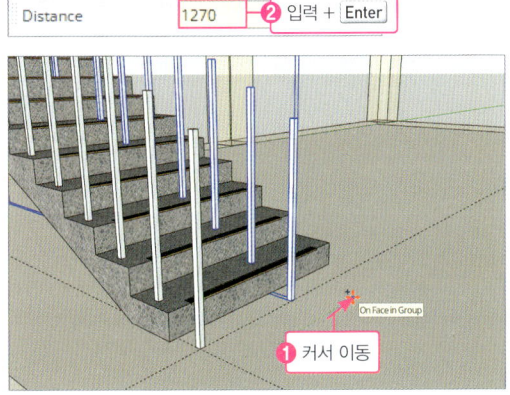
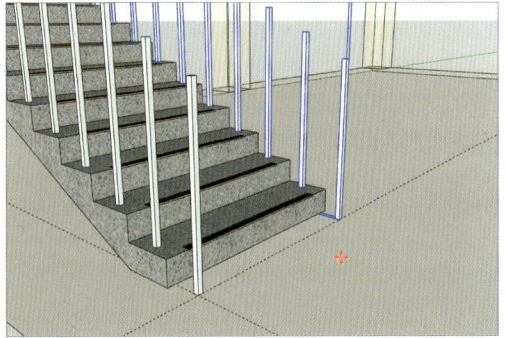

13 선택을 해제하기 위해 빈 공간을 클릭하거나 Ctrl + T 키를 누르고 커서를 Default Tray로 이동합니다. [Materials] 트레이 ❷를 클릭하여 확장하고 카테고리에서 'Metal' ❸을 선택한 후 'Metal_06_1K' 재질 ❹를 선택합니다.

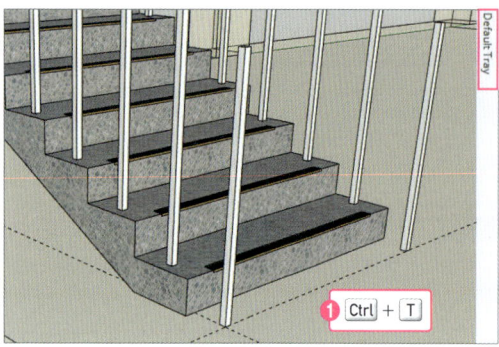
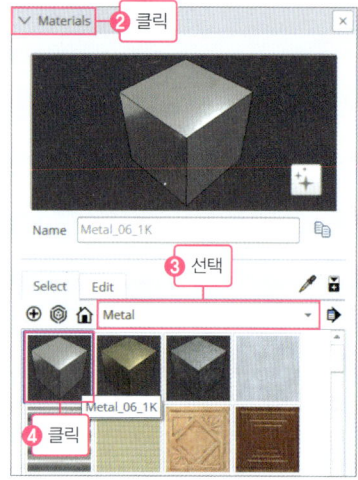

14 난간 ❶과 ❷를 클릭합니다. 그룹 상태이므로 한 번에 재질을 적용할 수 있습니다.

15 Space bar 키를 눌러 선택(Select( )) 도구로 전환하고 난간 그룹 2개를 선택합니다. 마우스 오른쪽 버튼을 클릭하고 메뉴에서 [Make Group]을 클릭합니다.

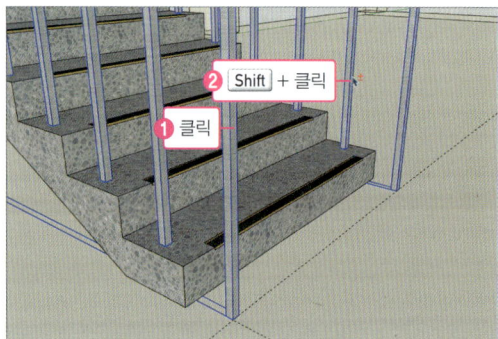

16 다음 계단의 난간 위치를 표시하기 위해 선(Line(✏️)) 도구 [L] 키를 누르고 ❶지점(Endpoint)을 클릭합니다. 커서를 ❷방향으로 이동한 상태에서 Length에 '300'을 입력하고 [Enter] 키를 누릅니다.

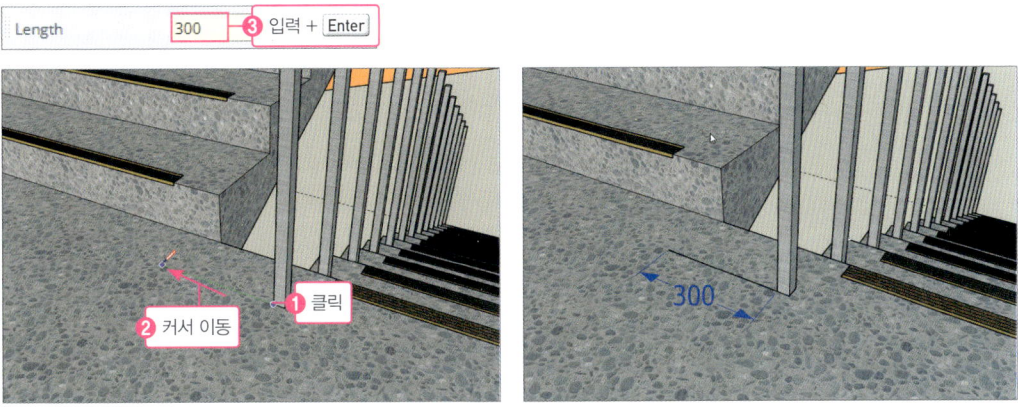

17 난간 복사

[Space bar] 키를 누른 후 선택(Select(▶)) 도구로 난간 그룹 ❶을 클릭합니다. 회전(Rotate(↻)) 도구 [Q] 키를 누르고 앞서 그린 선의 끝 ❷지점(기준점)을 클릭합니다.

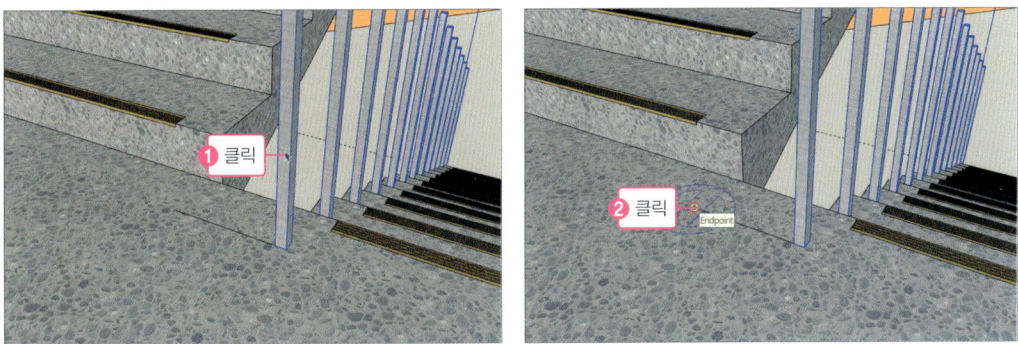

기준점을 지정할 때 나타나는 각도기의 색은 회전축을 의미합니다. 각도기 색에 따라 회전되는 결과가 달라집니다.

18 회전이 시작되는 ❶지점을 클릭하고 [Ctrl] 키를 눌러줍니다. 커서를 회전 방향 ❷방향으로 이동한 상태에서 Angle에 각도 값 '180'을 입력하고 [Enter] 키를 누릅니다.

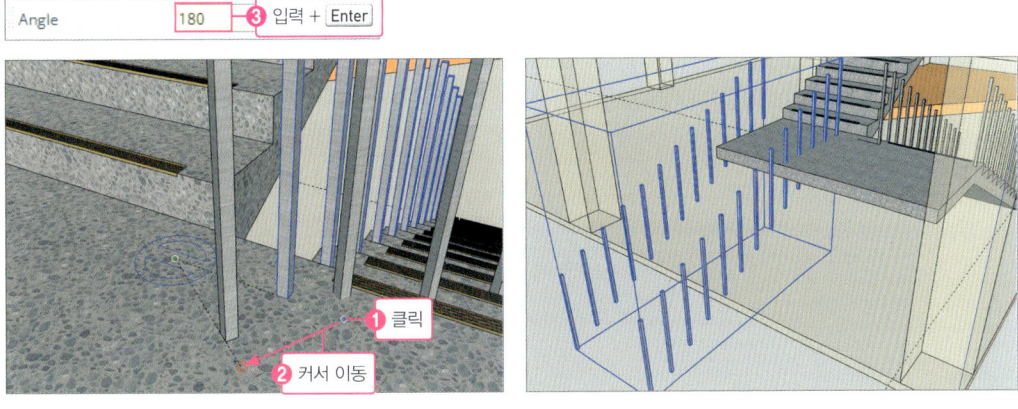

Chapter 05 • 계단실 만들기   151

19 `Space bar` 키를 누른 후 선택(Select(▶)) 도구로 이동 대상 ❶을 클릭합니다. 이동(Move(✥)) 도구 `M` 키를 누르고 A 부분의 ❷지점을 클릭합니다.

객체가 선택된 경우 바로 `M` 키를 누르면 됩니다.

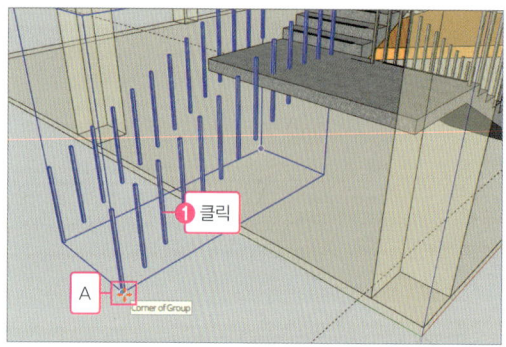
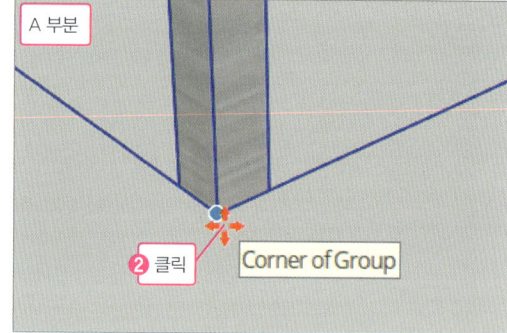

20 앞서 그린 선의 끝점 ❶지점을 클릭합니다.

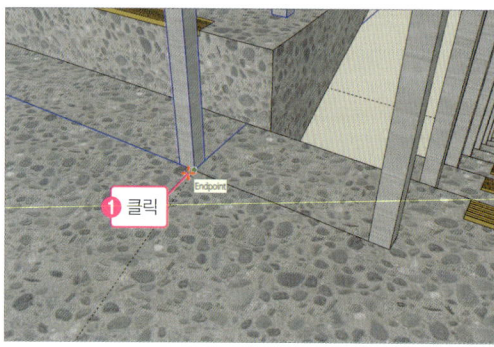
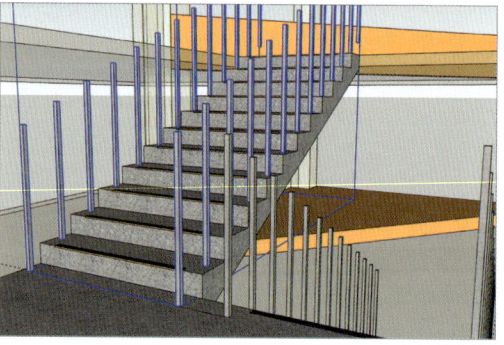

21 복사된 계단 상단을 확대하고 난간 그룹 ❶을 더블 클릭합니다. 다시 하위 그룹 ❷를 더블 클릭합니다.

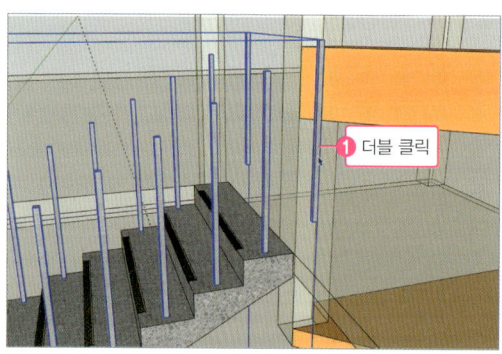
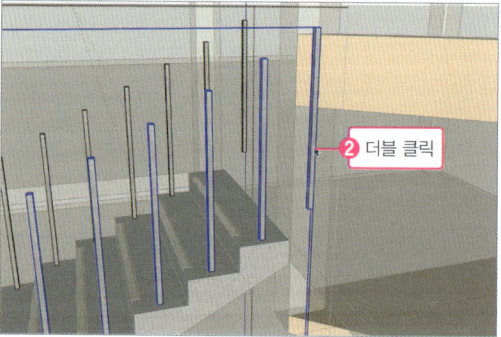

22 Space bar 키를 누른 후 선택(Select(▶)) 도구로 이동 대상 ❶을 클릭합니다. 이동(Move(✥)) 도구 M 키를 누르고 ❷ 지점(기준점)을 클릭합니다.

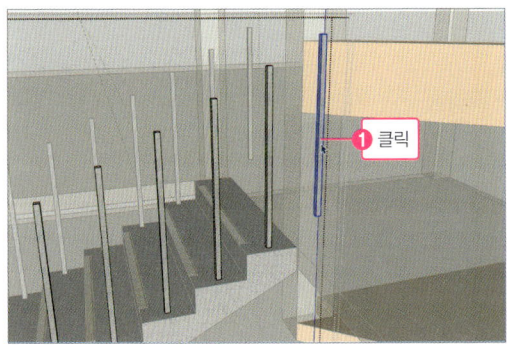 

23 커서를 –Z축(아래쪽)으로 천천히 이동해 ❶지점에서 On Face Outside Active가 나타나면 클릭합니다. 작업 후 Space bar 키를 누르고 빈 공간 ❷지점을 클릭한 후 한 번 더 클릭해 그룹 편집을 종료합니다.

 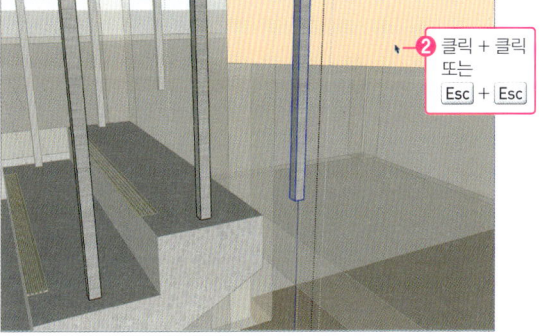

24 반대편 끝에 있는 난간 ❶도 동일한 방법으로 이동시킵니다.

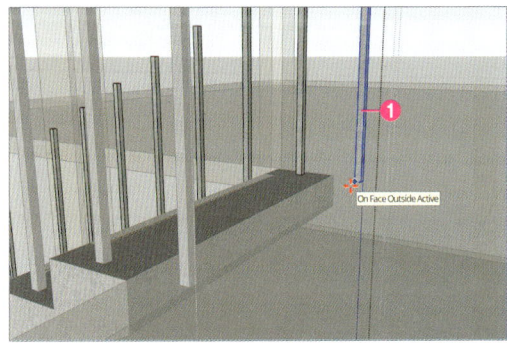 

STEP 2 난간 두겁(손스침) 만들기

01 두겁의 경로 그리기

1층 난간이 시작되는 곳 A 부분을 확대합니다. 선(Line) 도구 L 키를 누르고 ❶지점(Midpoint)에서 클릭합니다. 커서를 ❷방향으로 이동한 상태에서 Length에 '100'을 입력하고 Enter 키를 누릅니다.

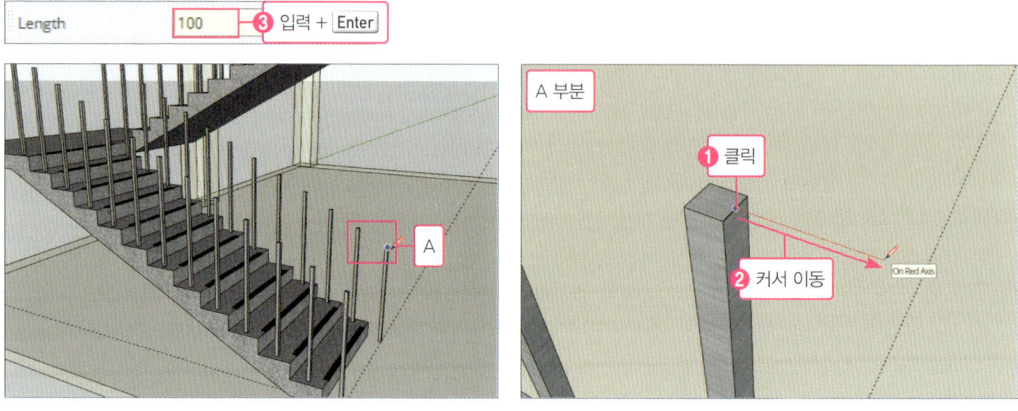

02 Space bar 키를 눌러 선택(Select) 도구로 전환합니다. 계속해서 선(Line) 도구 L 키를 누르고 ❶지점 (Midpoint)을 클릭한 후 ❷지점을 클릭합니다.

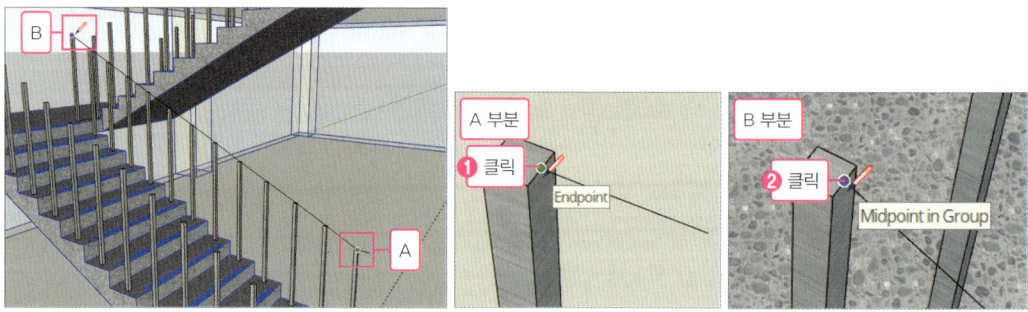

03 다음과 같이 ㄷ자 모양으로 선(130, 330, 130)을 긋고, ❶지점에서 2층 ❷지점까지 경사선을 그려줍니다. 마지막 난간 ❸방향으로 '430'을 입력해 선을 그립니다. 작성된 선은 난간 두겁의 경로로 사용됩니다.

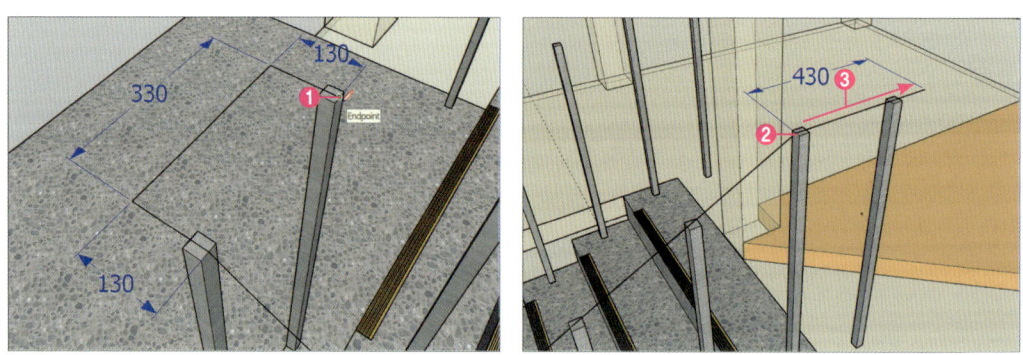

04 경로 복사

Space bar 키를 누른 후 선택(Select(▶)) 도구로 복사 대상 ❶을 클릭하고 Shift 키를 누른 상태로 ❷를 클릭합니다. 이동(Move(✥)) 도구 M 키를 누르고 ❸지점을 클릭합니다.

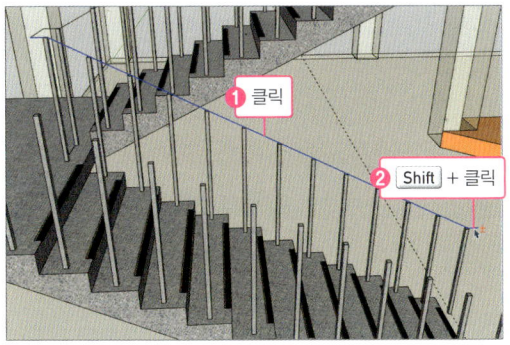 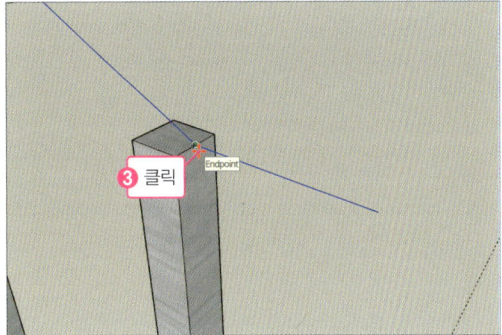

05

Ctrl 키를 누르면 커서가 이동(✥)에서 복사(✥)로 변경됩니다. ❶지점을 클릭합니다.

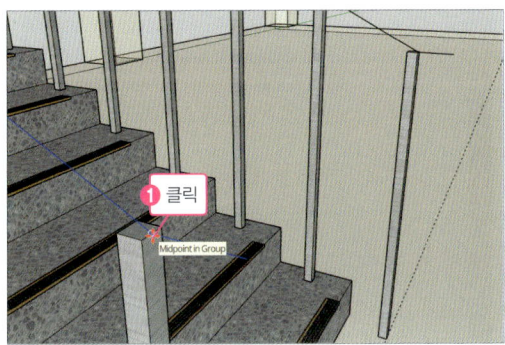 

06

Space bar 키를 누른 후 선택(Select(▶)) 도구로 복사 대상 ❶을 클릭하고 Shift 키를 누른 상태로 ❷, ❸을 클릭합니다. 이동(Move(✥)) 도구 M 키를 누르고 ❹지점을 클릭합니다.

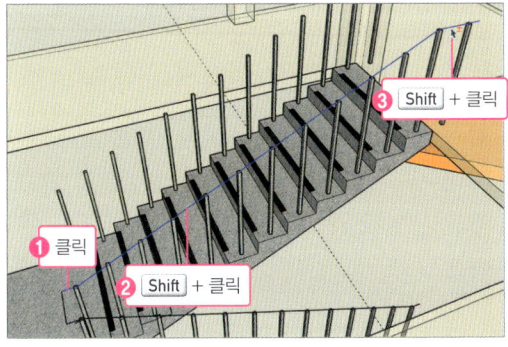 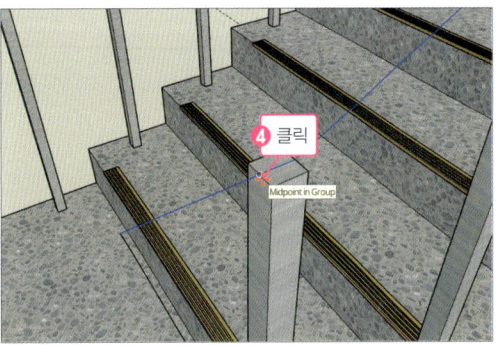

07 Ctrl 키를 누르면 커서가 이동(✥)에서 복사(✥)로 변경됩니다. ❶지점을 클릭합니다.

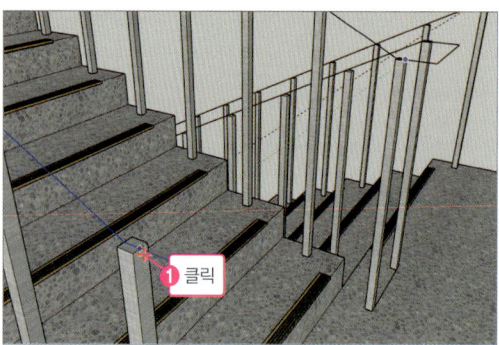 

STEP 3 따라가기(Follow Me)로 두겁 만들기

01 두겁 외형(단면) 그리기

직사각형(Rectangle(▭)) 도구 R 키를 누르고 1층 난간이 시작되는 ❶부분을 클릭한 후 가로 '70', 세로 '40'인 사각형을 그립니다.

작성된 사각형은 그룹 객체의 면과 겹치므로 그래픽이 깨끗하게 보이지 않을 수 있습니다.

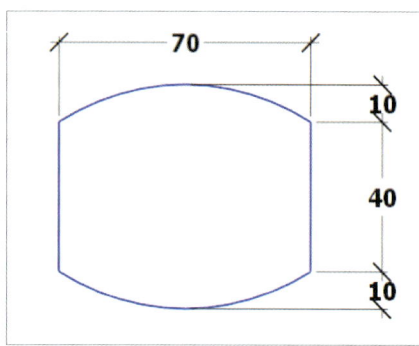 

▲ 작성할 난간 두겁의 단면

02 2점 호(2 Point Arc(⌒)) 도구 A 키를 누르고 호의 끝점 ❶지점과 ❷지점을 클릭합니다. 커서를 ❸방향으로 이동한 상태에서 Bulge에 '10'을 입력하고 Enter 키를 누릅니다.

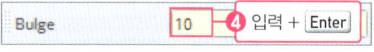

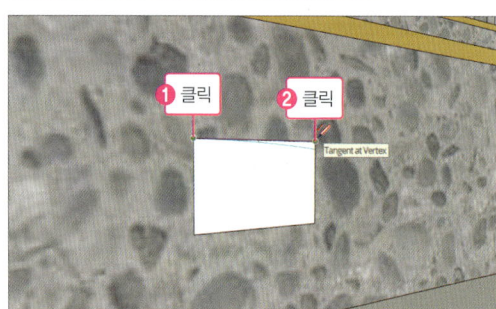 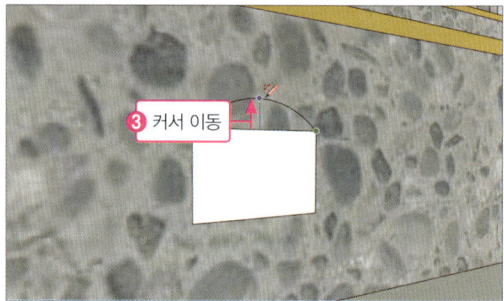

03 반대편 또한 동일한 방법으로 호를 그립니다. 지우개(Eraser( )) 도구 E 키를 누르고 삭제할 선 ❶과 ❷를 클릭합니다.

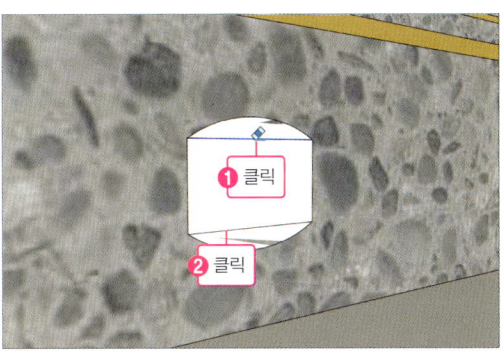 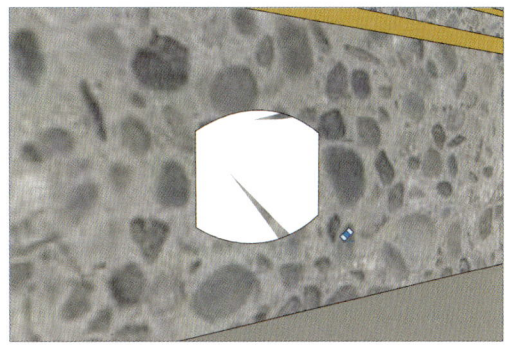

> **TIP** 지우개의 사용 방법과 호(Arc)의 세그먼트
>
> ① 지우개 사용 방법
> 지우개(Eraser( ))를 사용할 때는 클릭하는 방법과 빈 공간을 클릭 & 드래그하여 삭제할 객체를 지나치는 방법이 있습니다.
>
>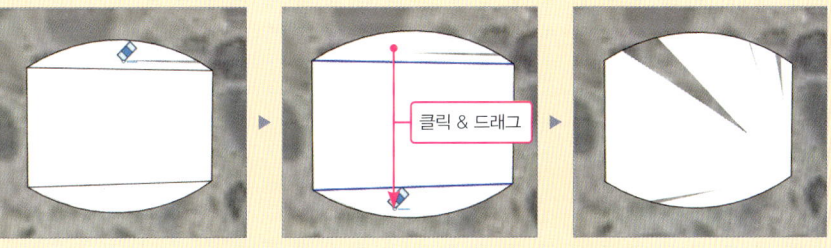
>
> ② 호(Arc)의 세그먼트
> 스케치업에서 호(Arc)는 12개의 세그먼트로 작성됩니다. 좀 더 부드러운 호를 작성하려면 2점 호(2 Point Arc( )) A 키를 누른 후 VCB 창에 Sides를 '24' 이상의 값을 입력한 다음 호를 작성합니다.
>
>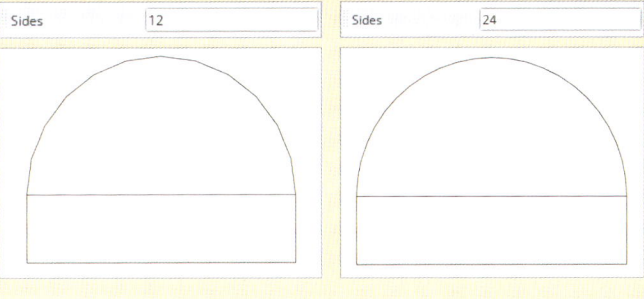

04 따라가기(Follow Me)로 난간 두겁 만들기

선(Line(✏️)) 도구 [L] 키를 누릅니다. ❶지점(Midpoint)을 클릭하고 ❷지점(Midpoint)을 클릭합니다. [Space bar] 키를 누른 후 선택(Select(▶)) 도구로 ❸지점에서 ❹지점까지 클릭 & 드래그하여 이동 대상을 선택합니다.

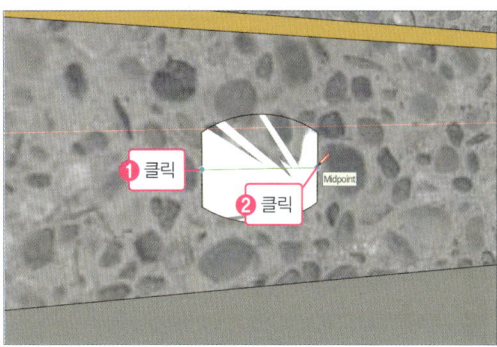 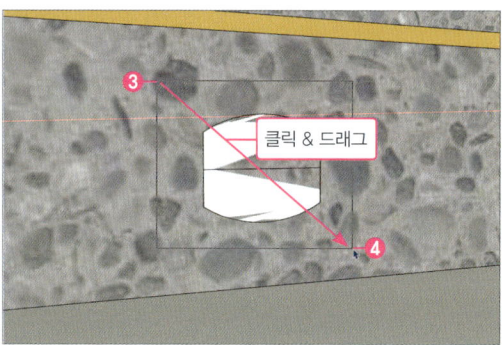

05 이동(Move(✥)) 도구 [M] 키를 누르고 [Ctrl] 키를 두 번 눌러줍니다. 복사 기준점 ❶지점을 클릭하고 목적지 ❷지점과 ❸지점의 끝점 Endpoint를 클릭합니다.

복사 목적지인 ❷, ❸지점의 Endpoint가 잘 나타나지 않을 경우 가까운 난간 기둥 면으로 이동한 후 다시 클릭합니다.

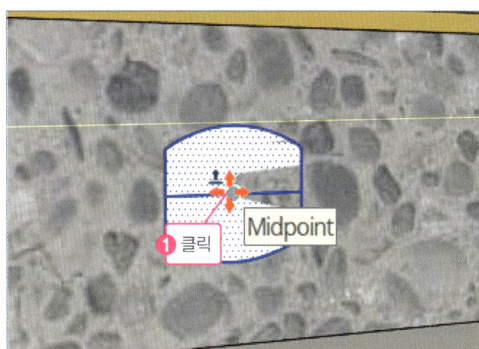 

06 복사한 우측의 선 ❶, ❷를 선택 커서(Select(▶))로 클릭한 후 [Delete] 키를 누르거나, 지우개(Eraser(◆)) 도구 [E] 키를 누르고 선 ❶, ❷를 클릭합니다.

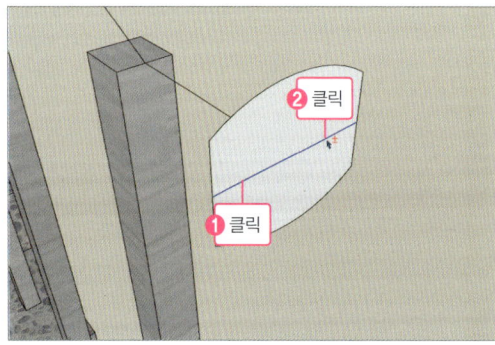 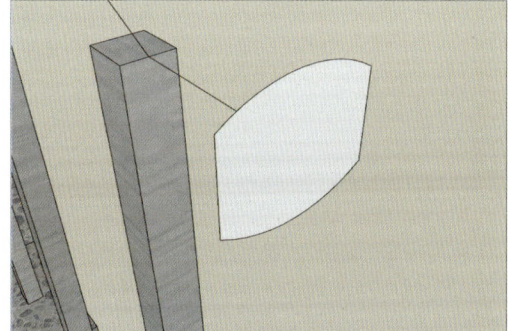

07 앞서 작성한 도형이 따라갈 경로를 선택하겠습니다. Space bar 키를 눌러 선택(Select( )) 도구로 전환하고 선분 ❶을 마우스 오른쪽 버튼으로 클릭합니다. 메뉴에서 [Select] – [All Connected]를 클릭하면 연결된 선을 한 번에 선택할 수 있습니다.

[Select]의 [All Connected]로 선택한 이후 Shift 키를 누르고 선을 추가하거나 해제하여 효율적으로 선택할 수 있습니다.

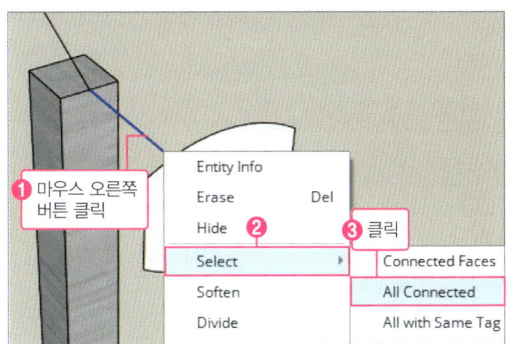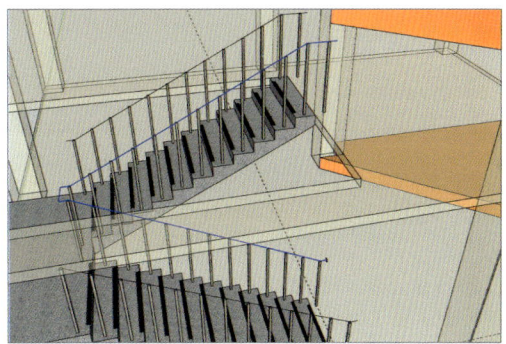

08 좌측 도구 막대에서 따라가기(Follow Me( )) 도구 ❶을 클릭하고 따라갈 면 ❷지점을 클릭합니다.

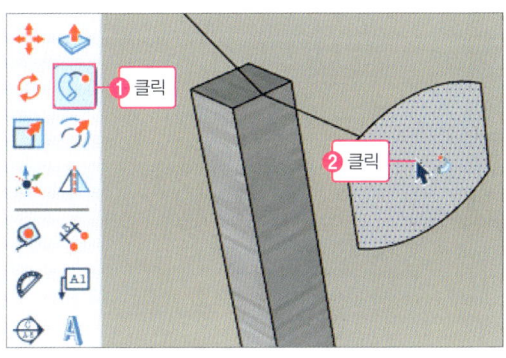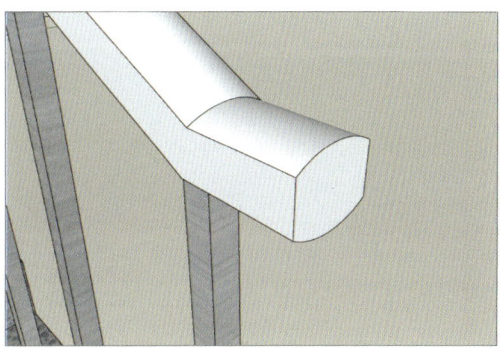

> **TIP** 따라가기(Follow Me) 이후 면이 뒷면으로 작성된 경우
> 스케치업 버전이 2021 이하인 경우에는 따라가기 결과가 뒷면(푸른색)으로 작성됩니다.
> 이런 경우 Space bar 키를 눌러 선택(Select( )) 도구로 전환하고 ❶지점에서 트리플 클릭(연속 3번 클릭)합니다. 마우스 오른쪽 버튼을 클릭하고 메뉴에서 [Reverse Faces]를 클릭합니다.

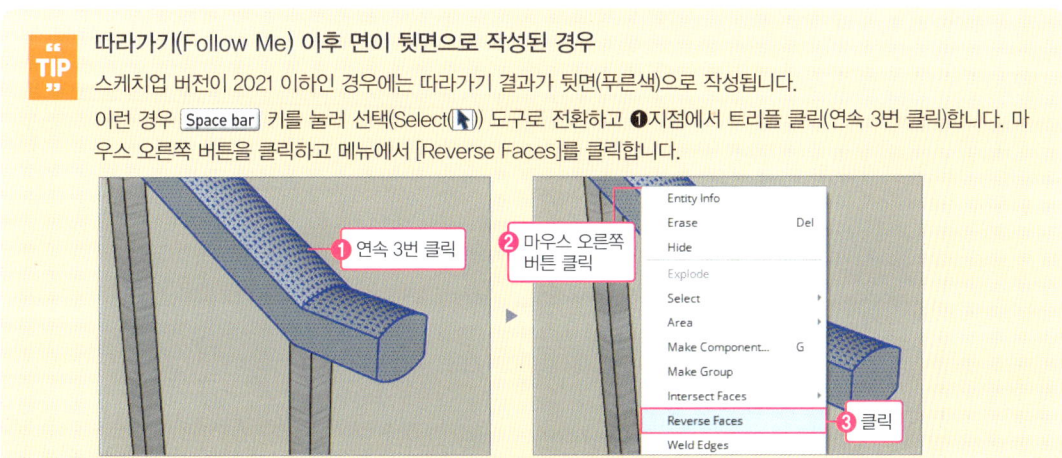

09 두겁 ❶과 ❷를 위의 **04~08** 과정과 같은 방법으로 난간 두겁을 만듭니다. ❷에 적용할 두겁의 스케치는 **05** 과정에서 계단에 그려둔 ❸을 이동해 사용합니다.

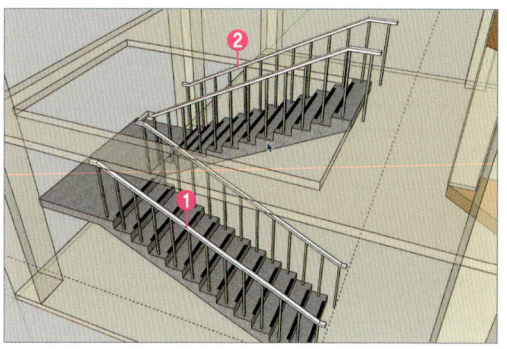 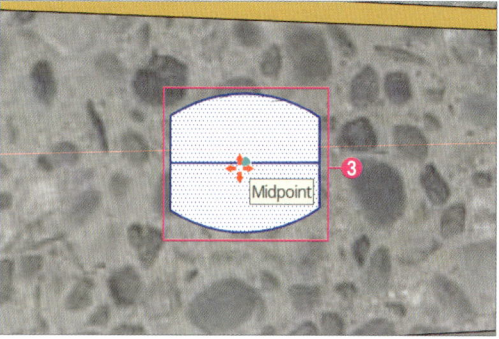

10 Space bar 키를 눌러 선택(Select( )) 도구로 전환하고 ❶지점에서 트리플 클릭(연속 3번 클릭)합니다. 마우스 오른쪽 버튼을 클릭하고 메뉴에서 [Make Group]을 클릭합니다. 작성된 난간 두겁 ❹, ❺도 같은 방법으로 그룹을 적용합니다.

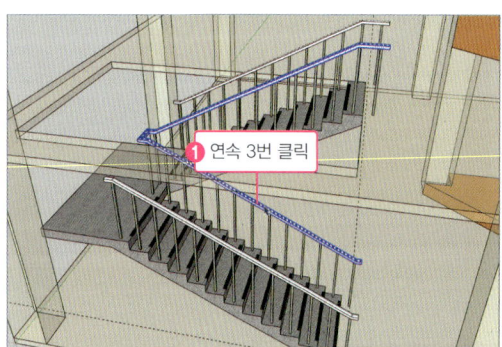 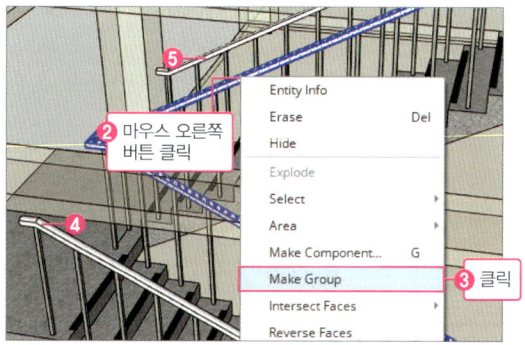

11 Space bar 키를 누른 후 선택(Select( )) 도구로 난간 두겁 ❶, ❷, ❸을 클릭합니다. 마우스 오른쪽 버튼을 클릭하고 메뉴에서 [Make Group]을 클릭해 그룹으로 설정합니다.

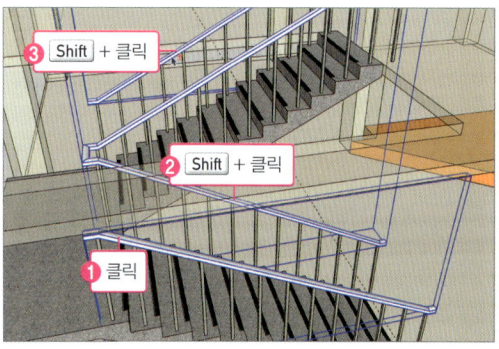 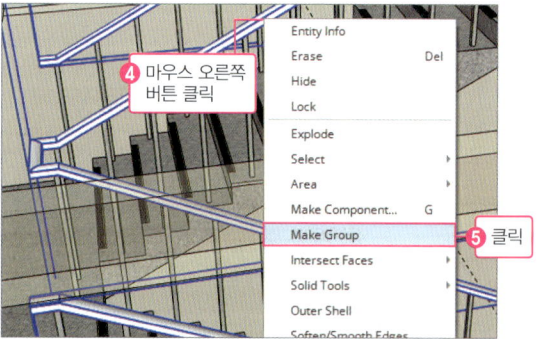

12 페인트 통(Paint Bucket( )) 도구 B 키를 누르고 커서를 Default Tray로 이동합니다. [Materials] 트레이 ❷를 클릭해 확장한 후 카테고리에서 'Metal' ❸을 선택한 후 금속 재질 중 하나를 선택합니다.

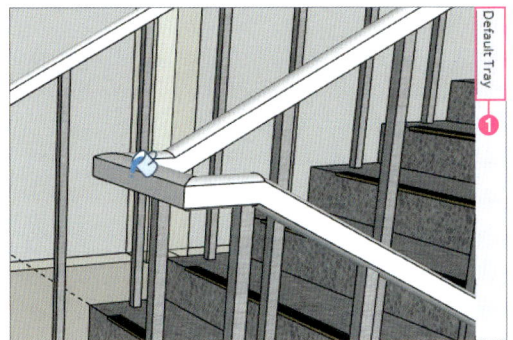
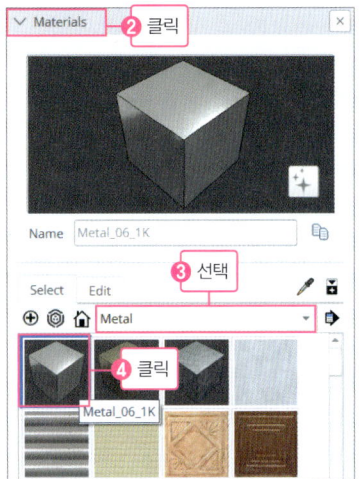

13 난간 두껍 ❶을 클릭합니다. 그룹 상태이므로 한 번에 재질을 적용할 수 있습니다.

STEP 4 각 층으로 복사하기

01 계단과 구조체의 그룹 분해

[Space bar] 키를 눌러 선택(Select( )) 도구로 전환하고 기둥 ❶을 클릭합니다. 마우스 오른쪽 버튼을 클릭하고 메뉴에서 [Explode]를 클릭합니다.

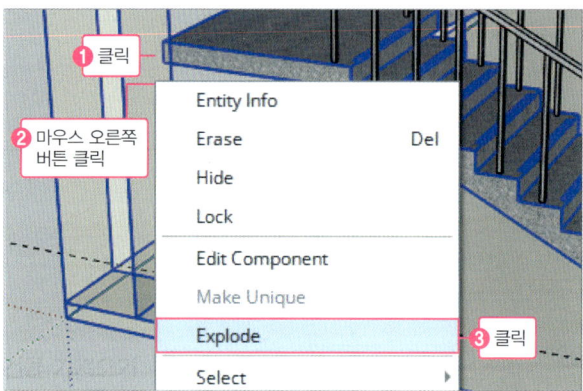

02 [Space bar] 키를 눌러 선택(Select( )) 도구로 전환하고 계단 ❶과 작성한 난간 기둥 및 두겁을 모두 클릭합니다. 마우스 오른쪽 버튼을 클릭하고 메뉴에서 [Make Group]을 클릭합니다.

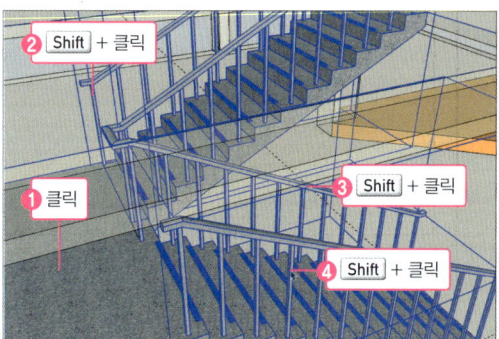
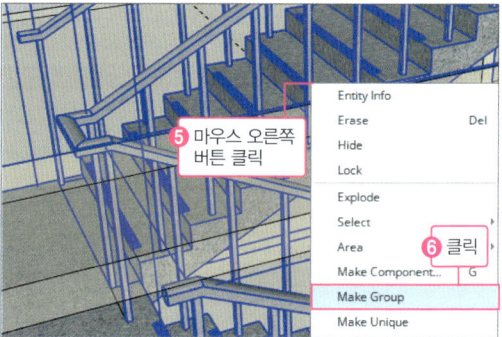

03 [Space bar] 키를 누른 후 선택(Select( )) 도구로 복사 대상 ❶을 클릭합니다. 이동(Move( )) 도구 [M] 키를 누르고 A 부분의 ❷지점을 클릭합니다.

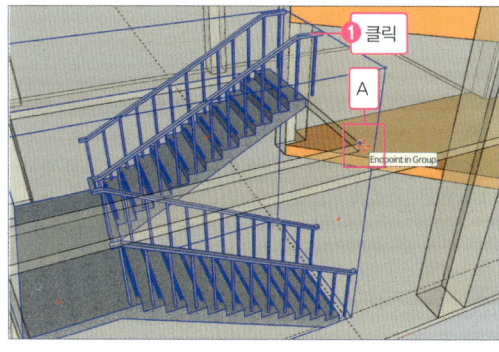
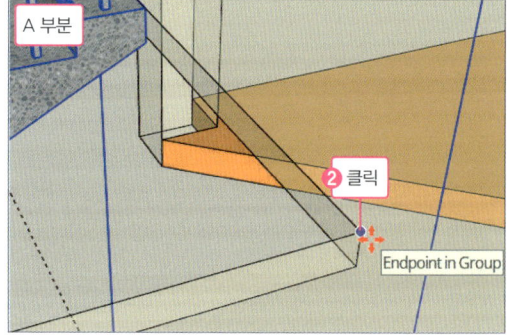

04 Ctrl 키를 누르면 커서가 이동(✥)에서 복사(✥)로 변경됩니다. A 부분을 확대하고 ❶지점을 클릭합니다.

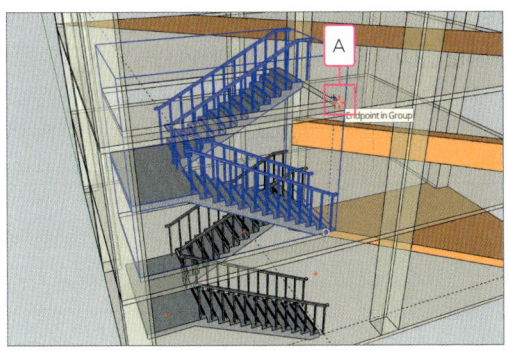 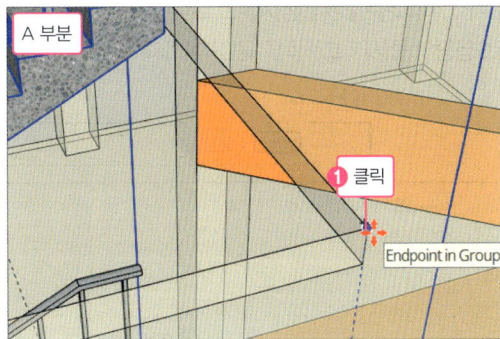

05 복사 후 Distance에 '*2'를 입력하고 Enter 키를 누릅니다. [Edit] 메뉴의 [Delete Guides]를 클릭해 불필요한 안내선을 모두 삭제합니다.

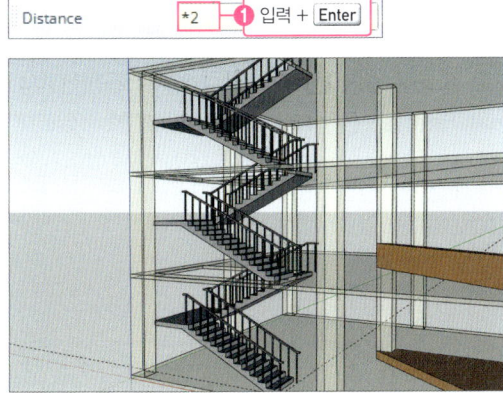 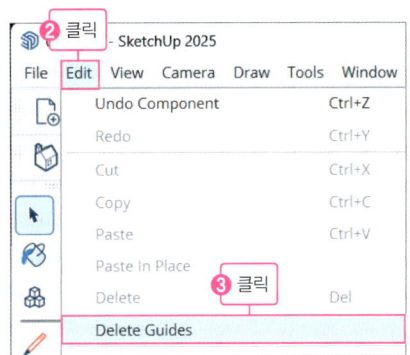

STEP 5 좌표축을 활용한 모델링

01 좌표축 설정
1층에서 삼각형 바닥을 오를 수 있는 계단 1단을 작성하겠습니다. 직사각형(Rectangle(▣)) 도구 R 키를 누르고 바닥 ❶지점에 사각형을 작성하려고 하면 현재 좌표의 X, Y축 방향으로 그려집니다. 확인 후 Space bar 키를 눌러 직사각형 도구를 취소합니다.

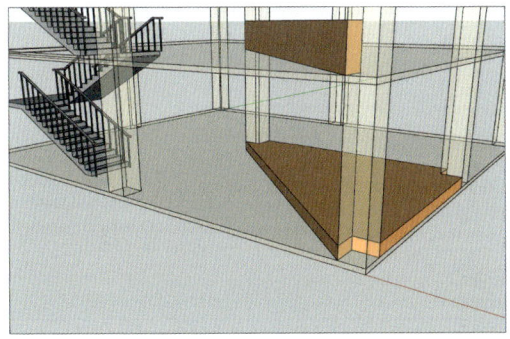 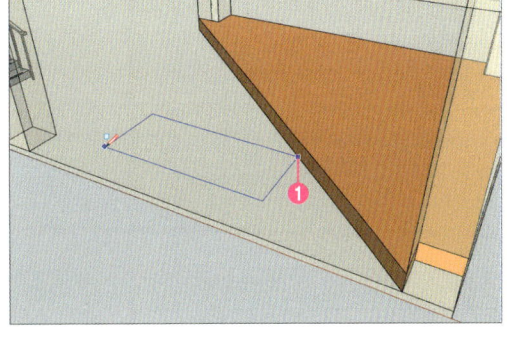

02 좌측 도구 막대에서 좌표축을 설정하는 축(Axes( )) 도구를 클릭합니다. 새로운 원점 ❶지점을 클릭한 후 X축 설정 방향으로 ❷지점을 클릭하고 Y축 설정 방향 ❸지점(X축과 직각인 지점 Perpendicular Edge)을 클릭합니다.

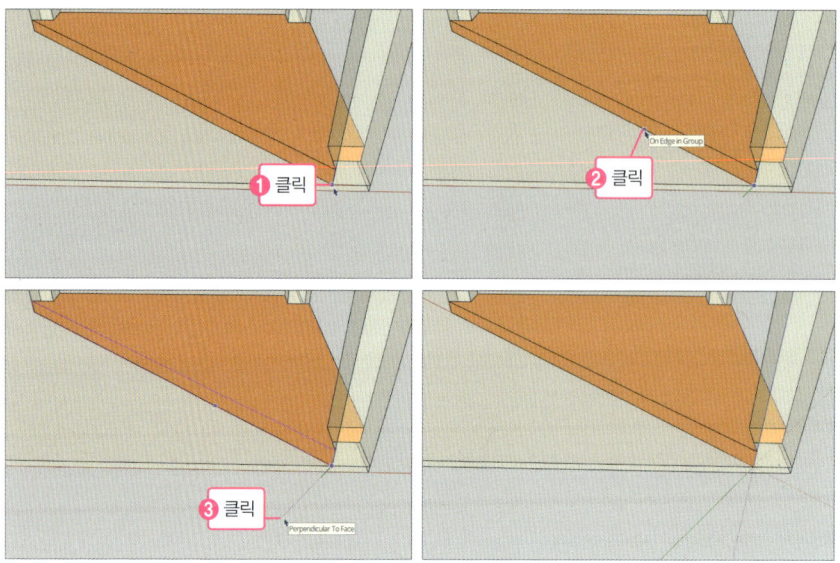

03 직사각형(Rectangle( )) 도구 R 키를 누르고 ❶지점 근처를 클릭해 가로 '5000', 세로 '1200'인 사각형을 그립니다. 밀기/끌기(Push/Pull( )) 도구 P 키를 누르고 사각형 면을 '150' 끌어 계단을 만듭니다.

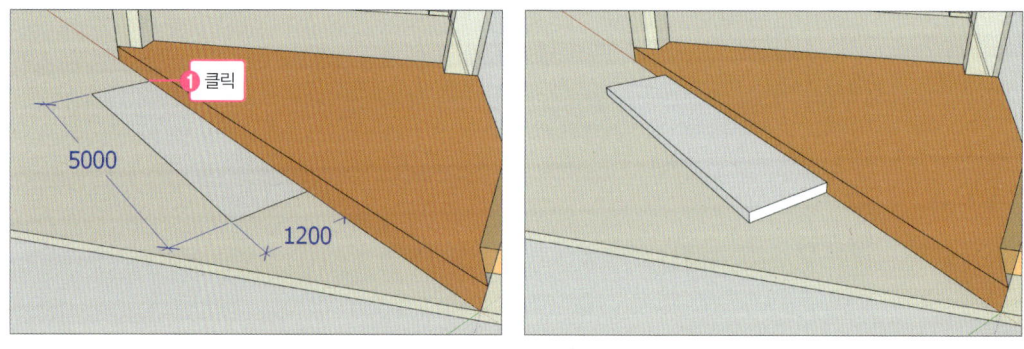

04 작성된 계단을 그룹으로 만듭니다. [Materials] 트레이에서 카테고리를 'Wood' ❶로 설정한 후 'Wood Floor Dark' 재질 ❷를 선택해 계단에 적용하면 변경한 좌표축 방향으로 적용됩니다.

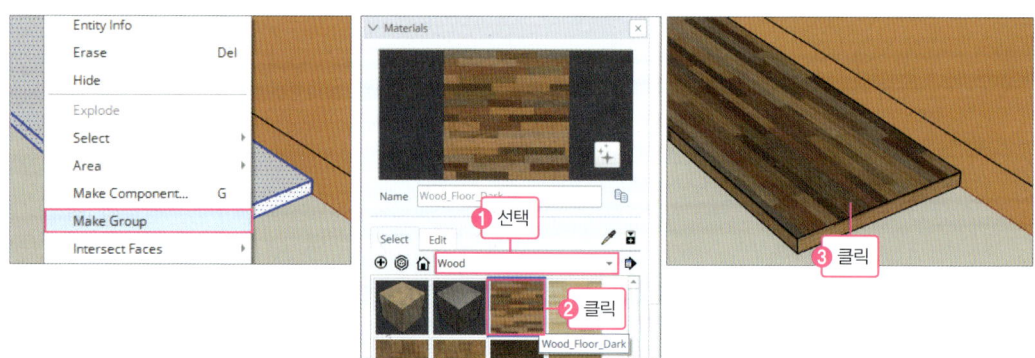

05 2층의 낮은 벽 부분을 확대합니다. [File] 메뉴에서 [Import]를 클릭하고 [예제파일/P02/Ch05/2층 의자.skp] 파일을 불러옵니다.

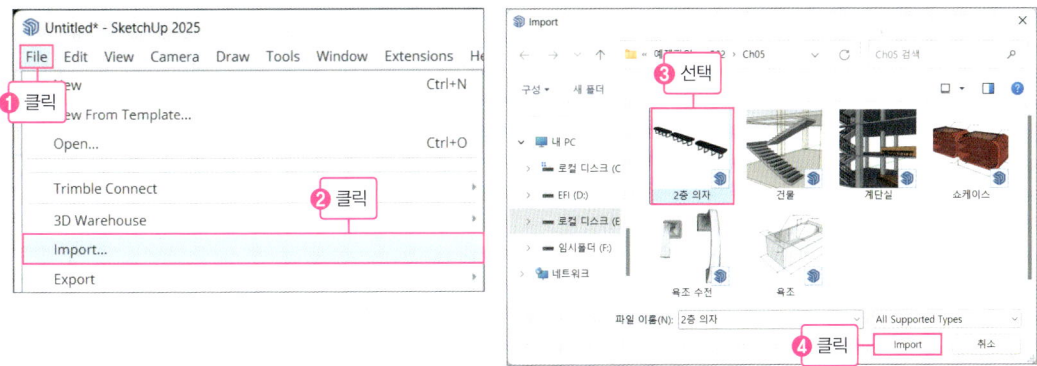

06 Import로 불러온 의자도 앞서 설정한 좌표축 방향과 일치합니다. 벽 모서리쪽 적절한 위치 ❶에 배치합니다.

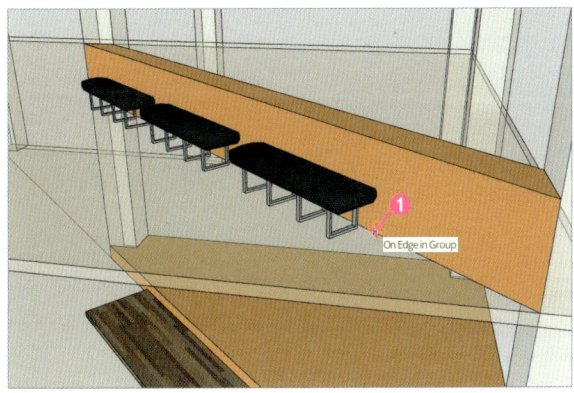

07 3층의 바닥(사선) 재료를 1층의 계단과 동일한 재료로 변경하기 위해 3층 바닥 재료가 선택될 때까지 더블 클릭해 그룹 편집 모드로 변경합니다. 3층 바닥의 좌표축은 경사 바닥과 다릅니다.

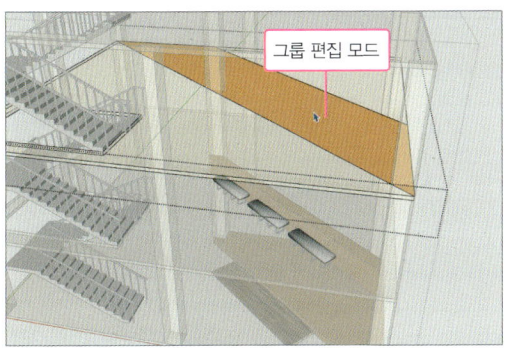 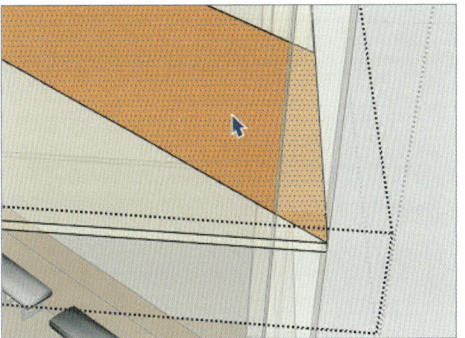

08 축(Axes()) 을 클릭합니다. 새로운 원점 ❶지점을 클릭하고 X축 설정 방향으로 ❷지점을 클릭하고 Y축 방향으로 ❸지점(X축과 직각인 지점 Perpendicular Edge)을 클릭합니다.

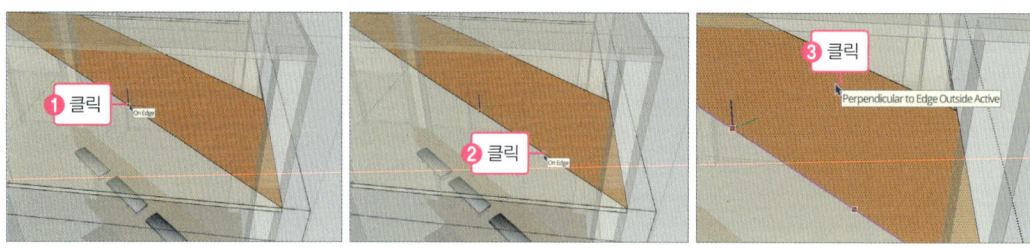

09 [Materials] 트레이에서 'Wood' ❶을 설정하고 'Wood Floor Dark' 재질 ❷를 선택해 사선 바닥 ❸에 적용합니다. 빈 공간 ❹를 클릭해 편집 모드를 종료하면 적용한 재료가 축 방향으로 설정됩니다.

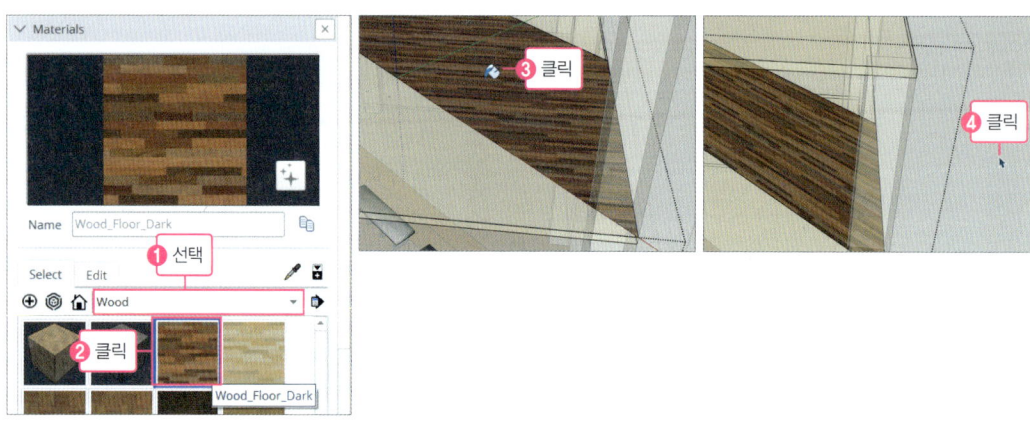

10 좌표축 초기화

1층에 설정한 좌표축에서 마우스 오른쪽 버튼으로 클릭합니다. [Reset]을 클릭하면 좌표축이 처음 상태로 변경됩니다.

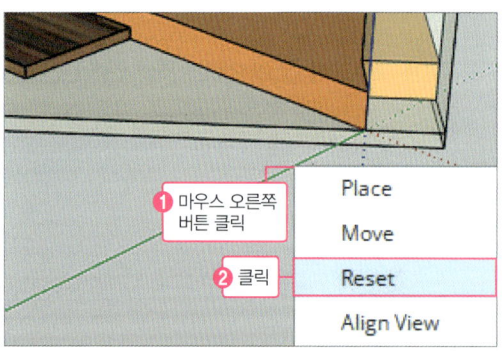 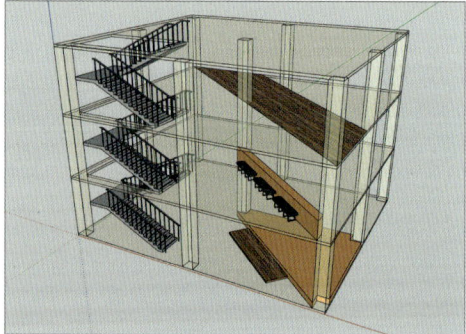

01 다음 모델을 작성하시오.

- 표시된 세부 치수를 확인하면서 모델링합니다. 수전은 [예제파일/P02/Ch05/욕조 수전.skp] 파일을 사용합니다.

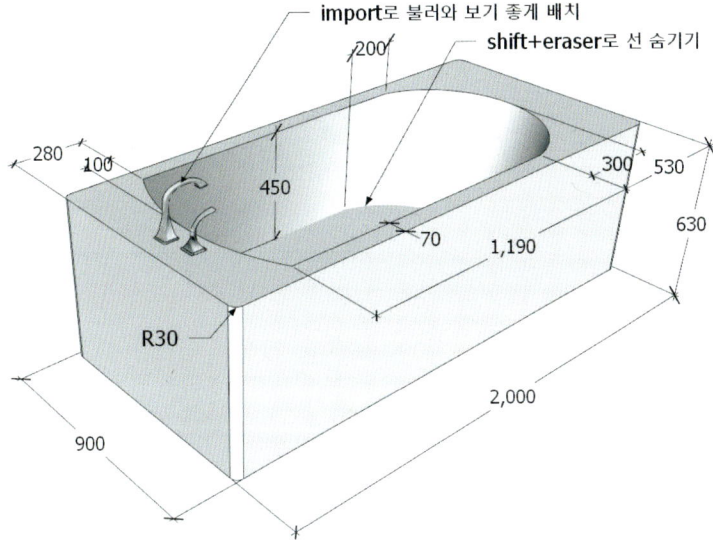

▲ 완성파일 : [예제파일/P02/Ch05/욕조.skp]

> **TIP** 모서리 선 설정 방법(욕조 바닥 모서리 숨기기)
>
> 지우개 도구는 3가지로 구분됩니다.
>
> ① 선 지우기()
> 지우개(Eraser( )) 도구 E 키를 누르고 모서리 선을 클릭합니다.
>
> 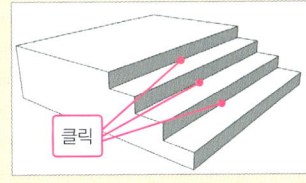 ▶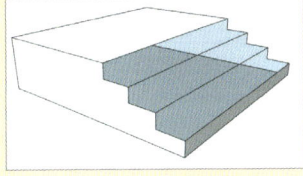
>
> ② 모서리 선 숨기기( )
> 지우개(Eraser( )) 도구 E 키를 누르고 Shift 키를 누른 상태로 모서리 선을 클릭합니다.
>
> 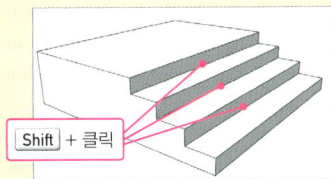 ▶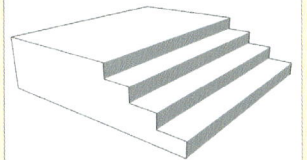

③ 모서리 선을 부드럽게(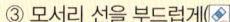)

지우개(Eraser(◆)) 도구 `E` 키를 누르고 `Ctrl` 키를 누른 상태로 모서리 선을 클릭합니다.

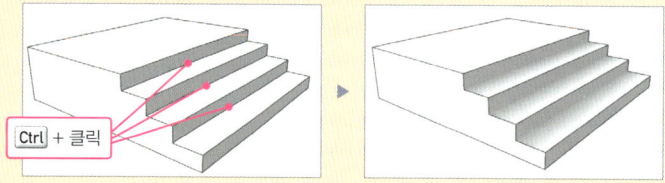

④ 숨기거나 부드럽게 한 선을 표시하고 복구하기(◆)

지우개(Eraser(◆)) 도구 `E` 키를 `Alt` 키를 누르면 숨기거나 부르럽게 한 선을 파선으로 표시하고, 이 파선을 지우개로 지우면 처음 상태로 복구됩니다. 선을 다시 그려도 처음 상태로 돌아갑니다.

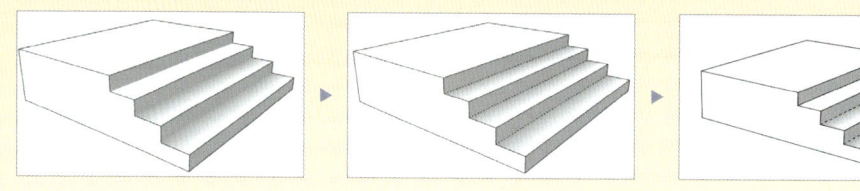

02 다음 모델을 작성하시오.

• 상세 도면의 세부 치수를 확인하면서 모델링합니다.

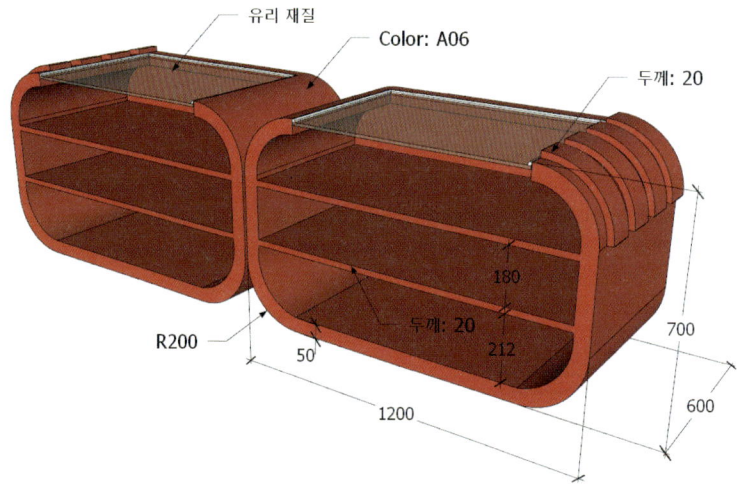

▲ 완성파일 : [예제파일/P02/Ch05/쇼케이스.skp]

168   Part 2 • 모델링 기본편 | 주요 도구 익히기

[상세 치수]

• 부분 확대

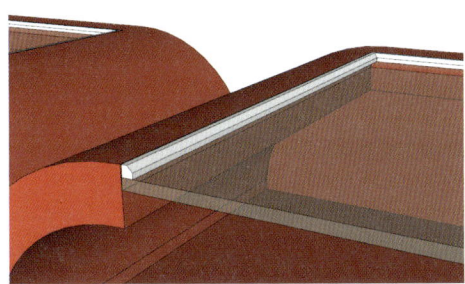

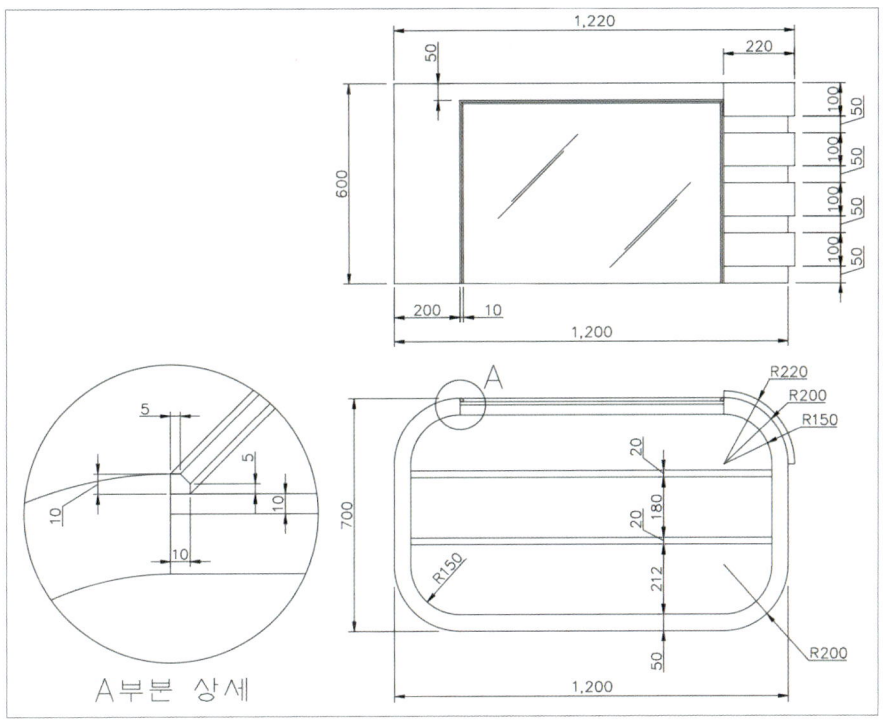

03 다음 모델을 작성하시오.

상세 도면의 세부 치수를 확인하면서 모델링합니다.

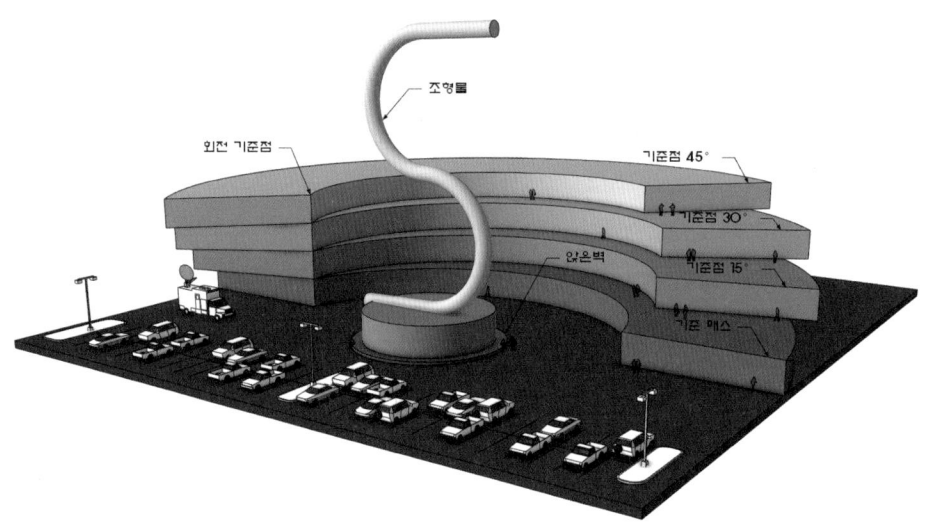

▲ 완성파일 : [예제파일/P02/Ch05/건축물 디자인.skp]

[상세 치수]

• 매스

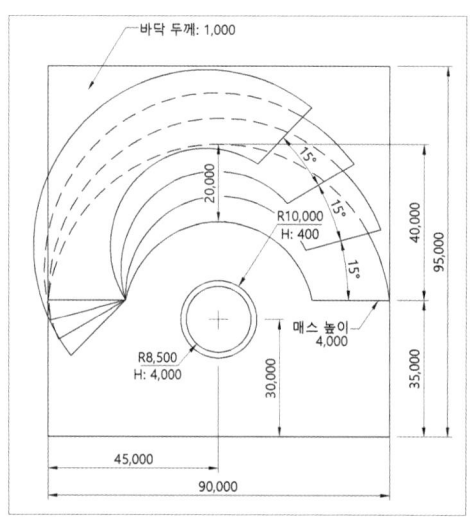

• 조형물

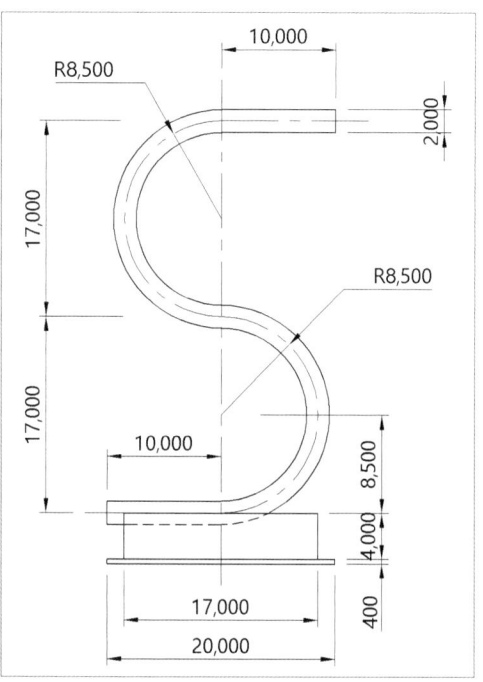

CHAPTER 06 버스 정류장 만들기

버스 정류장을 모델링하면서 3D 텍스트, 배율(Scale), 고체 도구(Solid Tool)를 학습하고 Scale과 Component의 특성을 응용한 기능까지 알아보겠습니다.

STEP 1 정류장 구조물 만들기

① 모델링에 필요한 주요 도구
- 고체 도구 : (Solid Tool), 배율 : (Scale(S)), 3D 텍스트 : (3D Text)

② 운영 기능
- 가져오기(Import) : 이미지 삽입, 컴포넌트(Component) : 컴포넌트 작성 및 편집

▲ 완성파일 : [예제파일/P02/Ch06/버스정류장.skp]

01 템플릿 열기

[예제파일/P02/Ch06/정류장 템플릿.skp]을 더블 클릭합니다.

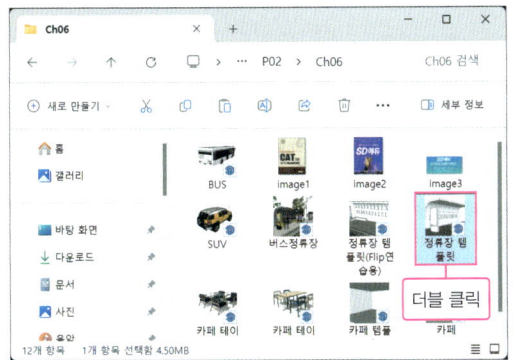
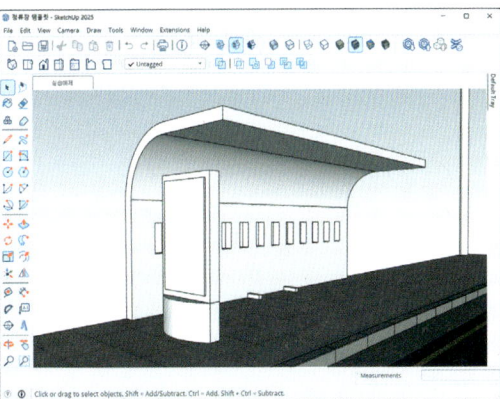

02 정류장 지붕 디자인

Space bar 키를 눌러 선택(Select(▶)) 도구로 전환하고 ❶지점에서 트리플 클릭(연속 3번 클릭)합니다. 마우스 오른쪽 버튼을 클릭하고 메뉴에서 [Make Group]을 클릭합니다.

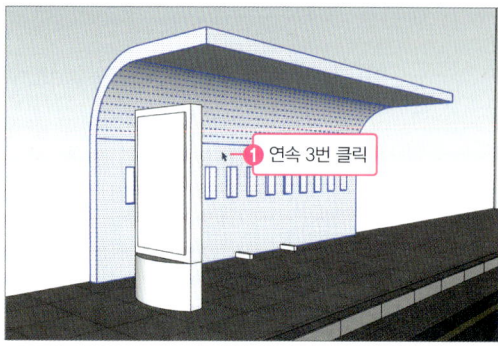
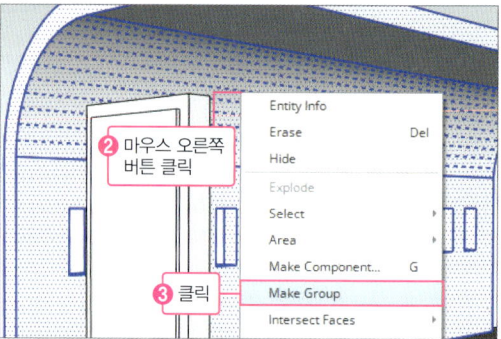

03
직사각형(Rectangle(▨)) 도구 R 키를 누르고 ❶지점에 클릭합니다. 커서를 ❷지점으로 이동한 상태에서 Dimensions에 '2100,200'을 입력하고 Enter 키를 누릅니다.

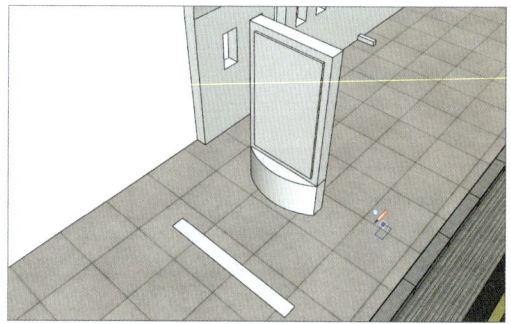

04
밀기/끌기(Push/Pull(◈)) 도구 P 키를 누르고 ❶지점을 클릭합니다. 커서를 ❷방향으로 이동한 상태에서 Distance에 '2000'을 입력하고 Enter 키를 누릅니다.

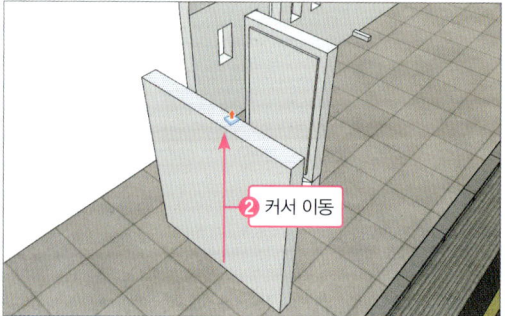

05 Space bar 키를 눌러 선택(Select(▶)) 도구로 전환하고 ❶지점에서 트리플 클릭(연속 3번 클릭)합니다. 마우스 오른쪽 버튼을 클릭하고 메뉴에서 [Make Group]을 클릭합니다.

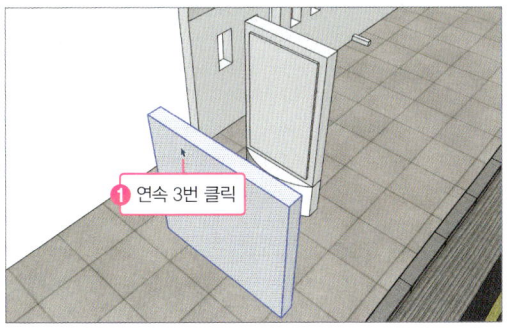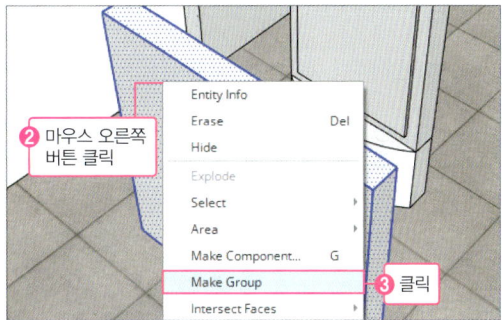

06 Space bar 키를 누른 후 선택(Select(▶)) 도구로 이동 대상 ❶을 클릭합니다. 이동(Move(✥)) 도구 M 키를 누르고 이동 기준점 ❷지점을 클릭한 후 목적지 ❸지점을 클릭합니다.

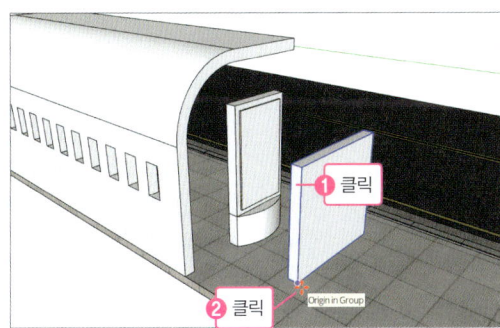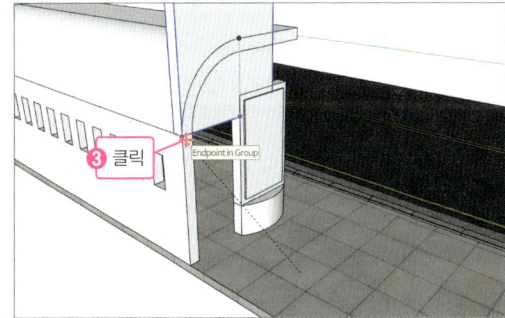

07 Space bar 키를 누른 후 선택(Select(▶)) 도구로 이동 대상 ❶을 클릭합니다. 이동(Move(✥)) 도구 M 키를 누르고 하단의 끝점(Endpoint) ❷지점을 클릭합니다. 커서를 ❸방향으로 이동한 상태에서 Distance에 '500'을 입력하고 Enter 키를 누릅니다.

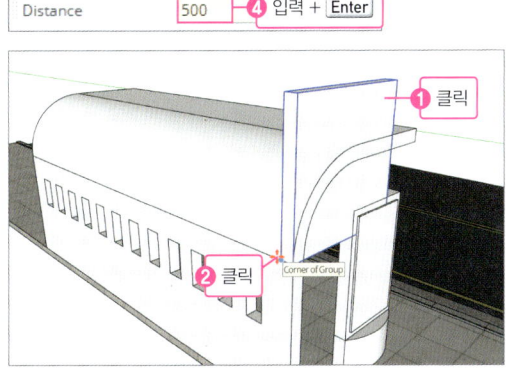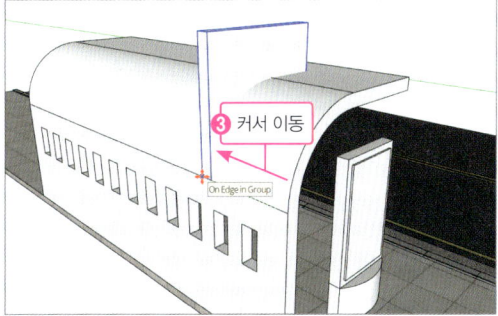

08 상자가 선택된 상태에서 이동(Move(✥)) 도구 M 키를 누르고 ❶지점을 클릭합니다. Ctrl 키를 누르고 커서를 ❷방향으로 이동한 상태에서 Distance에 '680'을 입력하고 Enter 키를 누릅니다. 복사 후 Distance에 '*10'을 입력하고 Enter 키를 누릅니다.

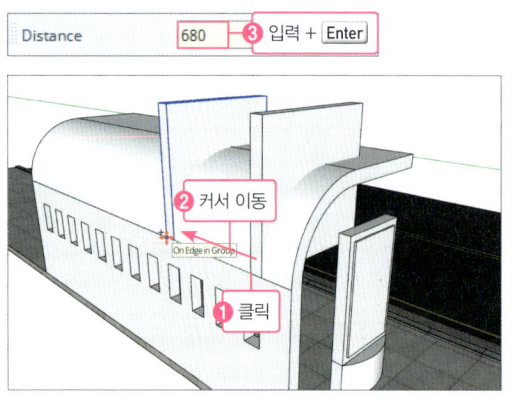
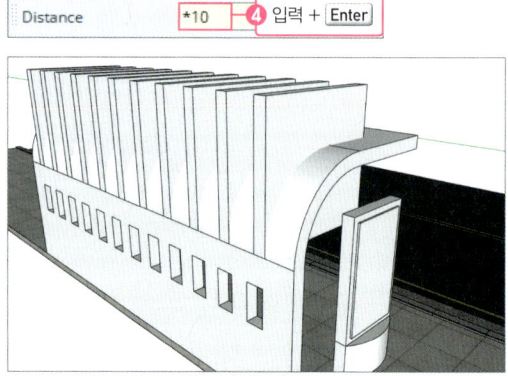

09 Space bar 키를 눌러 선택(Select(▶)) 도구로 전환하고 Shift 키를 이용해 선택하거나 걸침 선택으로 복사된 상자를 모두 선택합니다.

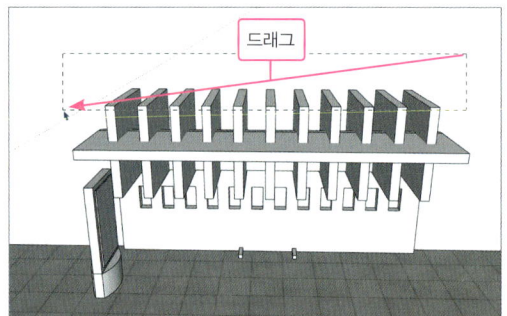
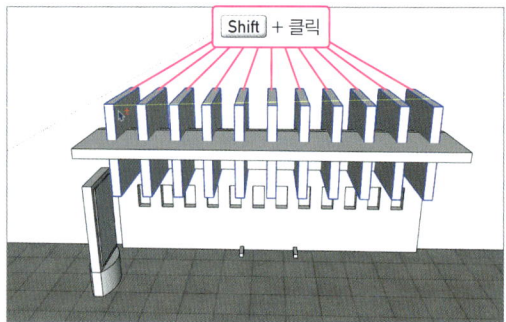

▲ 클릭 & 드래그로 걸침 선택　　　　　　　　　　▲ Shift 키를 누른 상태로 하나씩 클릭

10 모든 상자를 선택한 후 ❶지점에서 마우스 오른쪽 버튼을 클릭합니다. 메뉴에서 [Explode]를 클릭하고 다시 마우스 오른쪽 버튼을 클릭해 [Make Group]을 클릭합니다.

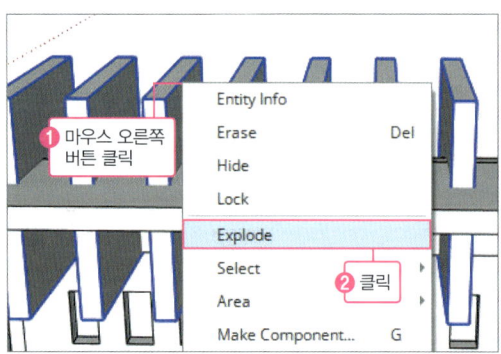
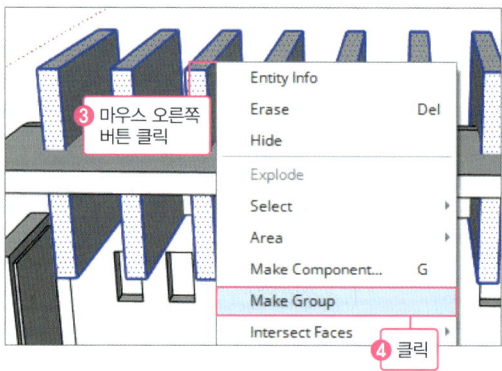

> **TIP** 분해 후 다시 그룹을 설정한 이유
>
> 고체 도구는 그룹 객체를 교차시켜 겹치는 부분을 제거하거나 결합시킵니다. 하지만 해당 그룹이 여러 번에 걸쳐 그룹으로 설정된 경우에는 고체 도구를 사용할 수 없습니다.

11 모든 상자가 하나의 그룹으로 묶였습니다. Space bar 키를 눌러 선택(Select()) 도구로 전환하고 빈 공간 ❶을 클릭하거나 Ctrl + T 키를 눌러 선택을 해제합니다.

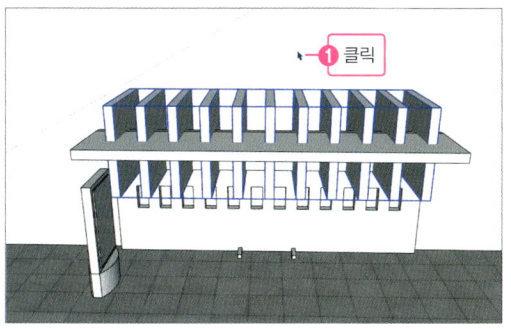
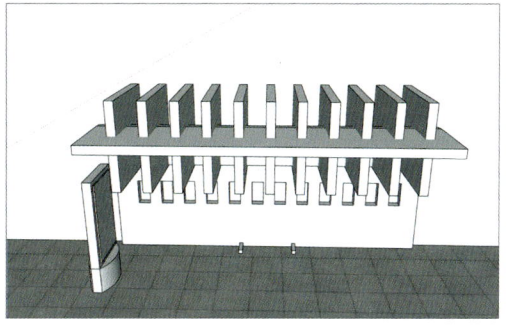

12 고체 도구 막대에서 빼기(Subtract(■)) ❶을 클릭합니다. 빼낼 ❷를 먼저 클릭하고 ❸을 클릭하면 겹쳐진 부분과 먼저 클릭한 그룹이 제거됩니다.

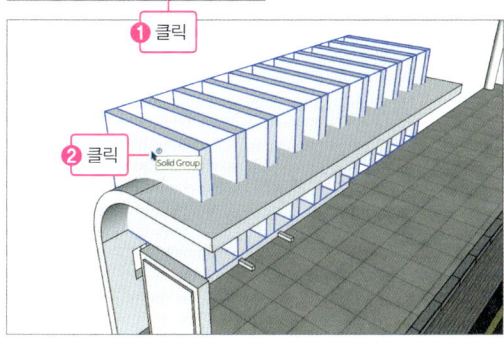
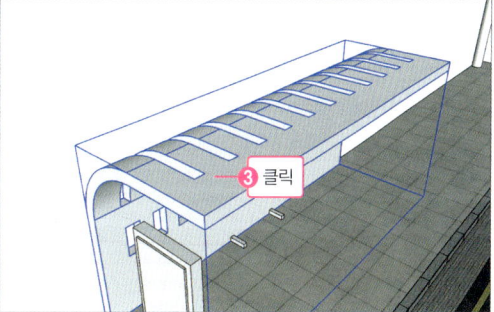

고체 도구의 활용( )
고체 도구 사용은 그룹 요소 2개를 교차시키고 그룹 객체를 선택합니다.

① 외부 쉘(Outer Shell( )) : 선택한 모든 고체(그룹)를 단일 고체로 조합하고 모든 내부 요소를 제거합니다.

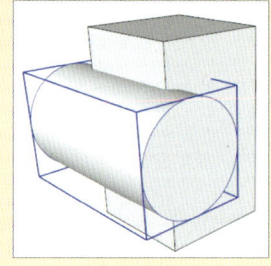 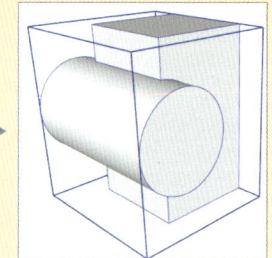

② 교차(Intersect( )) : 선택된 모든 고체를 교차시키고 모델 안에 있는 교차점만 유지합니다.

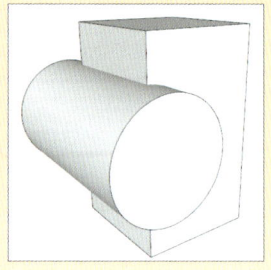 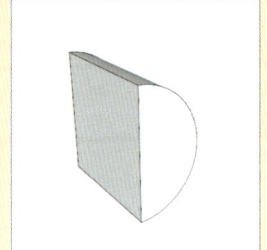

③ 결합(Union( )) : 선택된 모든 고체를 단일 고체로 조합하고 내부 공간을 유지합니다.

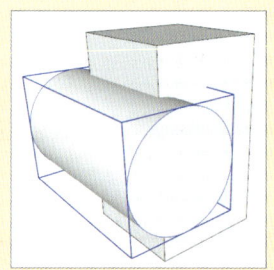 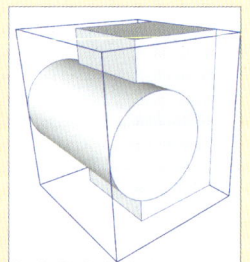

④ 빼기(Subtract( )) : 첫 번째 고체에서 두 번째 고체를 빼고 남은 부분만 모델을 유지합니다.

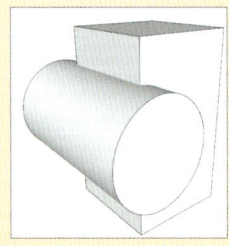 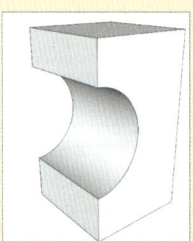 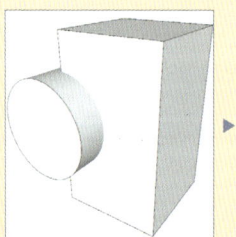 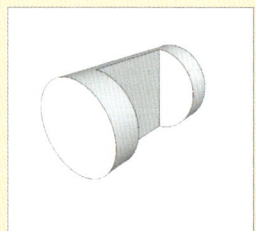

⑤ 자르기(Trim( )) : 첫 번째 고체를 두 번째 고체로 트리밍하고 둘 다 모델에 유지합니다.

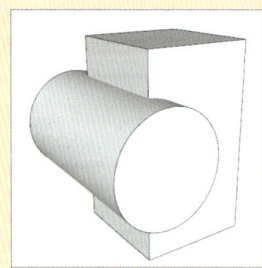 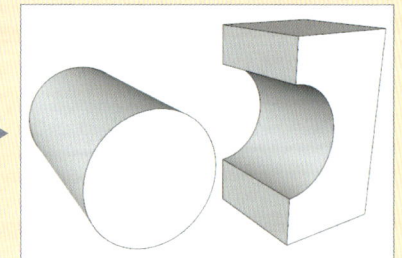

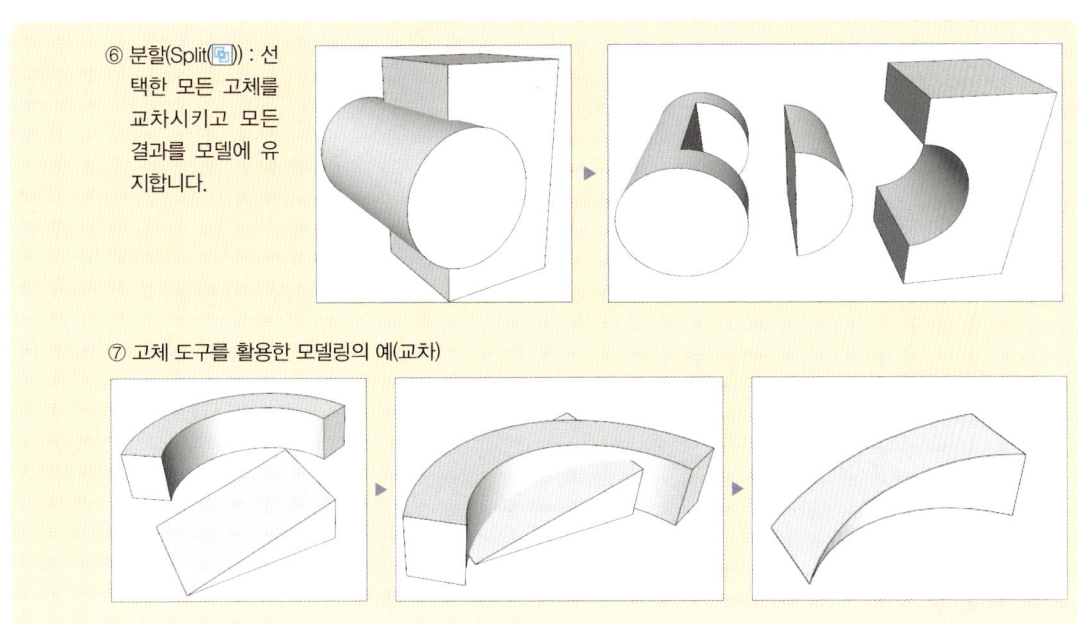

⑥ 분할(Split( )) : 선택한 모든 고체를 교차시키고 모든 결과를 모델에 유지합니다.

⑦ 고체 도구를 활용한 모델링의 예(교차)

STEP 2 의자 모델링

01 따라가기 경로 작성

의자는 따라가기(Follow Me( ))와 배율(Scale( ))을 활용해 만들어보겠습니다. 선(Line( )) 도구 L 키를 눌러 ❶지점에서 클릭하고 '2000', '2700'을 입력해 선을 그립니다.

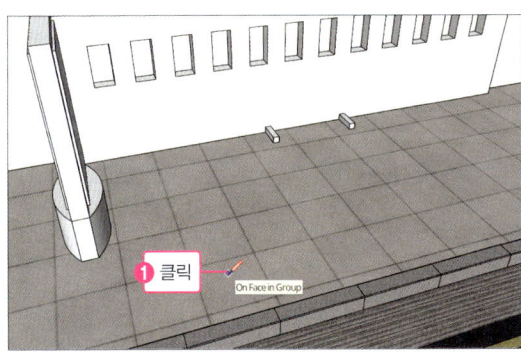
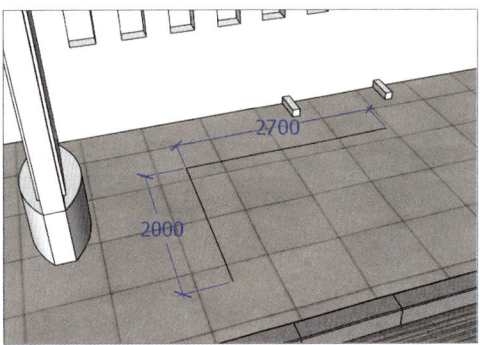

02 줄자(Tape Measure(🎯)) 도구 ⊤ 키를 누르고 ❶지점에서 클릭합니다. 커서를 ❷방향으로 이동한 상태에서 Length에 '600'을 입력하고 Enter 키를 누릅니다. 같은 방법으로 ❸, ❹도 작업합니다.

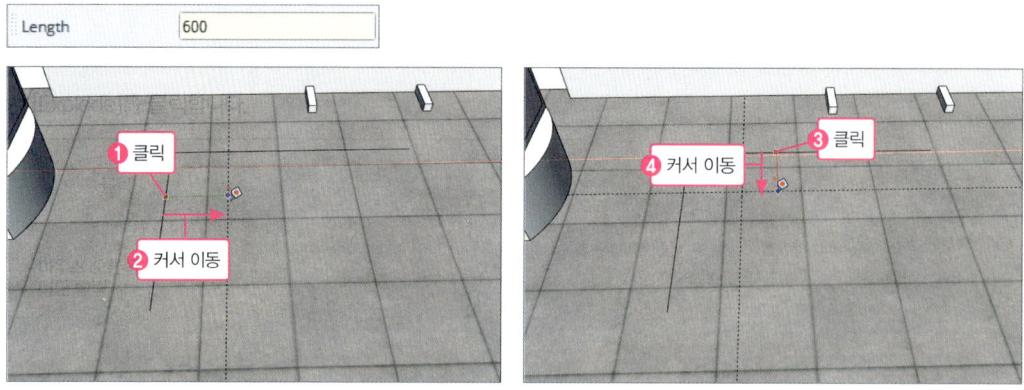

03 2점 호(2 Point Arc(🎯)) 도구 Ⓐ 키를 누르고 호의 끝점 ❶지점을 클릭합니다. ❷지점에서 보라색 'Tangent to Edge'가 나타날 때 더블 클릭하면 모서리가 잘라지면서 호가 그려집니다.

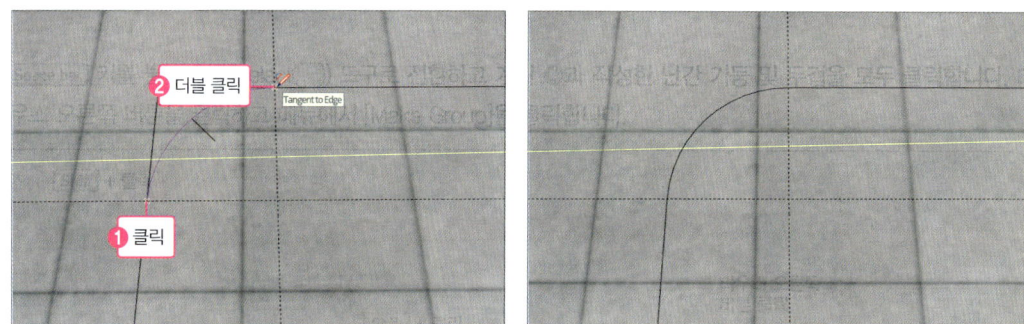

위의 02 과정에서 안내선을 1개만 작성해도 Tangent to Edge가 포인트를 추적할 수 있으므로 03 과정의 호를 그릴 수 있습니다.

04 직사각형(Rectangle(🎯)) 도구 Ⓡ 키를 누르고 ❶지점을 클릭합니다. 키보드의 우측 방향키(→)를 누르면 X축(빨강)으로 작성 방향이 변경됩니다. 사각형의 크기를 Dimensions에 '400,400'을 입력하고 Enter 키를 누릅니다.

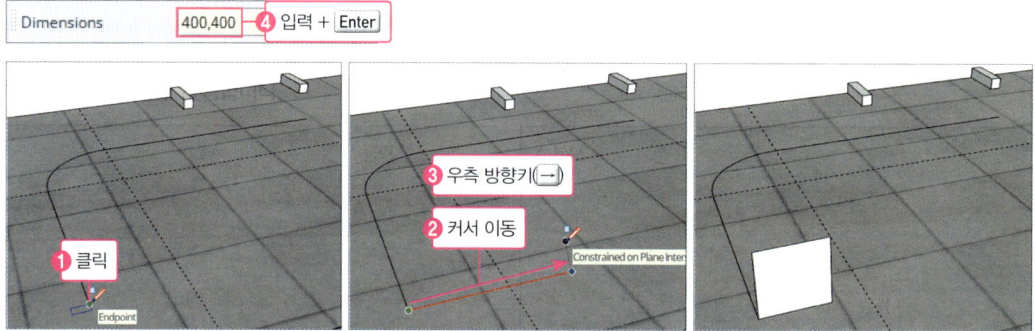

05 Space bar 키를 눌러 선택(Select(▶)) 도구로 전환합니다. 오프셋 대상 ❶을 클릭하고 Shift 키를 누른 상태로 ❷, ❸을 클릭합니다. 오프셋(Offset(⟲)) 도구 F 키를 눌러 안쪽으로 '70' 간격을 두어 복사합니다. 선택(Select(▶)) 도구로 전환 후 안쪽면 ❼과 아래쪽 선 ❽을 선택해 삭제합니다.

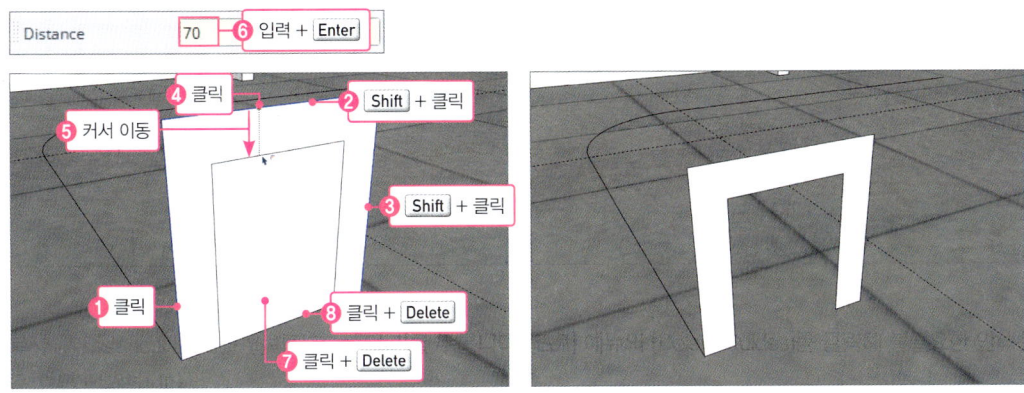

06 ㄷ자 도형이 경로를 따라가게 하겠습니다. Space bar 키를 눌러 선택(Select(▶)) 도구로 전환하고 선분 ❶을 클릭합니다. Shift 키를 누른 상태로 ❷, ❸을 클릭합니다.

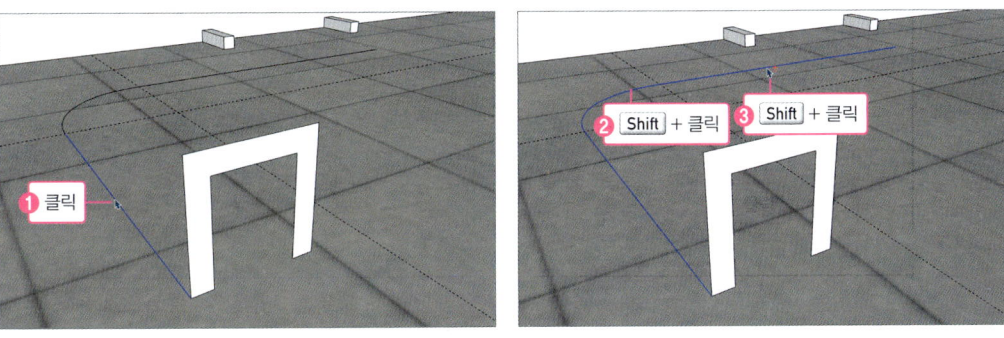

07 좌측 도구 막대에서 따라가기(Follow Me(⟲))를 클릭하고 따라갈 면 ❶지점을 클릭합니다.

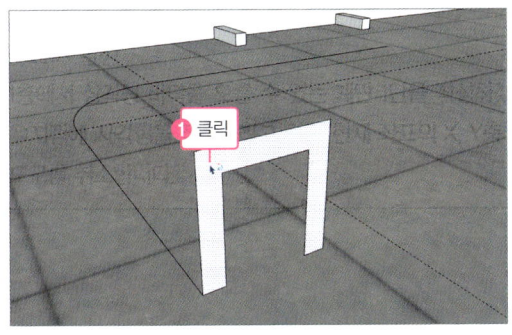 

의자 디자인은 따라가기 적용 전에 단면을 편집해 아래와 같이 다양하게 변경해도 됩니다.

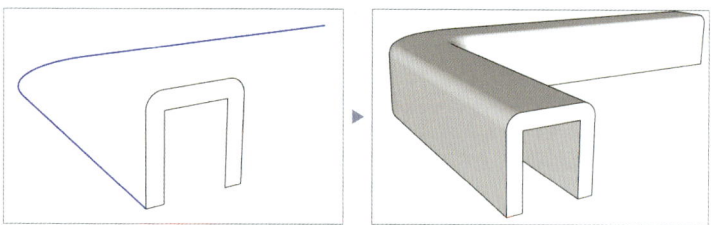

08 Space bar 키를 눌러 선택(Select(▶)) 도구로 전환하고 ❶지점에서 트리플 클릭(연속 3번 클릭)합니다. 마우스 오른쪽 버튼을 클릭하고 메뉴에서 [Make Group]을 클릭합니다.

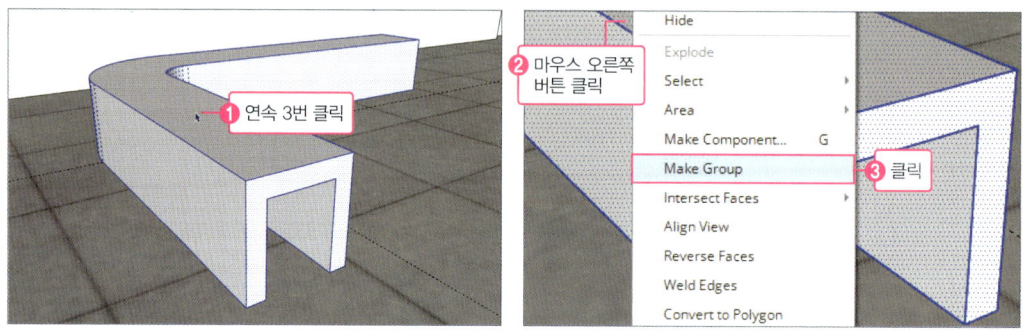

09 Space bar 키를 누른 후 선택(Select(▶)) 도구로 의자 ❶을 클릭합니다. 이동(Move(✥)) 도구 M 키를 누르고 ❷지점을 클릭합니다. 가려진 목적지를 확인하기 위해 X-Ray(◉)를 클릭합니다. ❹지점을 클릭하고 다시 X-Ray(◉)를 클릭합니다.

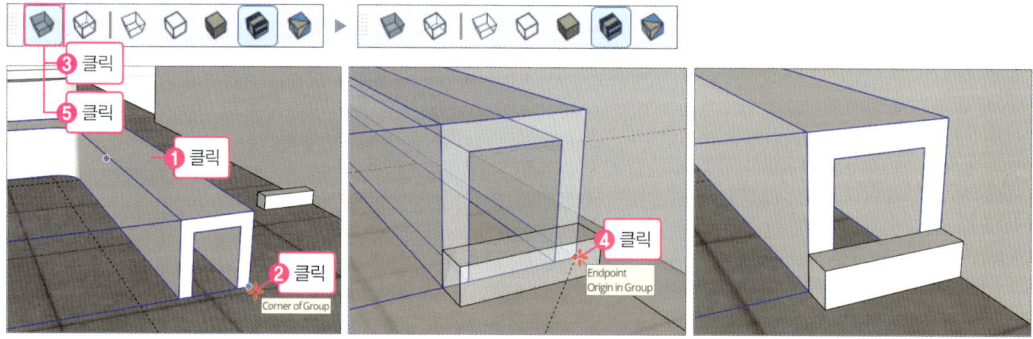

10 축척(Scale)을 활용한 대칭

반대편 의자와 입간판은 복사 후 대칭 이동으로 만들겠습니다. Space bar 키를 누른 후 선택(Select( )) 도구로 입간판 ❶을 클릭하고 Shift 키를 누른 상태로 의자 ❷를 클릭합니다. 이동(Move( )) 도구 M 키를 누르고 ❸지점을 클릭합니다.

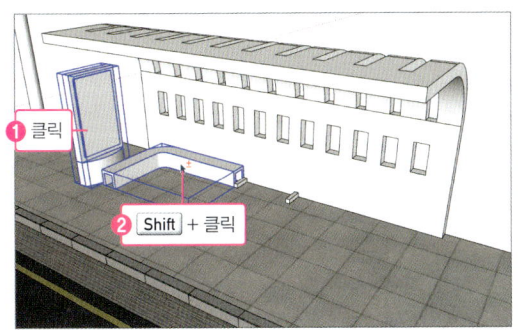 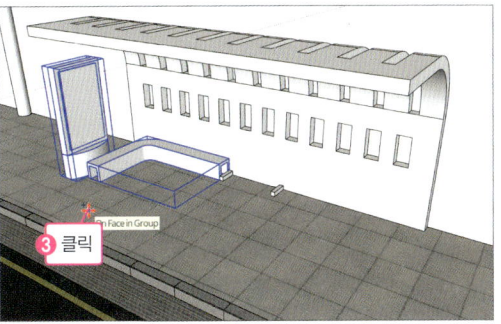

11 Ctrl 키를 누르면 커서가 이동( )에서 복사( ) 모양으로 변경됩니다. ❶지점을 클릭합니다.

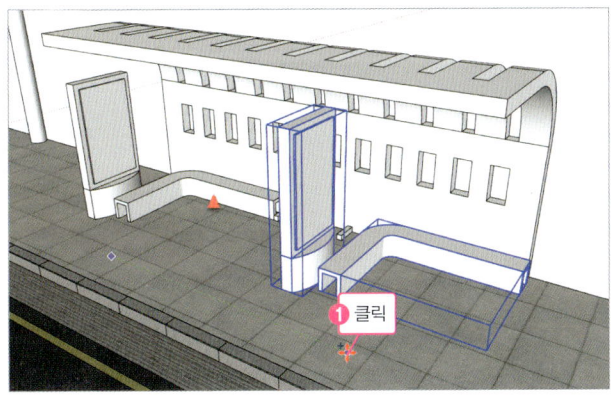

12 Space bar 키를 누른 후 선택(Select( )) 도구로 ❶을 클릭하고 Shift 키를 누른 상태로 ❷를 클릭합니다. 배율(Scale( )) 도구 S 키를 누르고 ❸지점을 클릭합니다.

객체가 선택된 경우에는 바로 S 키를 누르면 됩니다.

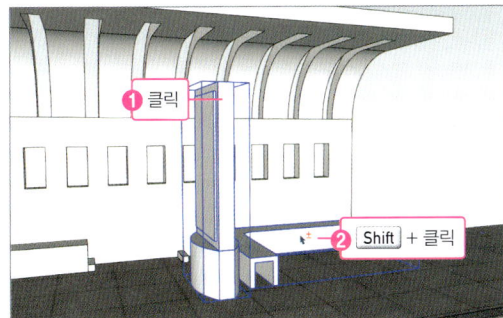 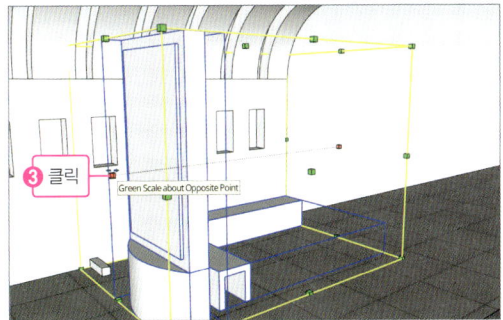

13 커서를 ❶지점으로 이동한 상태에서 Green Scale에 '-1'을 입력하고 Enter 키를 누릅니다.

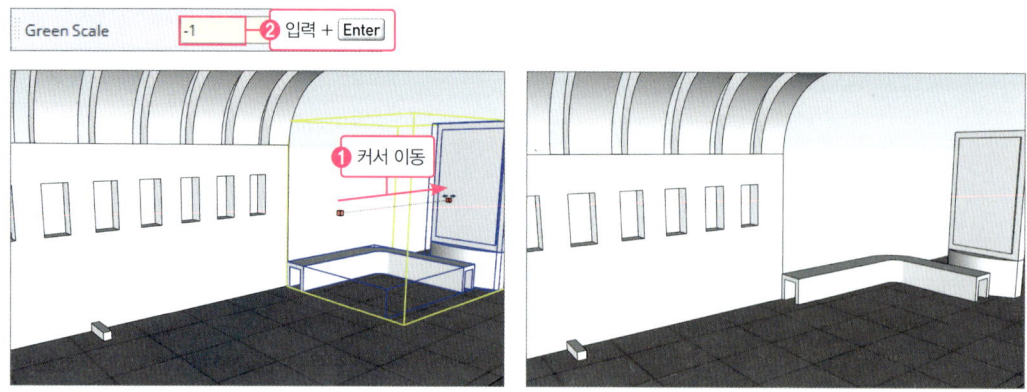

14 의자와 입간판을 선택하고 이동(Move(✥)) 도구 M 키를 눌러 반대편과 동일한 위치로 이동합니다.

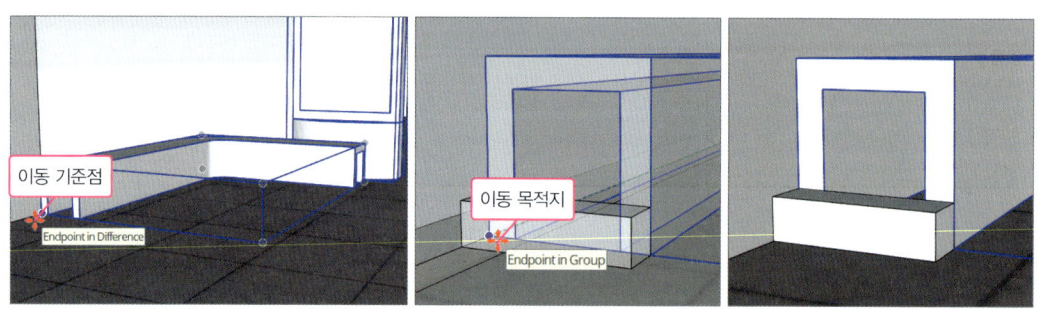

> **TIP** 축척의 조절점과 재질의 관계
>
> ① 축척의 조절점
> 축척 실행 시 나타나는 조절점에 따라 다양한 형태로 크기를 변경할 수 있습니다.
>
> - 정비례 : 명령을 실행한 후 코너 그립을 클릭하고 값을 입력합니다.
>   Shift 키를 누르면 자율 변형으로 전환됩니다.

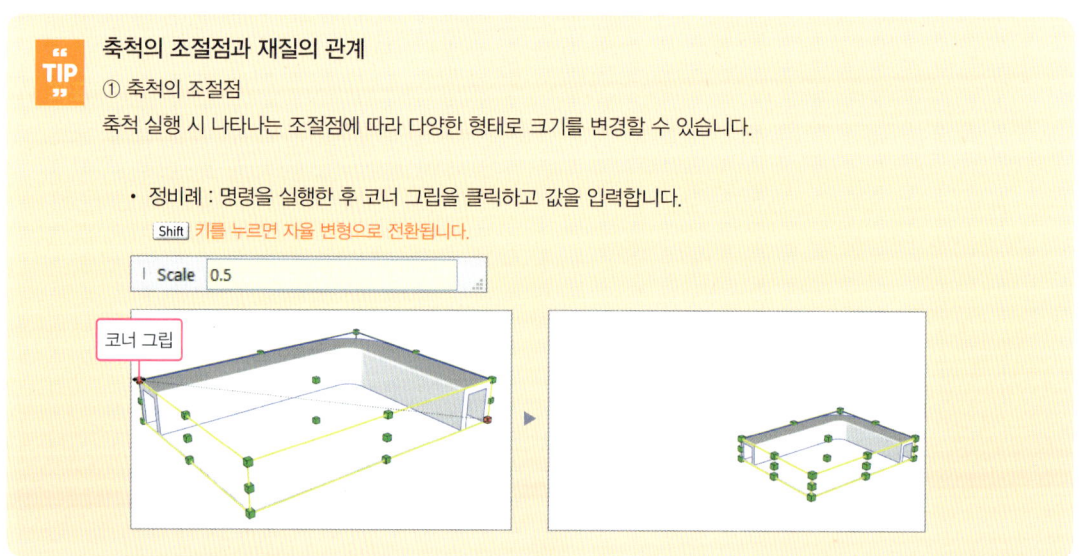

- 자율 변형 : 명령을 실행한 후 모서리 그립을 클릭하고 값을 입력합니다.

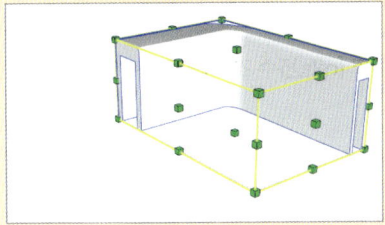

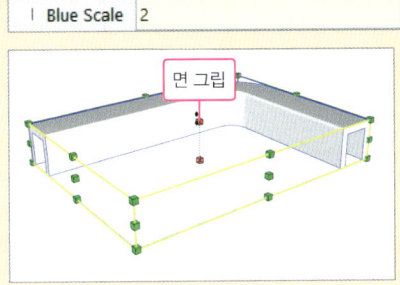

- 늘리기, 줄이기 : 명령을 실행한 후 면 그립을 클릭하고 값을 입력합니다.

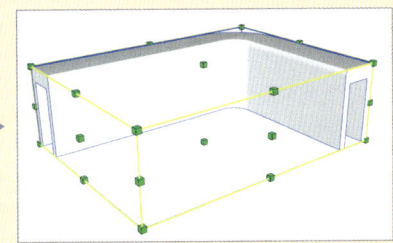

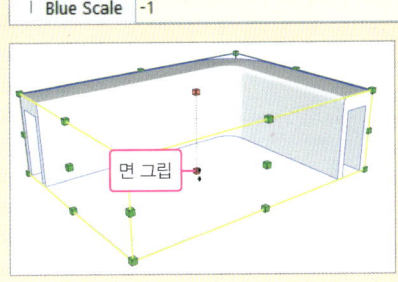

- 대칭 : 명령을 실행한 후 면 그립을 클릭하고 '-1'을 입력합니다.

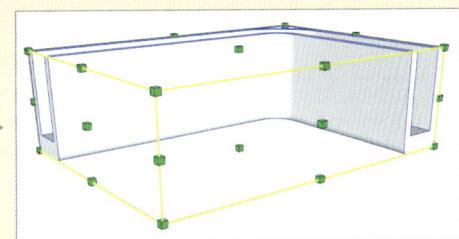

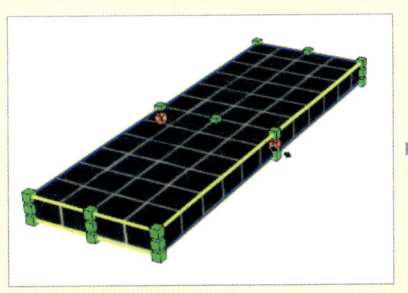

② 축척과 재질의 관계

그룹에 재질이 적용된 경우 배율을 그룹 상태에서 사용하면 적용된 재질이 배율 값에 맞춰 크기가 변형됩니다. 재질의 비율을 유지하려면 그룹 편집 모드로 전환 후 Ctrl + A 키로 모두 선택한 후 배율을 조정해야 합니다.

▲ 그룹 상태에서 배율(S)을 사용한 경우

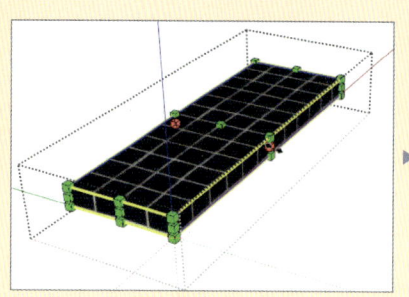 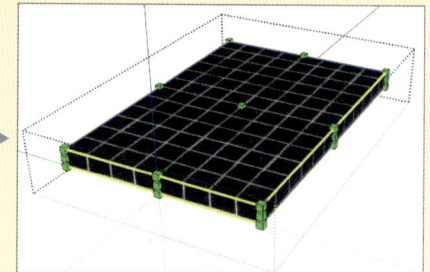

▲ 그룹 편집 모드에서 배율(S)을 사용한 경우

 뒤집기(Flip(⚏)) 도구의 토글

① 방향키로 축 지정

뒤집기(Flip(⚏)) 도구로 대칭 복사나 이동 시 Alt 키를 누르면 대칭축을 객체의 중앙으로 정렬시킬 수 있고, 대칭축 지정 시 축의 면을 클릭하지 않고 방향키 →(X축), ←(Y축), ↑(Z축)를 눌러 대칭축을 지정할 수 있습니다.

② 대칭축 지정 후 복사

뒤집기(Flip(⚏)) 도구로 해당 축을 클릭하면 물체를 중심으로 대칭이 적용됩니다. 이후에 Ctrl 키를 눌러 대칭과 대칭 복사를 선택할 수 있습니다.

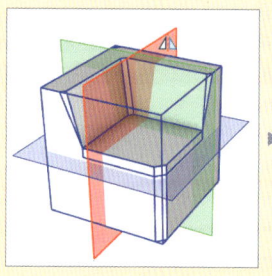 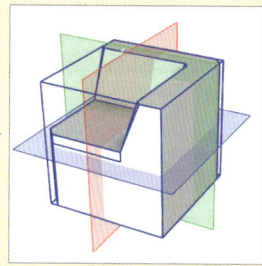 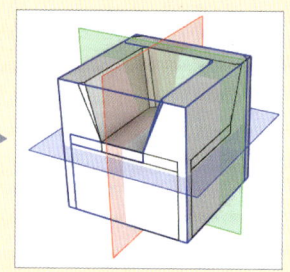

▲ 축 클릭(적색 축)　　▲ 대칭 적용　　▲ Ctrl 키를 눌러 복사

③ 객체의 면을 축으로 지정

객체의 면으로 이동해 보라색 축을 클릭합니다. 이어서 Alt 키를 누르면 객체의 다른 면을 축으로 지정할 수 있습니다.

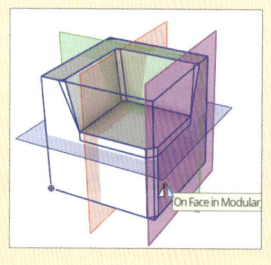 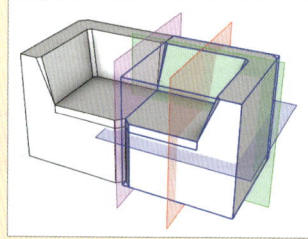 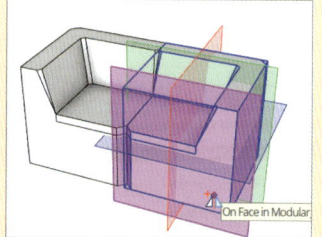

▲ 면 클릭　　▲ 대칭 적용　　▲ Alt 키를 눌러 다른 면 지정

④ 뒤집기(Flip) 도구로 대칭 복사(2023 버전 이상 사용자) 방법

2023 버전 이상 사용자는 신규 도구인 뒤집기(Flip(⚐)) 도구로 대칭 복사를 진행할 수 있습니다.

'예제파일/P02/Ch06/정류장 템플릿(Flip연습용).skp' 파일을 이용합니다.

 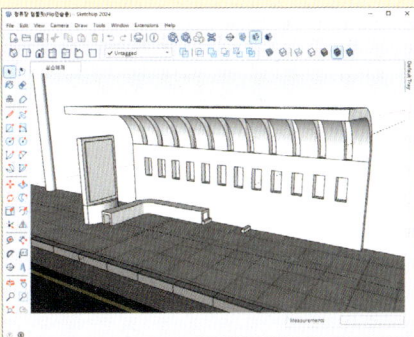

Space bar 키를 누른 후 선택(Select(▶)) 도구로 입간판과 의자 그룹 ❶을 클릭합니다. 뒤집기(Flip(⚐)) 도구 ❷를 클릭합니다.

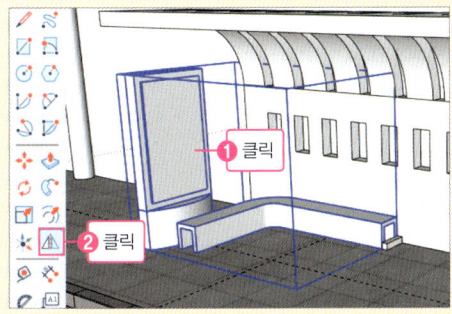 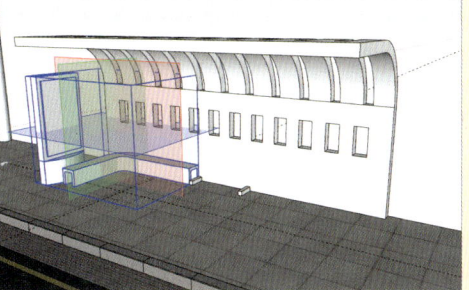

Ctrl 키를 누르면 커서가 대칭 이동(⚐)에서 대칭 복사(⚐)로 모양이 변경됩니다. Y축 대칭축인 녹색 면 ❶지점을 중간 점인 ❷지점으로 클릭 & 드래그합니다.

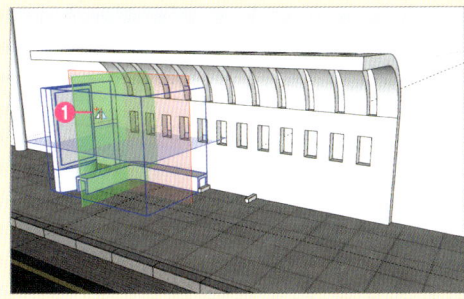 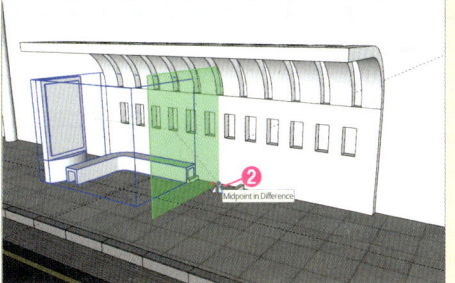

대칭 복사 결과를 확인하고 Space bar 키를 누릅니다.

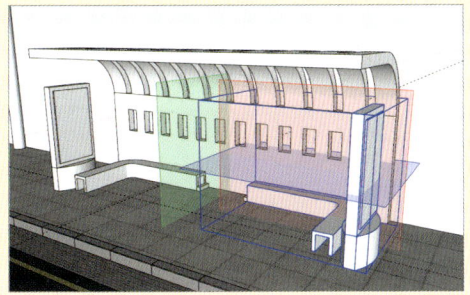 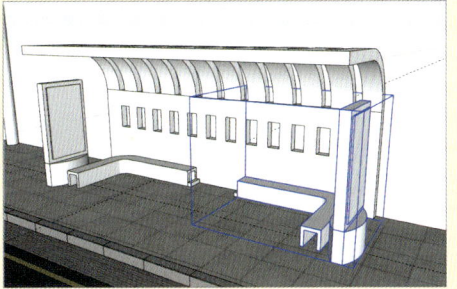

STEP 3 창문 모델링

01 직사각형(Rectangle(▢)) 도구 [R] 키를 누르고 바닥에 '600,300'인 사각형을 그립니다. 밀기/끌기(Push/Pull(◈)) 도구 [P] 키를 눌러 위로 '30' 올려줍니다.

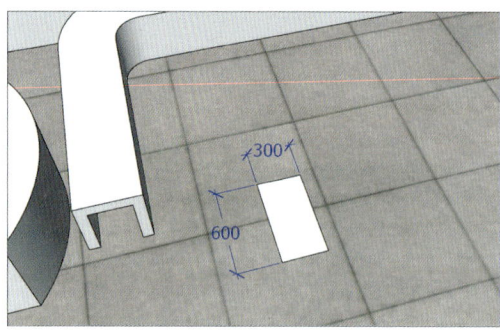
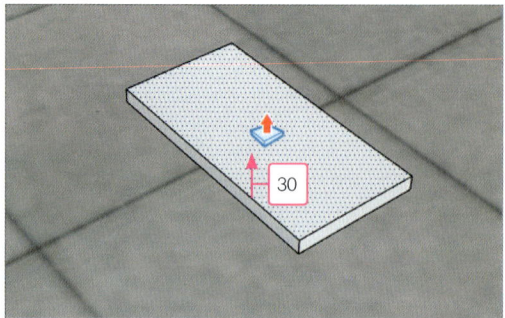

02 간격을 띄우기 위해 오프셋(Offset(⌐)) 도구 [F] 키를 누르고 ❶지점을 안쪽으로 '30' 간격을 두어 복사합니다. 밀기/끌기(Push/Pull(◈)) 도구 [P] 키를 누르고 ❷지점을 클릭해 바닥면 ❸까지 밀어 면을 오픈시킵니다.

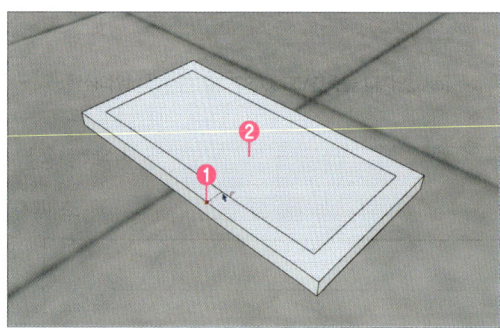
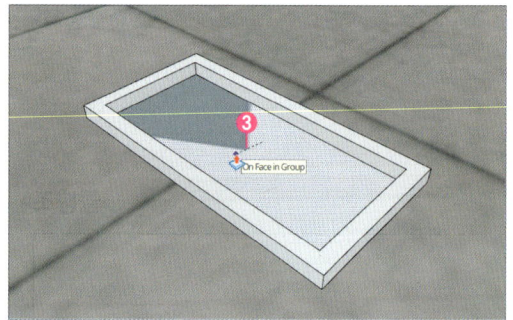

03 [Space bar] 키를 누른 후 창틀 ❶을 트리플 클릭(연속 3번 클릭)으로 모두 선택해 그룹으로 작성합니다. 직사각형(Rectangle(▢)) 도구 [R] 키를 누르고 ❹지점(중간점)을 클릭합니다. 반대편 대각선 방향의 중간점을 클릭하기 위해 X-Ray(◈)를 클릭하고 ❺지점을 클릭합니다. 다시 X-Ray(◈)를 클릭합니다.

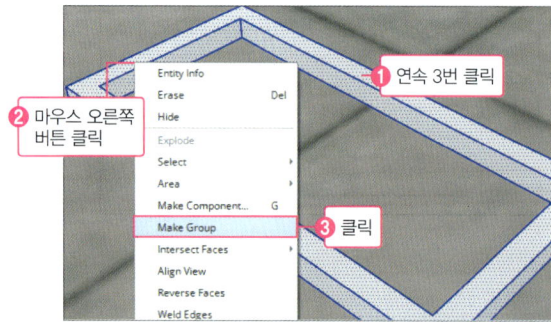
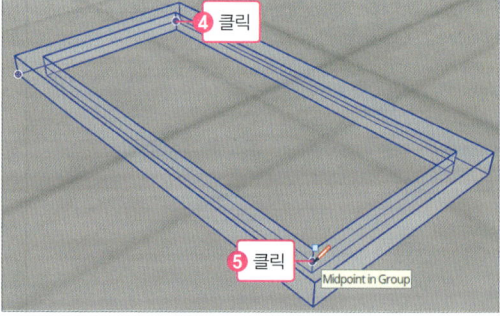

04 밀기/끌기(Push/Pull(♦)) 도구 ⓟ 키를 눌러 유리면 ❶을 위로 '10' 올려줍니다. Space bar 키를 눌러 선택(Select(▶)) 도구로 작성된 유리 ❷를 트리플 클릭(연속 3번 클릭)으로 모두 선택해 그룹으로 작성합니다.

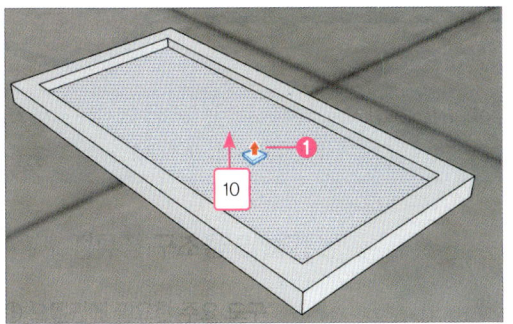 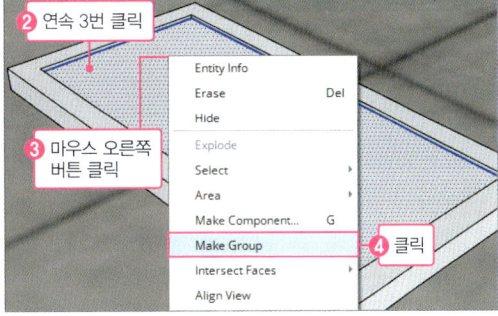

05 [Materials] 트레이에서 'Translucent' ❶을 선택한 후 재질 ❷를 선택합니다. 유리 부분인 ❸을 클릭합니다.

 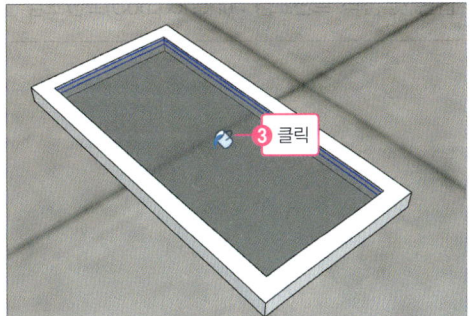

06 Space bar 키를 누른 후 선택(Select(▶)) 도구로 창틀 ❶과 유리 ❷를 선택하고 마우스 오른쪽 버튼을 클릭합니다. 메뉴에서 [Make Component]를 클릭합니다.

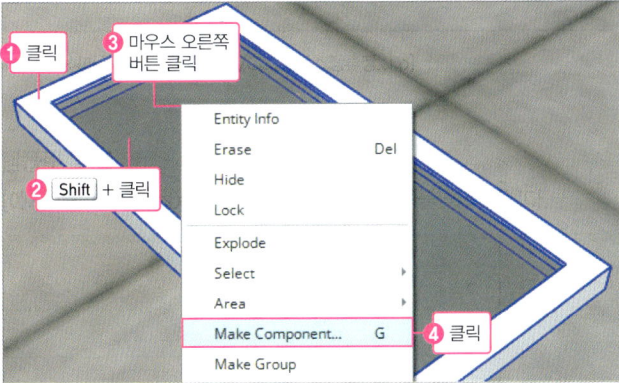

07 ❶부분에 컴포넌트의 이름 'Win 300x600'을 입력하고 'Glue to' 항목을 'Any'로 설정하여 벽면이나 경사면에 부착할 수 있도록 합니다. [Set Component Axes] 버튼을 클릭한 후 부착 원점 ❹를 클릭합니다. 이어서 X축 ❺를 클릭하고 Y축 ❻을 클릭합니다. 설정 창에서 [Create] 버튼을 클릭하면 창문 컴포넌트가 작성됩니다.

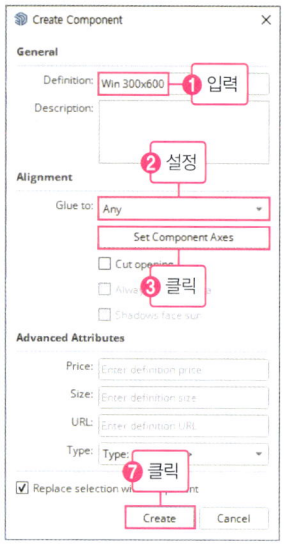
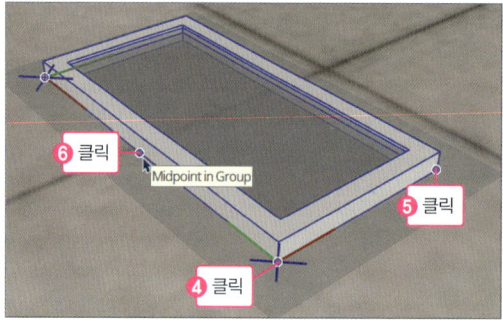

08 [Components] 트레이에서 [In Model(⌂)]을 클릭합니다. 스크롤바를 내려 'Win 300x600'을 클릭하고 ❹지점을 클릭해 창문을 배치합니다.

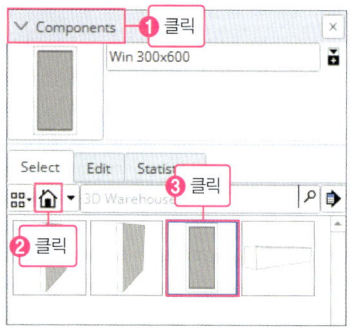
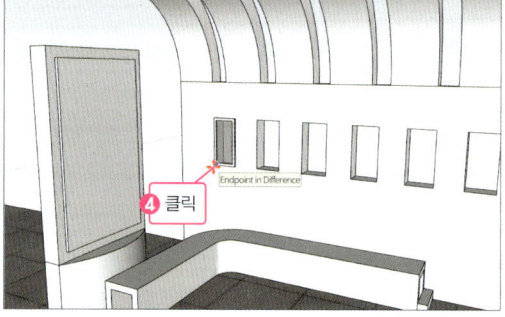

09 창문을 이동하기 위해 Space bar 키를 누른 후 선택(Select) 도구로 창문을 더블 클릭하고 Ctrl + A 키를 눌러 컴포넌트 객체를 모두 선택합니다.

Ctrl 키를 누른 상태에서 A 키를 누릅니다.

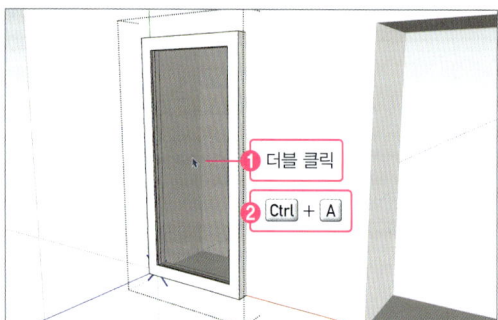
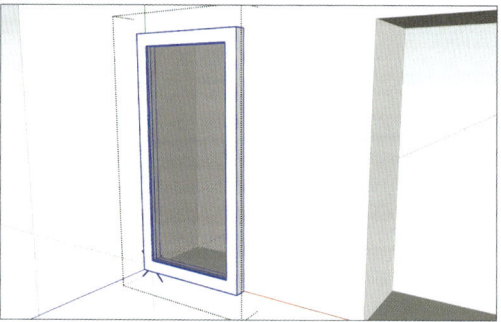

10 이동(Move) 도구 M 키를 누릅니다. ❶지점을 클릭하고 중간점 ❷지점을 클릭합니다. Space bar 키를 누른 후 빈 공간 ❸부분을 클릭해 편집을 종료합니다.

컴포넌트는 최초 배치 이후에는 스냅이 나타나지 않아 편집 모드에서 위치를 이동해야 합니다.

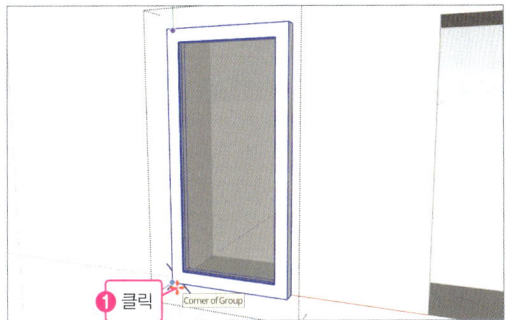 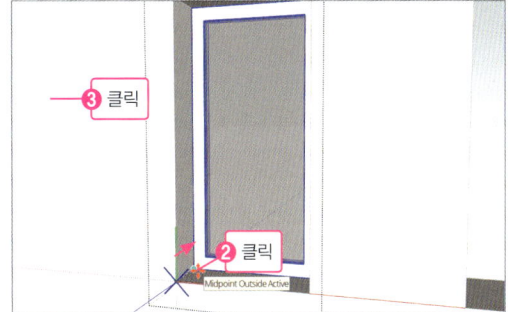

11 Space bar 키를 누른 후 선택(Select) 도구로 창문 ❶을 클릭하고 이동(Move) 도구 M 키를 누릅니다. 기준점 ❷지점을 클릭하고 ❸지점을 클릭합니다. 복사 후 '*11'을 입력하고 Enter 키를 누릅니다. 복사된 창문은 각각 독립적인 객체가 아닌 Win 300x600으로 지정된 구성요소로 인식됩니다. 따라서 하나의 창문 컴포넌트만 수정해도 모두 동일하게 수정됩니다.

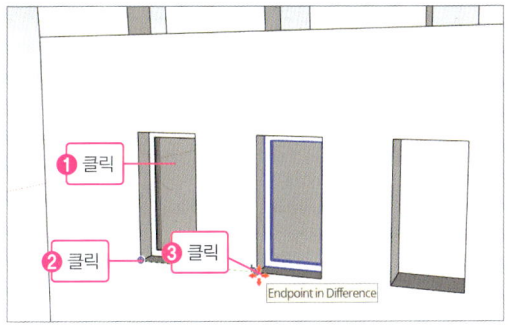 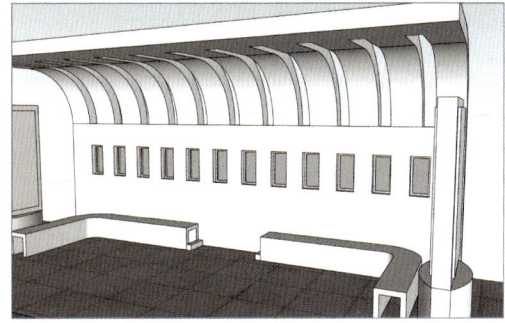

12 컴포넌트의 편집

배치한 창문을 수정하기 위해 Space bar 키를 누른 후 선택(Select) 도구로 창문 하나를 더블 클릭합니다. [Materials] 트레이에서 'Colors' ❷를 설정한 후 재질 ❸을 선택합니다.

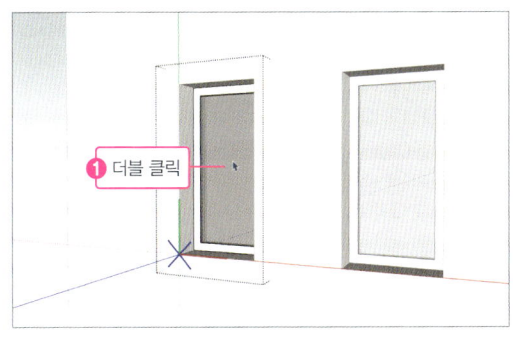 

Chapter 06 • 버스 정류장 만들기   189

13 창틀 ❶을 클릭해 'Color_A06' 재질을 적용합니다. Space bar 키를 누른 후 선택(Select(▶)) 도구로 창틀 ❷를 더블 클릭합니다.

다른 색상이나 재질을 적용해도 됩니다.

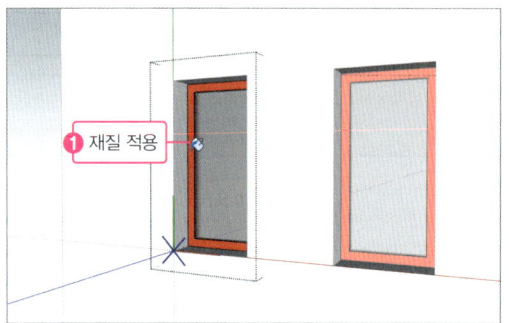
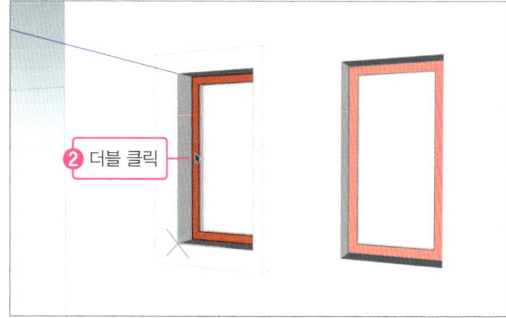

14 밀기/끌기(Push/Pull(◆)) 도구 P 키를 누른 후 창틀면 ❶을 ❷방향으로 '150' 끌어줍니다. Space bar 키를 누른 후 선택(Select(▶)) 도구로 빈 공간 ❸지점을 클릭해 창틀 편집을 종료하고 다시 빈 공간 ❸지점을 클릭해 컴포넌트 편집을 종료합니다.

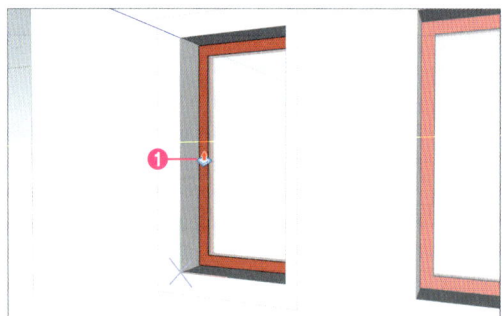

15 하나의 컴포넌트를 편집했지만 Win 300x600으로 지정된 모든 창문이 수정되었습니다. 바닥에 처음 작성한 창문은 삭제합니다.

> **TIP — Make Unique**
>
> 동일한 이름으로 지정된 컴포넌트 중 하나를 분리하여 독립적인 컴포넌트로 만들 수 있습니다. 분리할 컴포넌트를 마우스 오른쪽 버튼으로 클릭한 후 [Make Unique]를 클릭합니다. 분리된 컴포넌트를 선택하면 [Entity Info] 트레이에서 컴포넌트의 이름이 'Win 300x600#1'로 변경되었음을 확인할 수 있습니다.

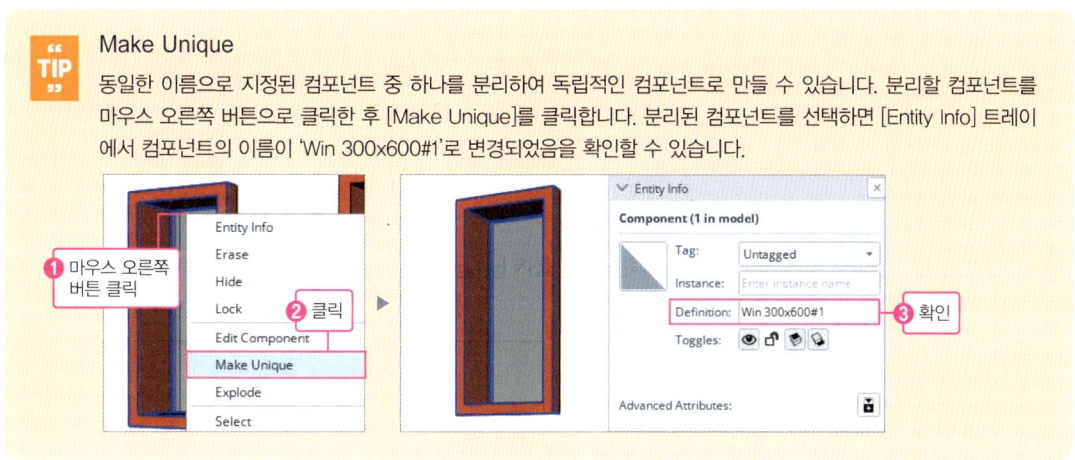

STEP 4   3D 텍스트 만들기

01   **3D 텍스트로 정류장 표기**

3D 텍스트(3D Text(A)) 도구를 클릭합니다. 상단 내용은 '솔잎중학교', 글꼴 '휴먼엑스포', 높이 '400', 두께 '100'을 설정하고 [Place] 버튼을 클릭합니다.

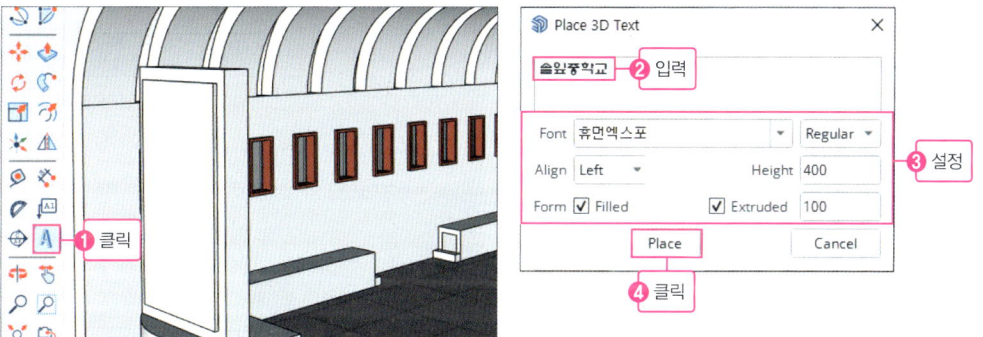

02   ❶지점을 클릭해 3D 텍스트를 배치합니다. 3D 텍스트는 모델 그룹으로 만들어지며, 배치 후 문자 내용과 글꼴 등 문자 특성을 변경할 수 없습니다.

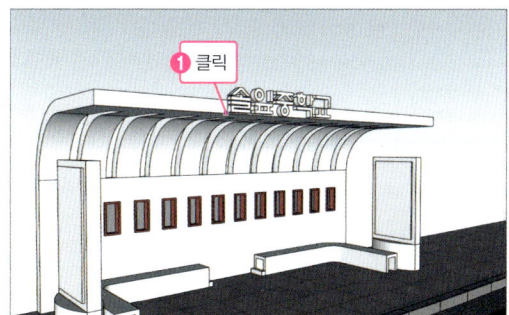 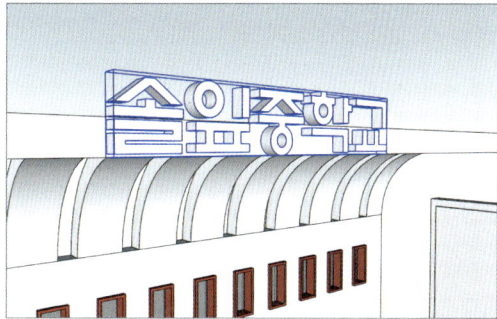

03 3D 텍스트(3D Text(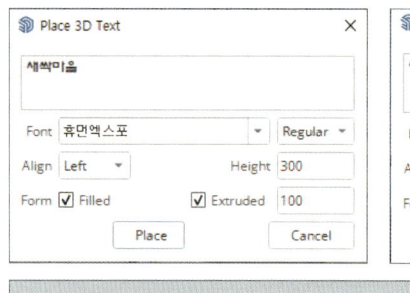)) 도구를 클릭합니다. 그림과 같이 설정하고 이전 정류장과 다음 정류장에 3D 텍스트를 배치합니다.

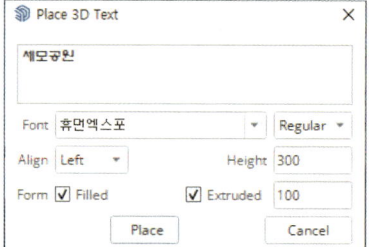

> **TIP** **3D 텍스트의 특징**
>
> 3D 텍스트는 입체 도형을 만드는 도구이며 2D 도형도 작성할 수 있습니다.
>
> ① 'Filled'를 해제하면 면이 없는 문자가 작성됩니다.
>
>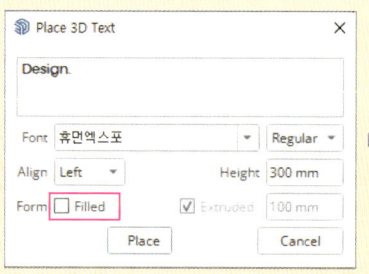
>
> ② 'Filled'를 체크하고 'Extruded'를 해제하면 면이 있는 2D 문자가 작성됩니다. 이후 그룹 편집에서 밀기/끌기(Push/Pull(🖐)) 도구로 돌출시킬 수 있습니다.
>
>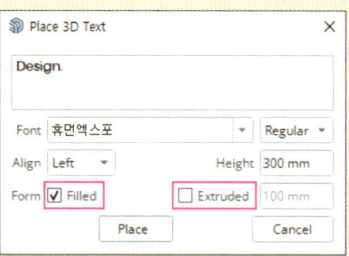
>
>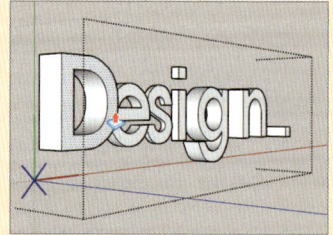
>
> ▲ 문자를 더블 클릭   ▲ 밀기/끌기 도구로 돌출

04 선(Line(🖉)) 도구 ⓛ 키를 누릅니다. 시작점 ❶지점을 클릭해 그림과 같이 화살표 모양을 그려주고 밀기/끌기 (Push/Pull(◆)) 도구 ⓟ 키를 눌러 '50'을 끌어줍니다.

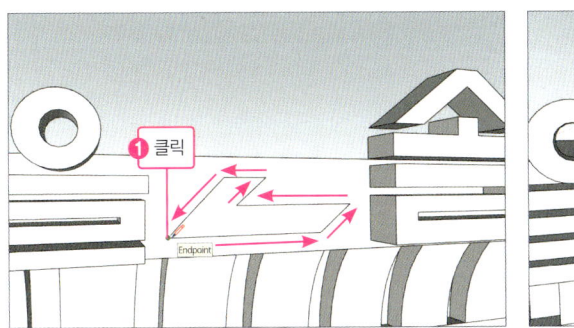 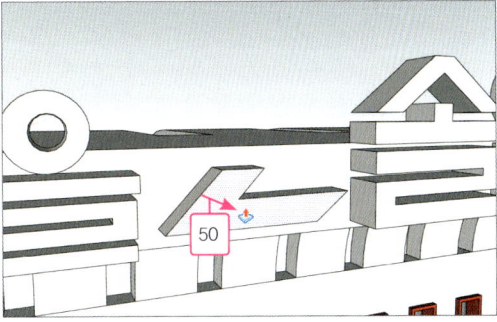

05 [Space bar] 키를 눌러 선택(Select(▶)) 도구로 전환하고 ❶지점에서 트리플 클릭(연속 3번 클릭)합니다. 마우스 오른쪽 버튼을 클릭하고 메뉴에서 [Make Group]을 클릭합니다.

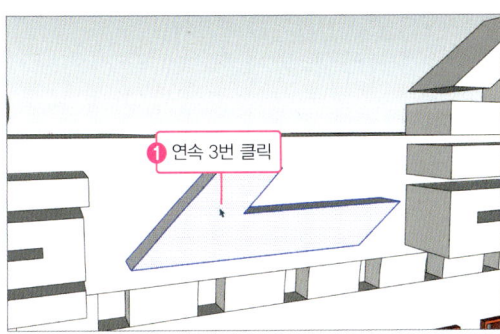 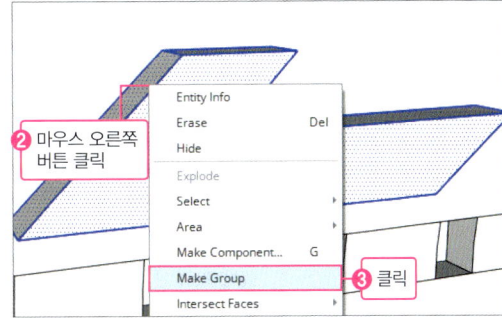

06 [Space bar] 키를 누른 후 선택(Select(▶)) 도구로 복사 대상 ❶을 클릭합니다. 이동(Move(✥)) 도구 ⓜ 키를 누른 다음 [Ctrl] 키를 누르고 ❷지점을 클릭하고 ❸지점을 클릭합니다.

2023 버전 이상 사용자는 뒤집기(Flip) 도구를 사용해 06~07 과정을 진행해도 됩니다.

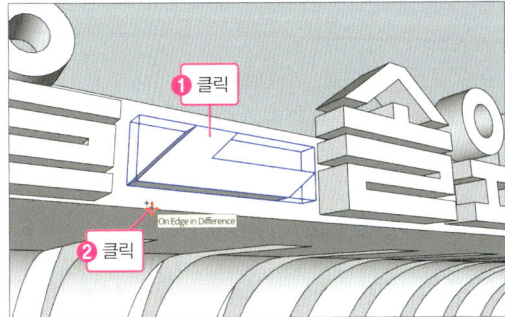 

07 Space bar 키를 누른 후 선택(Select(▶)) 도구로 ❶을 클릭합니다. 배율(Scale(🔲)) 도구 S 키를 누르고 A 부분의 ❷ 지점을 클릭합니다. 커서를 ❸방향으로 이동한 상태에서 Green Scale에 '-1'을 입력하고 Enter 키를 누릅니다.

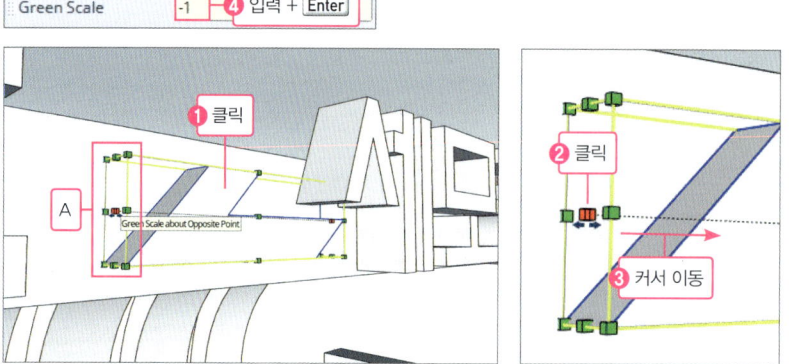

08 Space bar 키를 누른 후 선택(Select(▶)) 도구로 이동 대상 ❶을 클릭합니다. 이동(Move(✥)) 도구 M 키를 누르고 ❷지점을 클릭한 후 ❸지점 위치를 클릭합니다.

객체가 선택된 경우 바로 M 키를 누르면 됩니다.

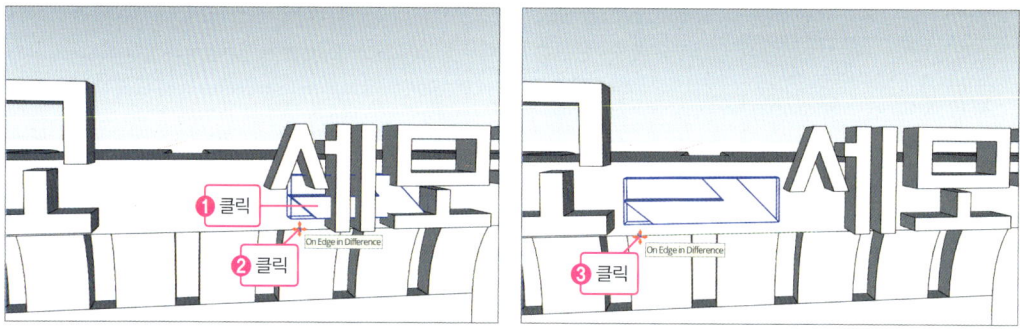

09 이동(Move(✥)) 도구를 사용해 3D 문자와 화살표를 보기 좋게 이동합니다.

STEP 5 주변 요소 가져오기

01 차량 배치하기

[File] 메뉴에서 [Import]를 클릭합니다. [예제파일/P02/Ch06/BUS.skp]를 클릭하고 [Import] 버튼을 클릭합니다. 커서를 ❸지점으로 이동해 'On Face in Group'이 나타나면 클릭합니다. 동일한 방법으로 반대편 차선에 SUV 차량도 배치합니다.

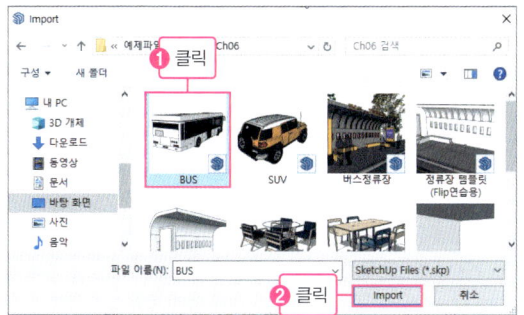

02 입간판 이미지 적용

이미지를 면에 적용하기 위해 Space bar 키를 누른 후 선택(Select(▶)) 도구로 입간판 ❶을 더블 클릭합니다. 선택 커서(▶)로 면 ❷를 클릭해 면이 선택되는지 확인합니다.

그룹면에 이미지를 적용하면 겹쳐서 보이지 않을 수 있습니다.

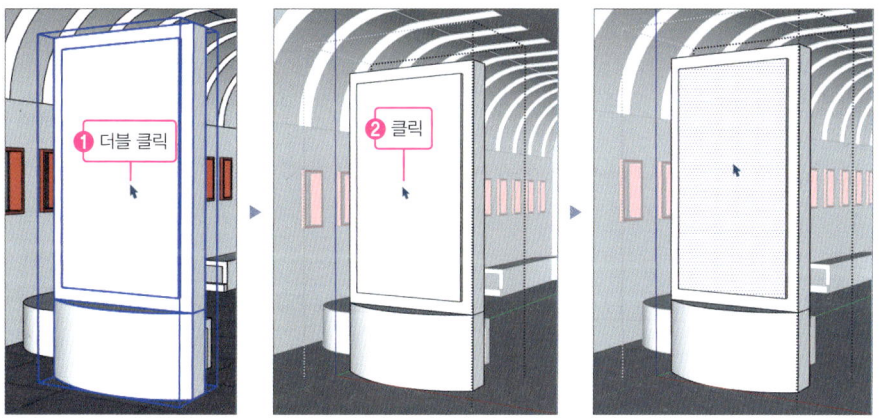

03 [File] 메뉴에서 [Import]를 클릭합니다. 파일 형식 ❶을 클릭하고 JPEG ❷를 선택합니다. [예제파일/P02/Ch06/image1.jpg]을 클릭하고 [Import] 버튼을 클릭합니다.

04 삽입 기준점 ❶을 클릭하고 ❷지점을 클릭합니다. 빈 공간 ❸지점을 클릭해 그룹 편집을 종료합니다.
❶위치가 잘못되면 이미지가 가려져 보이지 않을 수 있습니다.

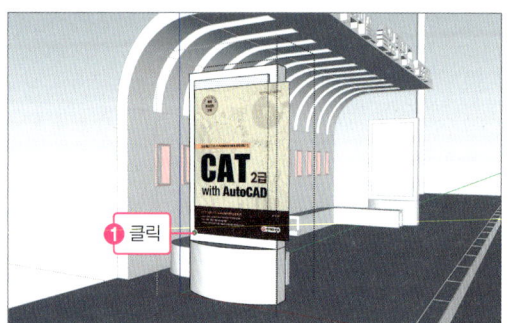 

> **TIP 곡면에 이미지 적용하기**
>
> Texture Projected(투영) 옵션을 사용하면 입간판 하단부와 같은 곡면에도 이미지를 적용할 수 있습니다. 곡면과 동일한 면을 그려 재질을 적용한 후 곡면에 투영합니다.
>
> ① 이미지를 적용할 곡면과 동일한 샘플 면을 작성합니다
>
>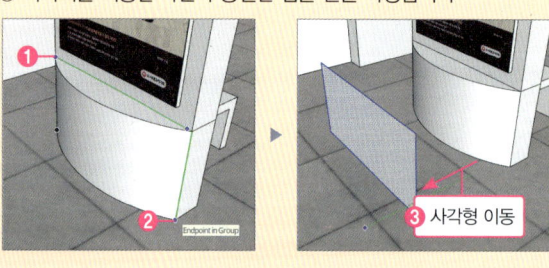
>
> ▲ R → ❶지점 클릭 → ❷지점 클릭 ▲ 작성된 사각형 이동

② 이미지를 Texture(재질)로 설정하고 샘플 면에 적용합니다.

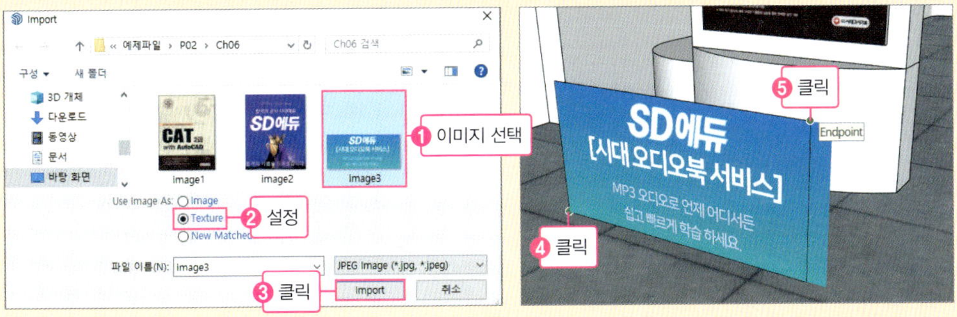

③ 투영할 이미지에서 마우스 오른쪽 버튼을 클릭한 후 [Texture]의 [Projected]를 클릭합니다.

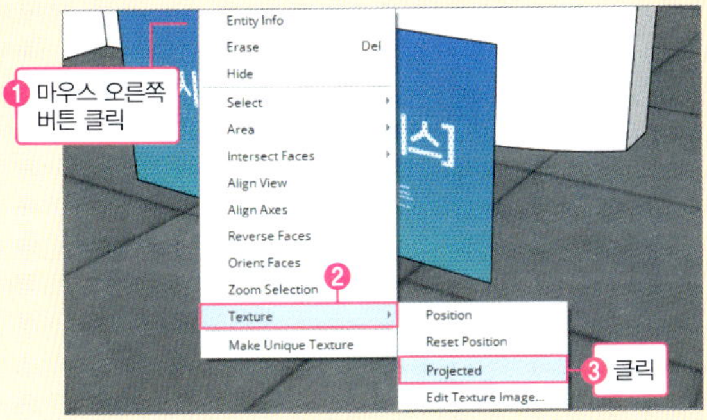

④ 페인트 통(Paint Bucket( )) 도구 단축키 B 키를 누릅니다. Alt 키를 누른 상태( )에서 추출할 이미지 재질 ❶을 클릭합니다. Space bar 키를 누르고 선택(Select( )) 도구로 입간판 ❷를 더블 클릭하고 한 번 더 더블 클릭해 적용할 면이 선택되는지 확인합니다. B 키를 눌러 페인트통(Paint Bucket( )) 도구로 적용할 벽면 ❸을 클릭합니다.

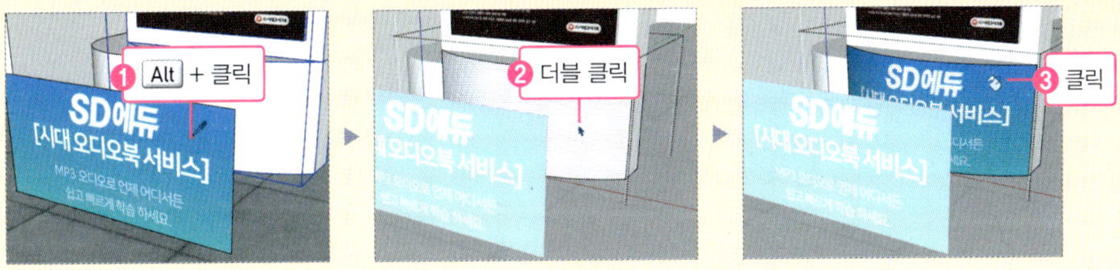

05 불필요한 가이드 선을 삭제하고 적절한 재질과 컴포넌트를 추가해 버스 정류장을 완성합니다.

① 인물 컴포넌트

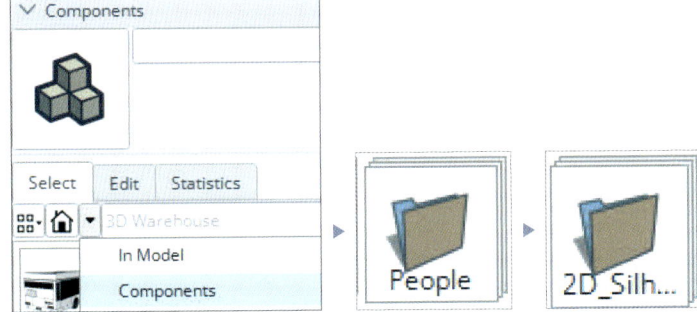

Chapter 06 • 버스 정류장 만들기 197

② 식재 컴포넌트

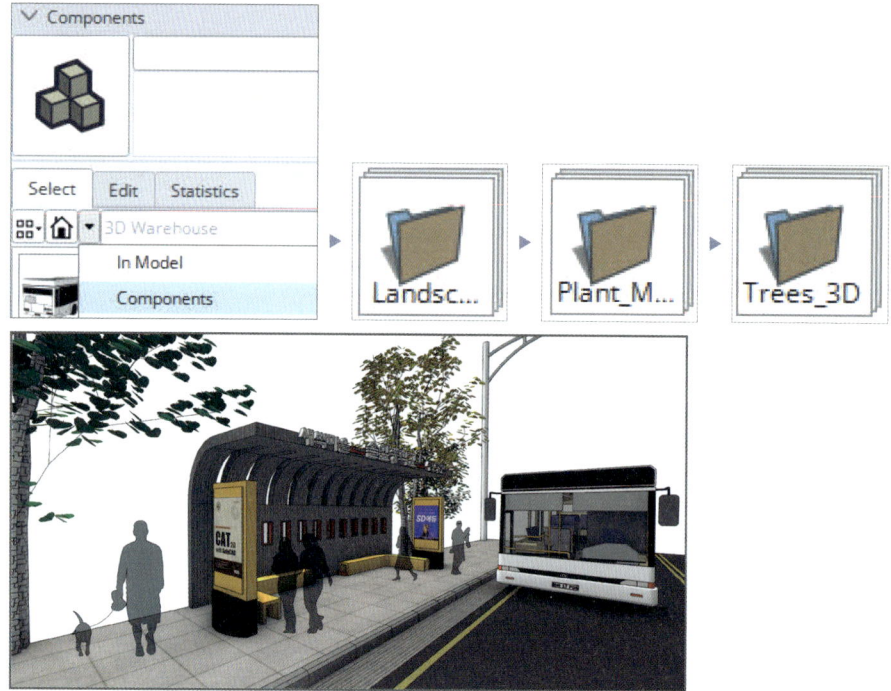

작성한 결과물은 다음 EXERCISE 실습에서 계속 사용됩니다.

06 이미지 출력을 위해 카메라 설정을 [Two-Point Perspective]로 변경하고 [File] 메뉴에서 [Export]의 [2D Graphic] 을 클릭합니다. 저장 경로를 설정하고 결과물을 이미지로 저장합니다.

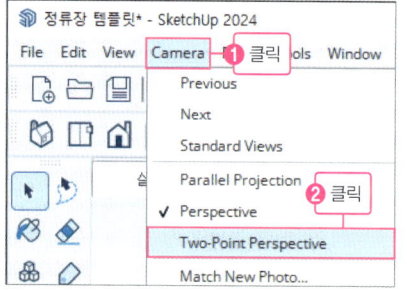 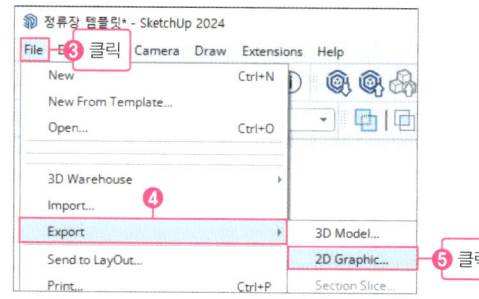

01 앞에서 작성한 버스 정류장의 경계석(컴포넌트)을 다음과 같이 수정하시오.

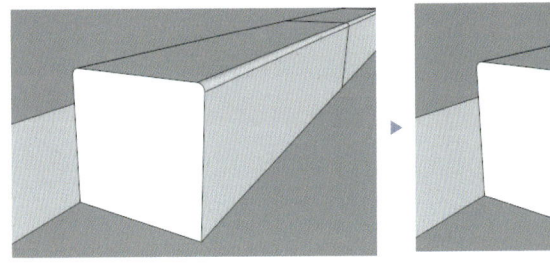

▲ 수정 전 ▲ 수정 후

02 앞에서 작성한 버스 정류장의 천장 빈 공간에 다음과 같은 창을 추가하시오.

- 창 디자인은 작업자가 자유롭게 작성합니다.

▲ 완성파일 : [예제파일/P02/Ch06/버스정류장.skp]

03 다음 모델을 작성하시오.

- 예제파일/P02/Ch06/카페 템플릿.skp]을 불러와 내부를 디자인합니다.
- 4인 테이블은 [예제파일/P02/Ch06/카페 테이블-A, B.skp]를 불러와 배치합니다.
- 주어지지 않은 사항은 작업자가 임의로 설정합니다.

▲ 완성파일 : [예제파일/P02/Ch06/카페.skp]

Chapter 01	CAD 도면을 활용한 구조 모델링
Chapter 02	컴포넌트를 활용한 내부 모델링(3D Warehouse)
Chapter 03	재질 및 배경 표현
Chapter 04	Scenes(장면) 설정과 애니메이션
Chapter 05	모델링에 유용한 기능과 실무자 TIP
Chapter 06	확장 도구 루비(Ruby) 및 생성형 AI의 활용

SketchUp 2025

모델링 응용편
판스워스 하우스 모델링

CHAPTER 01 CAD 도면을 활용한 구조 모델링

판스워스 하우스는 지면에서 띄운 2개의 바닥과 1개의 지붕 등 총 3개의 수평재를 8개의 철골 기둥(I Beam)이 지탱하는 구조입니다. 바닥, 지붕, 기둥, 계단 순으로 주요 구조부를 모델링하겠습니다.

STEP 1 CAD 도면 불러오기

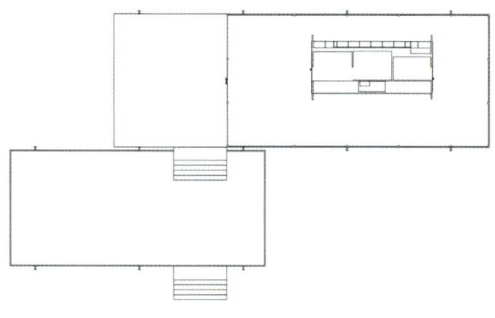

▲ 오토캐드에서 작성된 도면

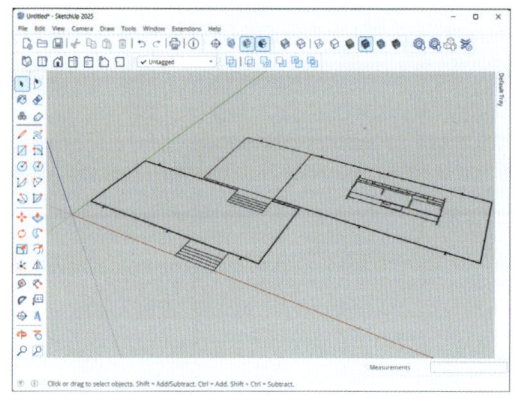

▲ 스케치업으로 불러온 캐드 도면

01 스케치업을 실행하고 'Study' 템플릿을 클릭합니다.

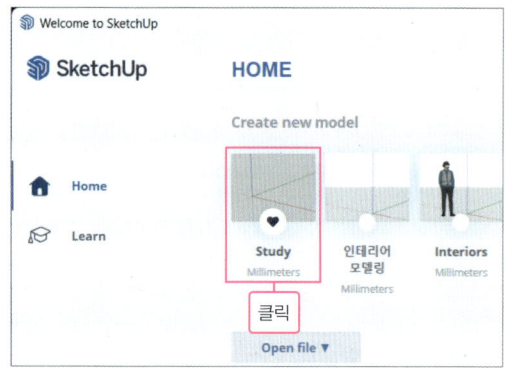

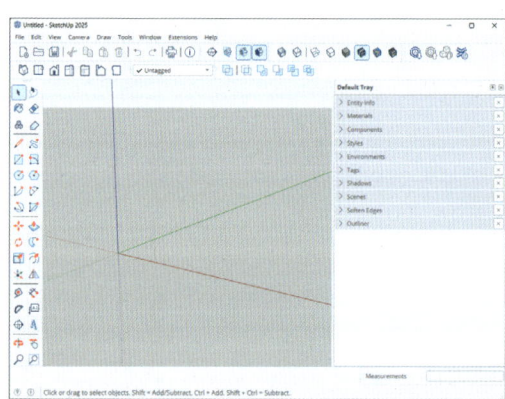

02 모델링에 필요한 부분만 편집된 캐드 도면을 사용하겠습니다. [File] 메뉴에서 [Import]를 클릭하고 [예제파일/P03/Ch01/판스워스하우스 평면도.dwg] 파일을 불러옵니다.

사용할 캐드 도면은 미리 정리된 파일입니다. 캐드 도면 파일이 보이지 않는 경우 파일 유형이 'AutoCAD File(dwg, dxf)'로 설정되어 있는지 확인합니다. Import로 불러온 도면은 그룹으로 지정됩니다.

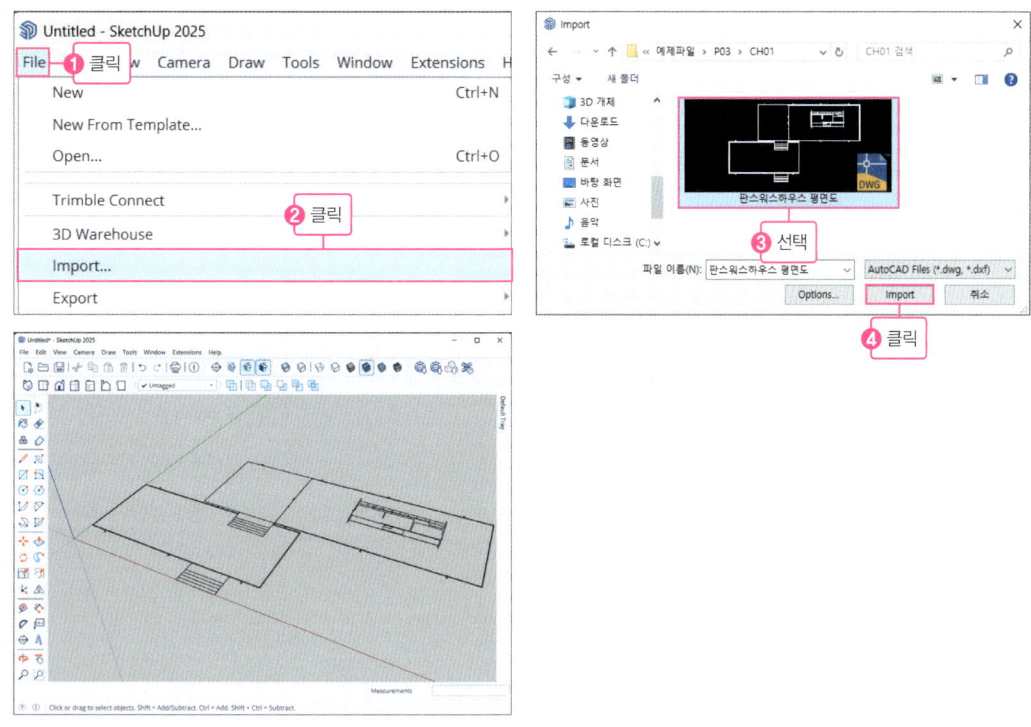

03 모델링에 사용할 도면층을 구성합니다. 우측 [Tags] 트레이에서 [도면층 추가(Add Tag(⊕))]를 클릭해 모델링 구성 요소인 구조, 가구, 창호와 불러온 평면도의 도면층을 다음과 같이 구성합니다.

각 도면층의 색상은 랜덤으로 지정되며 아래 그림과 같이 일치하지 않아도 됩니다.

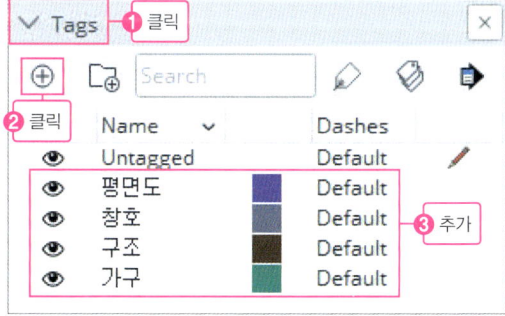

Chapter 01 • CAD 도면을 활용한 구조 모델링   203

04 Space Bar 키를 누른 후 선택(Select( )) 도구로 캐드 도면을 클릭합니다. 도면층(Tags) 도구에서 'Untagged'를 클릭하고 변경할 도면층인 '평면도'를 클릭합니다.

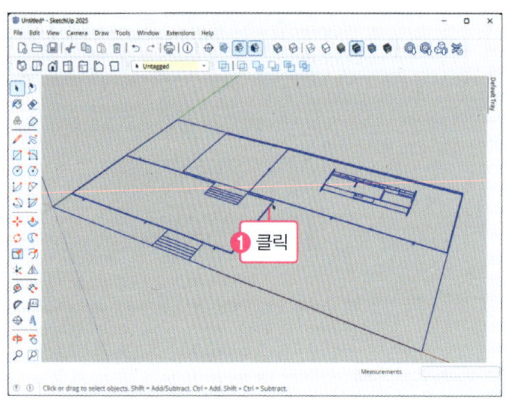
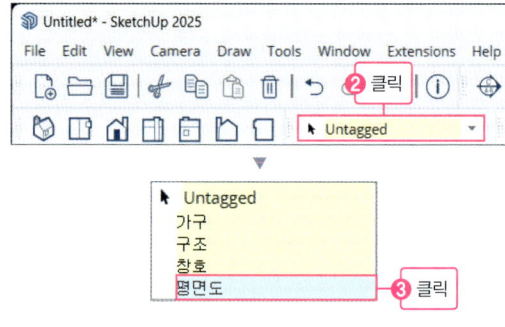

> **TIP**
>
> ① 선의 유형 설정
> 도면층(Tags)의 'Dashes' 항목에서 다양한 선의 유형을 설정할 수 있습니다. 일점쇄선으로 구조체의 중심이나 반복된 요소의 위치를 표시할 수 있습니다.
>
>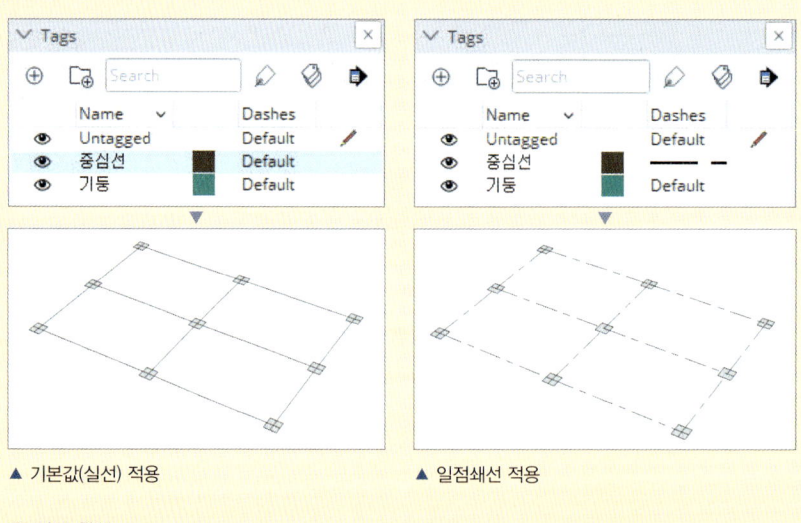
>
> ▲ 기본값(실선) 적용   ▲ 일점쇄선 적용
>
> ② 정보 확인
> Space Bar 키를 누른 후 객체를 선택하면 도면층(Tags) 도구와 [Entity Info] 트레이에서 선택된 객체의 도면층이 표시됩니다. [Entity Info] 트레이에서는 도면층 이외에 길이, 면적, 용적 등 객체의 특성 정보를 확인할 수 있습니다.
>
>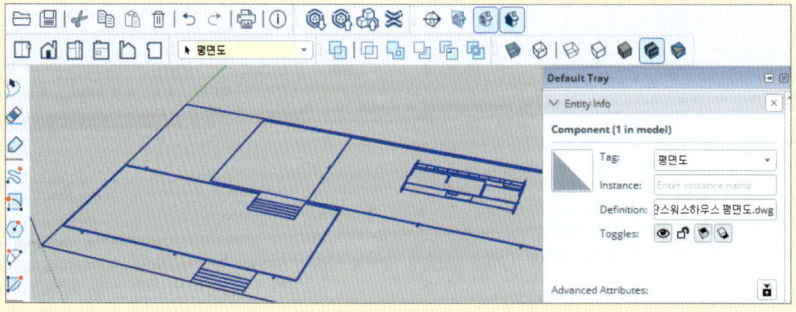

STEP 2 바닥, 지붕 만들기

▲ 작성 부분

▲ 모델 완성

▲ 완성파일 : [예제파일/P03/Ch01/Step-2 완성파일.skp]

01 바닥 만들기

직사각형(Rectangle(◰)) 도구 [R] 키를 누릅니다. A 부분의 ❶지점을 클릭하고 B 부분의 ❷지점을 클릭해 사각형을 그려줍니다.

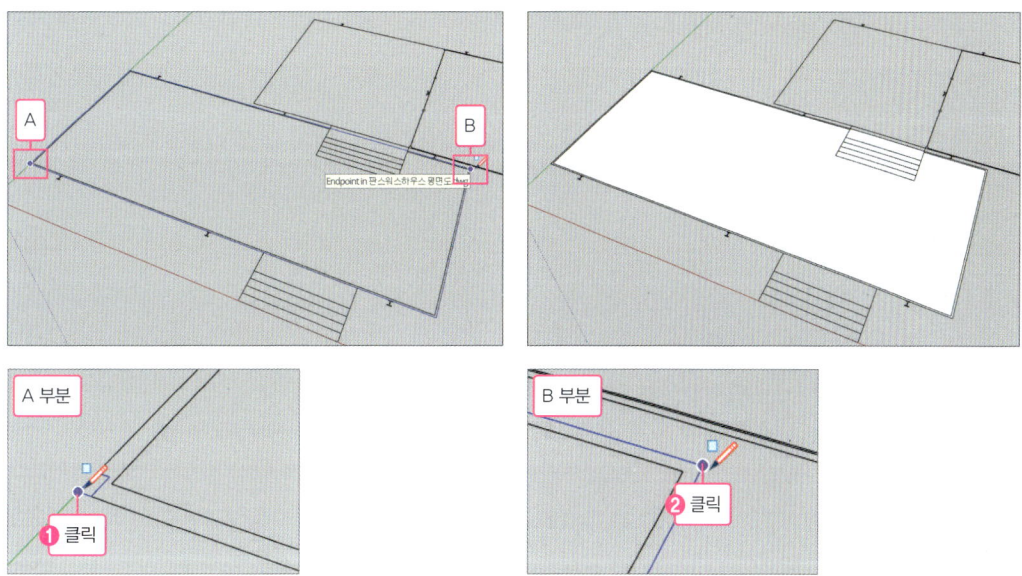

02 밀기/끌기(Push/Pull(◈)) 도구 [P] 키를 누르고 ❶지점을 클릭합니다. 커서를 위쪽 ❷방향으로 이동한 상태에서 '500'을 입력하고 [Enter] 키를 누릅니다.

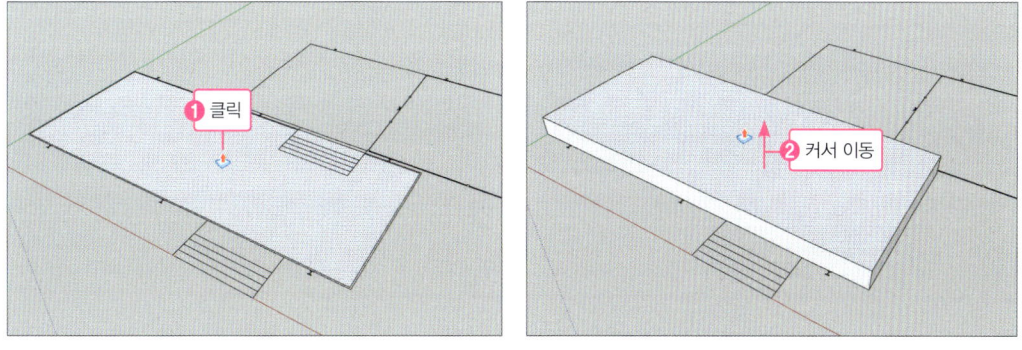

03 간격 띄우기를 하기 위해 오프셋(Offset(🔲)) 도구 F 키를 누르고 ❶지점을 클릭합니다. 복사 방향 ❷로 이동한 상태에서 '60'을 입력하고 Enter 키를 누릅니다.

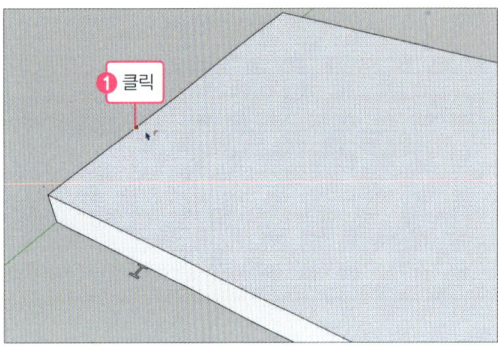
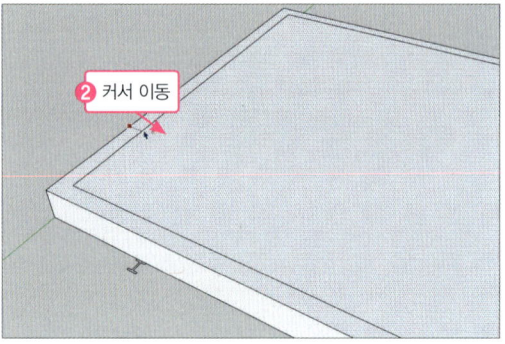

04 밀기/끌기(Push/Pull(🔲)) 도구 P 키를 누르고 ❶지점을 클릭합니다. 커서를 위쪽 ❷방향으로 이동한 상태에서 '30'을 입력하고 Enter 키를 누릅니다.

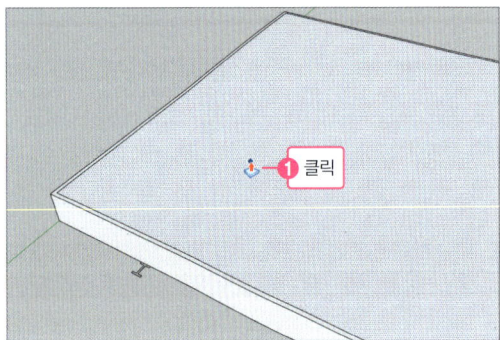
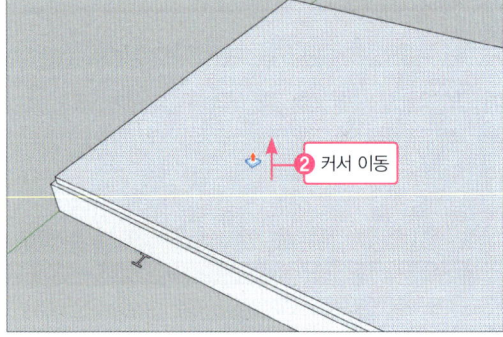

05 Space Bar 키를 눌러 선택(Select(🔲)) 도구로 전환하고 ❶지점에서 트리플 클릭(연속 3번 클릭)합니다. 마우스 오른쪽 버튼을 클릭하고 메뉴에서 [Make Group]을 클릭합니다.

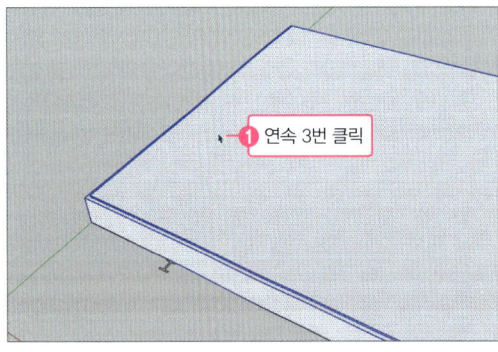

06 실외 바닥판이 선택된 상태에서 이동(Move( )) 도구 M 키를 누르고 ❶지점을 클릭합니다. ❷방향으로 이동한 상태에서 '650'을 입력하고 Enter 키를 누릅니다.

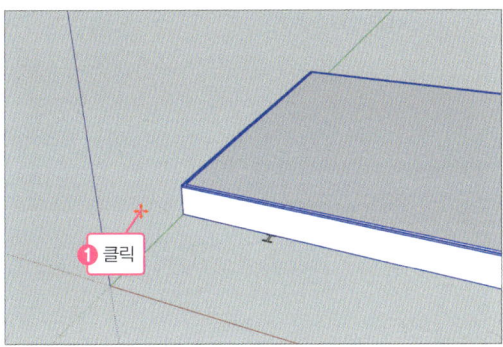
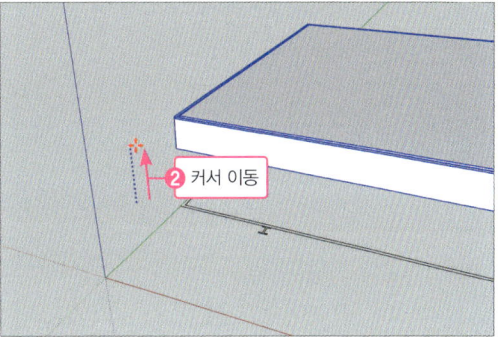

07 실내 바닥판을 만들기 위해 직사각형(Rectangle( )) 도구 R 키를 누릅니다. ❶지점을 클릭하고 A 부분의 ❷지점을 클릭합니다.

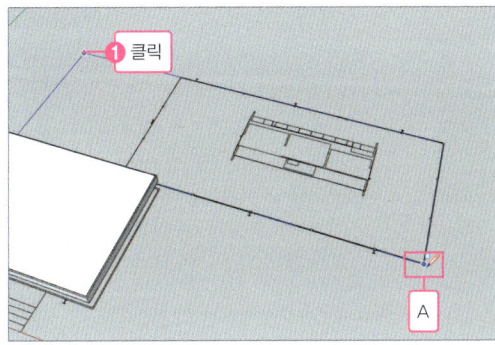
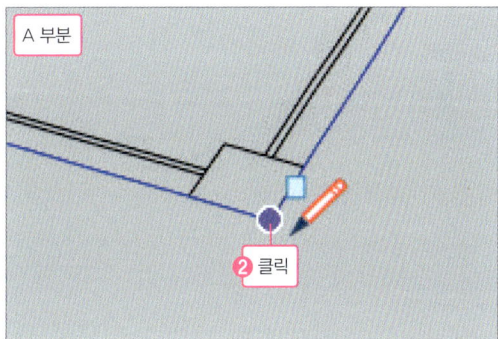

08 밀기/끌기(Push/Pull( )) 도구 P 키를 누르고 ❶지점을 클릭합니다. 커서를 위쪽 ❷방향으로 이동한 상태에서 '500'을 입력하고 Enter 키를 누릅니다.

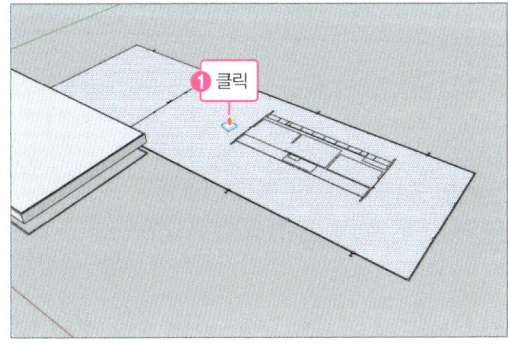
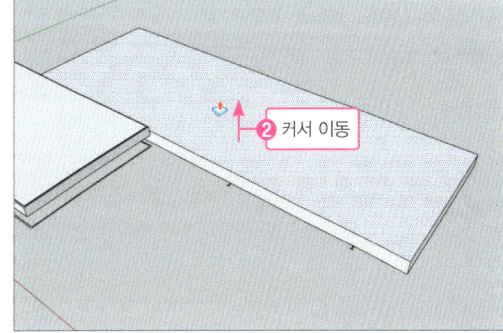

09 `Space Bar` 키를 눌러 선택(Select(▶)) 도구로 전환하고 ❶지점에서 트리플 클릭(연속 3번 클릭)합니다. 마우스 오른쪽 버튼을 클릭하고 메뉴에서 [Make Group]을 클릭합니다.

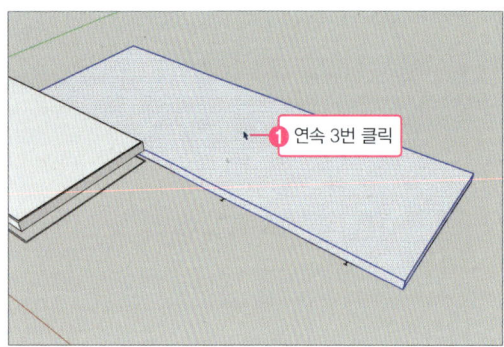 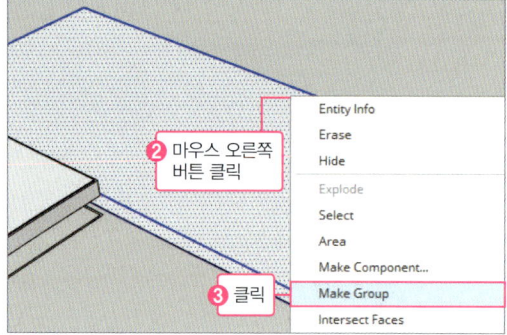

10 실내 바닥판이 선택된 상태에서 이동(Move(✥)) 도구 `M` 키를 누르고 ❶지점을 클릭합니다. ❷방향으로 이동한 상태에서 '1650'을 입력하고 `Enter` 키를 누릅니다. Z축이 표시되지 않으면 위쪽 방향키(↑)를 눌러줍니다.

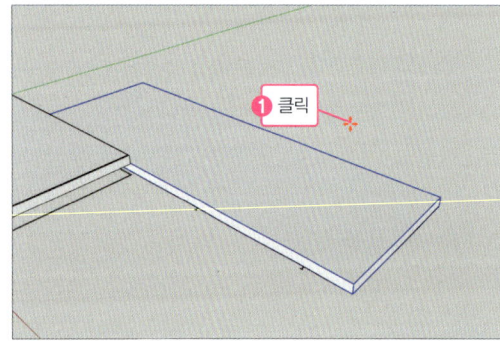 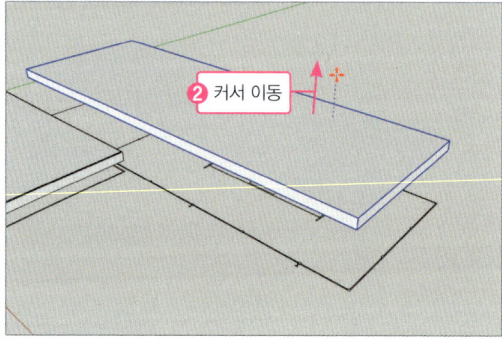

11 실내 바닥판이 선택된 상태에서 이동(Move(✥)) 도구 `M` 키를 누르고 ❶지점을 클릭합니다. `Ctrl` 키를 누르고 커서를 ❷방향으로 이동한 상태에서 '3500'을 입력하고 `Enter` 키를 누릅니다.

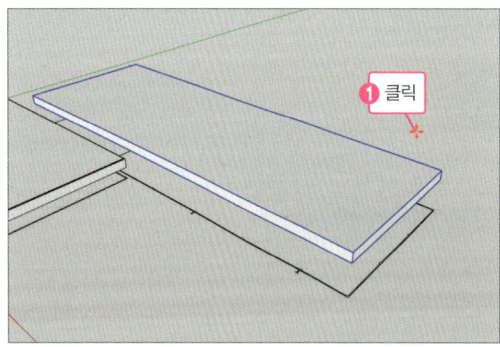 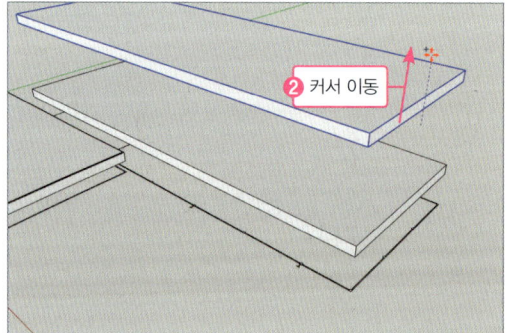

12 지붕 끝을 만들기 위해 직사각형(Rectangle(📐)) 도구 `R` 키를 누릅니다. 모서리 구석 ❶지점을 클릭하고 반대편 구석 ❷지점을 클릭합니다.

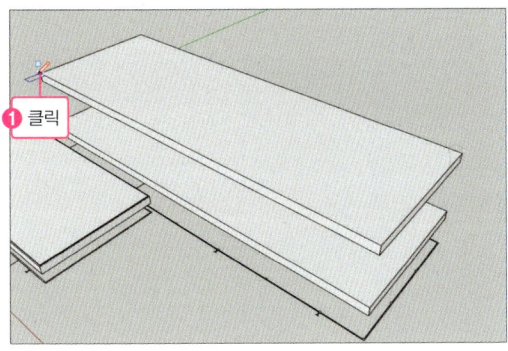 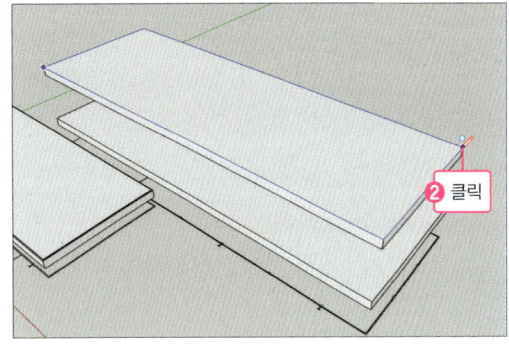

13 간격 띄우기 오프셋(Offset(📐)) 도구 `F` 키를 누르고 ❶지점을 클릭합니다. 복사 방향 ❷로 이동한 상태에서 '100'을 입력하고 `Enter` 를 누릅니다.

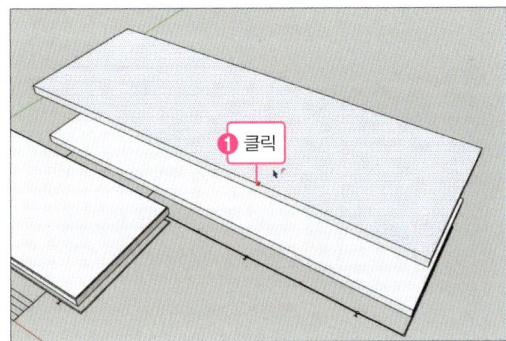 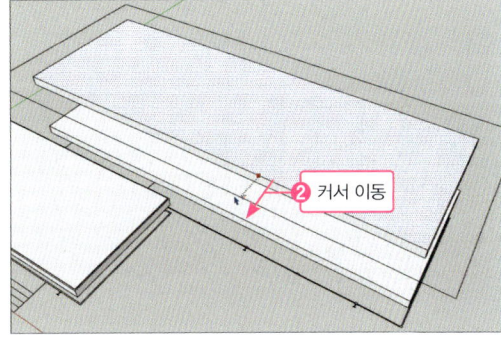

14 안쪽의 사각형을 삭제하기 위해 `Space Bar` 키를 누른 후 선택(Select(▶)) 도구로 전환합니다. ❶지점에서 더블 클릭하고 `Delete` 키를 눌러 안쪽 사각형을 삭제합니다.

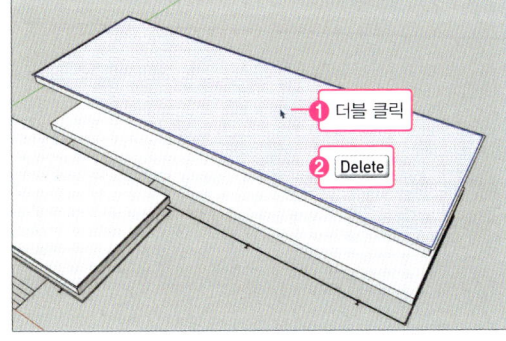 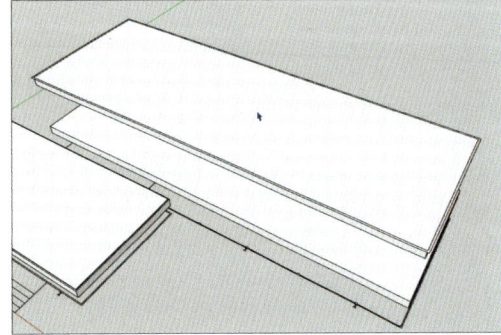

15 밀기/끌기(Push/Pull) 도구 P 키를 누르고 ❶지점을 클릭합니다. 커서를 위쪽 ❷방향으로 이동한 상태에서 '100'을 입력하고 Enter 키를 누릅니다.

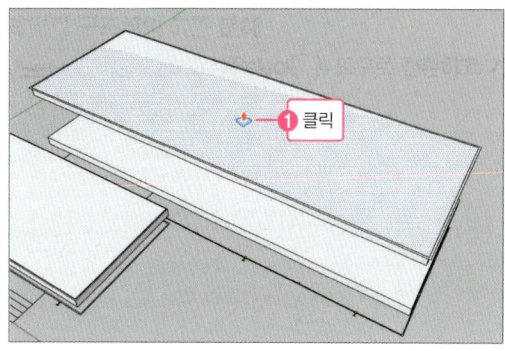 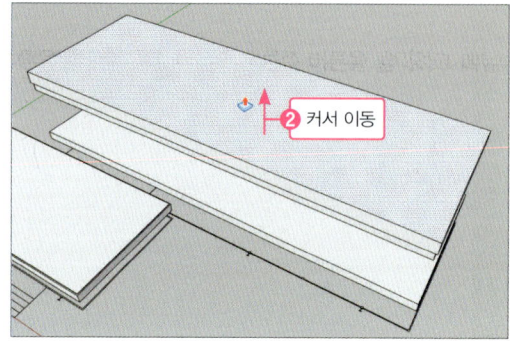

16 Space Bar 키를 눌러 선택(Select) 도구로 전환하고 ❶지점에서 트리플 클릭(연속 3번 클릭)합니다. 마우스 오른쪽 버튼을 클릭하고 메뉴에서 [Make Group]을 클릭합니다.

지붕이 잘 선택되지 않는 경우 모서리 부분을 트리플 클릭합니다.

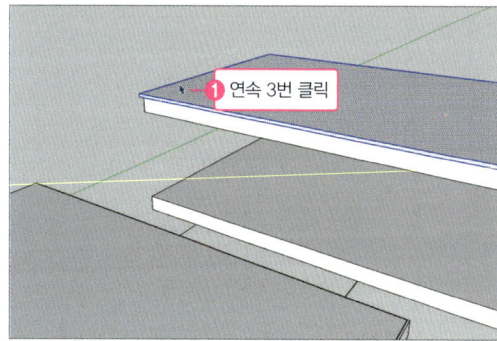 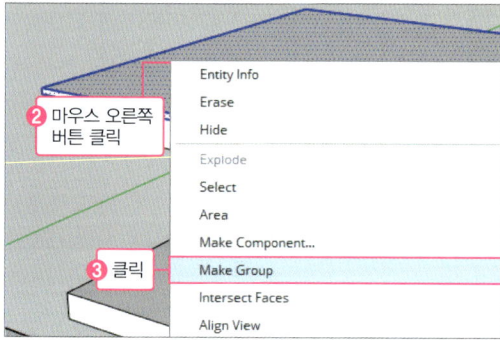

17 완성된 바닥과 지붕을 확인하고 다음 학습을 위해 저장합니다.

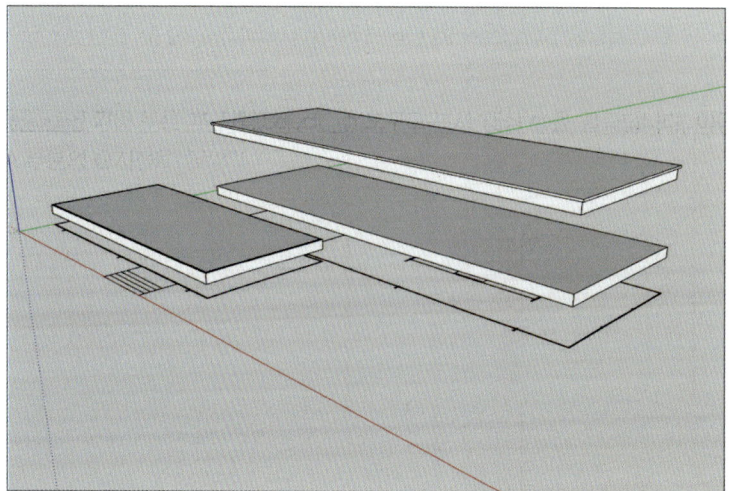

STEP 3 기둥(H형강) 만들기

▲ 작성 부분   ▲ 모델 완성
▲ 완성파일 : [예제파일/P03/Ch01/Step-3 완성파일.skp]

01 **STEP 1**의 완성파일 또는 [예제파일/P03/Ch01/Step-2 완성파일.skp]을 더블 클릭해 스케치업을 실행합니다. 기둥의 단면을 스케치하기 위해 A 부분을 확대합니다.

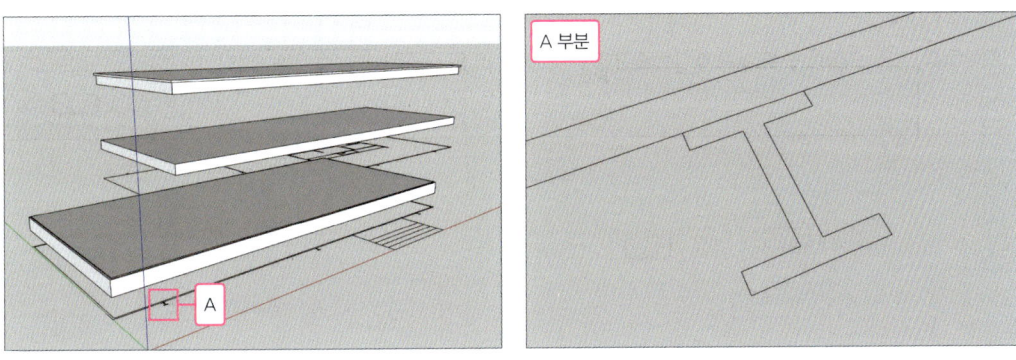

02 선(Line(✏)) 도구 L 키를 누릅니다. ❶지점을 클릭해 ⓭지점까지 H 모양을 따라 선을 그려줍니다.

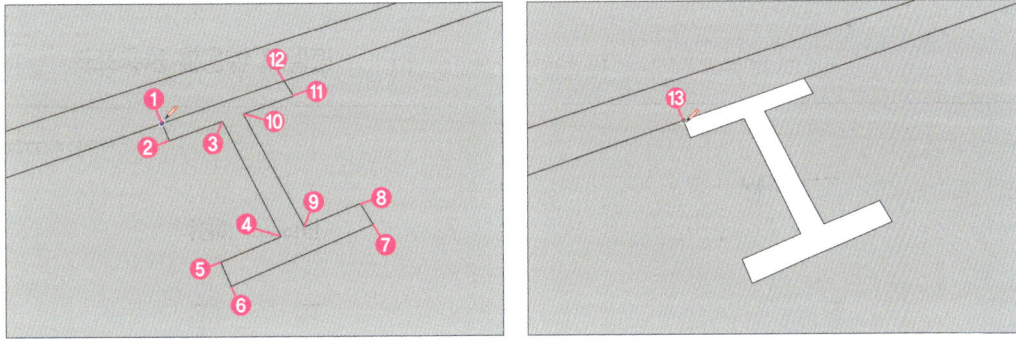

Chapter 01 • CAD 도면을 활용한 구조 모델링   211

03 밀기/끌기(Push/Pull( )) 도구 P 키를 누르고 ❶지점을 클릭합니다. 커서를 ❷방향으로 이동한 상태에서 '1000'을 입력하고 Enter 키를 누릅니다. Shift + Z 키를 눌러 결과를 확인합니다.

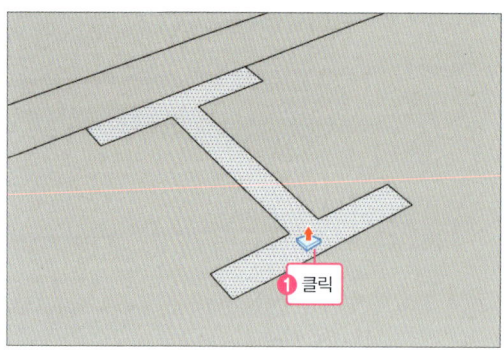 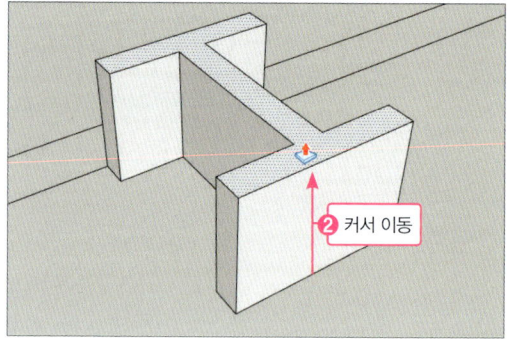

04 Space Bar 키를 누른 후 선택(Select( )) 도구로 전환하고 ❶지점에서 트리플 클릭(연속 3번 클릭)합니다. 마우스 오른쪽 버튼을 클릭하고 메뉴에서 [Make Group]을 클릭합니다.

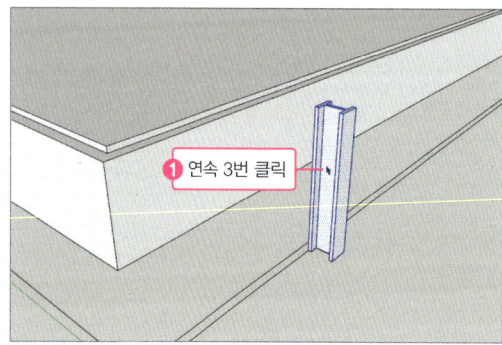 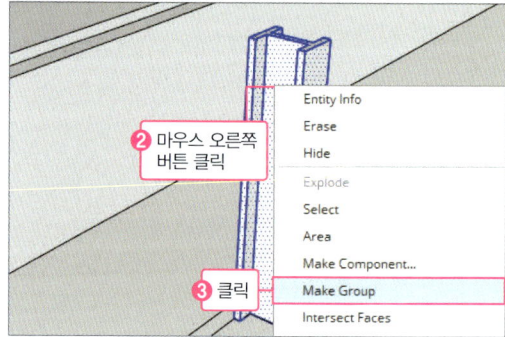

05 기둥이 선택된 상태에서 이동(Move( )) 도구 M 키를 누르고 ❶지점을 클릭합니다. Ctrl 키를 누르고 커서를 A 부분의 ❷지점(기둥 위치)을 클릭합니다.

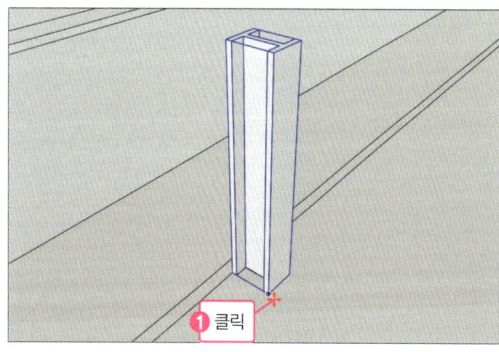 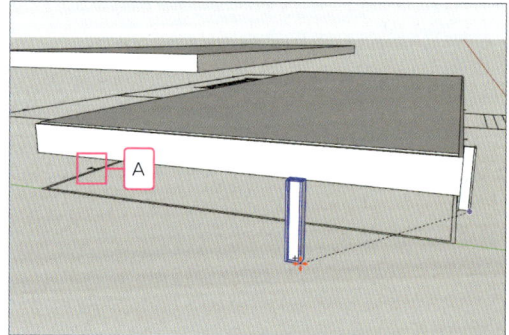

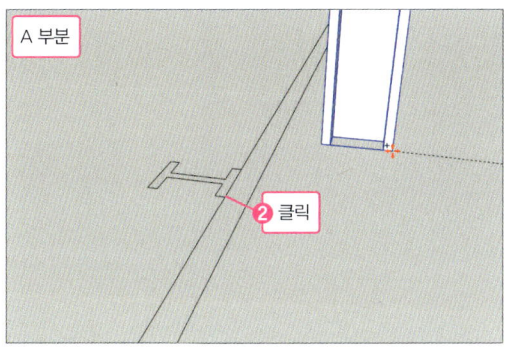 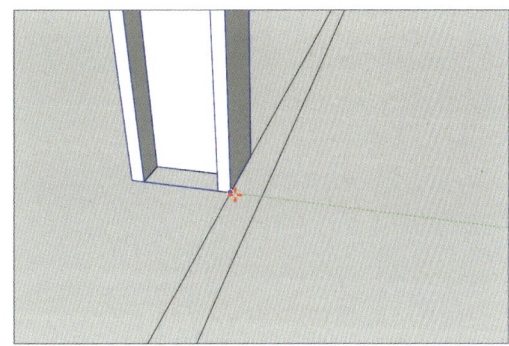

06 `Space Bar` 키를 눌러 선택(Select(▶)) 도구로 전환하고 `Shift` 키를 이용하거나 포함(윈도우) 선택으로 복사된 기둥 두 개를 선택합니다.

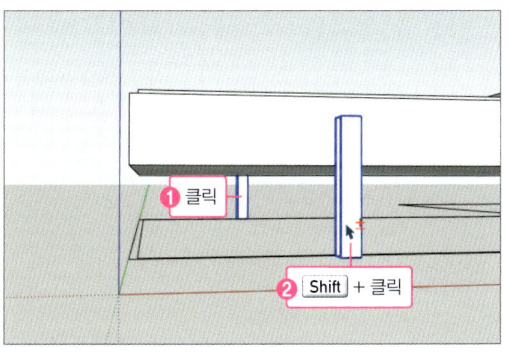 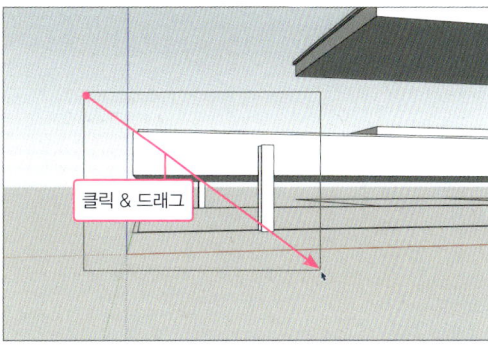

▲ `Shift` 키를 사용   ▲ 포함 선택

07 기둥 두 개가 선택된 상태에서 이동(Move(✥)) 도구 `M` 키를 누릅니다. `Ctrl` 키를 누른 후 ❶지점을 클릭합니다. A 부분의 ❷지점(기둥 위치)을 클릭합니다. 복사 후 '*2'를 입력하고 `Enter` 키를 누릅니다.

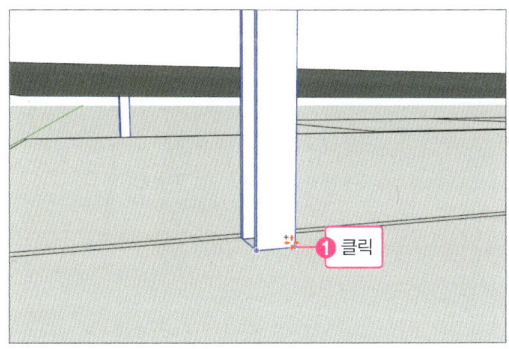 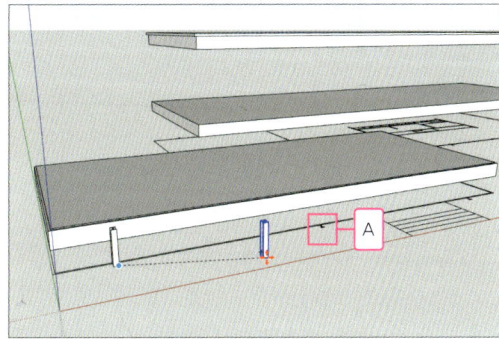

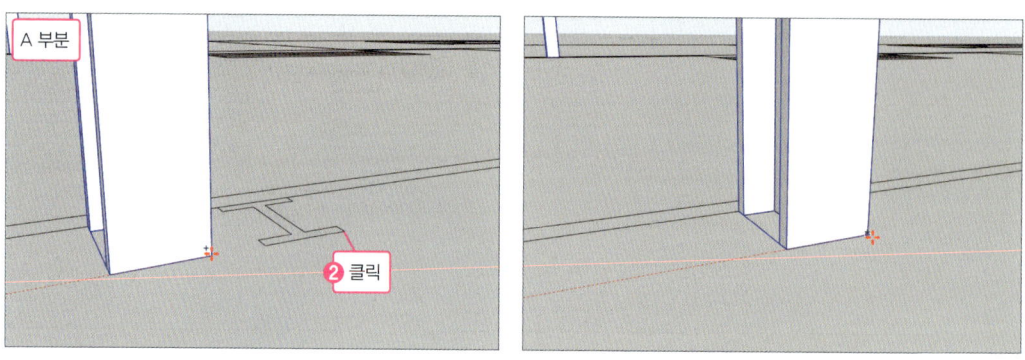

08 모델 전체를 확인하기 위해 Shift + Z 키를 누릅니다. Styles 도구 막대(   )에서 X-ray( )를 클릭해 복사된 기둥을 확인하고 다시 X-ray( )를 클릭합니다.

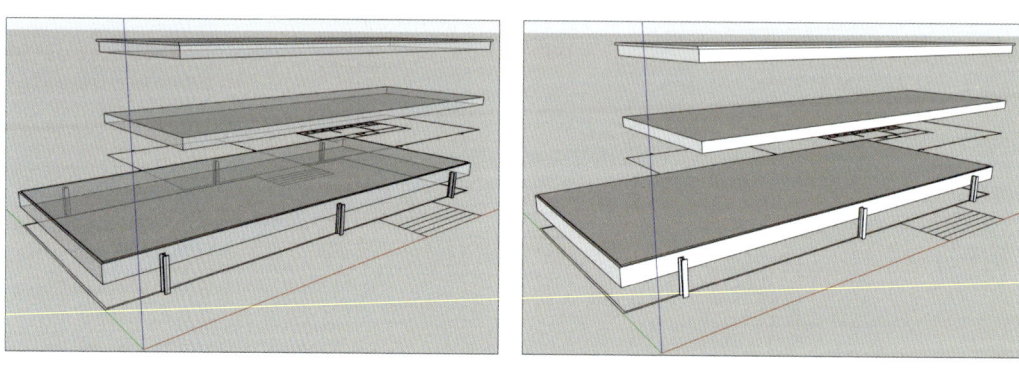

09 기둥 ❶, ❷의 높이를 '1000'에서 '5450'으로 편집하기 위해 기둥 ❶의 상부를 확대합니다.

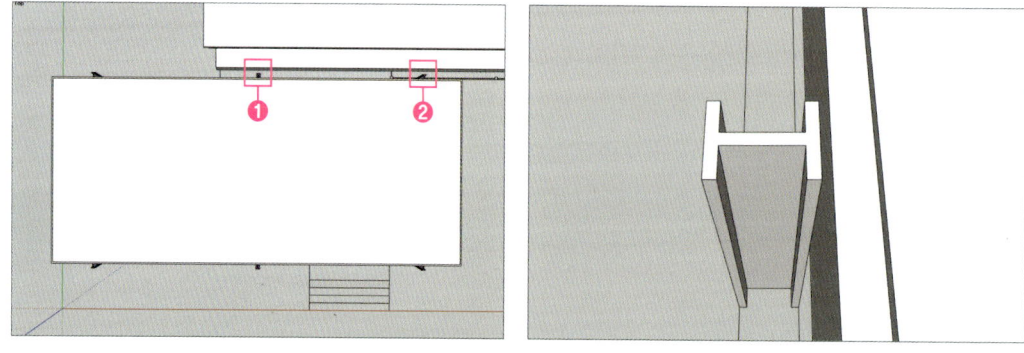

10 Space Bar 키를 눌러 선택(Select(▶)) 도구로 전환하고 기둥 ❶을 더블 클릭해 그룹 편집으로 전환합니다.

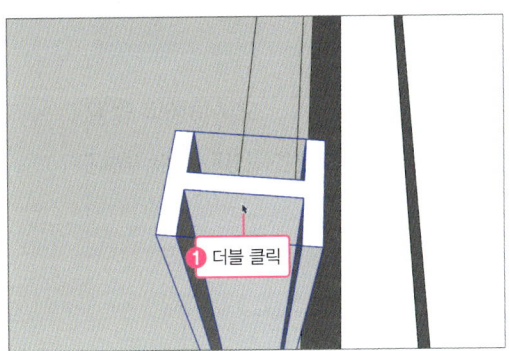 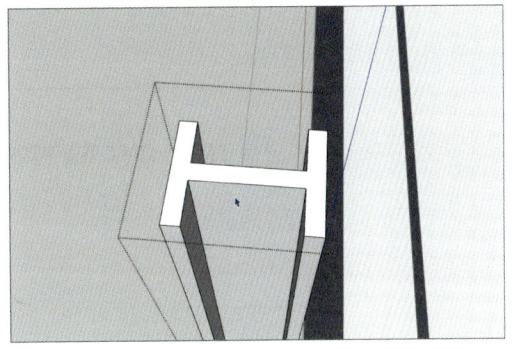

11 밀기/끌기(Push/Pull(◆)) 도구 P 키를 누르고 ❶지점을 클릭합니다. 커서를 ❷방향으로 이동한 상태에서 '4450'을 입력하고 Enter 키를 누릅니다. 완료 후 그룹 편집을 종료합니다.

그룹 편집을 종료할 때 빈 공간을 클릭할 수 없을 경우 Space Bar 키를 눌러 선택(Select(▶)) 도구로 전환하고 Esc 키를 누르면 편집 모드를 종료할 수 있습니다.

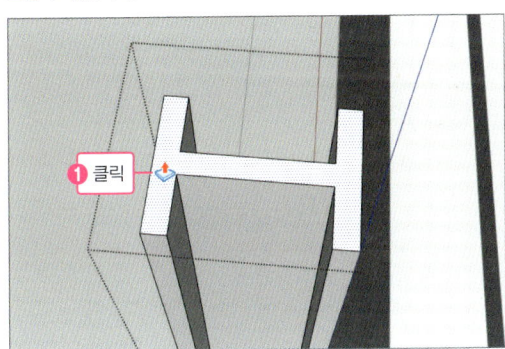 

12 같은 방법으로 기둥 ❷의 높이도 '4450'으로 편집하고, 그룹 편집을 종료합니다.

기둥 ❷의 높이를 편집할 때 높이를 입력하지 않고 기둥 ❶의 꼭대기 ❸부분을 클릭해도 됩니다.

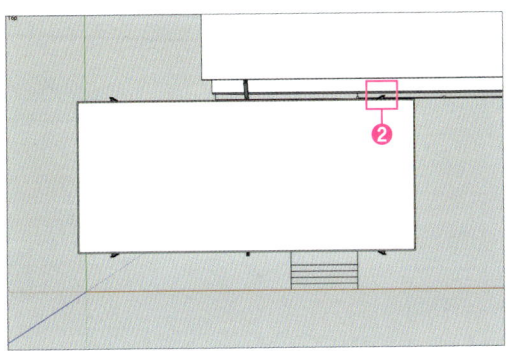 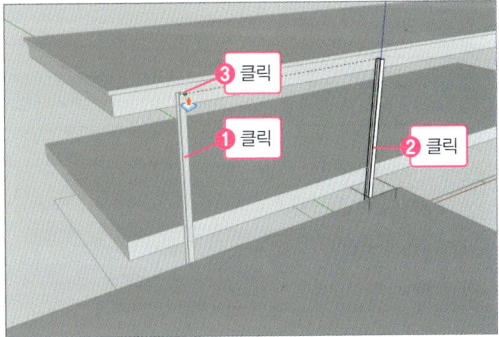

13 `Space Bar` 키를 누른 후 선택(Select(▶)) 도구로 기둥 ❶을 클릭합니다. 이동(Move(✥)) 도구 `M` 키를 누르고 ❷지점을 클릭합니다. `Ctrl` 키를 누르고 커서를 ❸방향으로 이동한 상태에서 '6500'을 입력하고 `Enter` 키를 누릅니다. 복사 후 '*2'를 입력하고 `Enter` 키를 누릅니다.

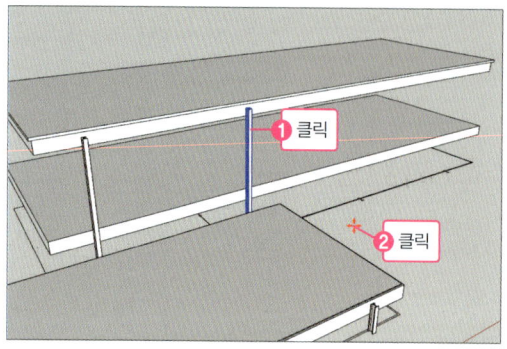 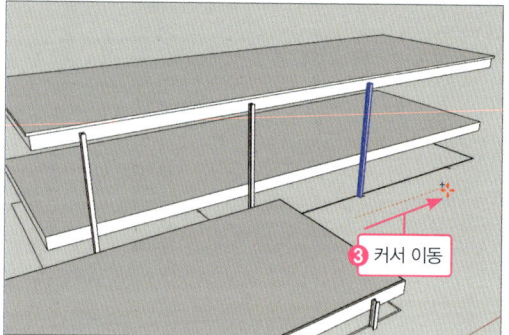

14 `Space Bar` 키를 눌러 선택(Select(▶)) 도구로 전환하고 `Shift` 키를 사용하거나 걸침 선택으로 복사할 기둥 ❶, ❷, ❸, ❹를 선택합니다.

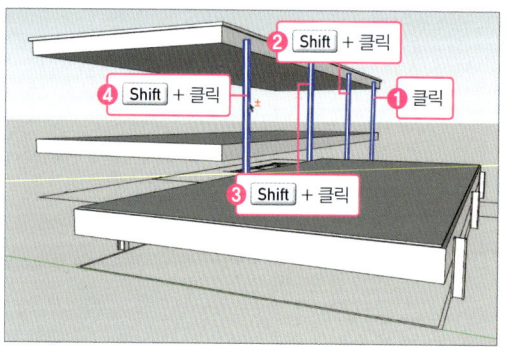 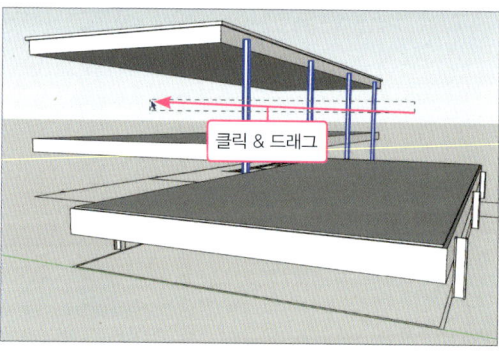

▲ `Shift` 키를 사용　　　　　　　　　　　　　　▲ 걸침 선택

15 기둥이 선택된 상태에서 이동(Move(✥)) 도구 `M` 키를 누르고 A 부분의 ❶지점을 클릭합니다. `Ctrl` 키를 누른 후 B 부분의 ❷지점(기둥 위치)을 클릭합니다.

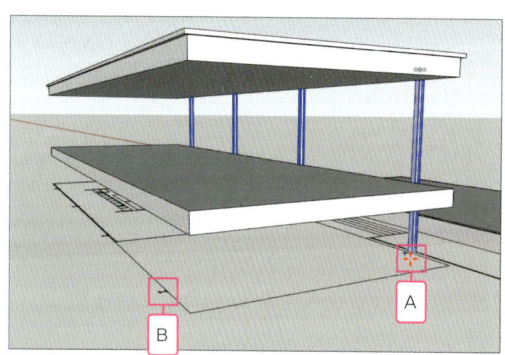 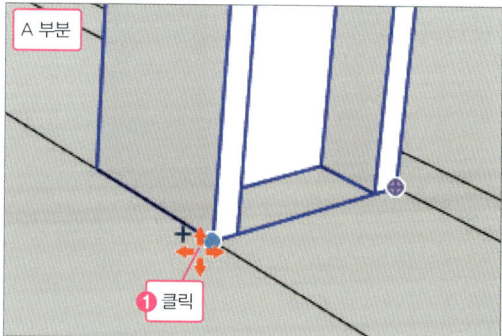

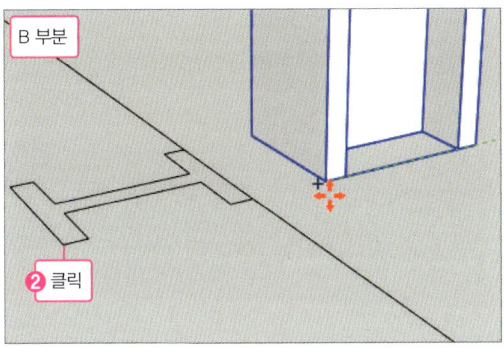 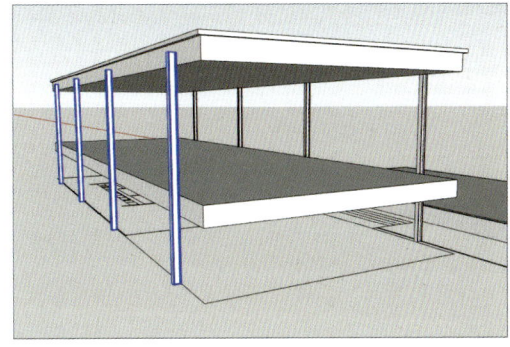

16 실내의 유리벽을 지지할 작은 기둥의 위치를 표시하기 위해 평면도를 복사하겠습니다. Space Bar 키를 누른 후 평면도 ❶을 클릭합니다. 이동(Move) 도구 M 키를 누르고 ❷지점을 클릭합니다. Ctrl 키를 누른 후 ❸지점을 클릭합니다.

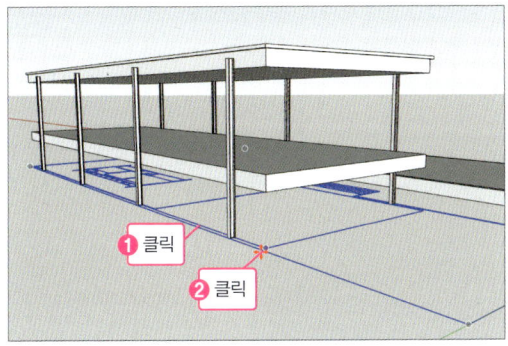 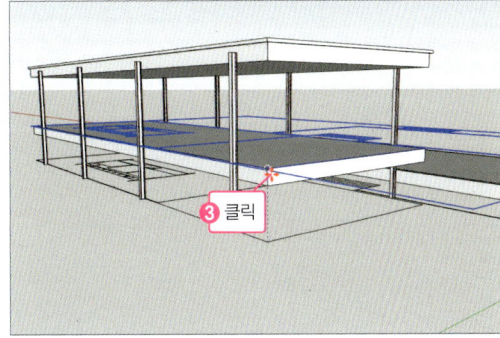

17 A 부분을 확대하고 직사각형(Rectangle) 도구 R 키를 누릅니다. 복사한 평면도의 ❶지점을 클릭하고 ❷지점을 클릭합니다.

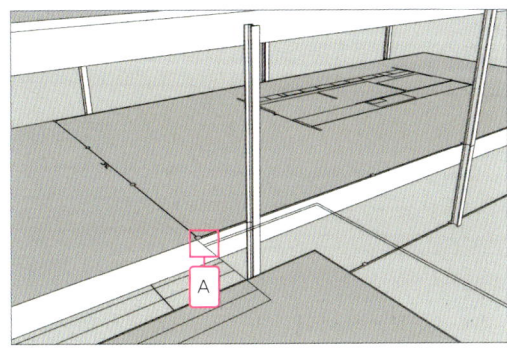 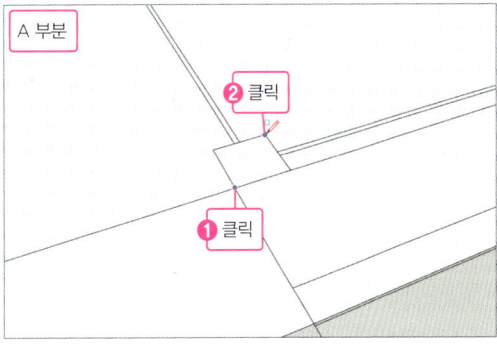

18 밀기/끌기(Push/Pull(🔽)) 도구 [P] 키를 누르고 ❶지점을 클릭합니다. 끌기할 높이인 ❷지점 모서리를 클릭합니다.

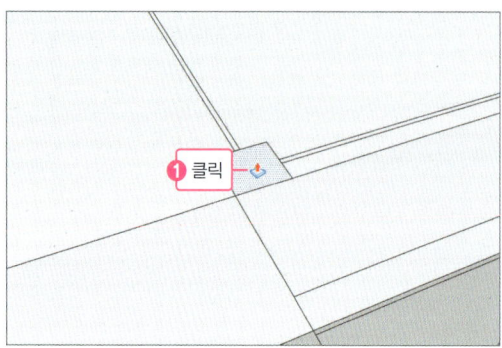 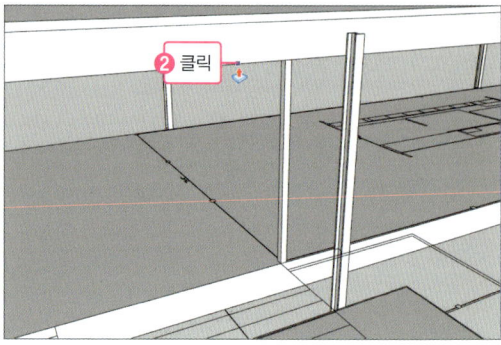

19 [Space Bar] 키를 눌러 선택(Select(▸)) 도구로 전환하고 ❶지점에서 트리플 클릭(연속 3번 클릭)합니다. 마우스 오른쪽 버튼을 클릭하고 메뉴에서 [Make Group]을 클릭합니다.

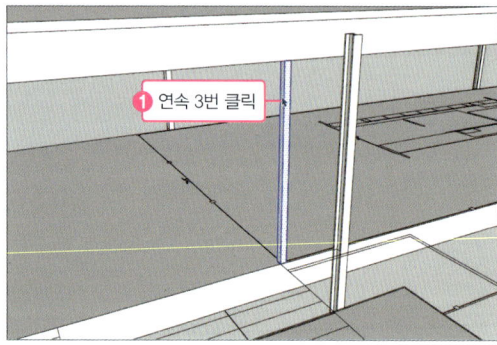 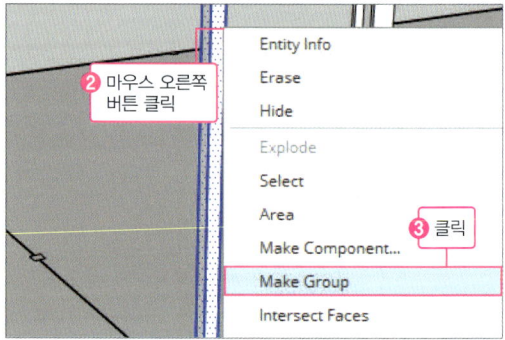

20 작은 기둥이 선택된 상태에서 이동(Move(✥)) 도구 [M] 키를 누르고 ❶지점을 클릭합니다. [Ctrl] 키를 누르고 A 부분의 ❷지점(작은 기둥 위치)을 클릭합니다. 복사 후 '/3'을 입력하고 [Enter] 키를 누릅니다.

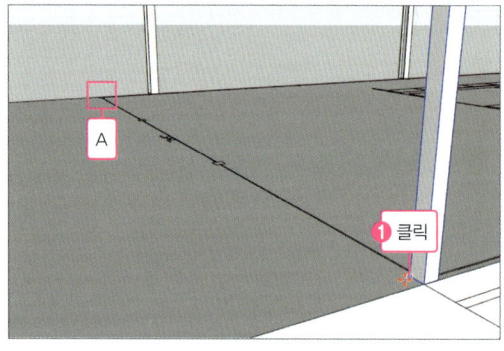 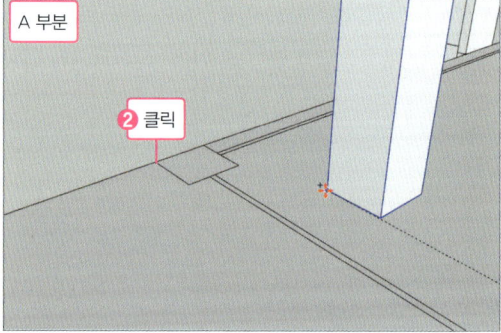

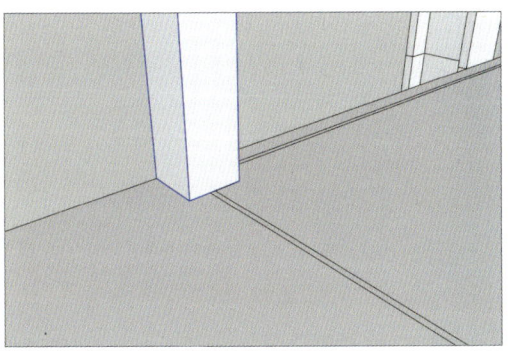 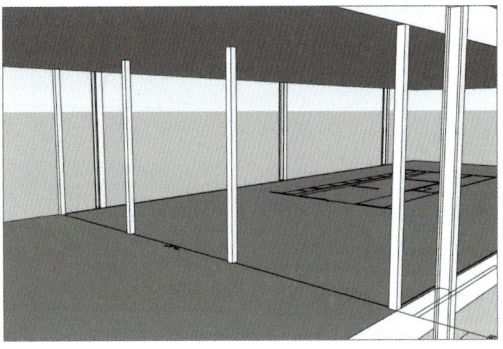

21 Space Bar 키를 누른 후 선택(Select( )) 도구로 기둥 ❶, ❷, ❸, ❹를 선택합니다(Shift 키 사용). 이동(Move( )) 도구 M 키를 누르고 ❺지점을 클릭합니다. Ctrl 키를 누르고 ❻지점을 클릭해 기둥을 복사합니다.

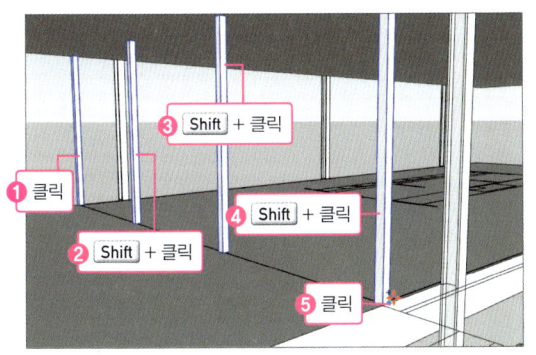 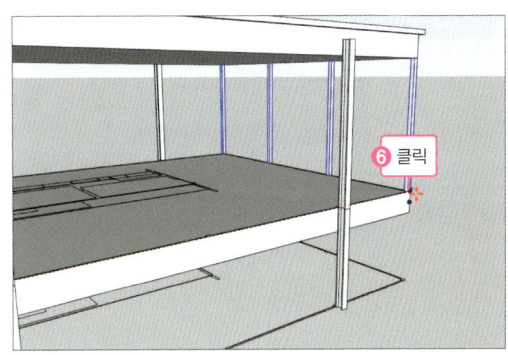

22 Space Bar 키를 누른 후 선택(Select( )) 도구로 기둥 ❶과 ❷를 선택합니다. 이동(Move( )) 도구 M 키를 누르고 다중 복사를 위해 Ctrl 키를 두 번 누릅니다. 평면도에 표시된 ❸, ❹, ❺, ❻열에 작은 기둥을 복사합니다.

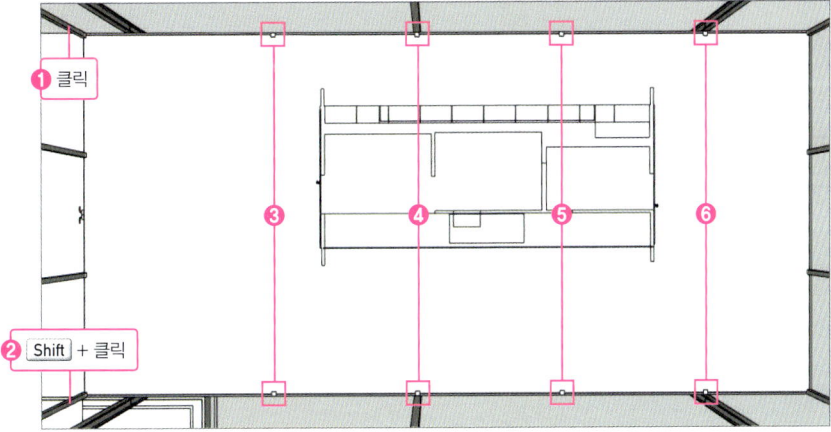

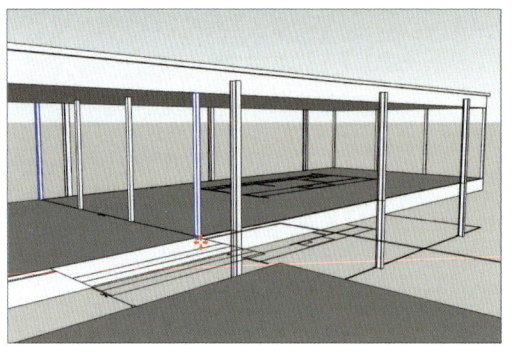 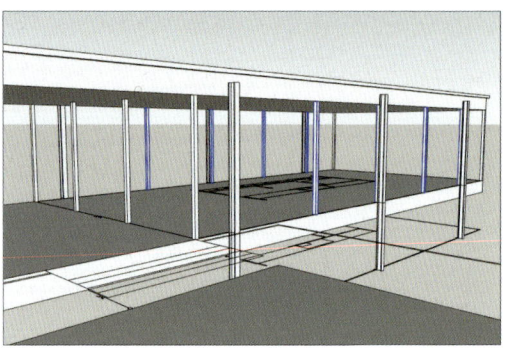

23 완성된 기둥을 확인하고 다음 학습을 위해 저장합니다.

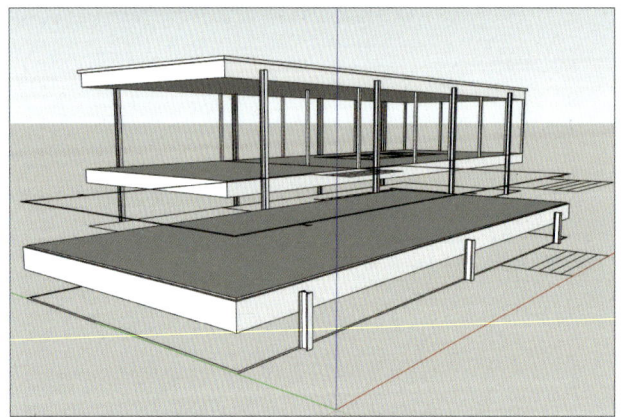

▲ 완성파일 : [예제파일/P03/Ch01/Step-3 완성파일.skp]

STEP 4 계단 만들기

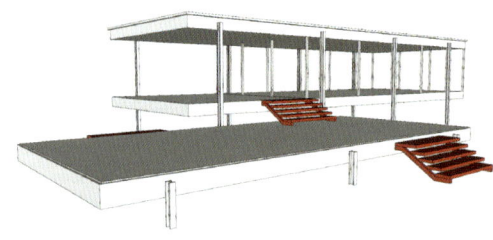 

▲ 작성 부분   ▲ 모델 완성
▲ 완성파일 : [예제파일/P03/Ch01/Step-4 완성파일.skp]

01 **STEP 3** 의 완성파일 또는 [예제파일/P03/Ch01/Step-3 완성파일.skp]을 더블 클릭해 스케치업을 실행합니다.

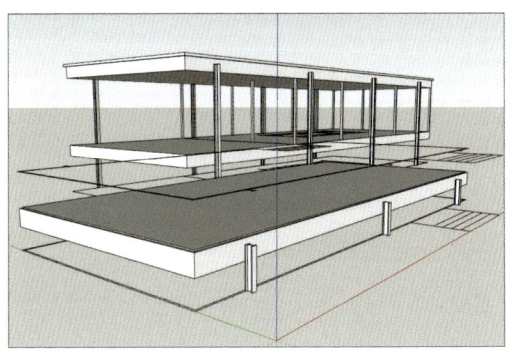

02 계단을 만들기 위해 단면도를 사용하겠습니다. [File]에서 [Import]를 클릭하고 [예제파일/P03/Ch01/판스워스하우스 단면도.dwg] 파일을 불러옵니다.

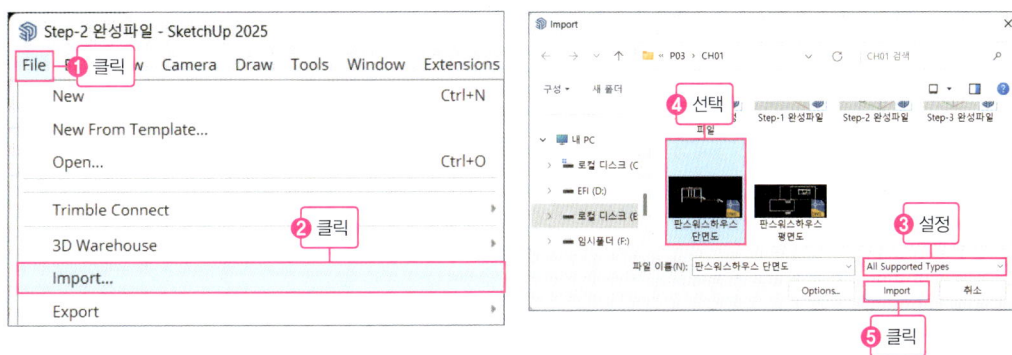

03 Space Bar 키를 눌러 선택(Select( )) 도구로 단면도 ❶을 선택합니다. 이동(Move( )) 도구 M 키를 누르고 ❷지점을 클릭한 후 ❸지점을 클릭합니다.

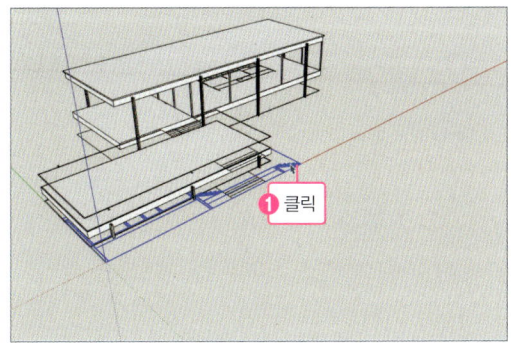 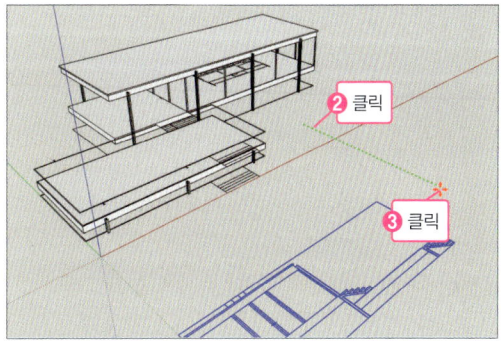

Chapter 01 • CAD 도면을 활용한 구조 모델링   221

04 회전(Rotate(⟳)) 도구 [Q] 키를 누르고 방향키 [→]를 눌러 X축으로 고정합니다. 기준점 ❶을 클릭하고 시작점 ❷지점을 클릭합니다. 커서를 ❸ 방향으로 이동한 상태에서 '90'을 입력하고 [Enter] 를 누릅니다.

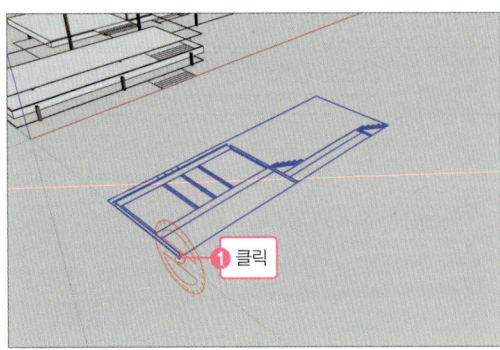
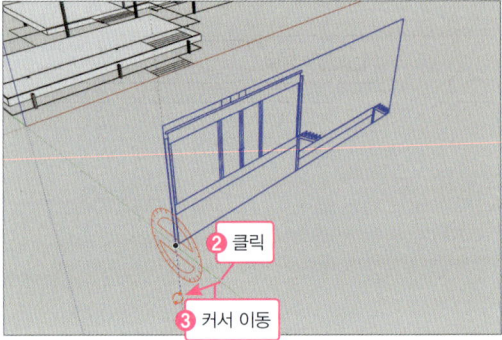

05 계속해서 방향키 [↑]를 눌러 Z축으로 고정합니다. 기준점 ❶을 클릭하고 시작점 ❷지점을 클릭합니다. 커서를 ❸ 방향으로 이동한 상태에서 '90'을 입력하고 [Enter] 를 누릅니다.

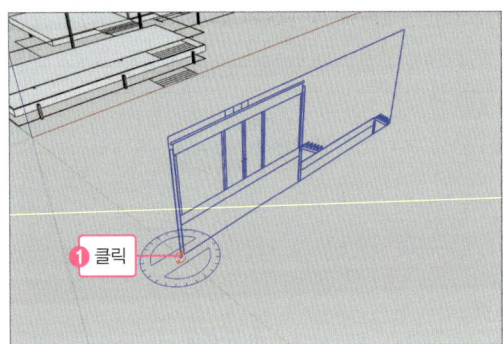
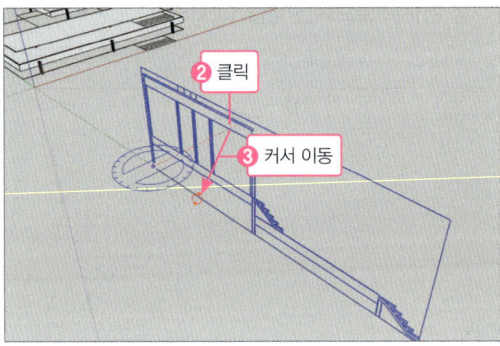

06 단면도의 우측 계단을 확대하고 선(Line(✎)) 도구 [L] 키를 누릅니다. ❶지점부터 ❾지점까지 클릭해 디딤판의 프레임을 그려줍니다.

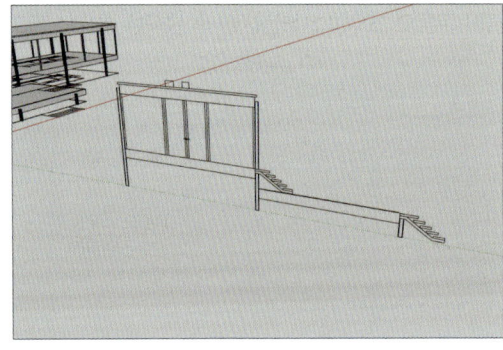
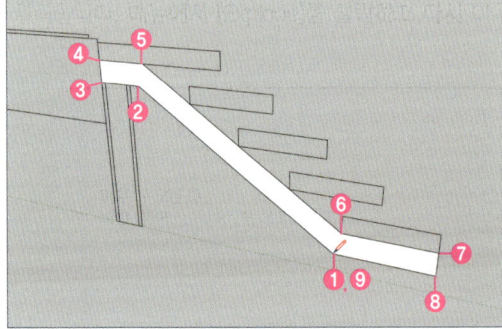

07 밀기/끌기(Push/Pull( )) 도구 P 키를 누르고 ❶지점을 클릭합니다. 커서를 ❷방향으로 이동한 상태에서 '300'을 입력하고 Enter 키를 누릅니다.

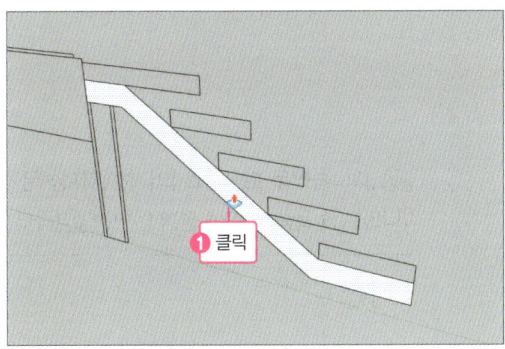 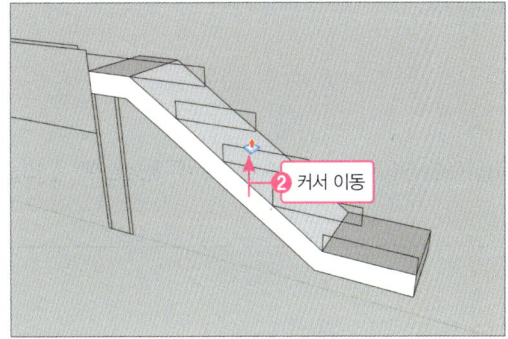

08 Space Bar 키를 눌러 선택(Select( )) 도구로 전환하고 ❶지점에서 트리플 클릭(연속 3번 클릭)합니다. 마우스 오른쪽 버튼을 클릭하고 메뉴에서 [Make Group]을 클릭합니다.

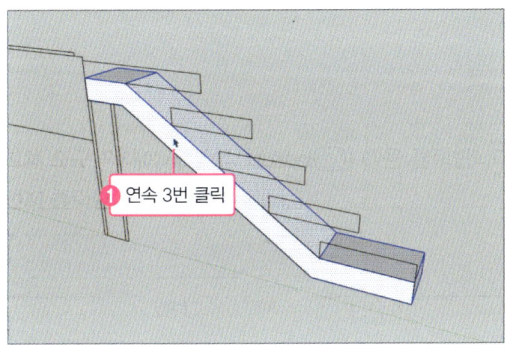 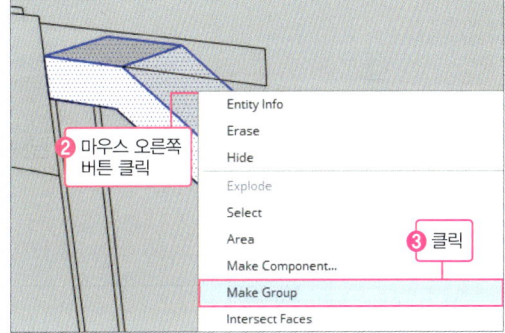

09 직사각형(Rectangle( )) 도구 R 키를 누릅니다. 디딤판 ❶지점을 클릭하고 ❷지점을 클릭합니다. 나머지 4개도 모두 그려줍니다.

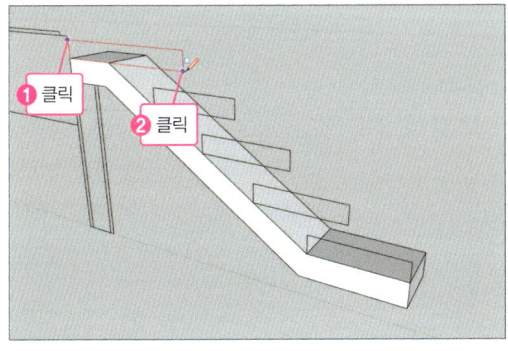 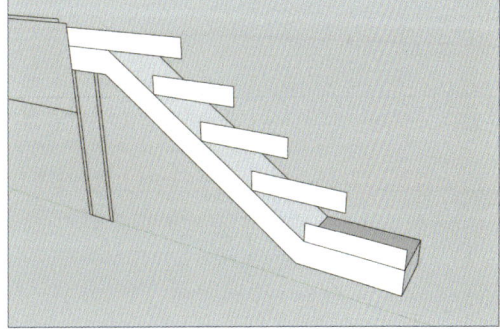

10 밀기/끌기(Push/Pull( )) 도구 P 키를 누르고 ❶지점을 클릭합니다. 커서를 위쪽 ❷방향으로 이동한 상태에서 '3300'을 입력하고 Enter 키를 누릅니다.

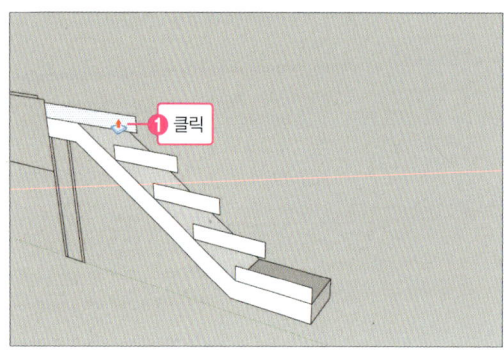
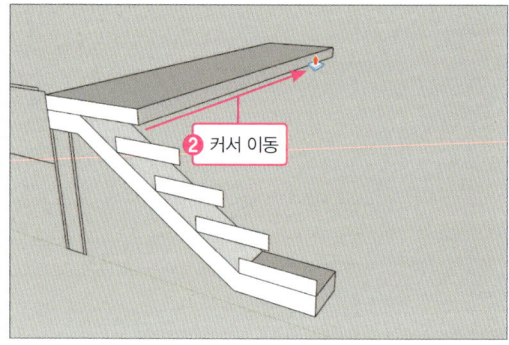

11 계속해서 밀기/끌기(Push/Pull( )) 도구 P 키를 누르고 나머지 디딤판은 각 면을 더블 클릭해 동일한 값으로 밀어줍니다. 만들어진 디딤판을 모두 선택해 마우스 오른쪽 버튼을 클릭하고 메뉴에서 [Make Group]을 클릭합니다.

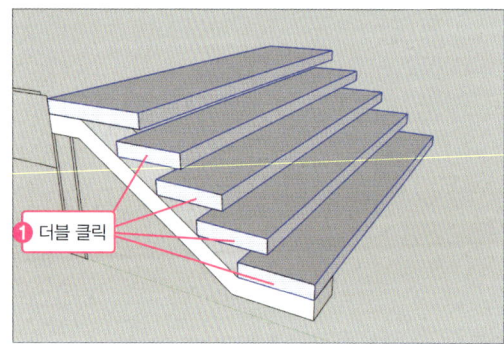
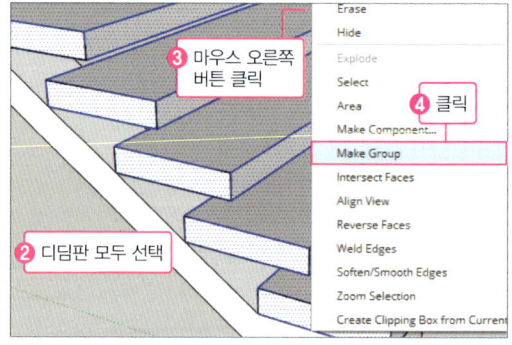

12 Space Bar 키를 눌러 선택(Select( )) 도구로 디딤판 프레임 ❶을 클릭합니다. 이동(Move( )) 도구 M 키를 누른 후 ❷지점을 클릭합니다. Ctrl 키를 누른 후 ❸지점을 클릭해 복사합니다.

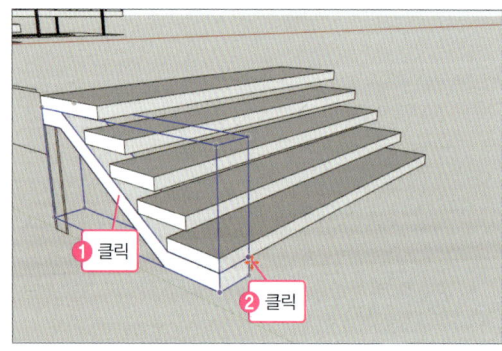
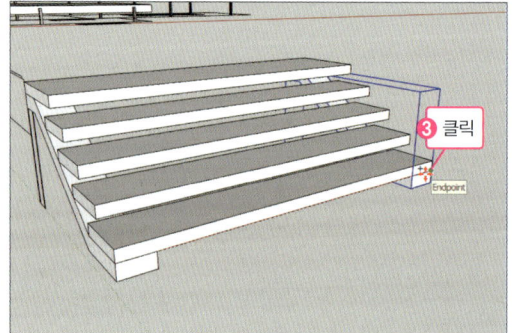

13 Space Bar 키를 눌러 선택(Select(▶)) 도구로 디딤판과 프레임을 모두 선택합니다. 마우스 오른쪽 버튼을 클릭하고 메뉴에서 [Make Group]을 클릭합니다.

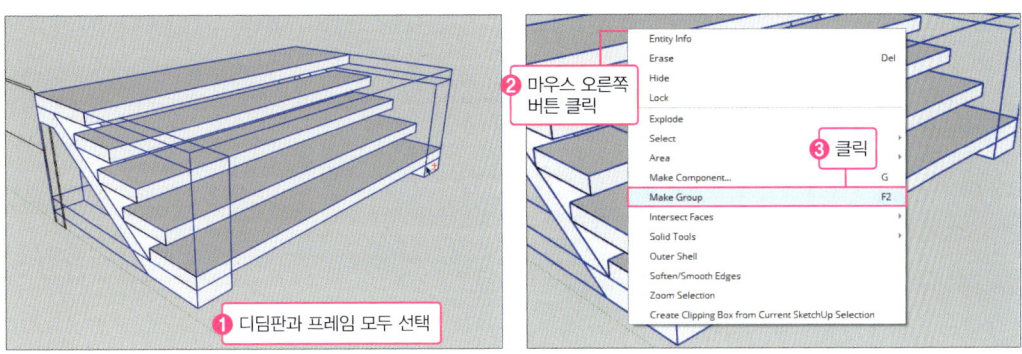

14 좌측 계단도 동일한 방법으로 모델링합니다.

① 좌측 계단 확대 ② 프레임 스케치 ③ 프레임 밀기/끌기(300) 및 그룹
④ 디딤판 스케치 ⑤ 디딤판 밀기/끌기(3300) 및 그룹 ⑥ 프레임 복사 및 그룹

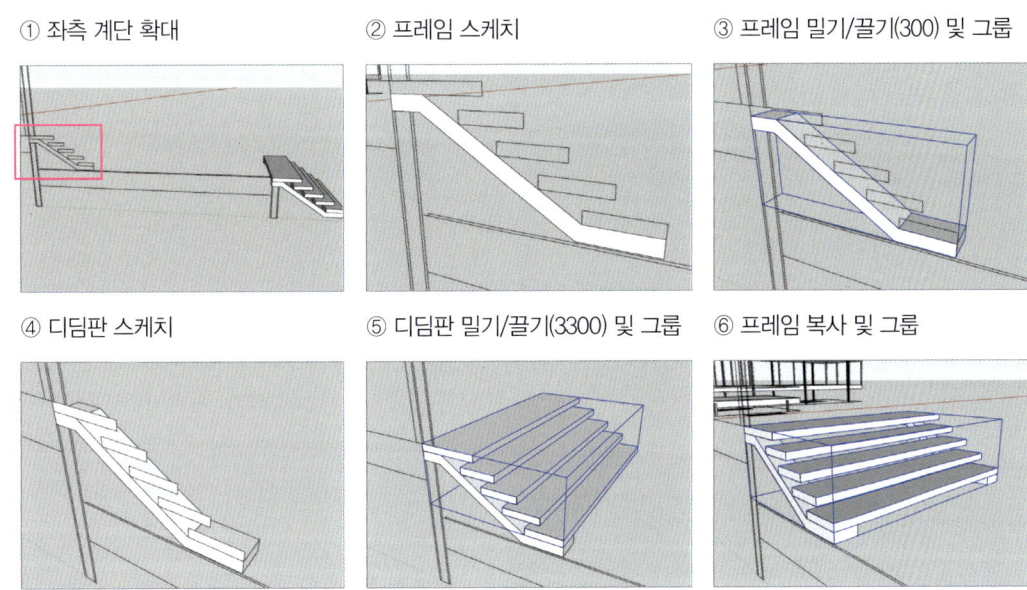

15 Space Bar 키를 눌러 선택(Select(▶)) 도구로 계단 ❶과 ❷를 모두 선택합니다. 이동(Move(✥)) 도구 M 키를 누르고 ❸지점을 클릭합니다. A 부분의 ❹지점을 클릭해 계단을 이동합니다.

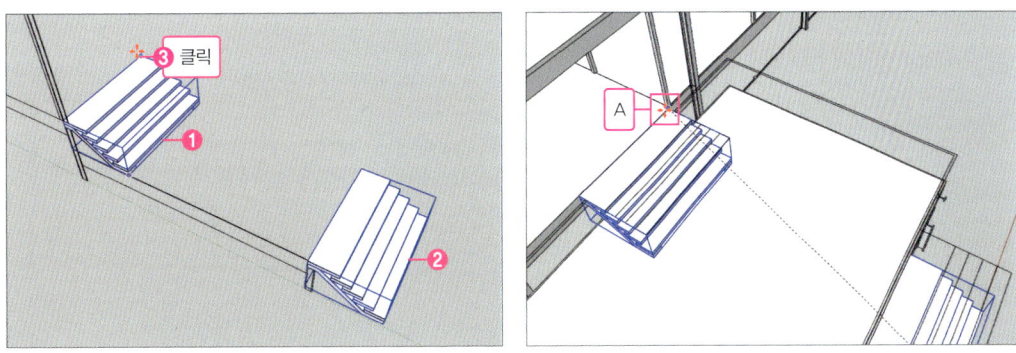

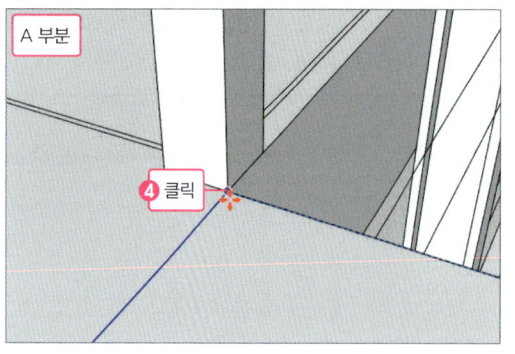
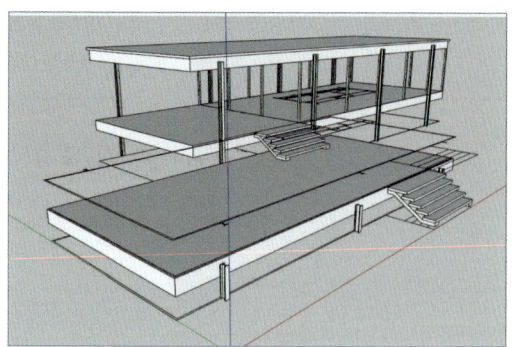

STEP 5 건물 유리벽 만들기

▲ 작성 부분   ▲ 모델 완성
▲ 완성파일 : [예제파일/P03/Ch01/ch01 구조 완성파일.skp]

01 STEP 4 의 완성파일 또는 [예제파일/P03/Ch01/Step-4 완성파일.skp]을 더블 클릭해 스케치업을 실행합니다.

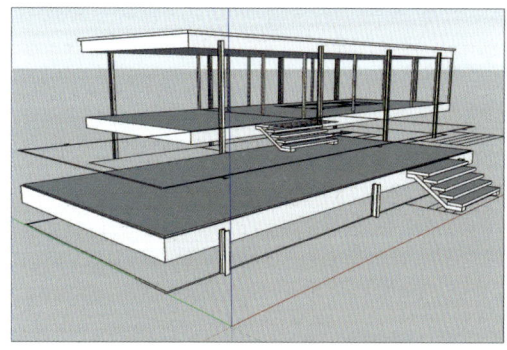

02 시야를 확보하기 위해 지붕을 숨기겠습니다. Space Bar 키를 눌러 선택(Select) 도구로 전환합니다. 숨기기 대상 ❶을 클릭하고 Shift 키를 누른 상태로 ❷를 클릭합니다. 마우스 오른쪽 버튼을 클릭하고 메뉴에서 [Hide]를 클릭합니다.

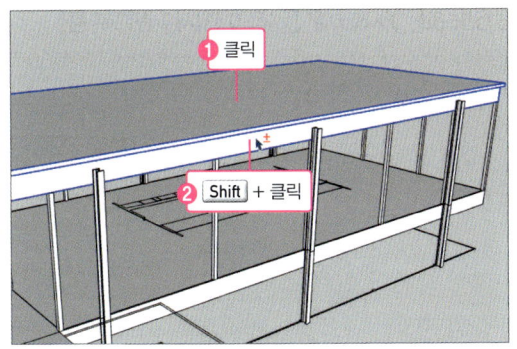
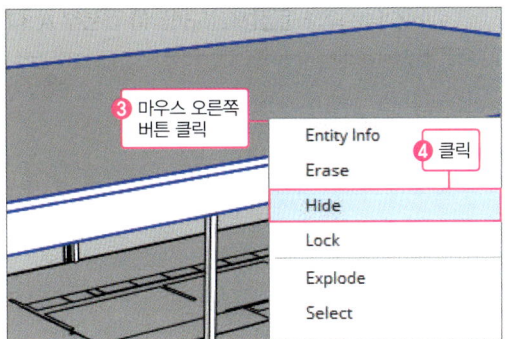

> **TIP** 도면층(Tags)의 활용
>
> ① 도면층을 구성하면 각 도면층을 ON/OFF하여 숨기기할 수 있습니다. 트레이 패널의 도면층(Tags)을 확장하면 Untagged 도면층이 있습니다. 지금까지 작성한 모든 모델링 요소는 Untagged에 속합니다. 도면층 추가 버튼(⊕)을 클릭하고 이름을 '지붕'으로 입력한 후 Enter 키를 누릅니다.
> (Untagged 이외에 다른 도면층은 캐드 도면에 포함된 도면층입니다.)

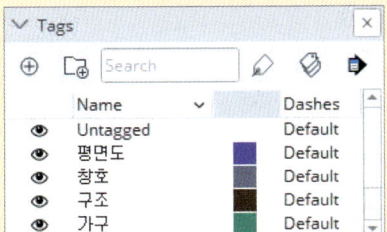
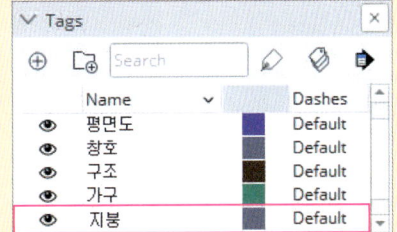

② Space Bar 키를 누른 후 선택(Select(▶)) 도구로 도면층 이름과 연관된 지붕 요소를 선택합니다. 도면층(Tags) 도구에서 '지붕' 도면층을 클릭하면 선택된 요소가 지붕 도면층에 속하게 됩니다. 도면층 패널에서 '지붕' 도면층의 눈(👁)을 클릭하면 해당 도면층이 OFF되어 화면에서 숨겨집니다.

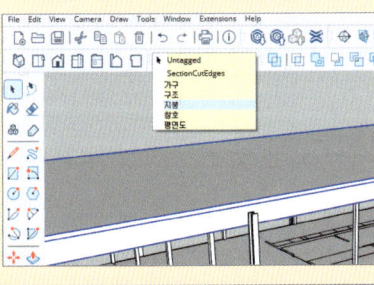
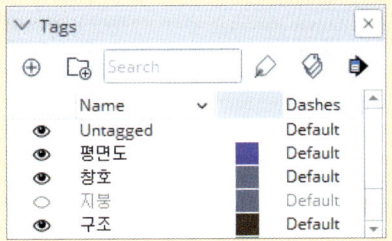

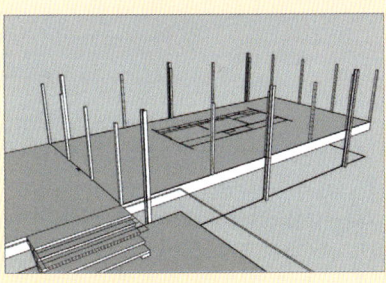

▲ 지붕 도면층이 OFF

03 직사각형(Rectangle(📐)) 도구 R 키를 누르고 A 부분의 ❶지점(Midpoint)을 클릭합니다. 커서를 B 부분으로 이동해 ❷지점(Midpoint)을 클릭합니다.

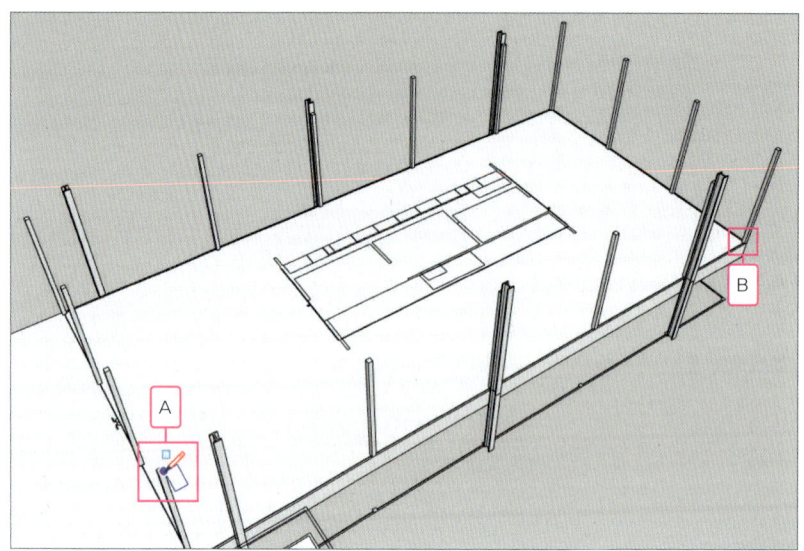

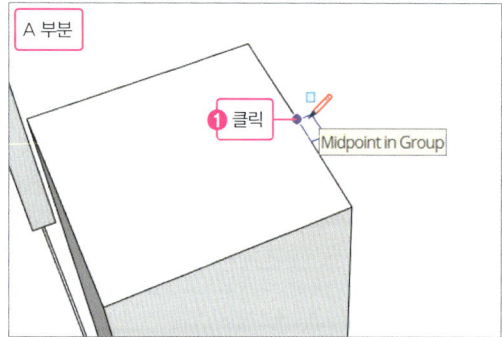
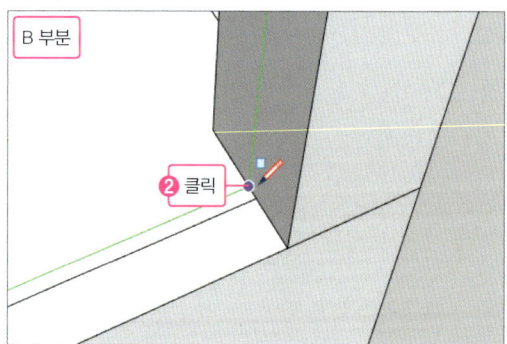

04 밀기/끌기(Push/Pull(🔲)) 도구 P 키를 누른 후 벽면 ❶지점을 클릭합니다. 커서를 ❷방향으로 이동한 상태에서 '10'을 입력하고 Enter 키를 누릅니다.

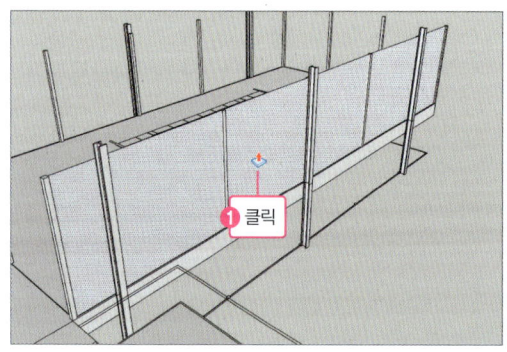

05 `Space Bar` 키를 눌러 선택(Select(▶)) 도구로 전환하고 ❶지점에서 트리플 클릭(연속 3번 클릭)합니다. 마우스 오른쪽 버튼을 클릭하고 메뉴에서 [Make Group]을 클릭합니다.

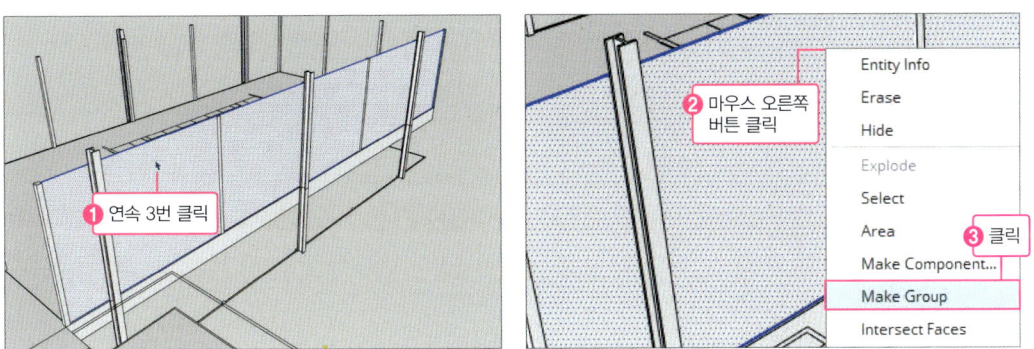

06 직사각형(Rectangle(▭)) 도구 `R` 키를 누르고 A 부분의 ❶지점(Midpoint)을 클릭합니다. 커서를 B 부분으로 이동해 ❷지점(Midpoint)을 클릭합니다.

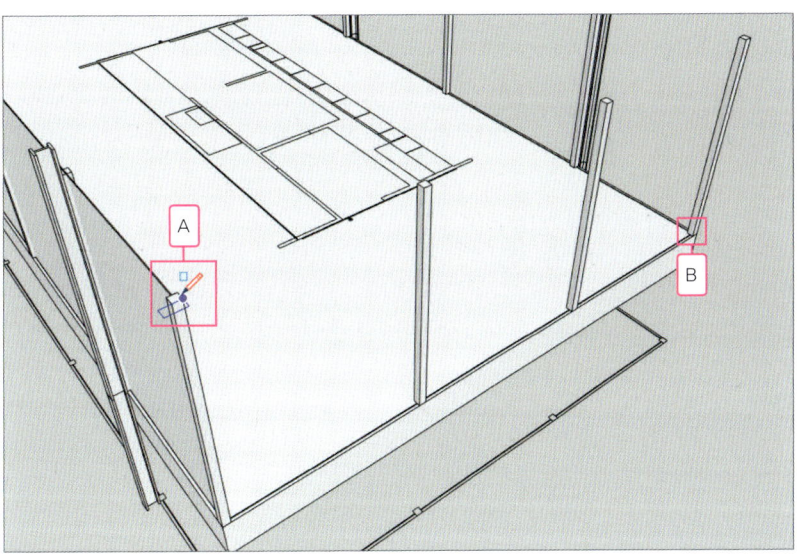

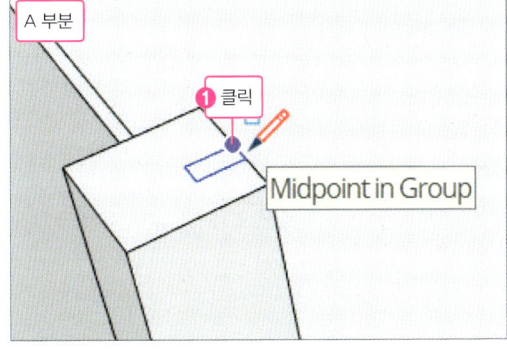
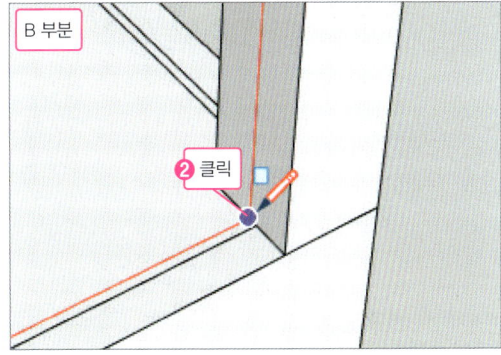

07 밀기/끌기(Push/Pull(🔲)) 도구 P 키를 누른 후 벽면 ❶지점을 클릭합니다. 커서를 ❷방향으로 이동한 상태에서 '10'을 입력하고 Enter 키를 누릅니다.

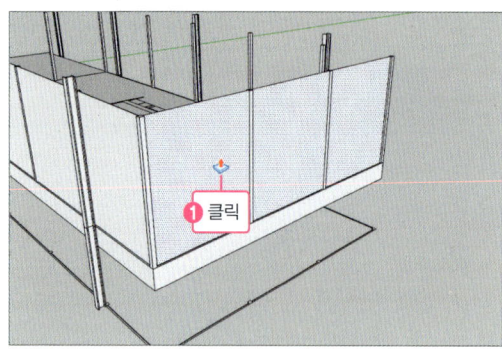 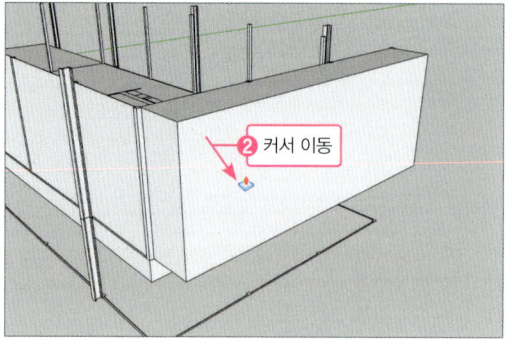

08 Space Bar 키를 눌러 선택(Select(🔲)) 도구로 전환하고 ❶지점에서 트리플 클릭(연속 3번 클릭)합니다. 마우스 오른쪽 버튼을 클릭하고 메뉴에서 [Make Group]을 클릭합니다.

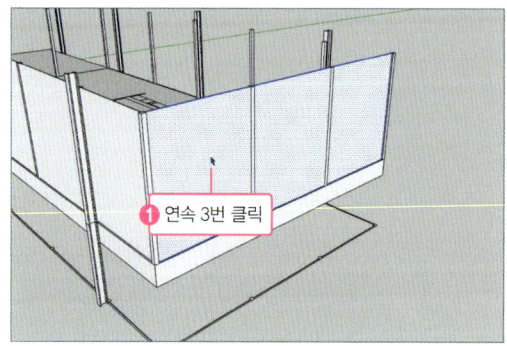 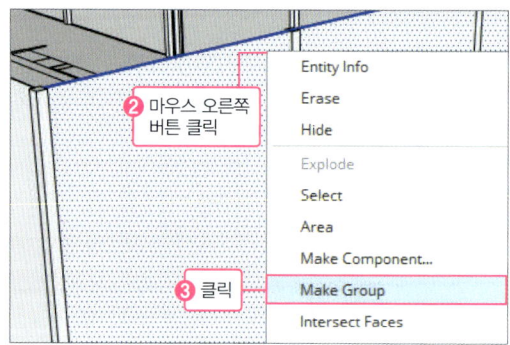

09 작성된 벽 ❶, ❷를 그림과 같이 반대편으로 복사합니다. (X축 : 16410, Y축 : 7910)

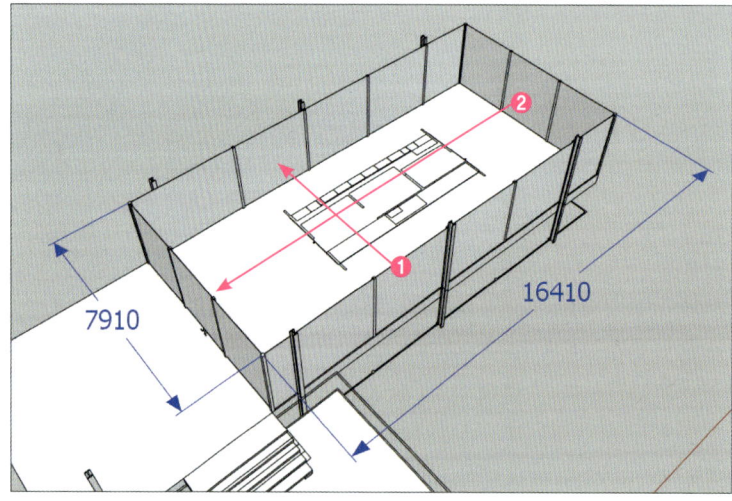

10 지붕을 꺼내기 위해 [Edit] 메뉴에서 [Unhide]의 [All]을 클릭합니다. 완성된 모델을 확인하고 다음 학습을 위해 저장합니다.

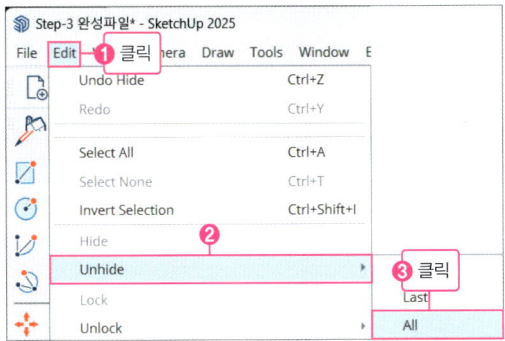

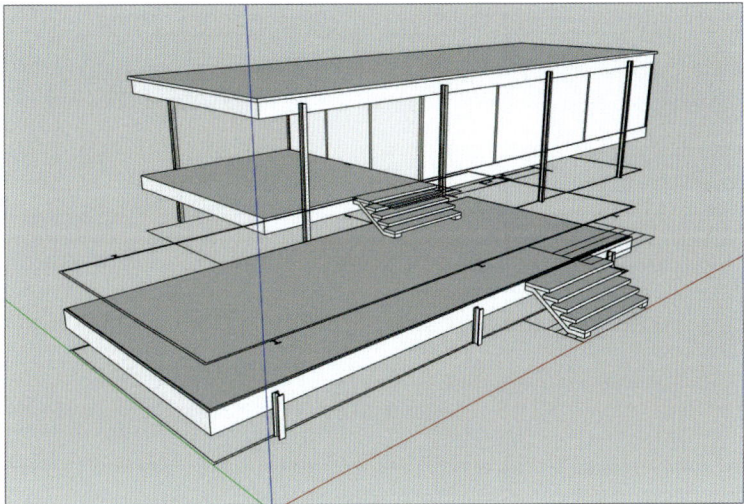

▲ 완성파일 : [예제파일/P03/Ch01/ch01 구조 완성파일.skp]

지붕을 도면층(Tags)으로 숨긴 학습자는 도면층 패널에서 지붕 도면층의 눈(◉)을 클릭해 ON으로 변경합니다.

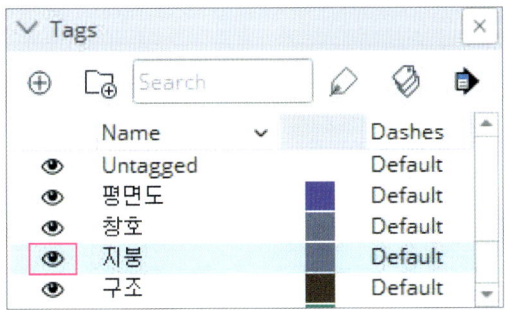

컴포넌트를 활용한 내부 모델링 (3D Warehouse)

숲을 품은 미니멀한 판스워스 하우스의 평면은 오픈 플랜으로 입구에서 우측으로 현관, 거실, 침실, 주방, 화장실이 배치됩니다. 실내 공간은 컴포넌트를 활용해 완성하겠습니다.

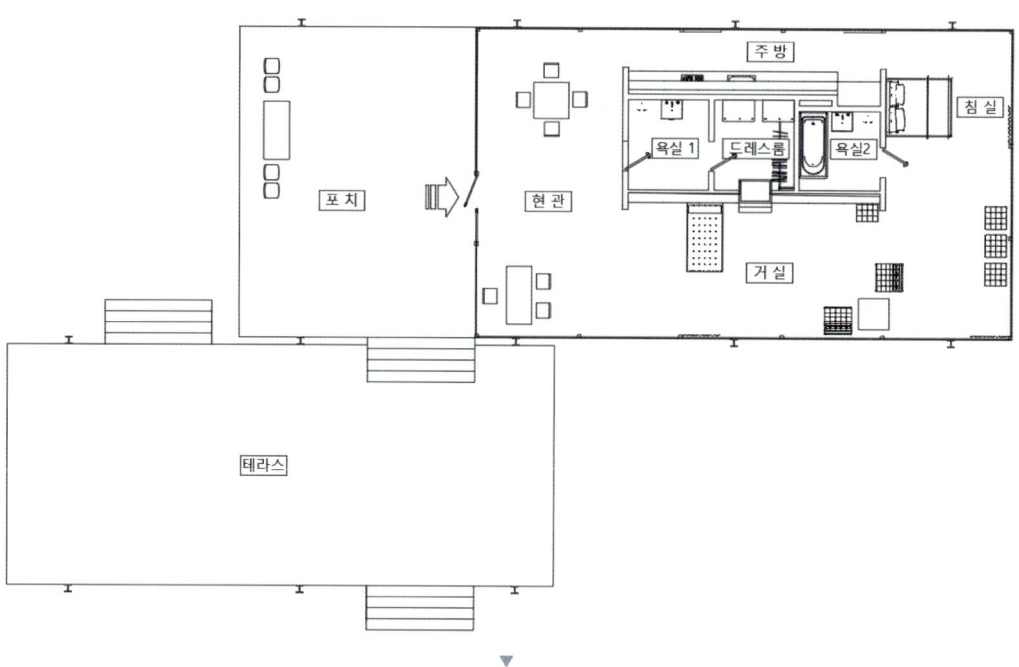

* 본 실습용 판스워스 하우스는 학습용 모델로 재구성한 것으로 세부적인 치수와 형태는 실제 건축물과 다를 수 있습니다.

STEP 1 단면(Section Plane)으로 시야 확보하기

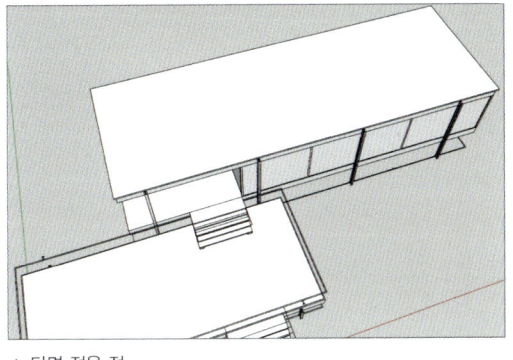
▲ 단면 적용 전

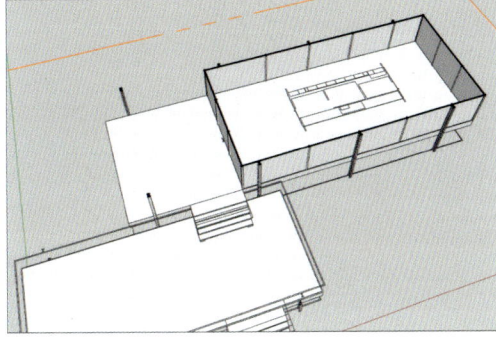
▲ 단면 적용 후

01 **Chapter 01**의 완성파일 또는 [예제파일/P03/Ch01/ch01 구조 완성파일.skp]를 더블 클릭해 스케치업을 실행하고 출입구 A 부분을 확대합니다.

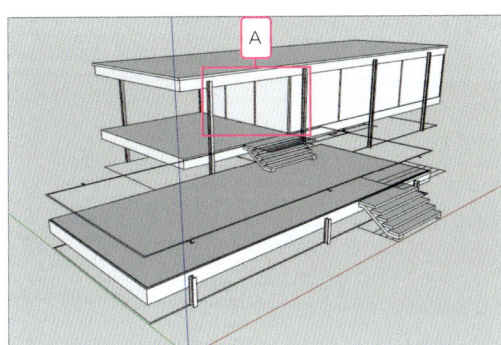
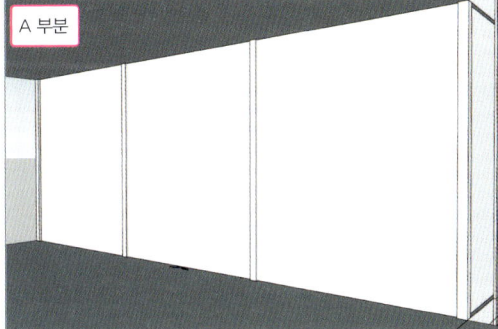

02 [File] 메뉴에서 [Import]를 클릭하고 [예제파일/P03/Ch02/판스워스하우스 가구] 폴더에서 파일 유형을 'SketchUp Files(*.skp)'로 변경합니다. '출입구 손잡이.skp' 파일을 선택하고 [Import] 버튼을 클릭합니다.

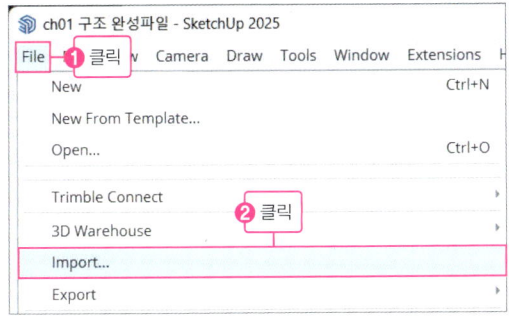
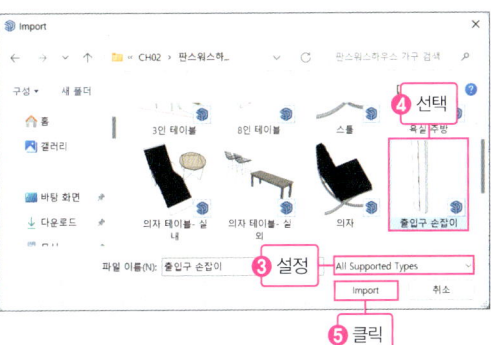

03 평면도에 표시된 위치(Endpoint)를 클릭해 배치합니다.

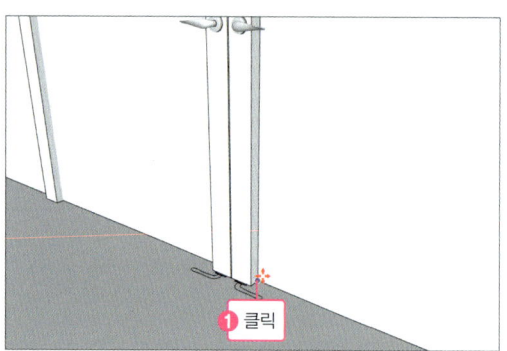
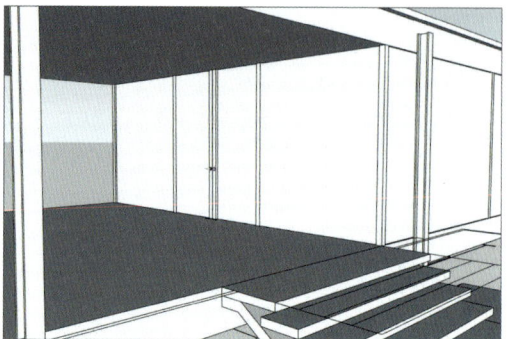

04 실내에 구성요소를 배치하기 위해 시야를 확보하겠습니다. Section 도구 막대에서 Section Plane(단면(⊕))을 클릭하면 커서 주위로 단면 기호가 나타납니다. ❷지점으로 이동해 Z축 평면(파란색)이 표시될 때 클릭하고 [OK] 버튼을 클릭합니다.

단면 축이 파란색으로 표시되지 않으면 위쪽 방향키(↑)를 눌러줍니다.

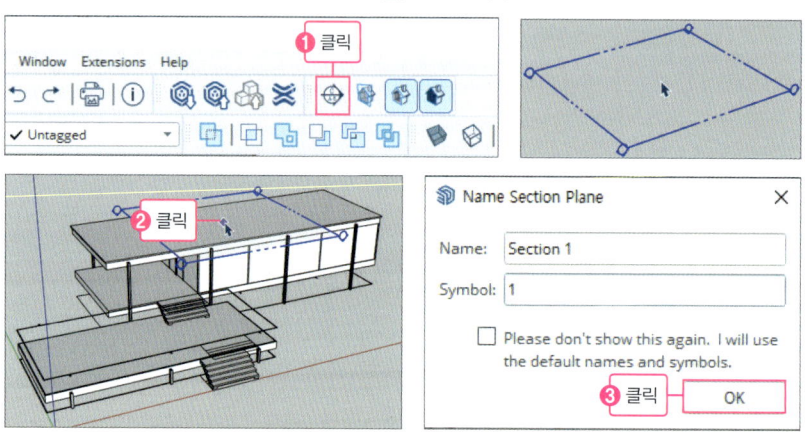

TIP Section 도구 막대가 보이지 않는 경우

[View] 메뉴에서 [Toolbars]를 클릭하고 해당 항목의 체크 여부를 확인합니다.

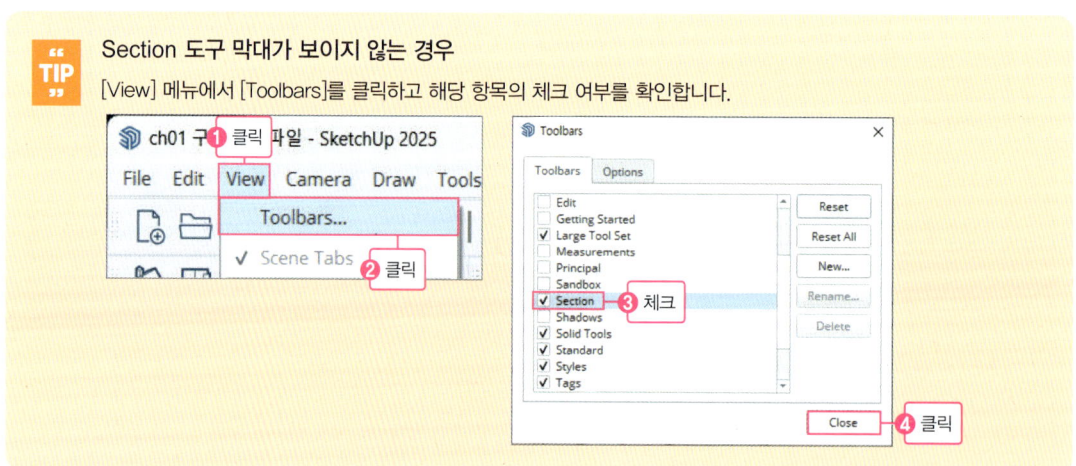

05 선택되지 않은 단면의 표시 기호는 주황색입니다. ❶을 클릭해 단면 표시를 선택합니다.

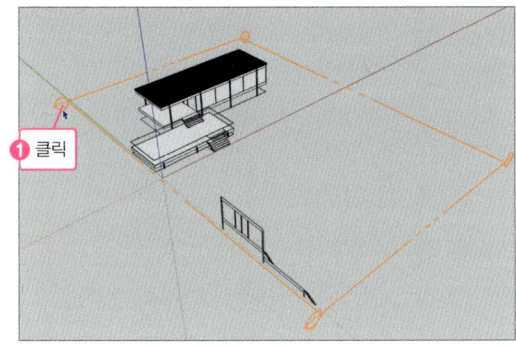 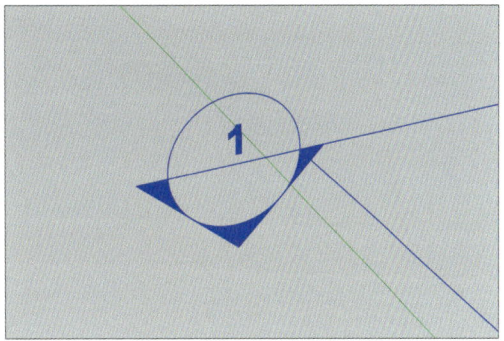

단면 기호 안의 숫자는 앞에서 설정한 기호(Symbol)의 번호입니다. 이후 단면을 사용하면 번호가 2번으로 되며, 이후 [Entity Info(기본 트레이)] 트레이에서 변경할 수 있습니다.

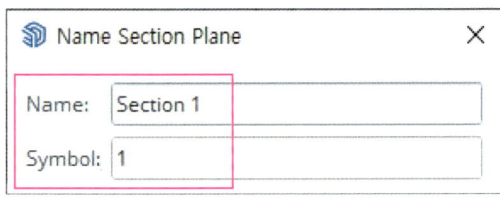 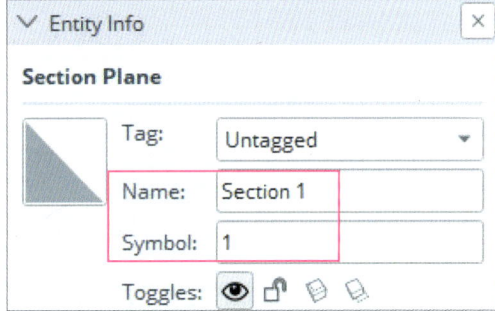

06 적용되는 Section(단면)의 범위는 모든 객체를 대상으로 하므로 필요 없는 단면도 ❶은 삭제합니다.

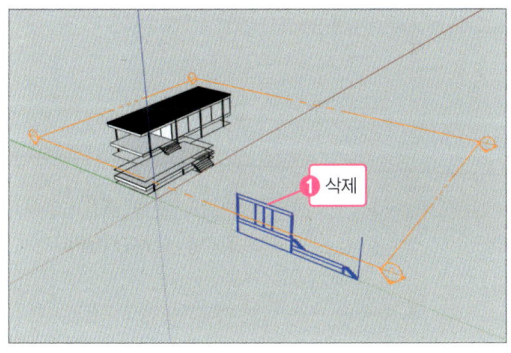 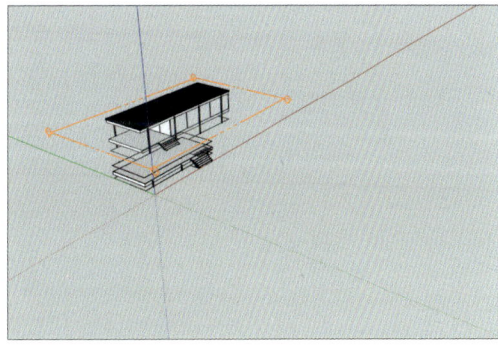

07 Space Bar 키를 누른 후 선택(Select(▶)) 도구로 단면 기호 ❶을 클릭합니다.

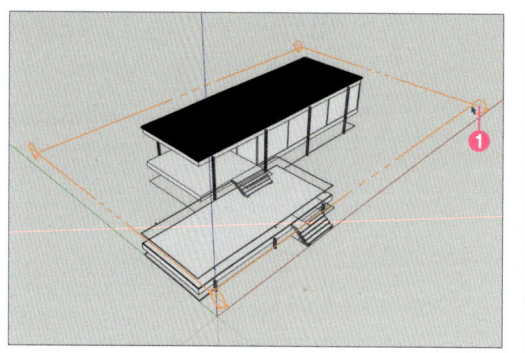
▲ 단면 기호가 선택되지 않은 상태(주황)

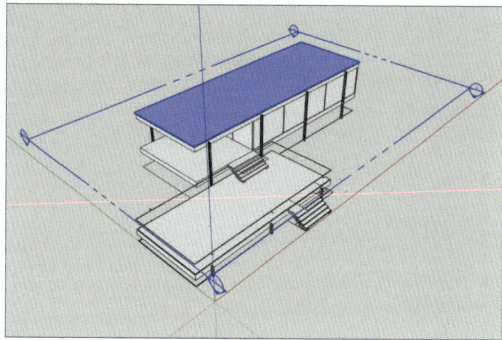
▲ 단면 기호가 선택된 상태(파랑)

08 이동(Move(✥)) 도구 M 키를 누르고 ❶지점을 클릭한 다음 아래쪽으로 내려 ❷지점을 클릭합니다. 단면 표시 기호 위쪽은 절단되어 보이지 않습니다.

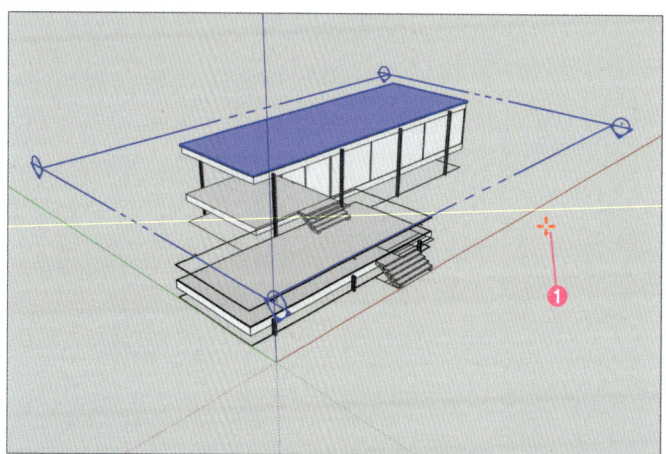

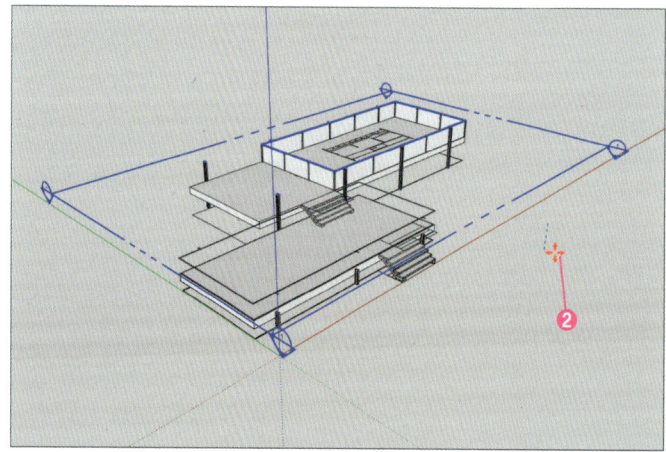

▲ 완성파일 : [예제파일/P03/Ch02/Step-1 완성파일.skp]

단면(Section) 도구와 기호의 이해

Section 도구 막대에서 Display Section Planes(단면 표시), Display Section Cuts(단면 컷 표시), Display Section Fill(단면 채우기 표시)의 ON/OFF에 따라 객체의 표시가 달라집니다. Section Plane(단면) 도구로 단면 생성 후 DWG 추출 등 다양한 옵션을 추가로 사용할 수 있습니다.

1. 단면(Section) 도구 ON/OFF에 따른 화면표시( )

① Section Plane(단면( )) : 면과 일치하는 축으로 단면을 생성합니다.

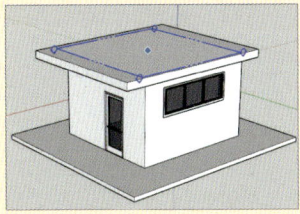 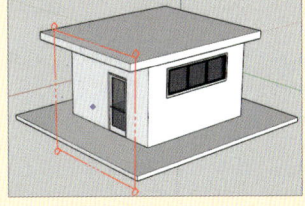 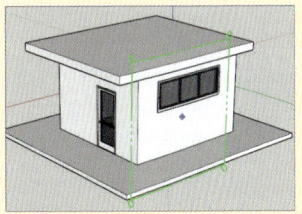

▲ Z축(파랑)　　　　　　　　▲ X축(빨강)　　　　　　　　▲ Y축(초록)

② Display Section Planes(단면 표시( )) : 단면 기호의 표시 여부를 설정합니다.

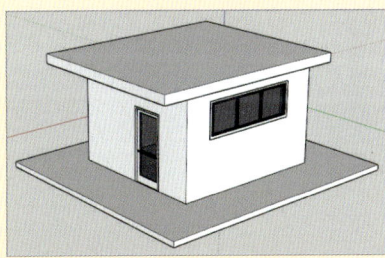 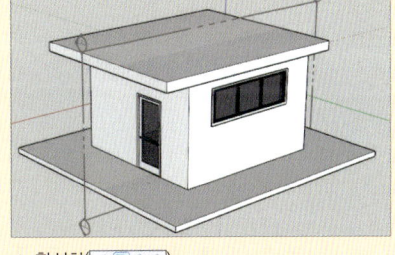

▲ 비활성화( )　　　　　　　　▲ 활성화( )

③ Display Section Cuts(단면 컷 표시( )) : 단면 컷의 표시 여부를 설정합니다.

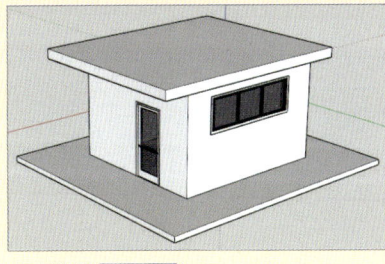 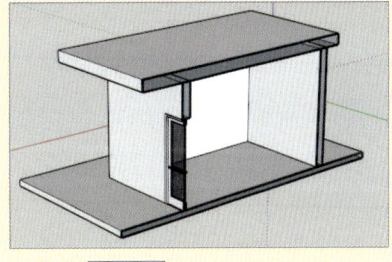

▲ 비활성화( )　　　　　　　　▲ 활성화( )

④ Display Section Fill(단면 채우기 표시( )) : 단면의 채움 여부를 설정합니다.

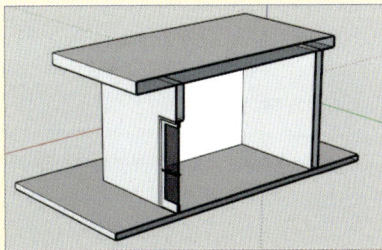 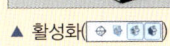

▲ 비활성화( )　　　　　　　　▲ 활성화( )

Chapter 02 • 컴포넌트를 활용한 내부 모델링(3D Warehouse)　237

Display Section Fill(단면 채우기 표시)의 색상은 [Styles(스타일)] 트레이에서 설정할 수 있습니다.

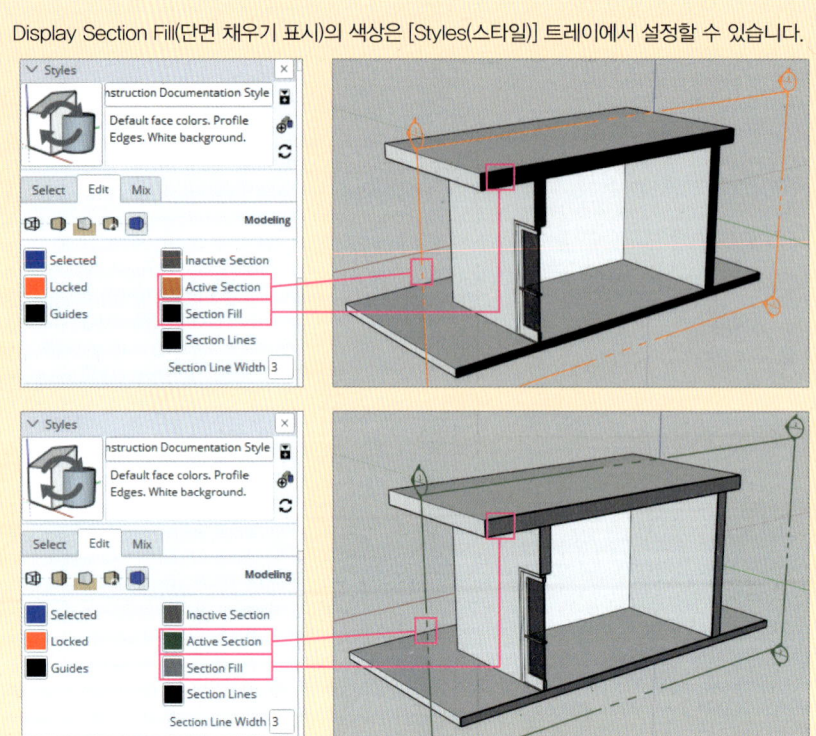

⑤ 단면 옵션 : 표시된 단면 기호 또는 단면을 마우스 오른쪽 버튼으로 클릭하면 옵션을 사용할 수 있습니다.

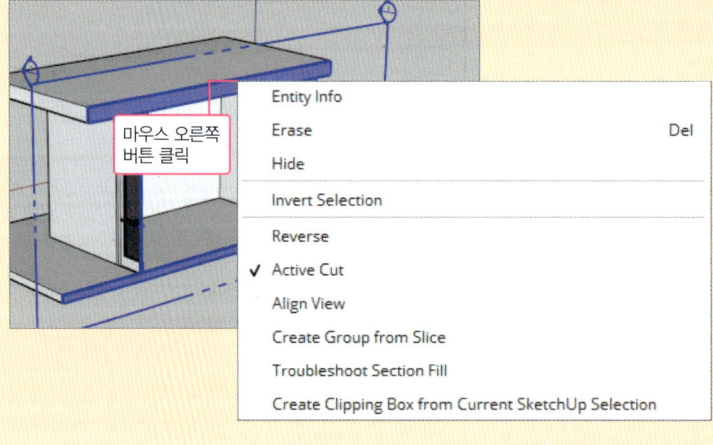

- Reverse : 단면의 방향을 반전시킵니다.

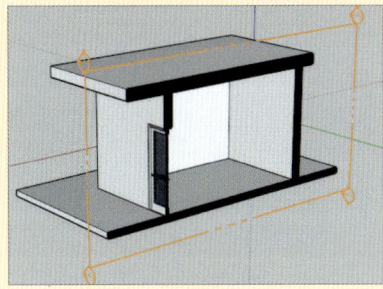 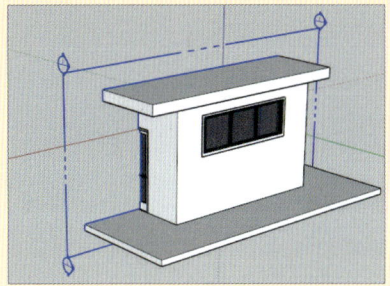

- Align View : 표시된 단면을 방향에 맞춰 화면에 정렬합니다.

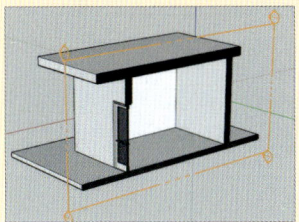 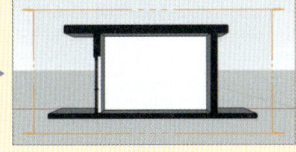 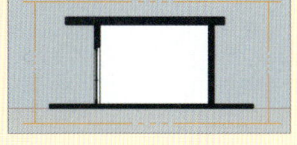

▲ Camera : Perspective　　▲ Camera : Parallel Projecting

- Create Group from Slice : 표시된 단면의 단면선을 그룹으로 추출합니다.

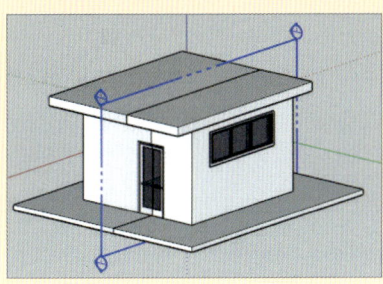 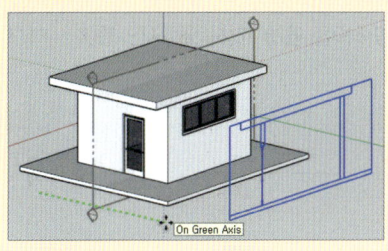

▲ 생성된 단면을 이동(M) 도구로 이동

- Section Slice : 화면에 표시된 단면을 DWG 및 DXF 형식으로 저장합니다.

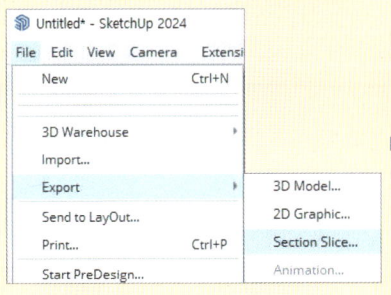 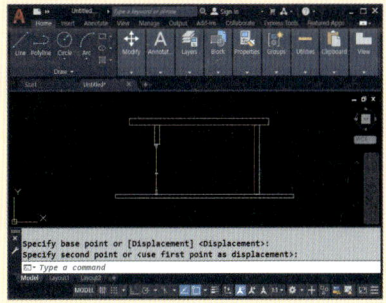

▲ 오토캐드

2. 단면 기호의 표시에 따른 상태

Section 도구 막대에서 Display Section Planes(단면 표시), Display Section Cuts(단면 컷 표시), Display Section 단면 기호는 선택(Select( )) 도구로 더블 클릭해 활성화/비활성화 상태를 전환할 수 있으며 표시되는 색상이 다르게 나타납니다. 단면 기호는 이동(Move( )) 도구 M 키를 눌러 위치를 변경할 수 있습니다.

① 비활성화 상태( ) : 단면 기호의 위치는 표시되나 절단면이 표시되지 않습니다.(화살표에 색이 없음)

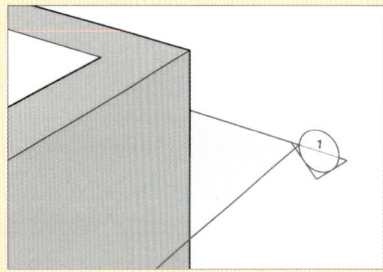

② 활성화 상태( ) : 단면 기호의 위치에 따라 절단면이 표시됩니다.(화살표에 색이 채워짐)

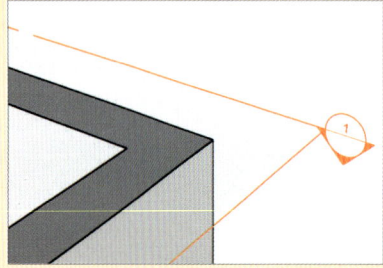

③ 선택 상태( ) : 활성화/비활성화 상관없이 선택된 단면 기호는 파란색으로 표시됩니다.

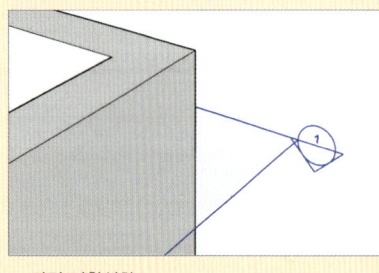 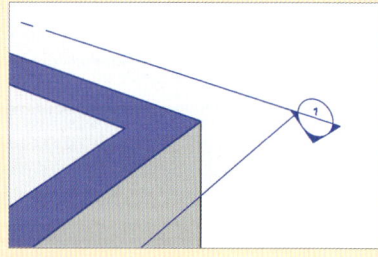

▲ 단면 비활성화　　　　　　　　　　　▲ 단면 활성화

STEP 2 가구(구성요소) 배치하기

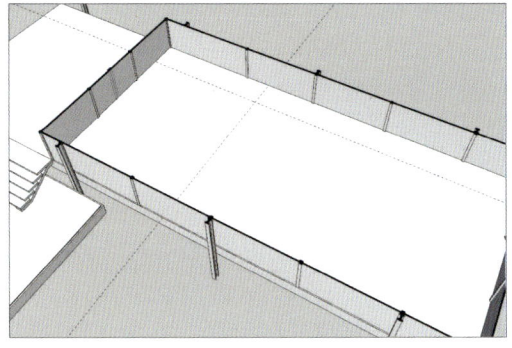
▲ 가구 배치 전

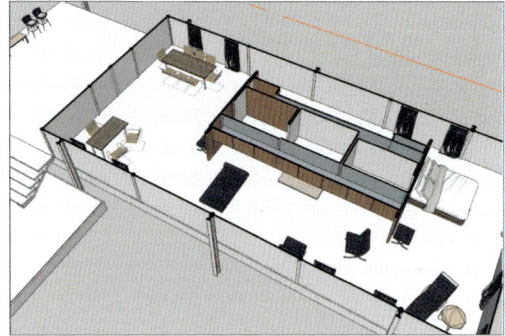
▲ 가구 배치 후

▲ 완성파일 : [예제파일/P03/Ch02/Step-2 완성파일.skp]

01 STEP 1 의 완성파일 또는 [예제파일/P03/Ch02/Step-1 완성파일.skp]를 더블 클릭해 스케치업을 실행합니다.

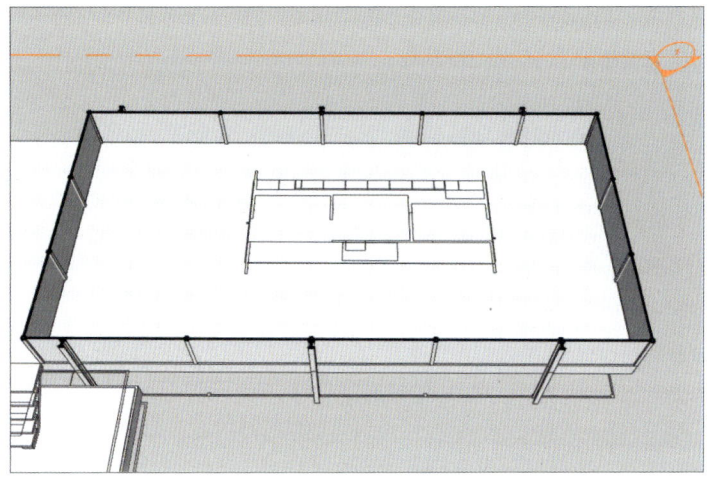

02 [File] 메뉴에서 [Import]를 클릭하고 [예제파일/P03/Ch02/판스워스하우스 가구] 폴더에서 파일 유형을 'SketchUp Files(*.skp)'로 변경합니다. '욕실 주방.skp' 파일을 선택하고 [Import] 버튼을 클릭합니다.

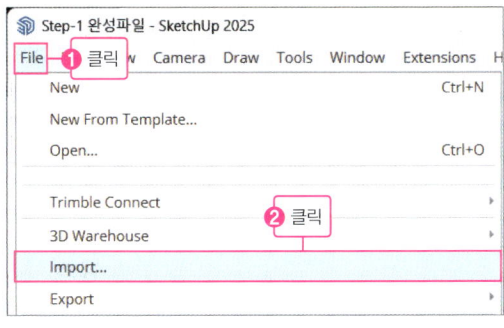

> **TIP 컴포넌트 형태 미리보기**
> 폴더의 파일 보기 형식을 변경하려면 우측 상단의 화살표를 클릭해 [보통 아이콘]이나 [큰 아이콘]으로 변경하면 컴포넌트의 형태를 확인할 수 있습니다.

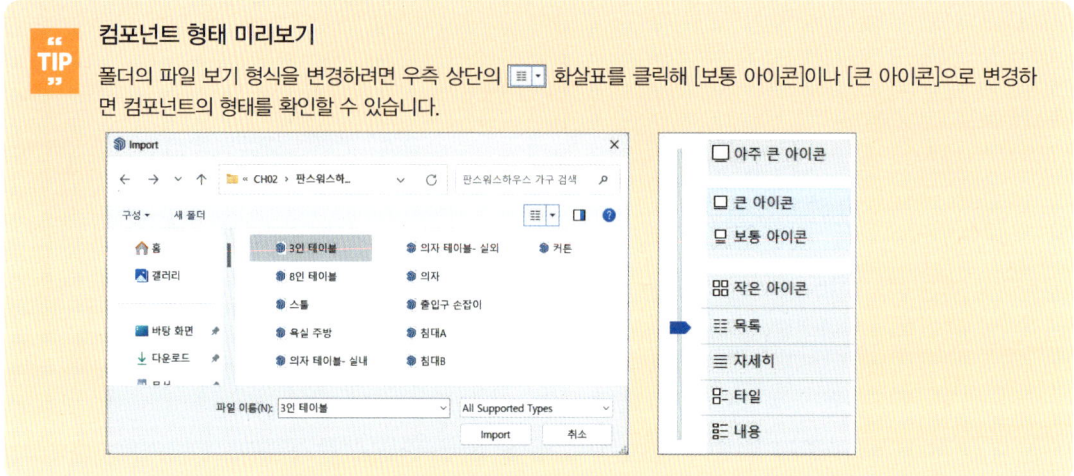

03 ❶부분으로 이동해 도면의 끝점(Endpoint) 표시가 나타나면 클릭합니다.

배치한 콤포넌트가 절단되어 보이는 이유는 앞에서 배치한 단면 기호보다 높기 때문입니다.

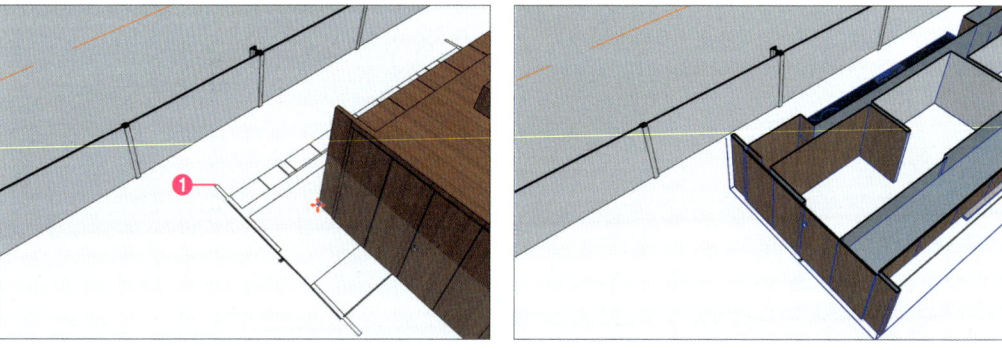

04 현관 앞 8인 테이블, 3인 테이블, 스툴 2개를 배치하겠습니다. [File] - [Import]를 클릭합니다. '8인 테이블.skp' 파일을 선택하고 [Import] 버튼을 클릭합니다.

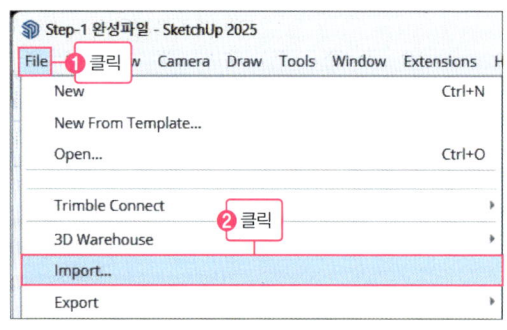 

05 '8인 테이블'을 그림처럼 보기 좋게 배치합니다. '3인 테이블'과 '스툴' 2개도 동일한 방법으로 배치합니다. 삽입점 클릭 시 'On Face In Group' 표시가 나타날 때 클릭해야 바닥 면에 배치됩니다.

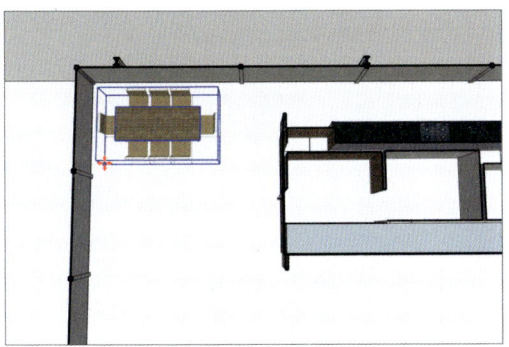 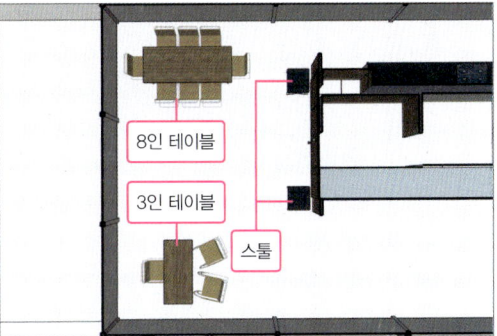

06 거실로 이동해 '침대B', '의자' 2개, '스툴', '의자 테이블 – 실내'를 배치합니다.

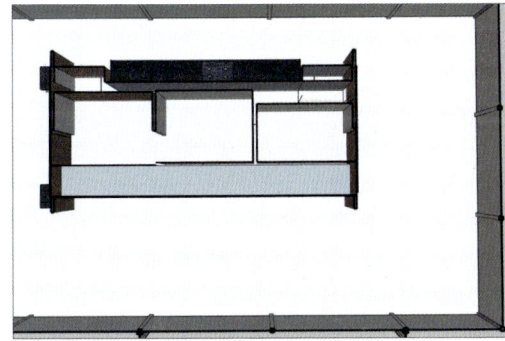 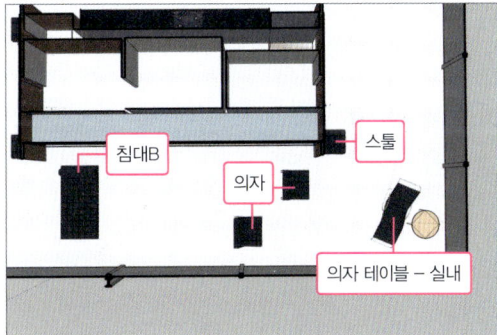

07 배치된 의자를 자연스럽게 연출하기 위해 Space Bar 키를 누른 후 선택(Select) 도구로 의자 ❶을 클릭합니다. 회전(Rotate) 도구 Q 키를 누르고 기준점 ❷지점을 클릭합니다. 시작 각도는 ❸지점을 클릭하고 커서를 회전 방향 ❹로 이동한 상태에서 각도 값 '90'을 입력하고 Enter 키를 누릅니다.

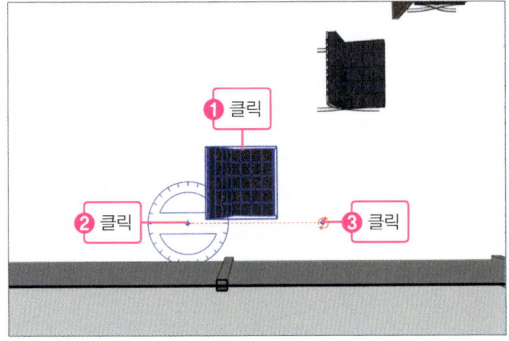 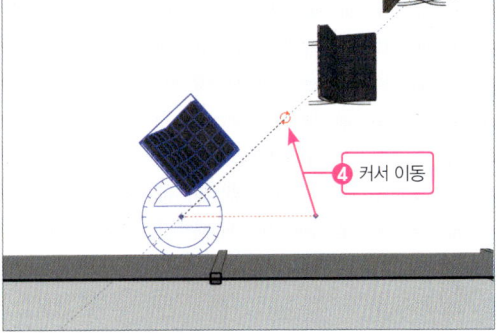

08 Space Bar 키를 누르고 선택(Select(▶)) 도구로 의자 ❶을 클릭합니다. 회전(Rotate(❏)) 도구 Q 키를 누르고 '200°'를 회전합니다. 의자 2개를 이동(Move(✥)) 도구 M 키를 누르고 보기 좋게 재배치합니다.

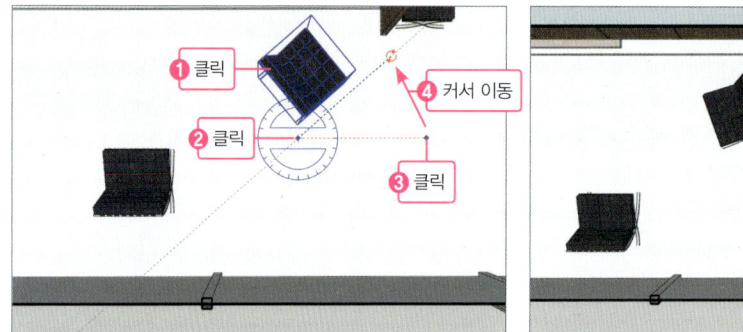

09 침실에 '침대A'를 배치하고 포치에 '의자 테이블 – 실외' 가구를 배치합니다.

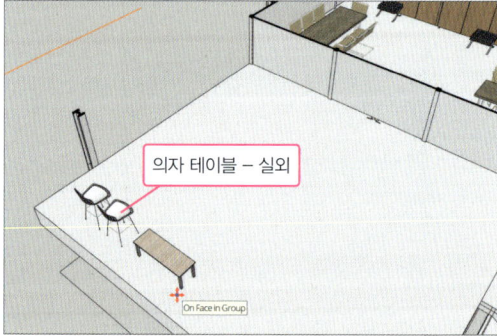

10 실내 칸막이벽 안쪽으로 '커튼'을 배치합니다. 최초 커튼 배치 후 이동(Move(✥)) 도구 M 키를 누르고 보기 좋은 위치에 복사합니다. 반대편 칸막이벽에도 2~3개 정도 배치합니다.

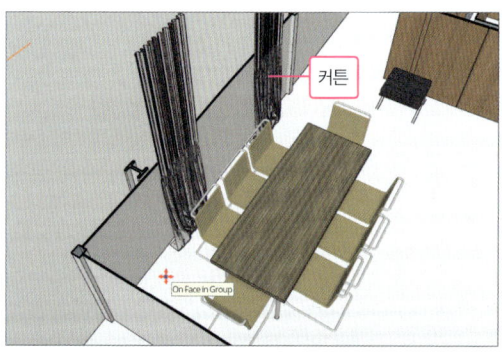
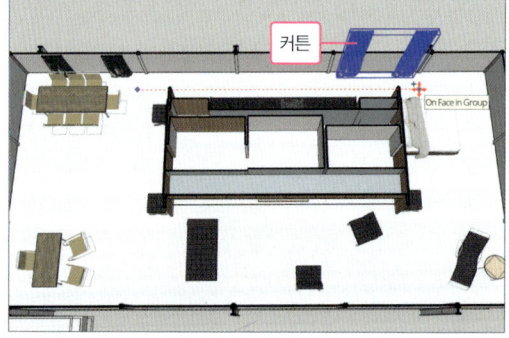

거친 느낌의 곡면을 부드럽게(Soften Edges)
배치한 커튼은 곡면을 표현하기 위해 많은 선들이 나타납니다. 커튼을 선택(Select( )) 도구로 더블 클릭하고 다시 클릭하면 그룹 객체로 선택됩니다. 우측 트레이에서 [Soften Edges] 트레이의 옵션을 확장합니다.
Soften Edges 트레이는 [Window] – [Default Tray] – [Soften Edges] 체크

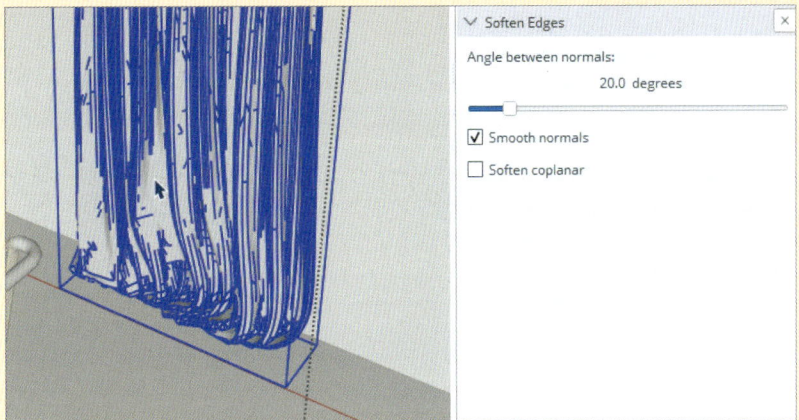

'Angle between normals' 막대를 최대로 키우고 'Soften coplanar'을 체크하면 곡면을 이루는 조각난 면의 선들이 보이지 않아 부드럽게 표현됩니다.

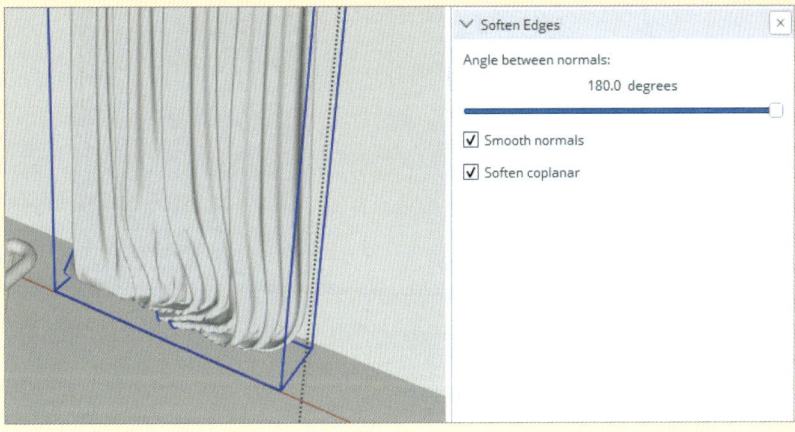

11 침실 쪽은 복사 후 회전시켜 배치합니다. 수량과 위치는 자유롭게 설정합니다.

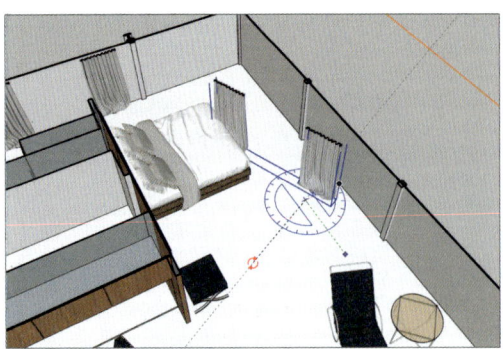 

12 불러온 캐드 도면(평면도)을 삭제하거나 도면층을 OFF하고 빠진 가구가 있는지 확인합니다. 단면 처리한 뷰를 취소하기 위해 Section 도구 막대의 'Display Section Planes(단면 표시)'과 'Display Section Cuts(단면 컷 표시)'을 클릭합니다.

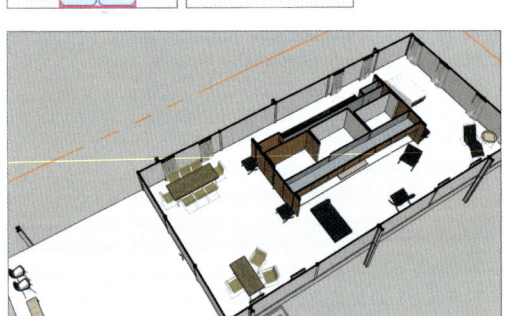 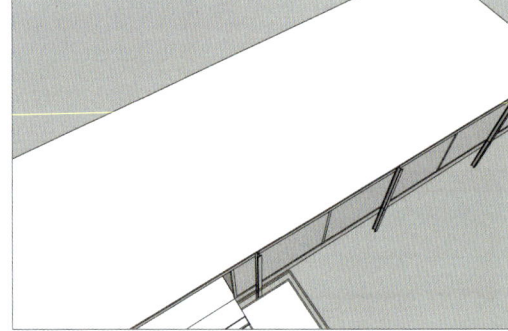

▲ 완성파일 : [예제파일/P03/Ch02/Step-2 완성파일.skp]

용량을 줄여주는 Purge

스케치업 모델링 시 불러와 삽입하는 컴포넌트 등을 자주 사용하면 파일 용량이 커지고 작업 시 느려지는 현상이 발생할 수 있습니다. 이때 Hide(숨기기), Layer(도면층)를 사용해 일시적으로 제어할 수도 있지만 Purge를 이용해 불필요한 요소를 삭제하는 것이 용량을 줄이는 데 더 효과적입니다. 스케치업 2025 버전은 저장할 때 Purge 유무를 선택할 수 있습니다.

① Purge 실행을 위해 [Window] 메뉴에서 [Model Info]를 클릭합니다.

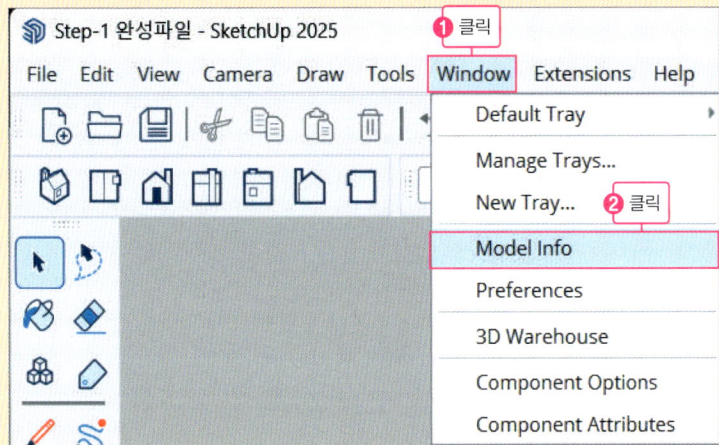

② 'Statistics'의 [Purge Unused] 버튼을 클릭하고 [닫기]를 클릭합니다.

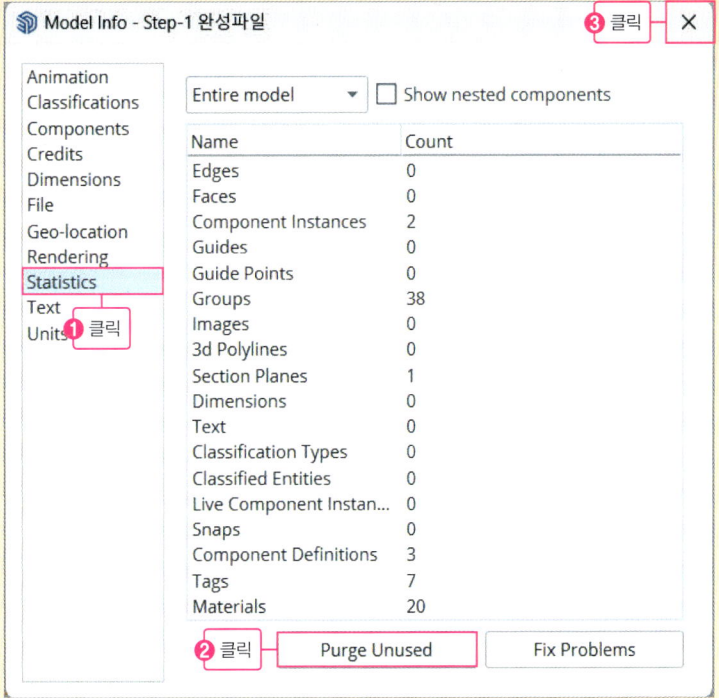

Chapter 02 • 컴포넌트를 활용한 내부 모델링(3D Warehouse) 247

CHAPTER 03 재질 및 배경 표현

판스워스 하우스는 시카고 근교 시골 마을 숲속에 자리를 잡고 있습니다. 울창한 주변 숲속 경관을 표현하고, 완성된 모델에 사실감을 높이기 위해 재질을 입혀 완성하겠습니다.

* 본 실습용 판스워스 하우스는 학습용 모델로 재구성한 것으로 주변 환경은 실제 자연환경과 다를 수 있습니다. 이번 장의 실습 내용인 '재질 및 배경 표현'은 렌더링, 조경 표현 및 배경 합성 등을 고려하지 않을 경우의 작업으로 향후 렌더링이나 주변 요소를 합성하는 그래픽 작업을 추가로 진행할 경우 생략할 수 있는 부분입니다.

STEP 1 재질 표현

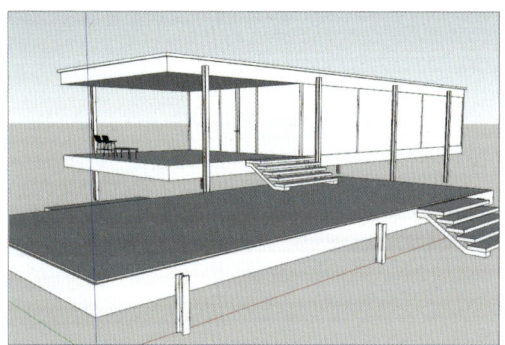

▲ 재질 적용 전

▲ 완성파일 : [예제파일/P03/Ch03/Step-1 완성파일.skp]

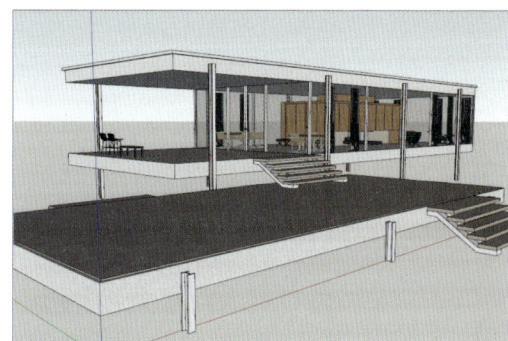

▲ 재질 적용 후

01 `Chapter 02`의 완성파일 또는 [예제파일/P03/Ch02/Step-2 완성파일.skp]을 더블 클릭해 스케치업을 실행합니다.

배치된 가구에만 재질이 적용된 상태입니다.

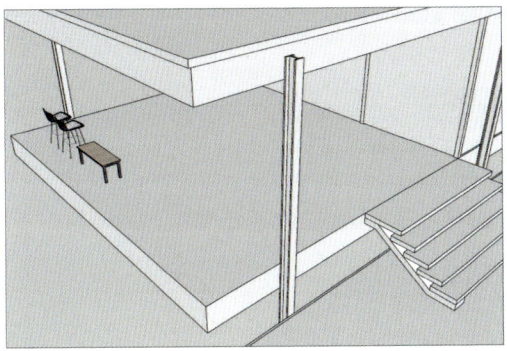

02 칸막이 유리벽 부분을 확대합니다. 우측 트레이 영역에서 [Materials] 트레이 ❶을 클릭해 확장한 후 카테고리 ❷를 'Translucent'로 선택하고 'Translucent Glass Gray' 재질 ❸을 클릭합니다.

 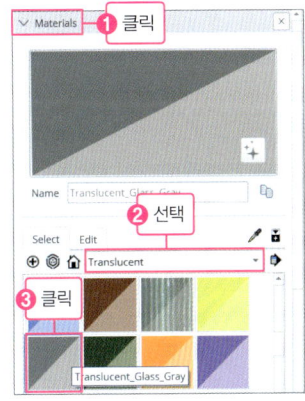

03 유리벽 ❶, ❷지점을 클릭해 재질을 넣고 시점을 돌려서 반대편 ❸, ❹지점도 재질을 표현합니다.

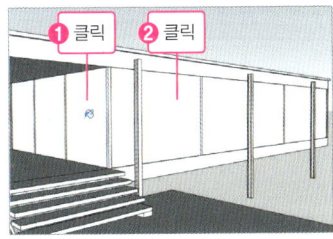 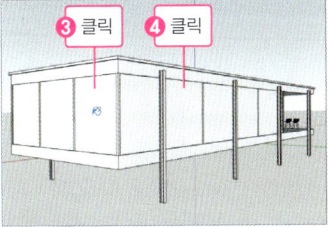 

04 적용된 유리 재질의 투명도를 변경하겠습니다. [Materials] 트레이에서 'Translucent Glass Gray' 재질이 선택된 상태로 [Edit]를 클릭합니다. 'Opacity' 항목을 '10~15' 정도로 변경합니다.

Edit 항목이 활성화되지 않는 경우 Alt 키를 누르고 창문에 적용된 재질을 클릭해 추출합니다.

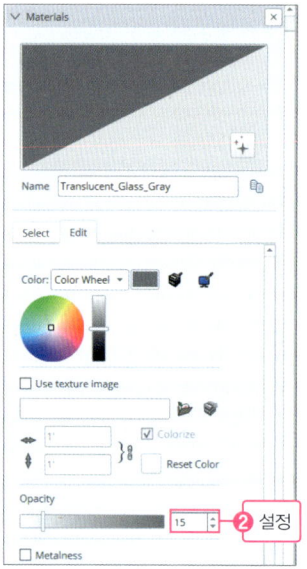

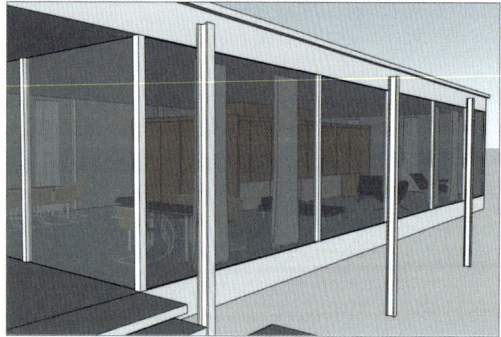
▲ Opacity(투명도) : 50

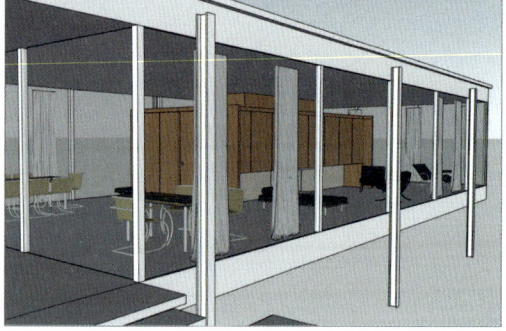
▲ Opacity(투명도) : 15

05 테라스의 바닥과 계단 재질을 그림과 같이 적용하거나 사용자가 선호하는 재질로 자유롭게 적용합니다.

테라스 부분은 상부 마감 부분과 구조 부분이 모두 그룹으로 지정되어 있어 Space Bar 키를 누른 후 선택(Select(▶)) 도구로 더블 클릭(그룹 편집) 후 재질을 적용해야 합니다.

◀ 계단 및 바닥 마감 : Tile_Ceramic_Tan

◀ 계단 받침 프레임 : Metal_06_1K

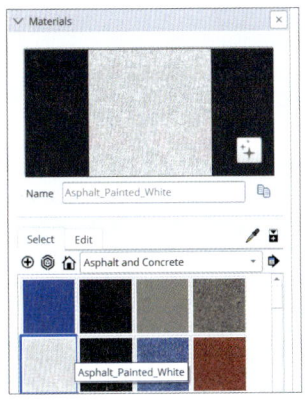 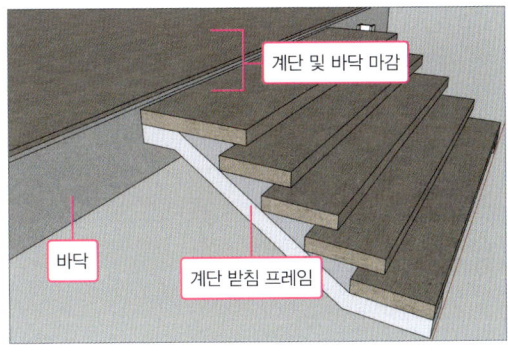

▲ 바닥 : Asphalt_Painted_White

06 현관 앞 포치의 계단 부분을 확대합니다. 바닥과 계단의 재질은 테라스와 동일하게 적용하며, 작은 기둥과 큰 기둥 모두 계단 받침 프레임 재료와 동일하게 Metal 계열의 재질을 적용합니다.

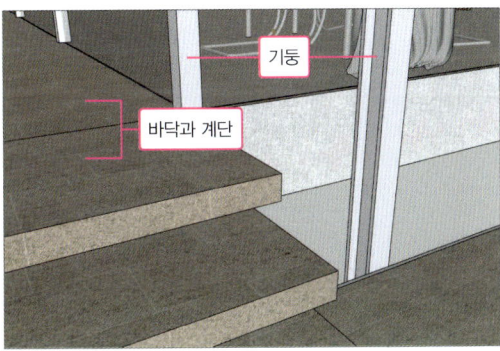

07 지붕 부분을 확대합니다. 지붕도 바닥 재료와 동일하게 'Asphalt_Painted_White'를 적용합니다.

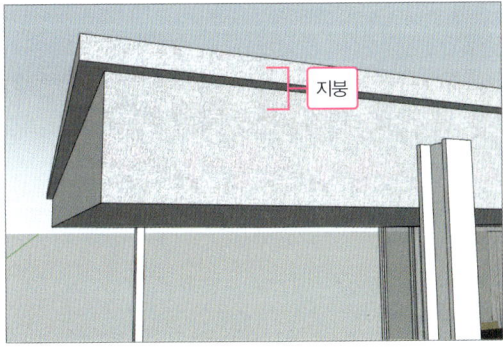

08 재질의 표현은 학습자가 임의로 변경해도 됩니다. 누락된 부분을 확인하고 다음 학습을 위해 저장합니다.

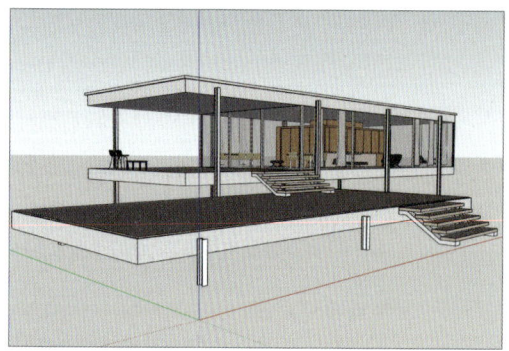

▲ 완성파일 : [예제파일/P03/Ch03/Step-1 완성파일.skp]

STEP 2 배경 표현(조경 및 태양 설정)

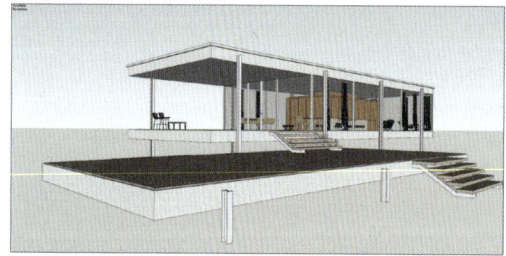

▲ 배경 표현 전
▲ 완성파일 : [예제파일/P03/Ch03/Step-2 완성파일.skp]

▲ 배경 표현 후

01 STEP 1의 완성파일 또는 [예제파일/P03/Ch03/Step-1 완성파일.skp]을 더블 클릭해 스케치업을 실행합니다.

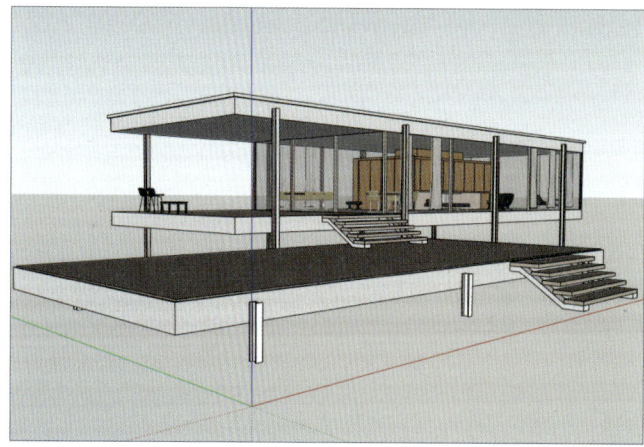

02 지반을 표현하기 위해 직사각형(Rectangle(■)) 도구 R 키를 누르고 원점인 ❶지점을 클릭합니다. 커서를 ❷방향으로 이동한 상태에서 Dimensions에 '40000,25000'을 입력하고 Enter 키를 누릅니다.

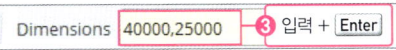

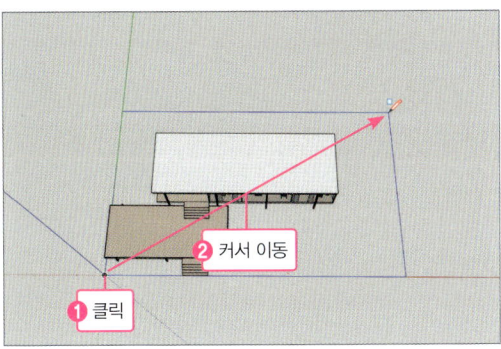
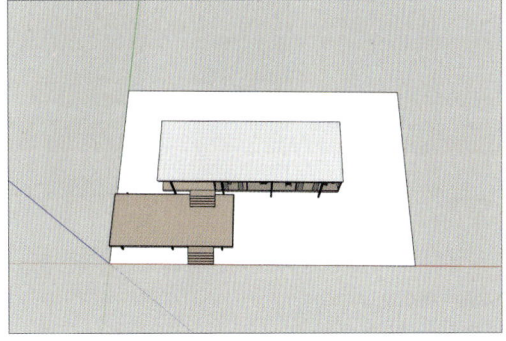

03 밀기/끌기(Push/Pull(■)) 도구 P 키를 누르고 ❶지점을 클릭합니다. 커서를 ❷방향으로 이동한 상태에서 Distance에 '50'을 입력하고 Enter 키를 누릅니다.

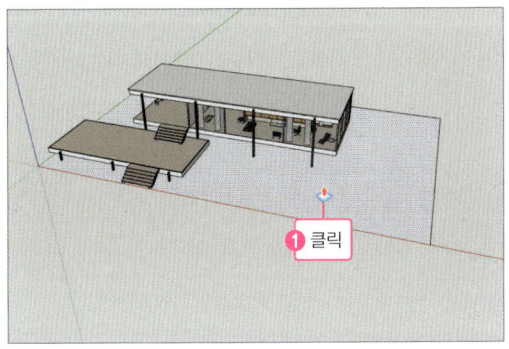
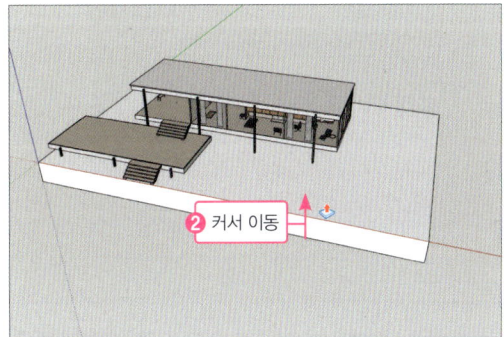

04 작성된 지반(50)을 그룹으로 만들고 이동(Move(■)) 도구 M 키를 눌러 −X축으로 '5000', −Y축으로 '4000' 이동합니다.

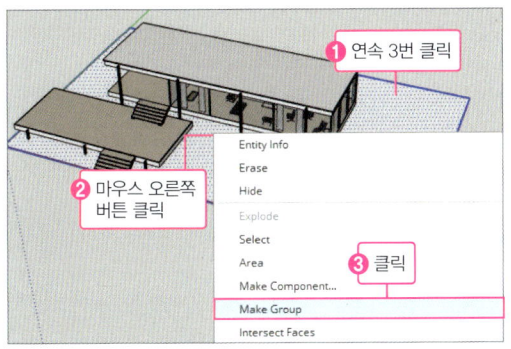
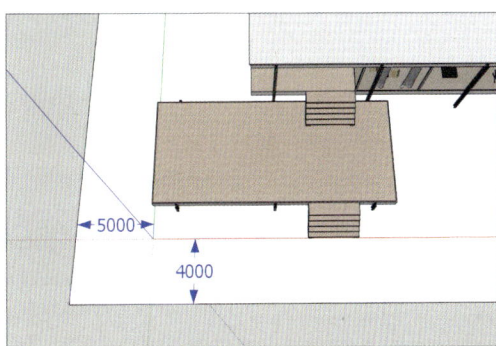

05 [Materials] 트레이에서 카테고리 ❶을 'Vegetation'으로 설정한 후 'Vegetation_Bark_Dark' 재질 ❷를 클릭합니다. 사각형의 면 ❸지점을 클릭해 재질을 적용합니다.

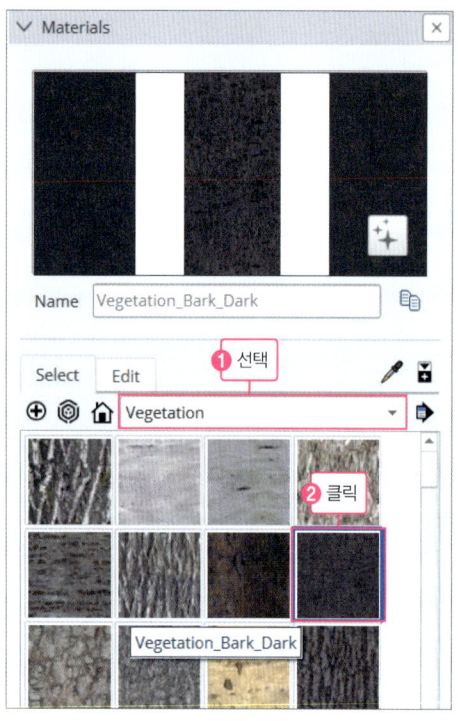
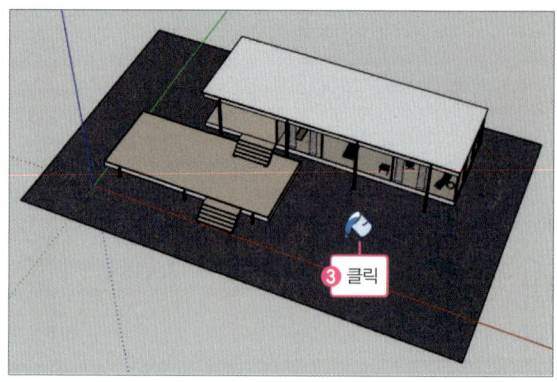

06 [File] - [Import]를 클릭하고 [예제파일/P03/Ch03/나무] 폴더에서 '나무 그룹' 또는 '나무' 파일들을 선택해 그림과 같이 배치합니다. 나무의 배치는 그림과 동일하지 않아도 됩니다.

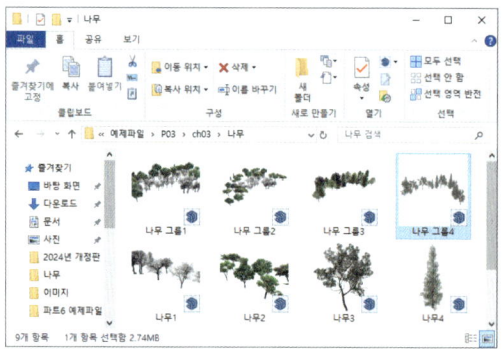

07 나무의 배치가 자연스러운지 확인하고 다음 학습을 위해 저장합니다.

▲ 완성파일 : [예제파일/P03/Ch03/Step-2 완성파일.skp]

재질 등록과 편집

1. 재질 등록

자주 사용하는 재질 이미지나 실제 시공에 적용되는 마감재의 재질을 추가할 수 있습니다.

① [예제파일/P03/Ch03/Tip] 폴더에서 '재질연습.skp' 파일을 더블 클릭해 스케치업을 실행합니다.

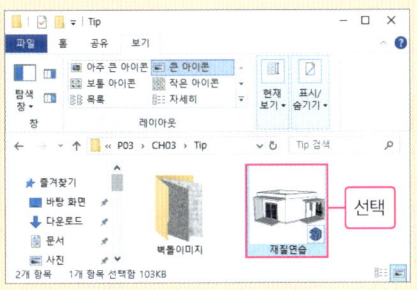 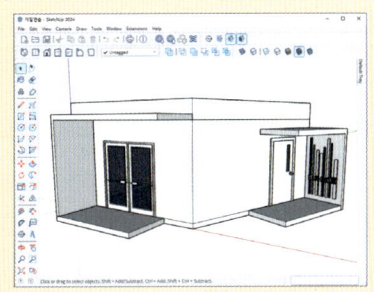

② [Materials] 트레이에서 [Create New Material(⊕)]을 클릭합니다. 'Use texture image' 항목을 체크한 후 [예제파일/P03/Ch03/Tip/벽돌이미지] 폴더에서 'WALL006.jpg' 이미지를 선택하고 [열기] 버튼을 클릭합니다.

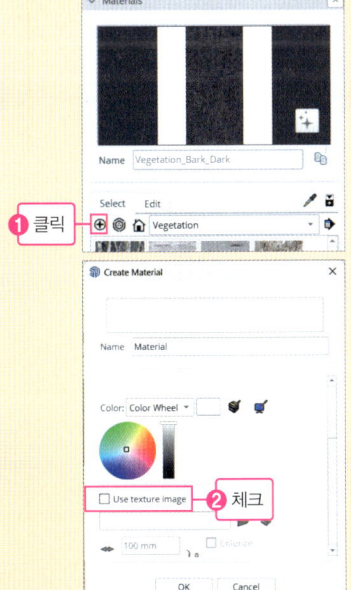 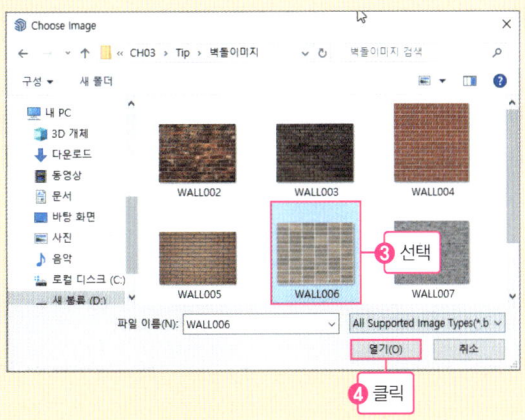

Chapter 03 • 재질 및 배경 표현 255

③ 재질의 이름을 'brick-brown'으로 변경합니다. 이미지의 가로 크기를 링크가 걸린 상태에서 '1500' 정도로 조정하고 [OK] 버튼을 클릭합니다. Space Bar 키를 누르고 선택(Select) 도구로 건물 벽체를 더블 클릭한 후 페인트 통(Paint Bucket) 도구로 재질을 적용합니다.

새로 사용한 이미지는 현재 작업 중인 파일(재질 카테고리 'In Model')에 저장되어 언제든 사용할 수 있지만 다른 파일에서는 다시 가져와 사용해야 하는 번거로움이 있습니다. 추가된 재질을 다른 작업파일에서도 사용하려면 재질을 등록해야 합니다.

④ 새로운 재질 'WALL006'을 스케치업의 Materials로 저장하기 위해 [Materials] 트레이에서 'In Model'을 선택한 후 'WALL06' 이미지에서 마우스 오른쪽 버튼을 클릭합니다. 'Save As'를 클릭하고 '새 폴더'를 클릭합니다.

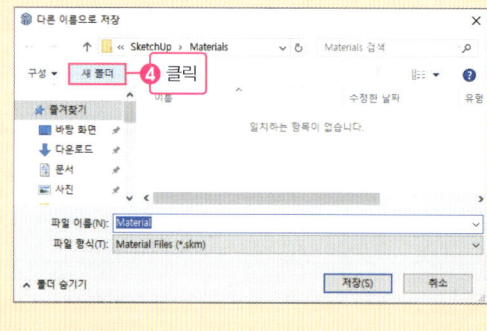

⑤ 폴더 이름을 'My materials'로 입력하고 더블 클릭해 해당 폴더로 이동합니다. 사용자가 알아보기 쉬운 파일 이름(벽돌-갈색)을 입력하고 [저장] 버튼을 클릭합니다. 이렇게 하면 스케치업 전용 재질인 'skm' 이미지로 등록됩니다.

스케치업 재질 폴더 경로 : C:\ProgramData\SketchUp\SketchUp 2025\SketchUp\Meterials

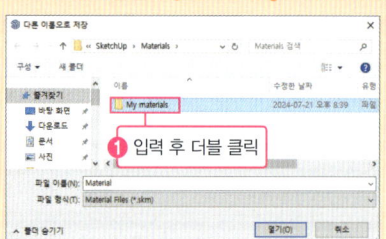
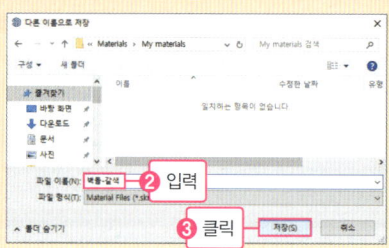

⑥ 스케치업을 새로 실행하고 'Study' 템플릿을 클릭합니다. 적당한 상자를 만들고 [Materials] 트레이에서 새로 추가한 'My materials'을 클릭합니다.

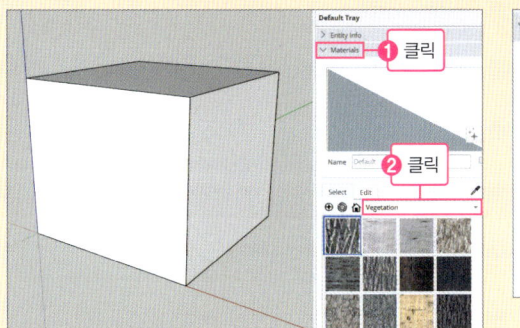
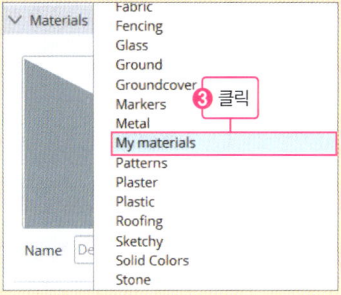

⑦ 신규로 등록한 'brick-brown'을 클릭하면 재질을 사용할 수 있습니다.

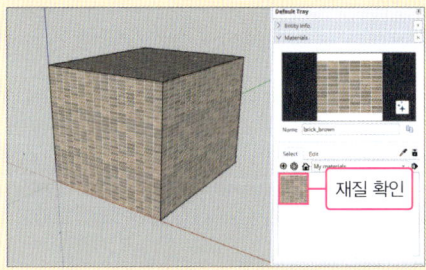

KCC, 현대L&C, LX하우시스 등 대표적인 건축 자재 기업에서는 건축 자재 샘플, 시공 사례, 디자인 예시, 시공 지침서, 시공 결과 시뮬레이션 등을 제공하고 있습니다. 건축, 인테리어 분야의 입문자라면 관련 기업 홈페이지를 방문하는 것만으로도 건축 자재의 특징, 디자인 트렌드 등 많은 정보를 얻을 수 있습니다.

▲ 출처 : LX하우시스(http://www.lxhausys.co.kr)

⑧ 3D Warehouse에서 재질 다운로드

3D Warehouse 사이트의 검색 창에서 재질을 검색하고 '재질' 항목을 클릭하면 다양한 스케치업 전용 재질(skm)을 다운로드 할 수 있습니다. 다운로드한 파일은 'C:\ProgramData\SketchUp\SketchUp 2025\SketchUp\Materials' 폴더 안에 새로운 폴더를 만든 후 다운받은 재질파일을 복사하여 사용할 수 있습니다.

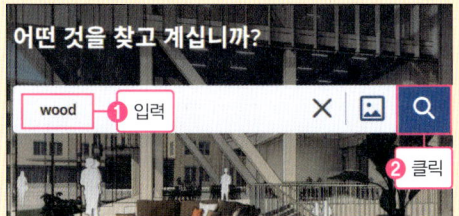
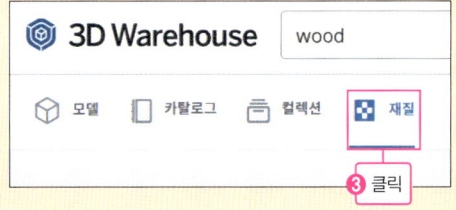

⑨ 인터넷 웹페이지에서의 재질 선택

이전 작업에서 사용한 brick-brown 재질 이미지는 어둡고 밝은 명암 표현이 나타납니다. 이러한 재질 이미지는 좁은 영역에서는 나쁘지 않으나 영역이 큰 부분에 사용하기에는 패턴이 생겨 좋지 않습니다. 이런 경우 웹페이지(구글 등)에서 재질을 검색한 후 이미지에 명암이 없는 재질을 사용하는 것이 좋습니다.

- 검색 예시

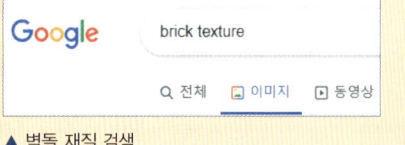
▲ 벽돌 재질 검색

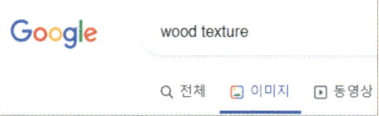
▲ 나무 재질 검색

▲ 타일 재질 검색

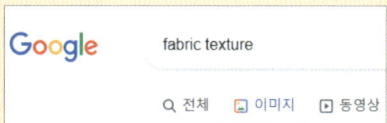
▲ 천 재질 검색

- 이미지에 따른 적용 결과를 확인하기 위해 [예제파일/P03/Ch03/Tip/벽돌이미지] 폴더의 재질을 넣어 확인합니다.

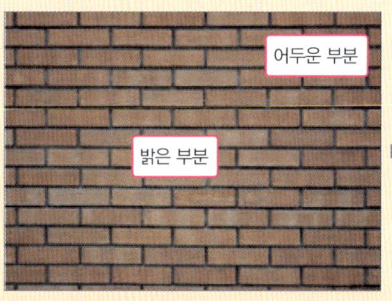
▲ 명암이 있는 이미지

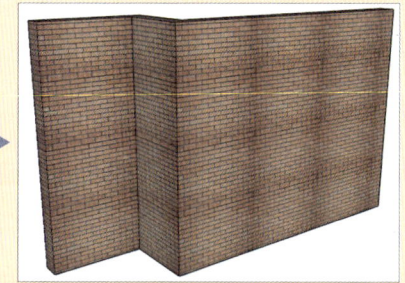
▲ 결과 : 타일처럼 패턴이 생김

▲ 명암이 없는 이미지

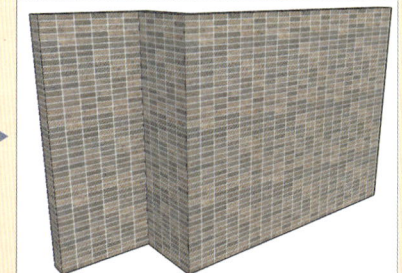
▲ 결과 : 넓은 면적도 자연스럽게 표현됨

2. 재질 편집(Texture Position)

적용된 재질의 색상, 크기는 물론 방향과 시작 위치 등을 편집할 수 있습니다.

① [Materials] 트레이에서 'Asphalt and Concrete'의 'Concrete Scored Jointless' 재질을 선택해 벽 ❸, ❹에 적용합니다.

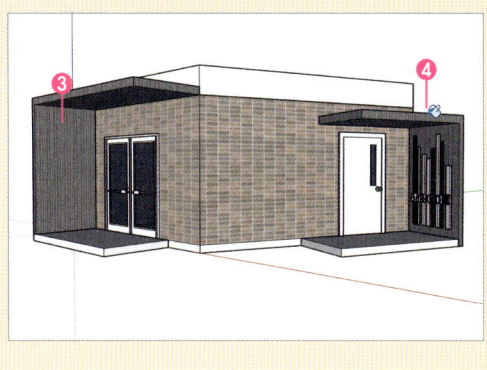

② 현재 재질을 그대로 사용해도 되지만 재질의 특징을 살리기 위해 패턴을 크게 하고 색상을 어둡게 조정해 보겠습니다. [Materials] 트레이의 [Edit] 탭을 클릭합니다. 'Color' 항목을 'Color Wheel'로 변경하고 색상과 밝기를 조정합니다. 패턴의 크기를 좀 더 키우기 위해 'Texture'의 값을 '1200'으로 설정합니다.

링크가 걸려있는 상태입니다. 하나만 입력하면 나머지 하나도 같은 비율로 입력되며, 비율을 유지하지 않으려면 링크(🔗)를 해제하고 입력하면 됩니다. 'Opacity'는 유리나 아크릴과 같이 내부가 비치는 재료의 투명도를 설정합니다. 값이 100일 경우 불투명, 50일 경우에는 반투명으로 표현됩니다.

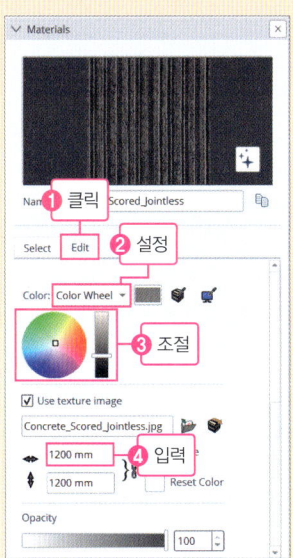

③ Space Bar 키를 누르고 선택(Select()) 도구로 바닥을 더블 클릭해 편집 모드로 변경합니다. [Materials] 트레이에서 'Stone'의 'Stone Tile Squares' 재질을 선택해 바닥에 적용합니다. 현재 좌표축(X, Y) 방향과 바닥의 형태가 일치해 마감의 줄눈도 바닥의 형태와 일치하게 됩니다.

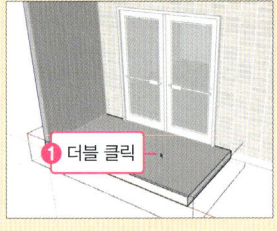 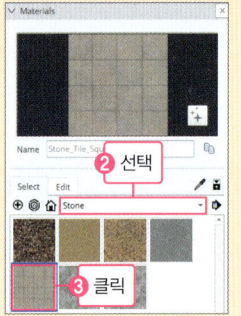 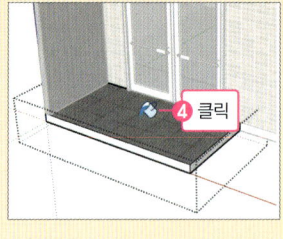

④ 반대편 바닥도 Space Bar 키를 누르고 선택(Select()) 도구로 바닥 ❶을 더블 클릭해 편집 모드로 변경합니다. [Materials] 트레이에서 'Stone'의 'Stone Tile Squares' 재질을 선택해 바닥에 적용합니다. 현재 좌표축(X, Y) 방향과 바닥의 형태가 일치하지 않아 줄눈도 바닥의 형태와 일치하지 않게 됩니다.

 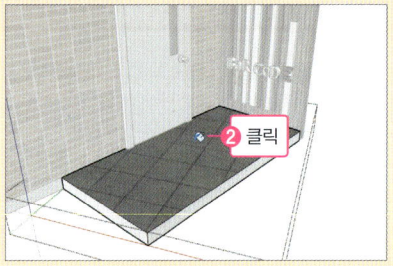

⑤ 재질의 방향과 크기를 편집하기 위해 Space Bar 키를 누른 후 선택(Select()) 도구로 재질이 적용된 면 ❶을 클릭하고 마우스 오른쪽 버튼을 클릭합니다. [Texture]의 [Position]을 클릭하면 편집 화면으로 전환됩니다.

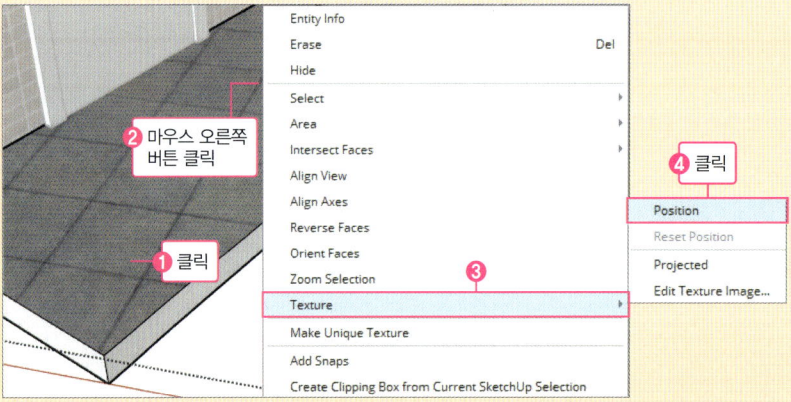

⑥ 화면에 나타난 4개의 핀으로 재질의 위치, 크기, 각도, 모양을 편집합니다. 각 핀을 클릭해 기준 위치를 이동할 수 있고, 클릭 & 드래그로 모양을 설정합니다.

- : 재질의 위치를 이동합니다.
- : 재질의 크기와 각도를 설정합니다.
- : 재질의 모양을 비틀어 왜곡합니다.
- : 재질의 모양을 늘리고 축을 회전합니다.

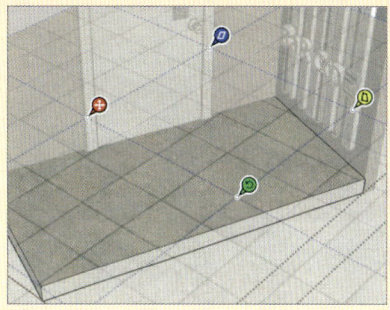

⑦ 빨간색 핀을 클릭 & 드래그로 경계의 구석으로 이동합니다.

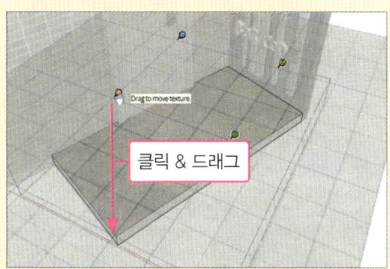 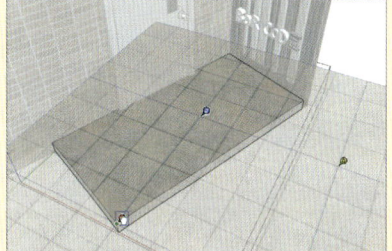

⑧ 녹색 핀을 클릭 & 드래그로 바닥의 모서리 쪽(반시계 방향)으로 움직이면 재질의 방향과 크기가 변경되는 것을 확인할 수 있습니다. 타일 3장 크기가 되는 ❷지점으로 설정합니다.

⑨ 편집을 종료하기 위해 마우스 오른쪽 버튼을 클릭하고 [Done]을 클릭합니다. 그룹 편집을 종료하기 위해 Esc 키를 누릅니다.

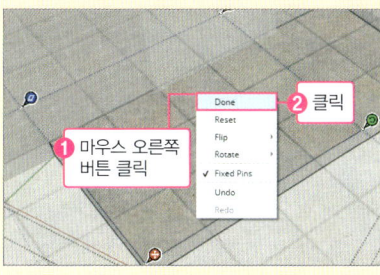 

Texture의 'Position' 옵션은 각 면에 하나씩 재질을 적용해야 사용할 수 있습니다. 그룹 상태에서 재질을 적용한 경우에는 사용할 수 없습니다.

CHAPTER 04 Scenes(장면) 설정과 애니메이션

작업 시점을 저장하는 Scenes(장면) 설정을 학습하겠습니다. 설정된 장면은 작업 영역의 빠른 이동, 이미지 추출, 애니메이션 등에 사용되어 작업의 편의성과 활용성을 높일 수 있습니다.

STEP 1 장면 설정

◀ Scenes(장면 탭)

▲ 장면 설정 : 실내뷰1

▲ 장면 설정 : 실외뷰1

▲ 완성파일 : [예제파일/P03/Ch04/Step-1 완성파일.skp]

01 Chapter 03 의 완성파일 또는 [예제파일/P03/Ch03/Step-2 완성파일.skp]을 더블 클릭해 스케치업을 실행합니다. 장면(Scenes)을 사용해 입면 뷰 4개, 실내 뷰, 실외 뷰를 추가해 보겠습니다.

02 실외 뷰를 추가하기 위해 좌측 도구 막대에서 카메라 위치를 지정하는 카메라 배치(Position Camera(🚶)) ❶을 클릭합니다. 서서 바라볼 위치 ❷지점을 클릭하면 해당 지점에서 바라보는 뷰로 시점이 변경되고 둘러보기(Look Around(👁))로 자동 전환됩니다.

03 둘러보기(Look Around(👁)) 상태에서 클릭 & 드래그하여 바라보는 초점을 조정하고 확대/축소(휠)하여 건물 크기를 화면에 맞춥니다.

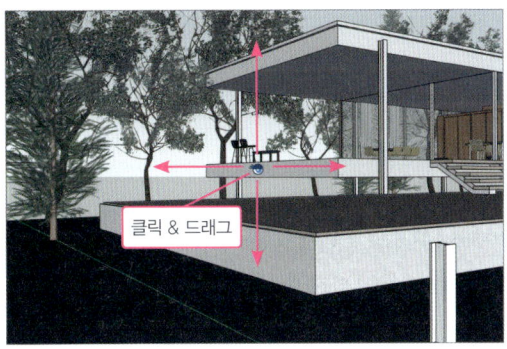 

▲ 초점 조정 전 　　　　　　　　　　　▲ 초점 조정 후

> **TIP** **Eye Height(눈 높이) 입력하기**
> 둘러보기(Look Around(👁)) 상태에서는 Eye Height(눈 높이)를 입력할 수 있습니다.

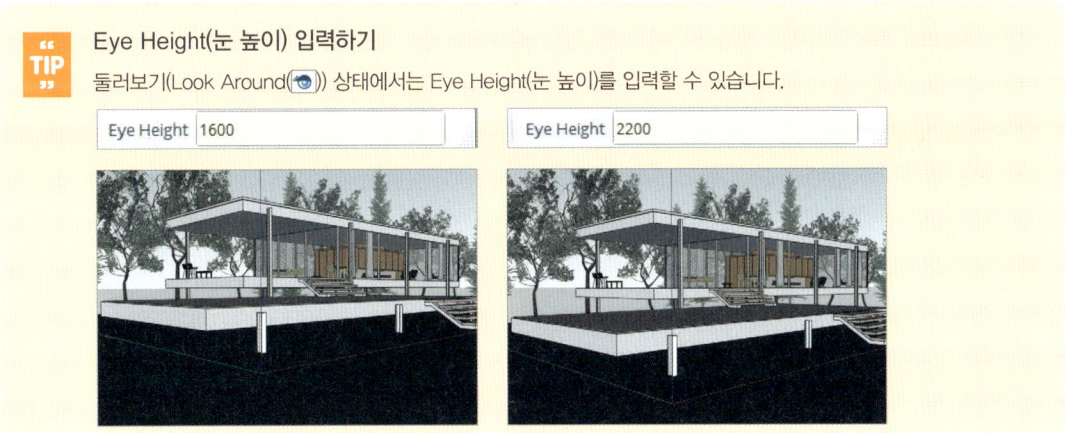

04 설정된 뷰를 저장하기 위해 트레이 패널로 이동한 후 장면 추가를 위해 [Scenes] 트레이에서 [Add Scene(⊕)]을 클릭하고 [Create Scene] 버튼을 클릭합니다.

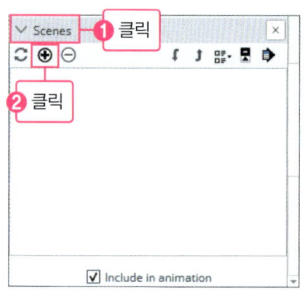
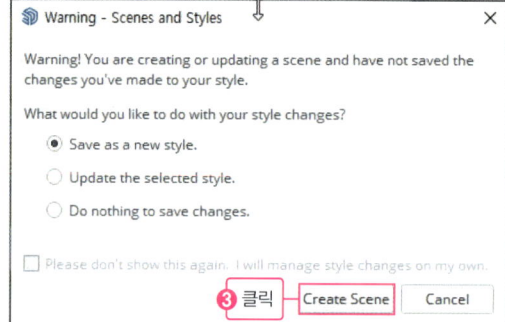

> **TIP** **Scenes and Styles 옵션**
>
> 장면을 저장한 후 추가할 때 선의 두께, 면의 색상, 배경 등 Styles에 대한 사항이 변경된 경우 적용 유무를 확인해야 합니다.
>
> 장면1은 기본 설정값으로 장면을 저장한 이미지이며 장면2는 이후 선의 두께와 화면 스타일을 X-ray로 변경한 후 저장할 때의 옵션을 설명합니다.
>
>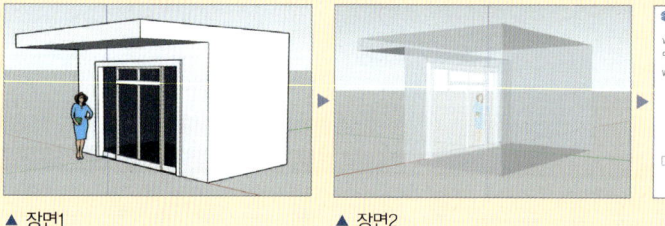
>
> ▲ 장면1   ▲ 장면2
>
> ① Save as a new style(새 스타일로 저장)
> 장면1의 스타일을 유지하고 장면2에는 새로운 스타일이 적용되어 장면이 저장됩니다.
>
>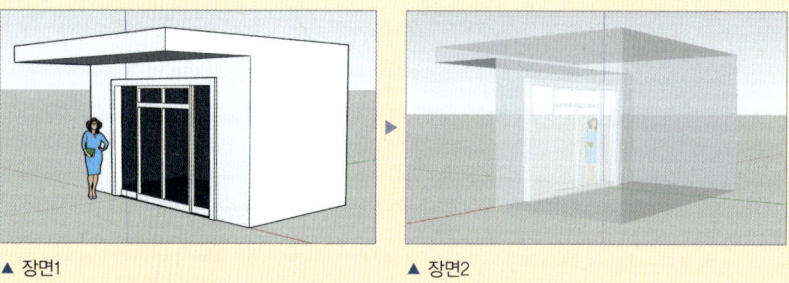
>
> ▲ 장면1   ▲ 장면2

② Update the selected style(선택한 스타일 업데이트)
장면1의 스타일을 장면2의 스타일로 업데이트하여 저장합니다.

③ Do nothing to save changes(변경 사항 저장하지 않음)
변경된 스타일이 장면2에 적용되지 않고 장면1과 동일한 스타일로 저장합니다.

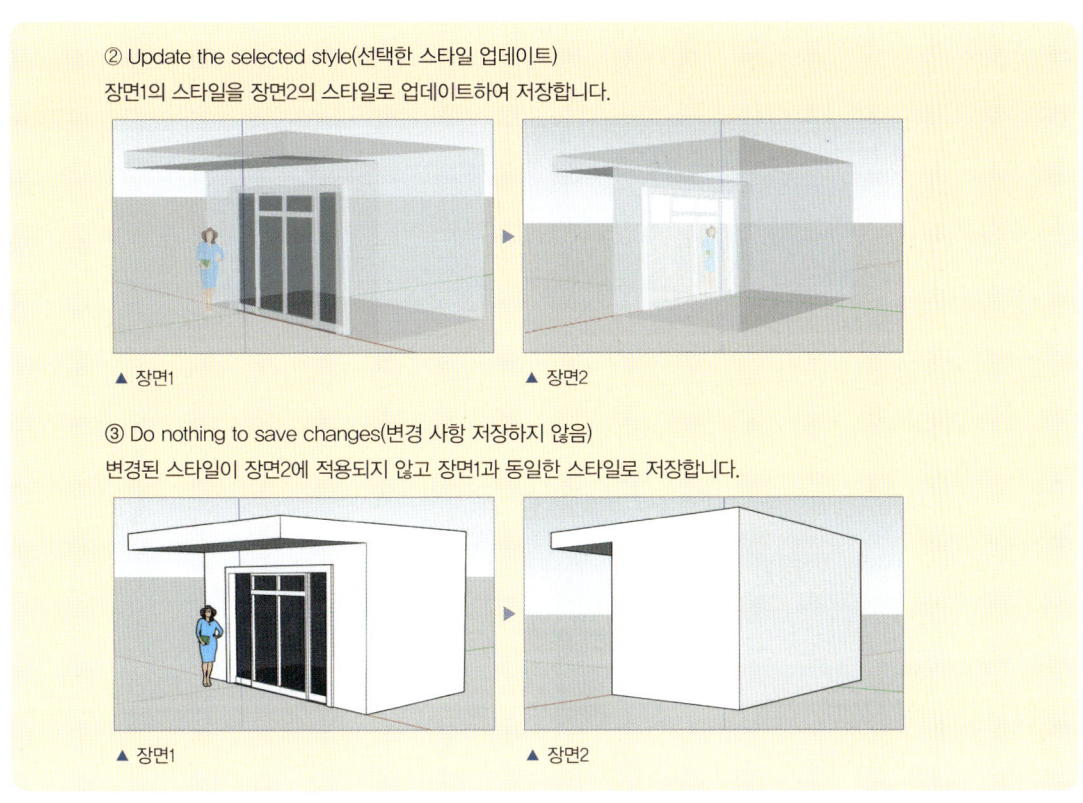

05 좌측 상단에 장면 탭이 추가된 것을 확인한 후 커서를 ❷부분으로 이동해 마우스 오른쪽 버튼을 클릭합니다. [Rename Scene] ❸을 클릭하고 '실외뷰1'을 입력합니다.

설정한 Name은 장면 탭에 표시되며 Description 내용은 장면 탭으로 커서를 이동하면 표시됩니다.

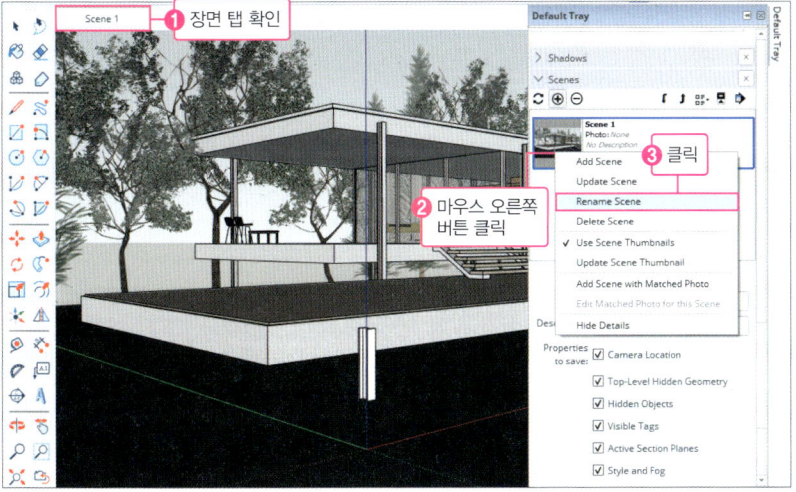

 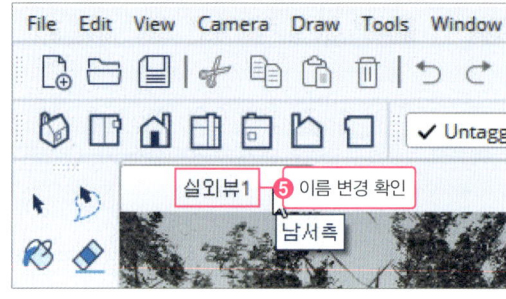

> **TIP** 장면의 이름 변경과 장면 갱신
>
> 장면 이름의 변경(Rename Scene)은 장면 탭에서 마우스 오른쪽 버튼을 클릭해 장면 옵션에서 변경할 수도 있으며, 저장된 장면의 시점이나 스타일 등을 수정할 경우에는 화면의 설정을 마친 후 장면 갱신(Update Scene(🔄))을 클릭하면 선택된 장면의 정보가 갱신됩니다.
>
>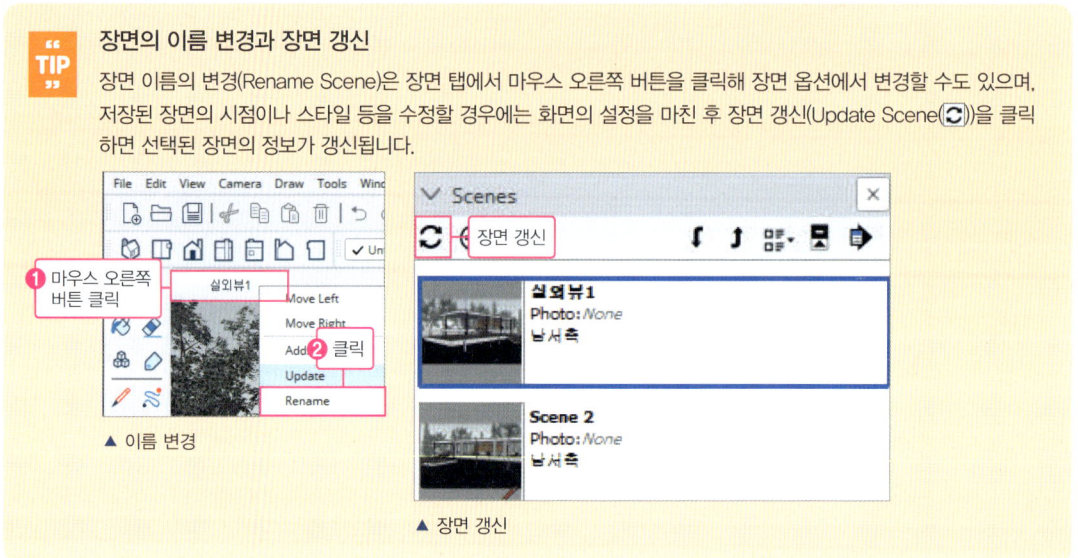
>
> ▲ 이름 변경   ▲ 장면 갱신

06 실내 뷰를 추가하기 위해 좌측 도구 막대에서 카메라 위치를 지정하는 카메라 배치(Position Camera(👤)) ❶을 클릭합니다. 서서 바라볼 위치 ❷지점을 클릭하면 해당 지점에서 바라보는 뷰로 시점이 변경되고 둘러보기(Look Around(👁)))로 자동 전환됩니다.

07 둘러보기(Look Around(👁)) 상태에서 클릭 & 드래그하여 바라보는 초점을 조정합니다.
화면 색감이 뿌옇게 보이는 경우 휠을 돌려 내부를 확대하면 유리창을 통과하면서 선명하게 보입니다.

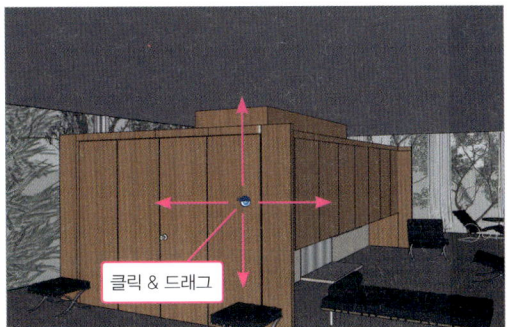
▲ 초점 조정 전

▲ 초점 조정 후

08 설정된 뷰를 저장하기 위해 트레이 패널로 이동한 후 [Scenes] 트레이에서 [Add Scene(⊕)]을 클릭합니다.

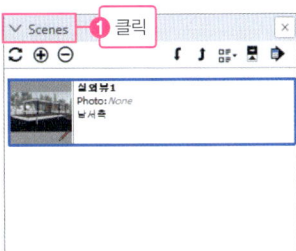

09 좌측 상단에 장면 탭이 추가된 것을 확인하고 커서를 ❶부분으로 이동해 마우스 오른쪽 버튼을 클릭합니다. [Rename Scene] ❷를 클릭하고 '실내뷰1'을 입력합니다.
2개 이상의 장면을 저장하면 장면 탭 좌측 끝에 장면 뷰를 검색할 수 있는 돋보기 아이콘이 추가됩니다. 장면 검색 도구는 2022 버전부터 추가된 기능입니다.

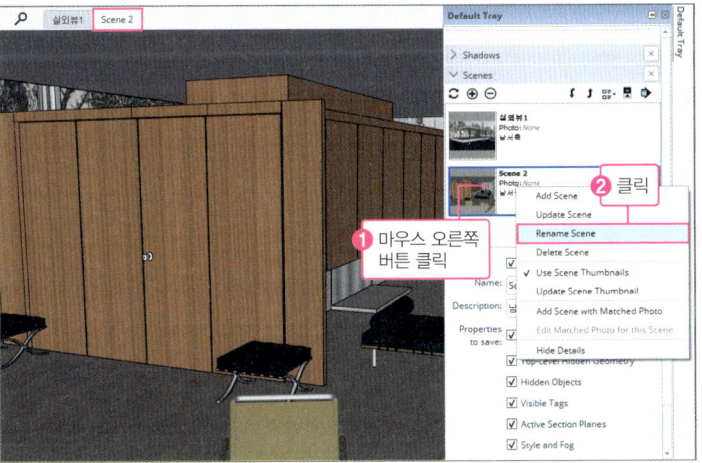
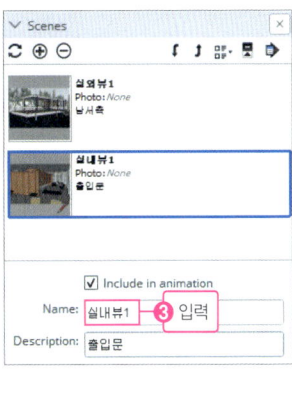

10 계속해서 입면 뷰를 추가하겠습니다. 배치된 나무 및 나무 그룹을 선택한 상태에서 마우스 오른쪽 버튼을 클릭하고 메뉴에서 [Hide]를 클릭합니다.

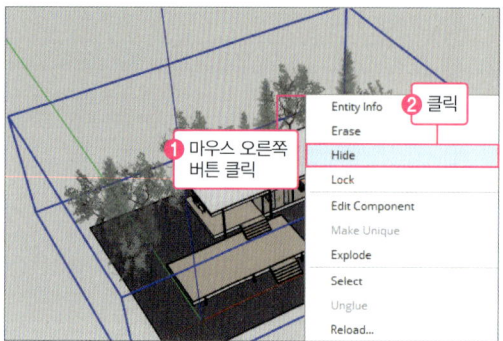 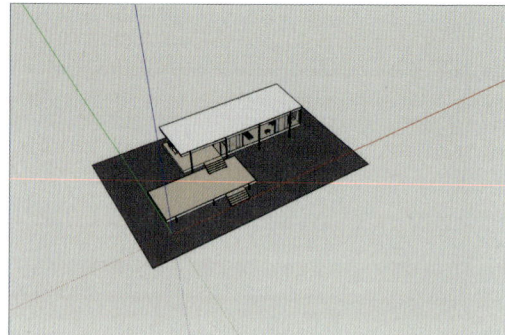

11 [Camera] – [Parallel Projection]을 클릭하고 [Front View(⌂)]를 클릭해 정면 뷰로 변경합니다.

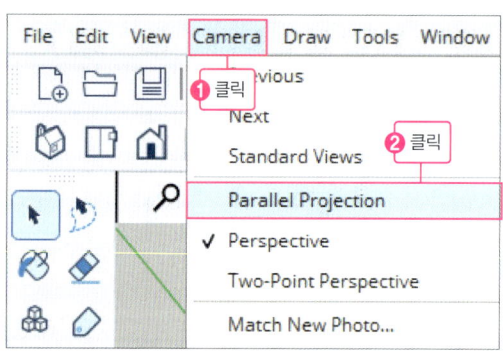 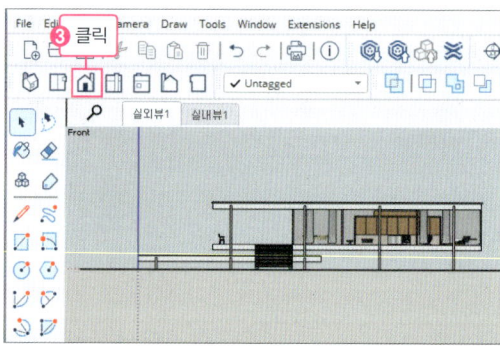

12 Shift + Z 키를 눌러 건물을 화면 크기에 맞춰줍니다.

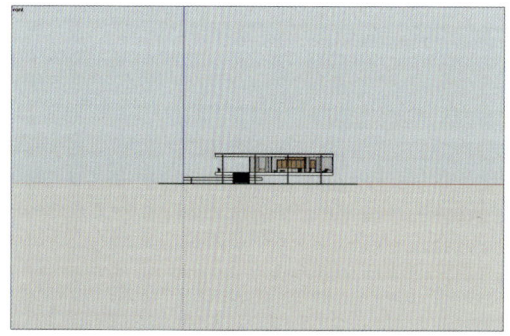 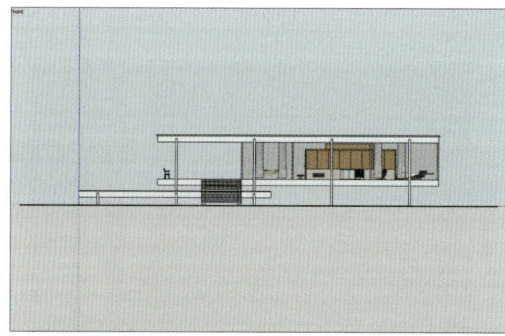

▲ Shift + Z (Zoom Extents) 적용 전   ▲ Shift + Z (Zoom Extents) 적용 후

13 실외 뷰와 실내 뷰를 장면으로 추가한 것과 동일한 방법으로 현재 뷰를 추가하겠습니다. [Scenes] 트레이에서 [Add Scene(⊕)]을 클릭해 장면을 추가하고 장면 이름을 '남측입면'으로 변경합니다.

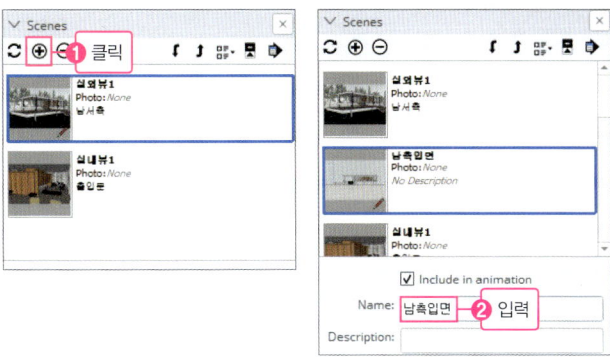

14 나머지 '동측입면', '북측입면', '서측입면'을 장면으로 추가합니다.

① 동측입면

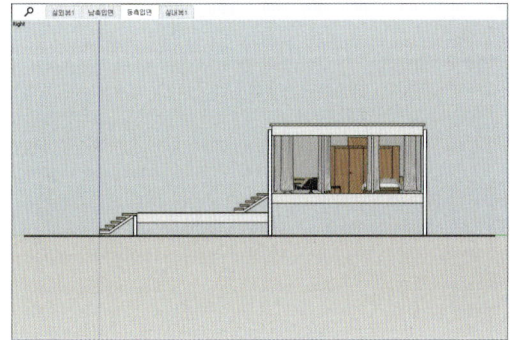
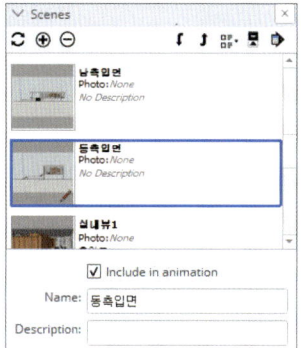

② 북측입면

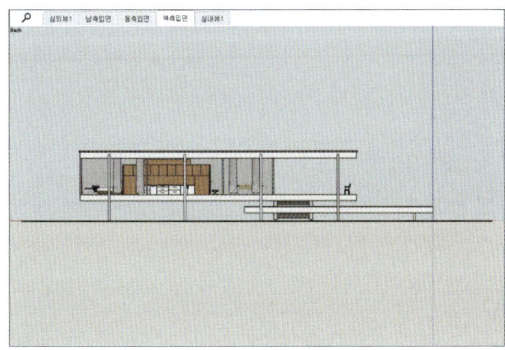

③ 서측입면(　)

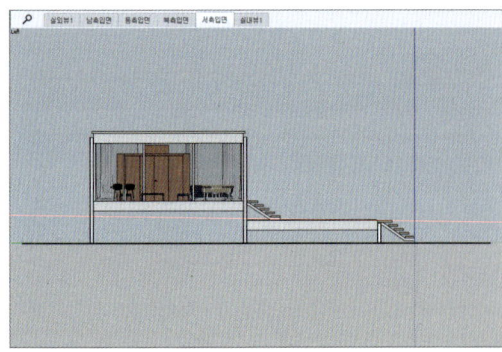

> **TIP 장면 탭의 이동**
>
> ① 이동할 장면 탭을 마우스 오른쪽 버튼으로 클릭합니다. 옵션 항목 중 [Move Left], [Move Right]로 탭을 이동해 순서를 변경할 수 있습니다.
>
>
>
> ② [Scenes] 트레이에서 이동할 장면을 클릭하고 'Move scene down', 'Move scene up'을 클릭하면 장면의 순서를 변경할 수 있습니다.
>
>
>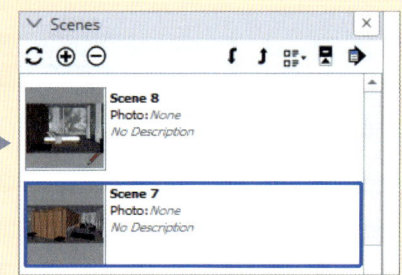

15 상단의 장면 탭을 하나씩 클릭해 저장된 뷰를 확인합니다. 어떤 시점이든 해당 탭을 클릭하면 저장된 뷰로 이동되며 이미지를 내보내기(사진, 동영상) 하거나 편집을 진행할 수 있습니다.

▲ 실외뷰1

▲ 실내뷰1

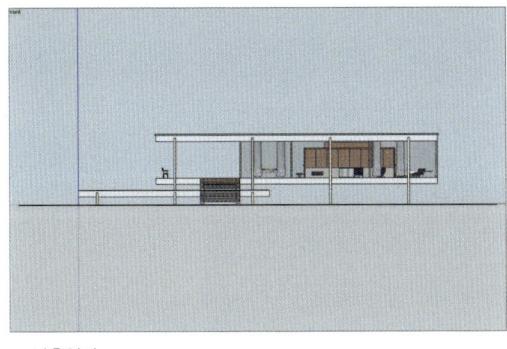

▲ 남측입면

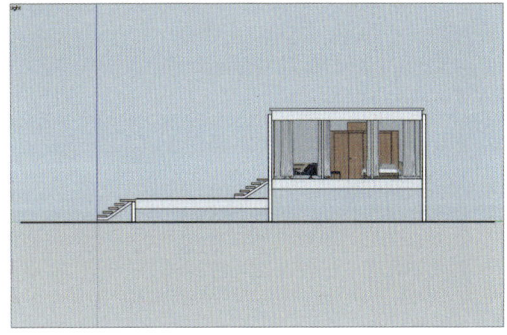

▲ 동측입면

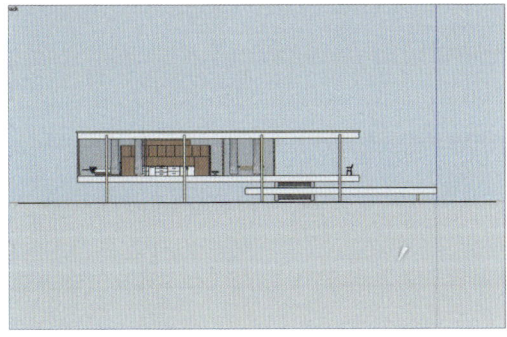

▲ 북측입면
▲ 완성파일 : [예제파일/P03/Ch04/Step-1 완성파일.skp]

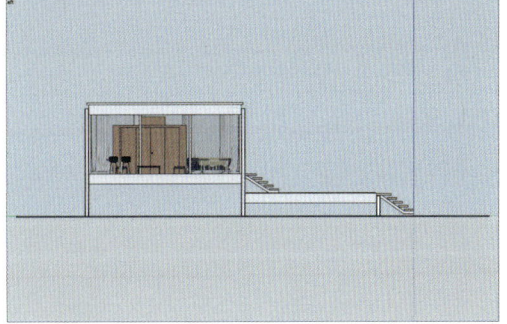

▲ 서측입면

STEP 2 이미지(JPEG) 파일로 내보내기

01 **STEP 1**의 완성파일 또는 [예제파일/P03/Ch04/Step-1 완성파일.skp]을 더블 클릭하고 상단 장면 탭에서 '실외뷰1' 을 클릭합니다.

02 현재 선택된 장면을 이미지 파일로 내보내기 위해 [File] - [Export] - [2D Graphic]을 클릭하고 이미지 파일 형식 과 이름을 설정하고 저장할 공간으로 [Export(내보내기)] 합니다. 동일한 과정으로 실내 뷰 장면도 이미지로 내보내 기 합니다.

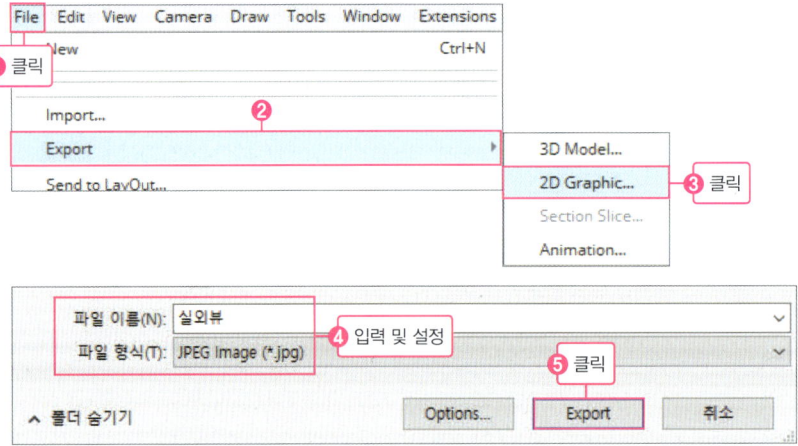

좌표축과 내보내기 이미지 옵션

1. 좌표축 숨기기

화면에 보이는 좌표축을 [View] 메뉴의 [Axes]를 클릭하면 숨길 수 있습니다. 그리고 [Export]로 이미지 저장 시 좌표는 자동으로 출력되지 않습니다. 작업화면을 캡쳐할 경우에는 사용할 수도 있습니다.

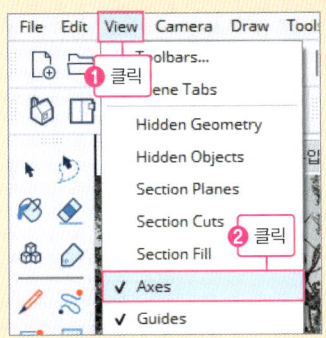
▲ [View] 메뉴의 [Axes] 클릭

▲ 화면의 좌표축을 마우스 오른쪽 버튼으로 클릭하고 Hide 클릭

2. 내보내기 이미지 옵션 설정

[Export]의 [Options] 버튼을 클릭하면 이미지의 해상도(픽셀)와 선 두께를 추가로 설정할 수 있습니다.

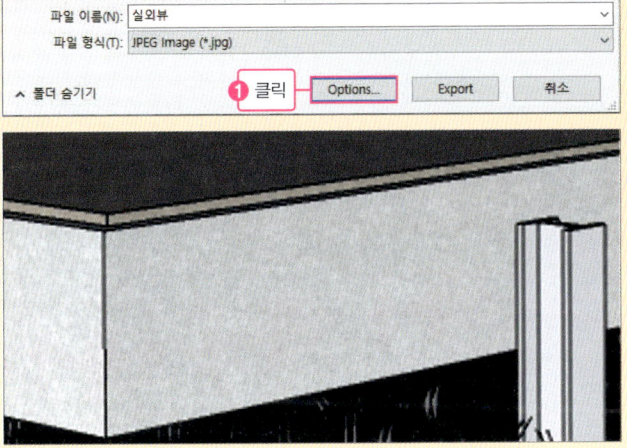
▲ 기본 설정 : Use view size의 품질(출력 이미지 확대)

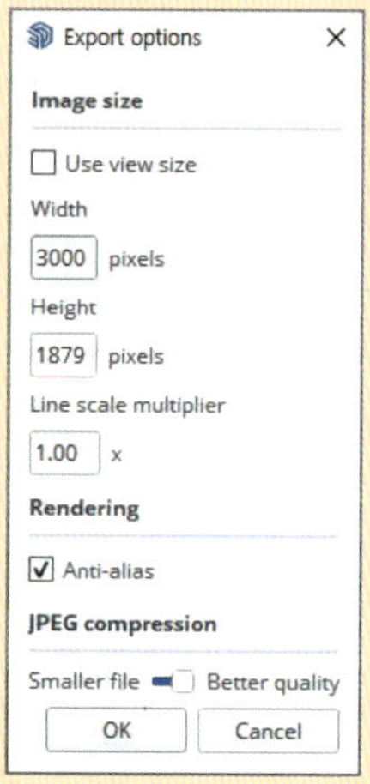

▲ 기본 픽셀의 약 3배

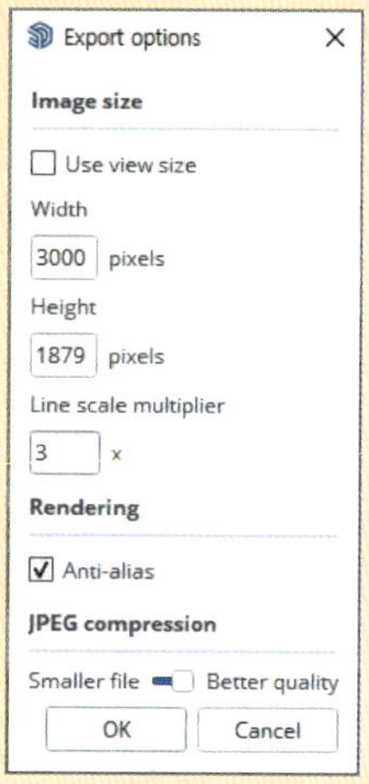

▲ 기본 픽셀의 약 3배, 기본 선 두께의 3배

03 입면 뷰 4개는 배경색을 흰색으로 변경한 후 내보내기를 하겠습니다. 장면 탭에서 '남측입면'을 클릭합니다. [Styles] 트레이에서 [Edit] 탭을 클릭하고 하늘 배경색 'Sky' 항목을 해제합니다.

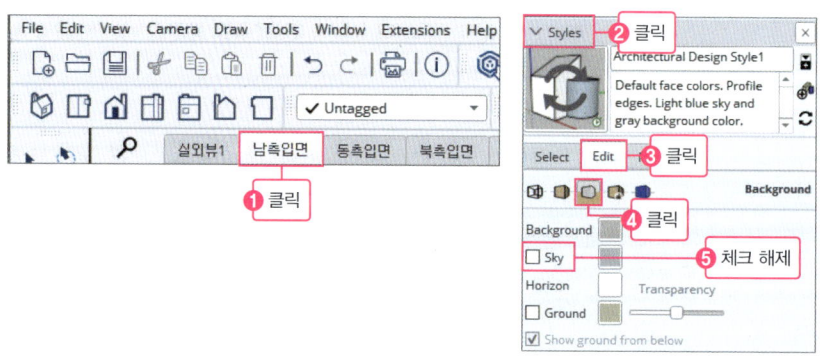

04 배경색 ❶을 클릭하고, 설정 창의 'Picker'를 'RGB'로 변경합니다. 조정 막대를 모두 우측 끝으로 이동한 다음 [OK] 버튼을 클릭합니다.

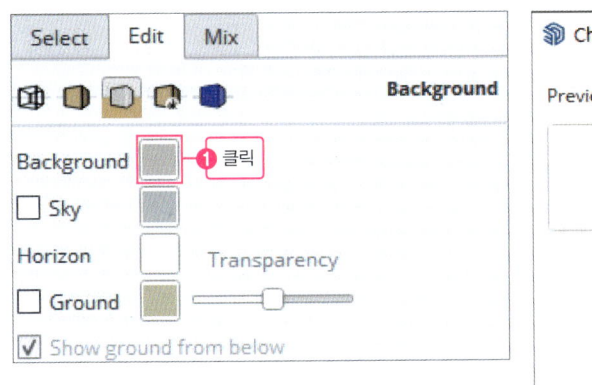
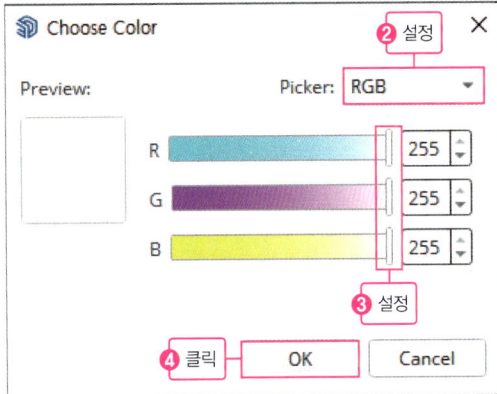

05 변경된 배경을 확인하고 이미지 파일의 형식과 이름을 다음과 같이 설정한 후 저장할 공간으로 [Export(내보내기)] 합니다. 나머지 동측, 북측, 서측입면도 동일한 설정으로 저장합니다.

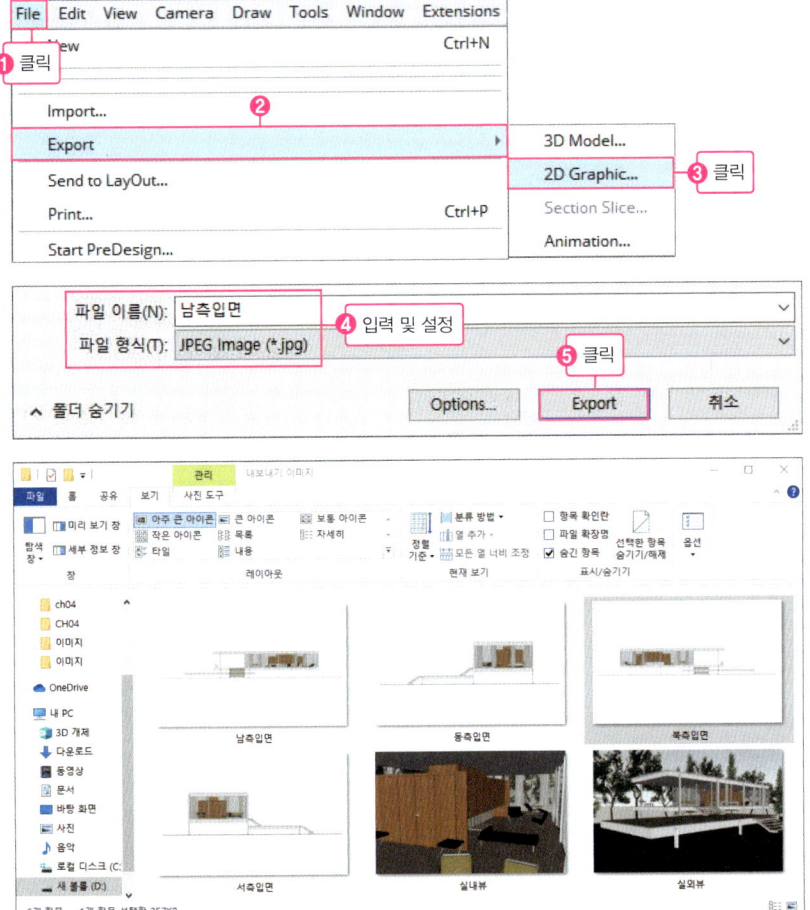

▲ 저장된 이미지(jpg) 파일

저장된 여러 개의 장면(Scene)을 한 번에 이미지로 출력하기

스케치업 모델링 파일 [예제파일/P03/Ch04/3D모델.skp] 파일을 불러와 이미지(jpg, png, tif, bmp)로 출력할 장면(Scene)을 저장하겠습니다.

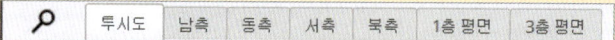

① 장면(Scene) 설정을 위해 메뉴 [Window] – [Model Info]를 클릭합니다. [Animation]을 클릭한 후 'Enable scene transitions' 항목의 체크를 해제하고 'Scene Delay' 값을 '0'으로 설정합니다.

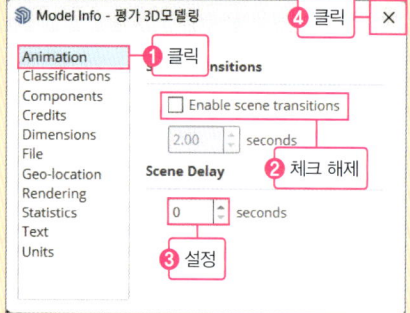

② [File] – [Export] – [Animation]을 클릭합니다. 저장 폴더와 이미지 포맷을 설정하고 [Export] 버튼을 클릭합니다.

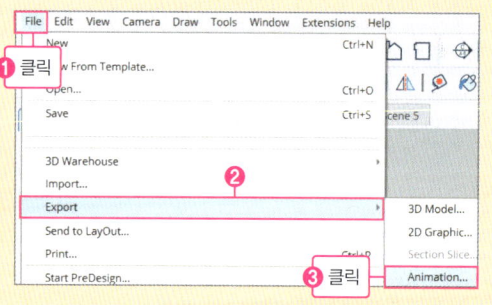 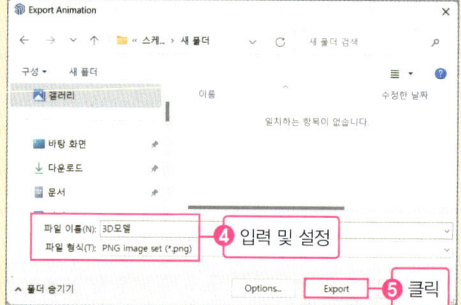

③ 저장된 이미지 이름은 스케치업 모델링 파일의 이름을 기준으로 넘버링 됩니다.

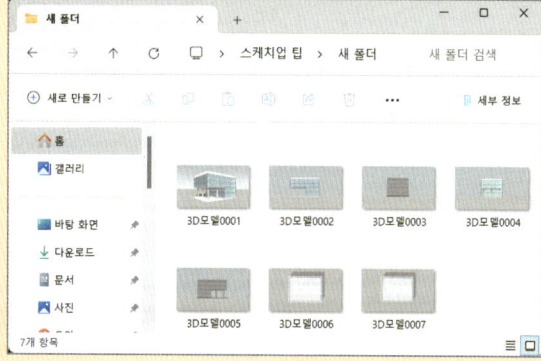

STEP 3 애니메이션으로 동영상 만들기

01 [예제파일/P03/Ch04/Step-3.skp]을 더블 클릭합니다. 불러온 파일은 저장된 장면이 없습니다.

02 시점을 이동해 애니메이션에 사용할 8개의 장면을 저장합니다.

▲ Scene 1   ▲ Scene 2   ▲ Scene 3   ▲ Scene 4

▲ Scene 5   ▲ Scene 6   ▲ Scene 7   ▲ Scene 8

03 'Scene 1' 탭을 클릭합니다. 'Scene 1' 탭을 마우스 오른쪽 버튼으로 클릭하고 [Play Animation]을 클릭합니다. 화면으로 재생되는 애니메이션을 확인하고 [닫기] ❹를 클릭합니다.

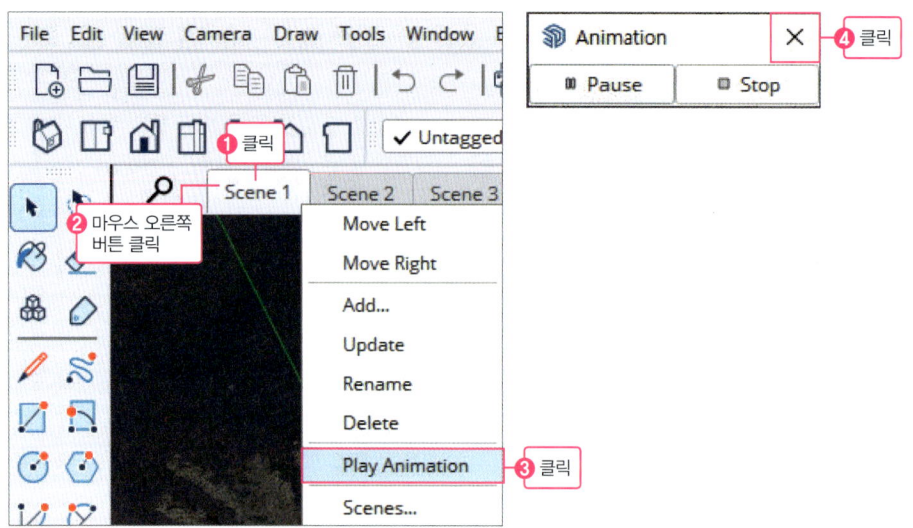

> **TIP 애니메이션 설정**
>
> 애니메이션의 장면 간 전환 시간과 장면 간 정지 시간 등을 변경할 수 있습니다. [Window] – [Model Info]를 클릭하고 [Model Info] 대화상자의 좌측 카테고리에서 'Animation'을 클릭합니다.
>
> ① Scene Transitions : 장면 간 전환 시간입니다.(2023 버전부터 소수점 입력이 가능)
> ② Scene Delay : 장면 간 정지 시간입니다.
>
>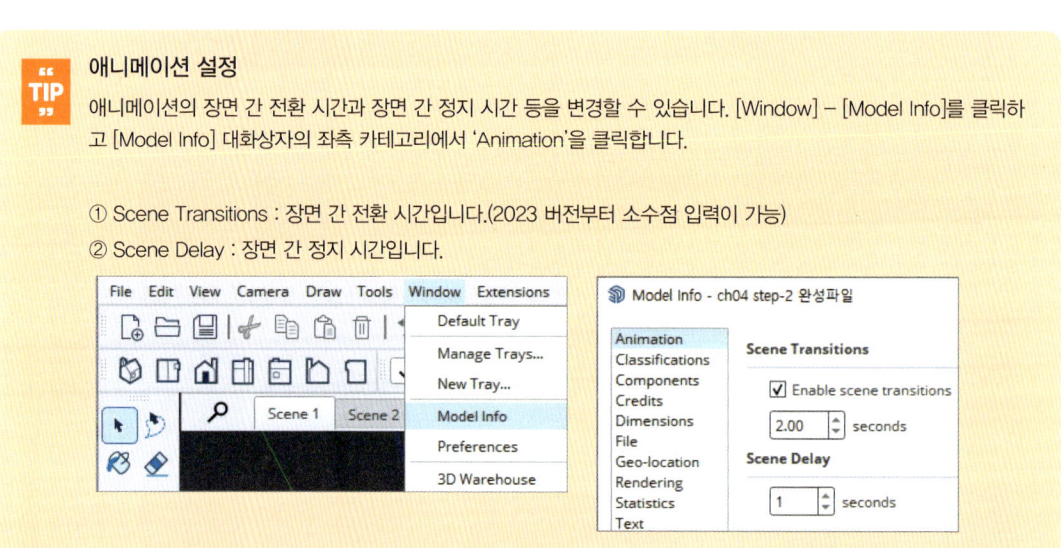

04 화면으로 재생되는 애니메이션을 동영상 파일로 저장하기 위해 [File] – [Export] – [Animation]을 클릭합니다.

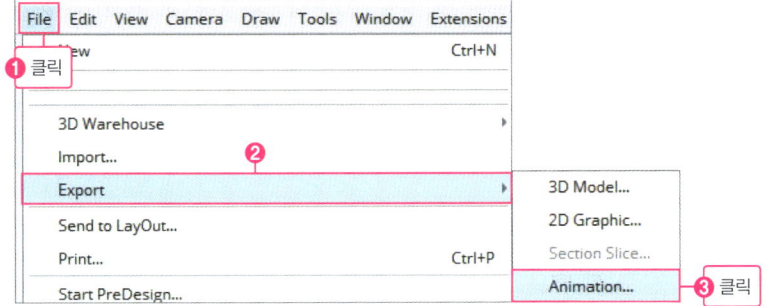

05 '애니메이션'으로 파일명을 입력하고 [Export] 버튼을 클릭해 저장할 공간으로 내보내기를 합니다. 진행이 완료되면 저장된 파일을 재생해 결과를 확인합니다.

컴퓨터 사양에 따라 많은 시간이 소요될 수 있으며 [Options] 버튼을 클릭해 해상도 및 프레임 등을 설정할 수 있습니다.

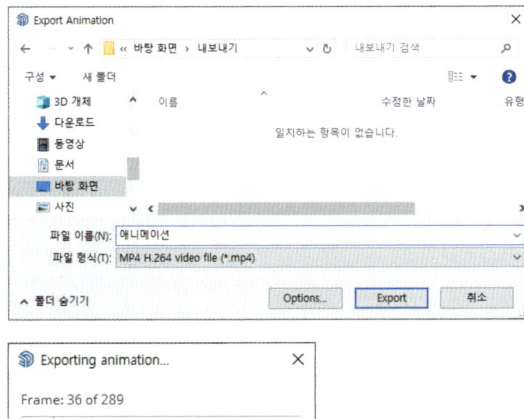

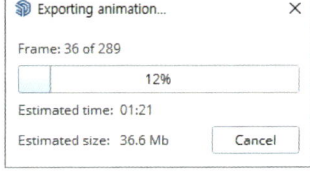

▲ 진행 과정

▲ 저장된 파일(mp4)

동영상 품질 설정

① [Export]의 [Options]를 클릭하면 동영상의 품질 설정이 가능합니다.
② 'Resolution'을 '1080p Full HD', 'Frame rate'를 '30'프레임으로 설정하면 고해상도의 부드러운 영상을 출력할 수 있습니다.

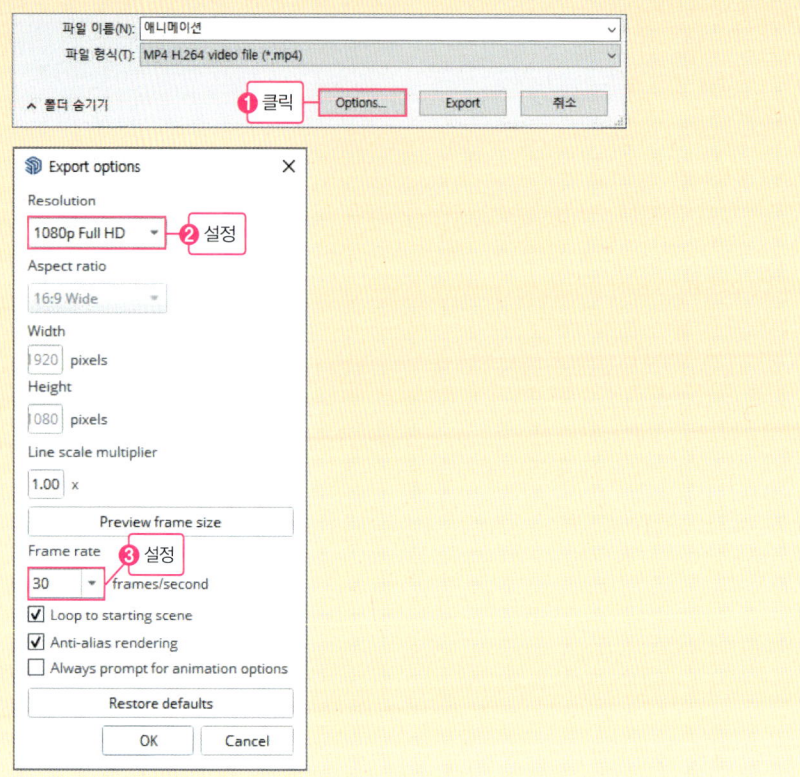

CHAPTER 05 모델링에 유용한 기능과 실무자 TIP

지금까지 학습한 스케치업의 핵심 도구와 기능 외에 모델링에 도움이 될 수 있는 몇 가지 사항을 추가로 학습합니다.

STEP 1 스케치 기준면 지정

스케치업에서 모델링은 2D 스케치로 시작됩니다. 스케치의 기준면과 관련된 기능을 학습해 보겠습니다. [예제파일/P03/Ch05/스케치 기준면.skp] 파일을 더블 클릭해 스케치업을 실행합니다.

01 방향키(↓)로 기준면 지정

물체의 경사면과 동일한 각도로 사각형을 그려보겠습니다. 직사각형(Rectangle(▭)) 도구 R 키를 누르고 커서를 경사면 ❶지점으로 이동해 아래 방향키(↓)를 누르면 현재 면이 스케치 기준면으로 고정됩니다.

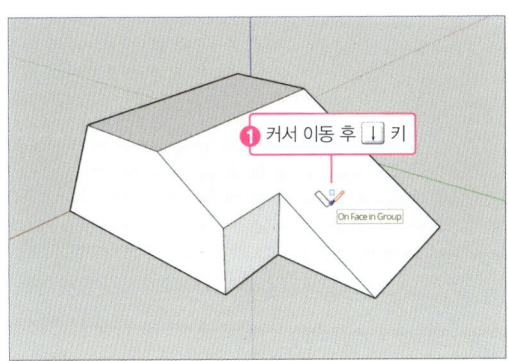
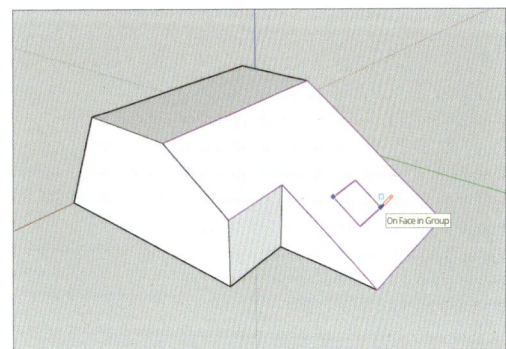

02 ❶지점을 클릭합니다. 커서를 ❷방향으로 이동한 상태에서 '500,500'을 입력하고 Enter 키를 누르면 경사면과 같은 각도로 사각형이 그려집니다.

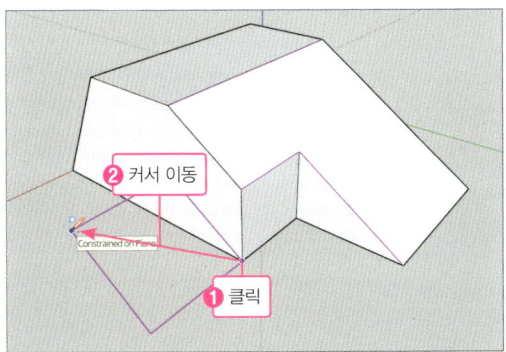
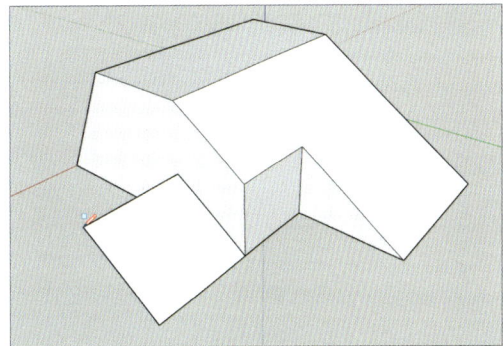

03 Align Axes(좌표 정렬)

그룹 객체에 사각형을 그려보겠습니다. Space Bar 키를 눌러 선택(Select(▶)) 도구로 객체 ❶을 더블 클릭한 후 사각형을 그려보면 X, Y 좌표축이 물체와 맞지 않습니다. 사각형을 지우고 다시 Space Bar 키를 눌러 선택(Select(▶)) 도구로 스케치할 면 ❷에서 마우스 오른쪽 버튼을 클릭하고 메뉴에서 [Align Axes]을 클릭합니다.

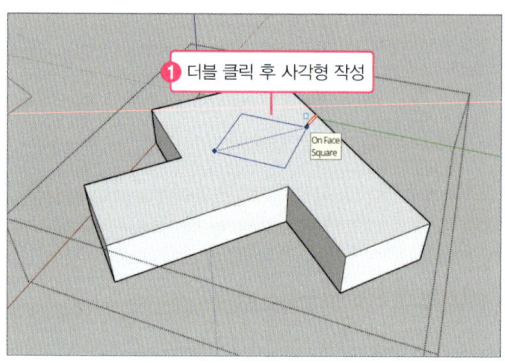
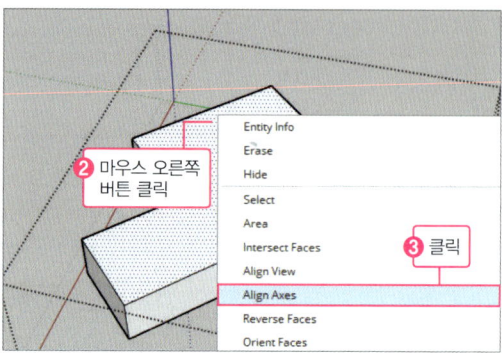

04

물체의 모서리와 X, Y 좌표축이 일치되면 다시 사각형을 그려봅니다.

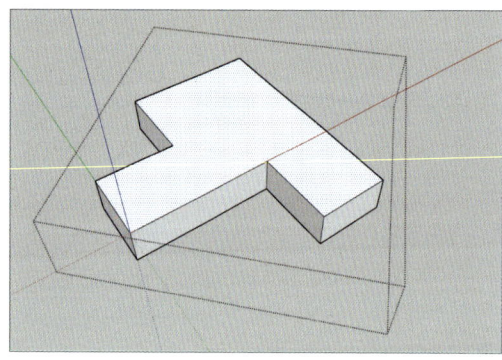
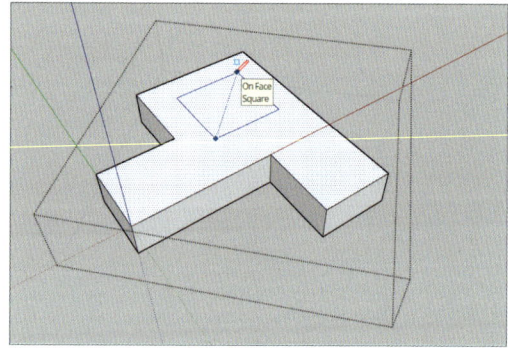

05 Align View

작업 시점과 스케치할 면을 보기 좋게 맞춰보겠습니다. 스케치할 면 ❶을 마우스 오른쪽 버튼으로 클릭하고 메뉴에서 [Align View]를 클릭합니다. 선택한 면이 정면 시점으로 변경되어 작업하기 쉽습니다.

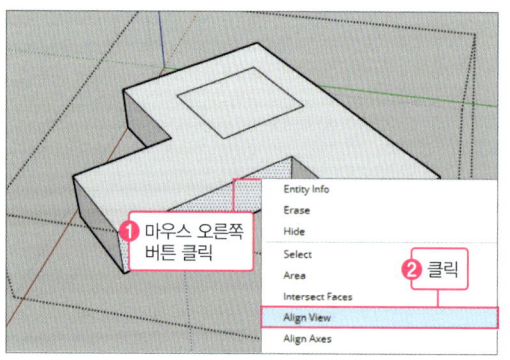
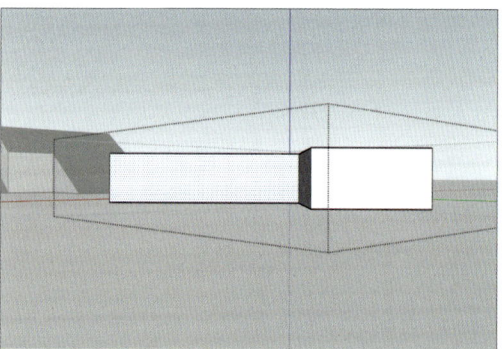

STEP 2 올가미 선택과 반전 선택

2022 버전 이상부터 사용 가능한 올가미(Lasso Select( )) 선택 도구와 반전 선택에 대해 학습하겠습니다. [예제 파일/P03/Ch05/선택.skp] 파일을 더블 클릭해 스케치업을 실행합니다.

올가미 선택 : Shift + Space Bar , 반전 선택 : Shift + 선택

01 낮은 기둥을 모두 선택하겠습니다. 먼저 걸침 선택으로 높은 기둥 4개를 선택합니다. 이후 Shift 키를 누른 상태로 모든 기둥을 포함 선택하면 먼저 선택한 높은 기둥 4개를 제외한 모든 기둥이 선택됩니다.

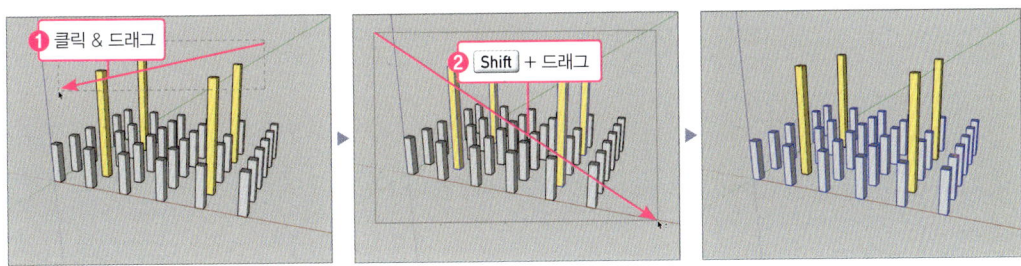

02 수직면에만 재질을 적용해 보겠습니다. 먼저 선택이 쉬운 수평면을 Shift 키를 누른 후 클릭하여 모두 선택합니다. 다시 Shift 키를 누른 상태로 전체를 포함 선택합니다.

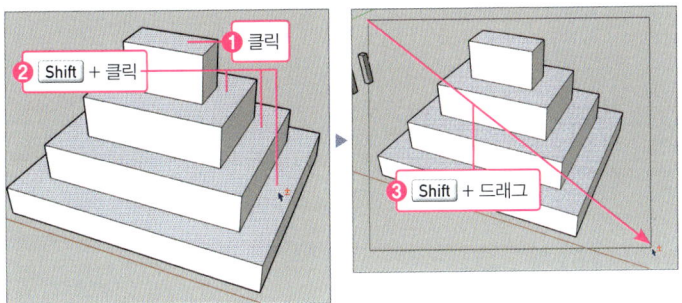

03 앞서 선택한 수평면 4개를 제외한 모든 면이 선택됩니다. 적당한 재질을 선택해 적용하면 모든 수직면에 재질이 한 번에 적용됩니다.

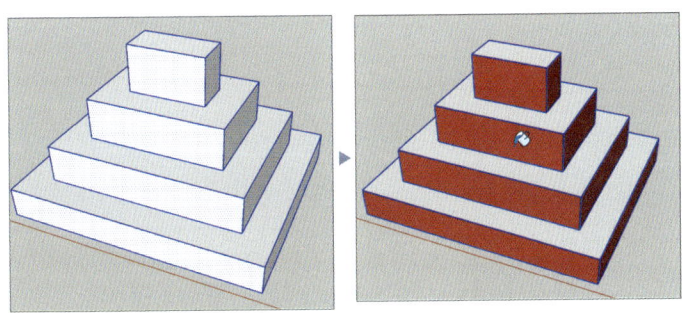

04 올가미 선택

장면 탭 ❶을 클릭합니다. 도구 막대에서 올가미(Lasso Select(🔾)) 도구를 클릭하거나 Shift 키를 누른 상태로 Space Bar 키를 누르면 커서의 모양이 올가미 모양(🔾)으로 나타납니다.

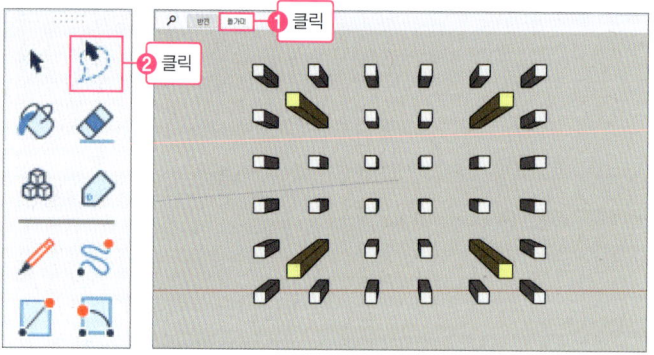

05

시작점 ❶지점에서 시계 방향으로 ❷지점까지 클릭 & 드래그로 선택합니다. 올가미 선택을 사용하면 굴곡진 범위도 쉽게 선택할 수 있습니다.

시계 방향은 포함 선택, 반시계 방향은 걸침 선택입니다.

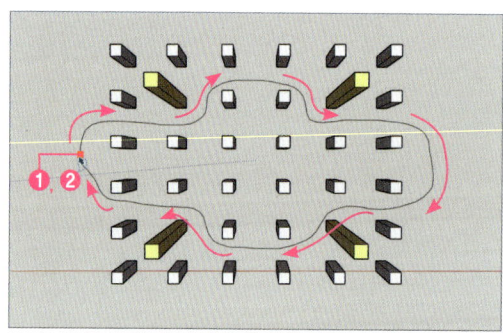
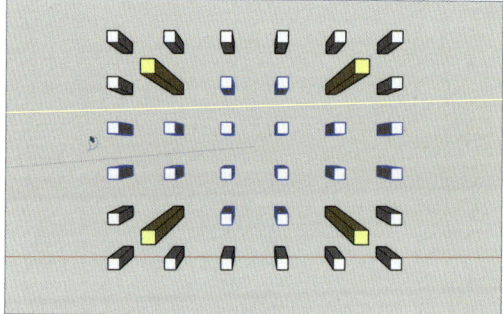

STEP 3 줄자로 객체 크기 변경

객체의 크기는 배율(Scale(📏)) 도구로 변경할 수 있지만 길이가 아닌 배율 값으로 조정해야 합니다. 줄자(Tape Measure(📏))를 사용하면 길이를 입력해 크기를 조절할 수 있습니다.

01

[예제파일/P03/Ch05/크기 변경.skp] 파일을 더블 클릭해 스케치업을 실행합니다. 벽과 벽 사이는 '2100'이며 가구 길이는 '1700'입니다. 가구의 길이를 '2100'으로 변경해 보겠습니다. Space Bar 키를 누른 후 선택(Select(🔾)) 도구로 가구 ❶을 더블 클릭해 그룹 편집 모드로 변경합니다.

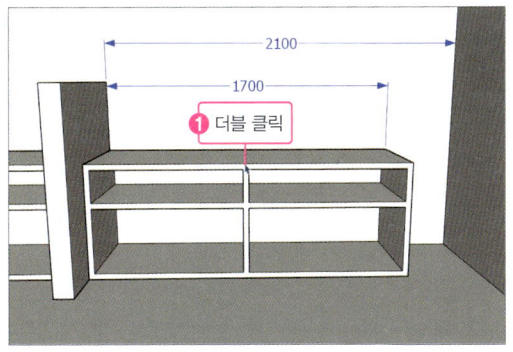 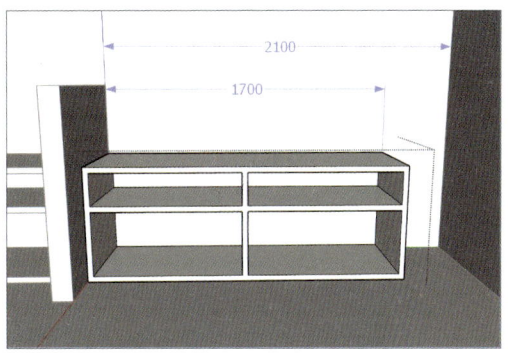

02 T 키를 눌러 줄자(Tape Measure( )) 도구를 실행합니다. 길이 부분인 ❶, ❷를 클릭하고 VCB 창에 '2100'을 입력합니다. 크기 조절에 대한 메시지가 나타나면 [Yes] 버튼을 클릭합니다.

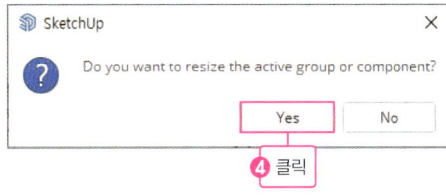

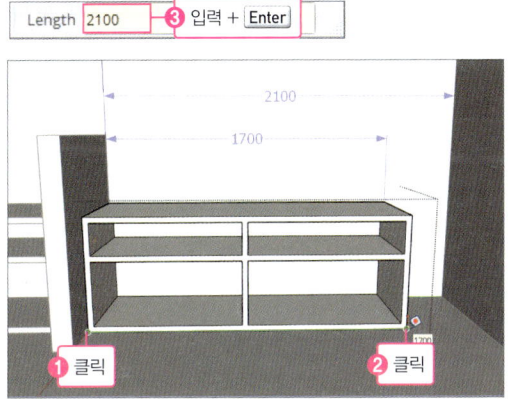

03 줄자로 측정한 부분이 2100으로 변경되면서 나머지 깊이와 높이도 동일한 배율로 변경됩니다.

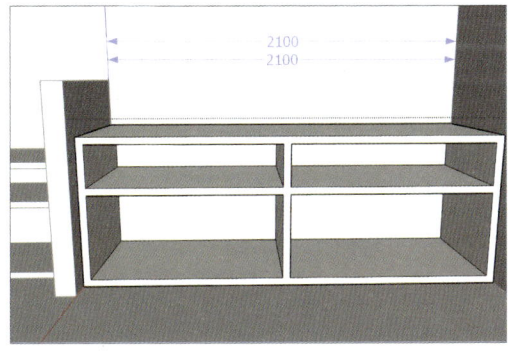

STEP 4 회전축 지정

회전(Rotate(⟳)) 도구는 X, Y, Z 회전축을 지정해 사용합니다. 하지만 회전축이 경사면 모서리일 경우 축을 지정할 수 없는 경우도 있습니다.

01 [예제파일/P03/Ch05/회전축.skp] 파일을 더블 클릭해 스케치업을 실행합니다. 모서리 ❶을 회전축으로 하여 우측 프레임을 90° 회전하기 위해서는 경사면 ❷와 직각이 되는 면이 필요합니다. 하지만 프레임의 끝은 곡면으로 되어 있어 축을 정확하게 지정할 수 없습니다.

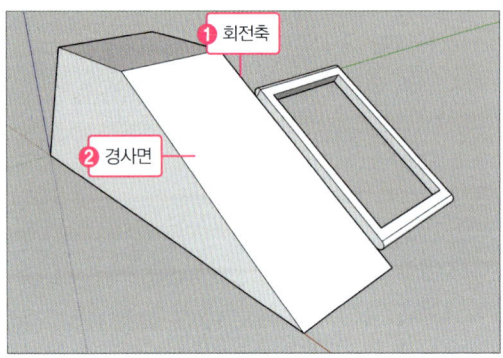 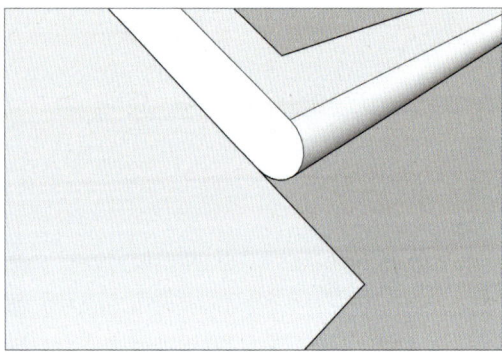

02 Space Bar 키를 누른 후 선택(Select(▶)) 도구로 프레임 ❶을 클릭하고 회전(Rotate(⟳)) 도구 Q 키를 누릅니다. ❷ 지점에서 ❸지점까지 클릭 & 드래그로 회전축을 지정합니다. ❹지점에 회전 시작점을 클릭합니다.

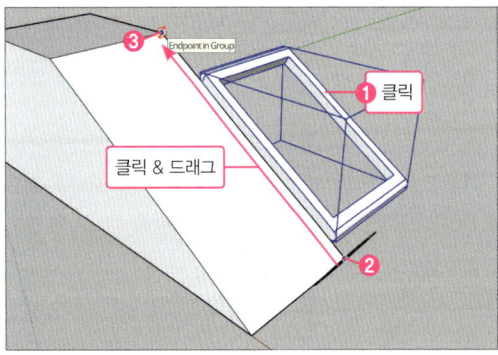 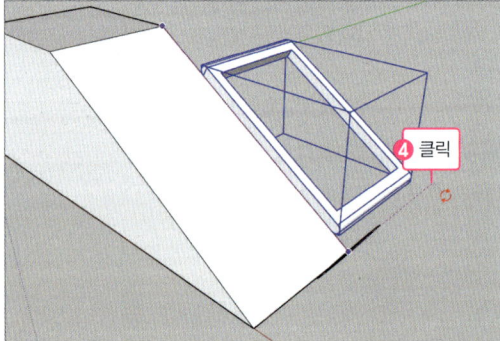

03 커서를 ❶지점으로 이동해 '90'을 입력하고 Enter 키를 누릅니다. 시점을 반대편으로 이동해 회전 결과를 확인합니다.

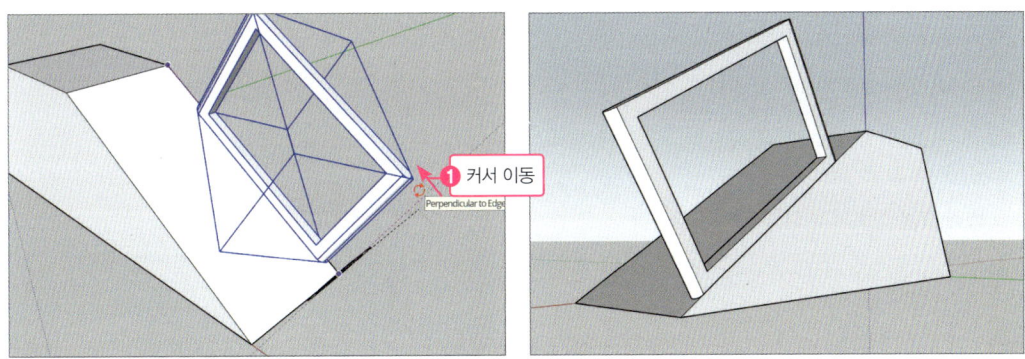

STEP 5 단면(종단) + 단면(횡단)

Section(단면) 도구를 사용하면 평면, 종단면, 횡단면 등을 표현할 수 있으나 표시된 여러 개의 단면 중 1개의 단면만 활성화할 수 있습니다. 하지만 그룹을 활용하면 단면 2개까지 동시에 활성화가 가능합니다.

01 [예제파일/P03/Ch05/단면+단면.skp] 파일을 더블 클릭해 스케치업을 실행합니다. 단면(Section Plane(⊕)) 도구를 클릭합니다. ❶지점을 클릭하고 이름을 '종단면'으로 설정합니다.

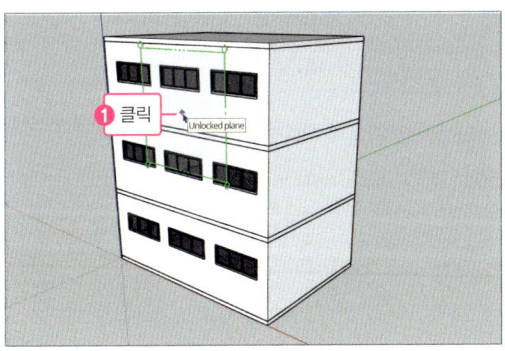
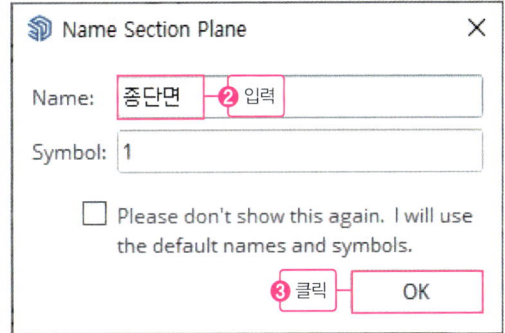

02 단면 기호 ❶을 클릭하고 이동(Move) 도구 M 키를 누릅니다. 출입문 ❷가 절단되도록 단면 기호를 이동합니다.

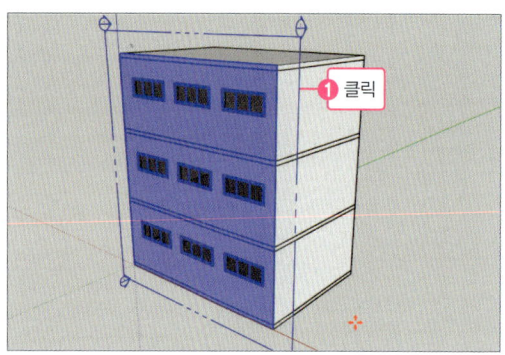 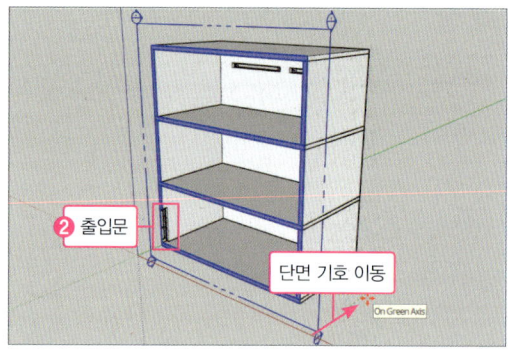

03 Space Bar 키를 누른 후 선택(Select) 도구로 건물 ❶을 더블 클릭하고 단면(Section Plane) 도구를 클릭합니다. ❷지점을 클릭하고 이름을 '횡단면'으로 설정합니다.

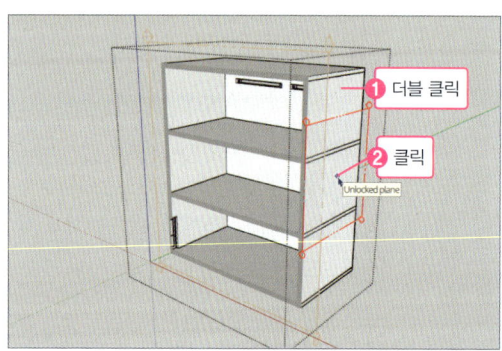 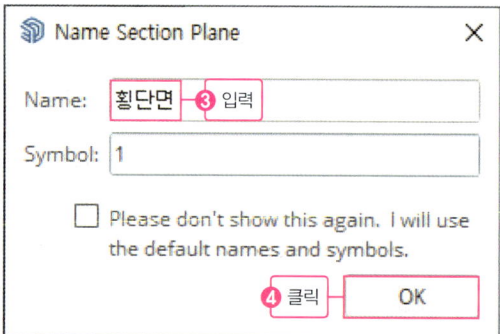

04 단면 기호 ❶을 클릭하고 이동(Move) 도구 M 키를 누릅니다. 창문 ❷가 절단되도록 단면 기호를 이동합니다. Space Bar 키를 눌러 선택(Select) 도구로 빈 공간 ❸을 클릭해 그룹 편집을 종료합니다.

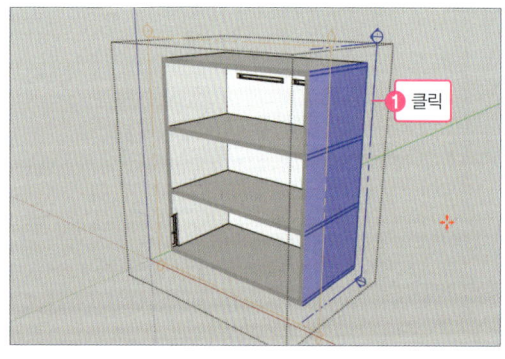 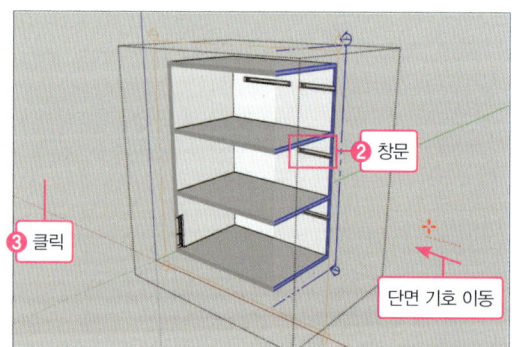

05 'Display Section Planes' ❶을 클릭해 단면 기호를 숨겨줍니다. 그룹 객체의 경우 그룹 내부에서 단면을 표시하고 그룹 외부에서 단면을 표시하면 2개의 단면을 동시에 활성화할 수 있습니다.

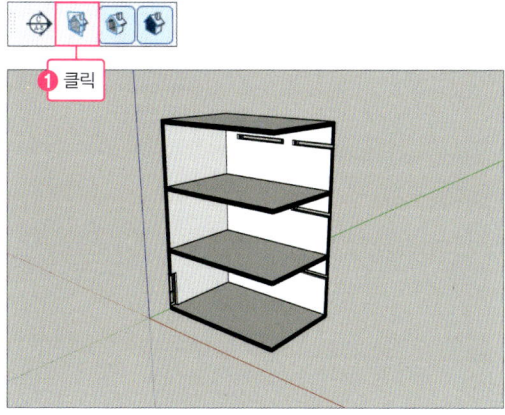

STEP 6 제자리 붙여 넣기(Paste In Place)의 활용

모델링 작업 중 일부 요소를 복사해 붙여 넣는 경우 Ctrl + C 키로 복사해 Ctrl + V 키로 붙여 넣습니다. 하지만 원본과 사본의 위치가 동일해야 하는 경우에는 [Edit] 메뉴의 [Paste In Place]를 사용하는 것이 효과적입니다. 기본 단축키는 없으므로 자주 사용하는 경우 Ctrl + Shift + V 키로 등록합니다.

01 하나의 프로젝트를 다수 인원이 협업하는 경우 작업자 A가 대지 및 주변 환경을 완성한 후 작업자 B가 완성한 모델을 가져와 결합하는 과정(단, 2개의 모델이 동일한 원점을 기준으로 작업한 경우)입니다. [예제파일/P03/Ch05/환경.skp] 파일을 더블 클릭해 스케치업을 실행하고 [예제파일/P03/Ch05/건물.skp] 파일도 더블 클릭해 실행합니다.

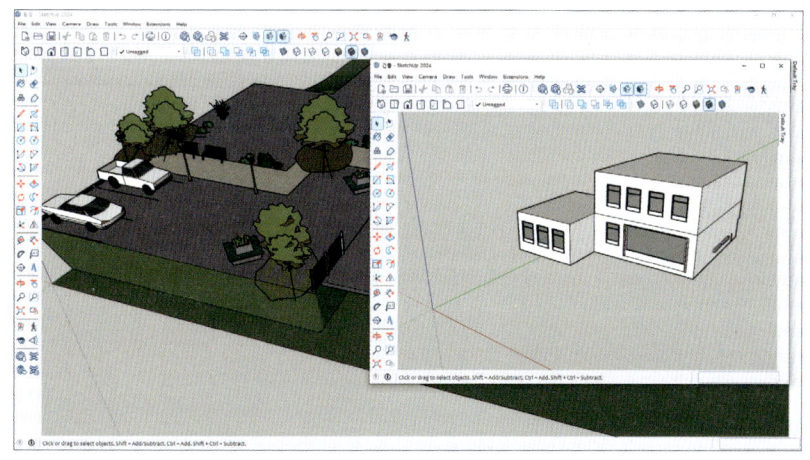

▲ 작업자 A가 완성한 '환경' 모델   ▲ 작업자 B가 완성한 '건물' 모델

02 건물 ❶을 클릭하고 Ctrl + C 키로 복사합니다. '환경' 모델 화면으로 넘어와 [Edit] 메뉴의 [Paste In Place] ❹를 클릭합니다.

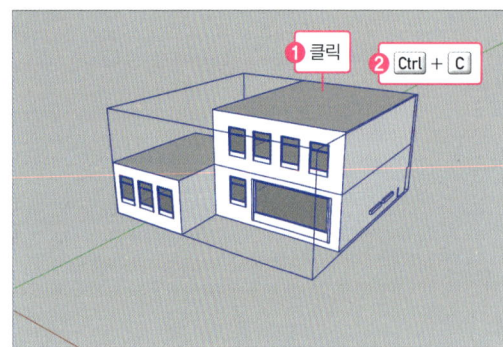 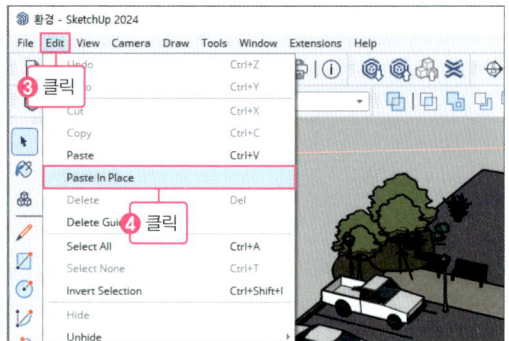

03 건물과 환경의 모델링 원점이 동일하므로 대지에 정확하게 배치됩니다.

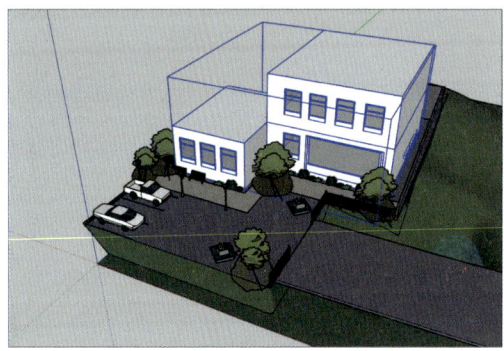

04 그룹 내부의 요소를 그룹 밖으로 이동해야 하는 경우 또는 반대의 경우

[예제파일/P03/Ch05/제자리붙이기.skp] 파일을 더블 클릭해 스케치업을 실행합니다. ❶부분을 클릭해 이동하면 건물의 그룹 상태를 확인할 수 있습니다. 1층과 3층은 그룹으로 묶여 있으나 2층과 1층의 창문 표시 부분은 그룹에 포함되어 있지 않은 상태입니다. 확인 후 이동을 취소합니다.

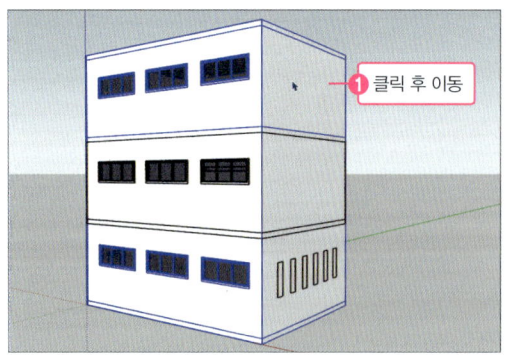 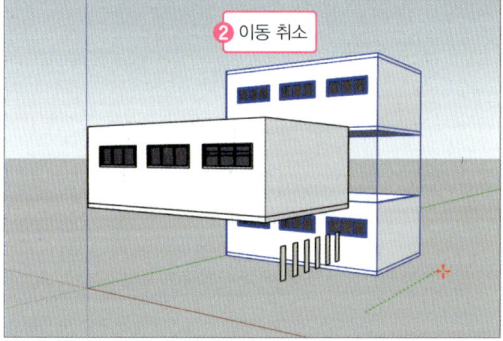

05 2층을 1층과 3층 그룹으로 포함시키기 위해 ❶부분을 클릭하고 Ctrl + X 키로 잘라냅니다. Space Bar 키를 누른 후 선택(Select(▶)) 도구로 ❸부분을 더블 클릭한 후 [Edit] 메뉴의 [Paste In Place]를 클릭하면 1층과 3층 그룹으로 2층이 들어옵니다.

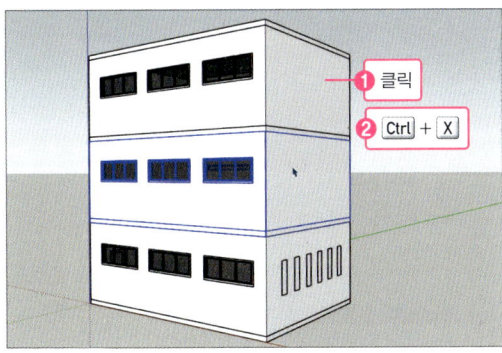 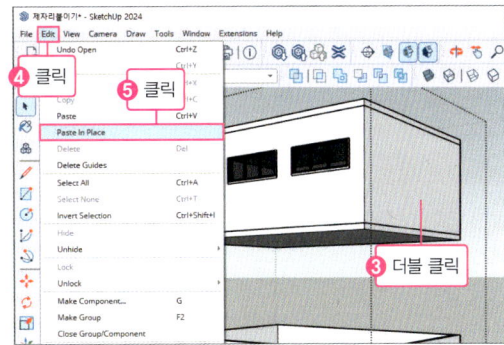

06 1층에 사각형으로 표시된 영역을 밀어 개구부를 오픈하겠습니다. 1층 ❶부분을 선택(Select(▶)) 도구로 클릭하면 표시한 6개의 사각형은 1층 벽체 그룹에 포함되지 않은 상태입니다. 사각형은 그룹 외부에 작성된 것으로 벽체를 끌 수 있으나 밀어낼 수 없습니다. 확인 후 취소합니다.

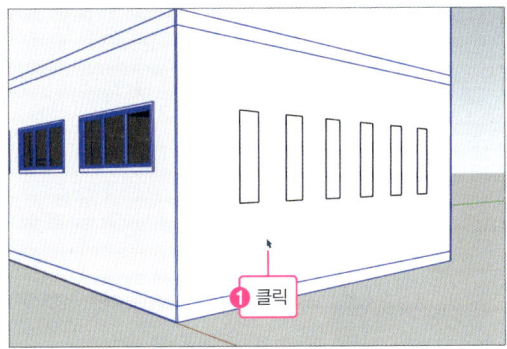 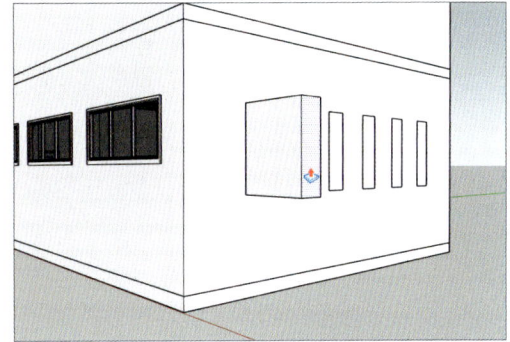

07 Space Bar 키를 누른 후 선택(Select(▶)) 도구로 ❶부분에서 ❷부분까지 클릭 & 드래그로 사각형을 모두 선택하고 Ctrl + X 키로 잘라냅니다. ❹부분을 더블 클릭하고 벽체를 클릭하면 벽체도 그룹으로 묶여 있습니다. 한 번 더 ❻부분을 더블 클릭해 벽체 면이 선택되는지 확인합니다.

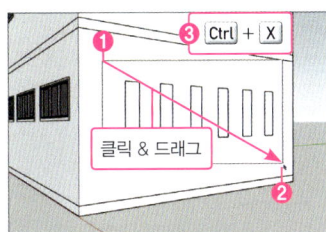 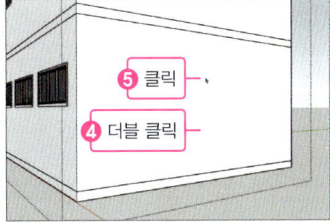 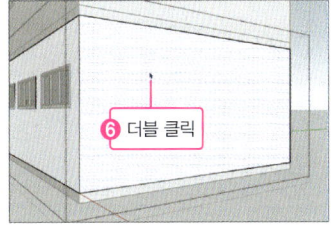

08 [Edit] 메뉴의 [Paste In Place]를 클릭하면 6개의 사각형이 들어옵니다. 밀기/끌기(Push/Pull( )) 도구 P 키를 눌러 개구부를 오픈합니다.

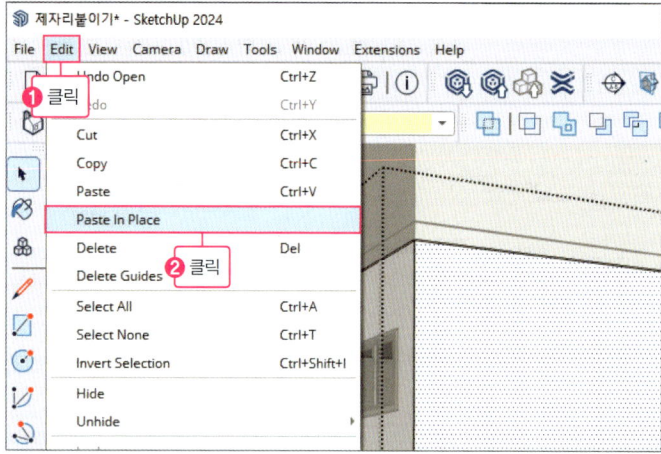

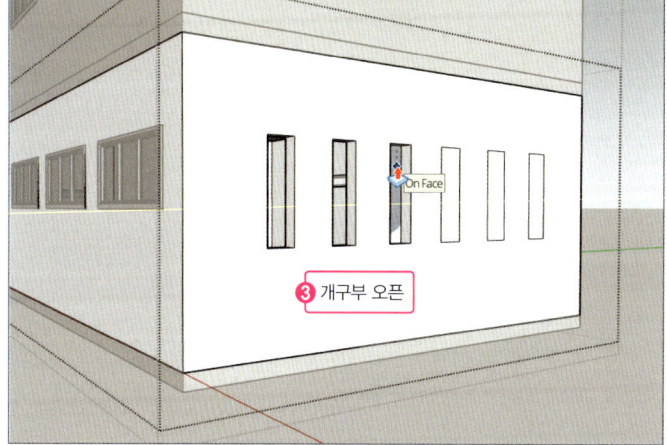

CHAPTER 06 확장 도구 루비(Ruby) 및 생성형 AI의 활용

루비(Ruby)는 스케치업에 플러그인(plug-in)으로 설치하여 사용합니다. 다양한 기능을 추가할 수 있는 확장 도구로 사용자의 특성과 목적에 따라 스케치업의 부족한 기능을 보완하여 작업의 효율성을 극대화할 수 있습니다.

STEP 1 루비(Ruby) 다운로드

스케치업에서 추가로 필요한 확장 도구(Ruby)는 'Extensions Warehouse'와 'SketchUcation'의 플러그인 스토어에서 다운로드할 수 있습니다.

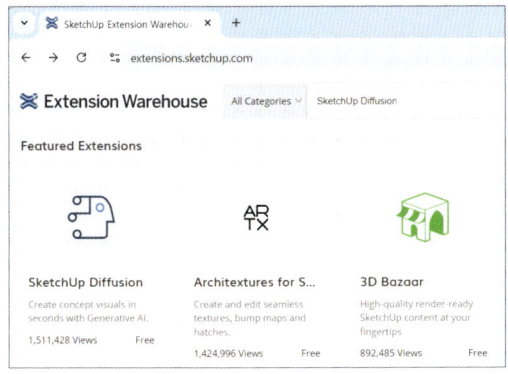
▲ Extensions Warehouse

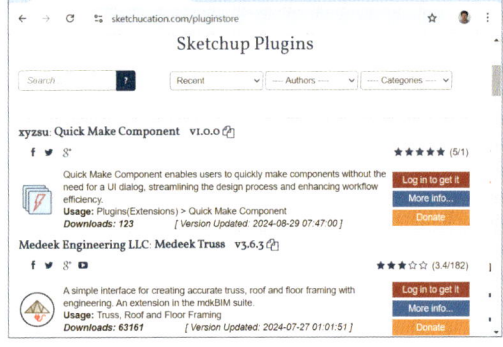
▲ SketchUcation

01 Extensions Warehouse의 루비

스케치업의 Warehouse 도구 막대에서 [Extensions Warehouse(❋)]을 클릭하거나 웹사이트 'https://extensions.sketchup.com'에 접속합니다. 구글 계정으로 Extensions Warehouse에 로그인하면 다운로드 및 설치를 할 수 있습니다.

▲ Warehouse 도구 막대

▲ 웹 사이트 주소 입력

02 검색 창에서 'TrueBend'를 검색합니다. ❷부분을 클릭하고 [Download]를 클릭합니다.

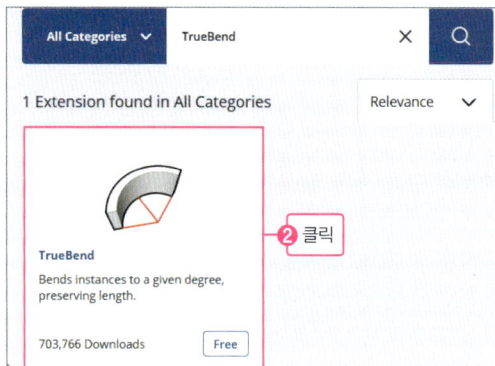
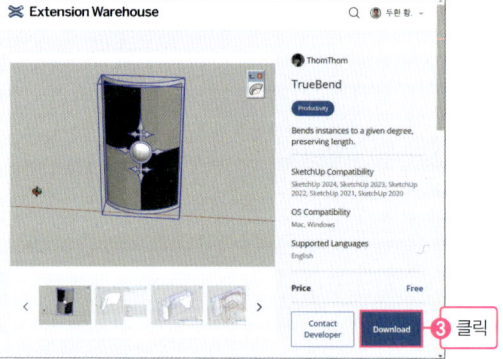

03 동일한 방법으로 'Solid Inspector²'와 'SketchUp Diffusion'을 다운로드합니다.

SketchUp Diffusion은 정식 라이센스 사용자만 설치할 수 있습니다.

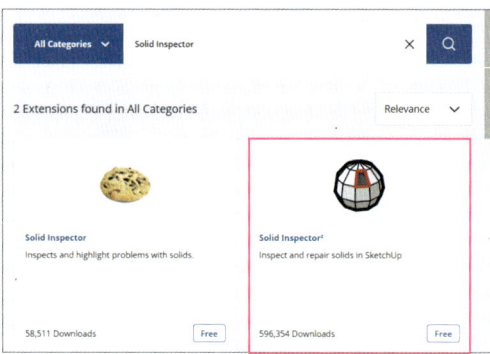
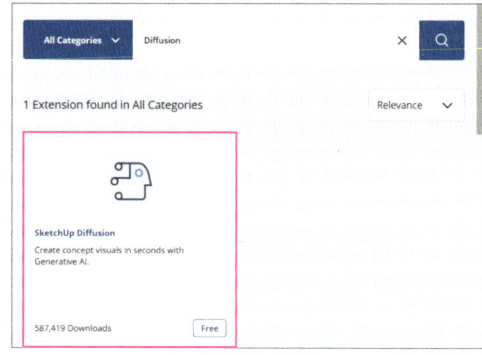

▲ Solid Inspector²　　　　　　　　　　　　　　▲ SketchUp Diffusion

04 SketchUcation의 루비

SketchUcation 웹사이트 주소 'https://sketchucation.com'에 접속합니다. 'Login'을 클릭하고 'Create Account'를 클릭해 계정을 작성합니다.

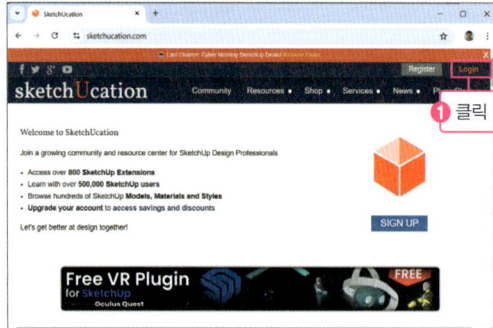

05 회원가입은 무료 계정인 'Free'와 유료 계정 'Basic', 'Premium+', 'Premium'으로 구분됩니다. Free 계정을 만들기 위해 'Sign Up Here'를 클릭해 계정을 만듭니다.

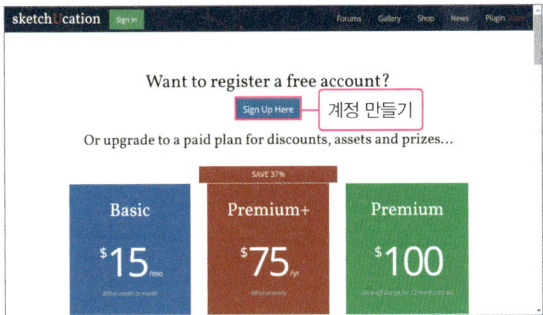

06 회원가입 후 'PluginStore'를 클릭합니다. 검색 창에 'Fredo6'을 검색하고 다운로드합니다.

07 'Joint Push Pull Interactive', 'RoundCorner'를 추가로 다운로드합니다.

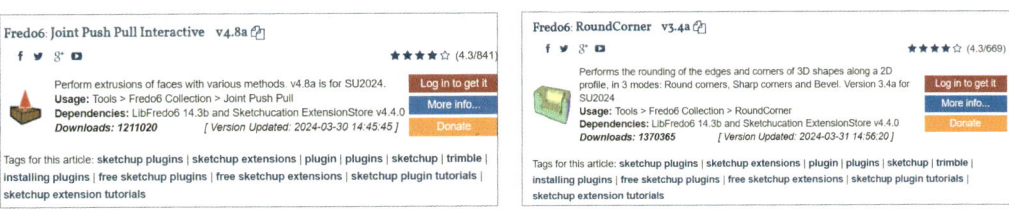

STEP 2 루비 설치

01 다운로드한 5개의 루비를 설치하기 위해 스케치업을 실행하고 [Extension] – [Extension Manager]를 클릭합니다.

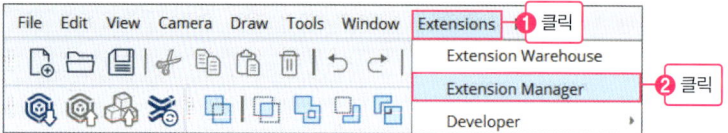

02 [Extension Manager] 창 하단에 [Install Extension] 버튼을 클릭합니다. 먼저 'LibFredo6'을 클릭하고 [열기] 버튼을 클릭합니다.

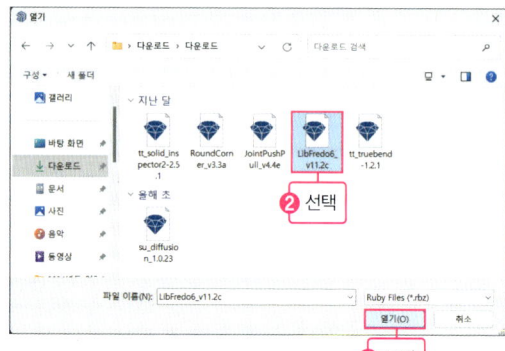

03 다시 [Install Extension] 버튼을 클릭합니다. 'RoundCorner'를 클릭하고 [열기] 버튼을 클릭합니다.

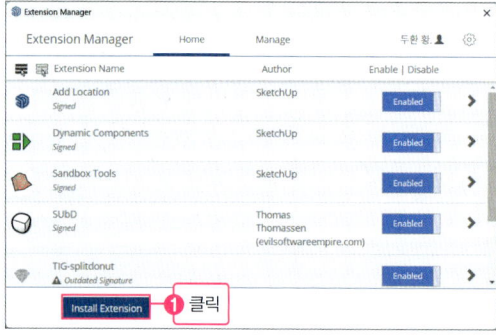
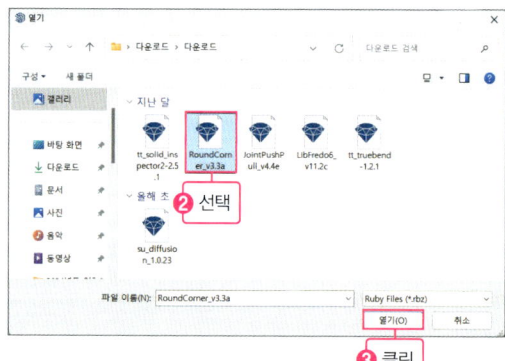

04 동일한 방법으로 'JointPushPull', 'TrueBend', 'Solid Inspector2', 'Diffusion'을 모두 설치하고 스케치업을 종료하고 다시 실행합니다.

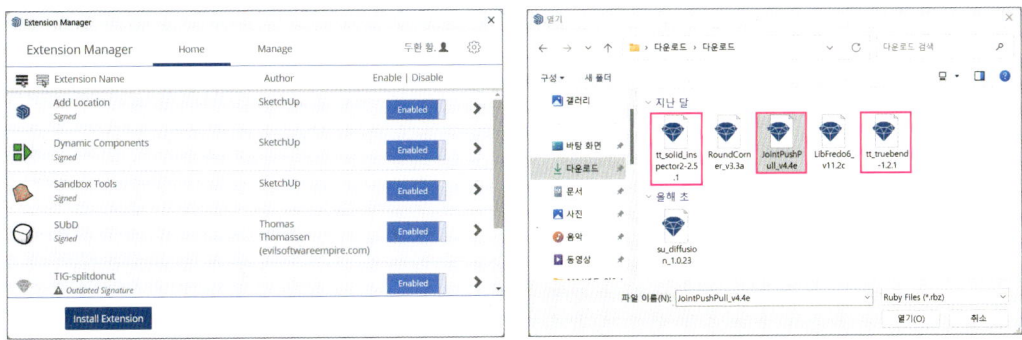

05 [View] 메뉴의 [Toolbars]를 클릭합니다. Toolbars 선택 항목에서 추가로 설치한 'Round Corner', 'JointPushPull', 'TrueBend', 'Solid Inspector²', 'Diffusion' 5개의 루비를 모두 체크하고 [Close] 버튼을 클릭합니다.

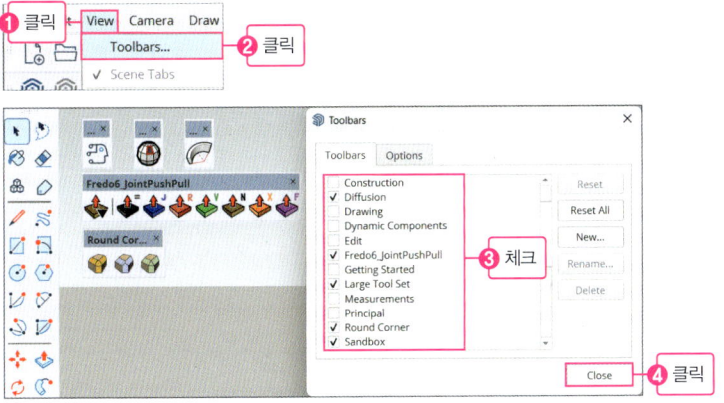

06 추가한 루비를 상단에 보기 좋게 배치합니다.

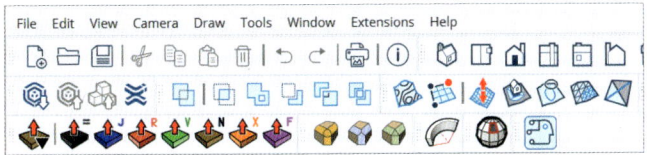

STEP 3 TrueBend( )

TrueBend는 그룹이나 컴포넌트 객체를 지정된 축을 기준으로 구부려 줍니다. 구부려지는 부분이 항상 X축과 일치해야 합니다.

01 [File]에서 [Open]을 클릭합니다. [예제파일/P03/Ch06/TrueBend.skp]를 클릭하고 [열기] 버튼을 클릭합니다. 저장 메시지가 나타나면 [No]를 클릭합니다. 계단, 경사로, 창문 등 실습 모델을 확인하고 계단 ❶을 확대해 그룹으로 작성합니다.

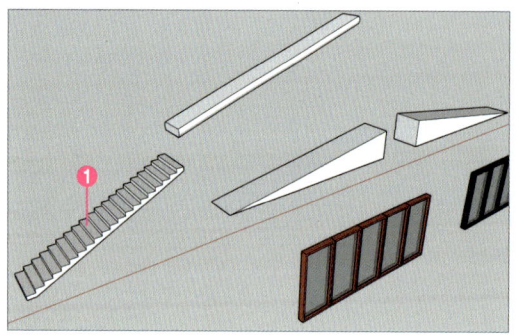 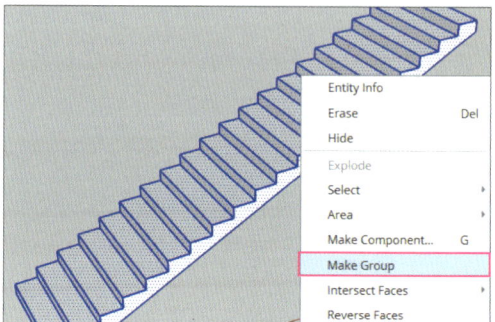

02 그룹으로 작성된 계단❶을 선택하고 TrueBend( )를 클릭합니다. 그룹 중앙에 빨간색 축 ❷를 ❸지점까지 클릭 & 드래그합니다.

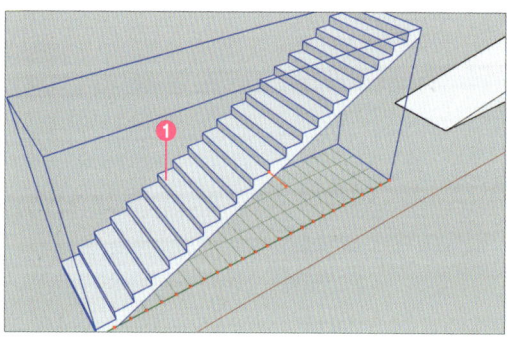 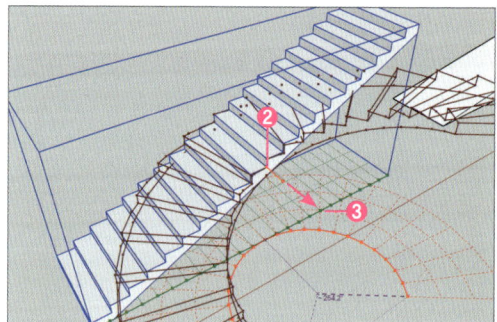

03 구부림 각도 '180'을 입력하고 Enter 키를 누르면 계단을 180° 구부려 표시합니다. 다시 '270'을 입력하고 Enter 키를 누르면 구부림 각도가 변경됩니다. Enter 키를 한 번 더 눌러 구부림을 완료합니다.

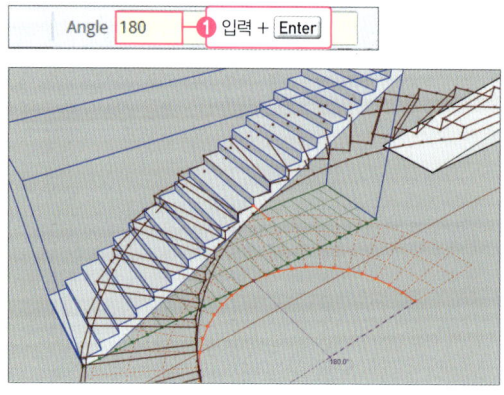 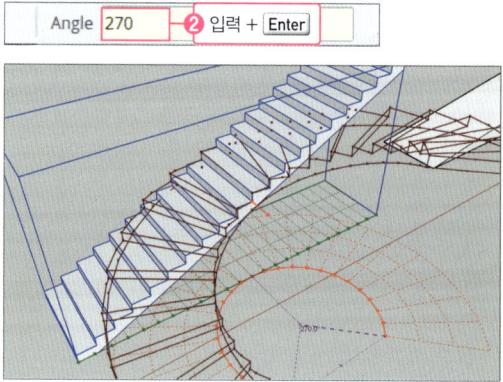

04 빨간색 창문 ❶을 모두 선택해 그룹으로 작성합니다. 그룹으로 작성된 창문을 선택하고 TrueBend(🗇)를 클릭합니다. 그룹 중앙에 빨간색 축 ❷를 ❸지점까지 클릭 & 드래그합니다.

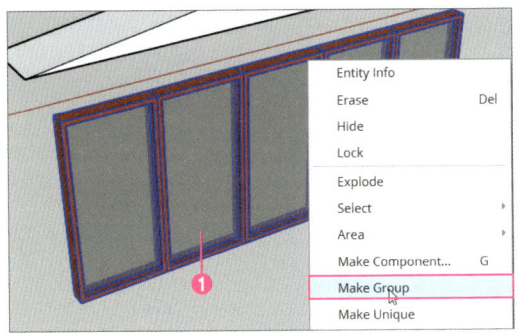 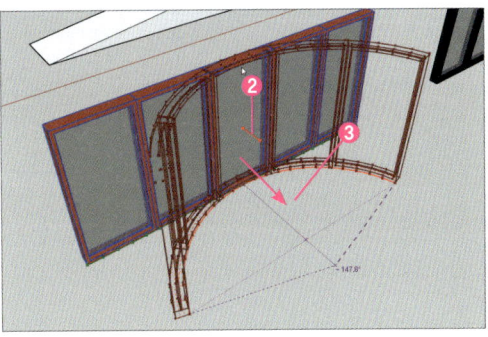

05 구부림 각도 '180'을 입력하고 Enter, 한 번 더 Enter 키를 누릅니다.

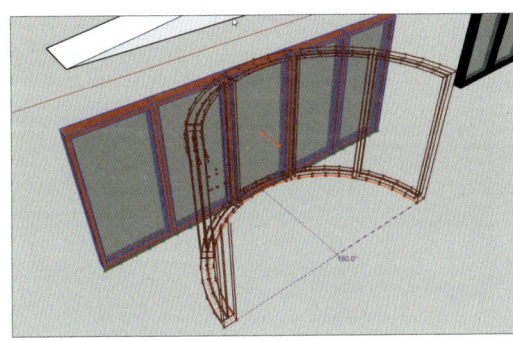 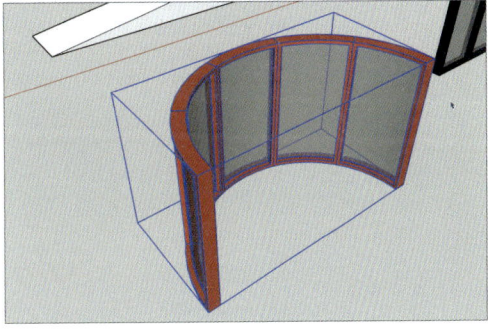

06 검은색 창문 ❶을 모두 선택해 그룹으로 작성합니다. TrueBend(🗇)를 클릭해 구부림 각도 '180'을 입력하고 Enter, 세그먼트 값 '5S'를 입력하고 Enter 키를 누릅니다. 작업을 완료하기 위해 한 번 더 Enter 키를 누릅니다.

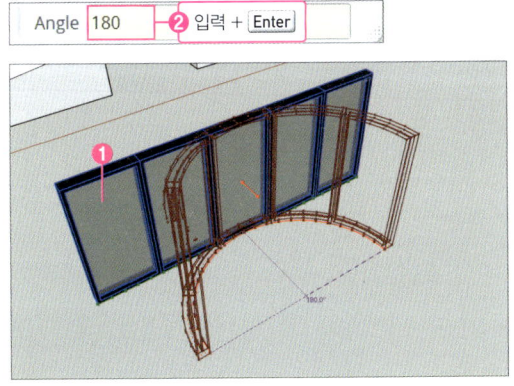 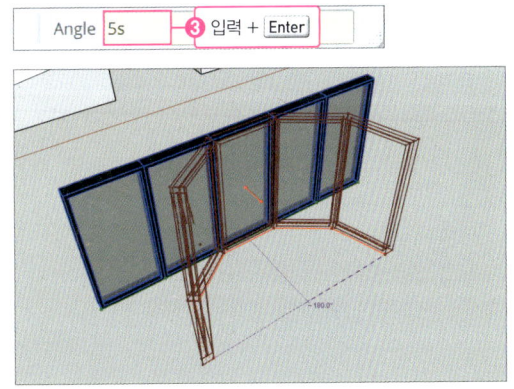

07 경사로 1개는 안쪽으로 '120°', 다른 1개는 바깥쪽으로 '120°' 구부려 봅니다. 동일한 크기의 경사로지만 구부림 축의 위치가 다르므로 크기가 달라집니다.

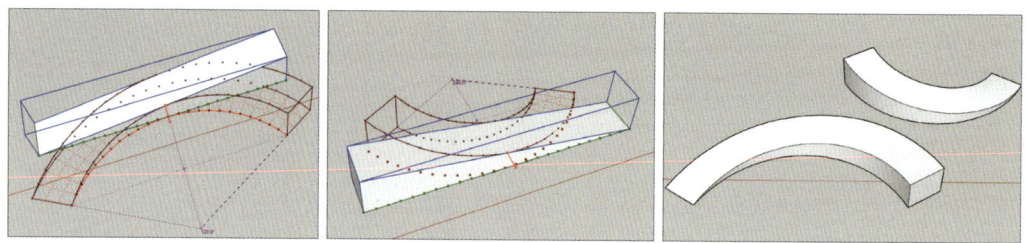

08 막대 모양의 긴 사선은 '1080°', 100개의 세그먼트 값을 입력해 구부려 봅니다.

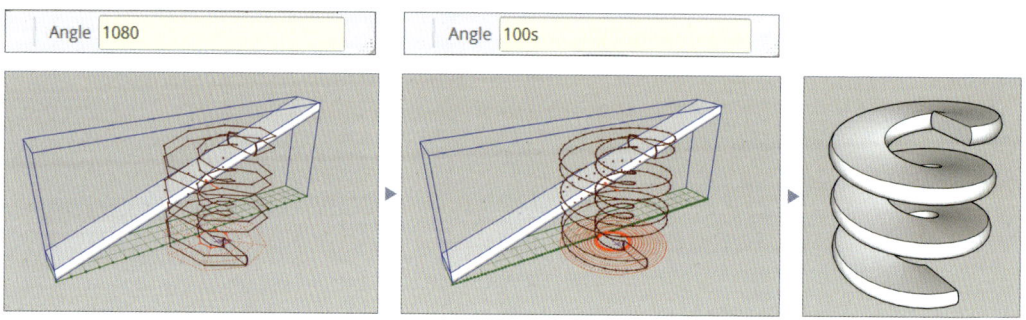

STEP 4 Joint Push/Pull

Joint Push/Pull은 기본 Push/Pull 기능을 보완하는 도구로 곡면에도 적용이 가능하며, 다양하게 밀고 끌기가 가능합니다.

01 Joint Push/Pull(🔸)로 곡면 작업

[File] – [Open]을 클릭합니다. [예제파일/P03/Ch06/Push Round.skp]를 클릭하고 [열기] 버튼을 클릭합니다. 선택 커서로 곡면 ❶, ❷를 클릭하고 Joint Push/Pull(🔸)을 클릭합니다.

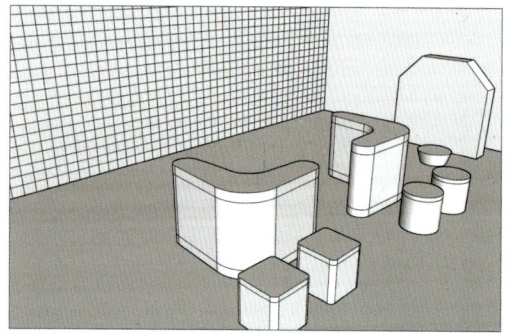
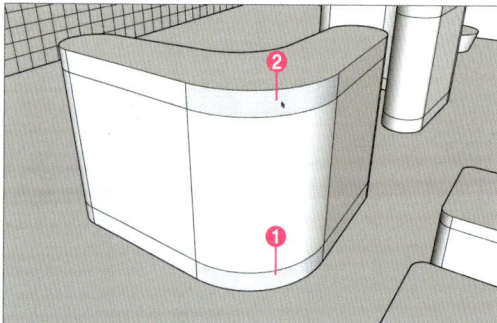

02 커서를 바깥쪽으로 이동한 상태에서 '50'을 입력하고 Enter 키를 누릅니다. 다시 '100'을 입력하고 Enter, 다시 '50'을 입력하고 Enter 키를 눌러 수정할 수 있는지 확인하고 Exit Tool( )을 클릭합니다.

일반 Push/Pull처럼 Ctrl 키를 눌러 면을 추가할 수도 있습니다.

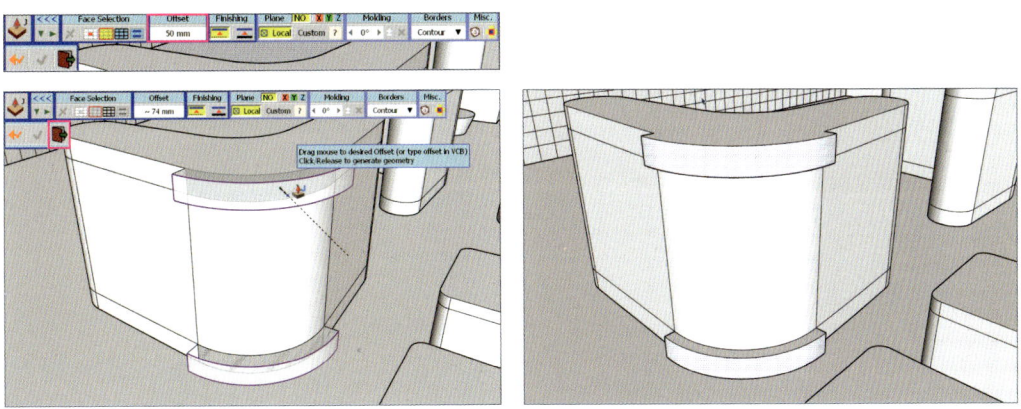

03 Round Push/Pull( )로 모서리 깎기

우측 벽을 확대하고 선택 커서로 ❶, ❷, ❸ 3개 면을 클릭합니다. Round Push/Pull( )을 클릭하고 앞서 선택한 세 개의 면 중 하나를 클릭합니다.

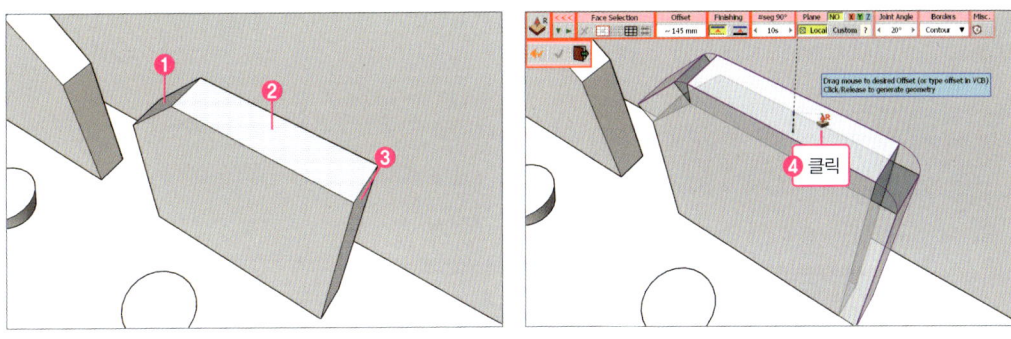

04 커서를 ❶방향으로 이동한 상태에서 '150;10s'를 입력하고 Enter 키를 누릅니다. Exit Tool( ) ❸을 클릭해 작업을 완료합니다.

모서리 부분은 접점으로 연결하며, 150은 깎기 값이고 10s는 둥근 부분의 세그먼트 값입니다.

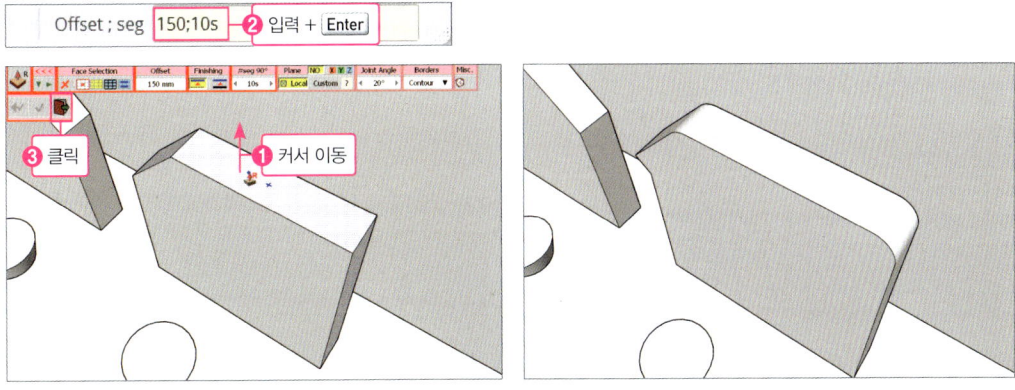

Chapter 06 • 확장 도구 루비(Ruby) 및 생성형 AI의 활용 **301**

05 Vector Push/Pull(🔧)로 축 지정

좌측 벽을 확대하고 Vector Push/Pull(🔧)을 클릭합니다. 경사면 ❶을 클릭하고 커서를 이동하면 면이 따라서 늘어집니다.

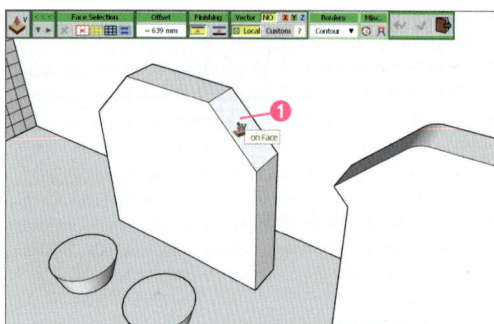 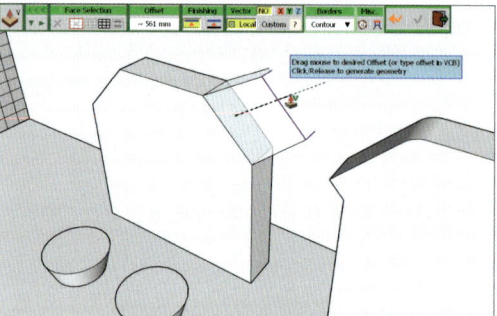

06

위쪽 방향키(↑)를 누르면 Z축으로 Push/Pull, 오른쪽(→)을 누르면 X축으로 Push/Pull을 할 수 있습니다. 오른쪽으로 '500' 입력하고 Exit Tool(🔧)을 클릭합니다.

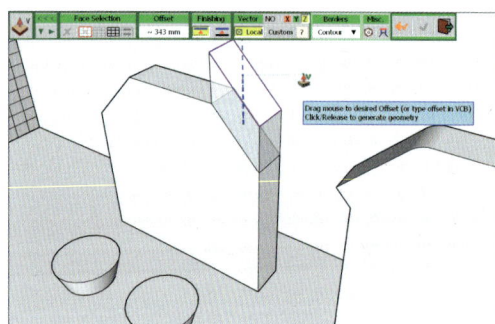 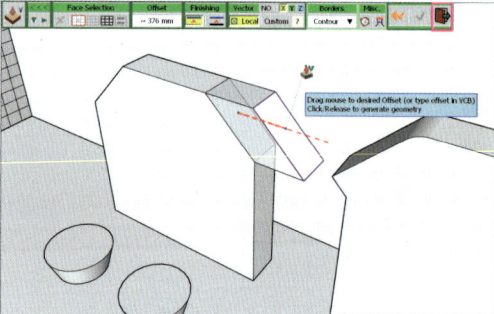

07 Normal Push/Pull(🔧)로 랜덤 설정

바둑판 모양의 벽 ❶을 확대 포함하여 모든 면을 선택합니다.

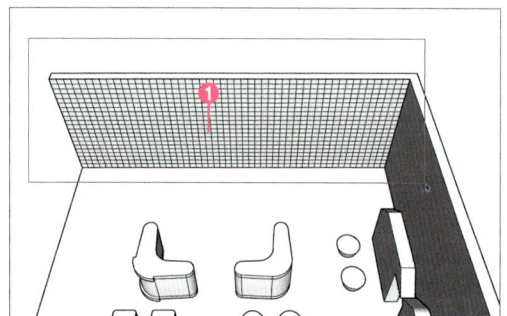 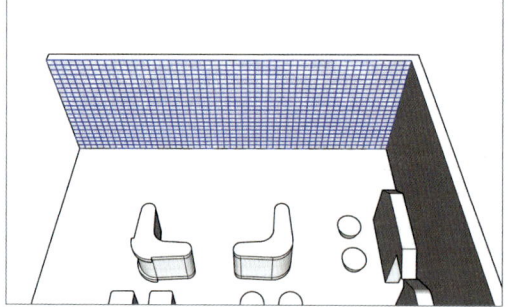

08 Normal Push/Pull(🐾)을 클릭한 후 ❶을 클릭하면 메뉴가 확장됩니다. Offset은 '30', Random은 최저 '1', 최대 '3'의 배율로 설정하고 'Random' ❷를 클릭해 활성화합니다.

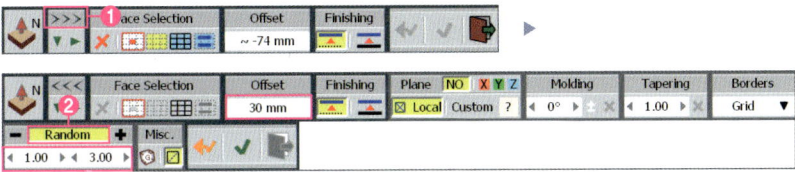

09 Push/Pull 도구 막대의 ✔를 클릭하고 형상 구현이 완료되면 Exit Tool(🐾)을 클릭합니다.

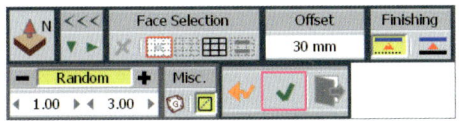

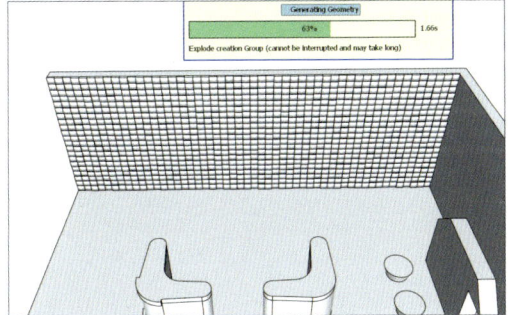 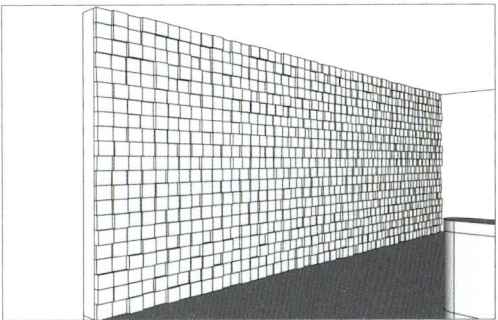

10 Extrude Push Pull(🐾)로 각도 설정

좌측 벽 앞에 있는 원통을 확대하고 Extrude Push Pull(🐾)을 클릭합니다. 윗면 ❶을 클릭하고 커서를 이동하면 일반 Push Pull과 동일합니다. Esc 키를 눌러 취소합니다.

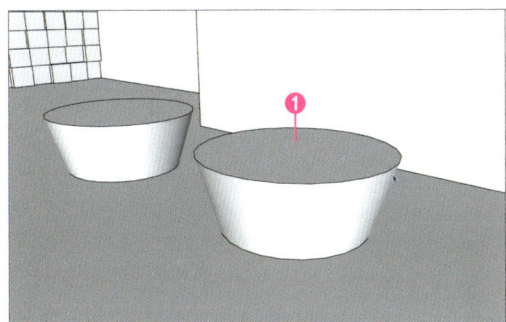 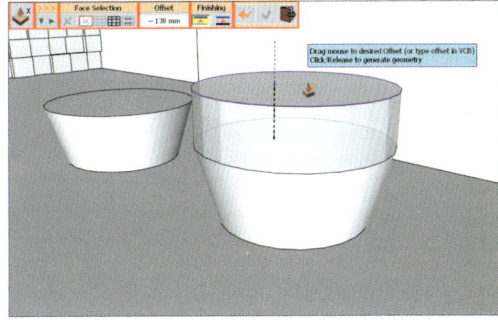

11 ❶을 클릭해 메뉴를 확장합니다. Offset은 '100', Molding은 '-30'으로 설정하고 Exit Tool( )을 클릭합니다.

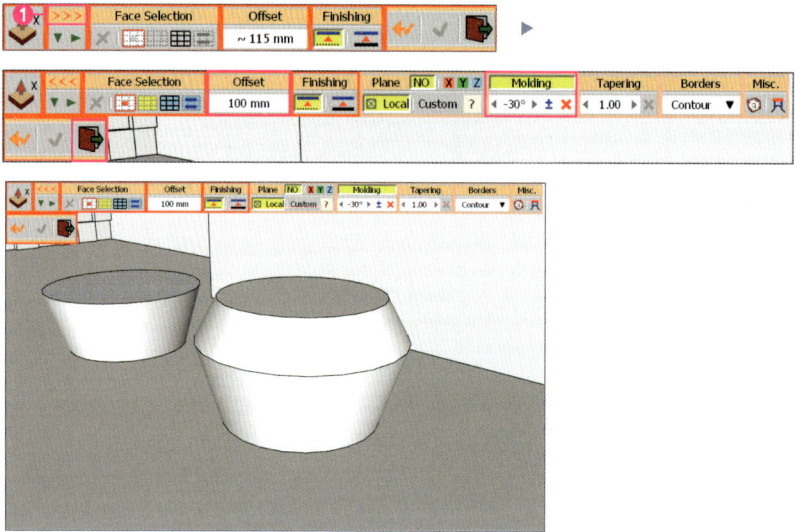

12 Follow Push Pull( )로 각도 유지

Space bar 키를 누르고 선택(Select( )) 도구로 작업면 ❶, ❷를 선택합니다. Follow Push Pull( )을 클릭하고 윗면 ❸을 클릭합니다. 커서를 ❹부분으로 이동해 '300'을 입력하고 Enter 키를 누릅니다. 완료되면 Exit Tool( )을 클릭합니다.

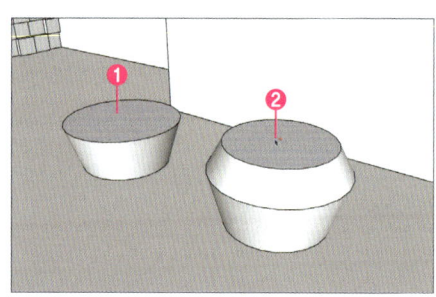

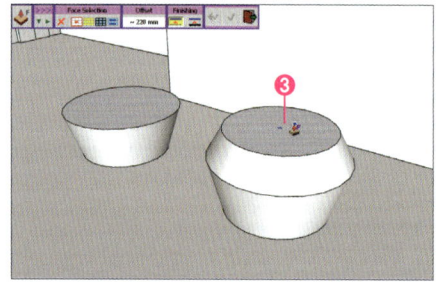

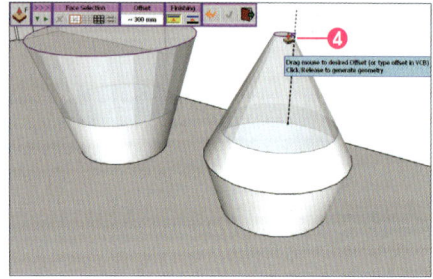

STEP 5 | Round Corner(🎲🎲🎲)

Round Corner는 객체의 모서리를 둥글게 깎거나 사선으로 따낼 수 있습니다.

01 Round Corner(🎲)로 모서리 깎기 1

진열대 앞에 있는 원통을 확대하고 선택(Select(▶)) 도구로 원통 모서리 ❶을 클릭합니다. Round Corner(🎲)를 클릭하고 설정 창에 Offset 값 '30', Seg. 값 '10'을 입력합니다. 값을 적용하기 위해 GENERATE GEOMETRY(GENERATE GEOMETRY) ❷를 클릭하고 Exit Tool(📄) ❸을 클릭합니다.

모서리 선택 후 VCB 창에 '30' 입력 후 [Enter], '10s' 입력 후 [Enter], [Enter], [Enter] 키를 눌러도 작업이 가능합니다.

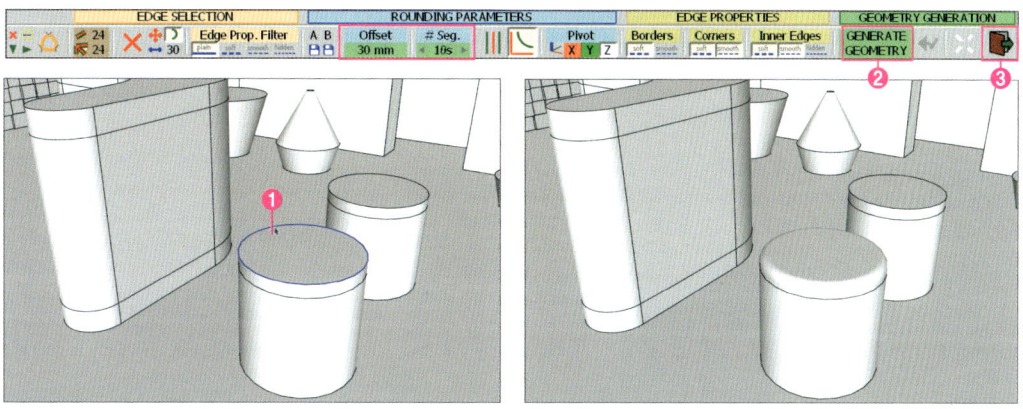

02

모서리가 많은 사각 통을 확대하고 Round Corner(🎲)를 클릭합니다. 윗면 ❶을 클릭하고 설정 창에 Offset 값 '40', Seg. 값 '10'을 입력합니다. 값을 적용하기 위해 GENERATE GEOMETRY(GENERATE GEOMETRY) ❷를 클릭하고 Exit Tool(📄) ❸을 클릭합니다.

빨간색: 작업할 모서리, 녹색: Offset(반지름)

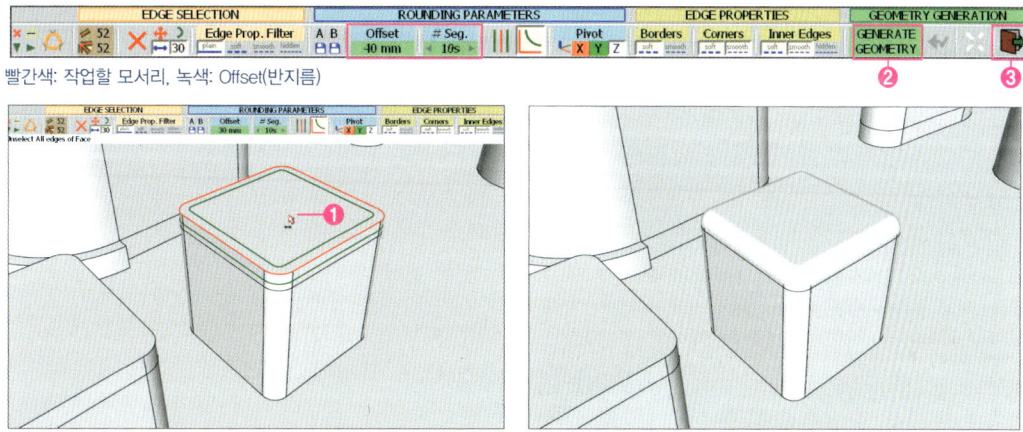

TIP Round Corner와 Sharp Corner의 차이

① Round Corner( )
모서리가 만나는 부분에 곡면을 붙여서 처리

② Sharp Corner( )
모서리가 만나는 부분을 연장하여 그대로 처리

03 Bevel( )로 모서리 따기

옆에 배치된 다른 사각 통을 확대하고 Bevel( )을 클릭합니다. 윗면 ❶을 클릭하고 설정 창에 Offset ❷를 클릭한 후 '30'을 입력합니다. 값을 적용하기 위해 GENERATE GEOMETRY( ) ❸을 클릭하고 Exit Tool( ) ❹를 클릭합니다.

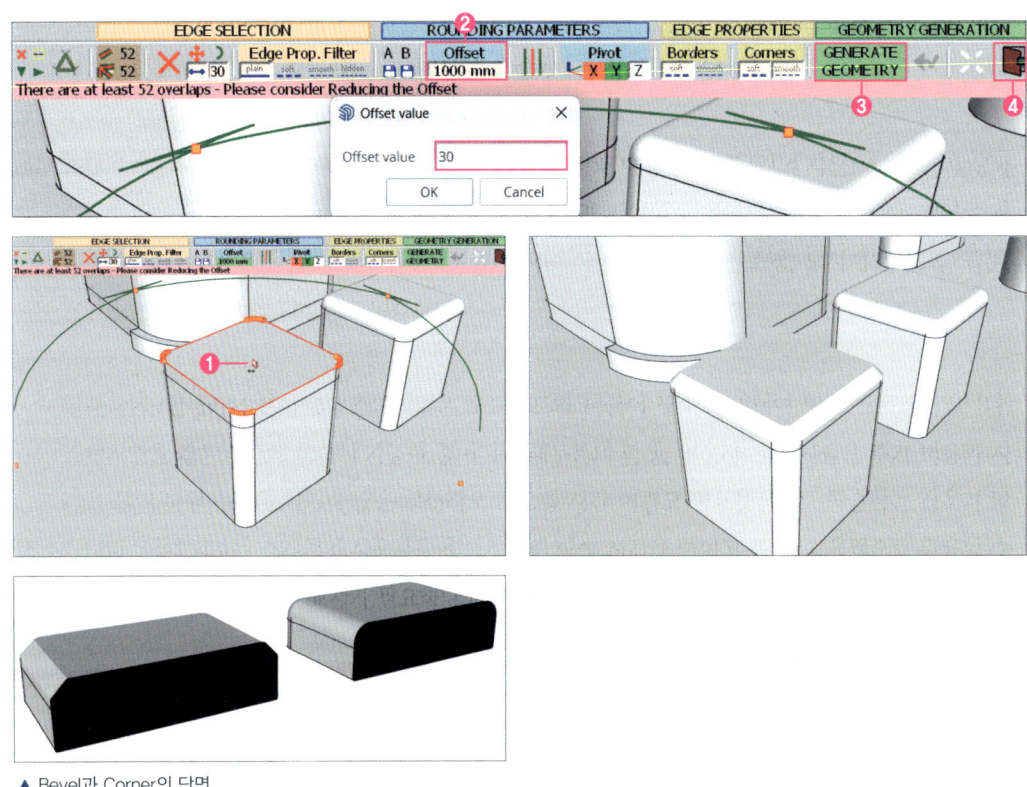

▲ Bevel과 Corner의 단면

STEP 6 Solid Inspector²(🔘)

Solid Inspector는 객체의 솔리드 유무를 검사하고 변경할 수 있습니다. Solid Tools 도구를 자주 사용한다면 매우 유용하게 사용될 수 있습니다.

01 [File] - [Open]을 클릭합니다. [예제파일/P03/Ch05/Solid Inspector.skp]을 클릭하고 [열기] 버튼을 클릭합니다. Solid Tools의 Subtract(빼기)을 사용해 원통형 매스에서 박스형 매스를 제거하겠습니다.

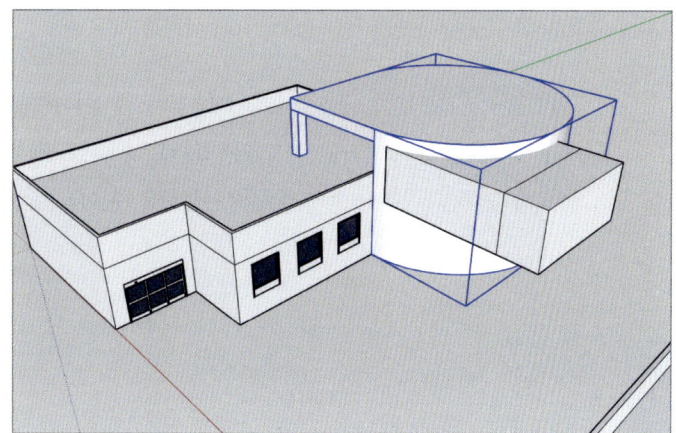

02 Solid Tools을 사용하기 위해서는 그룹 객체가 Solid Group으로 되어 있어야 합니다. 원통형 객체와 박스형 객체를 하나씩 선택해 [Entity Info] 트레이에서 객체의 유형을 확인합니다. 두 객체 모두 Solid Group이 아닌 일반 그룹 객체임을 확인합니다.

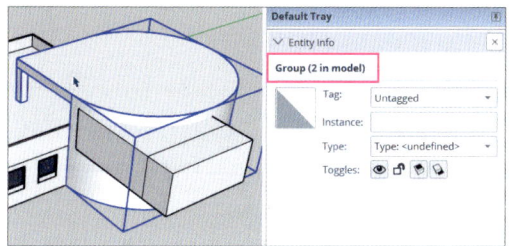 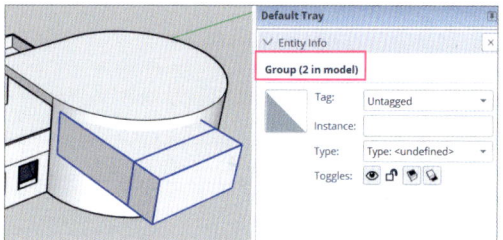

03 스타일에서 X-ray(🔘)를 클릭합니다. 원통형 객체는 바닥에 면이 남아 있고 박스형 객체는 중간에 면이 남아 있어 Solid Group이 될 수 없음을 확인하고 X-ray 모드를 OFF 합니다.

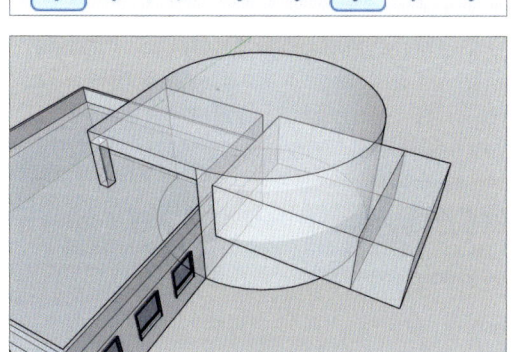 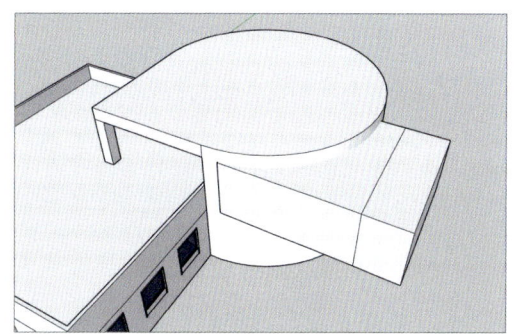

04 Group 객체를 Solid Group으로 변경하기 위해 Solid Inspector²(◉)를 클릭하면 현재 모델에 중첩된 객체의 수를 확인할 수 있습니다.

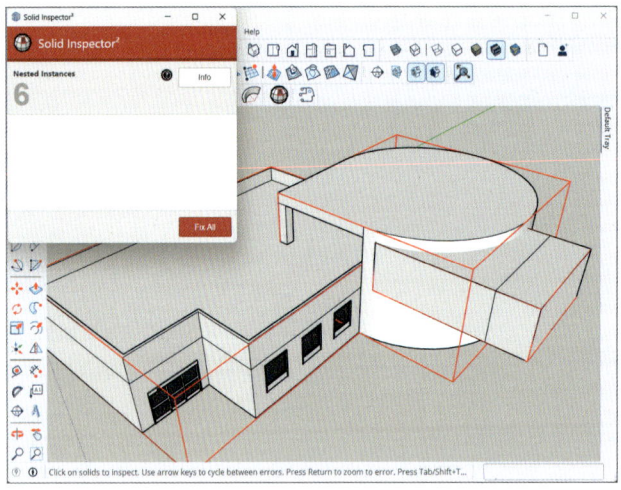

05 선택(Select(▶)) 도구로 원통형 객체 ❶을 클릭하고 중첩된 객체를 제거하기 위해 [Fix All] 버튼 ❷를 클릭합니다. 이어서 박스형 객체 ❸을 클릭하고 중첩된 객체를 제거하기 위해 [Fix All] 버튼 ❹를 클릭합니다.

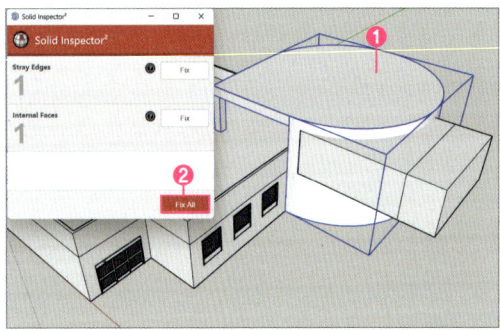 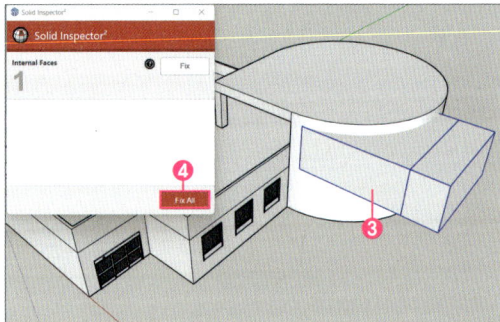

06 [Entity Info] 트레이에서 객체의 유형을 확인합니다. 두 객체 모두 Solid Group으로 변경되었음을 확인합니다.

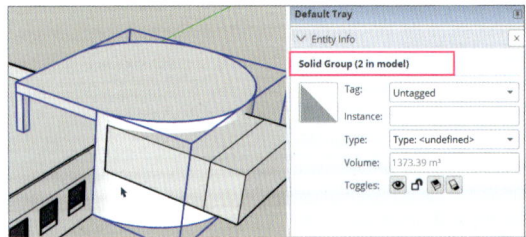 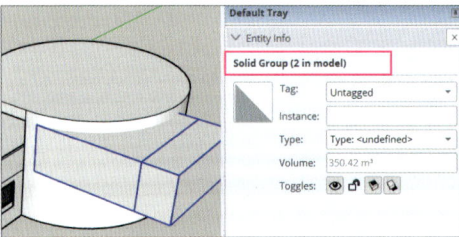

07 Solid Tools의 Subtract(빼기)() ❶을 클릭합니다. 그룹 ❷를 클릭하고 ❸을 클릭하면 빼기 작업이 실행됩니다.

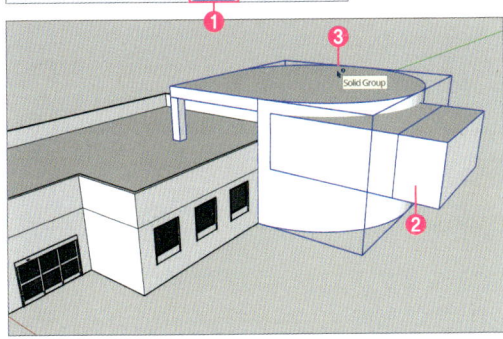
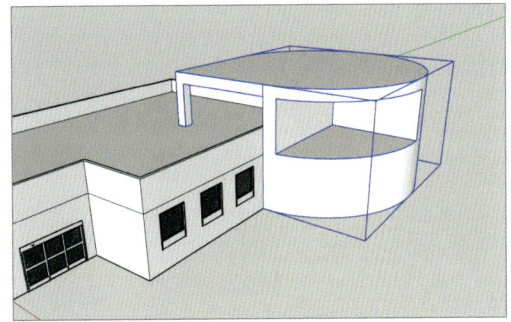

08 우측 건축물도 Solid Inspector²와 Subtract을 사용해 모델을 완성합니다.

STEP 7 생성형 AI SketchUp Diffusion

스케치업 디퓨전은 텍스트 프롬프트에 입력된 내용을 바탕으로 렌더링 이미지를 생성합니다. AI로 생성된 이미지는 계획단계에서의 디자인 결정에 참고 자료로 활용될 수 있습니다.

01 스케치업 디퓨전 설치

스케치업 디퓨전은 확장 도구의 하나로 SketchUp Go, SketchUp Pro, SketchUp Studio를 구독하는 사용자는 Extension Warehouse에서 무료로 다운로드할 수 있습니다. Extension Warehouse 사이트 검색 창에 'SketchUp Diffusion'을 검색한 후 [Download] 버튼을 클릭합니다.

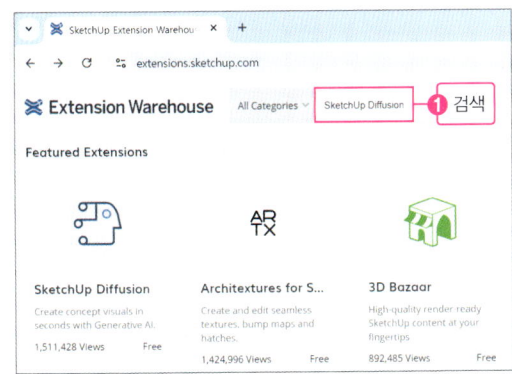
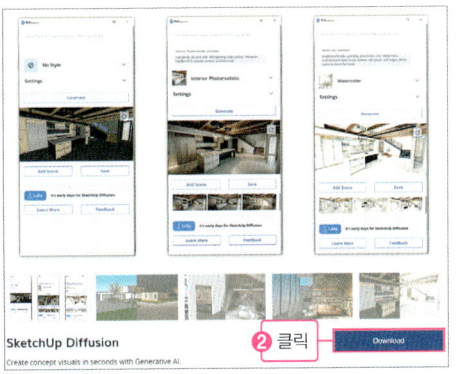

▲ https://extensions.sketchup.com

02 스케치업을 실행한 후 [Extensions] – [Extension Manager]를 클릭합니다. SketchUp Diffusion을 설치하기 위해 [Install Extension] 버튼을 클릭합니다.

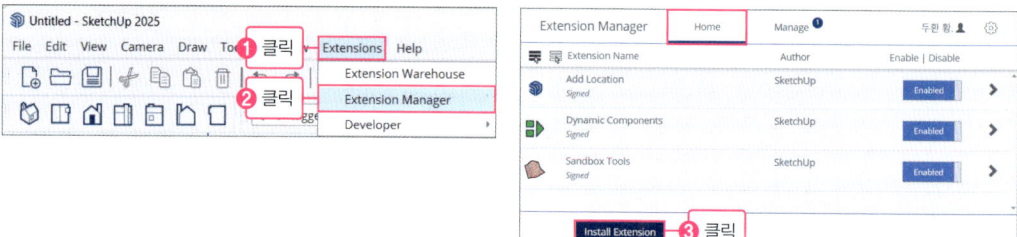

03 다운로드한 'su_diffusion'을 선택한 후 [열기] 버튼을 클릭하면 [Extension Manager] 창에 등록됩니다. [SketchUp Diffusion(   )]이 추가되었다면 [Extension Manager] 창을 닫습니다.

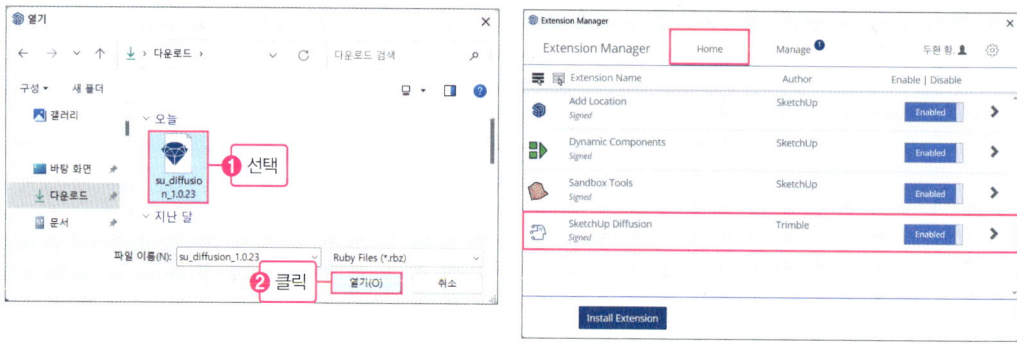

04 [File] – [Open]을 클릭합니다. [예제파일/P03/Ch05/Diffusion.skp]을 클릭하고 [열기] 버튼을 클릭합니다. 저장 메시지가 나타나면 [No]를 클릭합니다.

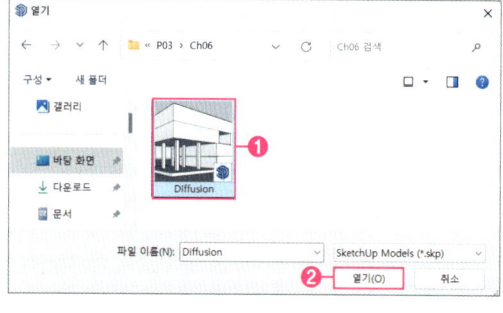
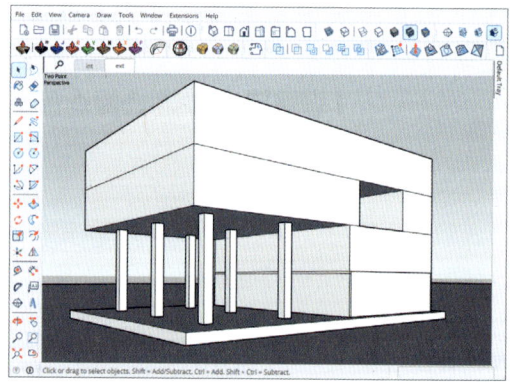

05 추가된 SketchUp Diffusion(📦)을 클릭합니다. [Diffusion] 대화상자의 구성을 살펴봅니다.

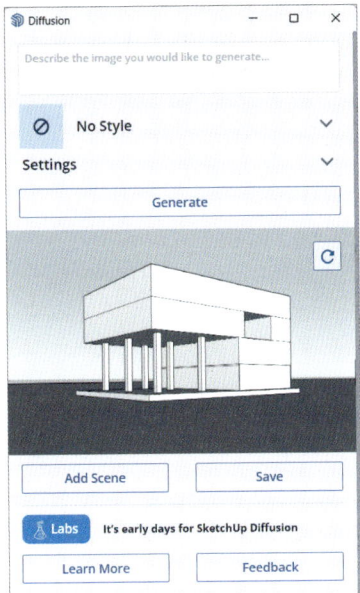

① Prompt
렌더링 이미지 생성과 관련된 명령어(이미지 묘사)를 입력하는 창으로 짧은 단어보다는 구체적으로 서술(날씨, 장소, 시간, 재질 등)해야 원하는 이미지를 생성할 수 있습니다. 입력은 기본 언어인 영어를 사용하는 것이 좋습니다.

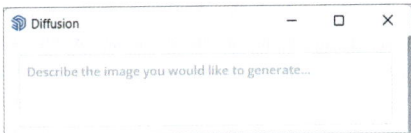

② Style
생성할 이미지의 8가지 기본 스타일은 지원합니다. 프롬프트에 동일한 명령을 입력해도 스타일에 따라 결과물은 다르게 생성됩니다.

- Exterior Photorealistic : 실물 사진과 가까운 외부
- Interior Photorealistic : 실물 사진과 가까운 내부
- Aerial Masterplan : 하늘에서 바라본 조감도
- Pencil Sketch : 연필 스케치
- Watercolor : 수채화
- Illustration : 일러스트
- Clay Model : 점토 모형
- Physical Model : 물리적 모형

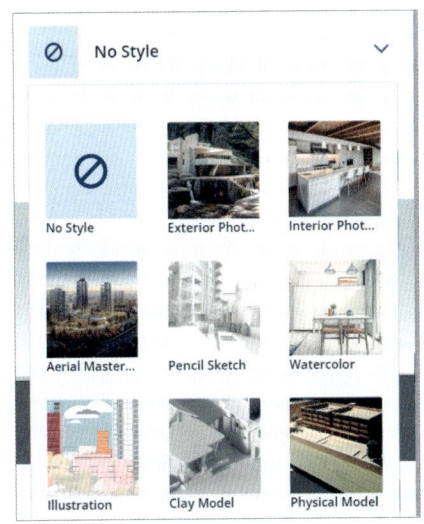

③ Settings
- Respect Model Geometry : 스케치업 모델의 형상을 얼마나 벗어나는지를 설정하는 항목으로 값이 클수록 스케치업 모델에 가까운 이미지를 생성
- Prompt Influence : 프롬프트에 입력한 명령어의 반영 정도를 설정하는 항목으로 값이 클수록 명령어의 영향력이 커짐

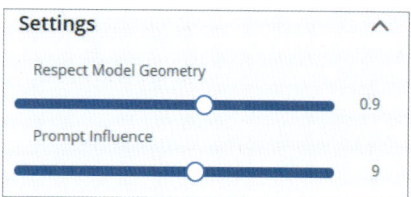

④ Generate
[Generate] 버튼을 클릭하면 프롬프트의 명령어, 스타일 설정을 기준으로 이미지를 생성합니다. 이미지 생성 시간은 평균 1분 이하로 인터넷 환경, PC 하드웨어 성능에 영향을 받습니다. [Generate] 버튼을 다시 클릭하면 다른 이미지를 추가로 생성합니다.

⑤ Viewport
Generate로 생성된 이미지를 보여주는 뷰포트로 [Add Scene] 버튼을 클릭하면 생성된 이미지를 스케치업의 Scene(장면)으로 추가하고, [Save] 버튼을 클릭하면 PNG 이미지 파일로 저장할 수 있습니다. 우측 상단의 'refresh input view'를 클릭하면 스케치업 원본 모델을 확인할 수 있습니다.

06 Prompt에 명령어는 'a clean city'를 입력하고 Style은 'Exterior Photorealistic', Settings은 기본값인 상태에서 [Generate] 버튼을 클릭합니다. 생성된 이미지를 클릭하면 뷰포트에 나타납니다. 한 번 더 [Generate] 버튼을 클릭하면 이미지를 추가로 생성합니다.

생성된 이미지는 교재와 다를 수 있습니다.

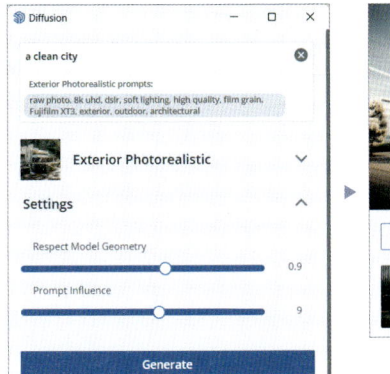 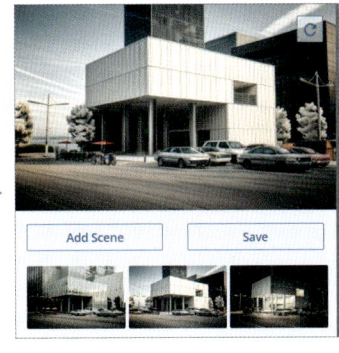

> **명령어 입력**
> 영문 명령어는 번역기를 사용해 Ctrl + C 키로 복사한 후 Ctrl + V 키로 붙여주면 편리합니다.
>
>

07 [Add Scene] 버튼을 클릭해 스케치업 장면(Scene)으로 저장하고 장면 이름을 '외부이미지'로 변경합니다. [Save] 버튼을 클릭해 생성된 이미지를 저장합니다. 계속해서 인테리어 뷰를 생성하기 위해 'int' 장면 탭을 클릭합니다.

장면(Scene)으로 저장한 후 이전 탭이 보이지 않는 경우 트레이 패널에서 해당 장면을 더블 클릭하면 다시 나타납니다. 추가된 장면 탭에서 한글 입력이 되지 않으면 트레이 패널에서 변경합니다.

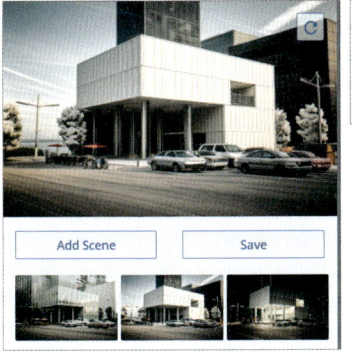 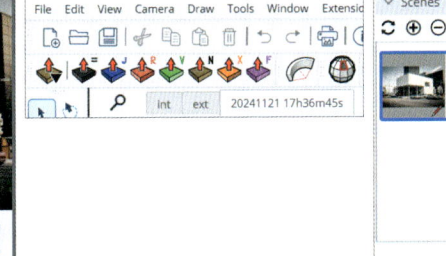

08 SketchUp Diffusion(📷)을 클릭합니다. Prompt에 명령어는 'a modern interior'를 입력하고 Style은 'Interior Photorealistic', Settings은 기본값인 상태에서 [Generate] 버튼을 클릭합니다. 벽면의 패턴과 ㄱ자 장식을 살려 렌더링 됩니다.

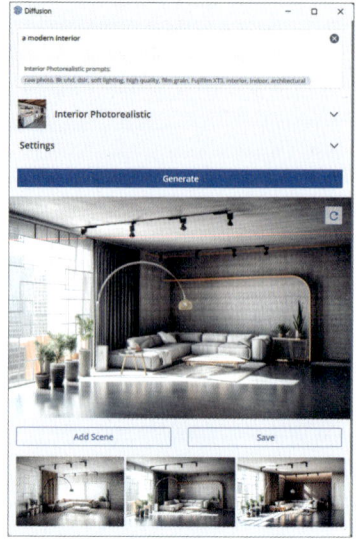

09 스케치업 모델의 영향력을 낮추기 위해 'Settings'을 클릭합니다. 'Respect Model Geometry' 값을 '0.5' 정도로 설정하고 [Generate] 버튼을 클릭합니다. 형상 정보를 변형하여 렌더링 이미지가 생성되었음을 확인합니다.

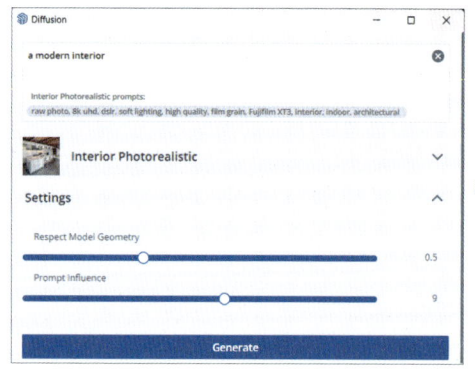 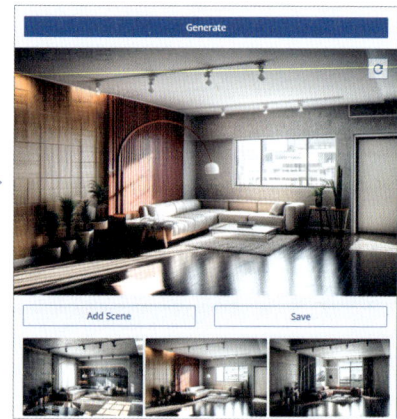

10 생성된 이미지 중 하나를 클릭합니다. [Save] 버튼을 클릭해 이미지 파일로 저장하고, [Add Scene] 버튼을 클릭해 스케치업 장면(Scene)으로 저장합니다. 장면 이름은 '내부이미지'로 변경합니다.

 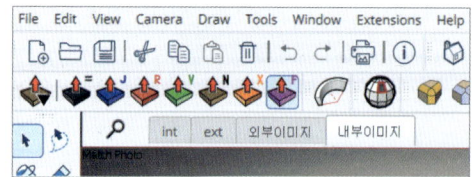

11 다양한 매스 형태에 대한 렌더링 뷰를 생성하기 위해 'ext' 장면 탭을 클릭합니다. 작업화면을 다음 매스 형태에 맞게 조정합니다. Prompt에 명령어는 'a wood-based country house'를 입력하고 Style은 'Exterior Photorealistic', Settings은 기본값인 상태에서 [Generate] 버튼을 클릭합니다. 생성된 이미지 중 하나를 [Save] 버튼을 클릭해 저장합니다.

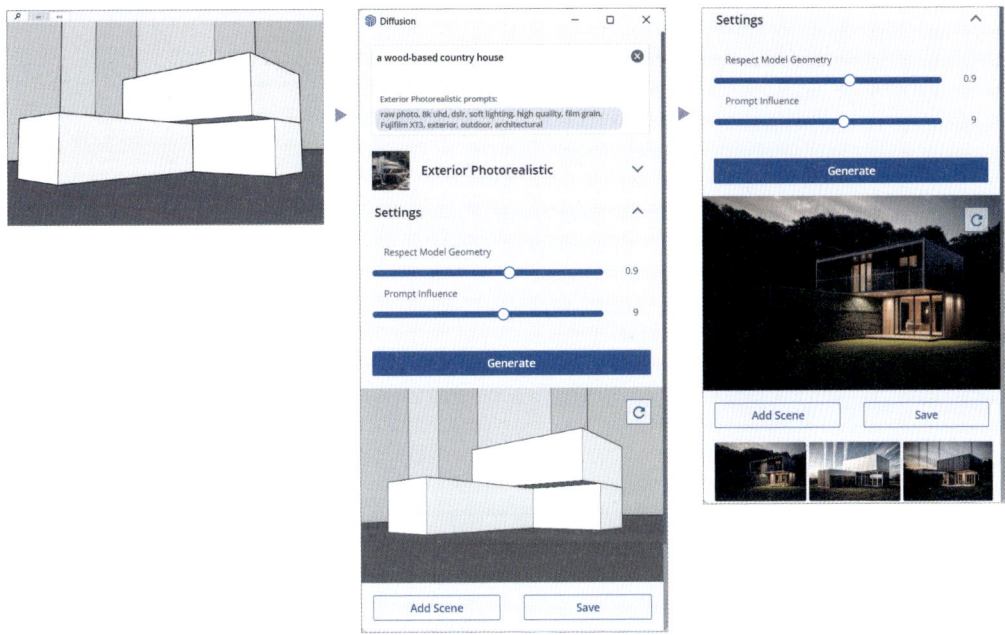

12 여러 개로 구성된 매스를 작업화면에 맞도록 조정합니다. Prompt에 명령어는 'an industrial complex'를 입력하고 Style은 'Aerial Masterplan'으로 설정합니다. Settings에서 'Respect Model Geometry' 값은 '1', 'Prompt Influence'는 기본값인 상태에서 [Generate] 버튼을 클릭합니다. 생성된 이미지 중 하나를 [Save] 버튼을 클릭해 저장합니다. SketchUp Diffusion의 명령어 및 Style과 Settings을 변경하면서 차이점을 확인해 봅니다.

an industrial complex : 산업단지

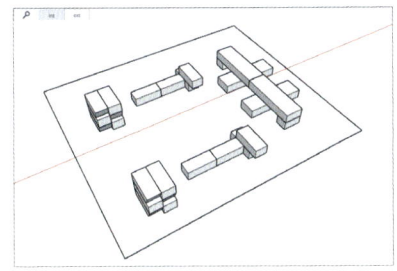
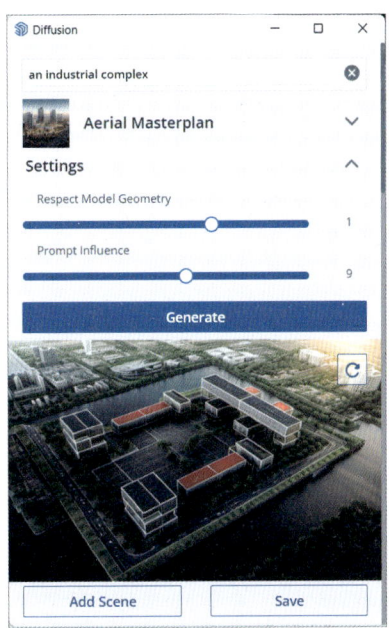

Chapter 01　　아이소메트릭
Chapter 02　　실내 투시도(커피 전문점)
Chapter 03　　투시도

SketchUp 2025

모델링 실무편
아이소메트릭, 실내 투시도
(커피 전문점), 투시도

CHAPTER 01 아이소메트릭

캐드(CAD) 프로그램으로 작성된 아파트 평면도(DWG)를 바탕으로 아이소메트릭 모델을 작성하겠습니다.

STEP 1 바닥과 벽체 만들기

01 스케치업을 실행하고 'Study' 템플릿을 클릭합니다.

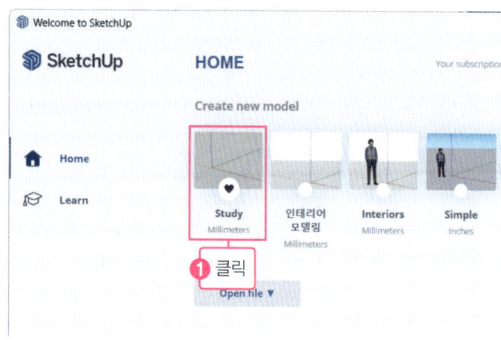
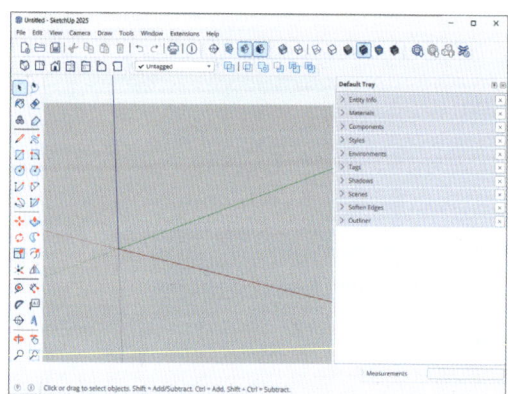

▲ 오토캐드에서 작성된 도면

▲ 스케치업으로 불러온 캐드 도면

02 모델링에 필요한 부분만 편집된 캐드 도면을 사용하겠습니다. [File]에서 [Import]를 클릭하고 [예제파일/P04/Ch01/캐드도면.dwg] 파일을 불러옵니다.

사용할 캐드 도면은 미리 정리된 파일입니다. 캐드 도면 파일이 보이지 않는 경우 파일 유형이 'AutoCAD File(dwg, dxf)'로 설정되어 있는지 확인합니다. Import로 불러온 도면은 그룹으로 지정됩니다.

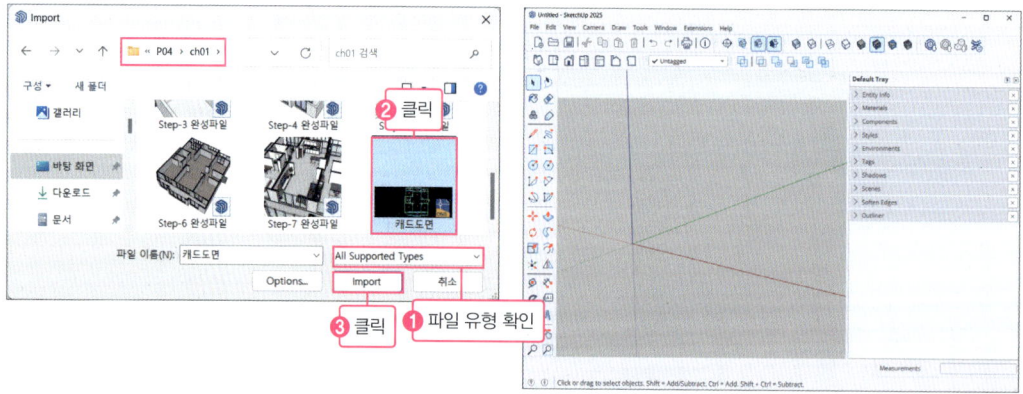

03 모델링에 사용할 도면층(Tag)을 구성합니다. [Tags] 트레이에서 [도면층 추가(⊕)]를 클릭해 모델링 구성요소인 '구조', '가구', '창', '문', '걸레받이'와 불러온 캐드 도면의 도면층을 다음과 같이 구성합니다.

WID, WAL Tag는 캐드 평면도에서 사용된 도면층이며, 각 도면층(Tag)의 색상은 랜덤으로 아래와 같이 일치하지 않아도 됩니다.

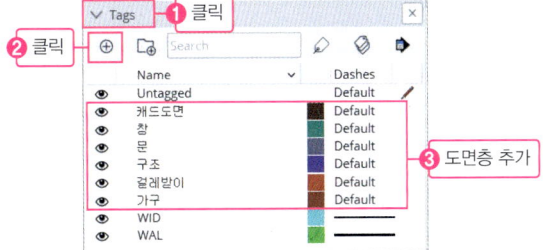

04 Space Bar 키를 눌러 선택(Select(▶)) 도구로 캐드 도면을 클릭합니다. 도면층(Tags) 도구에서 'Untagged'를 클릭하고 변경할 도면층인 '캐드도면' 도면층을 클릭합니다.

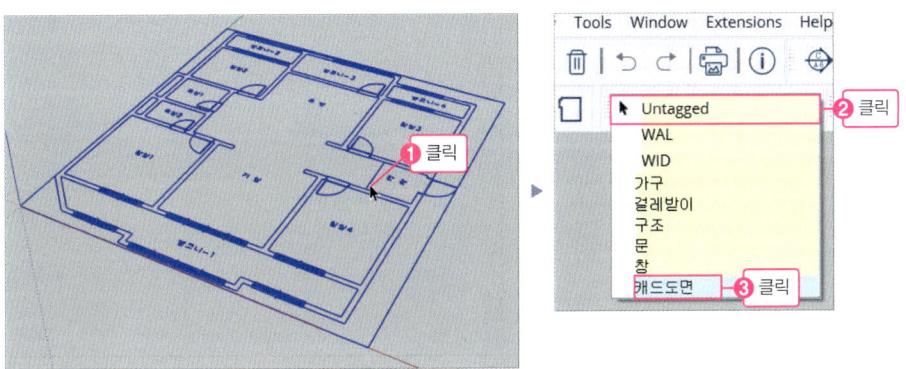

> **TIP** 객체의 도면층(Tag)
>
> ① 선의 유형 설정
>
> 도면층(Tag)의 'Dashes' 항목에서 다양한 선의 유형을 설정할 수 있습니다. 일점쇄선으로 구조체의 중심이나 반복된 요소의 위치를 표시할 수 있습니다.

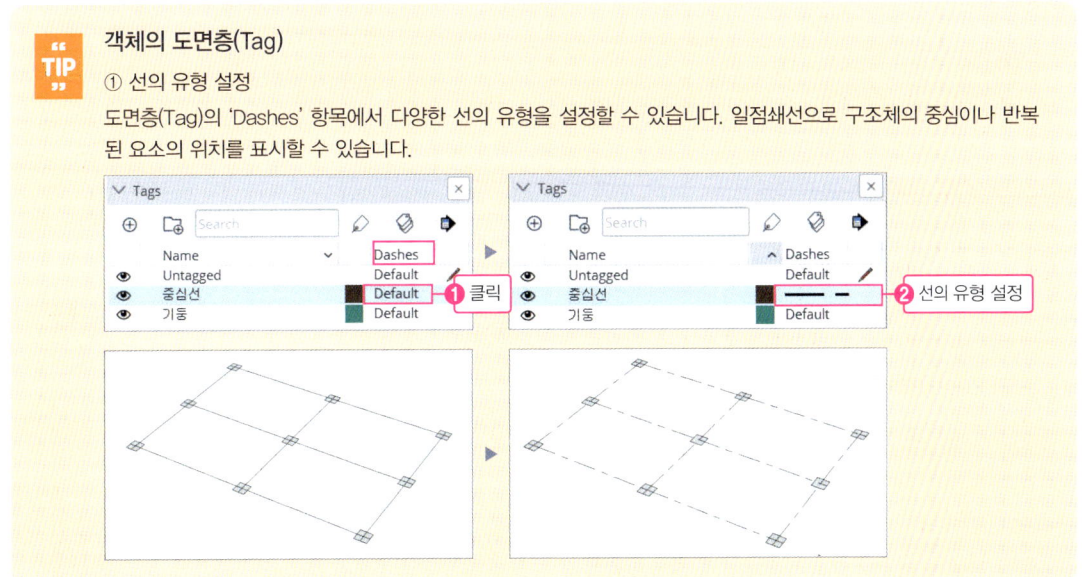

② 정보 확인

Space bar 키를 누른 후 선택(Select( )) 도구로 객체를 선택하면 도면층(Tags) 도구와 [Entity Info] 트레이에서 선택된 객체의 도면층이 표시됩니다. [Entity Info] 트레이에서는 도면층 이외에 길이, 면적, 용적 등 객체의 특성 정보를 확인할 수 있습니다.

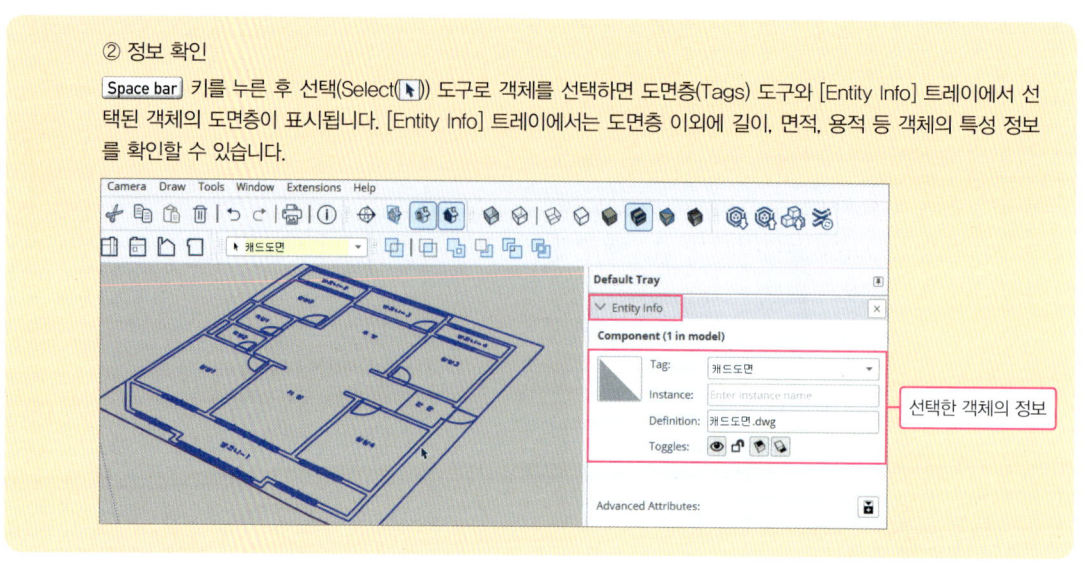

05 바닥 만들기

선(Line( )) 도구 L 키를 누르고 ❶부터 ⓮지점까지 클릭해 바닥 모양의 면을 그립니다. 밀기/끌기(Push/Pull( )) 도구 P 키를 누르고 아래쪽으로 '200' 밀어 전체 바닥판을 만듭니다.

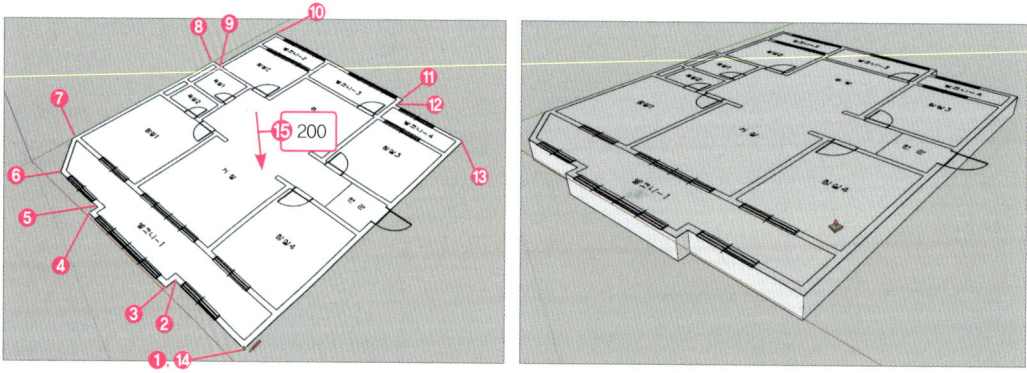

06 바닥 구분

직사각형(Rectangle( )) 도구 R 키를 누릅니다. ❶지점을 클릭하고 ❷지점을 클릭해 '발코니2'의 바닥 공간을 표시합니다. Space bar 키를 누른 후 선택(Select( )) 도구로 바닥면을 클릭해 면이 분리됨을 확인합니다.

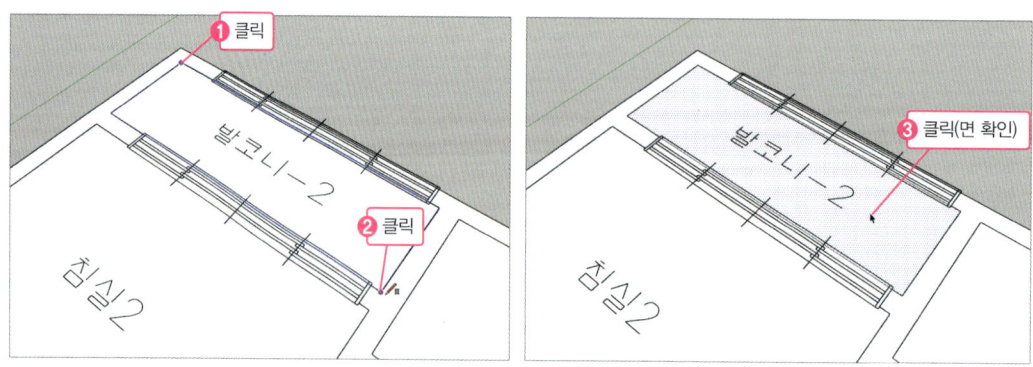

07 동일한 방법으로 바닥 높이가 다른 나머지 ❶부터 ❼의 공간에도 사각형을 그려줍니다. '발코니1'은 선(Line(✏️)) 도구 L 키를 누르고 ❽부터 ⓰지점까지 클릭해 바닥 모양의 면을 그립니다.

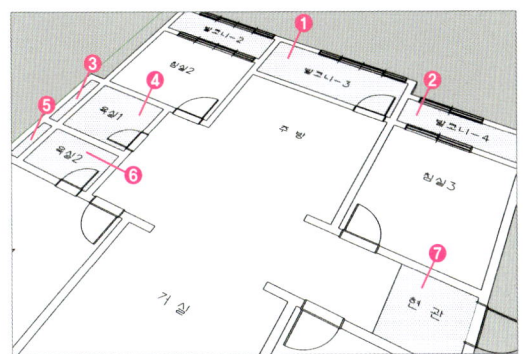 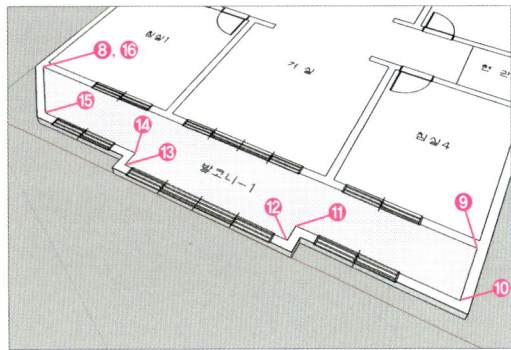

08 바닥 높이 조정

밀기/끌기(Push/Pull(◆)) 도구 P 키를 누르고 ❶부터 ❼까지 바닥면을 아래로 '100' 밀어 낮게 만듭니다.

최초 '100' 입력 이후 나머지 부분은 더블 클릭으로 입력하면 빠른 작업이 가능합니다.

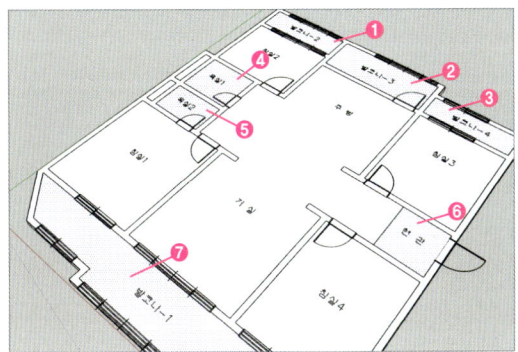 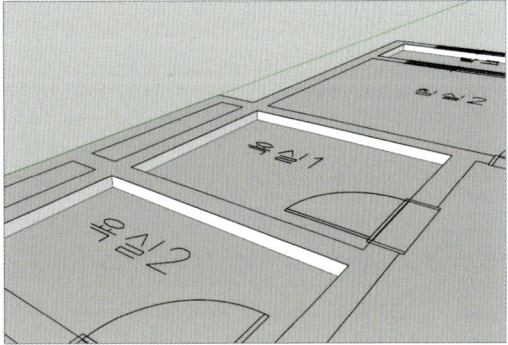

09 밀기/끌기(Push/Pull(◆)) 도구 P 키를 누릅니다. 욕실 좌측의 P.S(Pipe Shaft)는 끝까지 밀어 구멍을 냅니다.

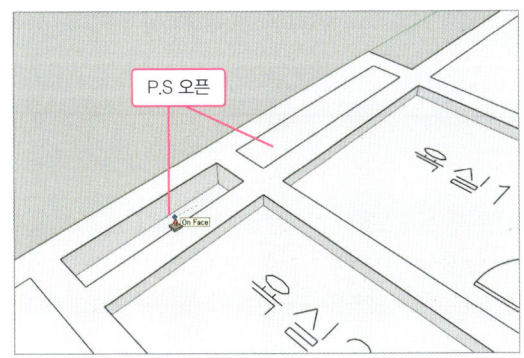 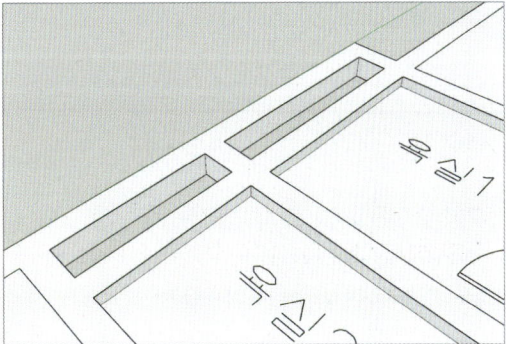

10 `Space Bar` 키를 누른 후 선택(Select(▶)) 도구로 완성된 바닥을 트리플 클릭(연속 3번 클릭)으로 모두 선택합니다. 마우스 오른쪽 버튼을 클릭하고 메뉴에서 [Make Group]을 클릭합니다.

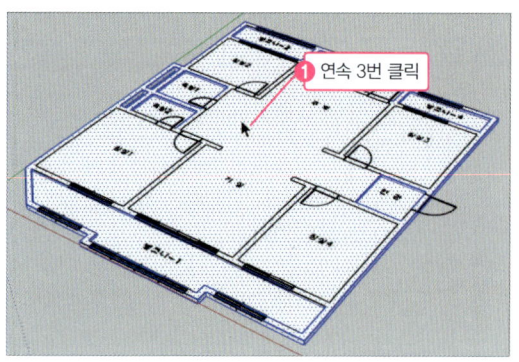
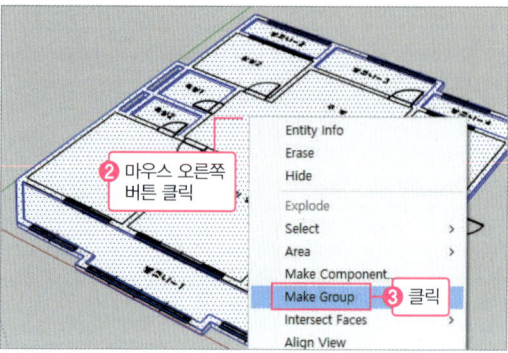

11 벽체 만들기

직사각형(Rectangle(▨)) 도구 `R` 키를 누릅니다. ❶지점을 클릭하고 ❷지점을 클릭해 벽체의 면을 그리고, 밀기/끌기(Push/Pull(◈)) 도구 `P` 키를 눌러 '2000' 높이로 끌어 올립니다. 벽체는 그룹으로 작성합니다.

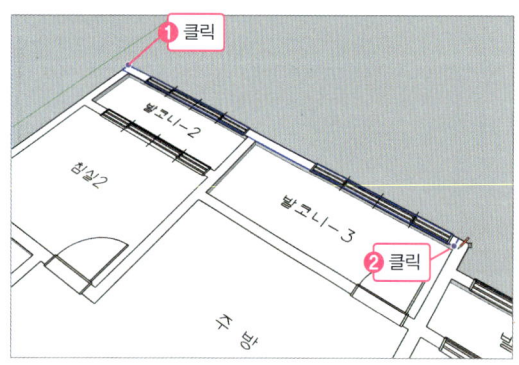
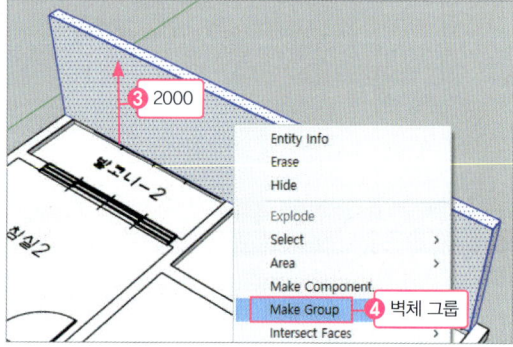

12 동일한 과정으로 총 24개의 벽체(그룹)를 모두 만듭니다.

발코니-1의 사선 벽은 선(Line(✎)) 도구 `L` 키를 눌러 벽 모양을 그립니다.

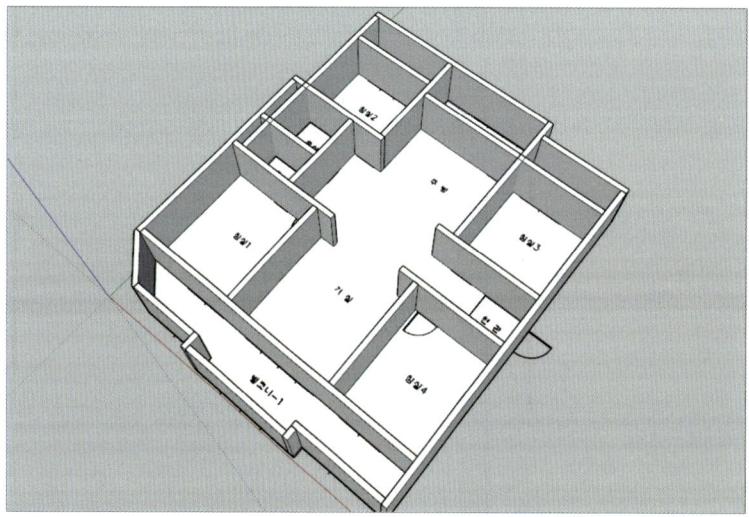

13 24개의 벽체와 바닥을 하나로 합치기 위해 Union(🔲) ❶을 클릭합니다. 벽체 ❷를 클릭한 후 나머지 벽체와 바닥을 모두 클릭해 하나로 만듭니다.

> 벽체 ❷가 아닌 다른 벽체를 먼저 클릭해도 무방합니다. 바닥을 합친 후 보이는 경계선은 Import한 캐드 도면입니다. 도면층을 OFF하면 하나로 합쳐져 있음을 확인할 수 있습니다. Union 도구로 합쳐지지 않을 경우 Solid Inspector(루비)를 사용해 솔리드 그룹으로 변경한 후 Union을 사용합니다.(Part 03의 Chapter 06 참고)

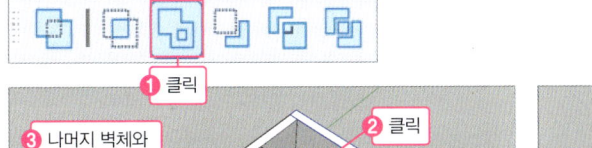

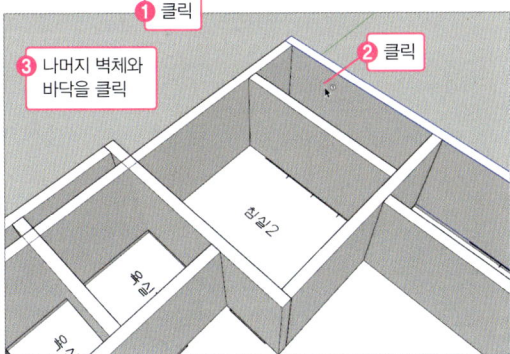
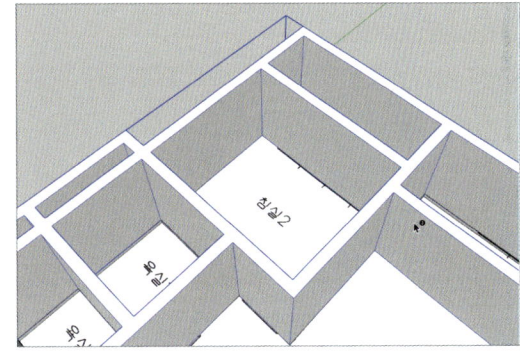

14 Space Bar 키를 누른 후 선택(Select(▶)) 도구로 합쳐진 구조체를 선택합니다. 이동(Move(✥)) 도구 M 키를 눌러 모든 객체가 같이 움직이는지 확인 후 Space Bar 키를 눌러 취소합니다. 완성된 구조체를 '구조' 도면층으로 변경합니다.

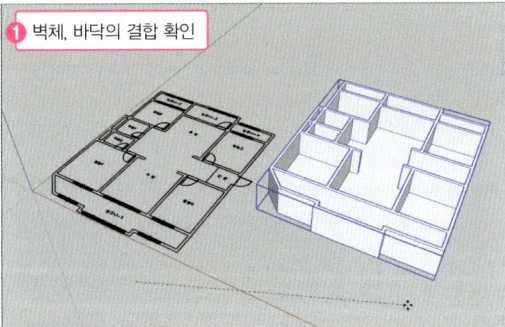
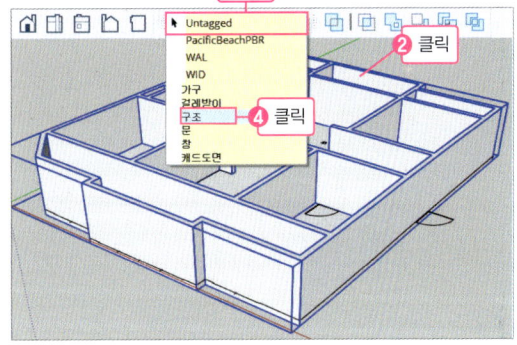

STEP 2 개구부 오픈하기

01 개구부 영역 표시

시야를 확보하기 위해 [Tags] 트레이에서 구조 도면층의 눈을 클릭합니다. 도면층이 OFF되면서 구조체가 숨겨지고 캐드 도면만 보이게 됩니다.

개구부: 벽체에 문이나 창을 내기 위해 비어 있는 부분

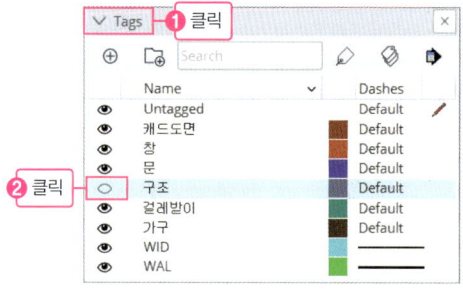
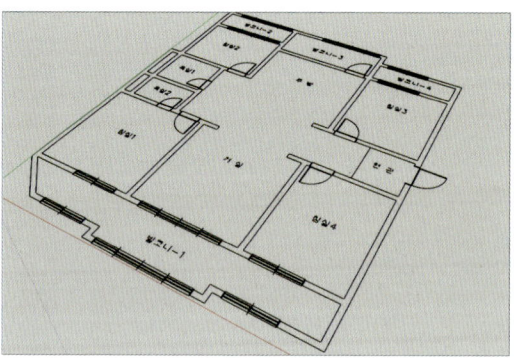

02

'발코니-3'을 확대합니다. 직사각형(Rectangle( )) 도구 R 키를 눌러 창과 문의 크기로 사각형을 그려줍니다. 밀기/끌기(Push/Pull( )) 도구 P 키를 누르고 '4000' 높이로 끌어 올립니다.

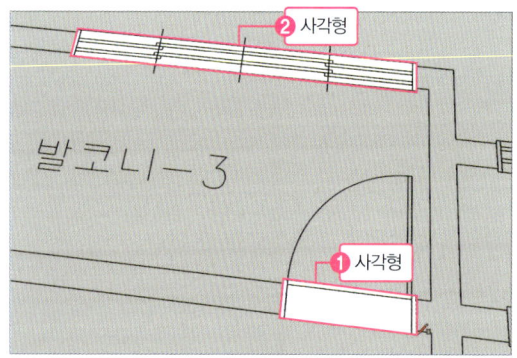
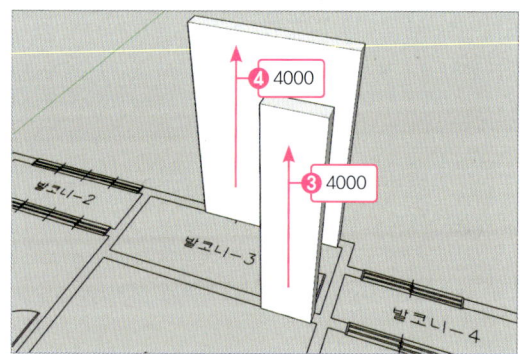

03

Space Bar 키를 누른 후 선택(Select( )) 도구로 창과 문 크기로 만든 상자를 트리플 클릭(연속 3번 클릭)으로 선택해 각각 그룹으로 작성합니다.

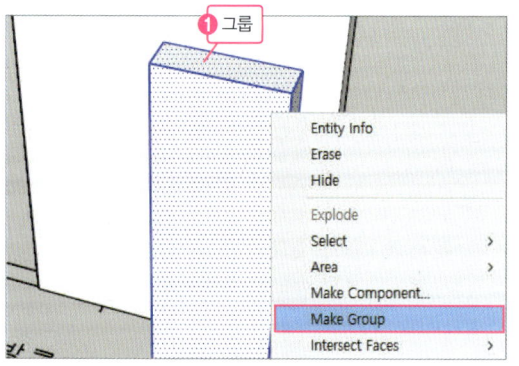
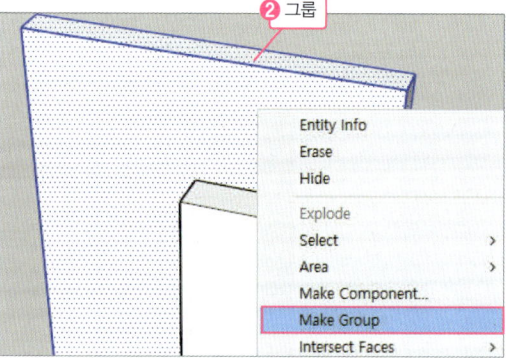

04 01~03 과정과 동일한 방법으로 나머지 모든 문과 창 부분에 상자 모양을 만들어 각각 그룹으로 작성합니다. '구조' 도면층의 눈을 클릭해 구조체가 보이게 설정합니다.

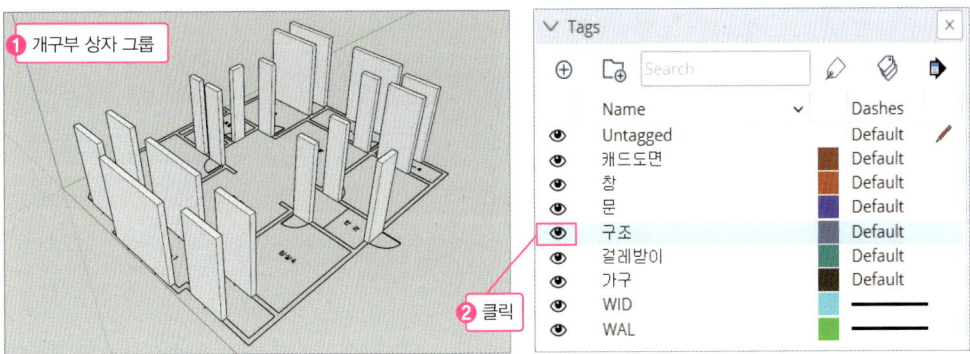

05 개구부 뚫기

Space Bar 키를 누른 후 선택(Select(▸)) 도구로 하부에 벽체가 있는 창 ❶, ❷, ❸을 선택해 이동(Move(✣)) 도구 M 키를 눌러 위쪽(Z축)으로 '1100' 이동시킵니다.

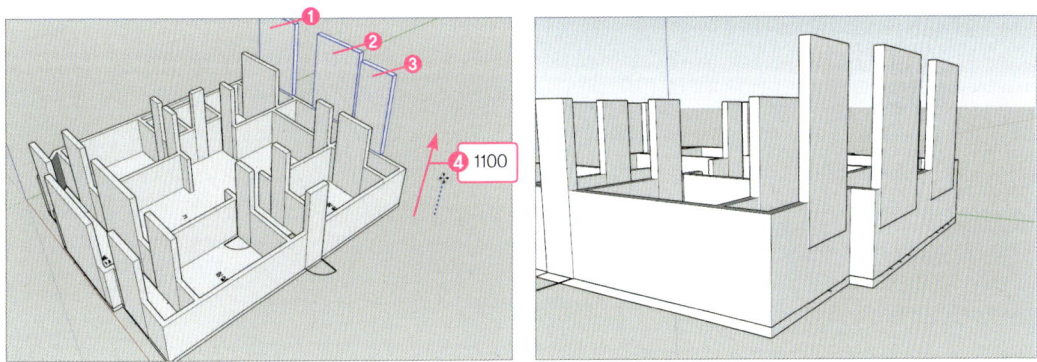

06 Space Bar 키를 누른 후 선택(Select(▸)) 도구로 객체 ❶을 클릭하고 마우스 오른쪽 버튼을 클릭합니다. [Select]의 [All with Same Tag]를 클릭합니다.

[All with Same Tag]는 동일한 도면층(Tag)의 객체를 모두 선택하는 도구입니다. 개구부 크기의 모든 상자는 도면층을 지정하지 않아 모두 Untagged 도면층으로 작성되었으므로 모든 상자가 선택됩니다.

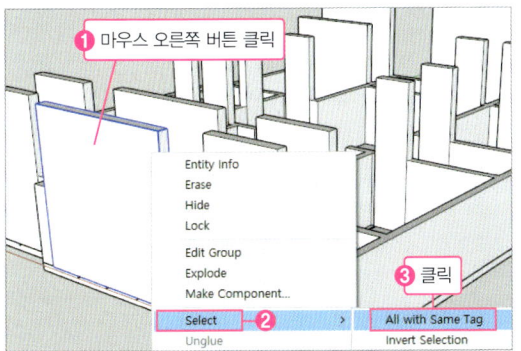
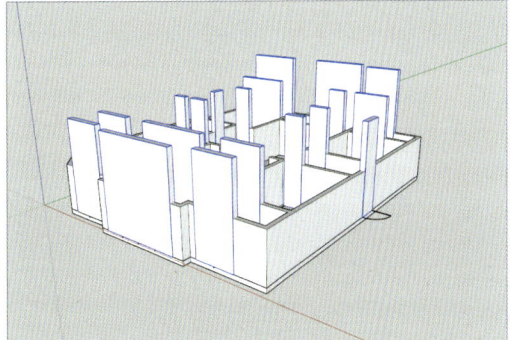

걸침 선택

Select 옵션은 2022 버전부터 추가된 기능으로 2021 버전 이하의 사용자는 Right View( )를 클릭하고 [Camera] 메뉴를 [Parallel Projection]으로 설정해 걸침선택으로 객체를 선택합니다.

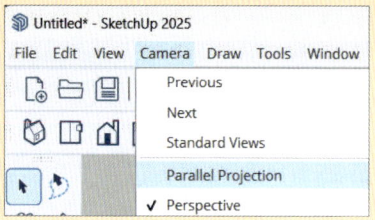 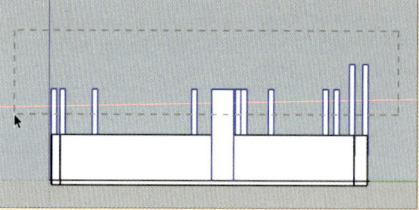

07 모든 상자를 선택한 후 ❶지점에서 마우스 오른쪽 버튼을 클릭합니다. 메뉴에서 [Explode]를 클릭하고 다시 마우스 오른쪽 버튼을 클릭해 [Make Group]을 클릭합니다.

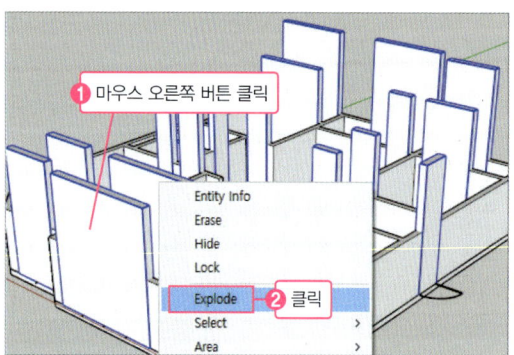 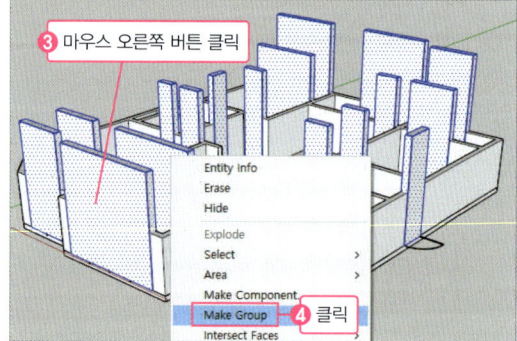

분해 후 다시 그룹을 설정한 이유

고체 도구는 그룹 객체를 교차시켜 겹치는 부분을 제거하거나 잘라냅니다. 하지만 해당 그룹이 여러 번에 걸쳐 그룹으로 설정된 경우에는 고체 도구를 사용할 수 없습니다. Part 02의 Chapter 06에서 진행한 버스 정류장 내용과 동일합니다.

08 모든 상자가 하나의 그룹으로 묶였습니다. Space Bar 키를 눌러 선택(Select( )) 도구로 전환하고 빈 공간 ❶을 클릭하거나 Ctrl + T 키를 눌러 선택을 해제합니다.

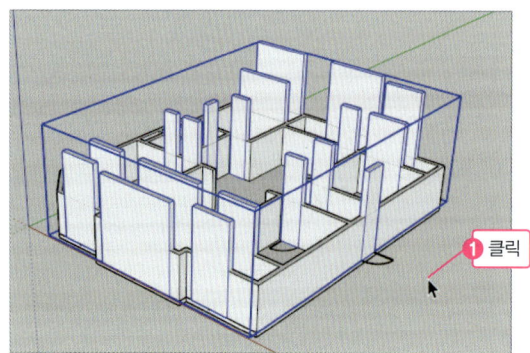

09 고체 도구 막대에서 빼기(Subtract) ❶을 클릭합니다. 빼낼 ❷를 먼저 클릭하고 ❸을 클릭하면 겹쳐진 부분과 먼저 클릭한 그룹이 제거됩니다.

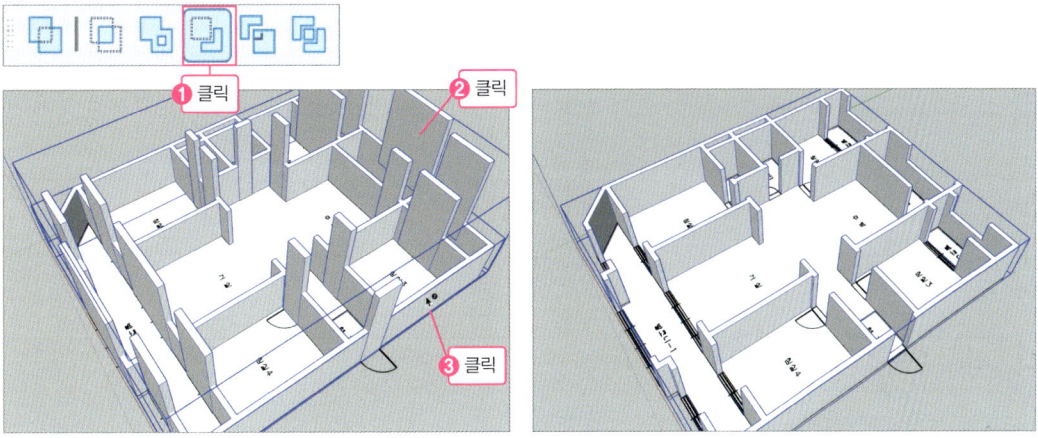

▲ 완성파일 : [예제파일/P04/Ch01/Step-2 완성파일.skp]

STEP 3 문 만들기

01 시야를 확보하기 위해 [Tags] 트레이에서 '구조' 도면층의 눈을 클릭합니다. 도면층이 OFF되면서 구조체가 숨겨지고 캐드 도면만 보이게 됩니다.

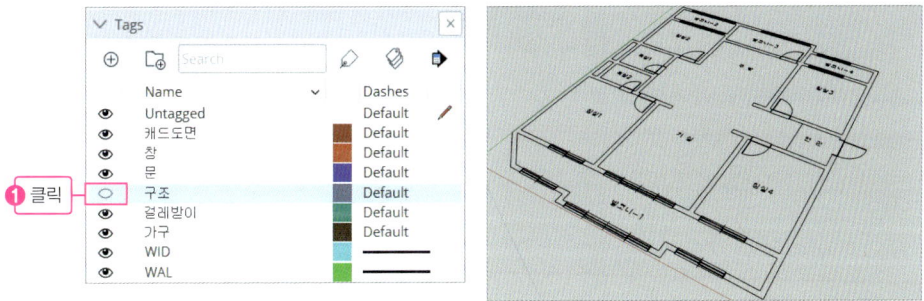

02 '침실2'의 문 부분을 확대합니다. 직사각형(Rectangle()) 도구 R 키를 눌러 문틀 ❶, ❷와 문짝 ❸을 그려줍니다. 밀기/끌기(Push/Pull()) 도구 P 키를 누르고 문틀과 문짝을 '2000' 높이로 끌어 올립니다.

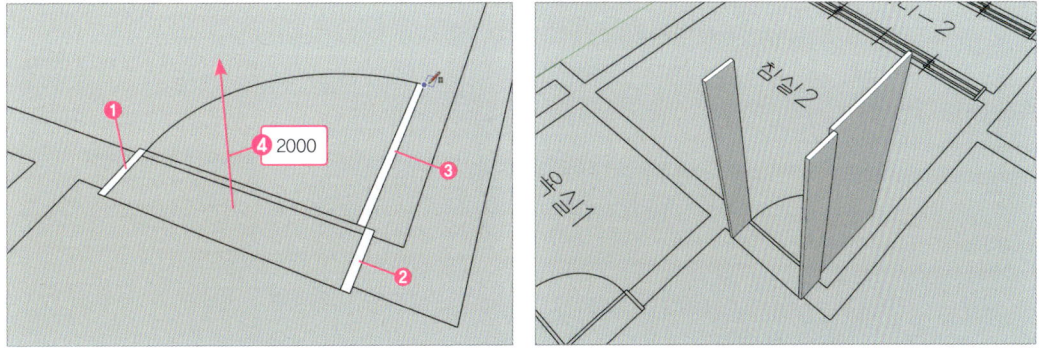

03 Space Bar 키를 누른 후 선택(Select(▶)) 도구로 문틀과 문짝을 트리플 클릭(연속 3번 클릭)으로 선택해 그룹으로 작성합니다.

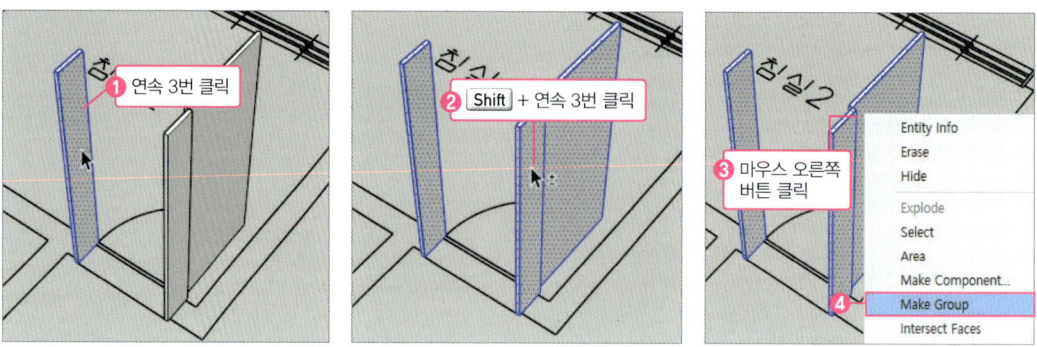

04 [File] 메뉴에서 [Import]를 클릭하고 [예제파일/P04/Ch01/컴포넌트/문] 폴더에서 '도어핸들'을 선택해 ❹지점에 배치합니다.

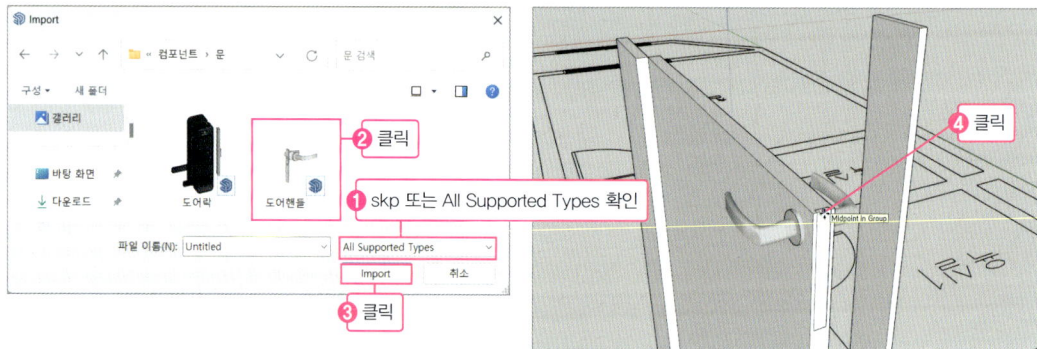

05 이동(Move(✥)) 도구 M 키를 눌러 아래쪽(-Z축)으로 '1000' 이동합니다.

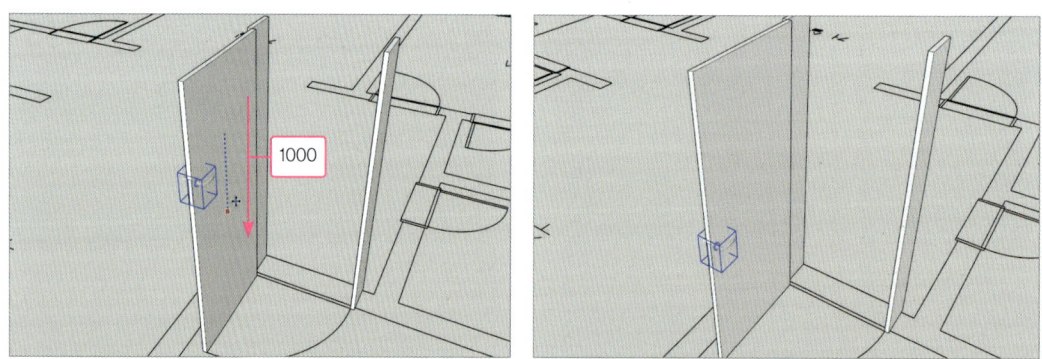

06 Space Bar 키를 누른 후 선택(Select(▶)) 도구로 문짝 ❶을 더블 클릭한 후 직사각형(Rectangle(▱)) 도구 R 키를 누릅니다. 잠금장치 크기로 사각형을 그린 후 사각형 면을 클릭합니다. 사각형 안쪽 면 ❸을 Delete 키를 눌러 삭제하고 편집을 종료합니다.

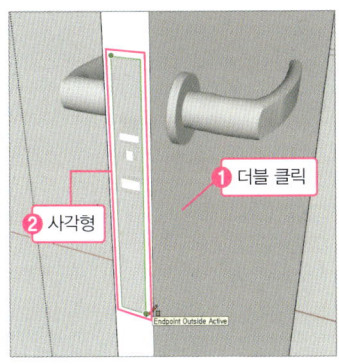 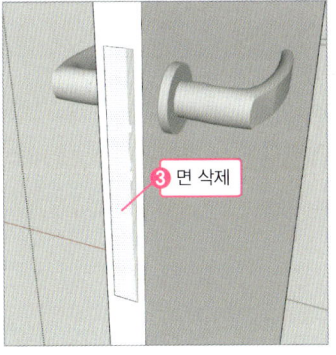 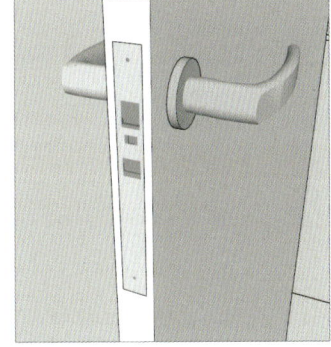

07 작업자 취향에 따라 문과 손잡이에 추가적인 디자인과 재질을 적용합니다. Space Bar 키를 누른 후 선택(Select(▶)) 도구로 문을 이루는 모든 구성요소를 선택합니다.

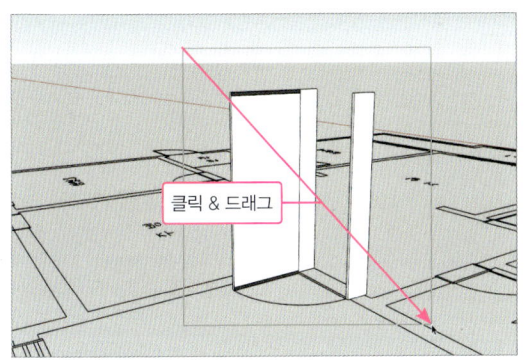 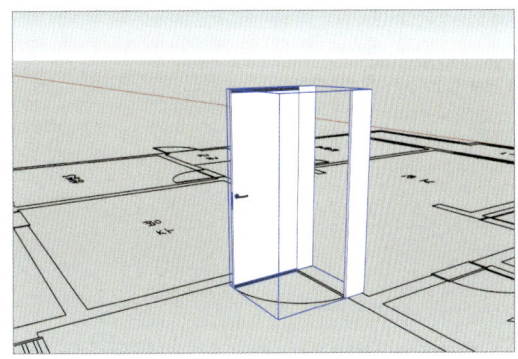

08 마우스 오른쪽 버튼을 클릭해 컴포넌트로 작성합니다. 컴포넌트의 정보를 간단히 입력하고 [Create] 버튼을 클릭합니다.

 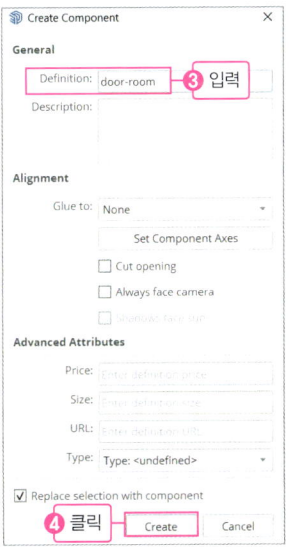

09 `Space Bar` 키를 누른 후 선택(Select(▶)) 도구로 작성된 문 컴포넌트 ❶를 클릭합니다. 이동(Move(✥)) 도구 `M` 키를 누르고 `Ctrl` 키를 누릅니다. 복사 기준점 ❷지점을 클릭하고 ❸지점을 클릭해 복사합니다.

2023 버전 이상 사용자는 뒤집기(Flip) 도구를 사용해 대칭으로 한 번에 복사합니다.

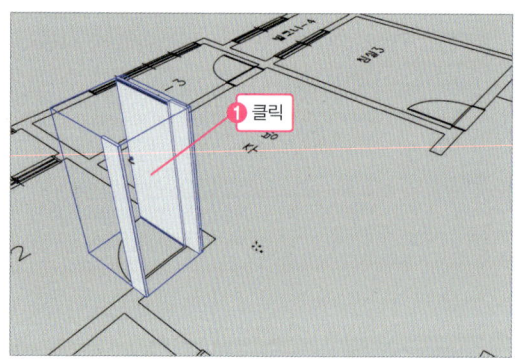
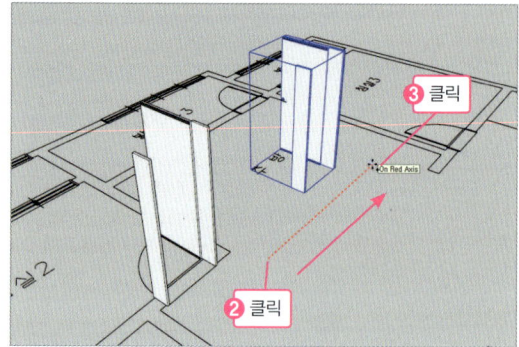

10 복사된 문을 대칭시키기 위해 크기 조정(Scale(▧)) 도구 `S` 키를 누르고 ❶지점을 클릭합니다. VCB 창에 '-1'을 입력하고 `Enter` 키를 누릅니다.

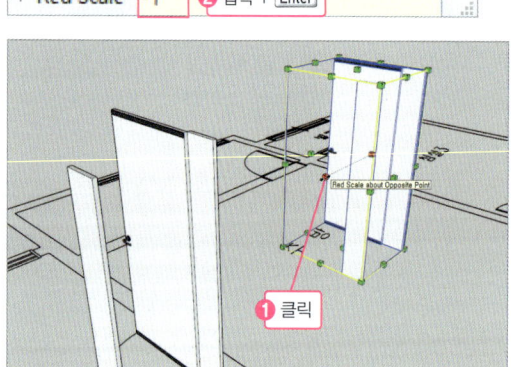
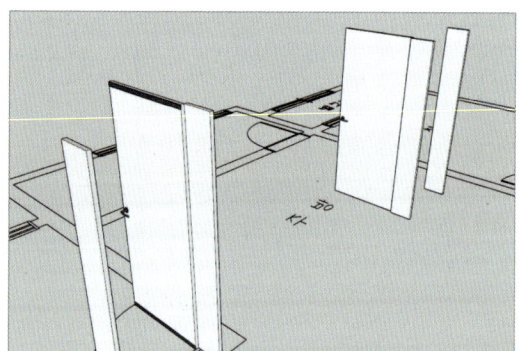

11 `Space Bar` 키를 누른 후 선택(Select(▶)) 도구로 작성된 문 ❶과 ❷를 클릭합니다. 이동(Move(✥)) 도구 `M` 키를 누르고 `Ctrl` 키를 누릅니다. 복사 기준점 ❸지점을 클릭하고 ❹지점을 클릭해 복사합니다.

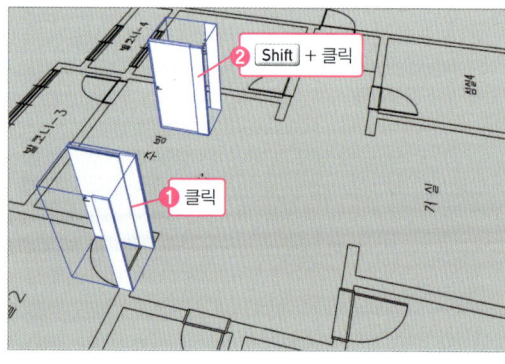
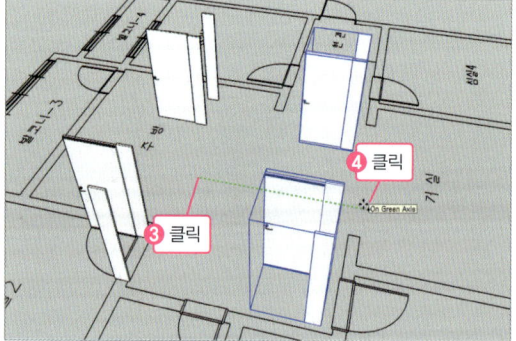

12 복사된 문 2개가 선택된 상태에서 크기 조정(Scale( )) 도구 S 키를 누르고 ❶지점을 클릭합니다. VCB 창에 '-1'을 입력하고 Enter 키를 누릅니다.

13 Space Bar 키를 누른 후 선택(Select( )) 도구로 '침실1'의 문을 클릭합니다. 이동(Move( )) 도구 M 키를 누릅니다. ❶지점을 클릭하고 ❷지점을 클릭해 캐드 도면과 동일한 위치로 이동시킵니다. 다른 침실의 문도 이동합니다.

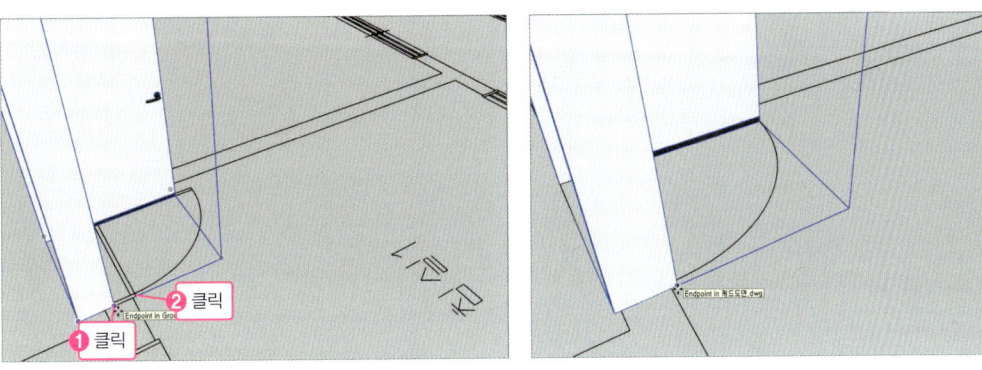

▲ 침실1

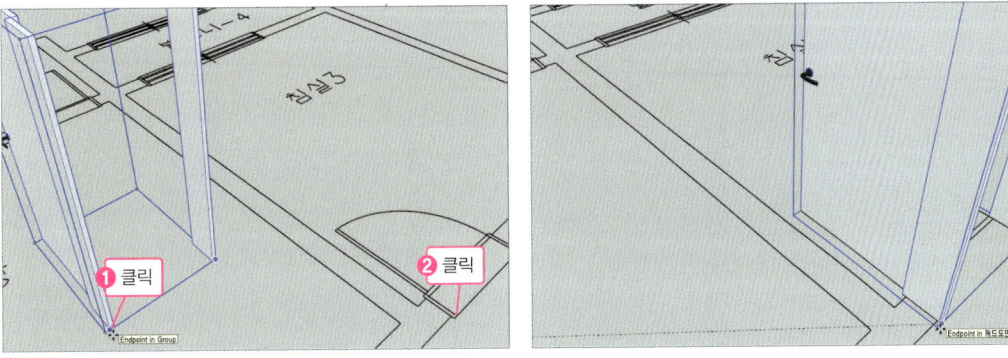

▲ 침실3

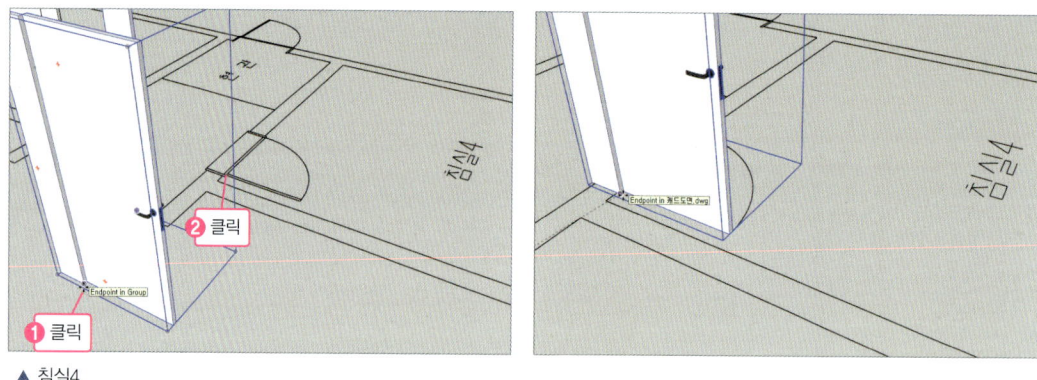

▲ 침실4

14 '발코니-3'의 문은 '침실2'의 문을 복사해 배치합니다.

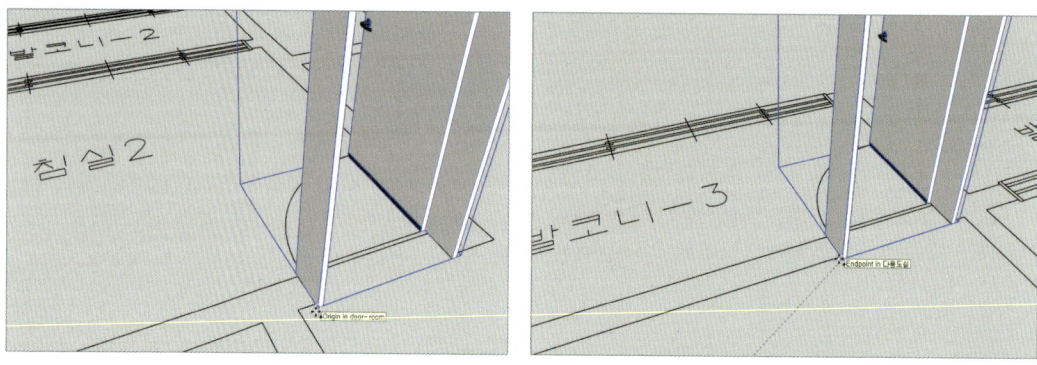

15 '욕실1'과 '욕실2'의 문은 침실 문과 크기가 다르므로 **02~13** 과정과 동일한 방법으로 만듭니다. '구조' 도면층의 눈을 클릭해 바닥과 벽체가 보이게 설정합니다.

16 현관문 작성

현관 부분을 확대하면 바닥이 낮아 현관문 위치에 턱이 생겼음을 확인할 수 있습니다. 턱을 수정하기 위해 [Space Bar] 키를 누른 후 선택(Select( )) 도구로 벽을 더블 클릭합니다.

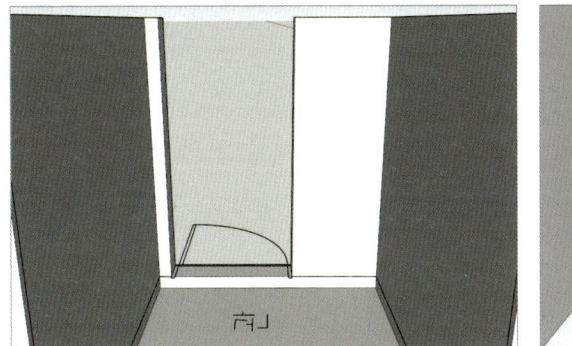
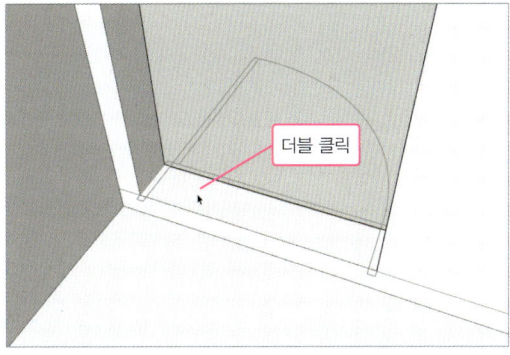

17 밀기/끌기(Push/Pull( )) 도구 [P] 키를 누릅니다. ❶지점을 클릭하고 ❷지점을 클릭해 현관 바닥과 높이를 맞춥니다.

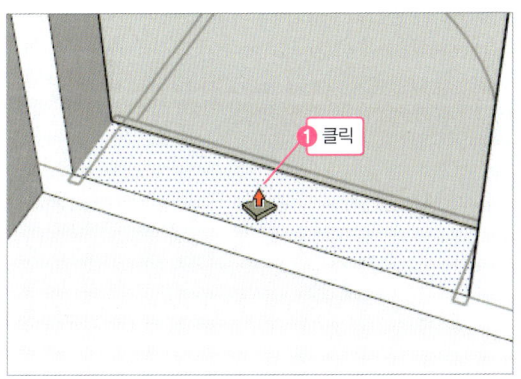
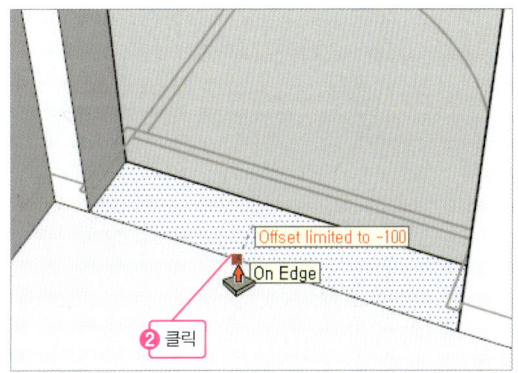

18 지우개(Eraser( )) 도구 [E] 키를 누르고 경계선 ❶을 클릭해 선을 삭제한 후 그룹 편집 모드를 종료합니다. '캐드도면' 도면층의 눈을 클릭해 도면이 보이지 않게 설정합니다.

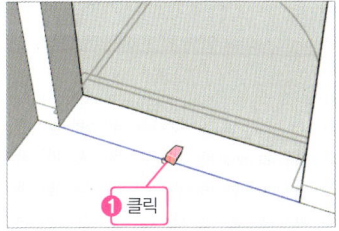

19 직사각형(Rectangle(🔲)) 도구 R 키를 눌러 현관문 크기에 맞춰 사각형 ❶을 그려줍니다. Space Bar 키를 누른 후 선택(Select(▶)) 도구로 선 ❷, ❸, ❹를 클릭합니다. 오프셋(Offset(🔗)) 도구 F 키를 눌러 안쪽으로 '30' 복사한 후 선 ❻은 삭제합니다.

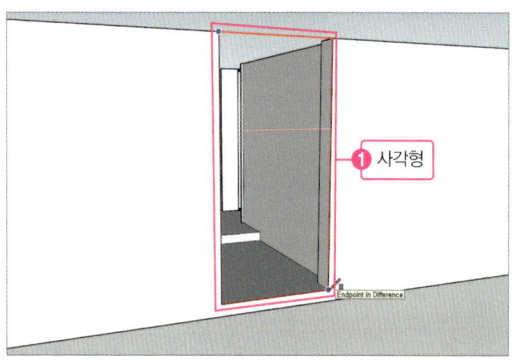 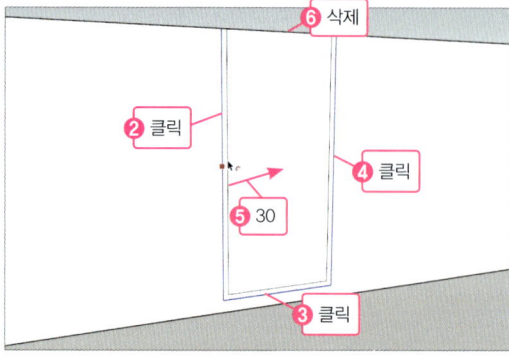

20 밀기/끌기(Push/Pull(◆)) 도구 P 키를 누르고 ❶지점을 클릭해 '150' 밀어 문틀을 만듭니다. Space Bar 키를 누른 후 선택(Select(▶)) 도구로 문틀 ❸를 트리플 클릭(연속 3번 클릭)해 그룹으로 작성합니다.

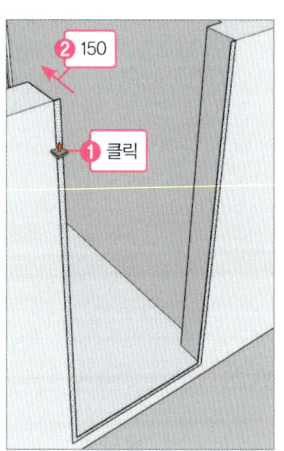 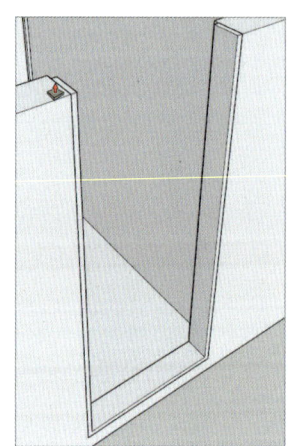 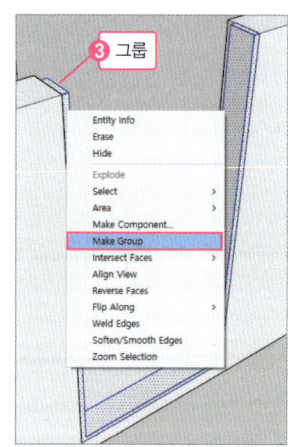

21 문짝을 만들기 위해 직사각형(Rectangle(🔲)) 도구 R 키를 눌러 현관문 크기에 맞춰 사각형을 그려줍니다. 밀기/끌기(Push/Pull(◆)) 도구 P 키를 누르고 ❷지점을 클릭해 '30' 밀어 문짝을 만듭니다. Space Bar 키를 누른 후 선택(Select(▶)) 도구로 문짝을 트리플 클릭해 그룹으로 작성합니다.

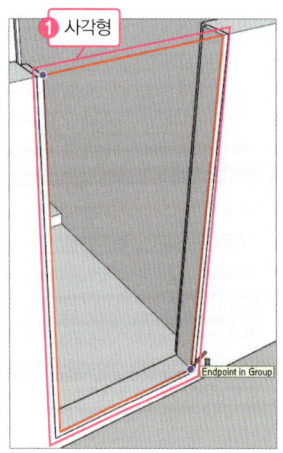 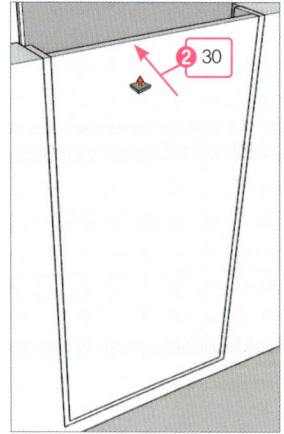 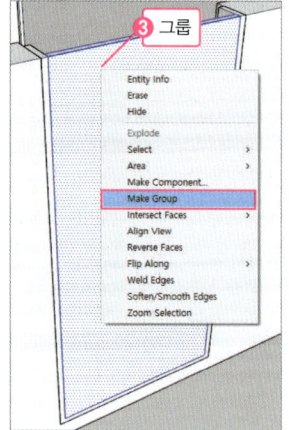

22 회전(Rotate( )) 도구 Q 키를 눌러 작성된 문짝을 ❶지점을 기준으로 '90°' 회전시킵니다.

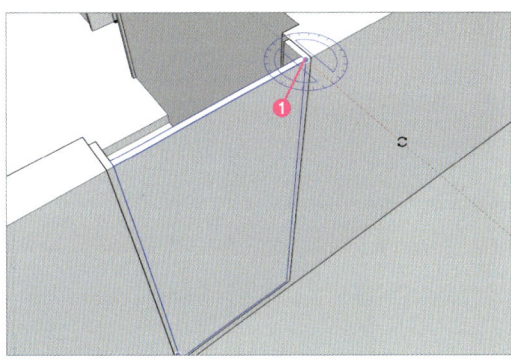
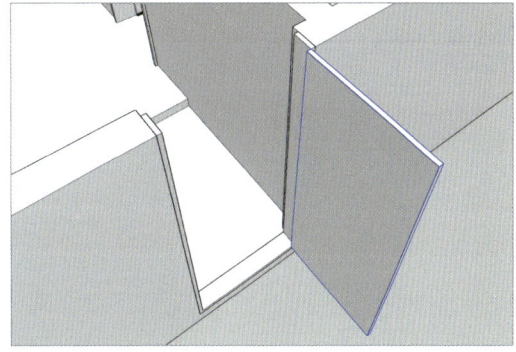

23 [File] 메뉴에서 [Import]를 클릭하고 [예제파일/P04/Ch01/컴포넌트/문] 폴더에서 '도어락'을 선택해 ❶지점에 배치합니다. 이동(Move( )) 도구 M 키를 눌러 아래쪽으로 '1000' 이동합니다.

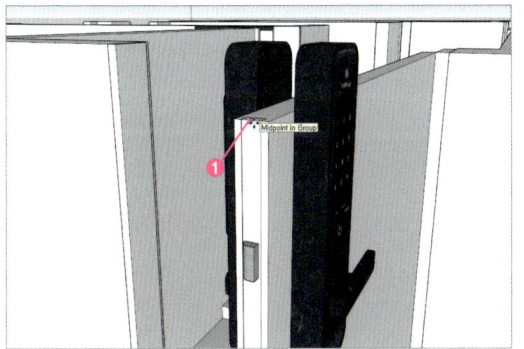
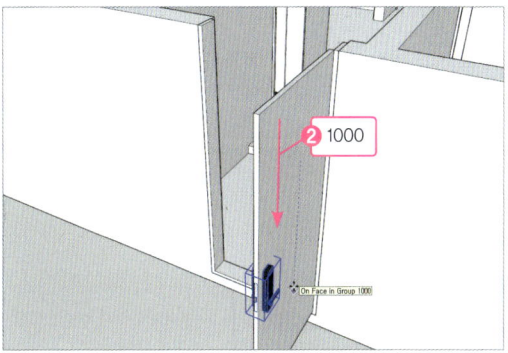

24 Space Bar 키를 누른 후 선택(Select( )) 도구로 문짝 ❶을 더블 클릭하고 직사각형(Rectangle( )) 도구 R 키를 누릅니다. 잠금장치 크기로 사각형을 그린 후 사각형 면을 클릭합니다. 사각형 안쪽 면 ❸을 Delete 키를 눌러 삭제하고 편집을 종료합니다.

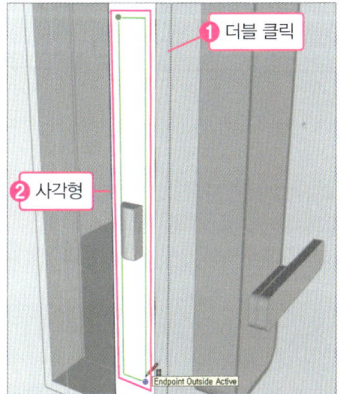

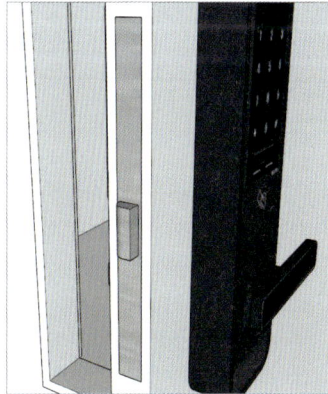

25 작업자 취향에 따라 현관문에 추가적인 디자인과 재질을 적용합니다. Space Bar 키를 누른 후 선택(Select(▶)) 도구로 문을 이루는 모든 구성요소를 선택해 그룹으로 작성합니다.

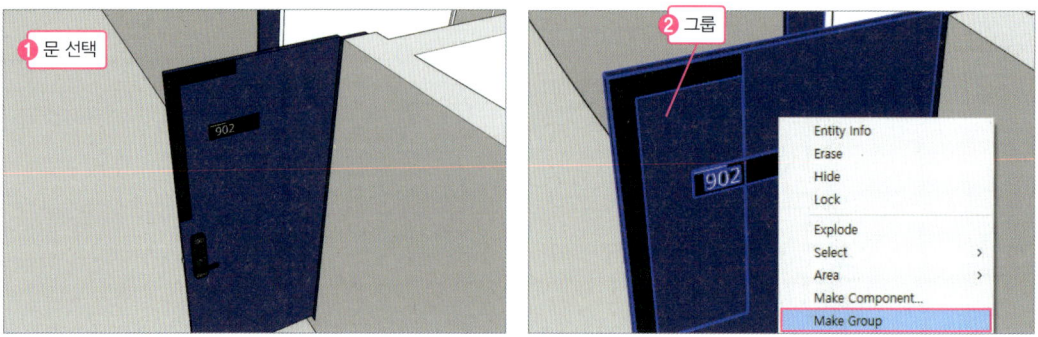

26 Space Bar 키를 누른 후 선택(Select(▶)) 도구로 작성된 모든 문을 선택해 '문' 도면층으로 변경합니다.

문 하나를 마우스 오른쪽 버튼으로 클릭해 [Select] – [All with Same Tag]를 클릭하면 도면층 지정이 안된 모든 문이 선택됩니다.

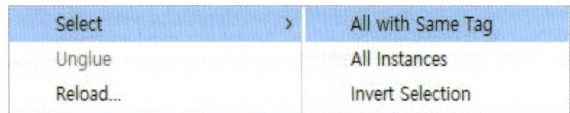

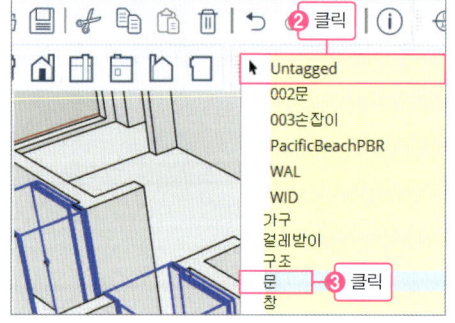

▲ 완성파일 : [예제파일/P04/Ch01/Step-3 완성파일.skp]

STEP 4 창 만들기

01 '침실2'의 발코니 부분을 확대합니다. 직사각형(Rectangle(▭)) 도구 R 키를 눌러 창 크기에 맞춰 사각형 ❶을 그려줍니다. Space Bar 키를 누른 후 선택(Select(▶)) 도구로 선 ❷, ❸, ❹를 클릭합니다. 오프셋(Offset(⟲)) 도구 F 키를 눌러 안쪽으로 '30' 복사한 후 선 ❻은 삭제합니다.

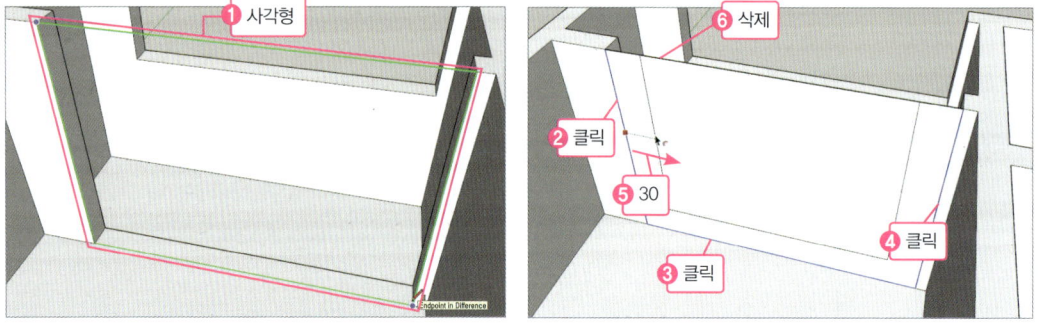

02 밀기/끌기(Push/Pull) 도구 P 키를 누르고, ❶지점을 클릭해 '240' 밀어 틀을 만듭니다. Space Bar 키를 누른 후 선택(Select) 도구로 틀을 트리플 클릭(연속 3번 클릭)해 그룹으로 작성합니다.

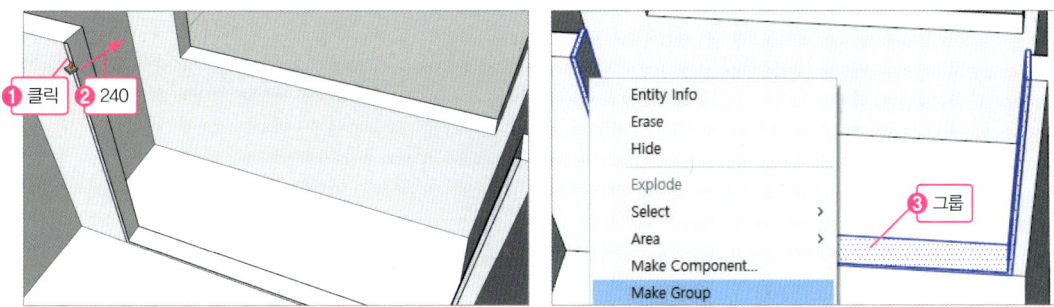

03 이동(Move) 도구 M 키를 누르고, 틀의 중간 ❶지점을 클릭하고, 벽체의 중간 ❷지점을 클릭합니다.

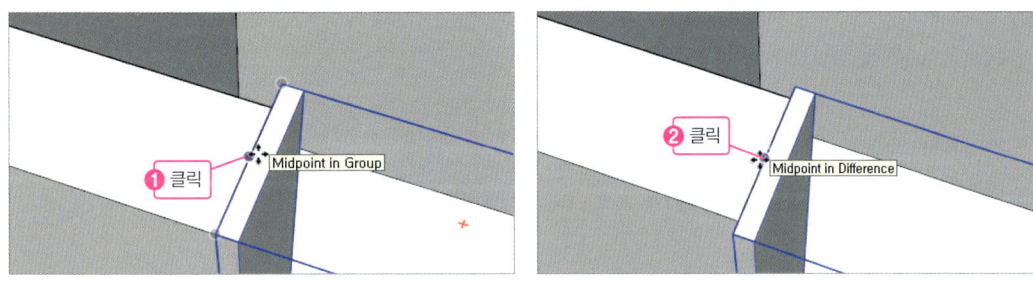

04 Space Bar 키를 누른 후 선택(Select) 도구로 작성된 틀을 더블 클릭(편집 모드)하고 아래쪽 선을 마우스 오른쪽 버튼으로 클릭합니다. [Divide]를 클릭해 선을 4등분하고 편집 모드를 종료합니다.

등분 값은 VCB 창에 입력하고 Enter 키를 눌러도 됩니다.

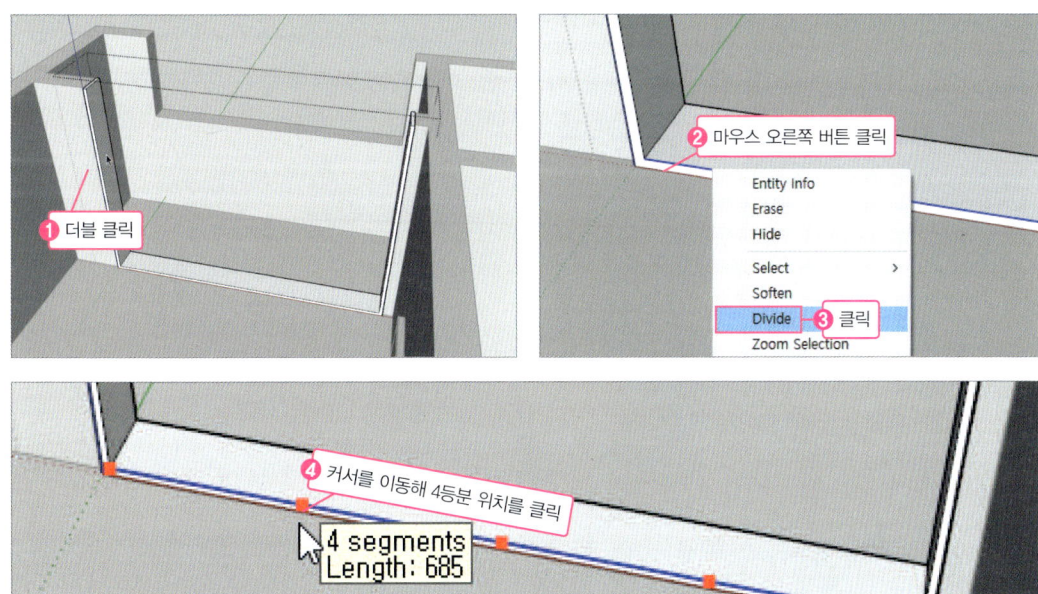

Chapter 01 • 아이소메트릭

05 직사각형(Rectangle(⬚)) 도구 ⓡ 키를 누르고 창 크기에 맞춰 사각형 ❶을 그려줍니다. ⎵Space Bar⎵ 키를 누른 후 선택(Select(▶)) 도구로 선 ❷를 클릭합니다. 이동(Move(✥)) 도구 Ⓜ 키를 눌러 오른쪽으로 '40' 이동합니다.

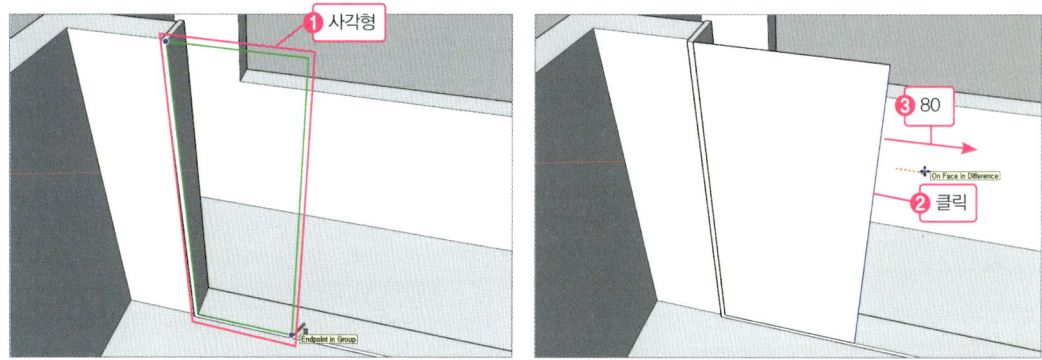

06 ⎵Space Bar⎵ 키를 누른 후 선택(Select(▶)) 도구로 선 ❶, ❷, ❸을 클릭합니다. 오프셋(Offset(▶)) 도구 Ⓕ 키를 눌러 안쪽으로 '80' 복사한 후 선 ❺는 삭제합니다.

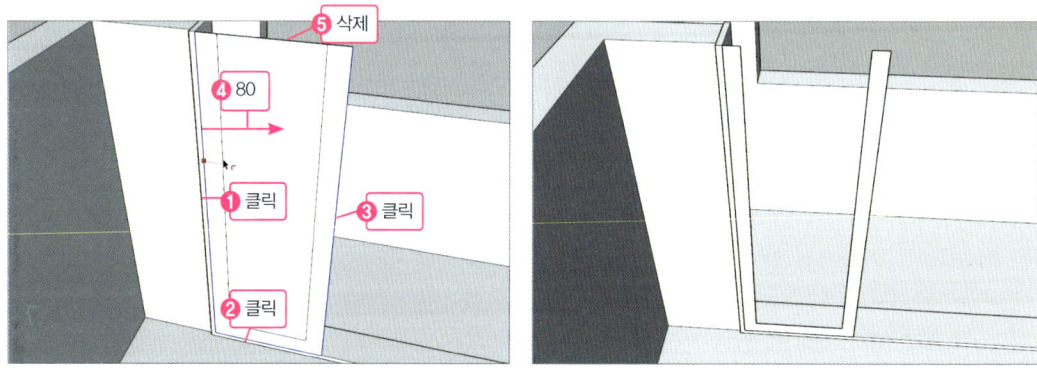

07 밀기/끌기(Push/Pull(◈)) Ⓟ 키를 누르고 ❶지점을 클릭해 '30' 밀어 창틀을 만듭니다. ⎵Space Bar⎵ 키를 누른 후 선택(Select(▶)) 도구로 문틀을 트리플 클릭(연속 3번 클릭)해 그룹으로 작성합니다.

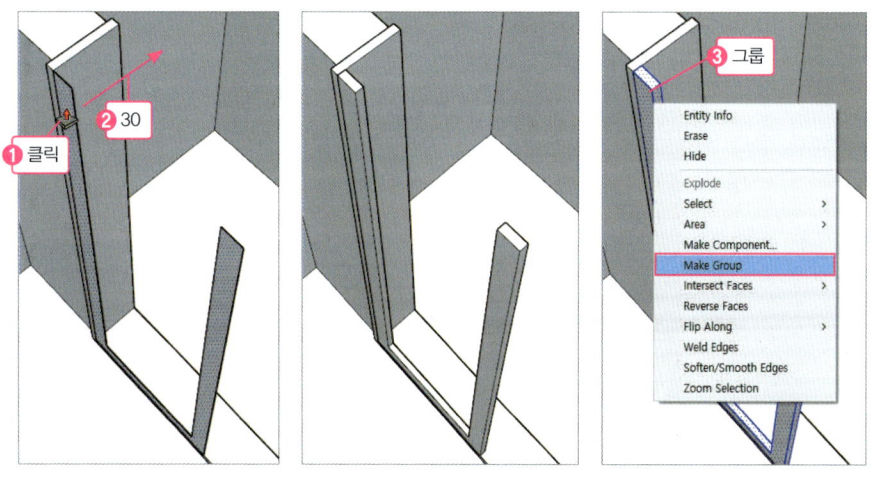

08 창 유리를 만들기 위해 직사각형(Rectangle( )) 도구 R 키를 누릅니다. ❶과 ❷지점의 중간점을 클릭해 창틀 크기에 맞춰 사각형을 그려줍니다.

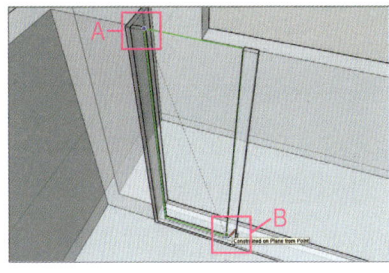 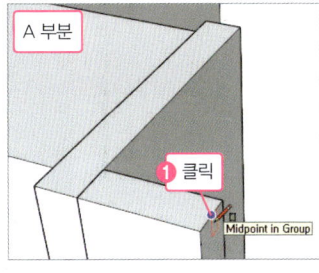 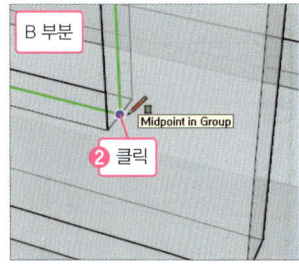

09 밀기/끌기(Push/Pull( )) 도구 P 키를 누른 후 ❶지점을 클릭하고 '5' 밀어 유리를 만듭니다. Space Bar 키를 누른 후 선택(Select( )) 도구로 유리를 트리플 클릭(연속 3번 클릭)해 그룹으로 작성합니다.

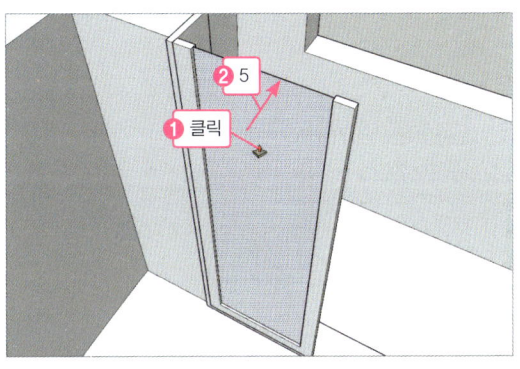 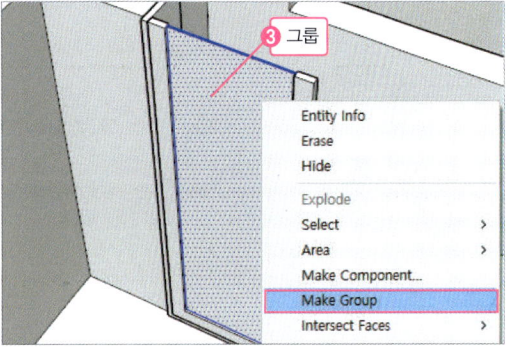

10 틀 ❶, 창틀 ❷, 유리 ❸에 재질을 자유롭게 적용합니다.

투명도를 더 낮추려면 [Edit] 탭의 'Opacity'를 '0'에 가깝게 설정합니다.

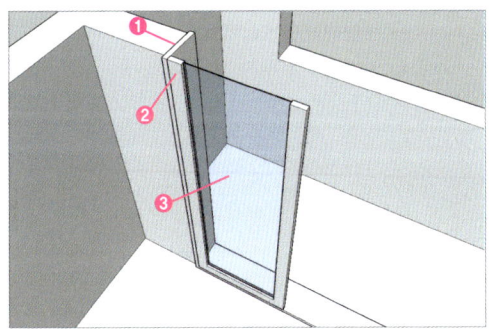 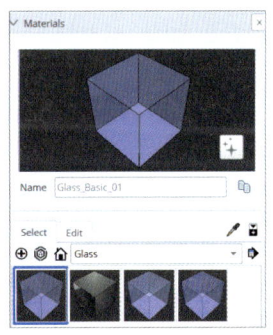 

Chapter 01 • 아이소메트릭   339

11 ⌜Space Bar⌝ 키를 누른 후 선택(Select(▶)) 도구로 유리 ❶과 창틀 ❷를 선택합니다. 이동(Move(✥)) 도구 ⌜M⌝ 키를 누르고 ⌜Ctrl⌝ 키를 누릅니다. 한 번 더 ⌜Ctrl⌝ 키를 눌러 다음과 같이 창을 복사합니다.

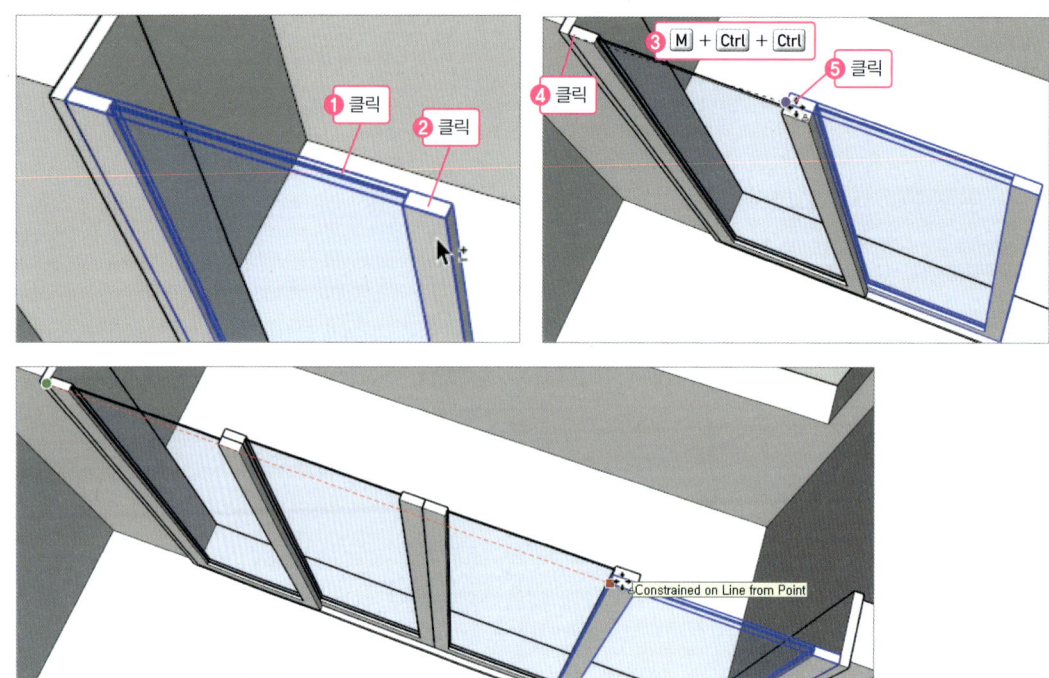

12 ⌜Space Bar⌝를 키를 누른 후 선택(Select(▶)) 도구로 4짝의 창틀과 유리를 모두 선택해 그룹으로 작성합니다. 이동(Move(✥)) 도구 ⌜M⌝ 키를 눌러 바깥쪽으로 '50' 이동합니다.

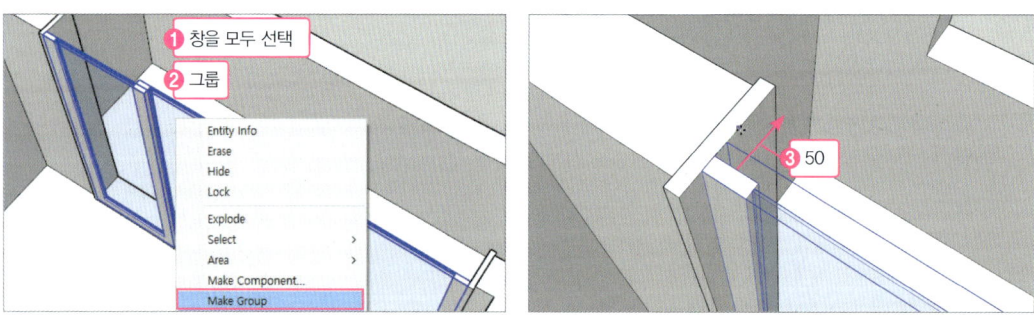

13 이동(Move(✥)) 도구 ⌜M⌝ 키를 누르고 ⌜Ctrl⌝ 키를 눌러 바깥쪽으로 '100' 거리를 두어 복사합니다. 작성된 틀 ❷, 창틀 ❸, ❹를 모두 선택해 그룹으로 작성합니다.

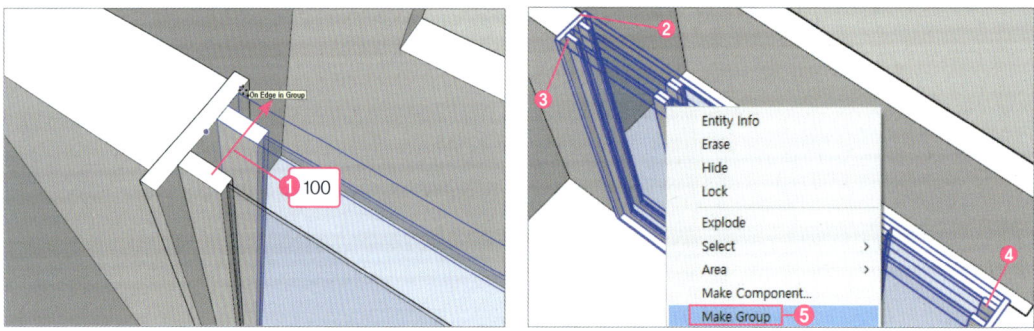

14 완성된 '침실2'의 창을 선택해 발코니 창 위치에 맞춰 복사합니다.

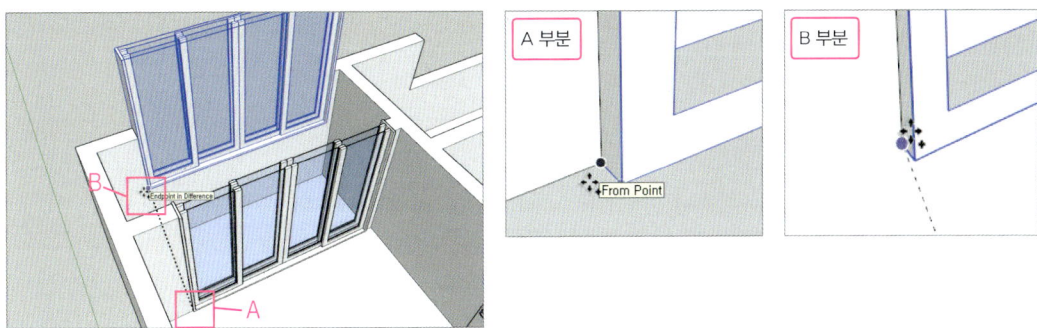

15 `Space Bar` 키를 누른 후 선택(Select) 도구로 '발코니2'로 복사한 창을 더블 클릭하고 다시 틀 ❶을 더블 클릭해 틀의 높이를 벽의 상단 ❷에 맞도록 편집합니다.

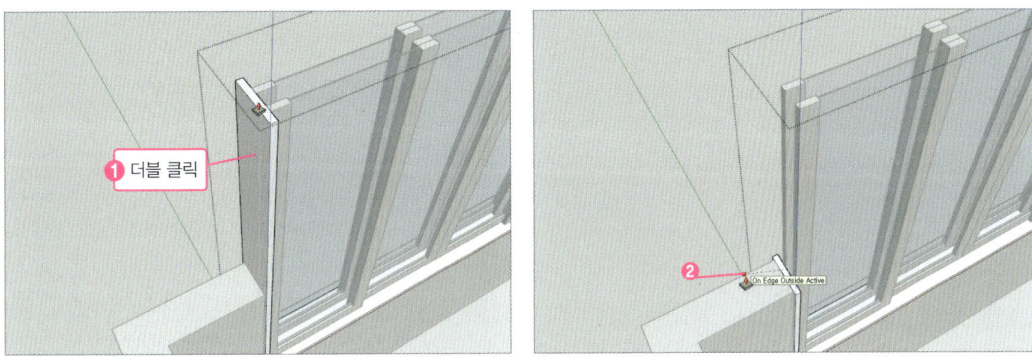

16 15 과정과 동일한 방법으로 반대편 틀 및 모든 창틀과 유리를 벽과 같은 높이로 편집합니다.

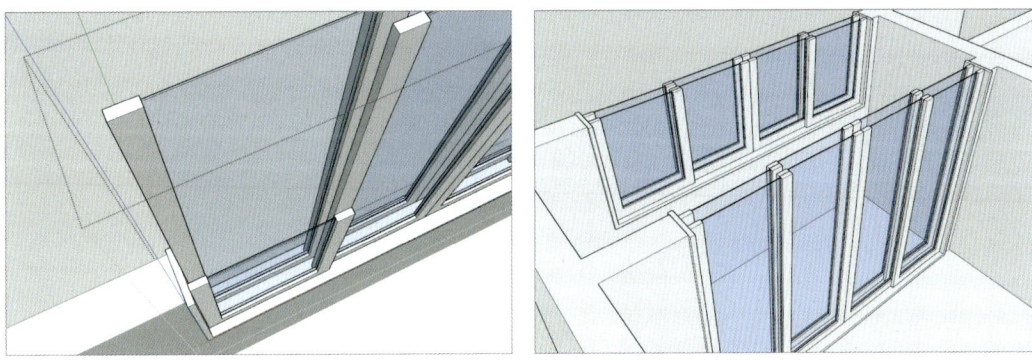

17 Space Bar 키를 누른 후 선택(Select( )) 도구로 창 ❶, ❷를 선택해 '창' 도면층으로 변경합니다.

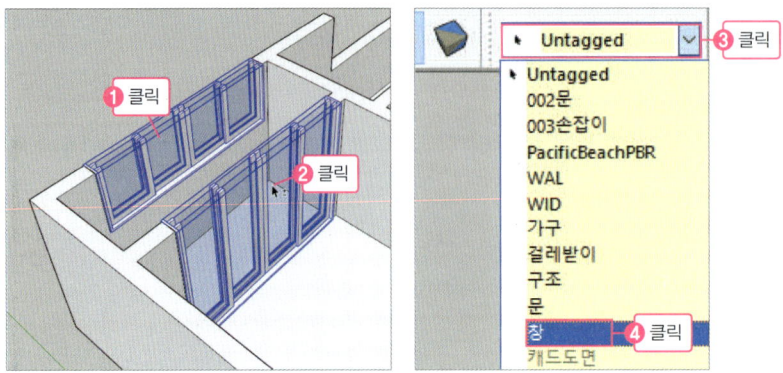

18 완성된 '발코니2'의 창을 '발코니3'으로 복사합니다.

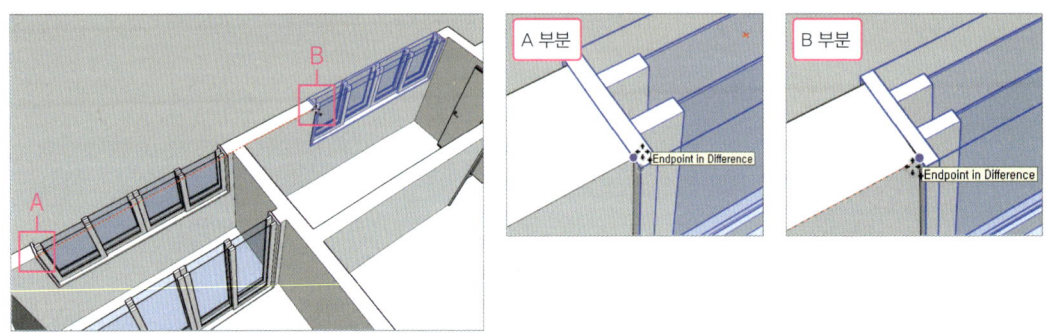

19 01~18 과정과 동일한 방법으로 나머지 창을 모두 완성합니다. 창 ❶, ❷, ❸, ❹, ❺는 동일한 크기입니다.

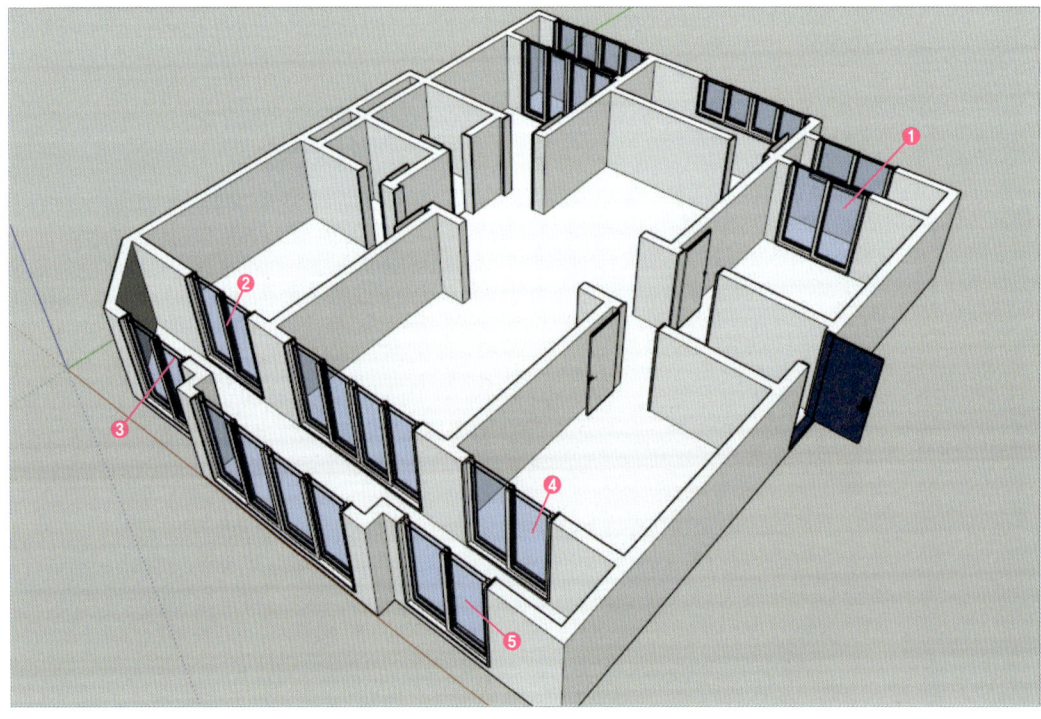

▲ 완성파일 : [예제파일/P04/Ch01/Step-4 완성파일.skp]

STEP 5 걸레받이 만들기

01 거실과 주방 부분을 확대합니다. 선(Line( )) 도구 `L` 키를 눌러 ❶지점부터 거실과 주방의 둘레를 따라 선을 그려 줍니다.

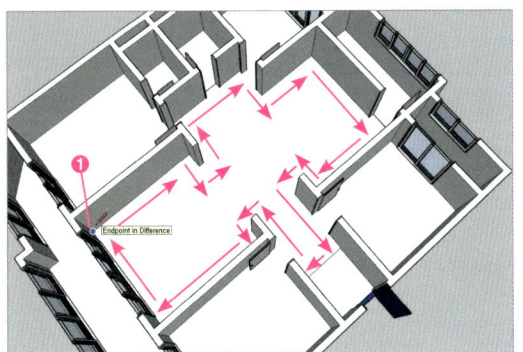 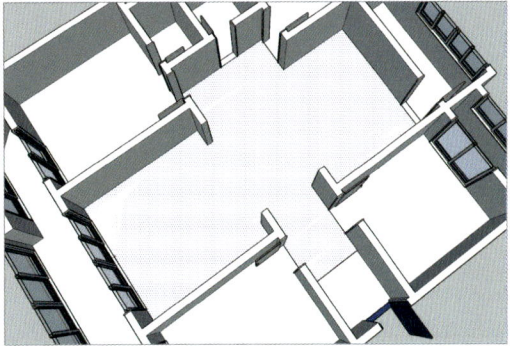

02 `Space Bar` 키를 누른 후 선택(Select( )) 도구로 거실과 주방의 바닥면 ❶을 더블 클릭합니다. `Shift` 키를 누른 상태로 바닥면 ❷와 선 ❸을 클릭해서 선택 제외한 후 오프셋(Offset( )) 도구 `F` 키를 눌러 안쪽으로 '20' 복사합니다.

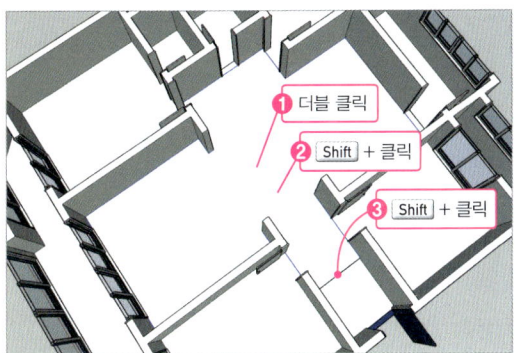 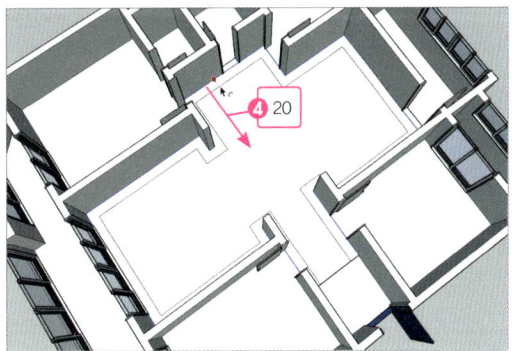

03 `Space Bar` 키를 누른 후 선택(Select( )) 도구로 바닥면 ❶과 선 ❷를 클릭하고 `Delete` 키를 눌러 삭제합니다. '20' 간격 띄운 A 부분을 확대하고 밀기/끌기(Push/Pull( )) 도구 `P` 키를 눌러 '100' 높이로 끌어줍니다.

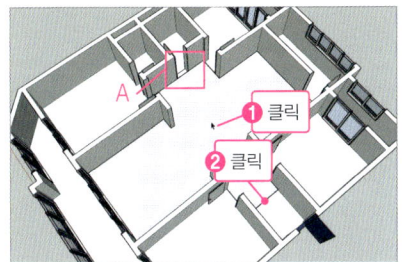 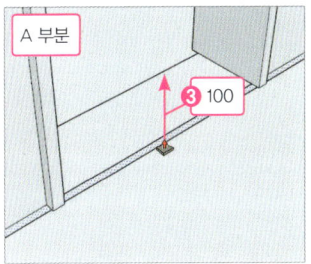 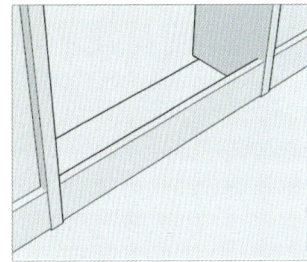

04 선(Line( )) 도구 ㄴ 키를 누릅니다. 문틀과 걸레받이가 교차하는 A, B 부분에 경계선을 그립니다.

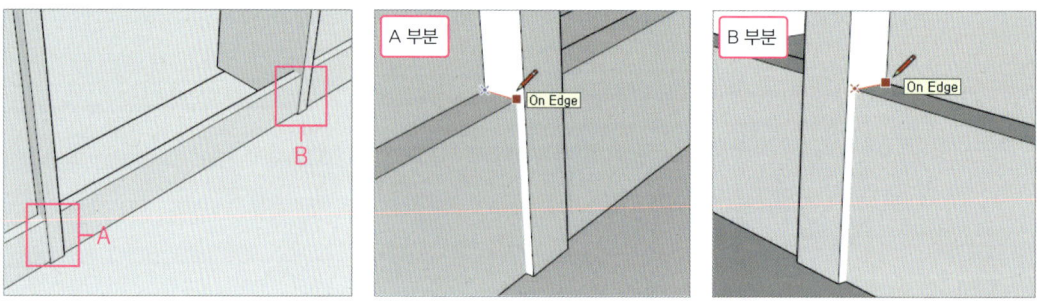

05 밀기/끌기(Push/Pull( )) 도구 ㄹ 키를 눌러 바닥까지 밀어줍니다. 바닥에 남은 선은 지우개(Eraser( )) 도구 ㅌ 키를 눌러 삭제합니다.

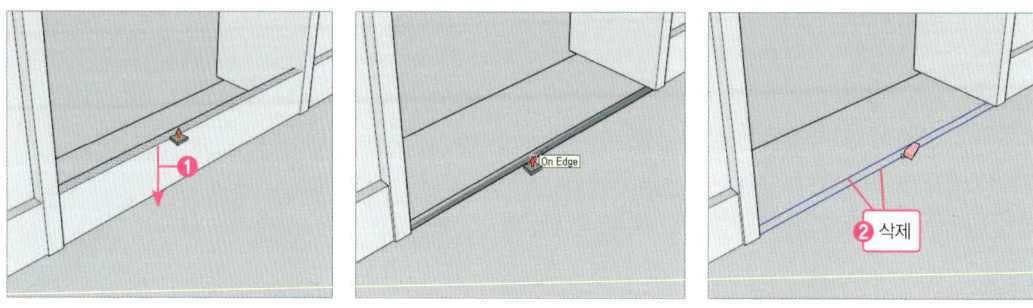

06 걸레받이와 창호가 교차되는 ❶~❻의 걸레받이 부분을 **04**~**05** 과정과 동일한 방법으로 편집합니다. 교차 부분에 경계선을 그릴 때는 충분히 확대하여 정확하게 그려줍니다. 실내 걸레받이를 모두 완성한 후 현관과 발코니 부분도 걸레받이를 만들어 봅니다.

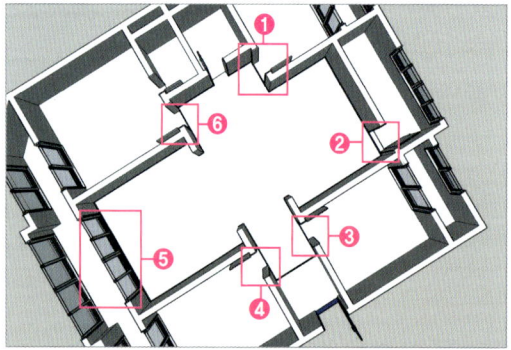

현관 걸레받이 작성 과정

① 선 ❶, ❷, ❸을 그려 '20' 간격으로 복사합니다.

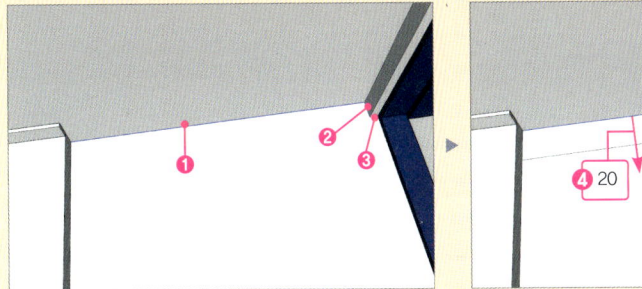

② ❶부분과 ❷부분을 선으로 연결해 면을 만든 후 밀기/끌기(Push/Pull( )) 도구 P 키를 눌러 '100' 끌어줍니다.

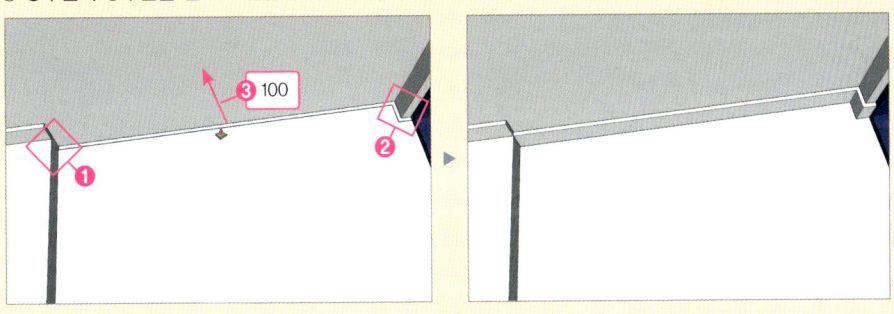

③ ❶지점에서 ❷지점까지 사선을 긋고 밀기/끌기(Push/Pull( )) 도구 P 키를 눌러 20 끌어줍니다.

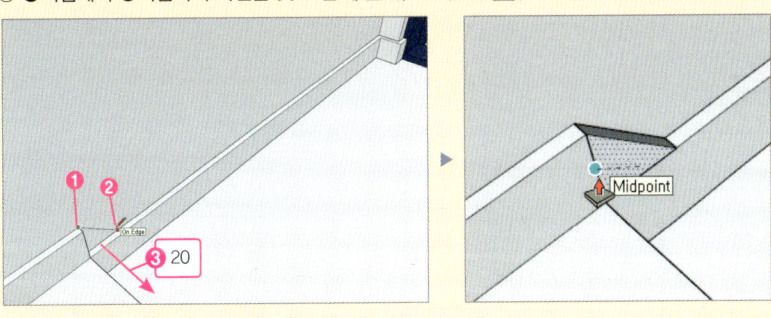

④ 남은 경계선 ❶, ❷는 지우개(Eraser( )) 도구 E 키를 눌러 지우개로 삭제합니다.

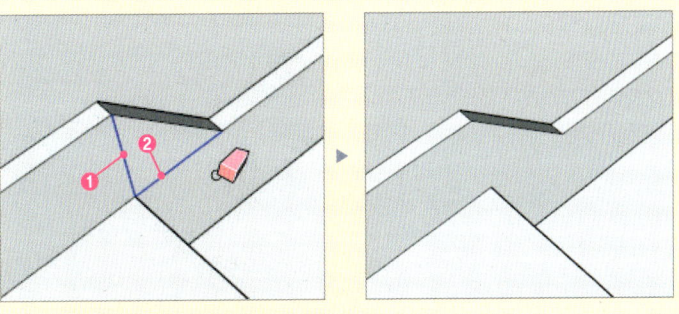

07 Space Bar 키를 누른 후 선택(Select(▶)) 도구로 완성된 모든 걸레받이를 선택해 그룹으로 작성하고 '걸레받이' 도면 층으로 변경합니다.

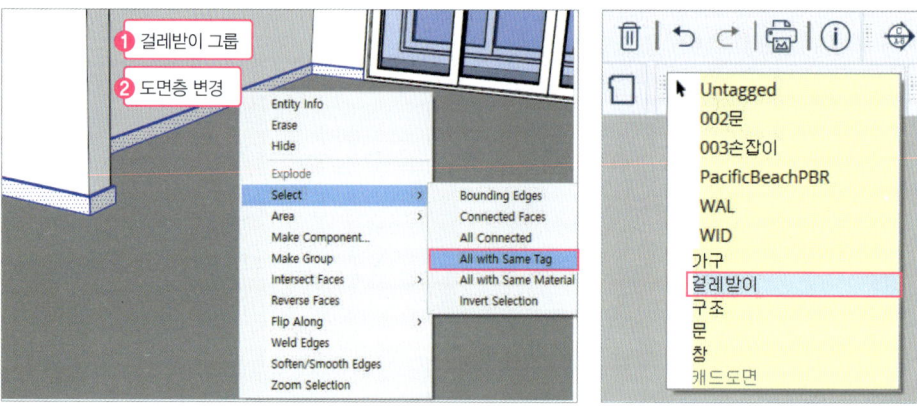

08 완성된 걸레받이에 Wood 계열이나 Color 재질을 적용합니다.

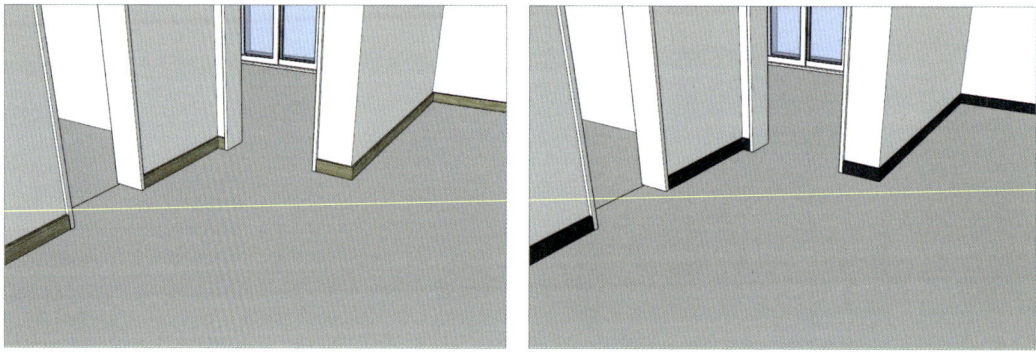

▲ Wood 적용　　　　　　　　　　　　　　　▲ Color(검정) 적용

▲ 완성파일 : [예제파일/P04/Ch01/Step-5 완성파일.skp]

STEP 6 바닥, 벽의 재질 적용

01 Space Bar 키를 누른 후 선택(Select(▶)) 도구로 구조체 ❶을 더블 클릭합니다. [Materials] 트레이의 'Solid Colors' 카테고리에서 'M09_Shadow_Night' 재질을 선택합니다.

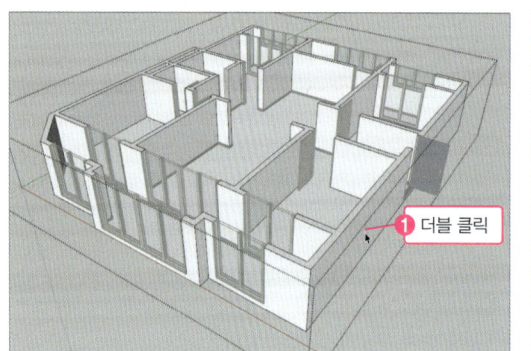 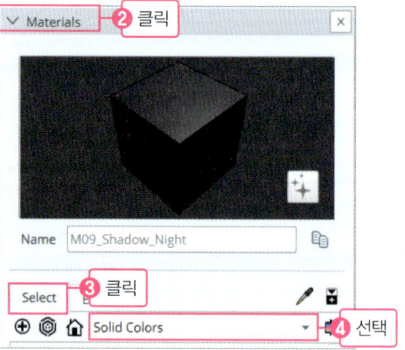

02 벽체 상단 절단면 ❶을 모두 클릭해 재질을 적용합니다.

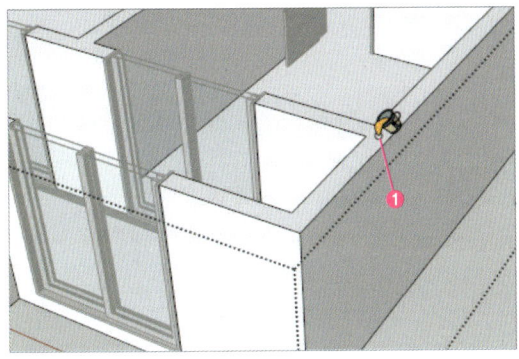 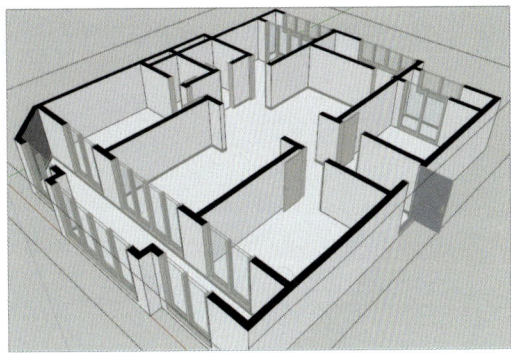

03 각 실의 바닥 재질은 외부 이미지를 사용해 재질을 적용하겠습니다. [Materials] 트레이에서 [Create New Material (⊕)] ❶을 클릭합니다. Texture의 'Use texture image' 항목을 체크하거나 [이미지 열기(▶)]를 클릭합니다.

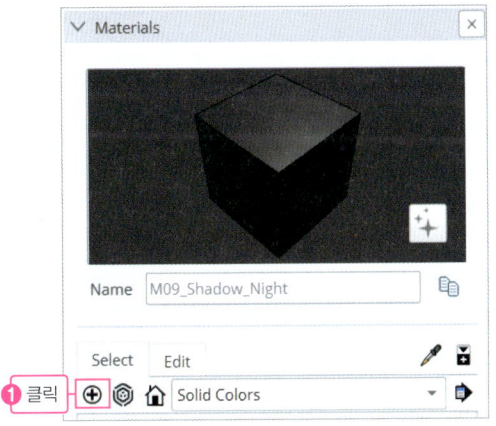 

04 [예제파일/P04/Ch01/재질/마루] 폴더에서 바닥으로 사용할 이미지를 선택하고 [열기] 버튼을 클릭합니다. 새로운 재질의 이름(실내 바닥)과 크기(2500)를 설정하고 [OK] 버튼을 클릭합니다.

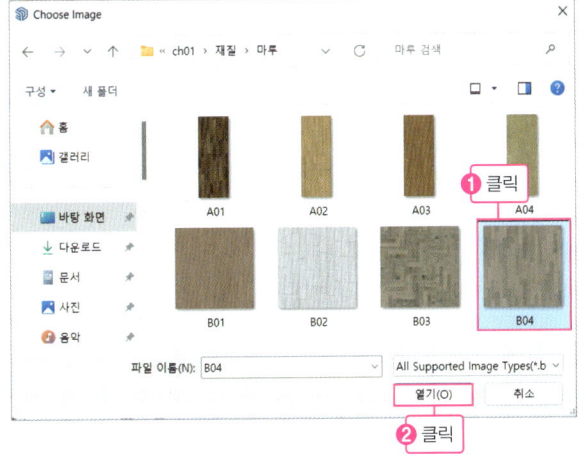 

05 바닥면 ❶부분을 클릭해 마루 재질을 적용합니다.

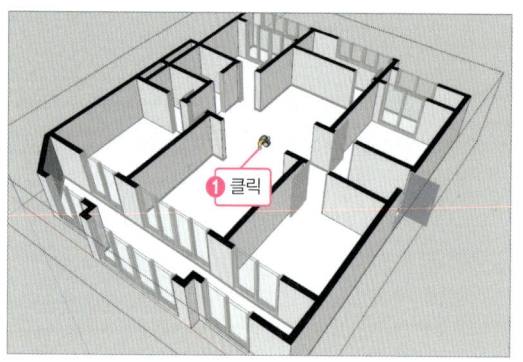 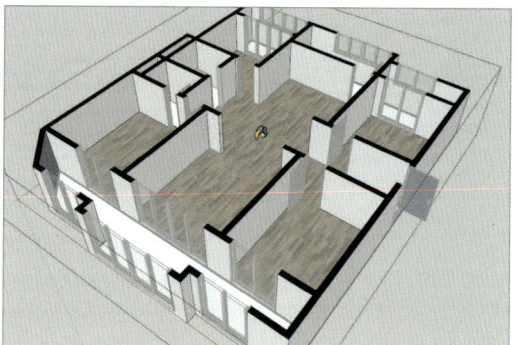

> **TIP 각 실별 적용**
>
> 현재 바닥면은 각 실과 실에 경계선이 없는 상태이므로 모두 동일한 재질로 적용됩니다. 각 실에 별도의 재질을 적용하려면 다음과 같이 경계선을 그리면 별도의 재질 적용이 가능합니다.
>
>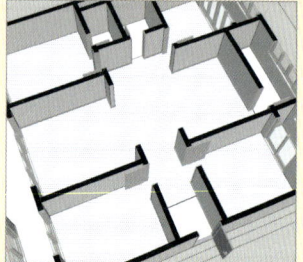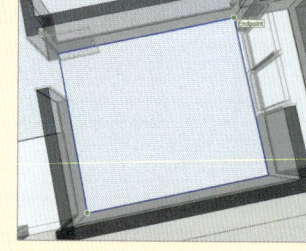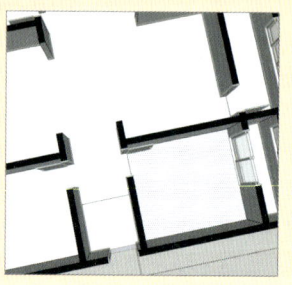
>
> ▲ 하나의 바닥면　　　　　▲ 경계선 작성　　　　　▲ 면이 분할되어 따로 선택됨

06 03~05 과정과 동일한 방법으로 욕실, 발코니, 현관 바닥에 작업자 취향대로 재질을 적용합니다.

이미지 재질의 패턴이 나타날 수 있도록 크기 조절에 주의합니다.

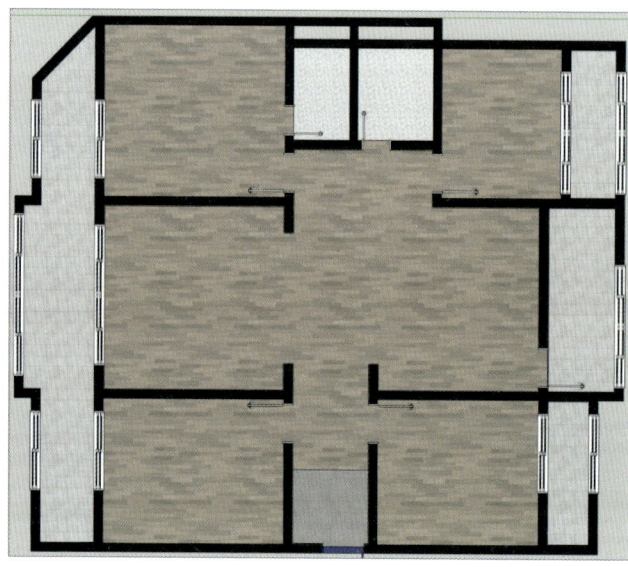

07 욕실과 발코니의 벽도 외부 이미지를 사용해 취향대로 재질을 적용하고 남은 실의 벽은 모두 흰색으로 마무리합니다.

▲ 욕실 벽

▲ 발코니 벽

▲ 완성파일 : [예제파일/P04/Ch01/Step-6 완성파일.skp]

STEP 7 가구 배치 및 이미지 출력

01 각 실의 기능 및 목적을 고려하여 적절한 가구를 배치합니다. 가구 및 소품 컴포넌트는 [예제파일/P04/Ch01/컴포넌트] 폴더의 파일이나 3D Warehouse를 방문해 다운로드합니다.

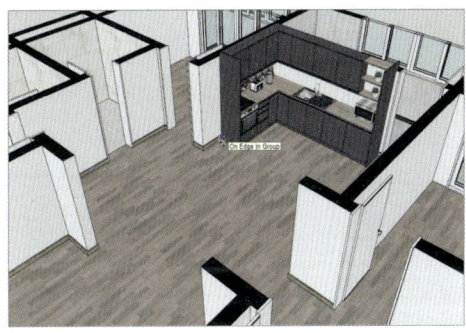

02 가구를 배치한 후 재질의 크기, 색감 등을 보완해 아이소메트릭을 완성합니다.

▲ 스타일 A

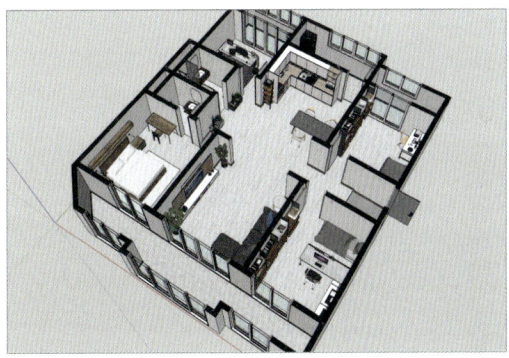
▲ 스타일 B

03 [Styles] 트레이의 [Edit] 탭에서 'Background Settings(　)'을 클릭합니다. 'Background'의 색상(　)을 클릭하고 R.G.B 바를 오른쪽으로 밀어 배경색을 흰색으로 수정합니다.

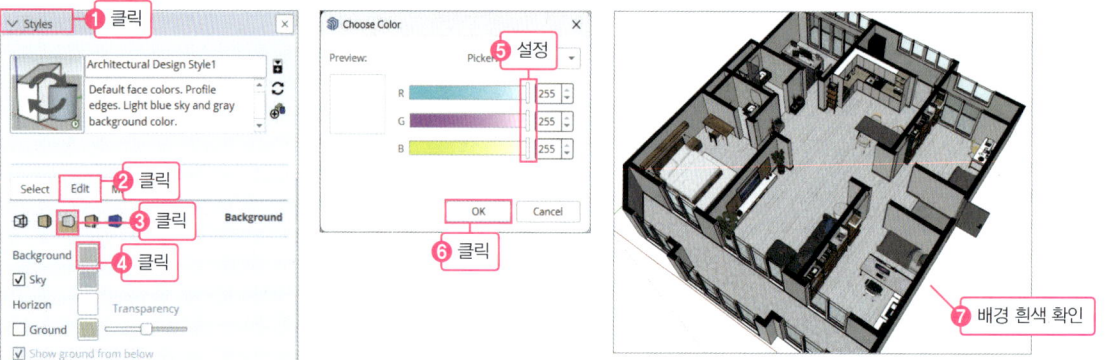

04 [Shadows] 트레이에서 'Use sun for shading' 항목을 체크해 그림자가 꺼진 상태로 밝게 처리합니다. 기타 'Time', 'Light', 'Dark'의 설정값은 작업자의 취향에 맞도록 조정합니다.

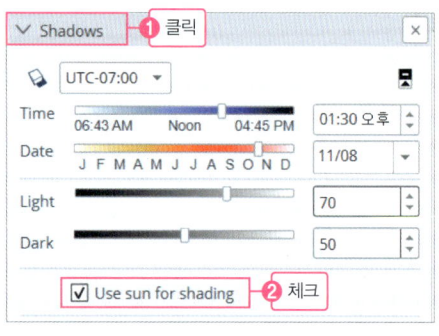

05 카메라의 유형을 선택하고 [Scenes] 트레이에서 장면 추가 [Add Scene]을 클릭해 현재 뷰를 저장합니다.
자연스러운 모델의 표현은 Perspective, 각 실의 크기 비율과 공간에 대한 시야를 확보하려면 Parallel Projection을 선택합니다.

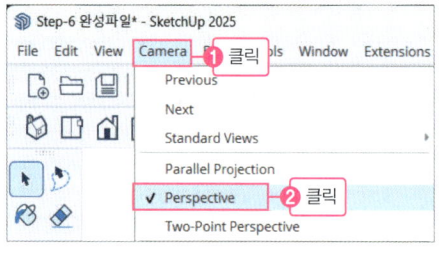
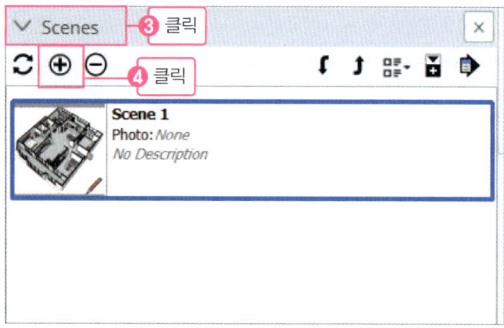

06 카메라의 유형을 [Parallel Projection]으로 변경하고 Top 뷰(□)를 클릭합니다. [Scenes] 트레이에서 장면 추가 [Add Scene]을 클릭해 현재 뷰를 저장합니다.

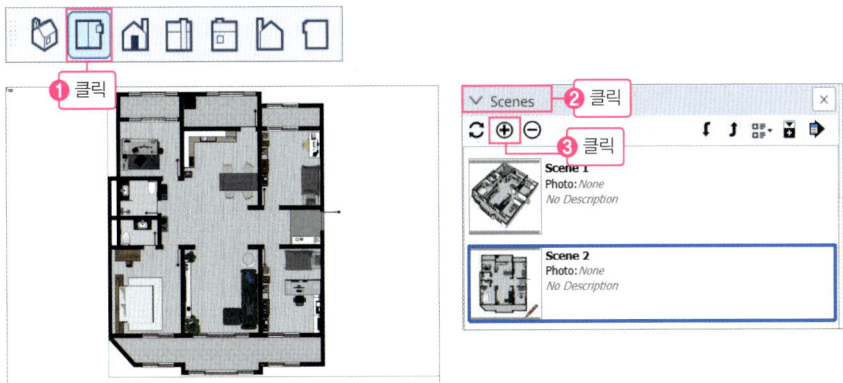

07 'Scene 1'을 클릭하고 [File]의 [Export]에서 [2D Graphic]을 클릭합니다. 저장 폴더와 파일 이름을 설정하고 [Options] 버튼을 클릭합니다.

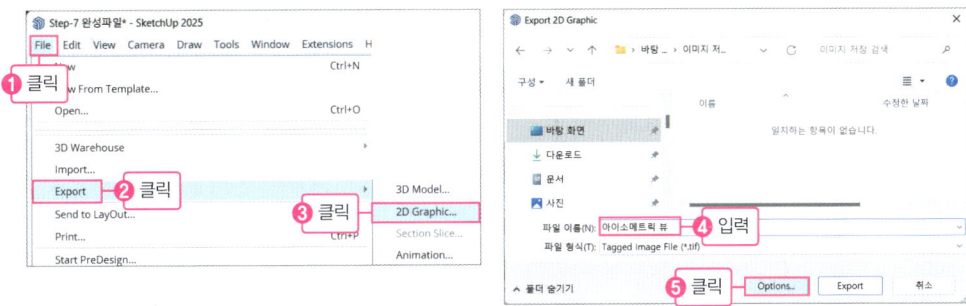

08 'Use view size' 항목을 해제합니다. Width 픽셀 값을 '3000' 내외로 수정하고, 선의 디테일한 표현을 위해 'Line scale multiplier'은 최소 값 '0.25'로 설정합니다. [OK] 버튼을 클릭하고 [Export] 버튼을 클릭해 최종 이미지로 출력합니다.

합성 및 2차 작업을 위해 바탕을 투명으로 설정하려면 Transparent background를 체크하면 됩니다.

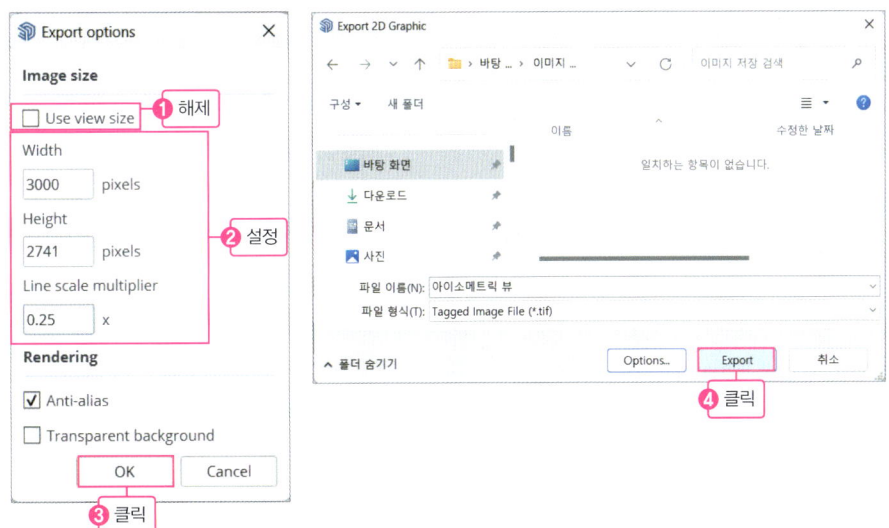

09 'Scene 2'를 클릭하고 'Scene 1'과 동일한 설정으로 최종 이미지를 출력합니다.

▲ 아이소메트릭 뷰

▲ 평면 뷰

▲ 완성파일 : [예제파일/P04/Ch01/Step-7 완성파일.skp]

CHAPTER 02 실내 투시도(커피 전문점)

캐드(CAD) 프로그램으로 작성된 인테리어 평면도, 입면도, 천장도를 바탕으로 실내 투시도를 작성하겠습니다.

STEP 1 CAD 도면 불러오기

01 스케치업을 실행하고 'Study' 템플릿을 클릭합니다.

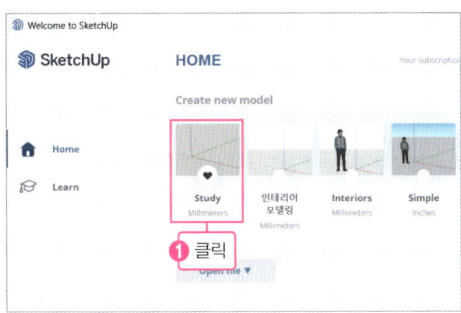
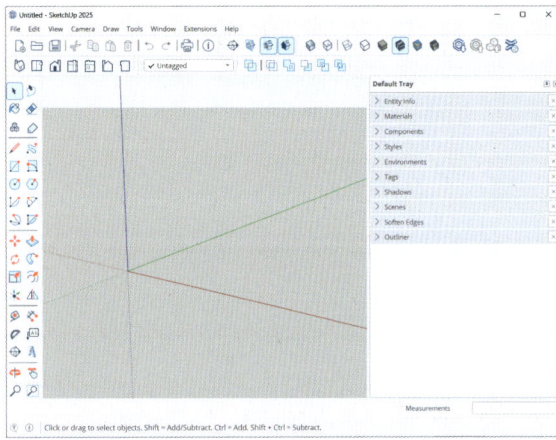

02 모델링에 필요한 부분만 편집된 캐드 도면을 사용하겠습니다. [File] 메뉴에서 [Import]를 클릭하고 [예제파일/P04/Ch02] 폴더에서 '커피전문점.dwg' 파일을 불러옵니다.

> 사용할 캐드 도면은 미리 정리된 파일입니다. 캐드 도면 파일이 보이지 않는 경우 파일 유형이 'AutoCAD File(dwg, dxf)'로 설정되어 있는지 확인합니다.

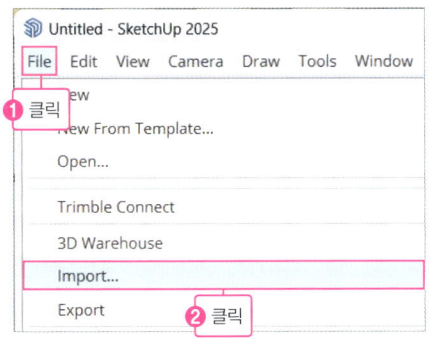

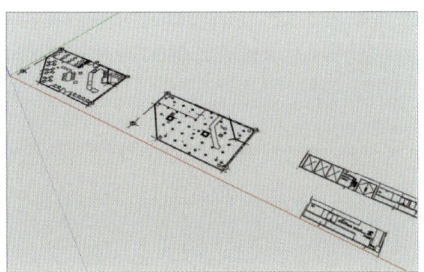

03 가져온 도면은 4개의 도면이 그룹으로 지정되어 있습니다. 도면별로 각각 그룹을 지정하기 위해 도면을 마우스 오른쪽 버튼으로 클릭하고 [Explode]를 클릭합니다.

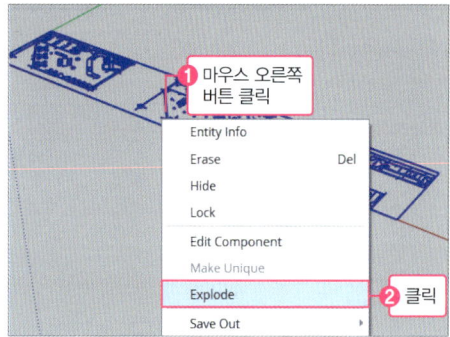

04 `Space bar` 키를 눌러 선택(Select( )) 도구로 전환하고 ❶지점을 클릭한 후 ❷지점을 클릭해 평면도만 선택합니다. 마우스 오른쪽 버튼을 클릭하고 메뉴에서 [Make Group]을 클릭합니다.

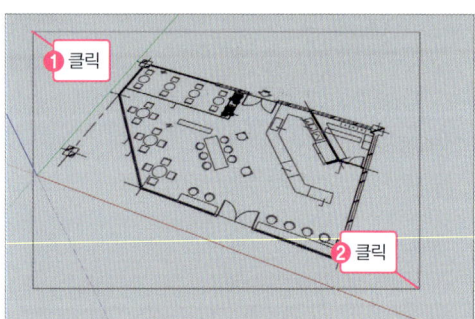

05 계속해서 같은 방법으로 천장도와 내부입면도 2개를 각각 그룹으로 지정합니다.

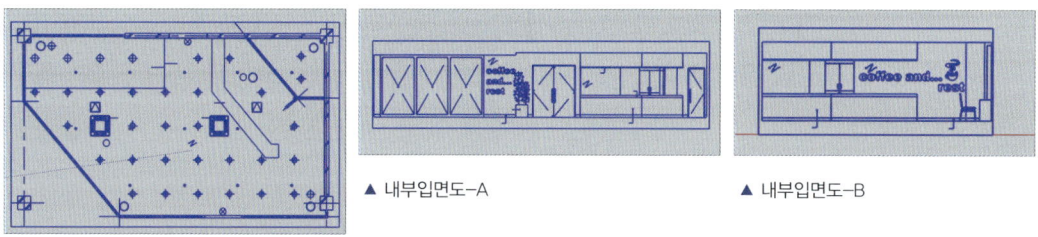

▲ 내부입면도-A   ▲ 내부입면도-B

▲ 천장도

06 [Tags] 트레이에서 [도면층 추가(Add Tag(⊕))] ❶을 클릭해 '평면도', '내부입면도A', 내부입면도B', '천장도'를 추가합니다.

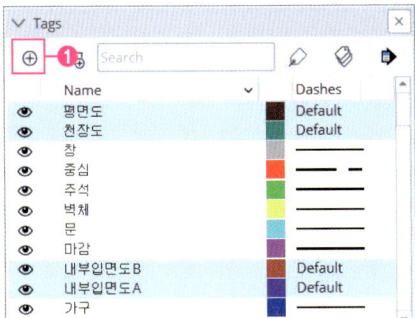

07 가져온 평면도를 등록한 태그로 지정합니다. Space bar 키를 누른 후 선택(Select(▶)) 도구로 평면도 ❶을 클릭하고 도면층(Tags) 도구에서 '평면도' ❷를 클릭합니다. '천장도'도 같은 방법으로 태그를 지정합니다.

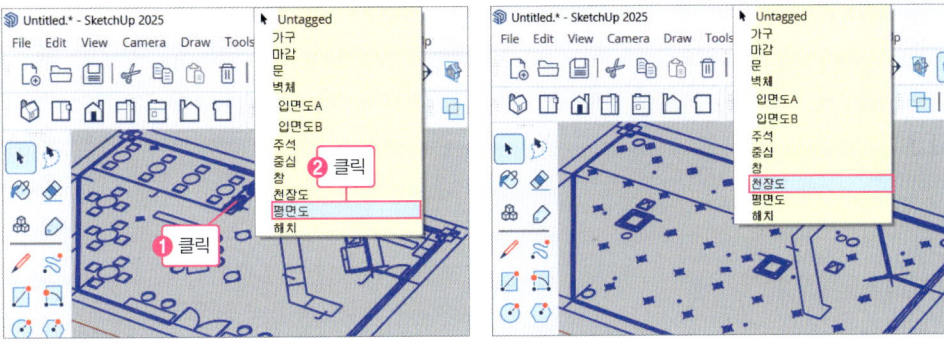

08 '입면도A', '입면도B'도 태그를 지정합니다.

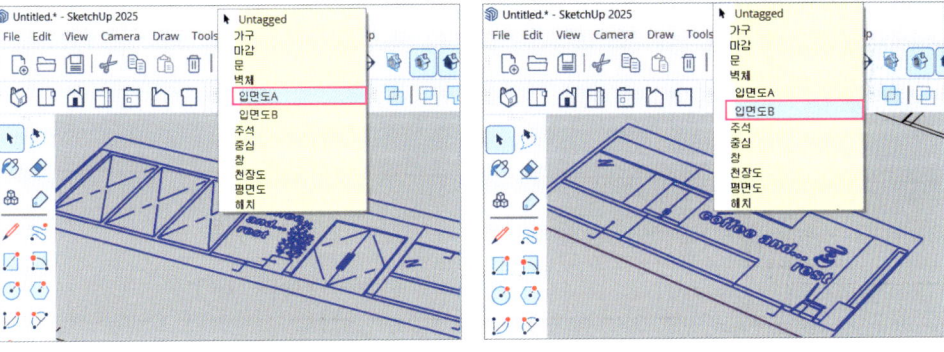

STEP 2 공간구성

01 투시도는 6인용 테이블에서 터를 바라보는 시점을 기준으로 작성합니다.

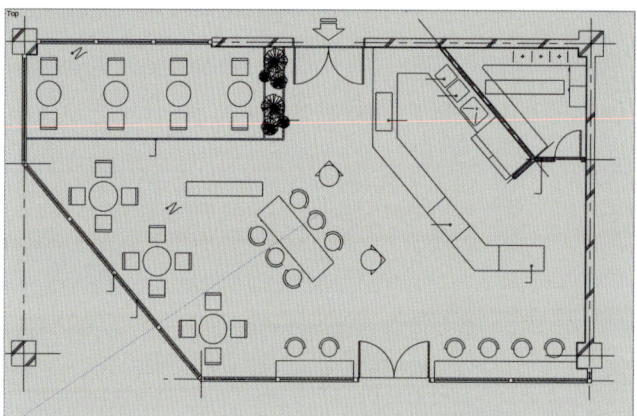

02 선(Line(🖉)) 도구 L 키를 누릅니다. 평면도를 확대하고 실내 마감선을 기준으로 ❶지점부터 ⓮지점까지 선을 그려 실내 공간의 면을 작성합니다.

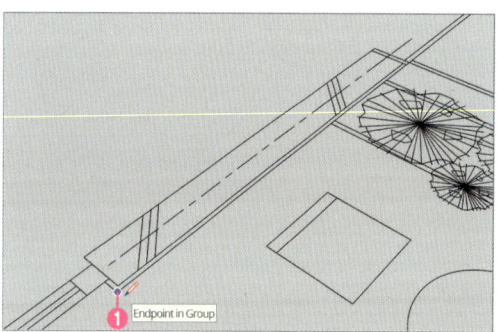

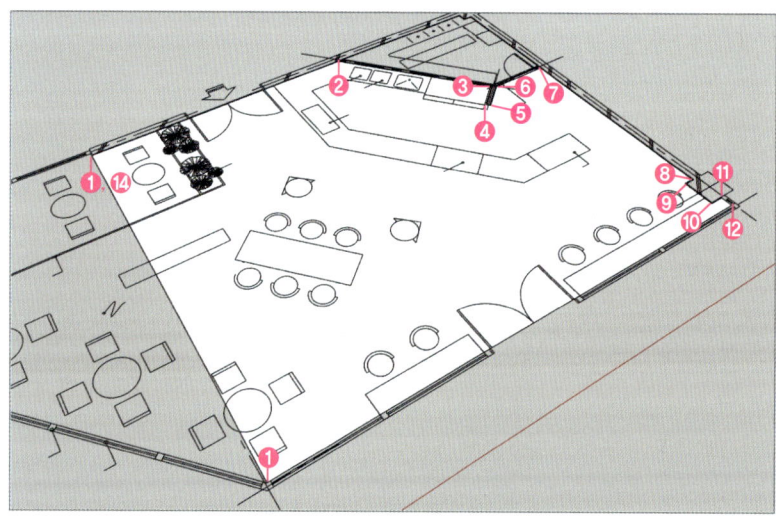

03 밀기/끌기(Push/Pull(♦)) 도구 P 키를 눌러 앞서 작성한 바닥면을 '2600' 올립니다.

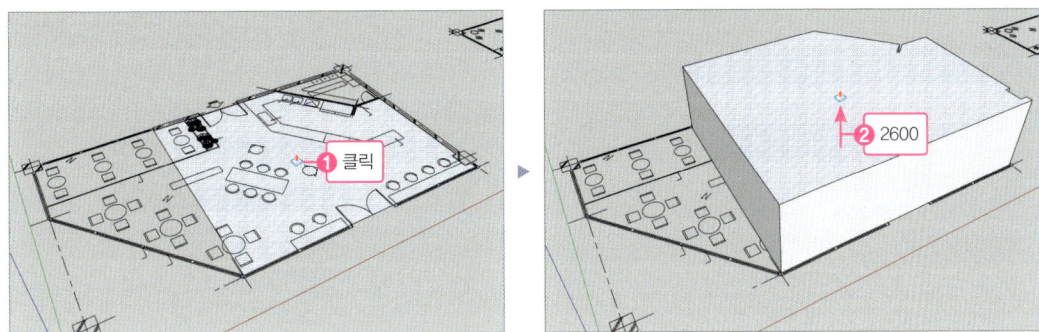

04 시야를 확보하기 위해 벽면 ❶부분을 클릭하고 Delete 키를 눌러 삭제합니다.

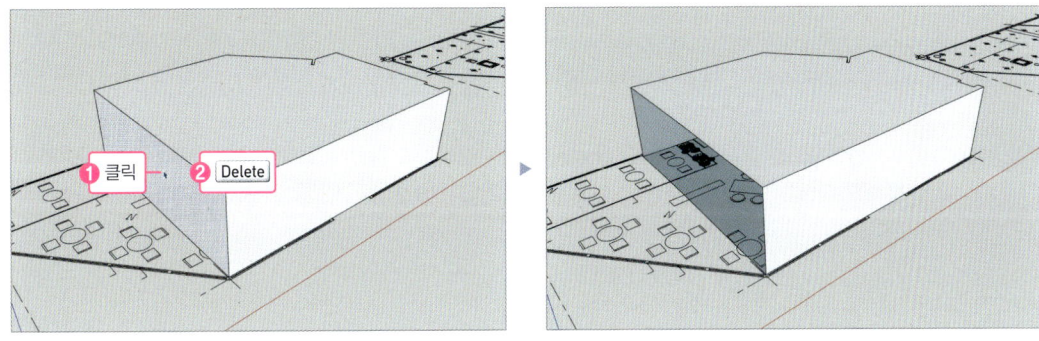

05 ❶부분을 트리플 클릭(연속 3번 클릭)해 바닥, 벽, 천장을 모두 선택합니다. 마우스 오른쪽 버튼을 클릭하고 [Reverse Face]를 클릭합니다. 다시 마우스 오른쪽 버튼을 클릭하고 [Make Group]을 클릭합니다.

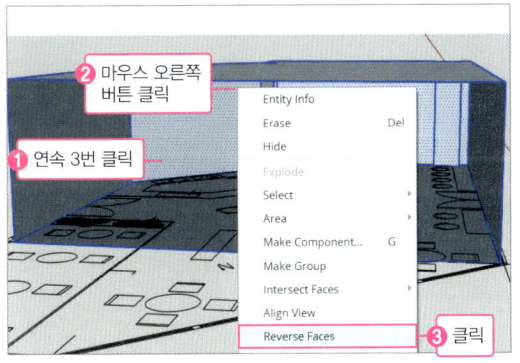 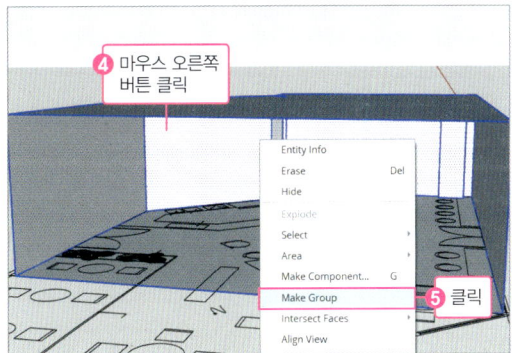

Chapter 02 • 실내 투시도(커피 전문점) 357

STEP 3 실내구성

01 '내부입면도A', '내부입면도B'를 클릭하고 회전(Rotate) 도구 [Q] 키를 누릅니다. 오른쪽 방향키(→)를 누르고 회전 기준점 ❶지점을 클릭합니다. 시작 각도 위치 ❷를 클릭하고 커서를 회전 방향 ❸지점으로 이동한 상태에서 '90'을 입력하고 [Enter] 키를 누릅니다.

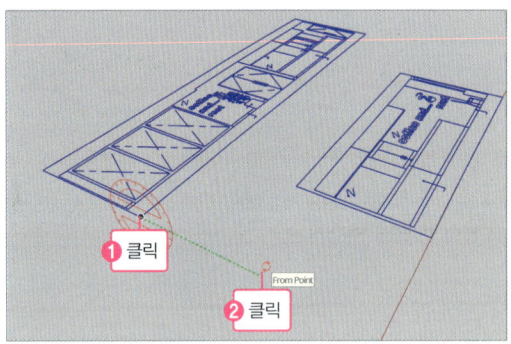
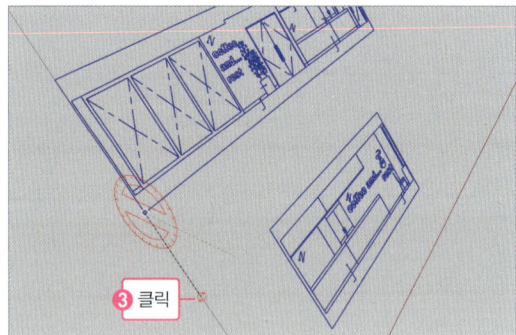

02 계속해서 '내부입면도B'를 클릭하고 회전(Rotate) 도구 [Q] 키를 누릅니다. 회전 기준점 ❶을 클릭합니다. 시작 각도 위치 ❷를 클릭하고 커서를 회전 방향 ❸지점으로 이동한 상태에서 '90'을 입력하고 [Enter] 키를 누릅니다.

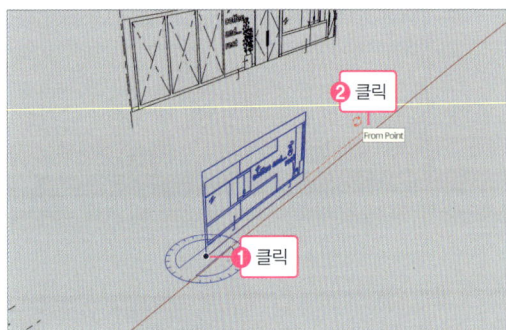
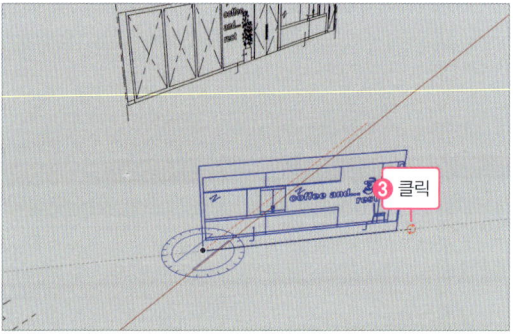

03 회전된 '내부입면도A'를 클릭하고 이동(Move) 도구 [M] 키를 누릅니다. [Ctrl] 키를 한 번 눌러 복사로 변경합니다. 복사 기준점 ❶지점을 클릭해 내부 공간 ❷지점을 클릭합니다.

벽면에 배치하지 않은 입면도는 근처에 두고 삭제하지 않습니다.

04 회전된 '내부입면도B'를 클릭하고 이동(Move) 도구 M 키를 누릅니다. Ctrl 키를 한 번 눌러 복사로 변경합니다. 복사 기준점 ❶지점을 클릭해 내부 공간 ❷지점을 클릭합니다.

벽면에 배치하지 않은 입면도는 근처에 두고 삭제하지 않습니다.

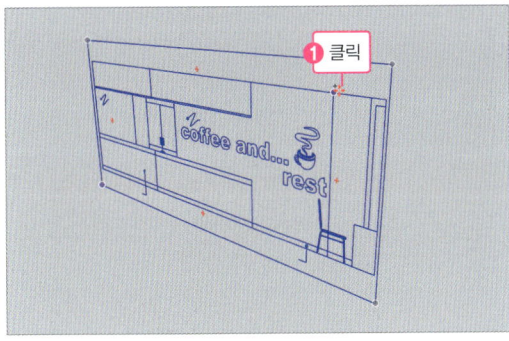

05 가져온 천장도를 클릭하고 이동(Move) 도구 M 키를 누릅니다. Ctrl 키를 한 번 눌러 복사로 변경합니다. 마감선 ❶을 기준점으로 천장면 ❷지점에 배치합니다.

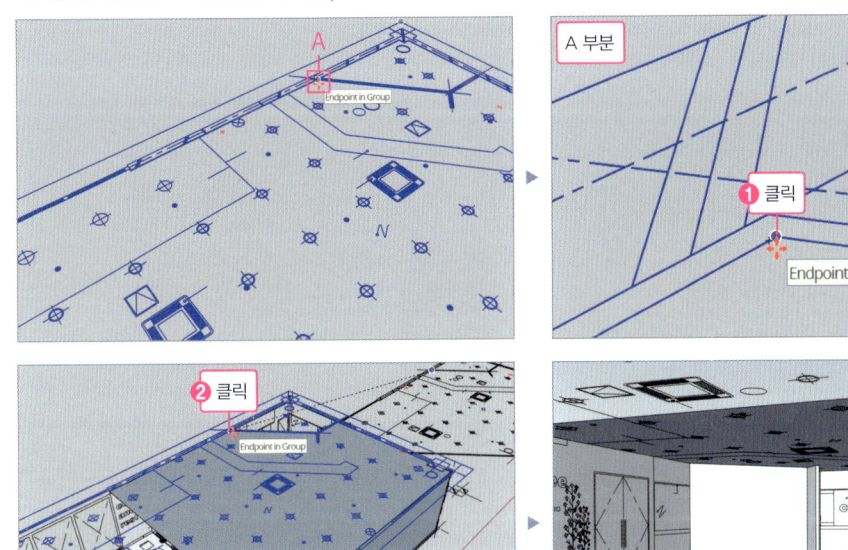

06 현재 상태에서도 모델링이 가능하지만 태그를 설정해 불필요한 중심선이나 기호를 보이지 않게 하는 것이 좋습니다. [Tags] 트레이에서 '중심', '주석' 태그의 눈을 클릭해 OFF 시킵니다.

벽면에 배치하지 않은 입면도는 근처에 두고 삭제하지 않습니다.

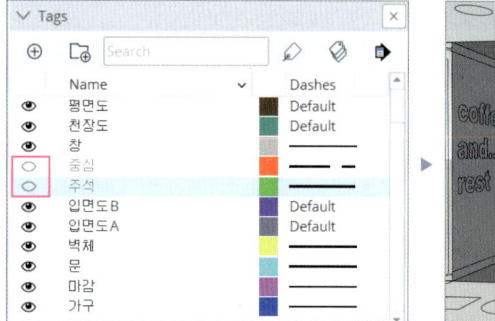 

▲ 중심, 주석 태그 OFF

STEP 4 내부 모델링

01 선(Line) 도구 ⌐L⌐ 키를 누릅니다. 평면도의 카운터 모양을 따라 ❶지점부터 ⓭지점까지 선을 그려 카운터의 바닥면을 작성합니다.

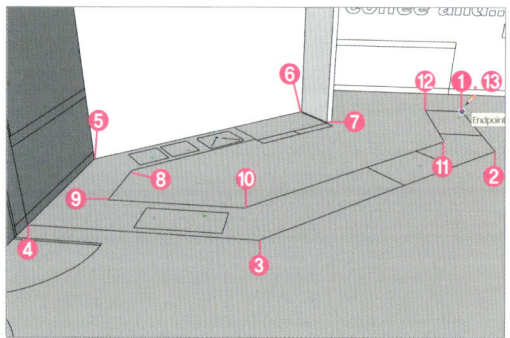 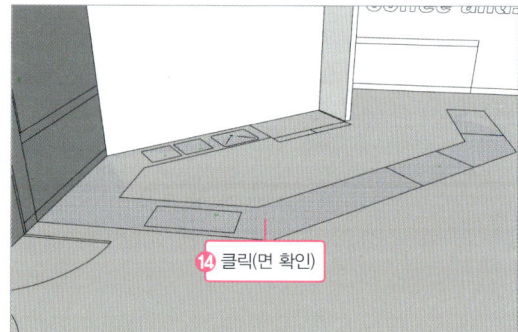

02 계속해서 천장면의 조명 박스 모양을 따라 ❶지점부터 ❾지점까지 선을 그려 조명 박스의 바닥면을 작성합니다.

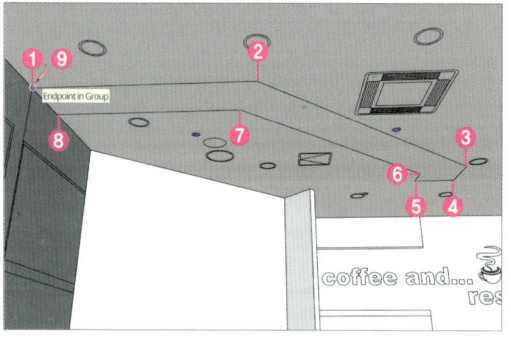 

03 밀기/끌기(Push/Pull( )) 도구 P 키를 누릅니다. ❶지점을 클릭하고 입면도B의 ❷지점을 클릭합니다. ❸지점을 클릭하고 Ctrl 키를 누릅니다. ❺지점을 클릭해 조금 더 끌어줍니다. 카운터 상부를 트리플 클릭(연속 3번 클릭)으로 모두 선택해 그룹으로 작성합니다.

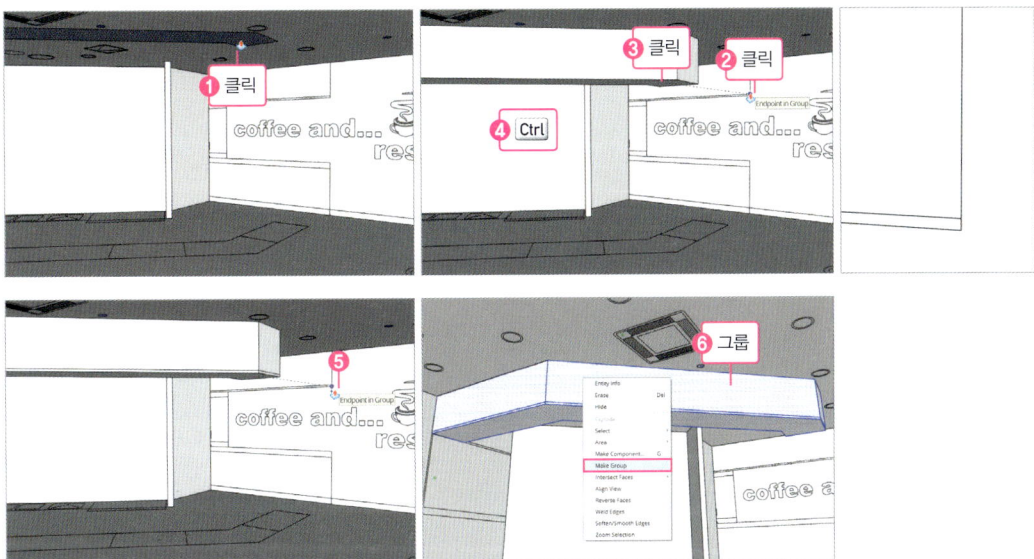

04 밀기/끌기(Push/Pull( )) 도구 P 키를 누릅니다. 조명 박스와 동일한 방법으로 카운터 높이를 입면도B를 활용해 높이를 적용합니다. 카운터를 트리플 클릭(연속 3번 클릭)으로 모두 선택해 그룹으로 작성합니다.

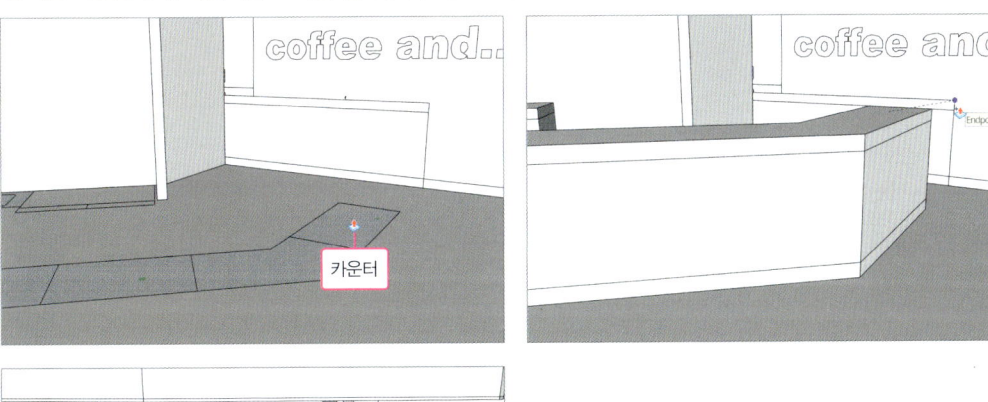

05 좌측 출입문 부분을 확대합니다. 문 영역을 뚫기 위해 벽면 ❶을 더블 클릭해 편집 모드로 전환하고 X-Ray 모드로 변경합니다.

06 직사각형(Rectangle(▭)) 도구 R 키를 누릅니다. ❶지점과 ❷지점을 클릭해 경계선을 추가합니다. 면 ❸을 삭제하고 X-Ray 모드와 편집 모드를 해제(Esc)합니다.

현재 상태는 벽면의 편집 모드 상태입니다.

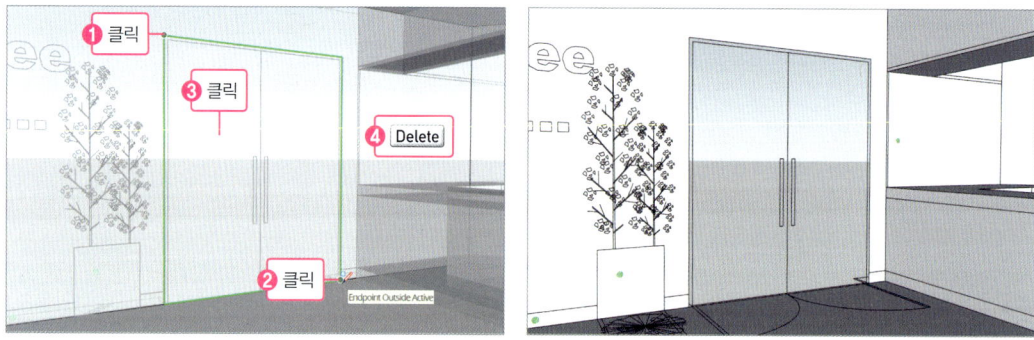

07 직사각형(Rectangle(▭)) 도구 R 키를 누르고 ❶지점과 ❷지점을 클릭합니다. Space bar 키를 누른 후 선택(Select(▶)) 도구로 선 ❸, ❹, ❺을 선택하고 오프셋(Offset(⤴)) 도구 F 키를 누릅니다. 문틀 ❻지점을 클릭하고 ❼을 클릭합니다.

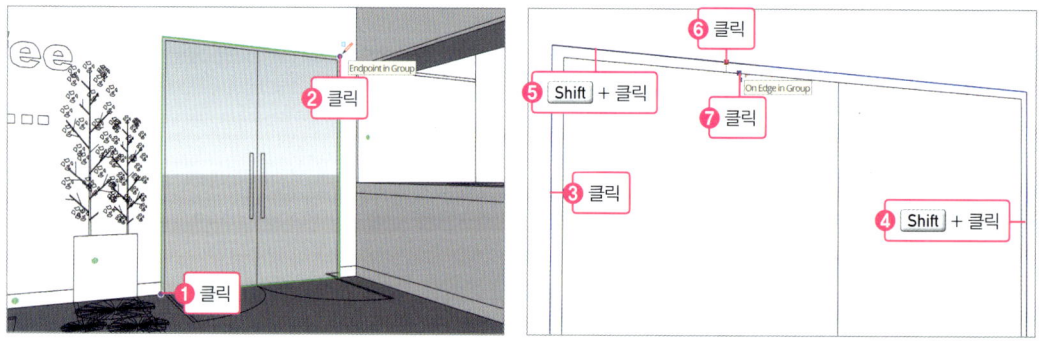

08 선(Line(✏️)) 도구 `L` 키를 누르고 중간점을 기준으로 선 ❶을 그립니다. 밀기/끌기(Push/Pull(⬆️)) 도구 `P` 키를 눌러 문틀 ❷부분을 '20' 끌어줍니다.

09 `Space bar` 키를 누르고 선택(Select(▶)) 도구로 문을 트리플 클릭(연속 3번 클릭)해 모두 선택합니다. 면 ❷, ❸는 선택에서 제외합니다.

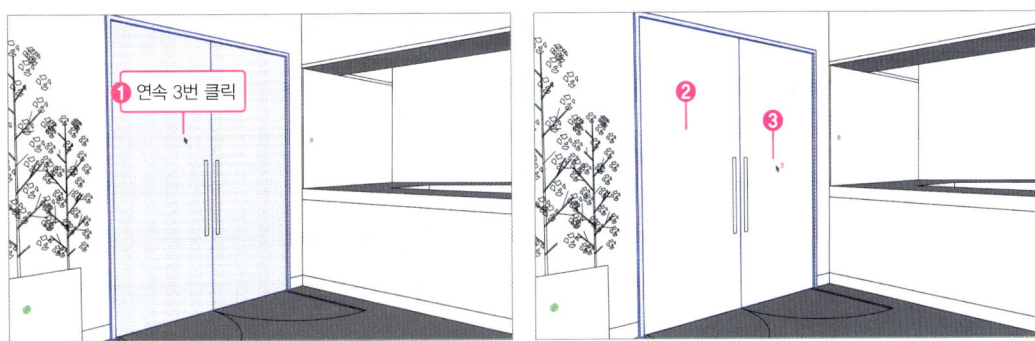

10 문틀에 검정 계열의 재질을 적용하고, 유리에는 'Glass_Basic_01' 재질을 적용합니다. 작성된 문을 트리플 클릭(연속 3번 클릭)으로 모두 선택해 그룹으로 작성합니다.

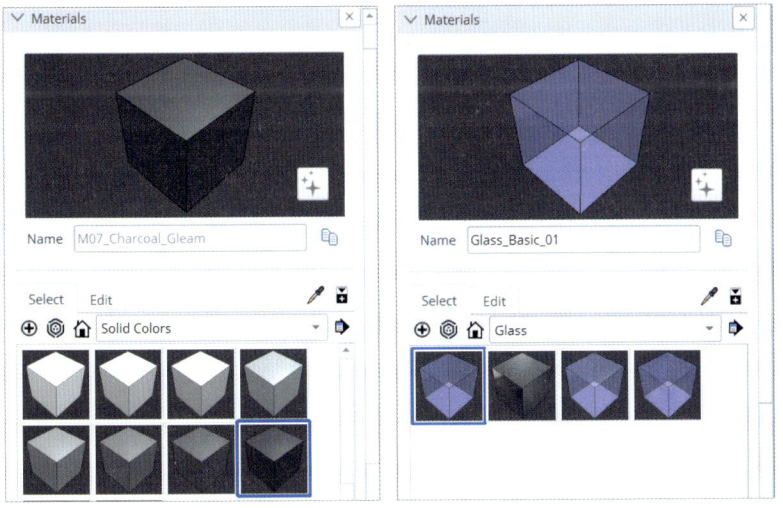

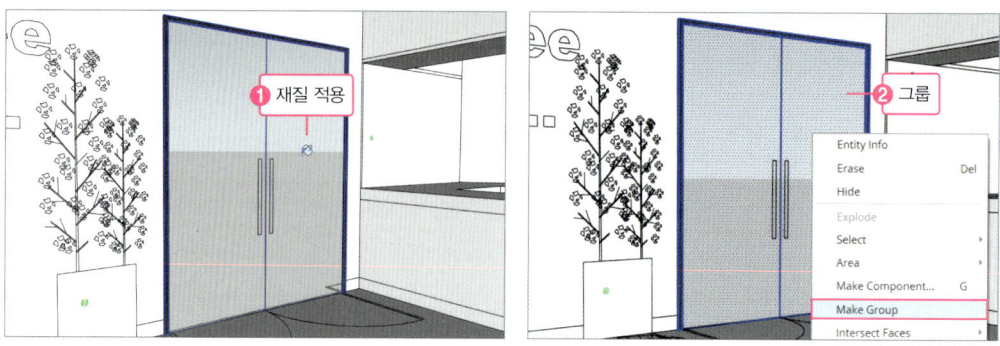

11 우측 벽을 확대하고 벽면 ❶을 더블 클릭해 편집 모드로 전환합니다. 벽면 ❶, ❷와 선 ❸을 선택해 삭제합니다. 편집 모드는 해제(Esc)합니다.

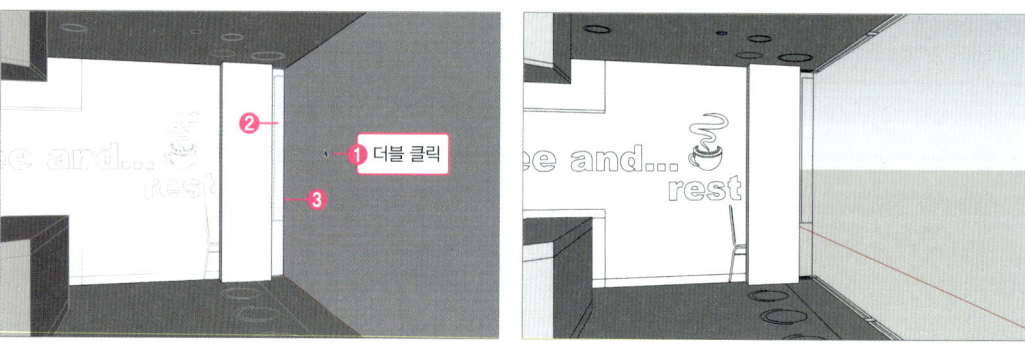

12 직사각형(Rectangle(▱)) 도구 R 키를 누르고 ❶지점과 ❷지점을 클릭합니다.

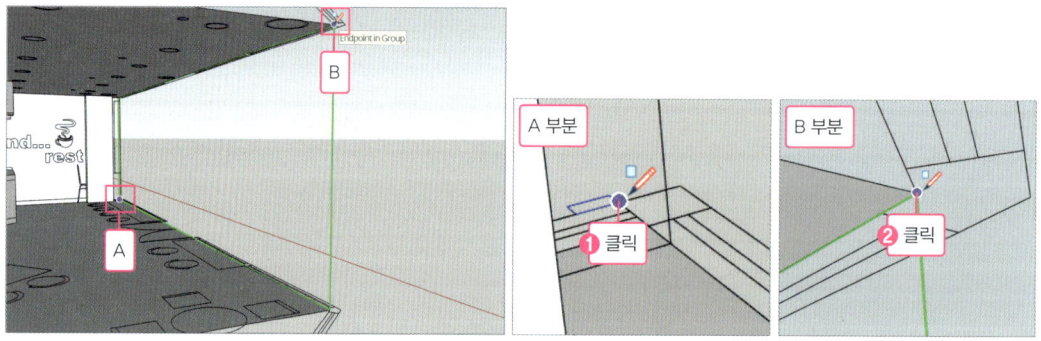

13 Space bar 키를 누른 후 선택(Select(▶)) 도구로 선 ❶, ❷, ❸, ❹를 선택하고 오프셋(Offset(⌕)) 도구 F 키를 누릅니다. 창틀 선을 안쪽으로 '100' 복사하고 X-Ray 모드로 변경합니다.

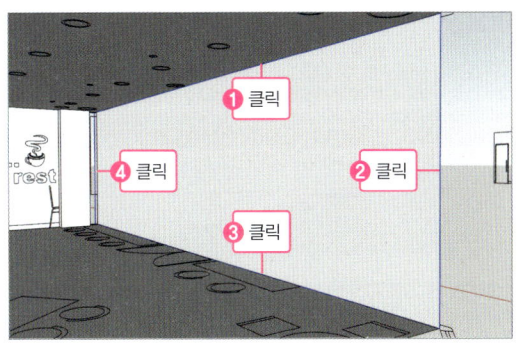 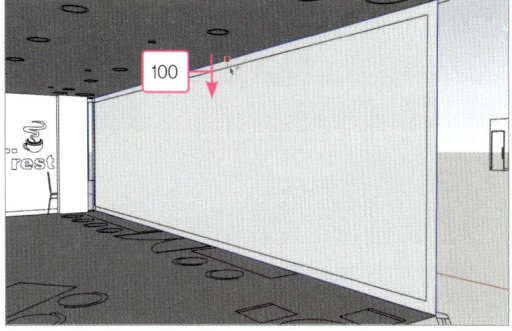

14 평면도와 천장도의 창틀 위치를 참고하여 직사각형(Rectangle(▱)) 또는 선(Line(✏)) 도구를 사용해 창틀 ❶, ❷, ❸, ❹를 그려줍니다. 출입문 하단과 틀이 교차하는 부분을 편집하고 X-Ray 모드는 해제합니다.

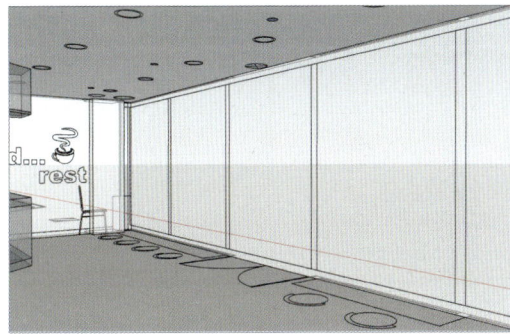 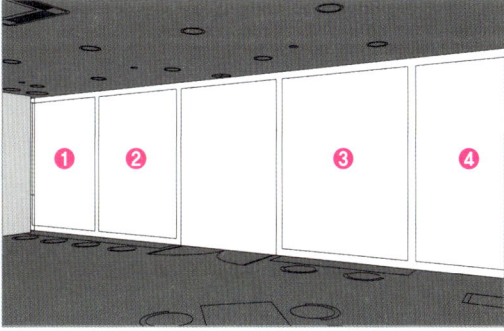

15 Space bar 키를 누른 후 선택(Select(▶)) 도구로 선 ❶을 클릭합니다. 이동(Move(✥)) 도구 M 키를 누르고 위쪽으로 '2100' 복사합니다. 복사된 선을 다시 위쪽으로 '100' 복사합니다.

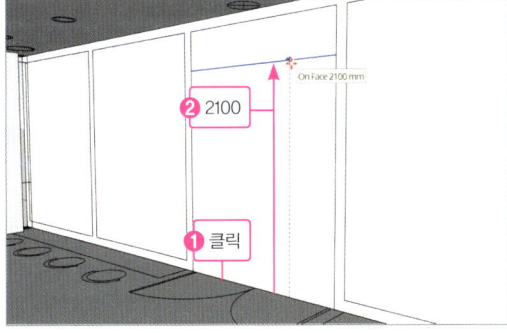 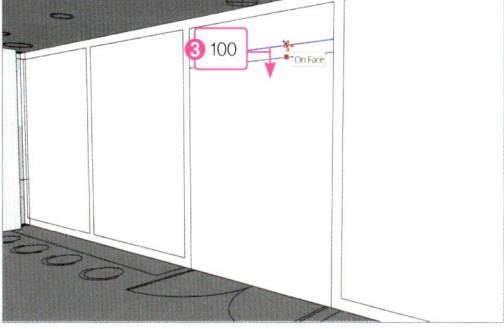

16 지우개(Eraser(⌖)) 도구 `E` 키를 눌러 틀이 교차되는 부분을 편집하고 선(Line(✏)) 도구 `L` 키를 눌러 문의 중간 부분에 선 ❷를 그려줍니다.

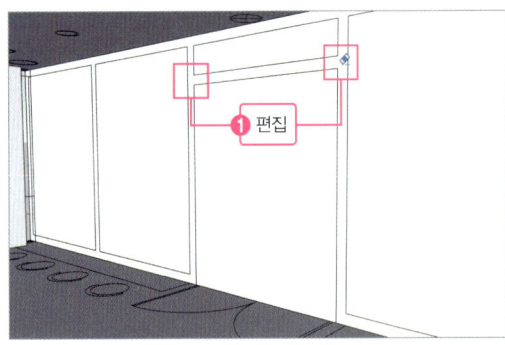 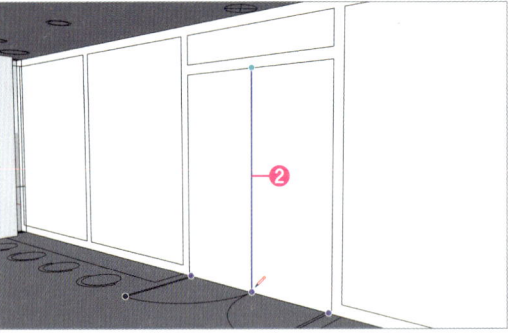

17 밀기/끌기(Push/Pull(⌖)) 도구 `P` 키를 눌러 창틀 ❶부분을 안쪽으로 '20' 끌어줍니다. 창틀에 검정 계열의 재질을 적용하고, 유리에는 'Glass_Basic_01' 재질을 적용합니다. 작성된 문을 트리플 클릭(연속 3번 클릭)으로 모두 선택해 그룹으로 작성합니다.

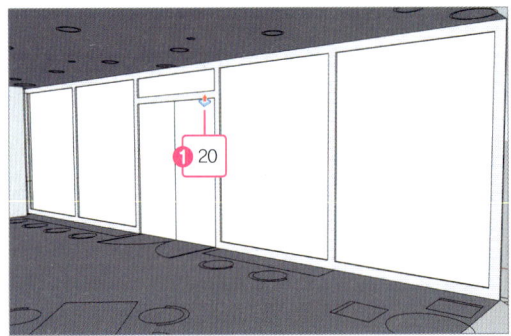 

18 직사각형(Rectangle(⌖)) 도구 `R` 키를 누릅니다. 기둥 우측 빈 공간을 확대하고 ❶지점과 ❷지점을 클릭해 사각형을 그립니다.

 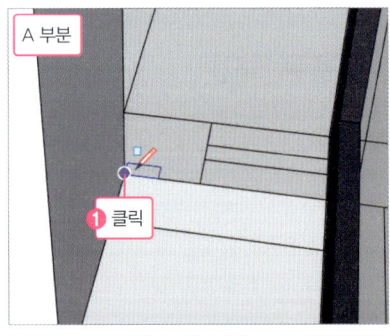 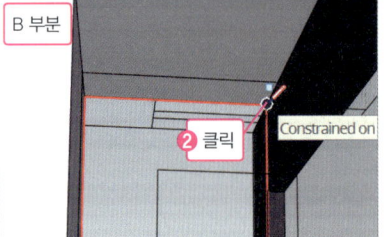

19 `Space bar` 키를 누르고 선택(Select(▶)) 도구로 앞서 작성한 면의 선 ❶, ❷, ❸을 클릭합니다. 오프셋(Offset(⌒)) 도구 `F` 키를 누르고 안쪽으로 '100' 복사합니다. 재질을 적용하고 그룹으로 작성합니다.

안쪽에서 보이는 부분을 위주로 창틀을 표현하였으나 작업자에 따라 도면을 참고하여 더 자세하게 만들어도 좋습니다.

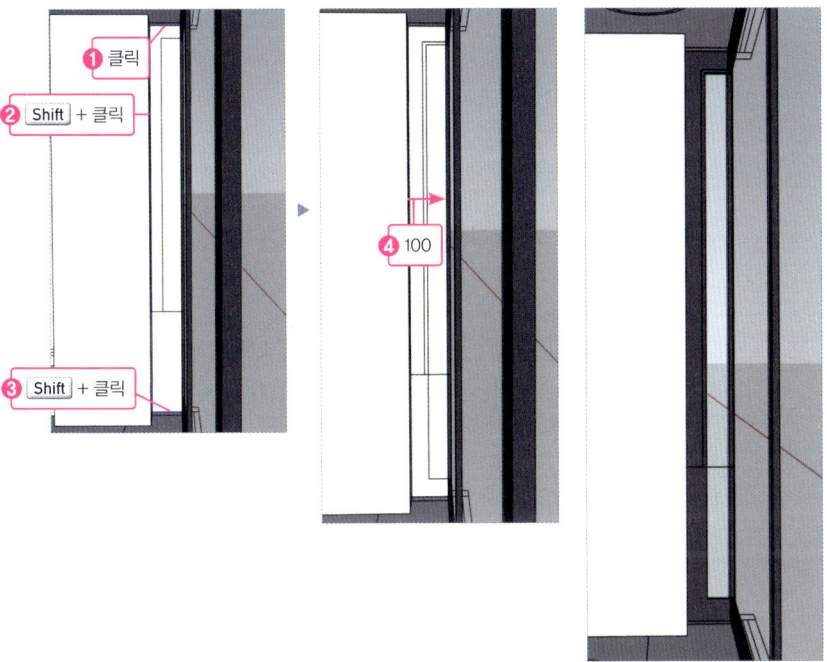

20 캐드 도면 '입면도B' ❶을 더블 클릭합니다. 커피잔 그림은 별도의 그룹으로 지정되어 있으므로 분해합니다.

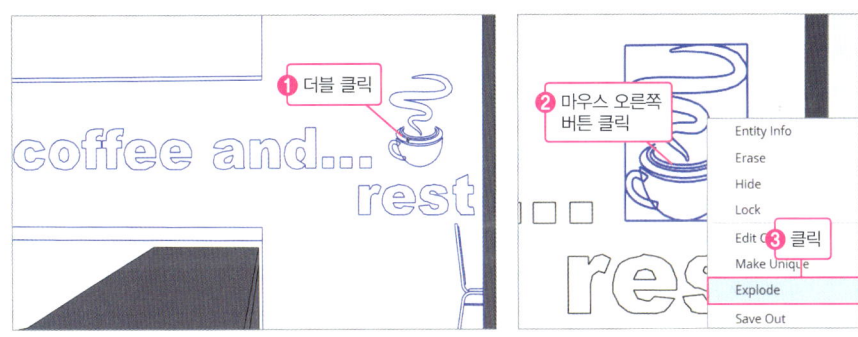

21 `Space bar` 키를 누릅니다. 선택(Select(▶)) 도구로 커피 사인물을 모두 선택하고 `Ctrl` + `C` 키를 눌러 복사합니다. `Esc` 키를 눌러 편집 모드를 종료하고 메뉴에서 [Edit] – [Paste In Place]를 클릭합니다.

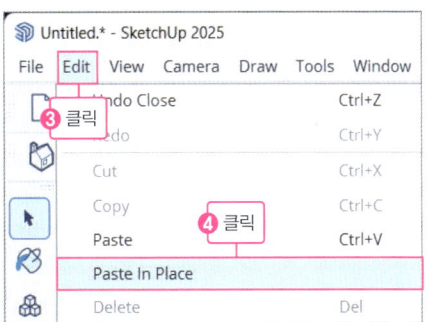

22 벽면에 캐드 도면의 선 ❶을 복사했지만 면으로 작성되지는 않았습니다. 윤곽 일부에 선을 덧그린 후 면을 클릭해 추가된 면을 확인합니다.

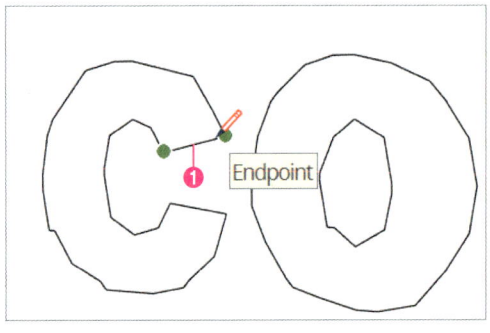
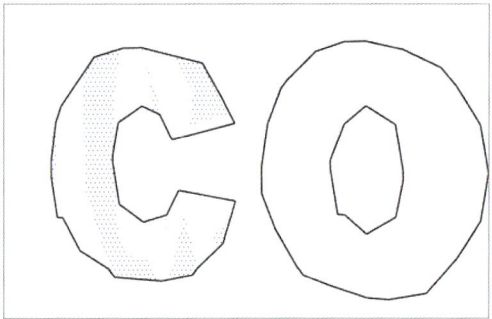

▲ 선을 덧그려 추가된 면

23 밀기/끌기(Push/Pull) 도구 P 키를 눌러 문자, 커피잔 영역을 안쪽으로 '20' 끌고 그룹으로 지정합니다.

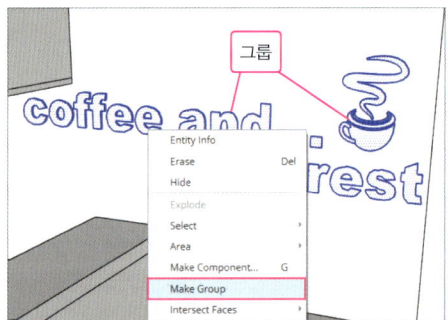

24 Space bar 키를 누르고 선택(Select) 도구로 ❶을 더블 클릭해 편집 모드로 전환합니다. 선 ❷, ❸, ❹를 클릭합니다. 이동(Move) 도구 M 키를 누르고 위쪽으로 '100' 복사하고 편집 모드는 해제(Esc)합니다.

조금 더 상세한 표현을 원한다면 걸레받이를 별도로 그룹으로 작성하고 두께를 적용합니다.

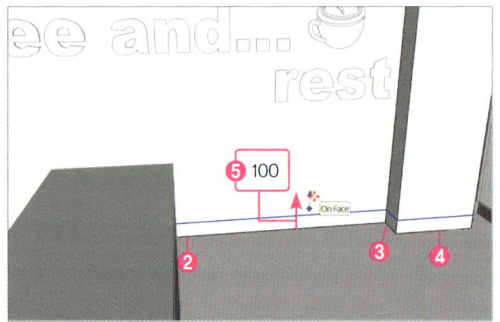

25 Space bar 키를 누르고 선택(Select(▶)) 도구로 ❶을 더블 클릭해 편집 모드로 전환합니다. 선 ❷, ❸을 클릭합니다. 이동(Move(✥)) 도구 M 키를 누르고 위쪽으로 '100' 복사하고 편집 모드는 해제(Esc)합니다.

조금 더 상세한 표현을 원한다면 걸레받이를 별도로 그룹으로 작성하고 두께를 적용합니다.

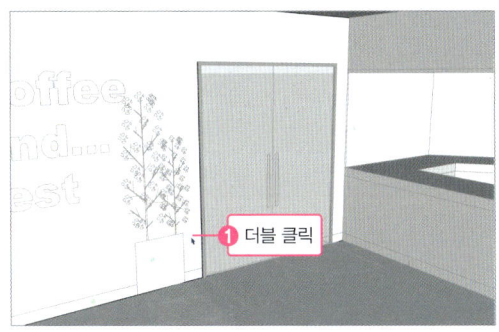 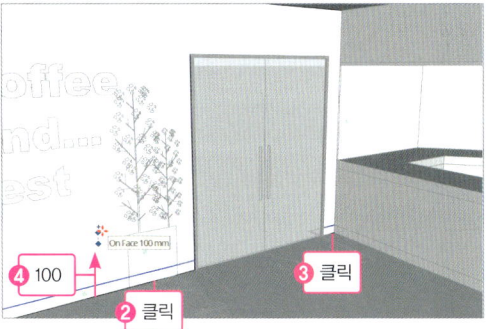

26 출입문 외부에서 입체 문자를 사용해 'coffee'와 'rest'를 배치합니다.

출입문의 외부 면이 불투명인 경우 투명 재질을 적용 후 문자를 배치합니다.

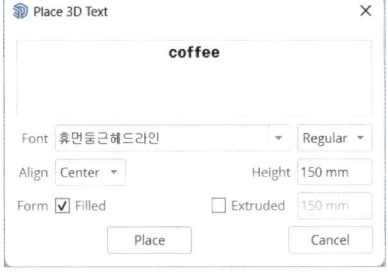 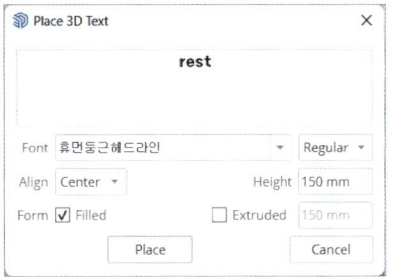

27 선(Line(✏)) 도구 L 키를 누르고 평면도의 테이블 위치에 맞춰 면을 그립니다. 밀기/끌기(Push/Pull(◆)) 도구 P 키를 눌러 작성된 면을 '700' 높이로 끌어줍니다.

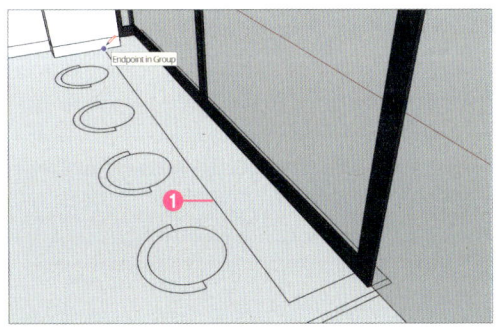 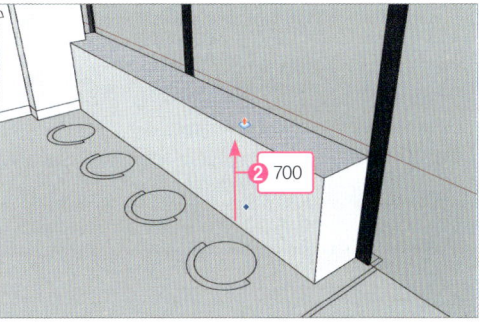

28 Space bar 키를 누르고 선택(Select(▶)) 도구로 앞서 작성한 면의 선 ❶, ❷, ❸을 클릭합니다. 오프셋(Offset(⧉)) 도구 F 키를 누르고 안쪽으로 '50' 복사합니다.

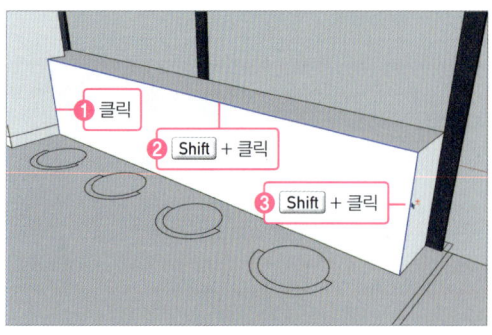 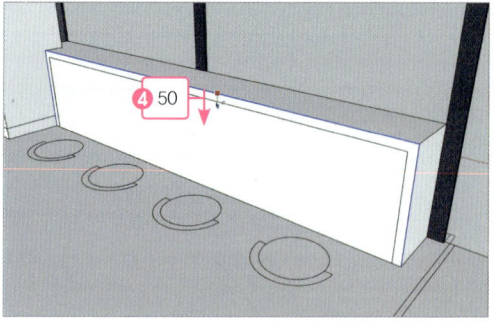

29 밀기/끌기(Push/Pull(◆)) 도구 P 키를 눌러 면 ❶을 안쪽 끝까지 밀어줍니다. 작성된 테이블을 트리플 클릭(연속 3번 클릭)으로 모두 선택해 그룹으로 작성합니다.

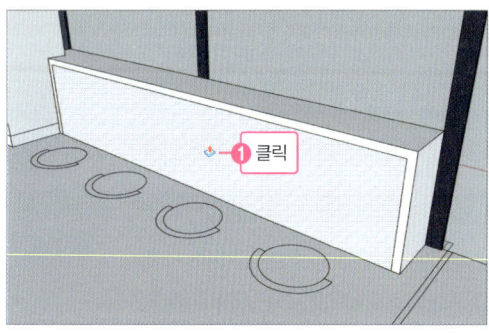 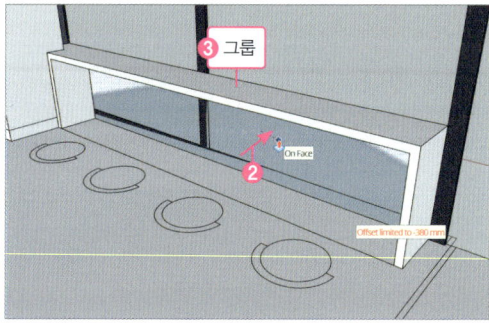

30 직사각형(Rectangle(⬚)) 도구 R 키를 누릅니다. 옆 테이블도 동일한 방법으로 모델링 후 그룹으로 작성합니다.

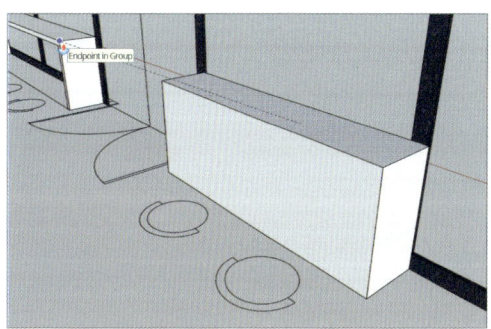 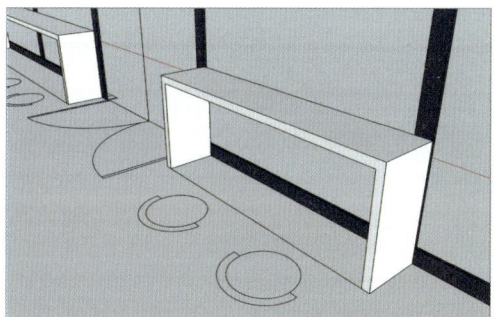

STEP 5 외부 이미지를 활용한 재질 적용

01 바닥과 벽의 일부 재질은 외부 이미지를 사용해 재질을 적용하겠습니다. [Materials] 트레이에서 [Create new Material(⊕)] ❶을 클릭합니다. Texture의 'Use texture image' 항목을 체크하거나 [이미지 열기(📂)] ❷를 클릭합니다.

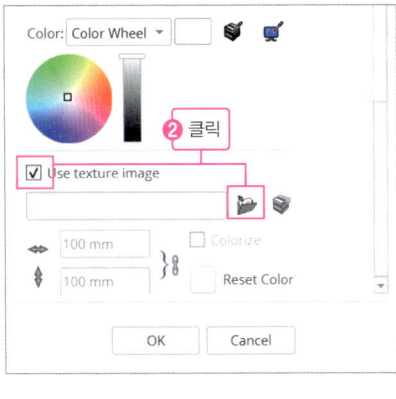

02 [예제파일/P04/Ch02/재질/마루] 폴더에서 바닥으로 사용할 이미지를 선택하고 [열기] 버튼을 클릭합니다. 새로운 재질의 이름(실내 바닥)과 크기(1500 정도)를 설정하고 [OK] 버튼을 클릭합니다.

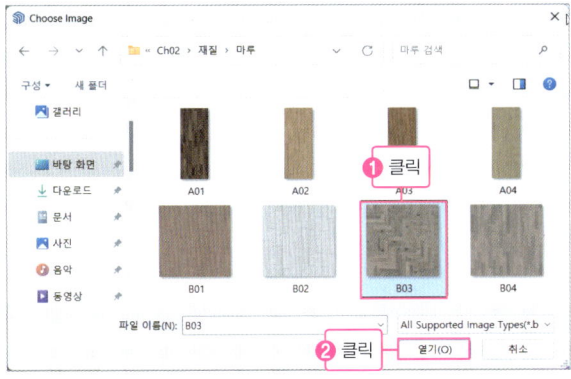

03 Space bar 키를 누르고 선택(Select(▶)) 도구로 바닥면 ❶을 더블 클릭해 편집 모드로 전환합니다. 페인트 통(Paint Bucket(⌖)) 도구 B 키를 누르고 바닥면 ❷부분을 클릭해 마루 재질을 적용합니다.

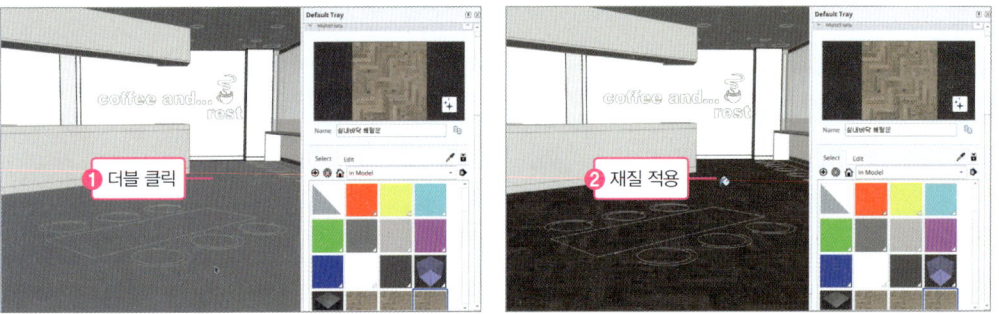

04 벽 재질을 추가하기 위해 [Materials] 트레이에서 [Create new Material(⊕)] ❶을 클릭합니다. Texture의 'Use texture image' 항목을 체크하거나 [이미지 열기(📁)] ❷를 클릭합니다.

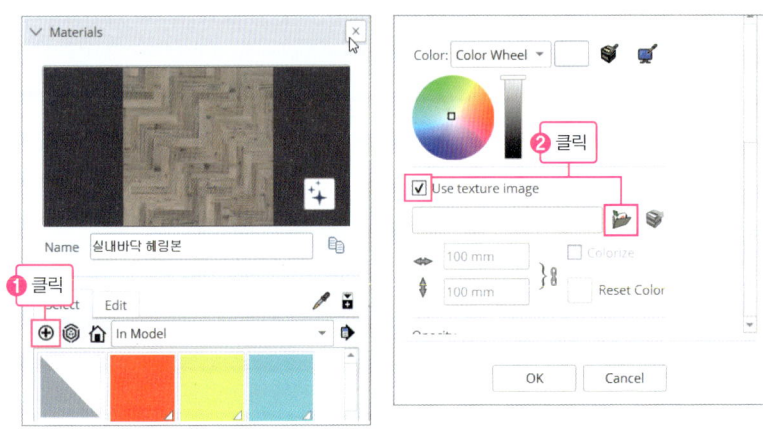

05 [예제파일/P04/Ch02/재질/타일] 폴더에서 주방 벽으로 사용할 이미지를 선택하고 [열기] 버튼을 클릭합니다. 새로운 재질의 이름(주방 타일)과 크기(300 정도)를 설정하고 [OK] 버튼을 클릭합니다.

재질의 크기는 선택한 재질 이미지에 따라 다를 수 있습니다. 재질 적용 후 너무 크거나 작은 경우 [Edit] 탭에서 수정합니다.

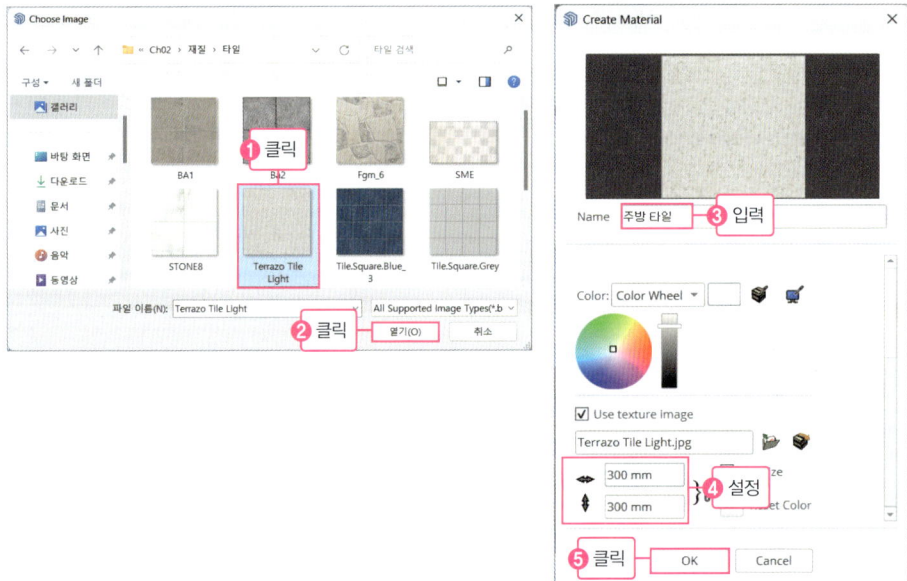

06 재질의 경계를 구분하기 위해 그룹 편집 모드 상태에서 선(Line(✏️)) 도구 L 키를 누릅니다. ❶지점을 클릭하고 ❷지점을 클릭합니다. 페인트 통(Paint Bucket(🪣)) 도구 B 키를 누르고 주방 벽 ❸, ❹부분을 클릭해 타일 재질을 적용합니다.

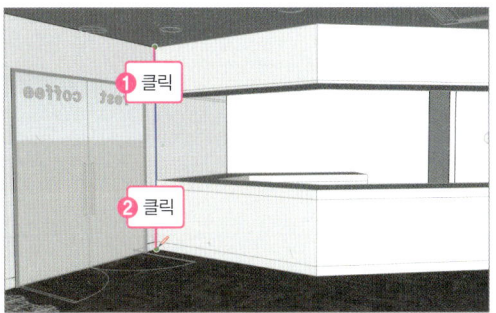 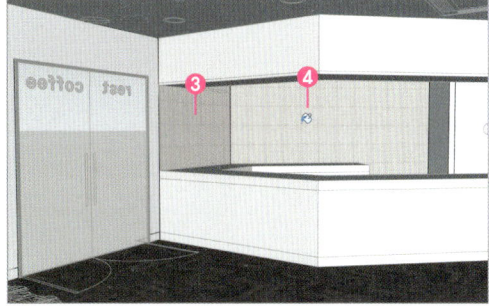

07 [Materials] 트레이에서 'Brick and Cladding'의 'Brick_Rough_Tan' 재질을 선택해 벽면 ❸, ❹, ❺, ❻부분에 적용합니다.

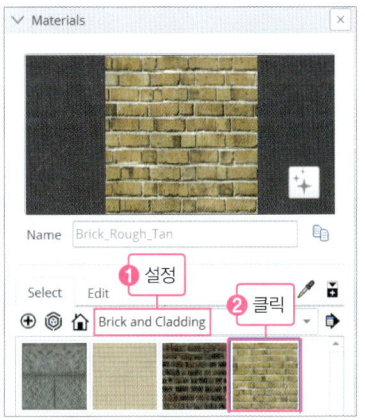 

08 [Materials] 트레이에서 'Solid Colors'의 'M08_Obsidian_Black' 재질을 선택해 걸레받이 부분에 적용합니다. 편집 모드를 종료합니다.

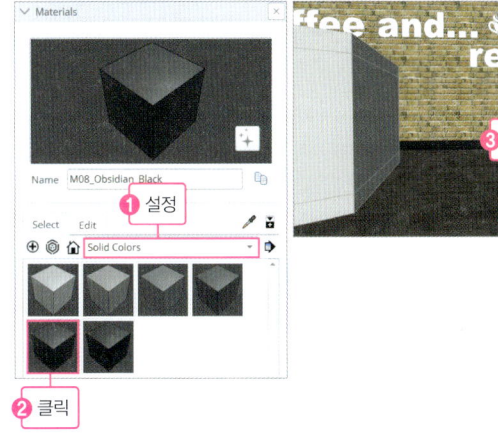 

STEP 6 컴포넌트 배치

01 [예제파일/P04/Ch02/컴포넌트] 폴더의 '천장형 에어컨'과 '매입등'을 [Import]로 천장 면에 배치합니다. 매입등은 캐드 도면과 비슷한 위치에 배치 후 '1500' 간격으로 복사합니다.

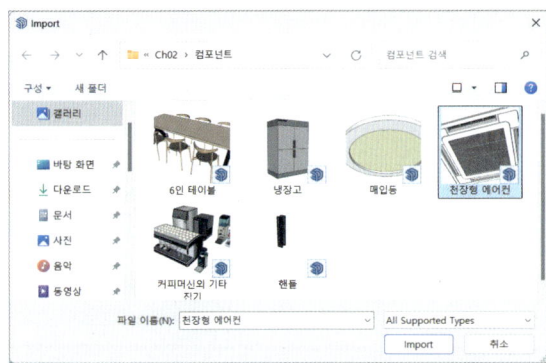
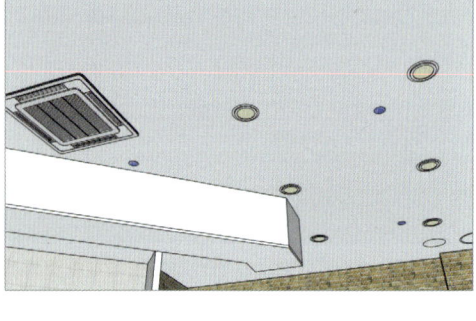

02 [예제파일/P04/Ch02/컴포넌트] 폴더에서 '6인 테이블'을 [Import]로 캐드 도면과 비슷한 위치에 배치합니다. 회전(Rotate(🔄)) 도구 Q 키를 눌러 도면과 같은 방향으로 회전시킵니다.

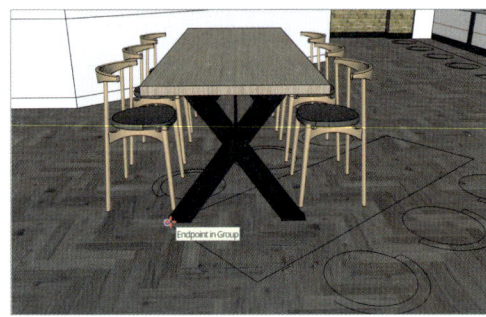

03 [예제파일/P04/Ch02/컴포넌트] 폴더의 주방 집기를 [Import]로 천장 면에 배치합니다. 냉장고 등 주방 집기와 핸들은 배치되는 공간에 맞추어 회전시킵니다.

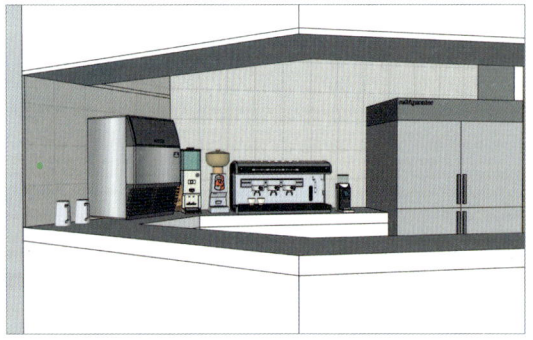

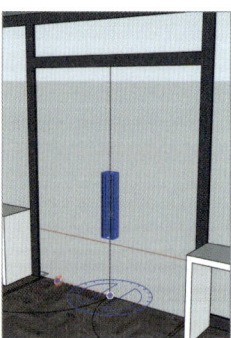

04 6인 테이블의 상판 재질을 다른 테이블에도 적용하기 위해 페인트 통(Paint Bucket(⬚)) 도구 `B` 키를 누르고 `Alt` 키를 누릅니다. ❶부분을 클릭하고 테이블 ❷, ❸을 클릭해 재질을 적용합니다.

 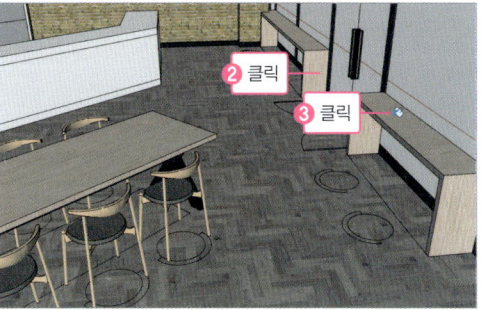

05 `Space bar` 키를 누르고 선택(Select(⬚)) 도구로 카운터 ❶을 더블 클릭해 편집 모드로 전환합니다. 페인트 통(Paint Bucket(⬚)) 도구 `B` 키를 누르고 ❷, ❸, ❹, ❺, ❻부분을 클릭해 6인용 테이블과 동일한 재질을 적용합니다.

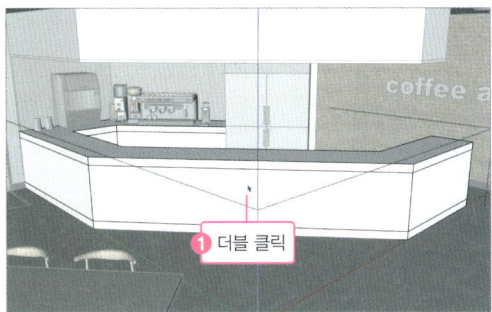 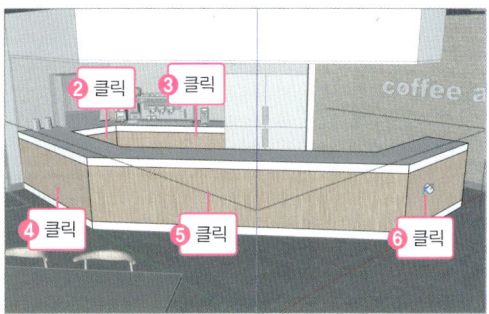

06 계속해서 걸레받이의 재질을 추출하기 위해 `Alt` 키를 누르고 ❶부분을 클릭합니다. 나머지 부분에 모두 적용하기 위해 `Shift` 키를 누르고 ❷부분을 클릭합니다. 편집 모드를 종료합니다.

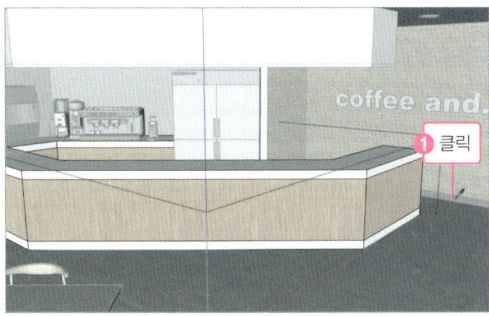 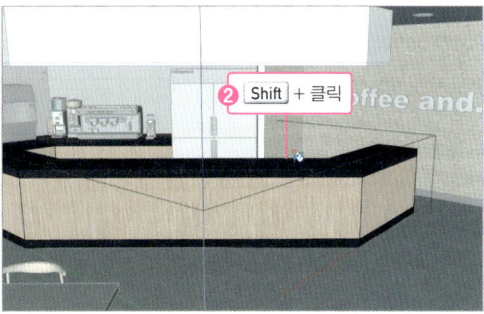

07 Space bar 키를 누르고 선택(Select(▶)) 도구로 카운터 상부 ❶을 더블 클릭해 편집 모드로 전환합니다. 오프셋(Offset(⬚)) 도구 F 키를 누르고 모서리 ❷부분을 안쪽으로 '30' 복사합니다.

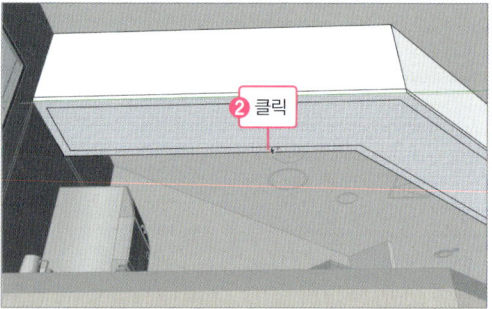

08 밀기/끌기(Push/Pull(◆)) 도구 P 키를 눌러 면 ❶을 위쪽으로 '20' 밀어줍니다.

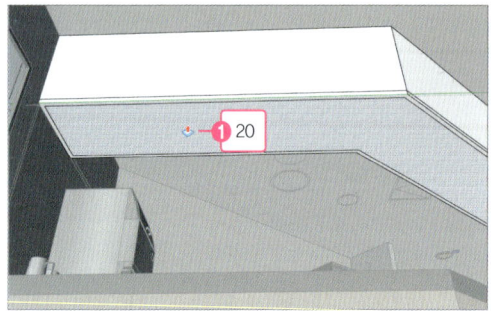
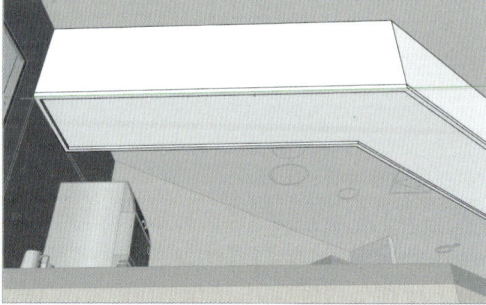

09 ❶부분에 흰색 또는 'Glass_Mirror_01'을 적용하고 나머지는 카운터와 동일한 재질을 적용합니다. 편집 모드를 종료합니다.

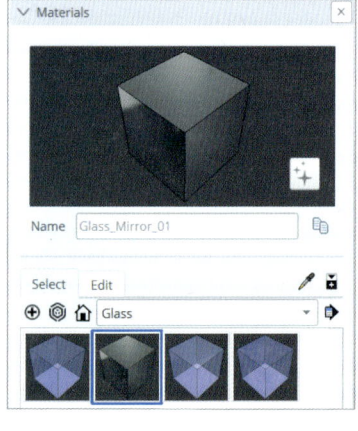
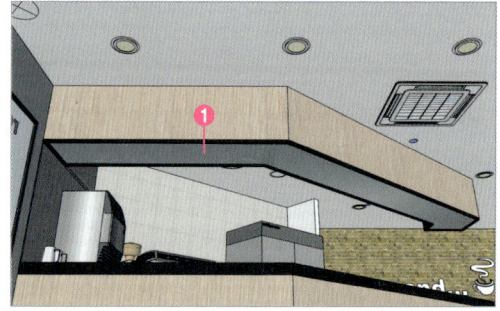

10 Space bar 키를 누르고 선택(Select(▶)) 도구로 6인용 테이블 ❶을 더블 클릭해 편집 모드로 전환합니다. 의자 ❷를 클릭하고 Ctrl + C 키를 눌러 복사합니다. Esc 키를 눌러 편집 모드를 종료하고 Ctrl + V 키를 눌러 ❸지점을 클릭합니다.

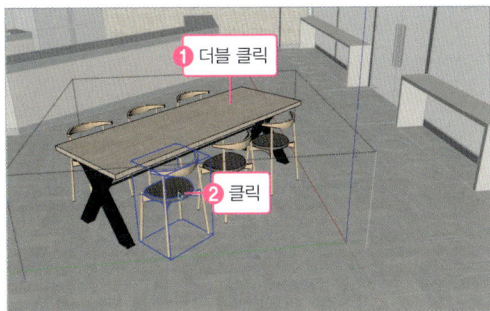

11 의자가 선택된 상태에서 회전(Rotate(↻)) 도구 Q 키를 누릅니다. 도면과 같은 방향으로 회전 후 복사합니다.

이동(Move(✥)) 도구 상태에서 Ctrl 키를 한 번 누르면 복사, 두 번 누르면 다중 복사가 가능합니다.

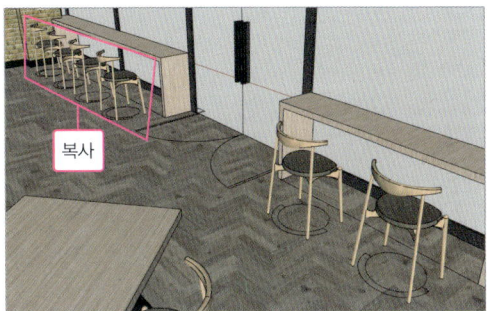

12 사인물 'coffee and... rest' 및 천장 등 재질을 적용하지 않은 부분에 자유롭게 재질을 적용하고 [Tags] 트레이에서 '평면도', '천장도', '입면도A', '입면도B' 눈을 클릭해 OFF 합니다.

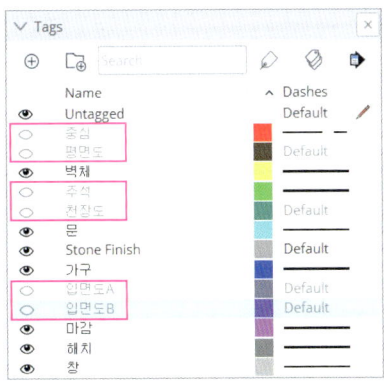

13 [Components] 트레이에서 인물 컴포넌트를 커피숍 실내에 적절히 배치합니다.

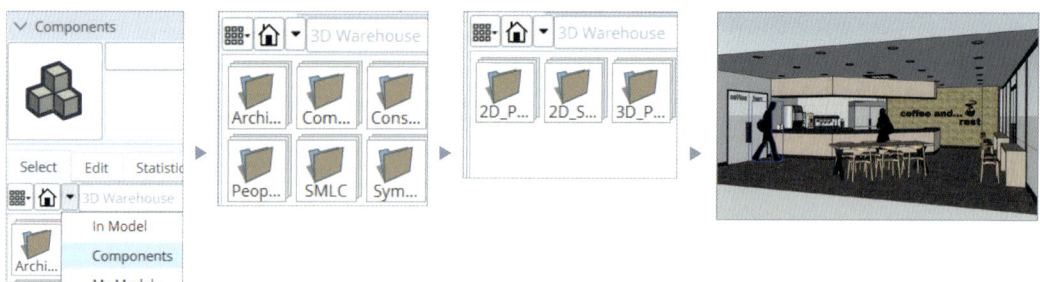

14 페인트 통(Paint Bucket(🎨)) 도구 B 키를 누르고 Alt 키를 누릅니다. ❶부분을 클릭해 인물의 재질을 추출합니다. [Materials] 트레이의 [Edit] 탭을 클릭하고 'Opacity' 투명도를 '20~25' 정도로 설정합니다.

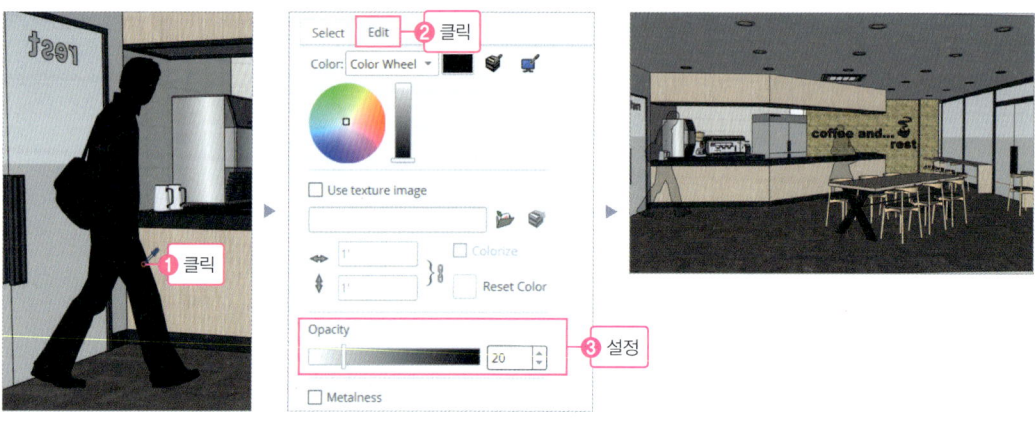

STEP 7 출력 설정

01 [Shadows] 트레이에서 'Use sun for shading' 항목을 체크하고 'Light', 'Dark'의 설정값을 조정합니다.

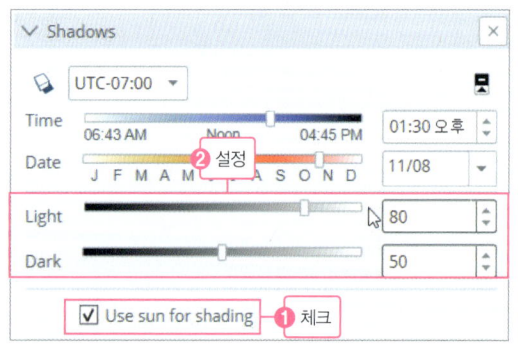

02 [Styles] 트레이의 [Edit] 탭을 클릭합니다. 'Ambient Occlusion' 항목을 체크하고 음영의 길이 'Distance'와 강도 'Intensity' 설정값을 조정합니다.

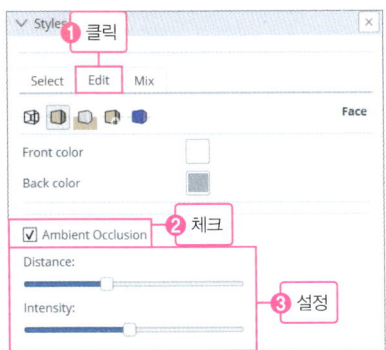

03 [Camera] 메뉴에서 투시도 설정을 [Two-Point Perspective]로 설정합니다.

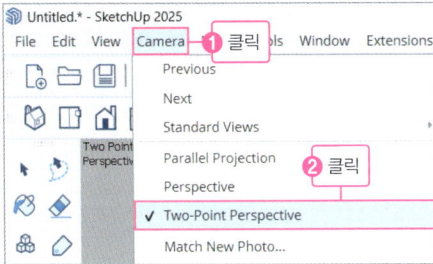

04 [Scenes] 트레이에서 [Add Scene(⊕)] ❶을 클릭해 현재 화면을 저장합니다. 완성된 커피숍 투시도를 2D Graphic 으로 내보내 이미지를 저장합니다.

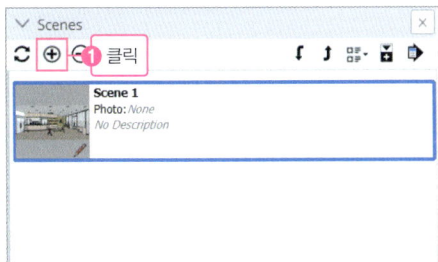
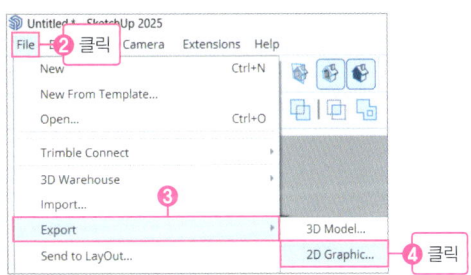

▲ 완성파일:[예제파일/P04/Ch02/완성파일.skp]

CHAPTER 03 투시도

캐드(CAD) 프로그램으로 작성된 건물 도면(DWG) 배치도, 평면도, 입면도를 바탕으로 외부 투시도를 작성하겠습니다.

STEP 1 캐드 도면 불러오기

01 스케치업을 실행하고 'Study' 템플릿을 클릭합니다.

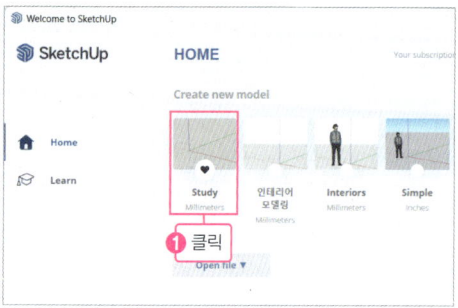
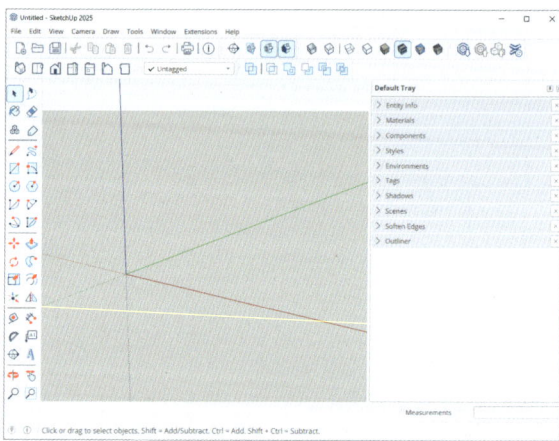

02 모델링에 필요한 부분만 편집된 캐드 도면을 사용하겠습니다. 메뉴 [File]에서 [Import]를 클릭하고 [예제파일/P04/Ch02/캐드도면] 폴더에서 '1층 평면도.dwg' 파일을 불러옵니다.

사용할 캐드 도면은 미리 정리된 파일입니다. 캐드 도면 파일이 보이지 않는 경우 파일 유형이 'AutoCAD File(dwg, dxf)'로 설정되어 있는지 확인합니다.

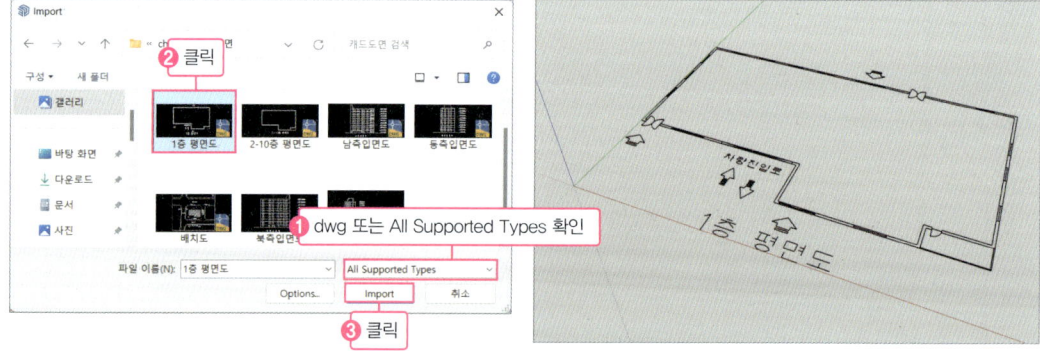

03 이동(Move(✥)) 도구 M 키를 누르고 '1층 평면도'를 선택합니다. 벽체 코너 ❶지점을 기준점으로 클릭해 원점 ❷로 이동시킵니다.

원점으로 이동은 기준을 지정하기 위한 목적으로 다른 코너점을 이동해도 무방합니다.

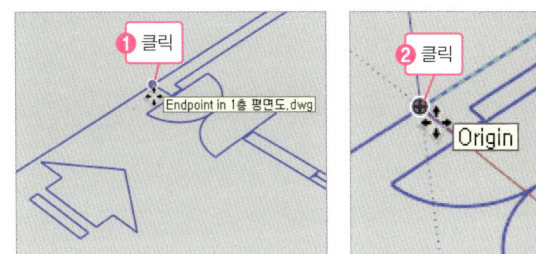 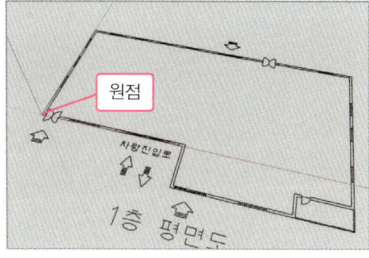

04 계속해서 모델링에 필요한 '2-10층 평면도', '동측입면도', '서측입면도', '남측입면도', '북측입면도'를 Import로 불러와 다음과 같이 방위에 맞추어 적절한 위치로 이동시킵니다.

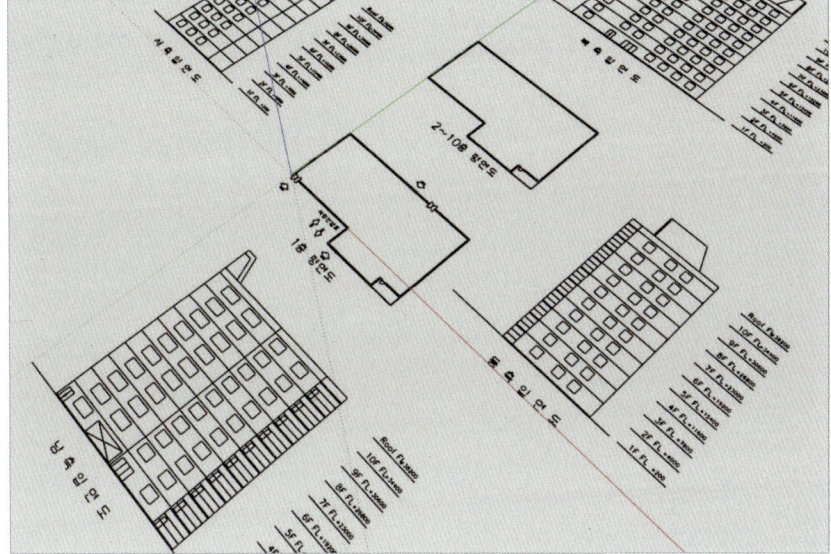

05 모델링에 사용할 도면층(Tag)을 구성합니다. [Tags] 트레이에서 [도면층 추가(⊕)]를 클릭해 '캐드도면' 도면층을 추가하고 배치된 캐드 도면을 '캐드도면' 도면층으로 이동합니다.

 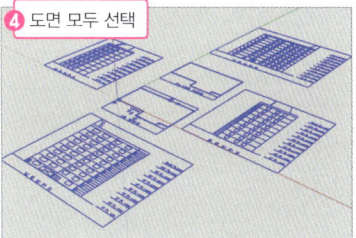 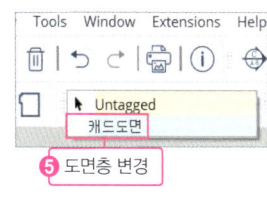

06 회전(Rotate(🔄)) 도구 ⓠ 키를 누르고 4개의 입면도를 '90°'로 세우고 각 방향에 맞도록 회전시킵니다. 평면도와 입면도의 구석점 위치가 일치하도록 나란하게 이동시킵니다.

북측입면도 이동 시 방향에 주의합니다.

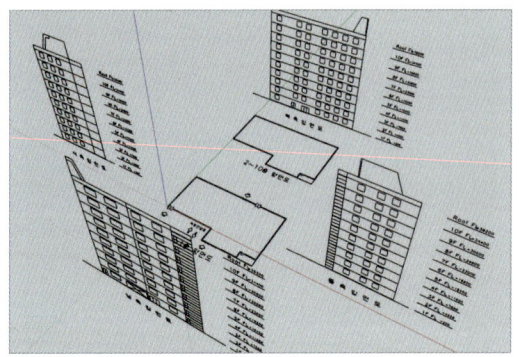 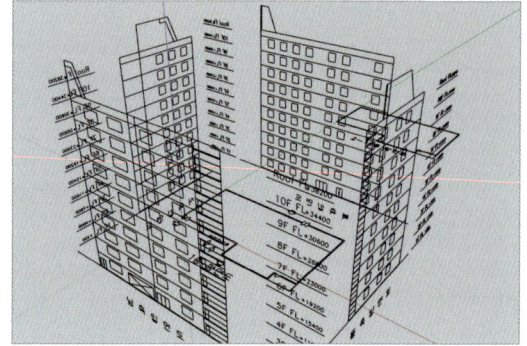

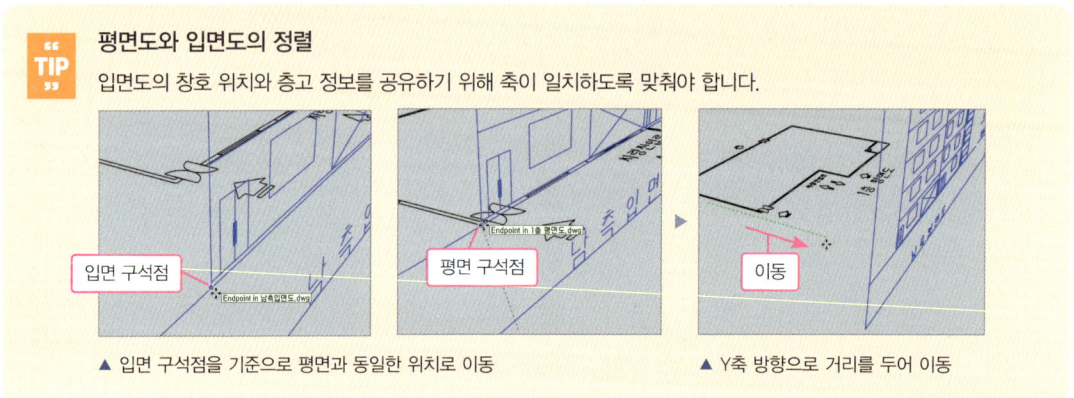

> **TIP 평면도와 입면도의 정렬**
> 입면도의 창호 위치와 층고 정보를 공유하기 위해 축이 일치하도록 맞춰야 합니다.
>
> ▲ 입면 구석점을 기준으로 평면과 동일한 위치로 이동 ▲ Y축 방향으로 거리를 두어 이동

STEP 2 바닥과 벽체 만들기

01 선(Line(✏️)) 도구 ⓛ 키를 누릅니다. 1층 평면도의 윤곽을 따라 그려 바닥면을 만듭니다.

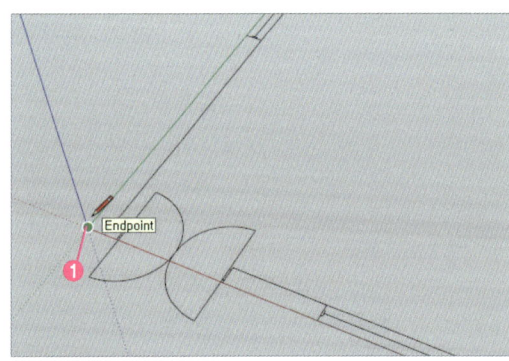 

02 오프셋(Offset( )) 도구 F 키를 눌러 윤곽선을 안쪽으로 '300' 복사합니다. 안쪽면을 클릭하고 Ctrl + X 키를 눌러 면을 잘라냅니다.

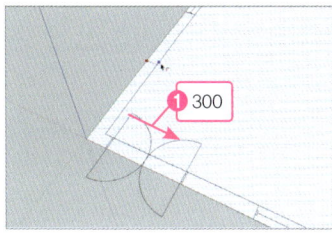 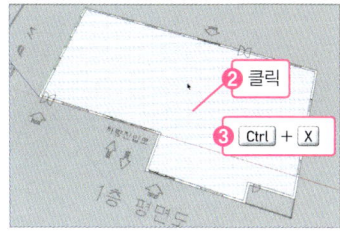 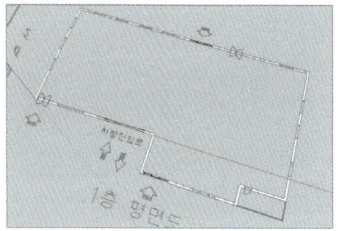

03 밀기/끌기(Push/Pull( )) 도구 P 키를 누릅니다. ❶지점을 클릭하고 입면도의 2층 레벨 ❷지점을 클릭합니다. 1층 벽체를 트리플 클릭(연속 3번 클릭)으로 모두 선택해 그룹으로 작성합니다.

❷지점의 위치는 4개의 입면도가 모두 동일합니다.

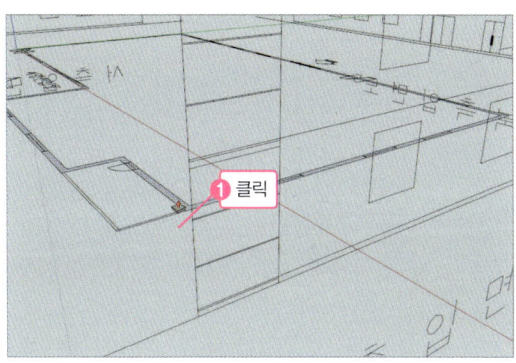 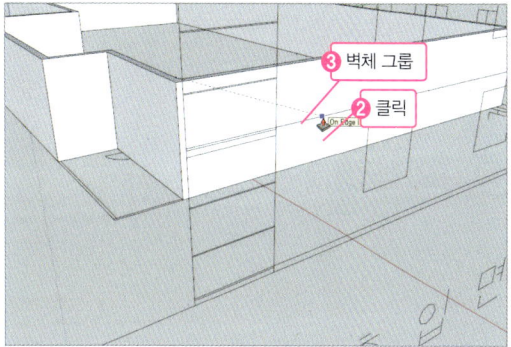

04 Ctrl + V 키를 눌러 잘라낸 바닥 모양을 벽체 안쪽 구석에 배치합니다. 밀기/끌기(Push/Pull( )) 도구 P 키를 눌러 위쪽으로 '200' 끌어 바닥 두께를 만들고 그룹으로 작성합니다.

Ctrl + V 키 대신 [Edit] 메뉴의 [Paste In Place]를 클릭하면 제자리에 붙여집니다. Ctrl + V 키로 바닥 배치 시 기준점이 바닥의 구석이 아닌 경우 빈 공간에 배치 후 다시 이동해 배치합니다.

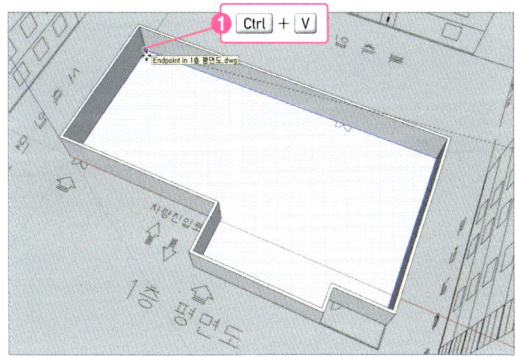 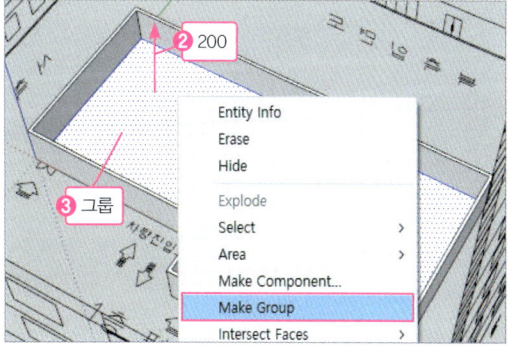

05 벽체와 바닥을 하나로 합치기 위해 Union( )을 클릭합니다. 바닥 ❷를 클릭한 후 벽체 ❸을 클릭해 하나로 만듭니다.

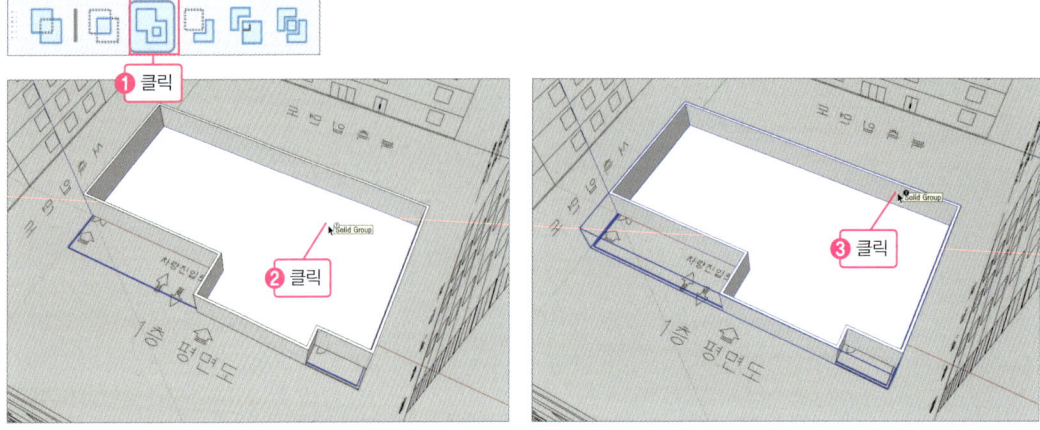

본 내용은 모델링 과정을 이해하기 위한 것으로 외부만 진행됩니다. 내부를 포함하는 모델링인 경우 위 과정 이후 칸막이벽 및 계단실 등을 구성해야 합니다.

STEP 3 개구부 오픈하기

01 남측입면도의 1층 부분을 확대하고 직사각형(Rectangle( )) 도구 R 키를 누릅니다. 1층에 해당되는 개구부의 모양으로 사각형을 그려줍니다.

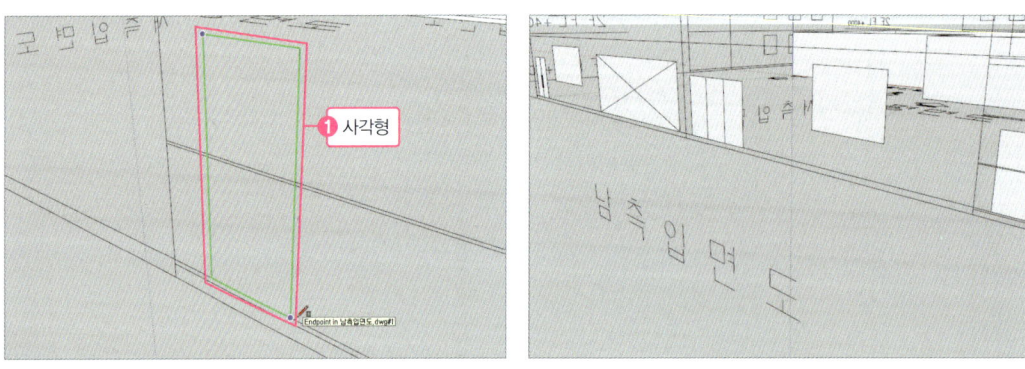

02 나머지 3개의 입면도에도 개구부 크기의 면을 그려줍니다.

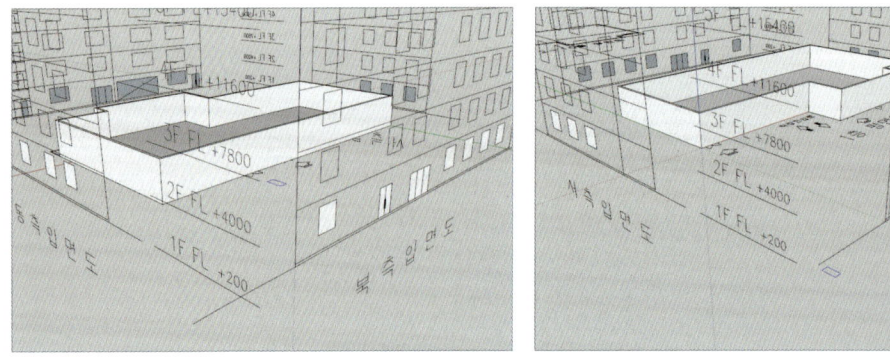

▲ 동측, 북측　　　　　　　　　　　▲ 서측, 남측

03 밀기/끌기(Push/Pull(🔽)) 도구 P 키를 누릅니다. 개구부 면 ❶, ❷, ❸을 벽체가 통과하도록 밀어 교차되도록 합니다. 개구부 모양의 객체를 모두 선택해 그룹으로 작성합니다.

객체를 추가 선택할 경우 Shift 키를 누른 상태로 트리플 클릭으로 추가 선택합니다.

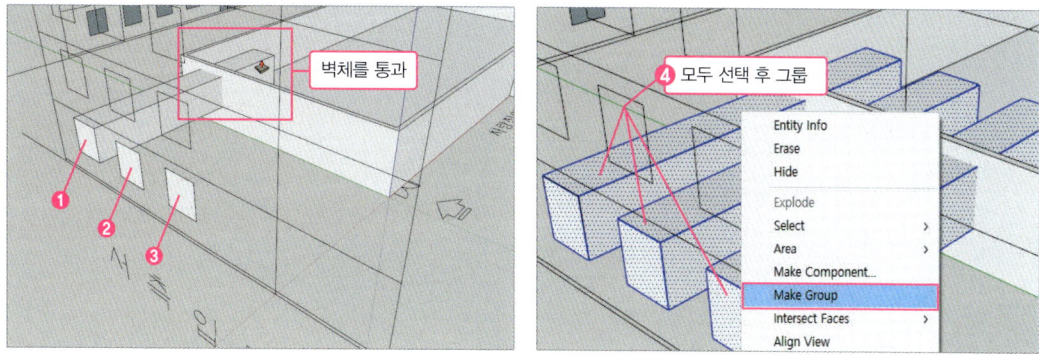

04 고체 도구 막대에서 빼기(Subtract🔲) ❶을 클릭합니다. 빼낼 객체가 선택된 상태이므로 벽체 ❷를 클릭해 개구부를 오픈합니다.

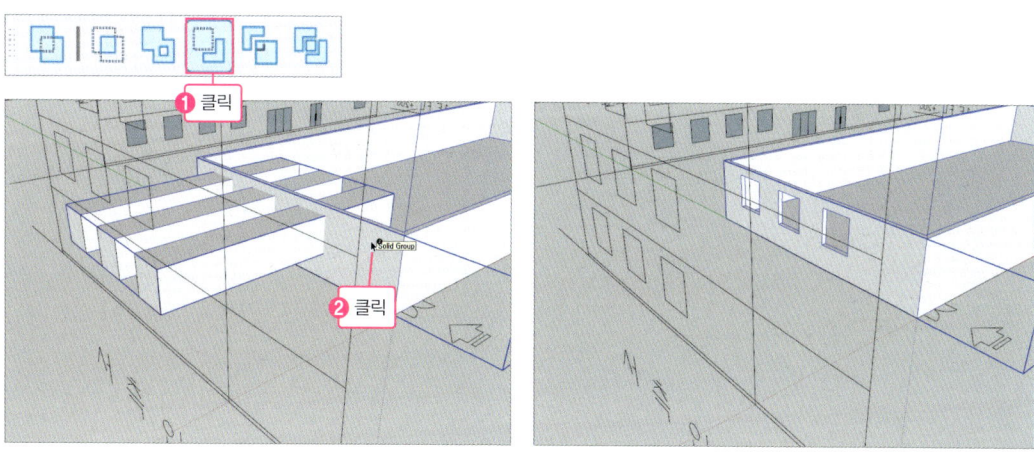

05 서측 1층의 개구부 오픈과 동일한 방법으로 동측 1층의 개구부를 오픈합니다.

고체 도구의 사용은 그룹 객체만 가능합니다.

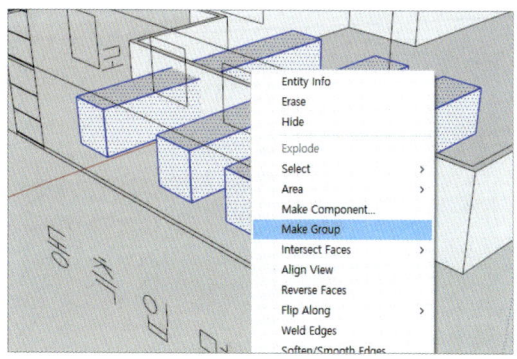
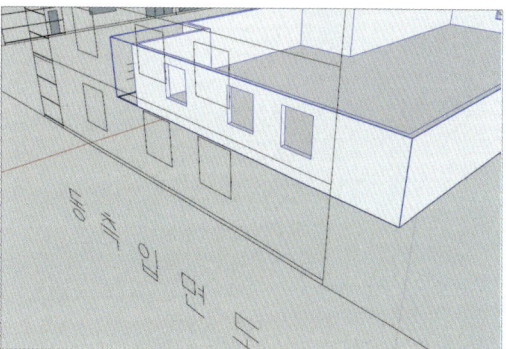

06 `Space Bar` 키를 누른 후 선택(Select(▶)) 도구로 1층을 선택합니다. 이동(Move(✥)) 도구 `M` 키를 누르고 `Ctrl` 키를 누릅니다. 기준점 ❶지점을 클릭하고 ❷지점을 클릭해 2층으로 복사합니다.

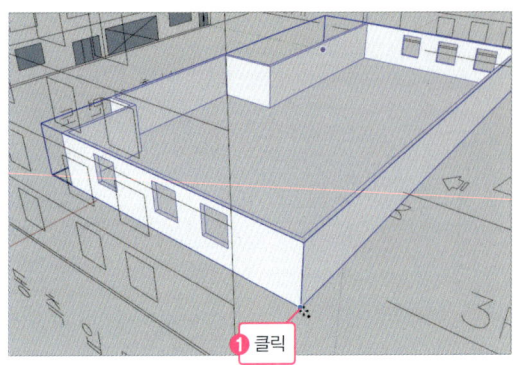
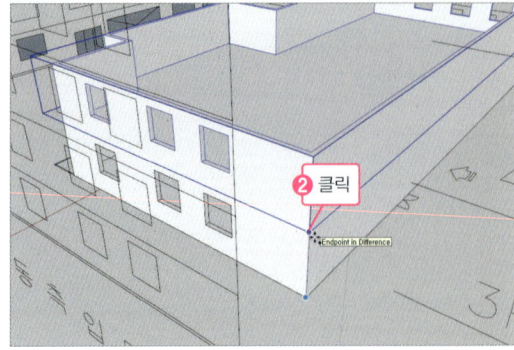

07 남측과 북측 입면도 2층에 개구부 크기의 사각형을 그려 개구부를 오픈합니다.

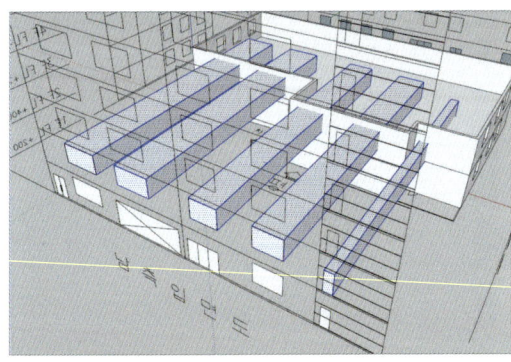
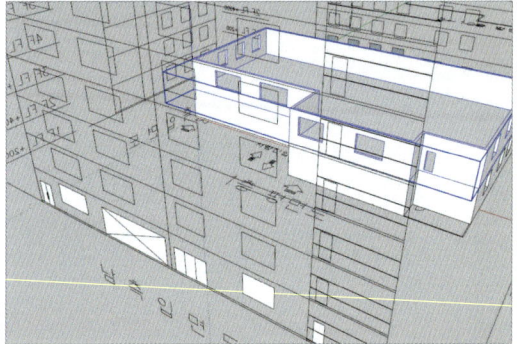

▲ 남측 2층 개구부 오픈

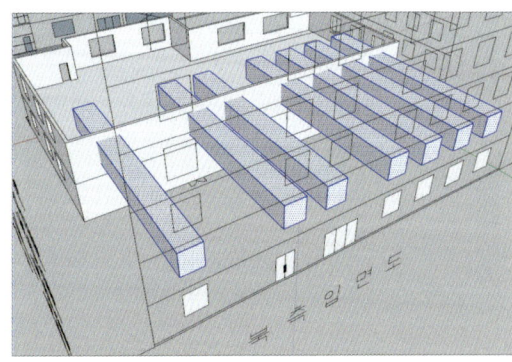
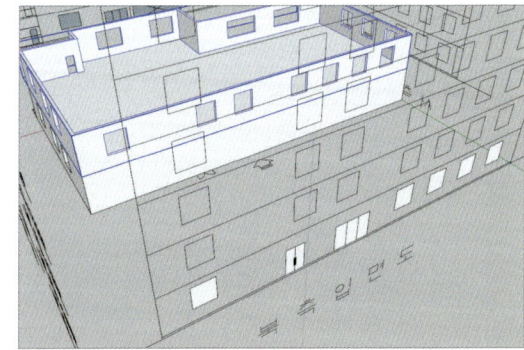

▲ 북측 2층 개구부 오픈

08 2층을 마우스 오른쪽 버튼으로 선택해 [Hide]를 클릭합니다.

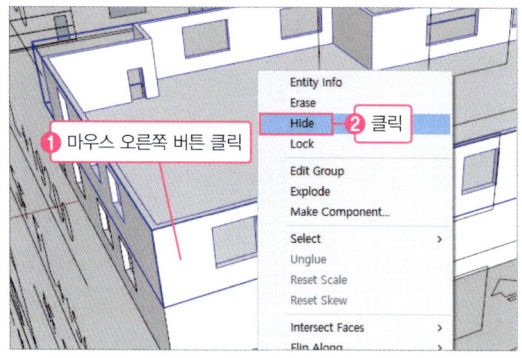 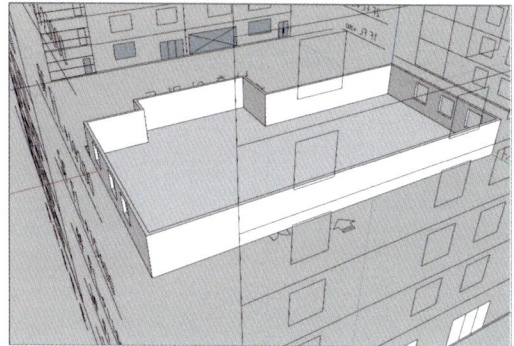

09 남측과 북측 입면도 1층의 개구부를 오픈합니다.

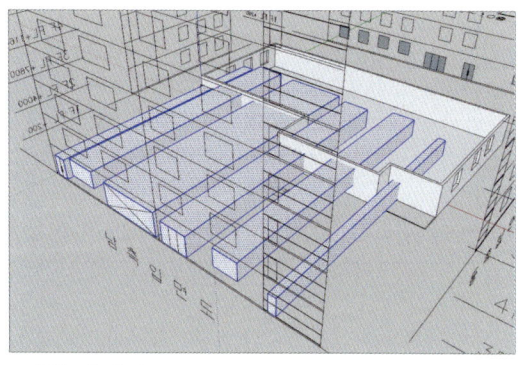 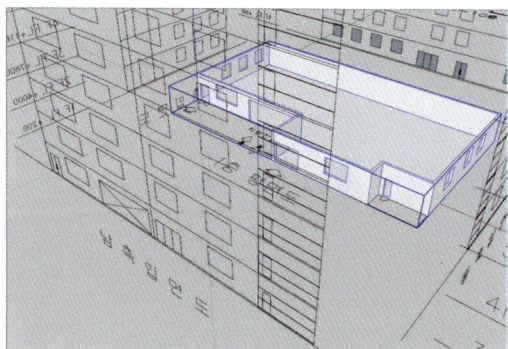

▲ 남측 1층 개구부 오픈

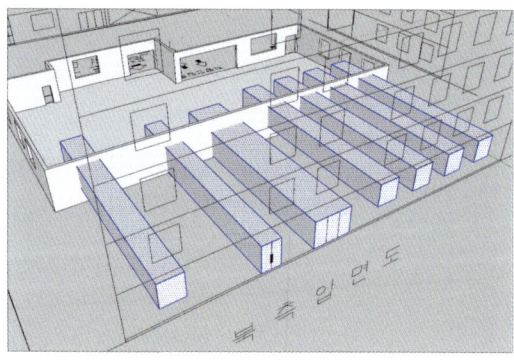 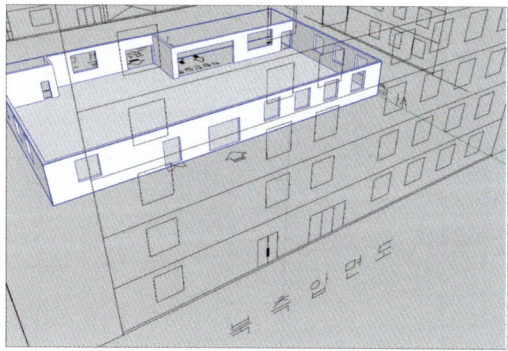

▲ 북측 1층 개구부 오픈

10 [Edit]의 [Unhide]에서 [All]을 클릭해 2층의 Hide를 해제합니다.

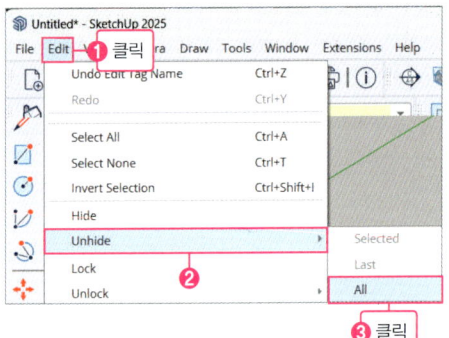
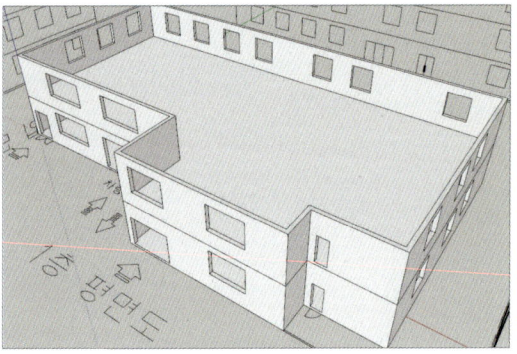

11 남측면 오른쪽을 확대하고 직사각형(Rectangle(◩)) 도구 ⓡ 키를 눌러 외부 바닥 모양을 그립니다. 밀기/끌기(Push/Pull(◈)) 도구 ⓟ 키를 누르고 바닥면을 '150' 끌어 바닥을 만듭니다. 바닥은 그룹으로 작성합니다.

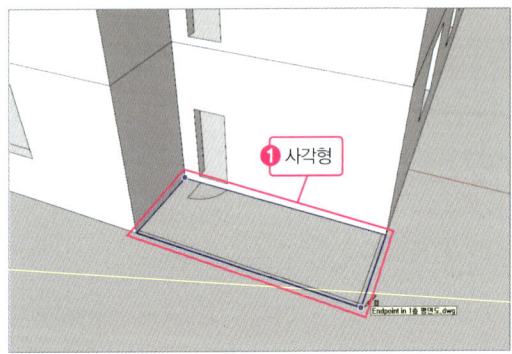
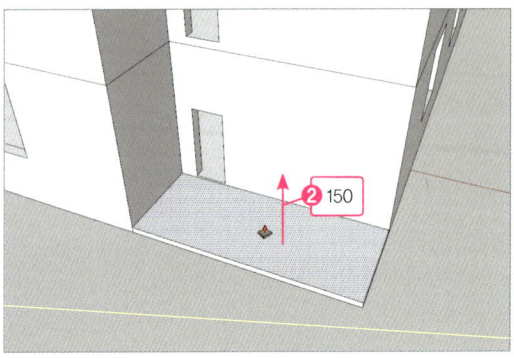

12 선(Line(◪)) 도구 ⓛ 키를 눌러 ㄱ자 선을 그리고 오프셋(Offset(◉)) 도구 ⓕ 키를 눌러 안쪽으로 '30' 복사합니다. 선의 시작 A 부분과 끝 B 부분에 선을 그려 면을 만듭니다.

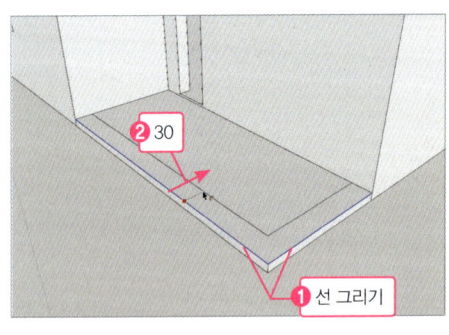
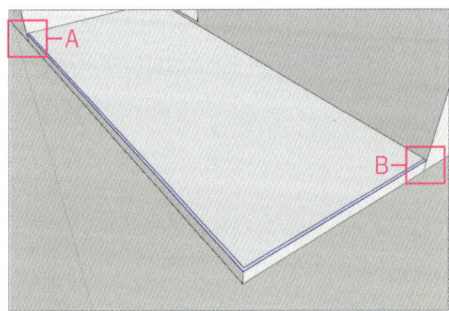

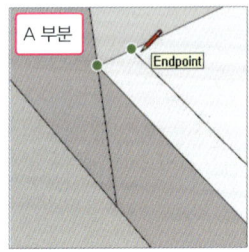
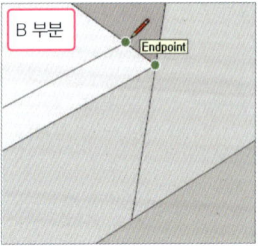

13 밀기/끌기(Push/Pull(🔧)) 도구 P 키를 눌러 면 ❶을 '1200' 높이로 끌어줍니다.

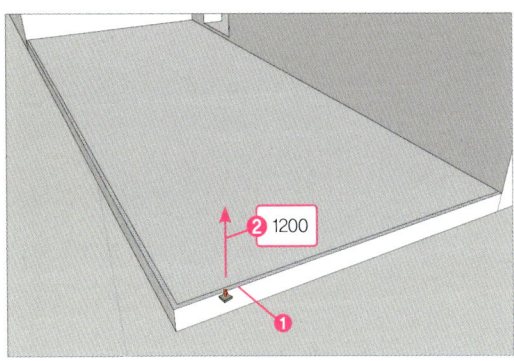
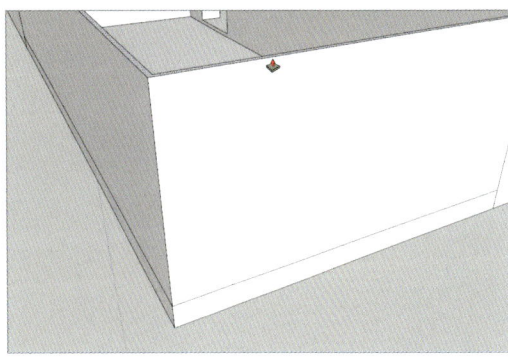

14 밀기/끌기(Push/Pull(🔧)) 도구 P 키를 눌러 난간면 ❶, ❸을 안쪽으로 '15' 밀어줍니다. 유리벽의 상단면을 다시 사용하기 위해 ❺지점을 더블 클릭하고 Ctrl + C 키를 눌러 클립보드에 복사합니다.

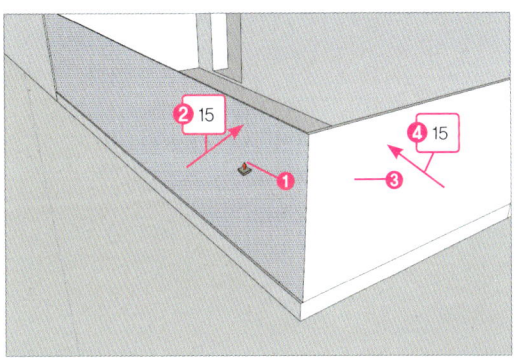
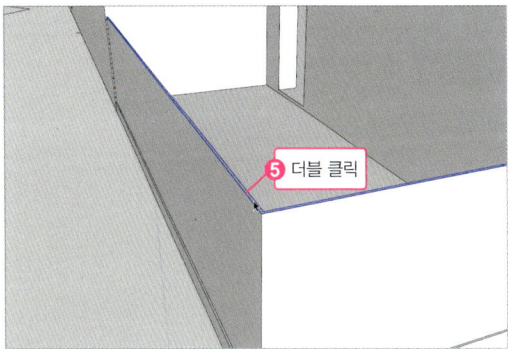

15 유리벽을 트리플 클릭(연속 3번 클릭)으로 선택해 그룹으로 작성합니다. Ctrl + V 키를 눌러 유리벽의 상단면을 ❷ 지점에 복사합니다.

유리벽 상단면은 메뉴 [Edit]의 [Paste In Place]를 클릭해 붙여 넣어도 됩니다.

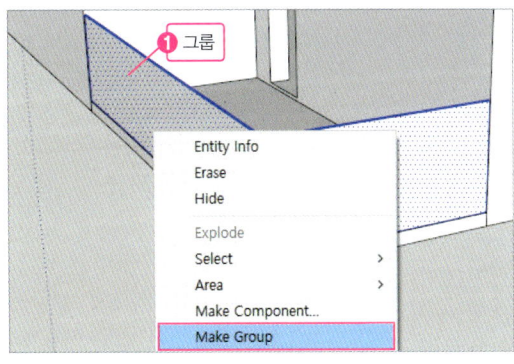
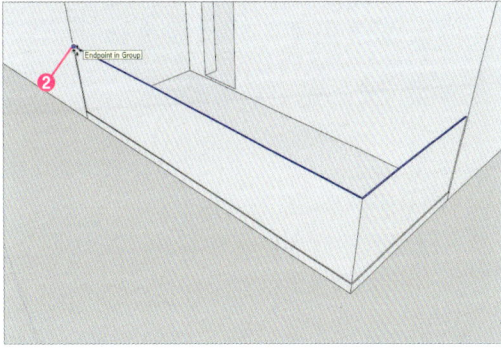

16 밀기/끌기(Push/Pull(🔲)) 도구 P 키를 누릅니다. 난간의 상단면을 '15' 끌어 프레임을 만들고 그룹으로 작성합니다. 유리벽과 프레임에 적절한 재질을 적용하고 상단으로 2개 더 복사합니다. 바닥, 유리벽, 프레임을 모두 선택해 그룹으로 작성합니다.

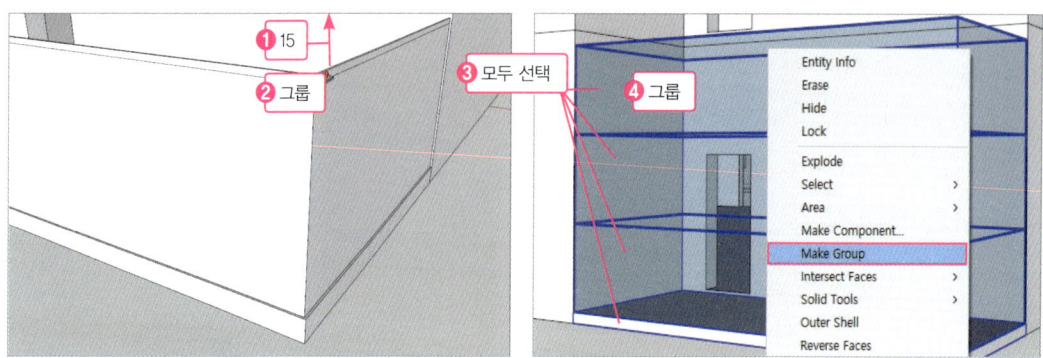

STEP 4 창호 배치(기본 컴포넌트 사용)

01 1층 주출입구를 확대합니다. [Components] 패널 [Components/Architecture/Doors]에서 자동문 ❶을 선택해 ❷지점에 배치합니다.

실제 업무에서는 창호의 특징을 위주로 직접 모델링합니다.

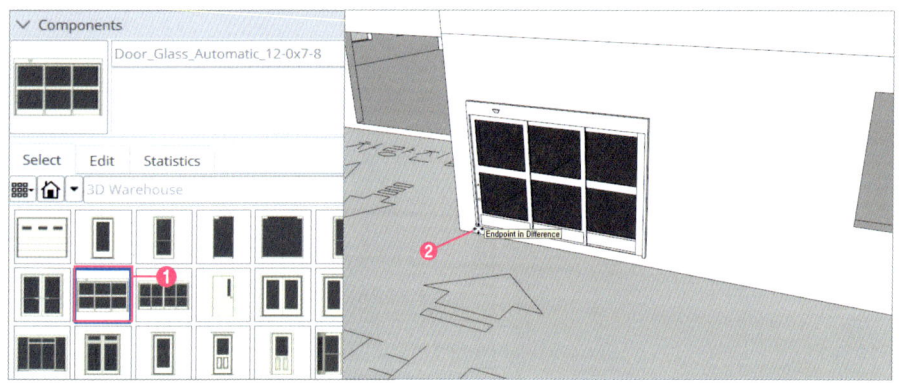

02 삽입된 자동문을 선택하고 배율(Scale(🔲)) 도구 S 키를 누릅니다. 모서리 중간점 ❶을 클릭하고 개구부 모서리 ❷지점을 클릭해 크기를 맞춥니다.

개구부 모서리 파악이 어려우면 X-Ray 모드를 활성화합니다.

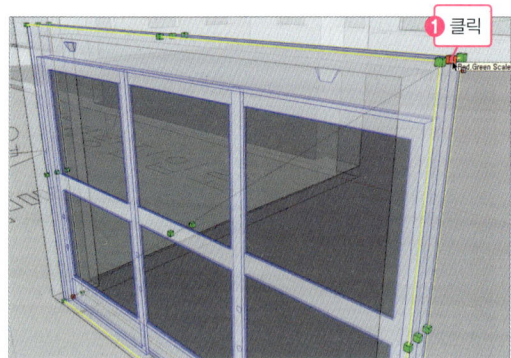 

03 01~02 과정과 동일한 방법으로 1층과 2층의 모든 창호를 자유롭게 배치합니다.

창 경로 : Components/Architecture/Windows

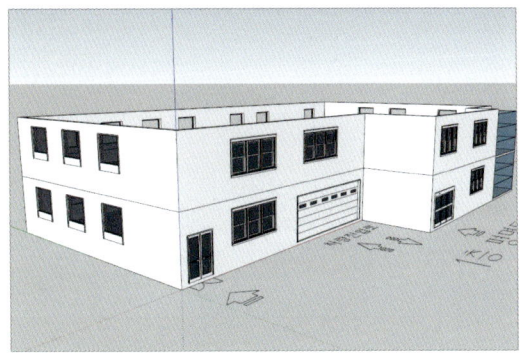 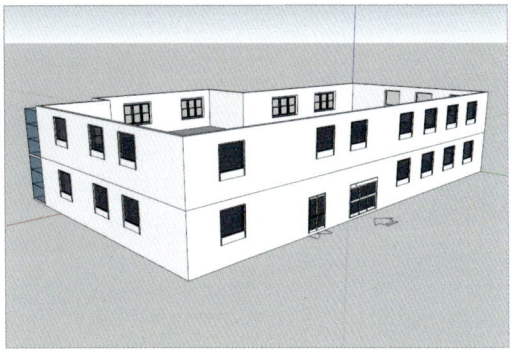

04 2층 벽 ❶을 더블 클릭으로 선택합니다. 밀기/끌기(Push/Pull) 도구 P 키를 누르고 벽체의 상단 면 ❷를 클릭해 '200' 밀어 벽 높이를 3800으로 수정합니다. 1층과 2층 벽에 적절한 재질을 적용합니다.

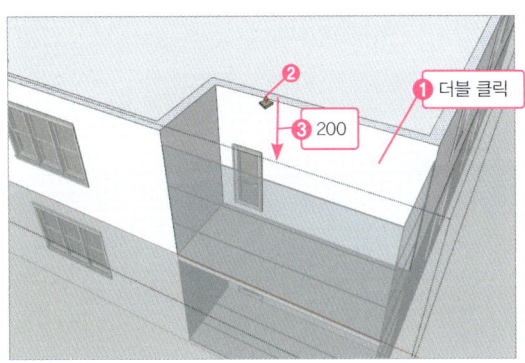 

05 2층의 모든 요소를 선택하고 그룹으로 작성합니다. 2층이 선택된 상태에서 이동(Move) 도구 M 키를 누르고 Ctrl 키를 누릅니다. 복사 기준점 ❷지점을 클릭하고 ❸지점을 클릭합니다. 복사 직후 '*8'을 입력해 10층까지 복사합니다.

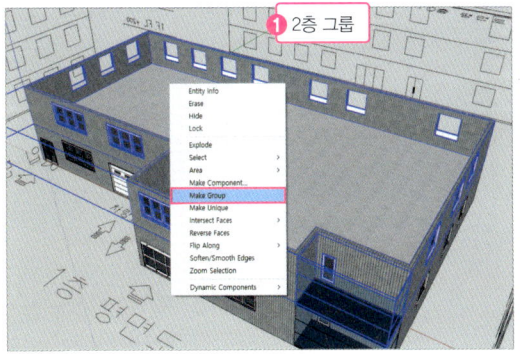 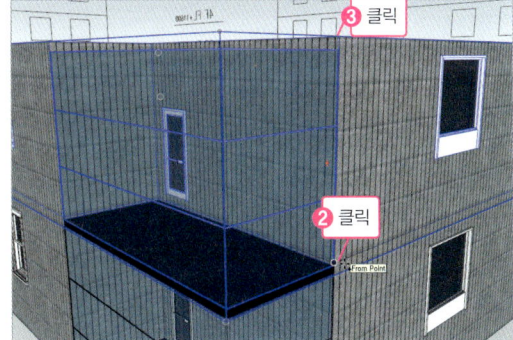

06 Space Bar 키를 누른 후 선택(Select(▶)) 도구로 10층을 더블 클릭합니다. 다시 유리벽을 더블 클릭하고 바닥 ❶을 클릭합니다. 이동(Move(✥)) 도구 M 키를 누르고 Ctrl 키를 누릅니다. 복사 기준점 ❷지점을 클릭하고 ❸지점을 클릭합니다.

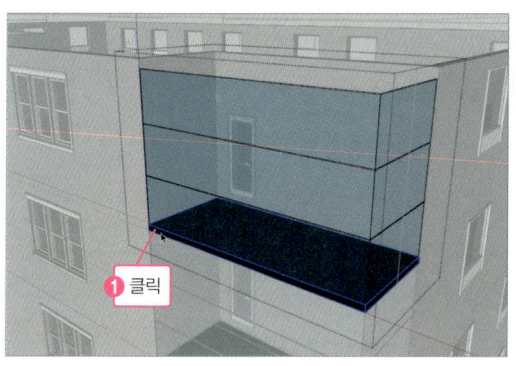 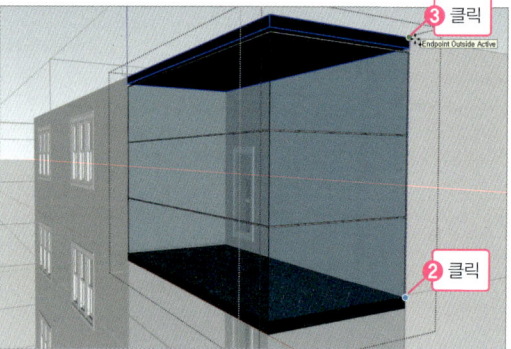

07 최상층 바닥 ❶을 더블 클릭으로 선택합니다. 밀기/끌기(Push/Pull(◆)) 도구 P 키를 누른 후 눌러 바닥면 ❷를 클릭하고 프레임 ❸부분까지 끌어 공간을 메워줍니다.

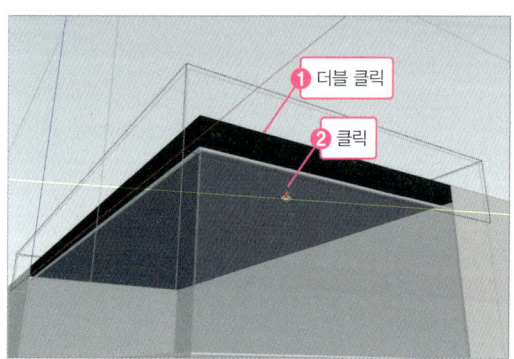 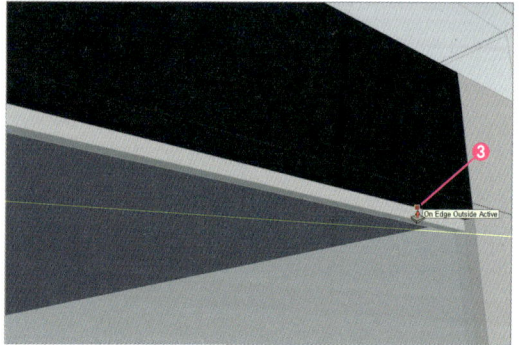

STEP 5 옥상

01 선(Line(✏)) 도구 L 키를 누릅니다. 10층 외벽을 따라 ❶지점부터 선을 그려 옥상의 바닥면을 작성합니다.

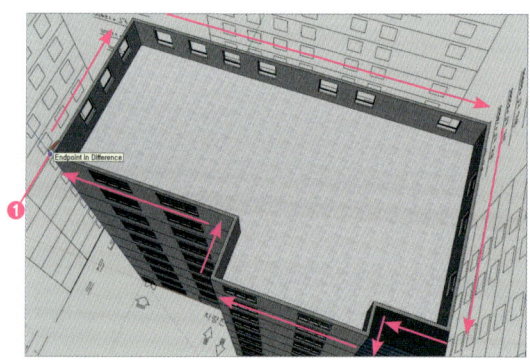 

02 밀기/끌기(Push/Pull( )) 도구 P 키를 눌러 위쪽으로 '200' 끌어 바닥 두께를 만듭니다. 오프셋(Offset( )) 도구 F 키를 눌러 바닥의 윤곽선을 안쪽으로 '200' 띄어 복사합니다.

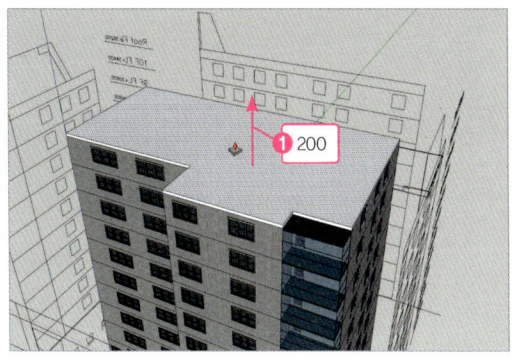 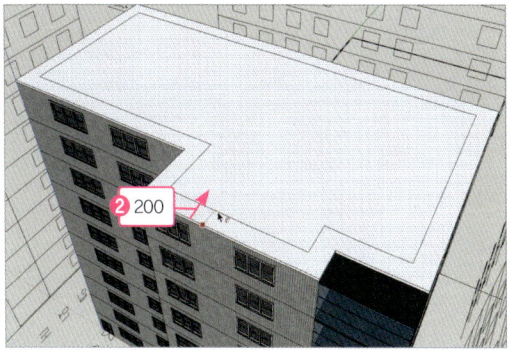

03 밀기/끌기(Push/Pull( )) 도구 P 키를 눌러 ❶지점을 클릭하고 옥상 난간벽 높이 ❷지점을 클릭합니다. 옥상 및 난간벽을 트리플 클릭(연속 3번 클릭)으로 선택해 그룹으로 작성합니다.

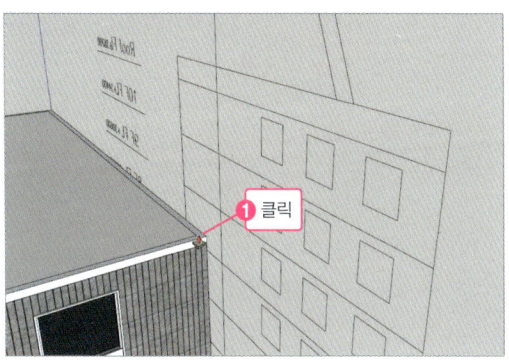 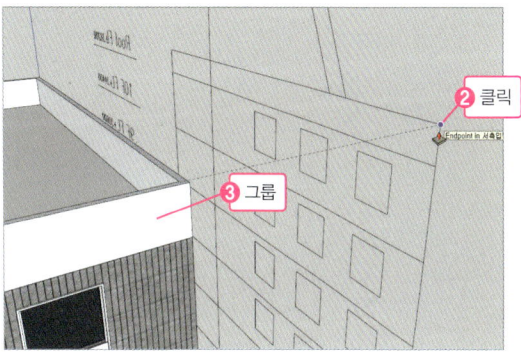

04 남측입면도의 옥상 장식을 확대합니다. 선(Line( )) 도구 L 키를 눌러 장식의 윤곽을 따라 ❶지점부터 선을 그려줍니다.

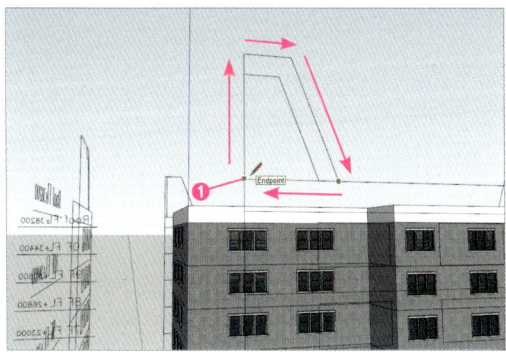 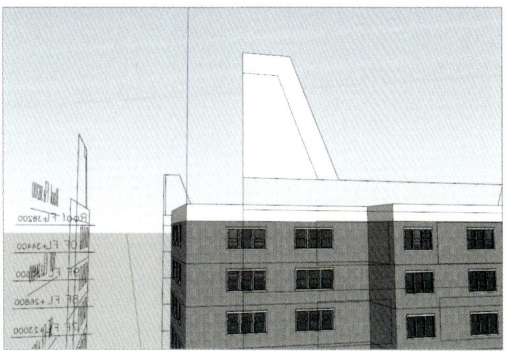

Chapter 03 • 투시도　393

05 밀기/끌기(Push/Pull(⬆)) 도구 P 키를 누르고 면 ❶을 클릭합니다. '200' 끌어 장식의 두께를 만들고 그룹으로 만든 후 이동(Move(✥)) 도구 M 키를 누르고 난간벽 위로 이동시킵니다.

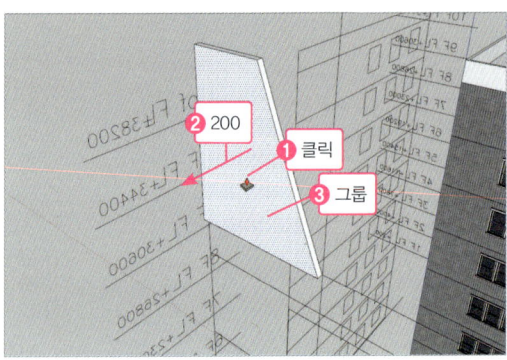 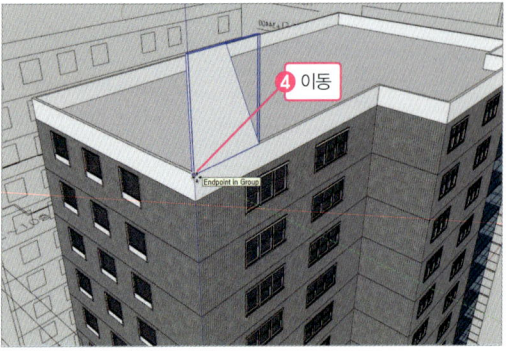

06 서측입면도의 옥상 장식을 확대합니다. 선(Line(✏)) 도구 L 키를 눌러 장식의 윤곽을 따라 ❶지점부터 선을 그려 줍니다.

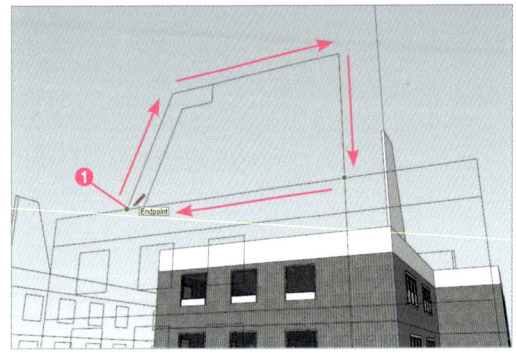 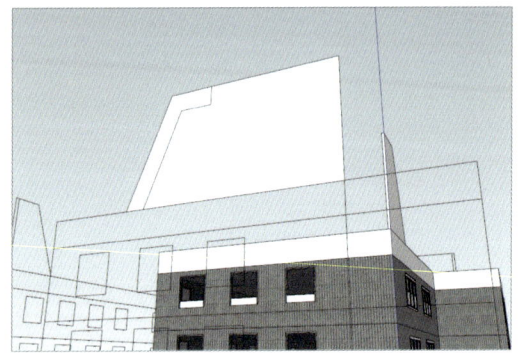

07 밀기/끌기(Push/Pull(⬆)) 도구 P 키를 누르고 면 ❶을 클릭합니다. '200' 끌어 장식의 두께를 만들고 그룹으로 만든 후 이동(Move(✥)) 도구 M 키를 누르고 난간벽 위로 이동시킵니다.

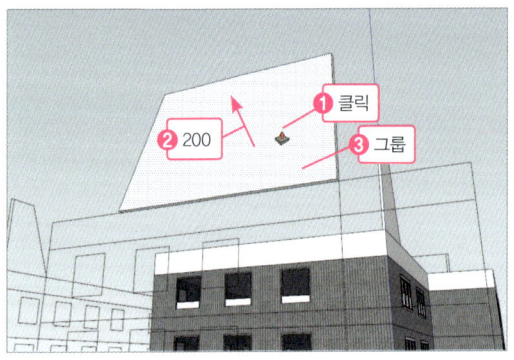 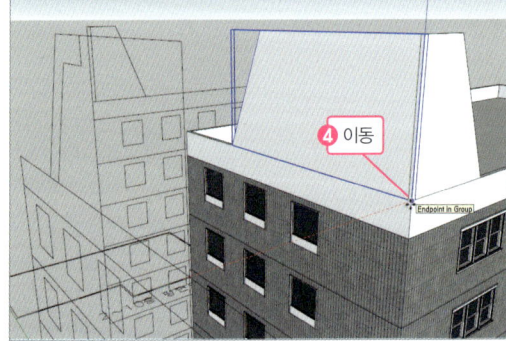

08 2개의 장식을 하나로 합치기 위해 Union(󰁈) ❶을 클릭합니다. 장식 ❷를 클릭한 후 나머지 장식 ❸을 클릭해 하나로 만듭니다.

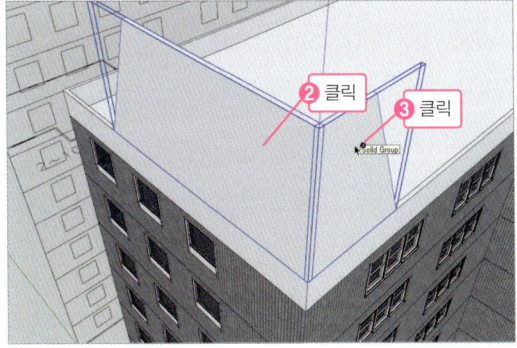
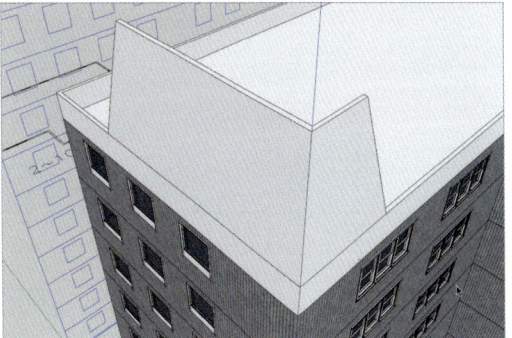

09 난간 및 장식벽에 적절한 재질을 적용하고 '캐드도면' 도면층(Tag)을 OFF합니다.

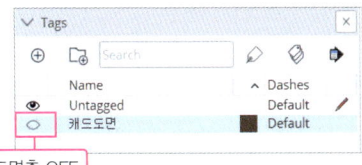

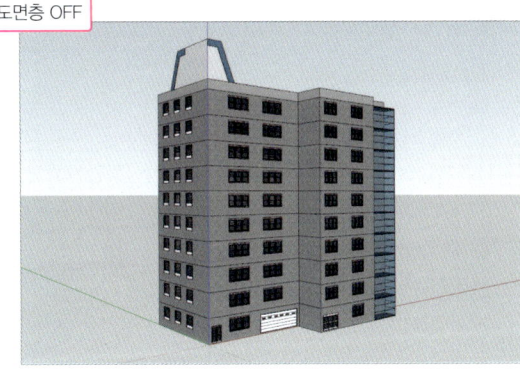
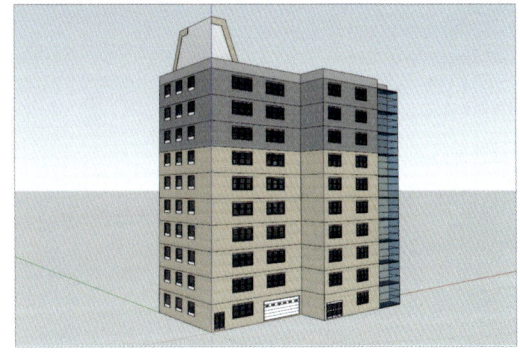

▲ 재질 적용의 예 1   ▲ 재질 적용의 예 2

10 3D Text 도구(󰀁)를 사용해 사인물을 만들어 배치합니다. 완성된 모델은 저장하고 작업을 종료합니다.

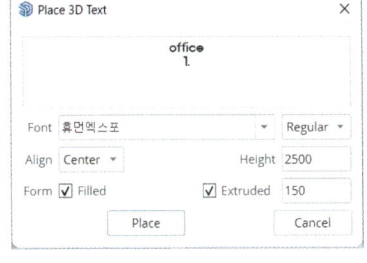

▲ 완성파일 : [예제파일/P04/Ch02/Step-5 완성파일.skp]

STEP 6 대지 및 경관 조성

01 스케치업을 실행하고 'Study' 템플릿을 클릭합니다.

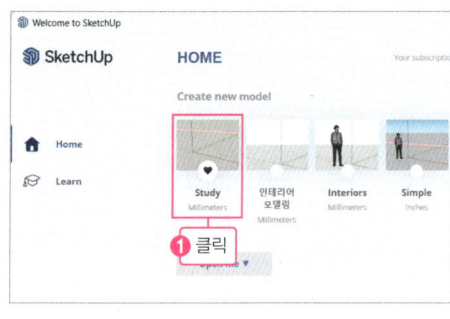
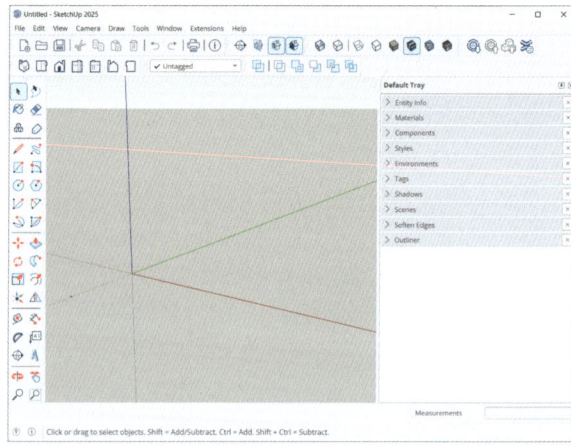

02 주변 경관을 조성하기 위해 [File]에서 [Import]를 클릭하고 [예제파일/P04/Ch03/투시도 컴포넌트] 폴더에서 '대지모델.skp' 파일을 불러옵니다.

스케치업 파일이 보이지 않는 경우 파일 유형이 'SketchUp File'로 설정되어 있는지 확인합니다. [예제파일/P04/Ch03/캐드도면]의 배치도를 활용해 대지 및 주변 경관을 직접 조성해도 됩니다.

03 주변 건물의 매스를 자유롭게 작성하고 회색 계열로 재질을 적용합니다.

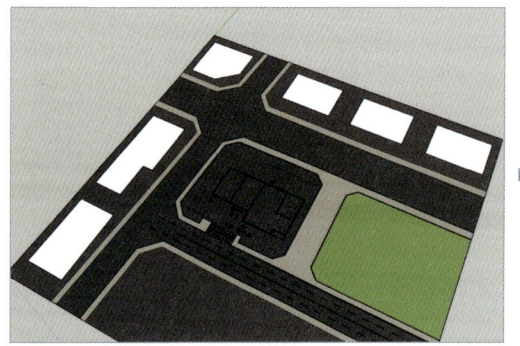
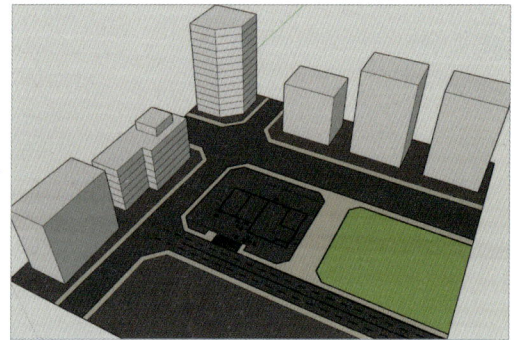

04 [예제파일/P04/Ch03/투시도 컴포넌트] 폴더의 컴포넌트를 활용해 다음과 같이 조경 요소, 차량, 인물을 배치합니다. 건물 매스와 조경 요소 도면층(Tag) 등을 추가해 모델링 요소를 구분하고 관리합니다.

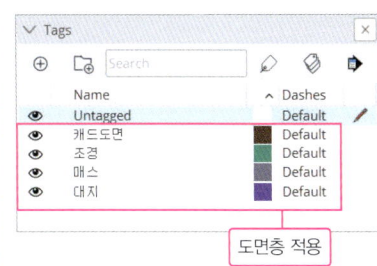

▲ 완성파일 : [예제파일/P04/Ch03/Step-6 완성파일(주변경관).skp]

05 [File]에서 [Import]를 클릭하고 STEP 5 에서 완성한 건물을 불러옵니다. 벽체 구서점 ❶지점을 클릭해 건물을 배치하고 '캐드도면' 도면층은 OFF합니다.

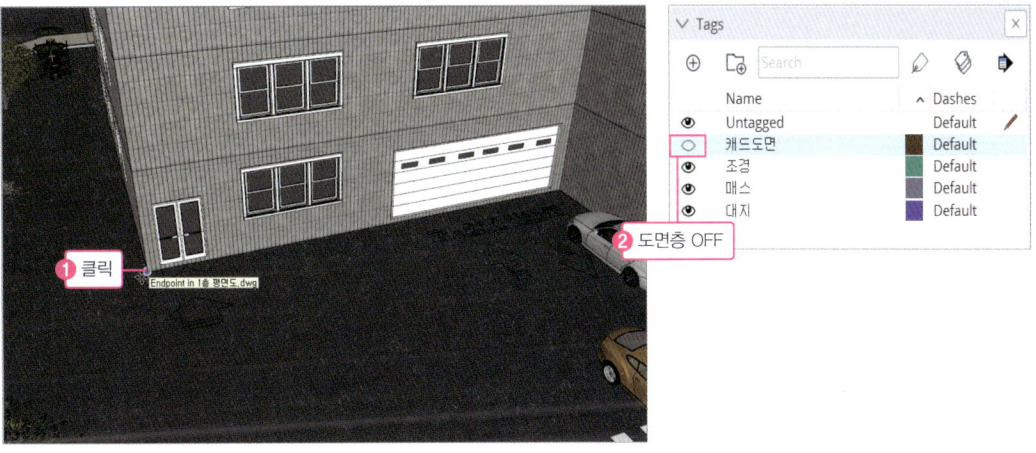

컴포넌트의 선택과 교체

[Components] 트레이에서 옵션을 사용하면 빠르게 컴포넌트를 선택하고 교체할 수 있습니다.
교체하고자 하는 새로운 컴포넌트가 모델에 포함되어 있어야 합니다.

① [In Model()]을 클릭해 모델링에 사용한 컴포넌트 목록을 확인합니다. 교체할 컴포넌트를 마우스 오른쪽 버튼으로 클릭하고, [Select Instances]를 클릭하면 동일한 컴포넌트가 모두 선택됩니다.

② 대체할 새로운 컴포넌트를 마우스 오른쪽 버튼으로 클릭합니다. 옵션에서 [Replace Selected]를 클릭하면 새로운 컴포넌트로 교체됩니다.

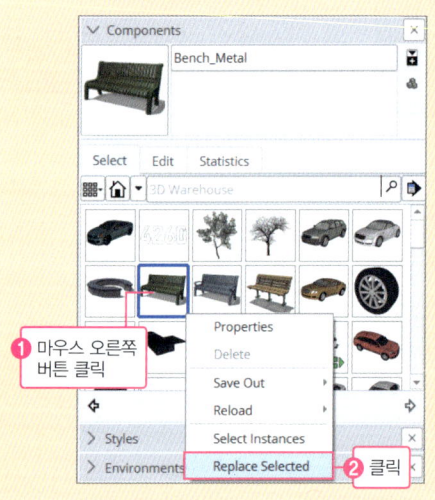

STEP 7 이미지 출력

01 [Shadows] 트레이에서 [Show Shadow(◐)]를 클릭해 그림자를 활성화합니다. 기타 'Time', 'Light', 'Dark'의 설정값은 작업자의 취향에 맞도록 조정합니다.

> UTC(Universal Time Coordinated)는 세계의 표준시간으로 우리나라는 UTC+9(동경 135° 자오선)를 사용합니다. 하지만 + 표준시로 설정하면 객체가 검게 보이는 현상이 나타나므로 – 표준시로 설정합니다.

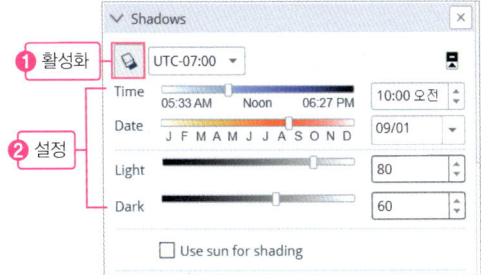

02 남서 방향에서 바라본 건물 뷰를 설정하고 [Camera]는 [Two-Point Perspective]로 변경합니다. 변경 후 클릭 & 드래그로 시점을 조정합니다.

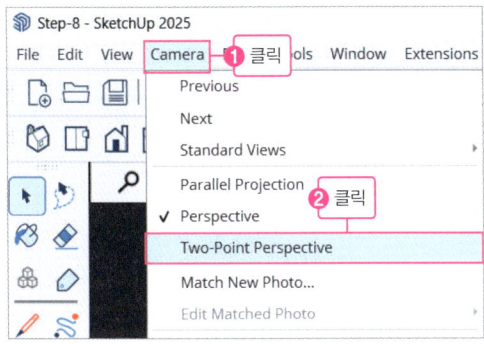

03 [Scenes] 트레이에서 장면 추가 [Add Scene]를 클릭해 현재 뷰를 저장합니다.

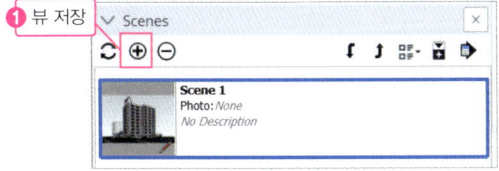

04 남동 방향에서 바라본 건물 뷰를 설정하고 [Camera]는 [Two-Point Perspective]로 변경합니다. 변경 후 클릭 & 드래그로 시점을 조정합니다. [Scenes] 트레이에서 장면 추가 [Add Scene]를 클릭해 현재 뷰를 저장합니다.

05 'Scene 1'을 클릭하고 [File]의 [Export]에서 [2D Graphic]을 클릭합니다. 저장 폴더와 파일 이름을 설정하고 [Options] 버튼을 클릭합니다.

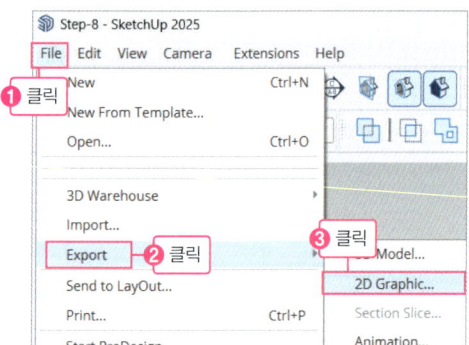
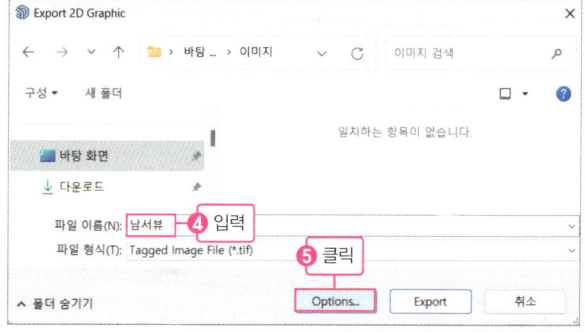

06 'Use view size' 항목을 해제합니다. 'Width' 픽셀 값을 '3000' 내외로 수정하고 선의 디테일한 표현을 위해 'Line scale multiplier'은 최소 값 '0.25'로 설정합니다. [OK] 버튼을 클릭하고 [Export] 버튼을 클릭해 최종 이미지로 출력합니다.

합성 및 2차 작업을 위해 바탕을 투명으로 설정하려면 Transparent background를 체크하면 됩니다.

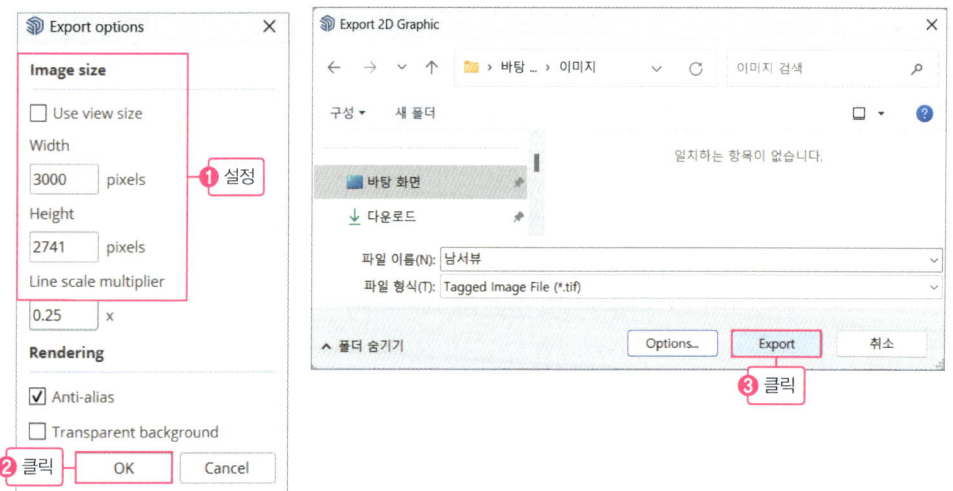

07 'Scene 2'를 클릭하고 'Scene 1'과 동일한 설정으로 최종 이미지를 출력합니다.

▲ 남서 뷰   ▲ 남동 뷰

▲ 완성파일 : [예제파일/P04/Ch03/Step-7 완성파일.skp]

Field of View의 각도

[Camera]의 [Field of View]를 클릭하면 뷰의 화각을 설정할 수 있습니다. 각도에 따라 화면에 담을 수 있는 영역을 조절하고 특정 부분을 부각시킬 수 있지만 과도하게 높이면 왜곡이 심해집니다.

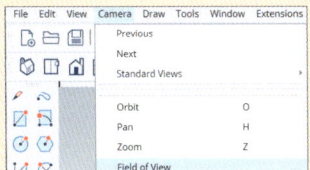

① Field of View : 35°(기본값)

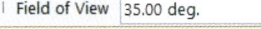

② Field of View : 60°

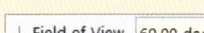

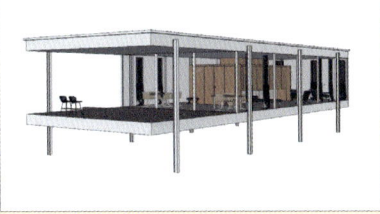 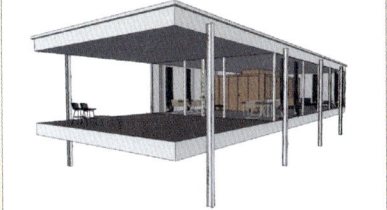

Chapter 03 • 투시도   401

Chapter 01　　언리얼 엔진을 탑재한 트윈모션
Chapter 02　　Twinmotion의 환경설정 및 화면구성
Chapter 03　　트윈모션의 주요 도구 익히기
Chapter 04　　렌더링 이미지 및 동영상 출력

SketchUp 2025

모델링 활용편
Twinmotion을 활용한
실시간 렌더링

CHAPTER 01 언리얼 엔진을 탑재한 트윈모션

트윈모션은 건축, 인테리어, 조경 등 건설 분야에 특화된 리얼타임 렌더러입니다. 언리얼 엔진을 기반으로 구동되는 트윈모션은 고화질 이미지와 동영상을 빠르게 추출할 수 있으며 간단한 인터페이스로 누구나 쉽게 사용할 수 있는 실시간 3D 시각화 도구입니다. 유사한 시각화 도구로는 루미온, D5렌더, 엔스케이프 등이 있습니다.

▲ Twinmotion 홈페이지(https://www.twinmotion.com/ko)
　교재에서 사용된 Twinmotion 버전은 2024.1입니다.

STEP 1 Twinmotion 2024 시스템 요구사항 확인

트윈모션은 실시간 시각화 도구로 고사양의 하드웨어를 필요로 합니다. 다음은 Windows용 트윈모션 2024 시스템 요구사항입니다.

① **최소 사양**
- 활용 기준 : 소규모 프로젝트(데이터 1GB 미만)
- 운영체제 : 64비트 Windows 10 또는 11
- 그래픽 카드 : 그래픽 메모리 6GB 이상(GeForce GTX 1060, Radeon RX 5600)
- CPU(프로세서) : Intel Core i3-8300T, AMD Ryzen 7 1700
- 시스템 메모리(RAM) : 16GB 이상
- 하드드라이브 공간 : 사용 가능 공간 30GB 이상

최소 사양 기준 미만이면 설치와 실행은 가능하지만 학습 및 작업이 원활하지 않을 수 있습니다.

② 고급 사양

- 활용 기준 : 대규모 프로젝트(데이터 1GB 이상)
- 운영체제 : 64비트 Windows 10 또는 11
- 그래픽 카드 : 그래픽 메모리 12GB 이상(GeForce GTX 1080, Radeon RX 6600 XT)
- CPU(프로세서) : Intel Core i7-6700K, AMD Ryzen 5 3500
- 시스템 메모리(RAM) : 64GB 이상
- 하드드라이브 공간 : 사용 가능 공간 30GB 이상의 SSD

현실 기반 실시간 렌더링 도구인 Path Tracer를 사용하기 위해서는 그래픽 메모리 8GB 이상의 그래픽 카드를 사용해야 합니다.

STEP 2 | Twinmotion 무료 버전 설치

트윈모션은 교육 기관, 학생 그리고 지난 12개월 동안 매출이 1백만 달러 미만인 개인 및 소규모 회사는 무료로 사용할 수 있습니다.

01 Twinmotion 무료 버전을 설치하기 위해 검색 사이트에서 '트윈모션'을 검색한 후 홈페이지(https://www.twinmotion.com/ko)에 접속하고 우측 상단 '로그인'을 클릭합니다.

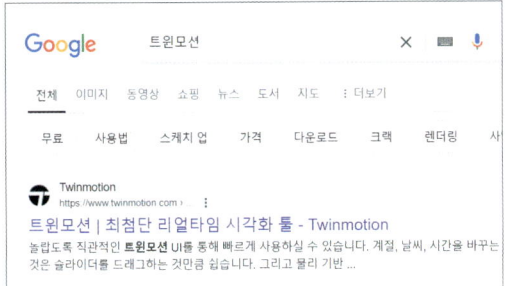

02 에픽게임즈, Google, Steam 등의 계정으로 로그인합니다. 목록의 계정이 없다면 계정을 만들고 로그인합니다.

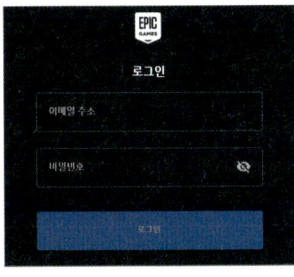

03 '다운로드'를 클릭하고 무료 사용에서 '지금 다운로드 하기'를 클릭합니다.

트윈모션은 매년 1~2회 업데이트를 진행합니다. 학습예제는 2024.1 버전으로 다른 버전을 사용할 경우 호환성에 문제가 있을 수 있습니다.

 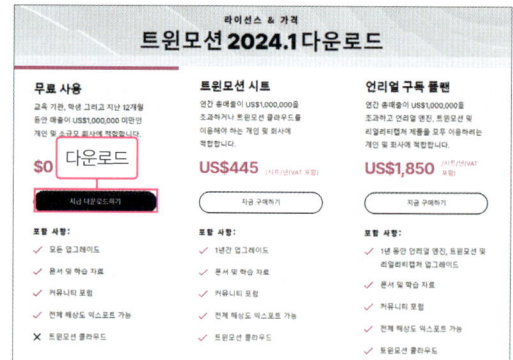

04 '에픽게임즈 런처'를 먼저 설치한 후 런처에서 트윈모션을 설치합니다.

▲ 에픽게임즈 런처

CHAPTER 02 Twinmotion의 환경설정 및 화면구성

STEP 1 환경설정

01 바탕화면의 트윈모션 단축 아이콘(🔱)을 더블 클릭해 실행합니다. 'New Scen' ❶을 클릭해 트윈모션을 시작합니다.

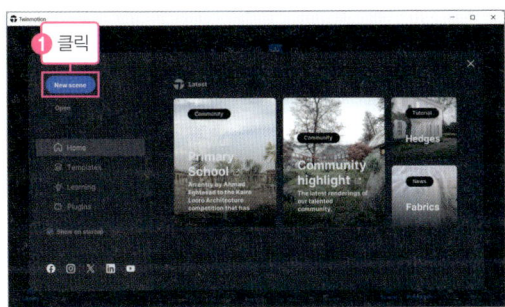
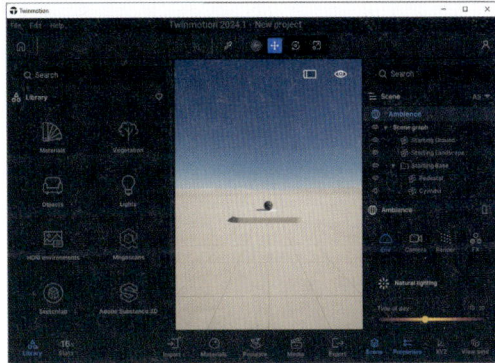

02 [Edit] 메뉴에서 [Preferences]를 클릭합니다. 'Language'를 '한국어'로 변경하고 [OK] 버튼을 클릭합니다. 화면에 표시되는 언어가 한글로 변경됨을 확인합니다.

Interface scale 값을 100% 이하로 낮추면 작업화면을 좀 더 넓게 사용할 수 있습니다.

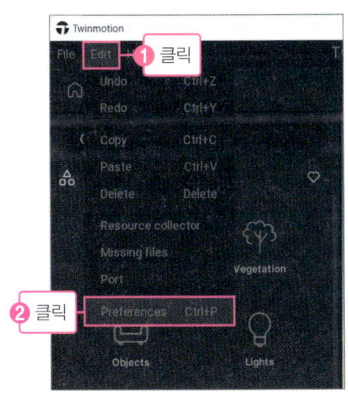
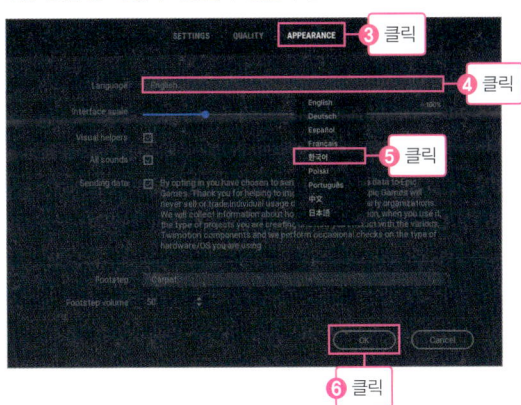

03 '퀄리티'의 '데스크톱'을 클릭하고 '자동'을 클릭해 효과 옵션을 현재 하드웨어에 맞춰줍니다. '세팅'을 클릭하고 첫 번째 '유닛 설정'을 클릭해 단위를 '센티미터'로 변경합니다. 나머지 설정 항목을 간단히 살펴본 후 [확인] 버튼을 클릭해 설정을 마칩니다.

필자의 노트북 사양 – CPU : Ryzen9 7945 HX, GPU : RTX 4070, RAM : 32GB

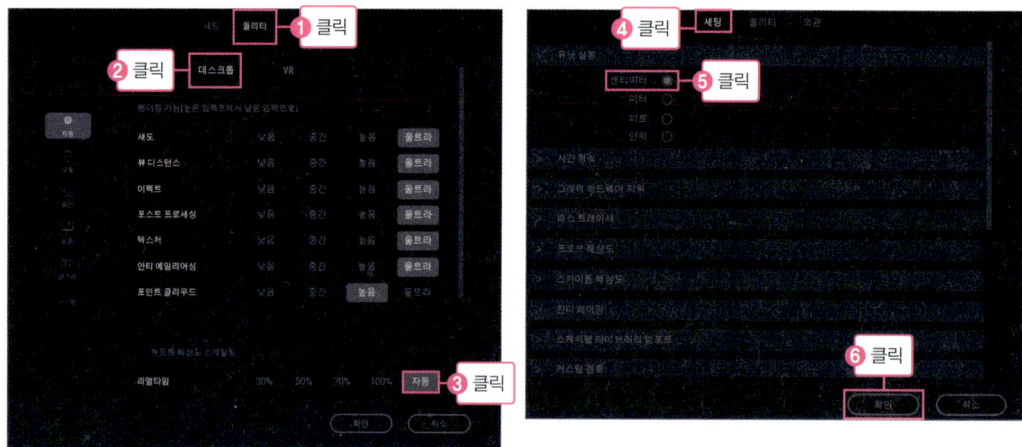

04 내비게이션 설정(탐색 방법) ❶을 클릭하고 [Blender/SketchUp] ❷를 클릭합니다. 모니터가 작거나 해상도가 낮은 경우 하단 워크플로우 메뉴에서 라이브러리 ❸, 씬 ❹, 속성 ❺를 클릭하면 좌측과 우측의 해당 패널을 숨길 수 있습니다.

화면 탐색이 익숙해지면 맨 아래 '내비게이션 패널 숨기기'를 클릭해 보이지 않게 설정합니다. 모니터의 해상도가 높은 경우 라이브러리, 씬, 속성 패널을 활성화하고 그렇지 않은 경우 필요할 때 활성화하여 작업합니다.

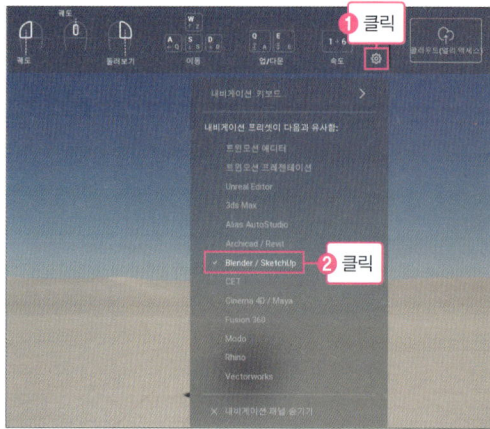 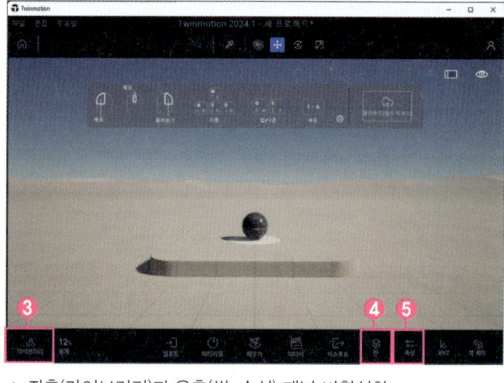

▲ 좌측(라이브러리)과 우측(씬, 속성) 패널 비활성화

STEP 2 화면구성

트윈모션은 크게 3개의 패널과 2개의 툴바로 구성되어 있습니다.

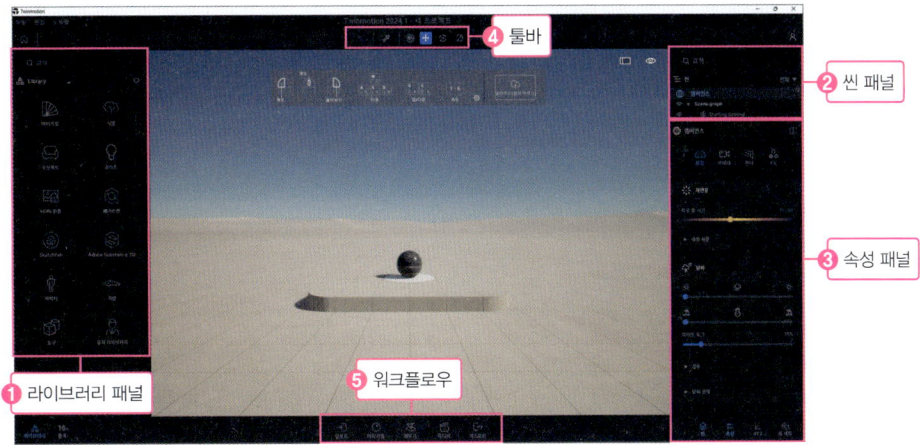

▲ 좌측(라이브러리)과 우측(씬, 특성) 패널 활성화

01 라이브러리 패널

재질 및 공간, 환경을 구성하는 요소가 팔레트 형식으로 구성되어 있습니다.

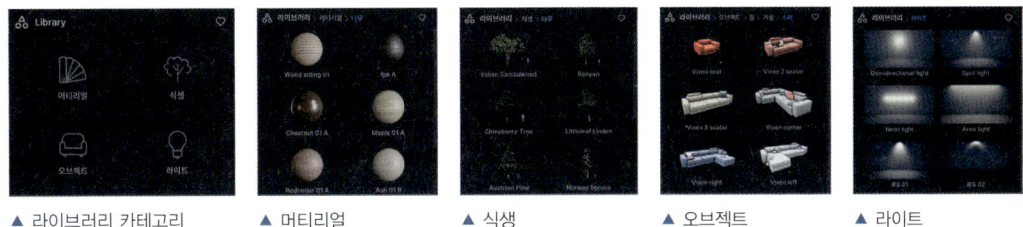

▲ 라이브러리 카테고리 ▲ 머티리얼 ▲ 식생 ▲ 오브젝트 ▲ 라이트

02 씬 패널

불러온 모델 및 작업에 사용된 구성요소의 계층구조를 나열하고 관리하는 패널로 목록에서 구성요소를 클릭하면 작업화면에 표시되며 F 키를 누르면 확대됩니다.

▲ Sphere(구) 클릭 ▲ 화면에 Sphere(구)가 선택됨 ▲ F 키를 누르면 확대됨

03 속성 패널

선택된 구성요소의 속성, 미디어(사진, 영상)의 환경 등을 표시합니다.

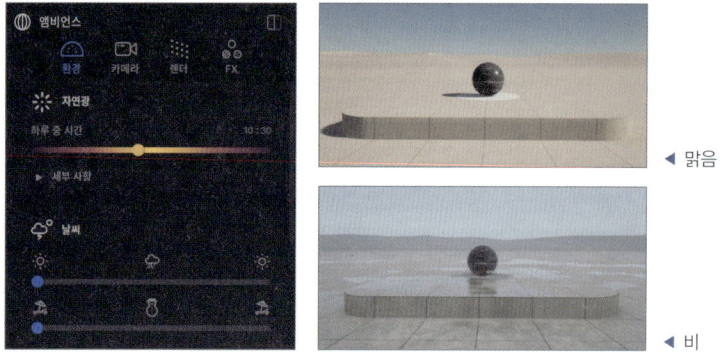

◀ 맑음

◀ 비

04 툴바

패스트레이서, 재질 옵션, 수정 도구(이동/복사, 회전, 축척)로 구성된 도구 막대입니다.

05 브레드크럼(워크플로우)

모델링 파일을 불러오는 임포트 및 미디어(이미지, 영상)를 제작해 출력하는 도구로 해당 도구를 활성화하면 상단에 관련 메뉴 및 작업공간이 나타납니다.

STEP 3 공간 탐색(내비게이션)

01 샘플 모델을 열기 위해 [홈] 버튼 ❶을 클릭합니다. [학습] 항목 ❷를 클릭하고 ❸을 클릭해 'Materials Room'을 다운로드합니다.

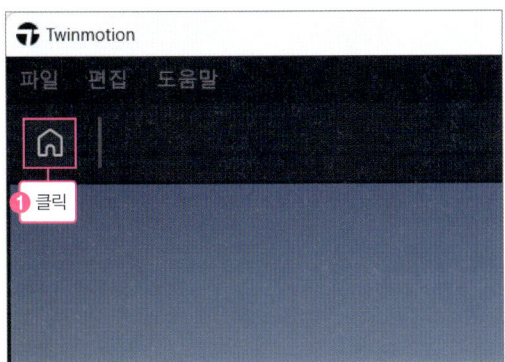
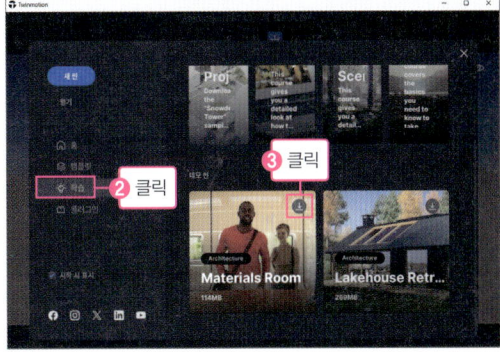

02 [열기] 버튼을 클릭하고 [아니오] 버튼을 클릭합니다.

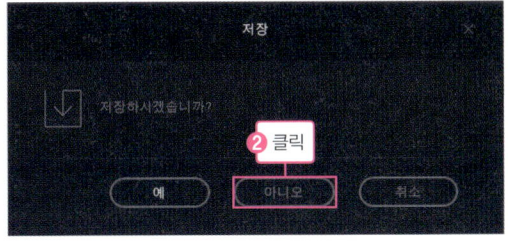

03 'Materials Room'에서 내비게이션 기능을 사용해 공간을 탐색합니다. 단축키의 자세한 정보는 도움말의 단축키에서 한국어를 클릭하면 PDF 파일로 확인할 수 있습니다.

Twinmotion 단축키

단축키 PDF 파일은 [예제파일/P05/Ch01] 폴더에서도 확인할 수 있습니다.

Twinmotion

TWINMOTION SHORTCUTS

네비게이션

	Mac	Windows
전진	W	W
후퇴	S	S
왼쪽으로이동	A	A
오른쪽으로이동	D	D
위로	Q / ⇞	Q / ⇞
아래로	E / ⇟	E / ⇟
달리기	Alt + Mvmt	⇧ + Mvmt
느리게	strg + Mvmt	Alt + Mvmt

파일

	Mac	Windows
새 프로젝트	⌘ + N	strg + N
모두 선택	⌘ + A	strg + A
뒤로가기	⌘ + Z	strg + Z
앞으로가기	⌘ + Y	strg + Y
저장	⌘ + S	strg + S
다른이름으로 저장	⌘ + ⇧ + S	strg + ⇧ + S
인스턴스	⇧ + 오브젝트 이동	
복사	⌘ + C	strg + C
붙여넣기	⌘ + V	strg + V
삭제	⌘ + ←	Delete
열기	⌘ + O	strg + O
병합	⌘ + M	strg + M
이름 바꾸기	F2	
환경설정	⌘ + P	strg + P
가져오기	⌘ + I	strg + I
파일메뉴	B	

其他

Twinmotion	궤도	🖱
	패닝모드	⇧ + 🖱
Unreal Engine	궤도	🖱
	패닝모드	⇧ + 🖱
Revit	궤도	🖱
	패닝모드	⇧ + 🖱
Archicad	궤도	🖱
	패닝모드	⇧ + 🖱
SketchUp	궤도	⇧ + 🖱
	패닝모드	🖱
3ds Max	궤도	🖱
	패닝모드	Alt + 🖱
Cinema 4D	궤도	🖱
	패닝모드	Alt + 🖱
Rhino	궤도	⇧ + 🖱
	패닝모드	Alt + 🖱

비행기 속도

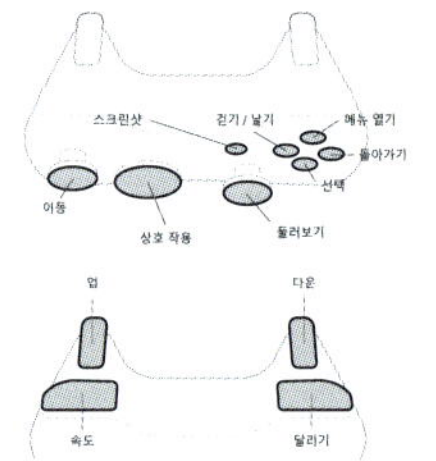

속도

보행 속도	1
자전거 속도	2
차량 속도	3
비행기 속도	4

기타

	Mac	Windows
스크린샷	F9	F9
VR 헤드셋	F10	F10
전체화면	strg + ⌘ + F	F11
프레젠터	F12	F12
보행 모드	M	M
직각뷰	O	O

도구

이동	5
회전	6
스케일	7
다음 도구	⇥
선택 영역 확대	F
도우미 표시/숨기기	G
스포이드	T
숨기기/숨기지 않기	H

터치

키보드 참조

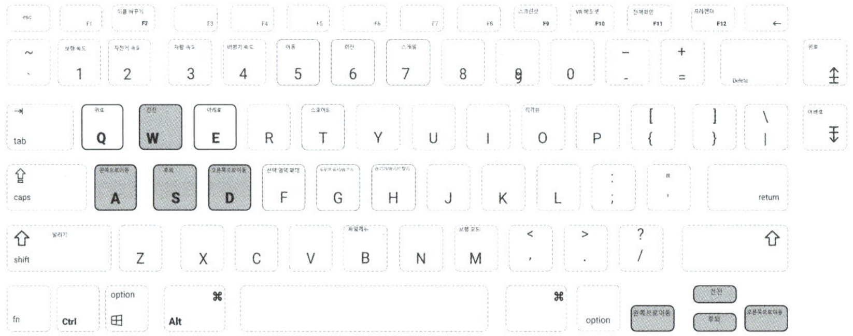

04 F11 키를 눌러 전체화면으로 변경합니다. 마우스 오른쪽 버튼을 클릭한 상태로 움직이면 화면의 방향을 전환할 수 있고, A(좌), S(우), D(뒤), W(앞) 키를 눌러 이동할 수 있습니다. 이는 1인칭 슈팅 게임과 동일합니다. 이동 속도가 너무 빠르면 키보드 상단의 숫자키 1을 누릅니다.

이동 속도 – 1 : 보행, 2 : 자전거, 3 : 자동차, 4 : 비행기(속도 설정은 버전에 따라 차이가 있습니다.)

05 A(좌), S(우), D(뒤), W(앞), 마우스 오른쪽 버튼을 클릭해 원형 공간을 두세 바퀴 돌아봅니다. 시점의 높이는 Q(높게), E(낮게) 키로 조정할 수 있습니다. 중간에 보이는 객체를 클릭(다중 선택 : Ctrl)하면 선택할 수 있고 Shift 키를 누른 상태로 이동하면 좀 더 빠르게 이동합니다.

 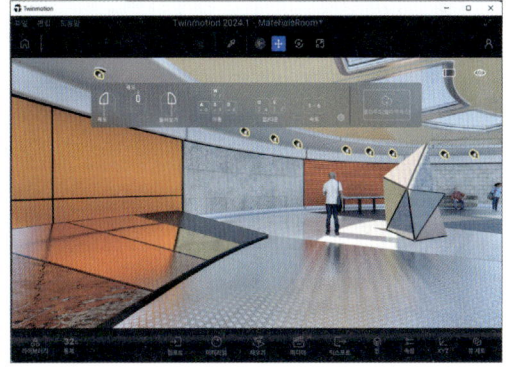

06 이동하는 것이 적응되면 설정 ❶을 클릭하고 [내비게이션 패널 숨기기]를 클릭합니다. 다시 화면에 보이게 하려면 오른쪽 상단 눈 ❸을 클릭합니다. 내비게이션 ❹를 클릭하면 보이기를 선택할 수 있습니다.

07 홈 메뉴 ❶을 클릭하고 [학습] 항목 ❷를 클릭합니다. ❸을 클릭해 데모씬 'Lakehouse Retreat'를 다운로드합니다.

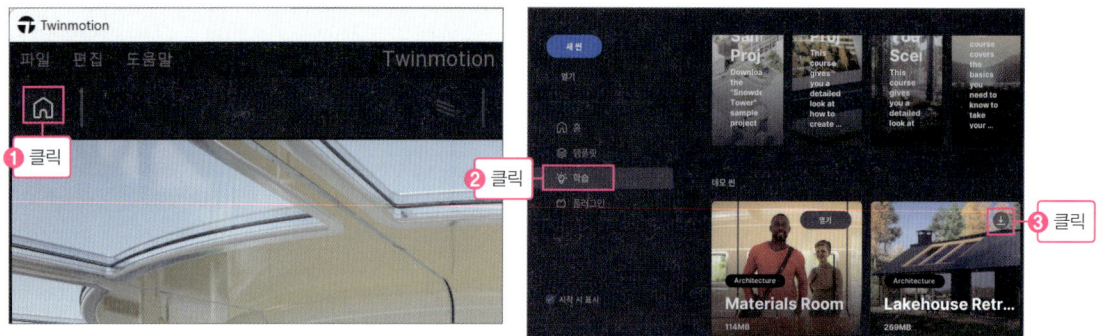

08 [열기]를 클릭하고 [아니오]를 클릭합니다. 화면 조작기능을 충분히 익힐 수 있도록 Lakehouse Retreat 주변을 둘러봅니다.

둘러보기를 마친 후 파일을 저장하지 않습니다.

CHAPTER 03 트윈모션의 주요 도구 익히기

STEP 1 스케치업 모델 불러오기(학습 모델 : Farnsworth House)

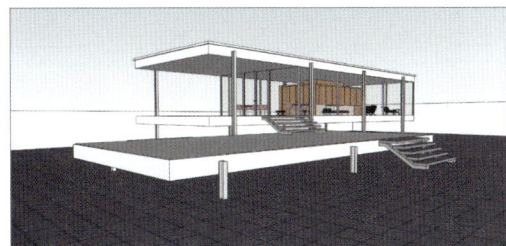
▲ 스케치업

▲ 트윈모션

01 [파일] 메뉴에서 [새 씬]을 클릭합니다.

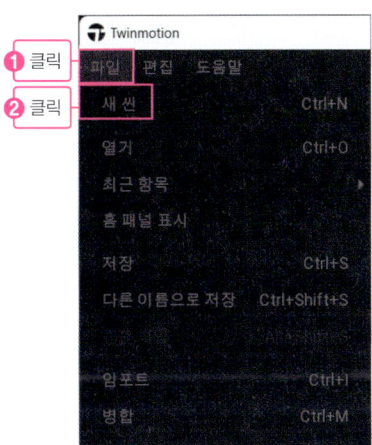

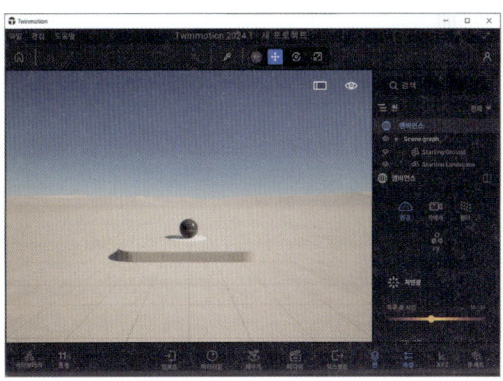
▲ 라이브러리(좌측 패널)는 OFF한 상태

02 [씬] 패널에서 'Starting Landscape' ❶을 클릭하고 Ctrl 키를 누른 상태로 'Starting Base' ❷를 클릭하면 뒷배경인 사막(대지와 하늘의 경계 부분)과 화면 중앙에 배치된 구와 박스가 선택됩니다. Delete 키를 눌러 삭제합니다.

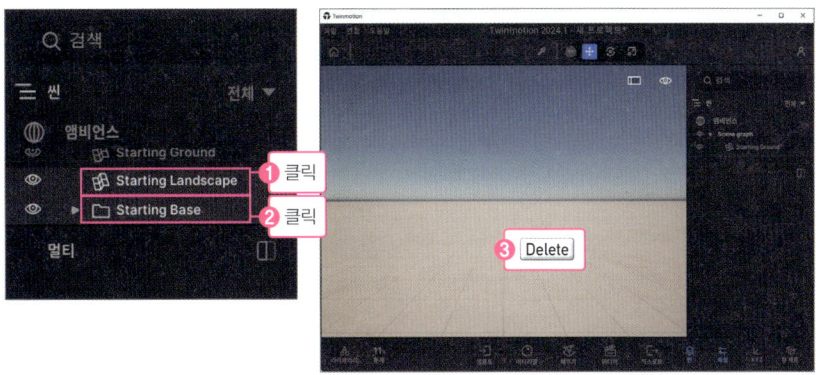

03 삭제한 배경을 추가하기 위해 [씬] 패널에서 '앰비언스' ❶를 클릭합니다. '환경' ❷를 클릭하고 패널 아래쪽에 '가로' ❸의 사용 항목 ❹를 체크합니다.

도시 이미지를 클릭하면 다른 배경을 선택할 수 있습니다.

04 [파일] 메뉴에서 [임포트]를 클릭하고 [열기] 버튼을 클릭합니다.

임포트는 화면 하단 메뉴(워크플로우)에서 을 클릭해도 됩니다.

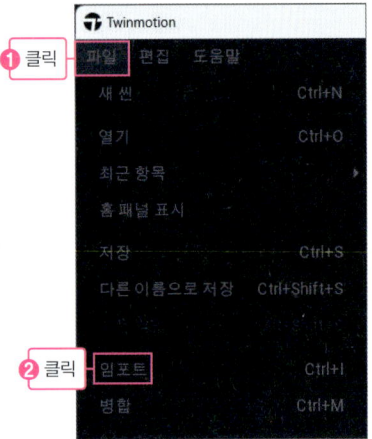
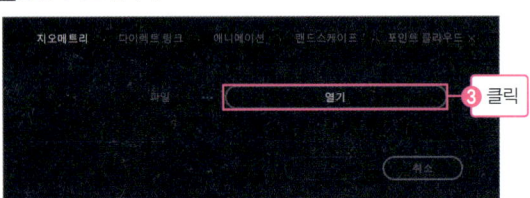

05 [예제파일/P04/Ch05] 폴더에서 'Farnsworth House.skp' 모델을 선택하고 [열기] 버튼을 클릭합니다. 병합 옵션을 '계층구조 유지'로 변경하고 [임포트] 버튼을 클릭합니다.

트윈모션 버전에 따라 옵션 용어가 조금씩 다를 수 있습니다.

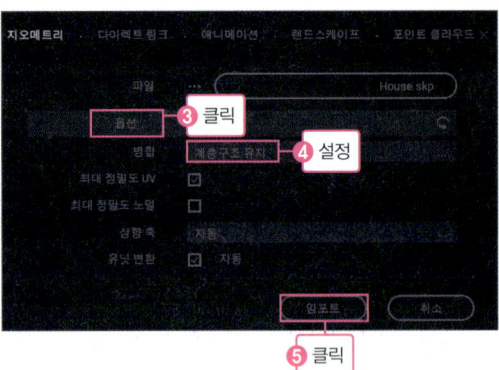

06 불러온 스케치업 모델이 화면에 보이는지 확인합니다. 보이지 않을 경우 마우스 휠 또는 마우스 오른쪽 버튼을 클릭한 상태로 시점을 조정합니다. 불러온 모델이 대지 위에 살짝 떠 있는 것을 확인합니다.

씬 패널에서 스케치업 모델 ❶을 클릭하고 F 키를 누르면 모델을 쉽게 볼 수 있습니다.

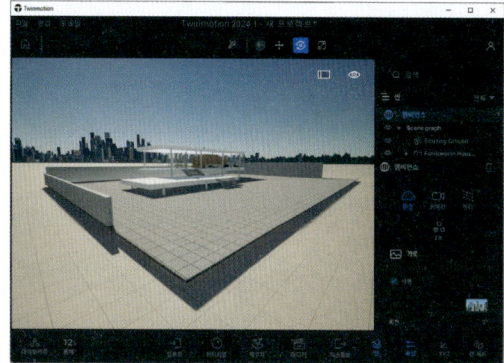

> **TIP 스케치업의 그룹, 재질, 계층구조**
>
> 스케치업 모델의 그룹 상태, 재질은 트윈모션에서도 그대로 유지됩니다. 트윈모션으로 임포트 전 트윈모션에서의 작업 유형에 따라 스케치업 모델의 그룹 및 재질 적용 상태를 다시 한번 확인합니다. 스케치업에서 그룹 및 컴포넌트로 작성되지 않은 객체는 하나로 인식되어 개별 작업을 할 수 없습니다.
>
> 임포트 옵션에서 병합은 '머티리얼별 병합'으로 되어 있습니다. 이는 스케치업에서 다양한 객체에 사용한 동일한 재질을 기준으로 하나의 객체로 병합시킵니다. 스케치업에서 동일한 재질과 관계없이 독립적인 객체(그룹)를 유지하려면 '계층구조 유지(보존)'를 선택해야 합니다. 스케치업에서 재질의 구분이 명확하게 마무리된 상태라면 '머티리얼별 병합', 재질 관련 작업을 하지 않았다면 '계층구조 유지(보존)'가 유리합니다. 이는 트윈모션 작업에서 매우 중요한 부분입니다.
>
>
>
> ▲ 머티리얼별 병합 : 동일 재질의 객체를 병합   ▲ 계층구조 유지 : 스케치업의 그룹/컴포넌트 유지

07 [씬] 패널에서 'Fansworth House' ❶을 클릭합니다. 커서를 Z축(파랑)으로 이동해 '-45'를 입력하고 Enter 키를 누릅니다.

현재 단위는 센티미터로 설정되어 있으므로 아래로 45cm 이동됩니다.

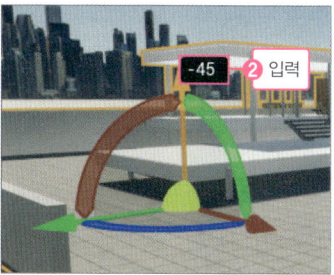

STEP 2 장면 저장

01 장면을 저장하기 위해 조감도 시점으로 화면을 조정합니다. [미디어] ❶을 클릭하고 [이미지] ❷를 클릭합니다. 이미지 생성 ❸을 클릭하면 현재 화면이 이미지로 저장되고 미디어 모드로 전환됩니다.

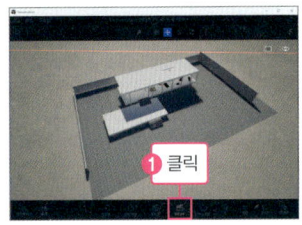  

> **TIP** 미디어 모드의 이해
>
> 저장된 이미지나 영상이 선택되면 작업화면은 미디어 모드로 변경됩니다. 미디어 모드에서는 현재 작업 중인 모델에 영향을 주는 것이 아닌 선택된 이미지나 영상에 적용할 효과를 작업하는 모드입니다. 현재 작업 모드로 돌아가려면 [미디어 모드 나가기] 버튼을 클릭하면 됩니다. 미디어 모드에서 작업화면을 크게 보려면 워크플로우 메뉴의 [미디어]를 클릭하면 됩니다.
>
>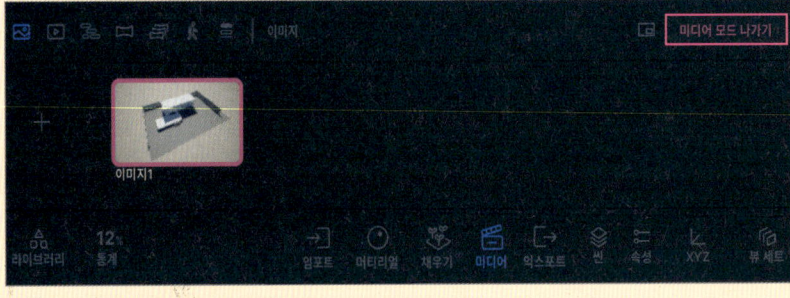

02 다음과 같이 실외 이미지와 실내 이미지를 추가합니다. 이미지 추가 후 저장된 이미지를 클릭해 시점이 변경되는 것을 확인합니다.

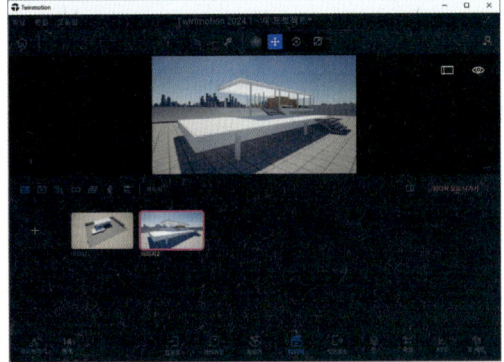 

03 커서를 저장된 이미지로 이동해 [...] 메뉴 ❶을 클릭하면 장면의 이름을 변경할 수 있습니다. 다음과 같이 '조감도', '실외투시도', '실내투시도'로 이름을 변경합니다.

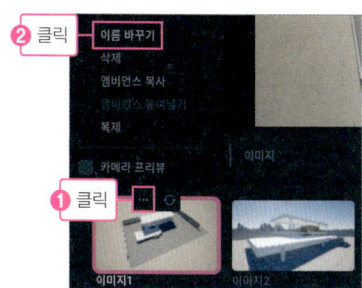 

04 미디어 모드에서 나가기 위해 '조감도' 이미지 ❶을 클릭하고 [미디어 모드 나가기] ❷를 클릭합니다. 작업화면을 크게 보려면 하단 워크플로우 메뉴에서 [미디어] ❸을 클릭합니다.

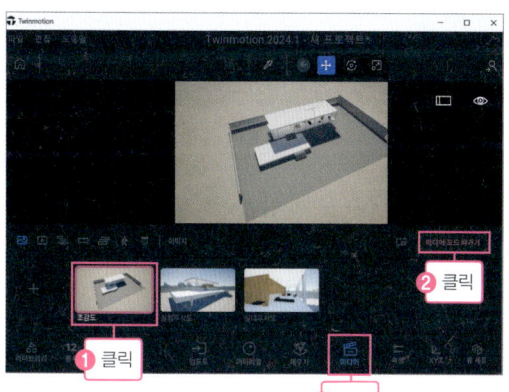 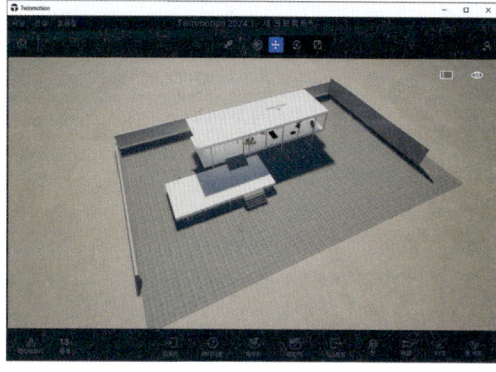

STEP 3 씬 패널

01 화면 오른쪽 하단의 [씬] 메뉴 ❶을 클릭합니다. 'Farnsworth House' 폴더 ❷를 더블 클릭하거나 화살표(▶)를 클릭하면 재질 및 구성요소가 나열됩니다. '3인 테이블' ❸을 클릭하면 화면에 주황색으로 표시됩니다. [F] 키를 눌러 객체를 확대합니다.

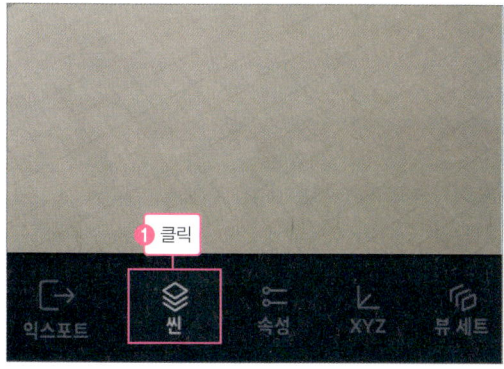 

> **TIP 검색과 필터**
>
> [씬] 패널은 스케치업의 아웃라이너와 유사합니다. 항목의 순서는 클릭 & 드래그로 위치를 변경할 수 있으며 상단의 '검색'과 '필터'를 사용하면 쉽게 찾을 수 있습니다.

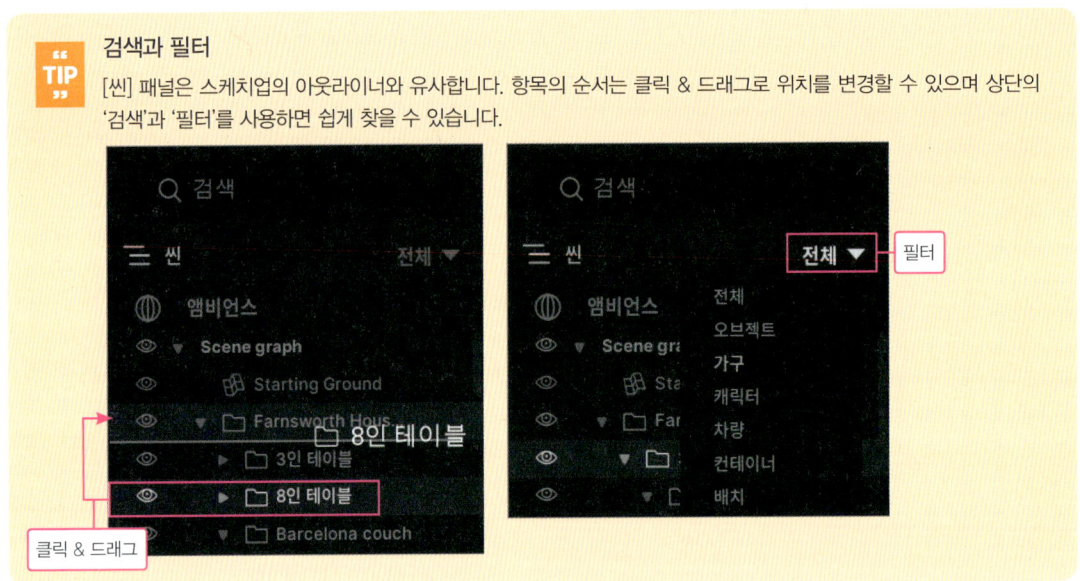

02 '3인 테이블'의 눈 ❶을 클릭해 Hide(숨김) 기능을 확인합니다. [씬] 패널의 활용성을 높이면 효율적인 작업이 가능합니다.

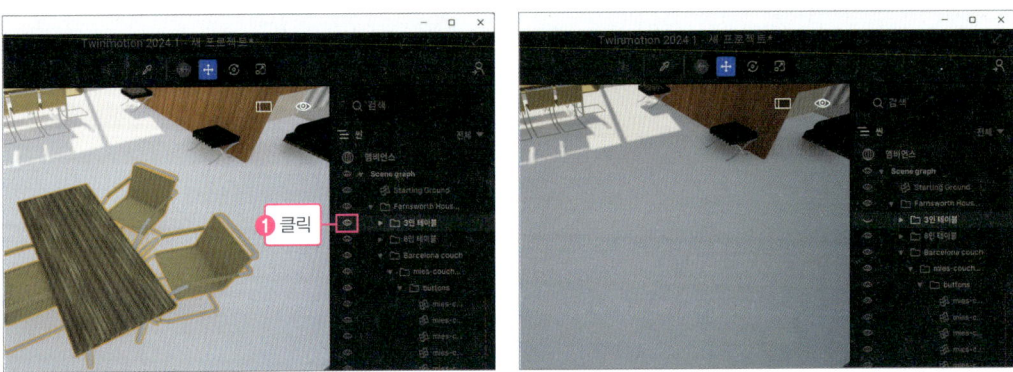

03 W, A, S, D(이동) 키와 Q, E(업다운) 키를 사용해 건물이 모두 보이는 시점으로 이동합니다. [씬] 패널에서 '앰비언스'를 클릭하고 속성 패널을 확장합니다.

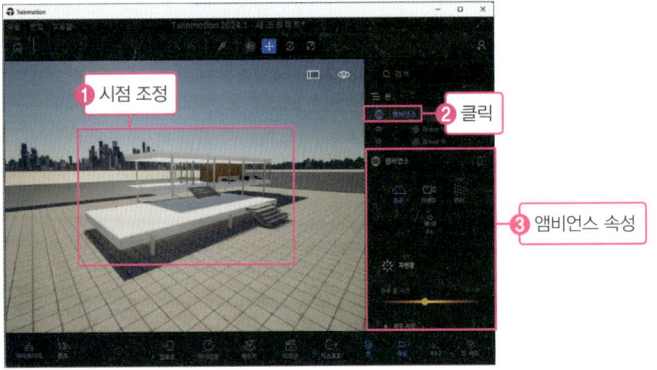

04 앰비언스의 '환경' ❶을 클릭하고 '하루 중 시간' ❷를 좌우로 움직여 시간에 따른 그림자와 밝기의 변화를 확인합니다. 시간은 다시 10시에서 11시 사이로 설정합니다.

▲ 06시　　　　　　　　　　　　　　　　　▲ 21시

05 마우스 휠을 아래로 돌려 날씨를 흐림으로 설정하고 계절을 겨울로 변경해 봅니다. 날씨와 계절은 다시 맑음, 봄으로 설정합니다.

▲ 흐림(비), 봄　　　　　　　　　　　　　　▲ 흐림(눈), 겨울

STEP 4 라이브러리 패널 – 머티리얼(재질)

01 [라이브러리] 패널은 재질 적용 및 가구, 식재, 차량 등 구성요소를 검색해 배치할 수 있습니다. 좌측 하단 [라이브러리] ❶을 클릭하고 '머티리얼' ❷를 클릭합니다.

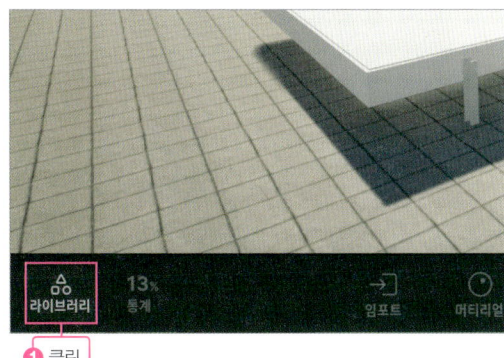 

02 카테고리에서 '유리', '메탈', '타일', '벽돌' 등 다양한 재질 목록을 클릭해 종류를 확인합니다. 재질 탐색은 상위 경로를 클릭하거나 검색 도구를 활용합니다. 커서를 재질로 이동하면 미리보기가 표시됩니다.

 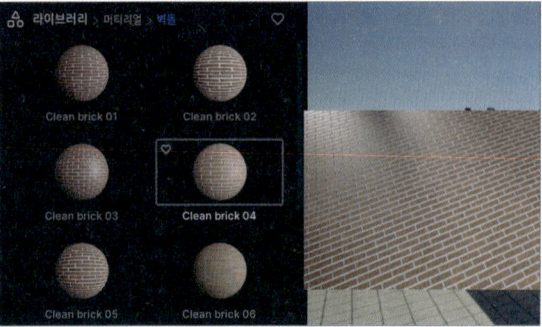

03 재질 옵션 ❶을 길게 클릭해 '오브젝트에 적용'으로 변경합니다. 벽돌 'Clean brick 08' 재질을 담장 ❸부분으로 클릭 & 드래그하면 재질이 적용됩니다. 나머지 벽에도 재질을 적용합니다.

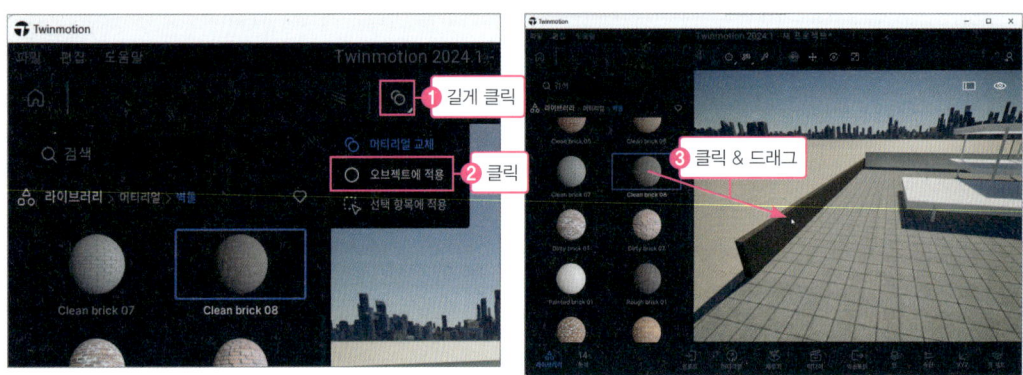

TIP 재질 적용 옵션

'머티리얼 교체' 옵션으로 재질을 적용하면 동일한 재질로 된 모든 객체에 적용됩니다. 담장과 바닥, 지붕이 동일한 재질이므로 담장에 재질을 적용하면 뒤쪽 담장에도 재질이 적용됩니다.

▲ 머티리얼 교체   ▲ 오브젝트에 적용

04 스케치업에서 적용한 재질을 수정하기 위해 머티리얼 '픽커(🖉)' ❶을 클릭하고 콘크리트 바닥 ❷를 클릭합니다. 속성 패널에서 마우스 휠을 아래로 돌려 컬러 설정의 세부 사항을 클릭하고 채도는 '1.0', 리프트는 '−0.02'로 값을 설정합니다.

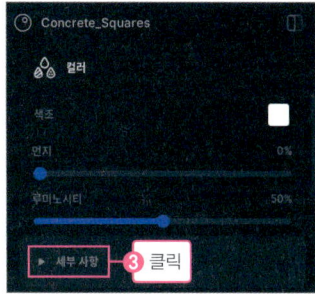

05 속성 패널에서 마우스 휠을 아래로 돌려 'UV' 설정에서 '스케일' 값을 '1.5'로 수정합니다. 스케치업에서 적용한 재질도 편집이 가능합니다.

UV 설정에 '회전', '스케일' 항목이 나타나지 않으면 UV를 클릭합니다.

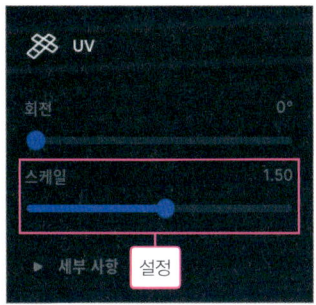

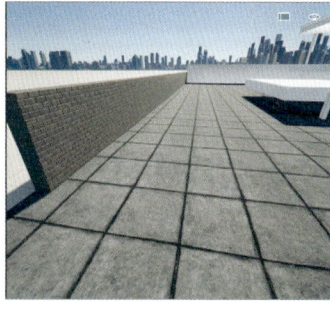

▲ 재질 편집 전 　　　　　▲ 재질 편집 후

06 대리석의 'Marble01C' 재질 ❶을 클릭하고 워크플로우 메뉴에서 [머티리얼] ❷를 클릭해 머티리얼 도크 패널을 확장합니다.

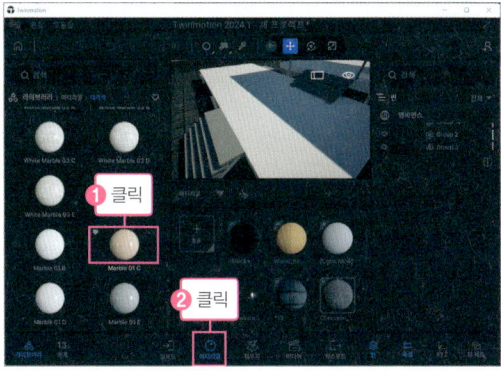

머티리얼 도크와 즐겨찾기

① 머티리얼 도크

모델에 적용한 재질을 관리하는 도크로 재질 정리, 필터링, 표준 재질 추가 등 재질 관리에 필요한 옵션을 사용할 수 있습니다. 머티리얼 도크에서도 클릭 & 드래그로 오브젝트에 재질을 적용할 수 있습니다. 자주 사용하는 재질은 다음과 같습니다.

- 필터(▼) : 유형을 선택하면 필터링된 재질만 나열됩니다.
- 정리() : 적용되지 않은 재질을 도크에서 삭제합니다.
- 추가(■) : 표준 재질을 추가합니다.
- 옵션(…) : 도크의 재질을 삭제, 복사, 이름을 변경합니다.(도크의 재질로 커서를 이동해 …을 클릭해서 사용)

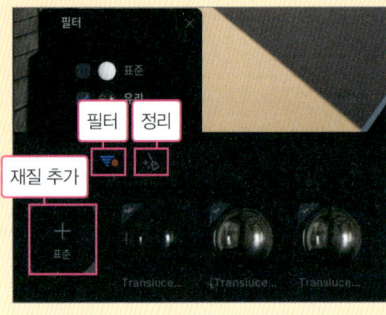

▲ 필터 적용

▲ 머티리얼 도크의 재질 옵션

② 라이브러리의 머티리얼 패널

재질에 표시된 하트 모양을 클릭하면 해당 재질은 패널 우측 상단의 즐겨찾기로 빠르게 찾을 수 있습니다.

- 즐겨찾기 등록

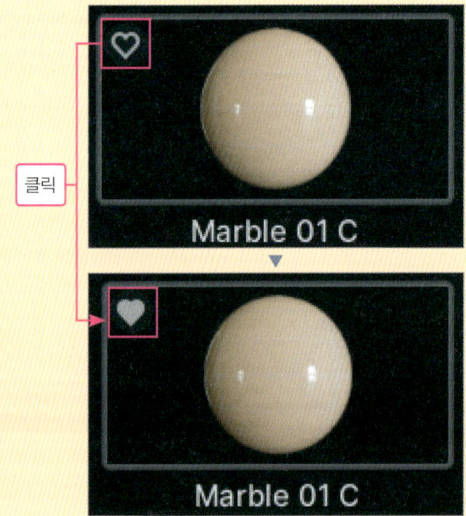

- 즐겨찾기 패널

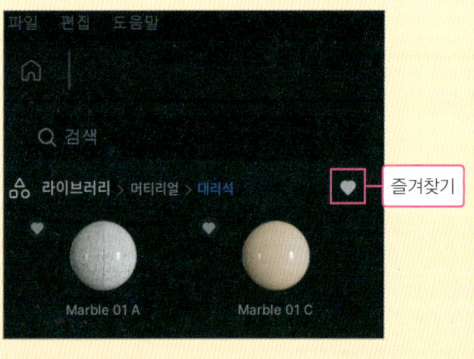

07 대리석의 'Marble01C' 재질을 선택해 테라스 바닥 ❶에 적용합니다. 적용한 재질은 머티리얼 도크에 등록됩니다.

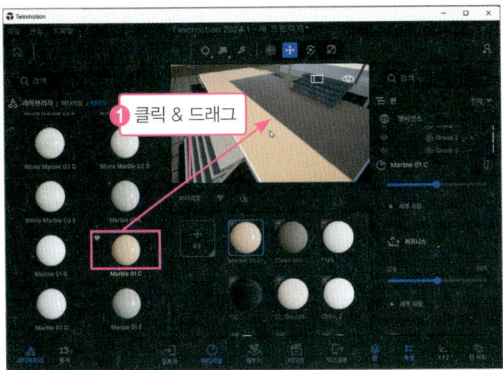

08 계단은 스케치업 모델링 과정에서 별도의 재질을 적용한 상태이므로 재질 옵션을 '머티리얼 교체( )'로 변경 후 머티리얼 도크에서 클릭 & 드래그로 적용합니다.

머티리얼 패널에서 다시 재질을 적용하면 같은 재질이지만 크기, 방향, 색상 등 속성 변경 시 별도의 재질(인스턴스)로 구분됩니다.

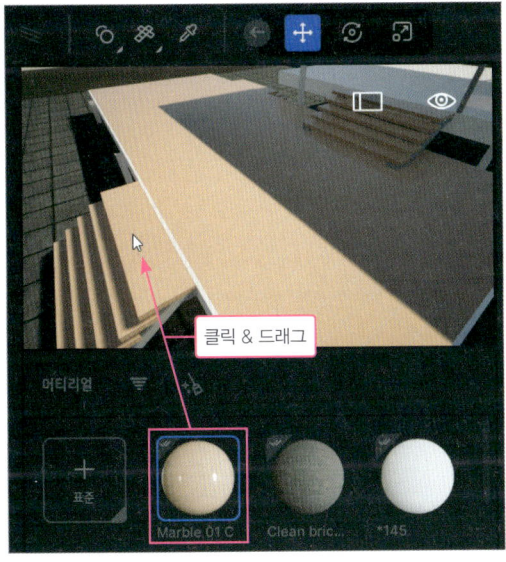

09 재질을 수정하겠습니다. 'Marble01C' 재질 ❶이 선택된 상태에서 속성 패널의 '회전'을 '90°', '스케일'을 '3'으로 변경합니다.

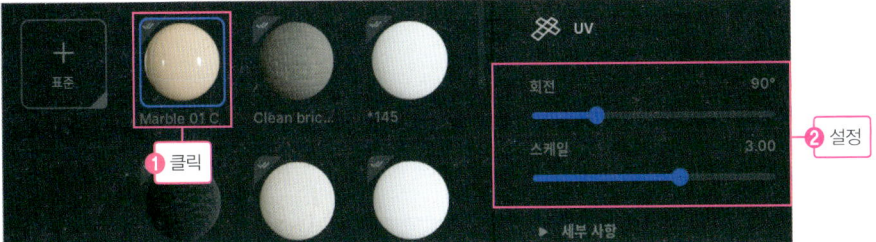

▲ 재질 편집 전

▲ 재질 편집 후

10 '세부 사항'을 클릭합니다. '오프셋 X, Y' 값을 조절하여 바닥 마감재의 줄눈을 보기 좋게 수정합니다.

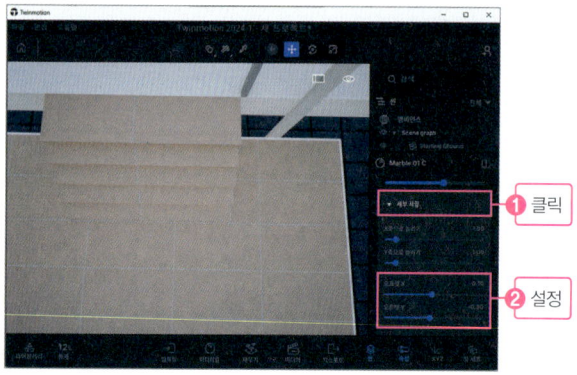

11 트윈모션의 머티리얼을 사용하여 구조체와 가구에 재질을 적용하고, 시간을 설정합니다.

시간 설정은 눈 모양 ❶을 클릭하고 해 모양 ❷를 클릭합니다.

▲ 실외 재질 적용(오전 7시)

▲ 실내 재질 적용(오후 7시)

> **TIP** **객체 모양에 따른 재질 옵션**
>
> 좀 더 자연스러운 재질 표현을 위해 적용할 객체의 모양에 따라 UV 옵션을 설정할 수 있습니다. '큐빅 UV', '실린더 UV', '스피어 UV', '오브젝트 UV' 옵션을 적절히 적용해야 합니다. 바닥, 벽 등 넓은 판의 형태는 '오브젝트 UV'를 사용하는 것이 적절하나 판스 워스 하우스 원목 테이블의 경우 '오브젝트 UV'를 적용한 것보다 '큐빅 UV'를 적용했을 때 자연스럽게 표현됩니다.

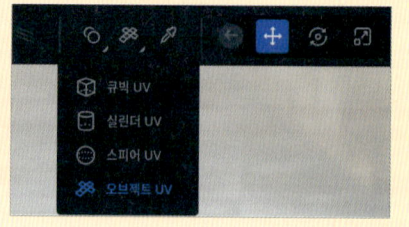

STEP 5 모델링 수정

01 작업 중인 파일을 'study'로 저장합니다. 트윈모션은 종료하지 않은 상태에서 [예제파일/P05/Ch03] 폴더의 'Farnsworth House.skp' 파일을 더블 클릭해 스케치업을 실행합니다.

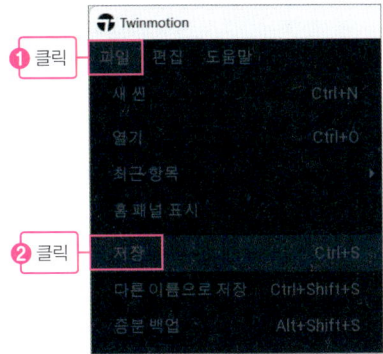 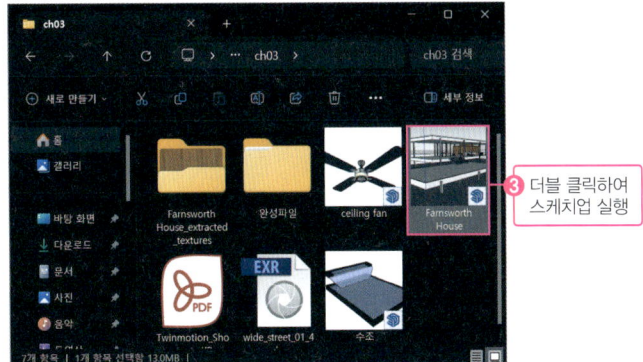

02 스케치업에서 수조를 추가하겠습니다. [File] – [Import]를 클릭하고 '수조'를 가져와 다음과 같이 배치합니다. 다시 Import로 'ceiling fan'을 배치하고 저장 후 스케치업은 종료합니다.

실링팬을 배치할 때는 유리벽 안으로 충분히 확대한 후 배치해야 합니다.

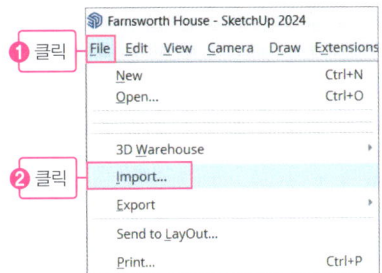 

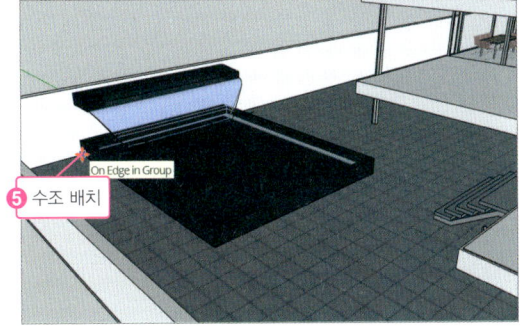 

03 트윈모션의 플로우 메뉴에서 [임포트(■)] ❶을 클릭하고 '다시 임포트(■)' ❷를 클릭합니다. 물 재질에서 'Sea 02'를 선택해 수조에 담긴 물 ❸부분으로 클릭 & 드래그합니다.

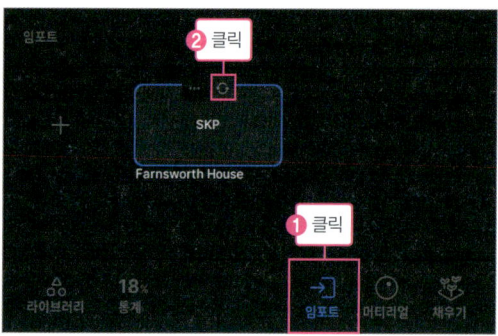 

04 속성 패널에서 물의 '컬러', '수심', '파동 강도'를 설정하고 '파동 강도'의 '세부 사항'을 클릭합니다. '파동 크기' 및 '플로 방향'과 '플로 속도'를 수정합니다. 수조의 재질도 대리석으로 적용합니다.

속성 패널에 재질 정보가 나타나지 않는 경우 ⊤ 키를 누르고 수조의 물을 클릭합니다. 수조의 재질은 입체적인 상자 모양으로 '오브젝트 UV'보다는 '큐빅 UV'를 적용하는 것이 좋습니다.

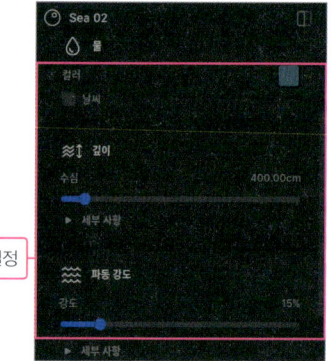 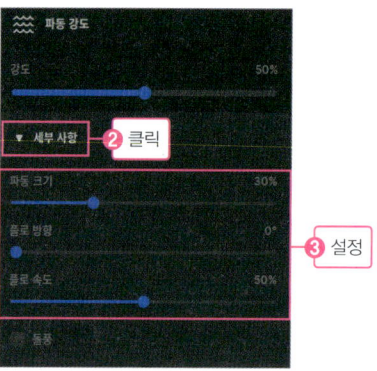

STEP 6 라이브러리 패널 – 오브젝트

01 라이브러리 패널에서 가장 상위 항목인 [라이브러리] ❶을 클릭하고 '오브젝트' ❷를 클릭합니다.

 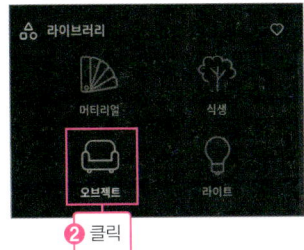

02 하위 카테고리를 '오브젝트' → '집' → '거실' → '테이블'로 이동하고 마음에 드는 테이블을 배치합니다. 다시 '오브젝트' → '도시' → '벤치'로 이동합니다. 'Matte'를 배치합니다.

 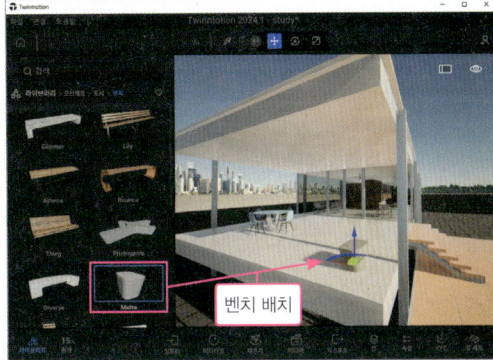

03 오브젝트를 클릭하면 축 모양의 기즈모가 표시됩니다. 기본 기능은 '이동( )'으로 표시됩니다. ❶부분을 클릭 & 드래그해 위치를 변경해 봅니다. [Shift] 키를 누른 상태로 ❷부분을 클릭 & 드래그하면 복사할 수 있습니다. 복사 설정 창에서 [확인] 버튼을 클릭합니다. 이동 및 복사의 거리 값을 직접 입력할 수도 있습니다.

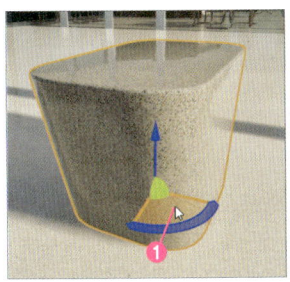  

> **TIP 인스턴스와 복사**
>
> 인스턴스로 복사할 경우 하나의 클래스에 속하게 되어 재질 등 객체의 특성이 연동되지만, 복사로 복사하면 원본과 별도로 독립성을 갖습니다.
>
>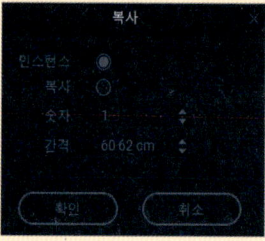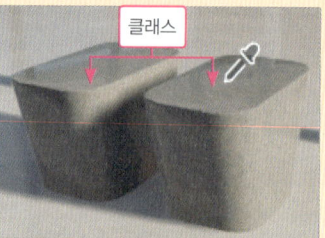
>
> ▲ 인스턴스 복사의 경우 특성을 변경하면 해당 클래스에 속하는 모든 오브젝트가 변경됩니다.

04 ❶을 클릭하고 Ctrl 키를 누른 상태로 ❷를 클릭합니다. 커서를 ❸부분으로 이동해 '90'을 입력하고 Enter 키를 누릅니다.

별도의 도구나 명령 없이 기즈모를 사용해 이동한 후에도 XY 평면으로 회전이 가능하며, 회전 도구 상태에서도 기즈모의 축을 지정해 오브젝트를 이동시킬 수 있습니다.

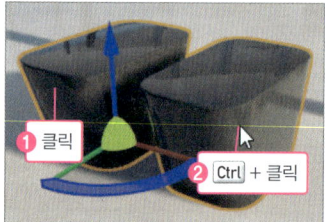 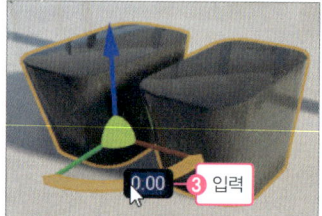 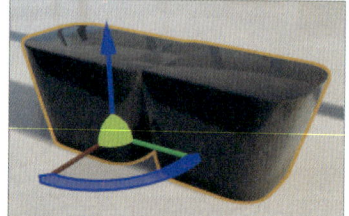

05 작업화면 상단 편집 도구에서 '스케일( )' ❶을 클릭합니다. 화살표 ❷를 클릭하면 중력, 피봇 편집 등 추가로 사용할 수 있습니다. Y축으로 커서를 이동해 '1.5'배 늘려줍니다. 오브젝트가 겹치는 경우 이동( ) 도구로 간격을 조정합니다.

Tab(Tab) 키를 누르면 이동/회전/스케일 기능을 전환할 수 있습니다.

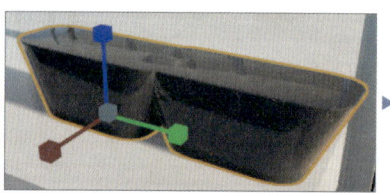 

▲ Y축(녹색)에서 '1.5' 입력   ▲ 이동 도구로 간격 조정

06 검색 창 ❶에 'Fish'를 입력하고 Enter 키를 누릅니다. ❷를 클릭해 카테고리를 '캐릭터'로 변경하고 수조 안을 클릭해 물고기를 배치합니다. 배치 후 −Z축으로 약 '−20' 정도 이동합니다. 스케일을 사용하면 범위를 좁힐 수 있습니다.

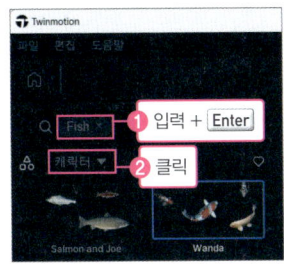  

07 실내에 가구나 소품을 교체하거나 추가합니다. 인물과 차량도 배치합니다.
'Tip 라이브러리 설정 및 효과'를 참고합니다.

▲ 인물 배치 : 라이브러리 패널 → 캐릭터　　　　　　▲ 차량 배치 : 라이브러리 패널 → 차량

> **TIP** 라이브러리 설정 및 효과
>
> ① 라이브러리 삭제
>
> 3인/8인 테이블을 삭제할 경우 [씬] 패널에서 상위 계층을 삭제하면 됩니다. 삭제할 항목을 클릭하고 Delete 키를 누르거나 ▪▪▪을 클릭하고 삭제를 클릭합니다.
>
>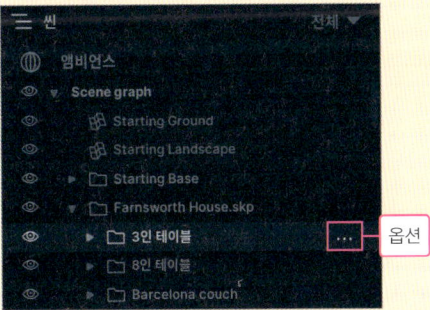

② 인물 배치

캐릭터를 배치한 후 클릭하면 우측 속성 패널에서 '복장 컬러', '포즈', '애니메이션'을 설정할 수 있습니다. 캐릭터의 특징을 설정하고 이동과 회전을 사용해 의자나 소파에 앉아 있는 모습으로 연출이 가능합니다. 길거리에 많은 사람을 표현할 때는 '그룹', 움직임이 없는 사람은 '포즈 휴먼', 2D(RPC) 이미지는 '컷아웃'을 사용합니다.

 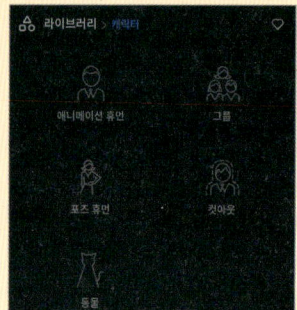

③ 비디오 파일 적용

TV, 벽면의 대형 디스플레이에 비디오 파일을 적용할 수 있습니다. '라이브러리' → '머티리얼' → '비디오'의 'Video sample'을 TV 화면으로 클릭 & 드래그하면 영상이 재생됩니다.

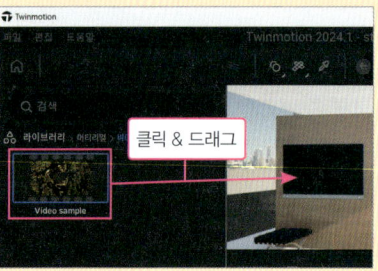 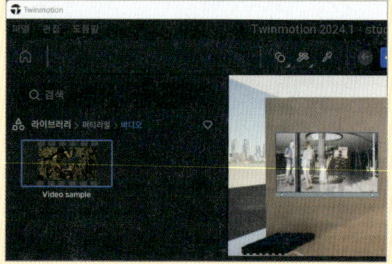

> **TIP**
>
> **비디오 파일 불러오기**
>
> 다른 비디오 파일을 불러오려면 머티리얼 도크에서 'Video sample' ❶을 클릭합니다. 속성 패널에서 비디오 폴더 ❷를 클릭하고 '열기' ❸을 클릭합니다.

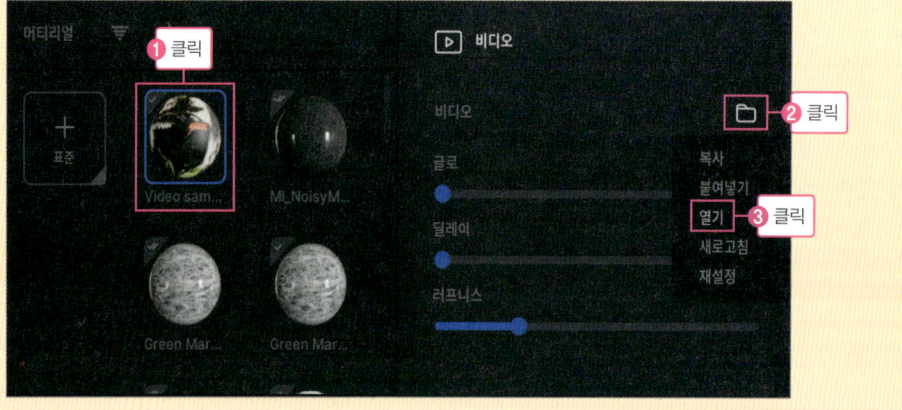

STEP 7 라이브러리 패널 – 식생과 지형

01 작업화면의 시점을 수조 주변으로 이동합니다. 라이브러리 패널의 '식생'을 클릭하고 '잔디와 꽃'을 클릭합니다. 잔디 중 'Long grass 01'을 클릭하고 수조 주변을 여러 번 클릭합니다. 범위는 크지 않습니다.

02 상위 카테고리 '식생'을 클릭하고 '관목'을 클릭합니다. 여러 가지 관목을 수조 주변에 배치합니다. 하나의 오브젝트를 연속적으로 클릭해도 크기, 방향이 다른 것을 확인합니다. 배치된 관목을 클릭하면 속성 패널에서 '크기', '색조', '바람' 적용 여부를 설정할 수 있습니다.

03 상위 카테고리인 '식생'을 클릭하고 '나무'를 클릭합니다. 3~4종의 나무를 건물 주변에 배치합니다.

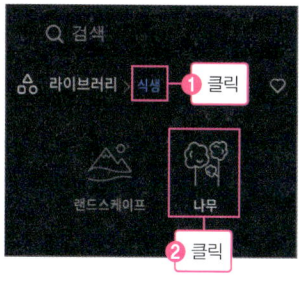

> **TIP 랜덤 배치**
> 라이브러리에서 Ctrl 키를 누른 상태로 클릭하면 다수의 오브젝트를 선택할 수 있습니다. 선택된 오브젝트는 무작위로 배치됩니다.

04 잔디, 나무 등 주변 식생을 워크플로우 메뉴의 채우기 도구로 빠르게 표현해 보겠습니다. 먼저 대지를 비포장으로 변경하겠습니다. [라이브러리] 패널의 '머티리얼'에서 '그라운드'의 '네이처'를 클릭합니다. 'Forest ground 1'을 대지로 클릭 & 드래그합니다.

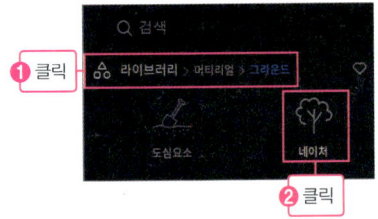

05 채우기(페인트)

[라이브러리] 패널의 '식생'에서 '잔디와 꽃'을 클릭합니다. 하단 워크플로우 메뉴에서 [채우기] ❷를 클릭합니다. '배치' ❸을 클릭하고 '페인트' ❹를 클릭합니다. 라이브러리 패널에서 'Long grass 04' ❺를 드롭 패널로 클릭 & 드래그합니다.

06 [드롭] 패널에서 'Long grass 04'를 클릭하고 '밀도'와 '크기'를 '70%' 정도로 설정합니다. '페인트 브러시' 도구 ❸을 클릭하고 '지름'을 '1500' 정도로 설정합니다. 설정된 브러시의 지름은 커서를 작업화면으로 이동해 확인합니다.

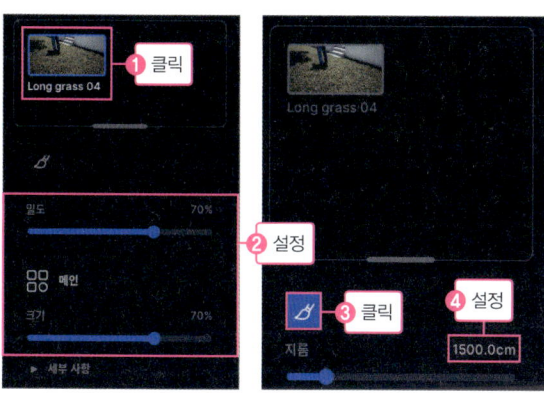

07 ❶지점부터 ❷지점까지 클릭 & 드래그합니다. Esc 키를 눌러 작업을 종료하고 다시 Esc 키를 눌러 선택을 해제합니다.

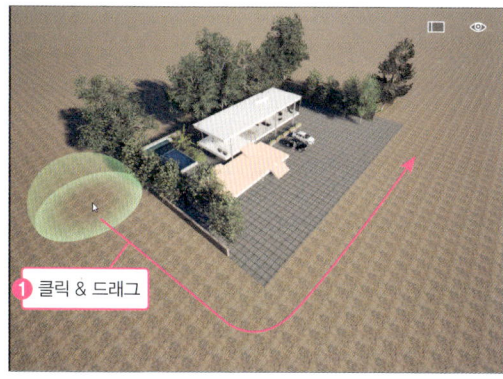

Chapter 03 • 트윈모션의 주요 도구 익히기   435

08 브러시로 칠해진 잔디는 멀리서 보이지 않기 때문에 M 키를 눌러 보행 모드로 전환하여 잔디를 확인합니다. 이후 다시 M 키를 눌러 드론 모드로 전환합니다.

> **거리에 따른 잔디의 표시와 선택**
>
> ① 잔디 페이딩
> 잔디는 거리가 멀어지면 원활한 작업을 위해 화면에서 사라지므로 근거리에서 작업하는 것이 좋으며, 먼 거리에서도 화면에 보이게 하려면 환경설정에서 '잔디 페이딩'을 '원거리'로 설정하면 됩니다.
>
> ② 잔디 선택
> 잔디를 삭제하거나 설정을 변경하기 위해 선택할 경우 [씬] 패널에서 '식생'으로 검색하면 쉽게 선택할 수 있습니다.
>
>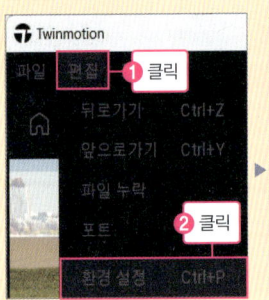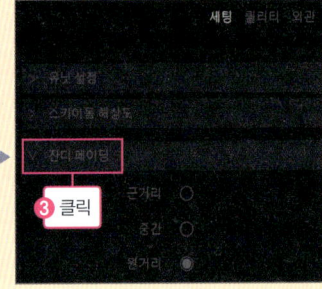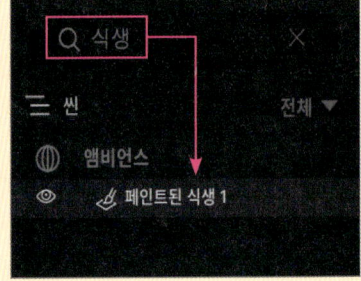
> ▲ 잔디 페이딩 설정   ▲ 잔디 선택은 검색 창에 입력

09 채우기(흩뿌리기)

흩뿌리기는 표면(재질)을 경계로 선택 요소를 뿌려주는 도구입니다. 라이브러리 패널 '오브젝트'에서 '프리미티브'를 클릭합니다. 'Plane 100m' ❷를 클릭하고 건물 주변에 배치합니다. [라이브러리] 패널 '머티리얼'에서 '그라운드'의 '네이처'를 클릭하고 'Forest ground 2' 재질을 흰색 Plane에 적용합니다.

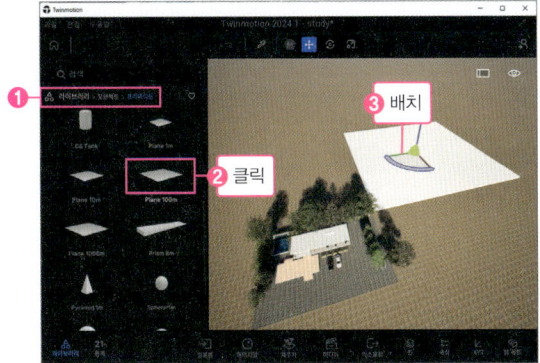

10

[라이브러리] 패널 '식생'에서 '나무'를 클릭합니다. 하단 워크플로우 메뉴에서 [채우기] ❷를 클릭합니다. '배치' ❸을 클릭하고 '흩뿌리기' ❹를 클릭합니다. 라이브러리 패널에서 나무 ❺, ❻, ❼, ❽을 [드롭] 패널인 ❾지점으로 클릭 & 드래그합니다.

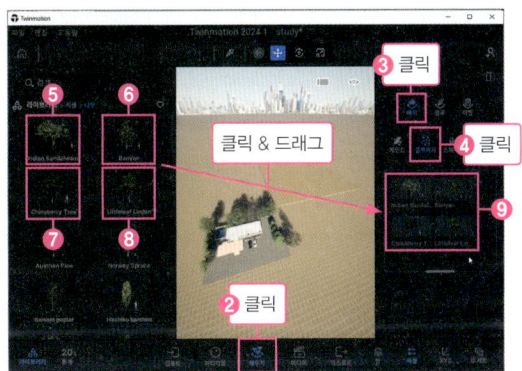

11

[드롭] 패널에서 나무 ❶을 클릭하고 Ctrl 키를 누른 상태로 ❷, ❸, ❹를 클릭합니다. '흩뿌리기( )' 도구 ❺를 클릭하고 'Plane 100m'의 표면 ❻을 여러 번 클릭합니다. 흩뿌리기 후 PC 성능의 부담을 줄이기 위해 ❻부분의 식생은 삭제합니다.

'흩뿌리기( )' 이후 '삭제( )'와 '지우기( )'를 이용해 오브젝트의 수를 조절할 수 있습니다.

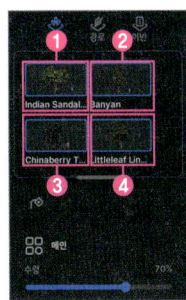

12 채우기(스페이싱)

[라이브러리] 패널에서 '오브젝트'의 '도시'에서 '가로등'을 클릭합니다. 채우기는 '배치'의 '스페이싱'을 클릭합니다. 'Summer' ❹를 드롭 패널인 ❺지점으로 클릭 & 드래그합니다.

13 가로등을 배치할 경로 ❶, ❷, ❸을 클릭하고 Esc 키를 누릅니다. '패스 텐션'을 '100%', '개수'는 '10'개로 설정합니다.

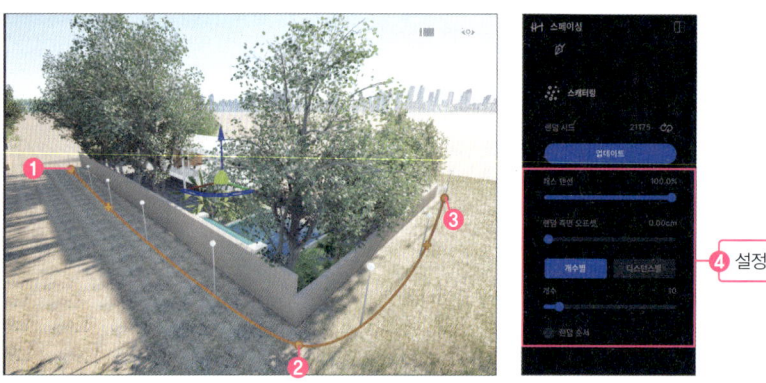

14 앞서 배치한 나무나 관목을 선택해 밀집도와 크기, 수령(세팅)을 조정하고 채우기 도구로 부족한 나무를 자유롭게 채워줍니다.

STEP 8 애니메이터

01 출입문 부분을 확대합니다. [라이브러리] 패널 '도구'에서 '애니메이터'를 클릭하고 '로테이터'를 클릭합니다. 회전축을 설정하기 위해 'Rotator'를 클릭합니다.

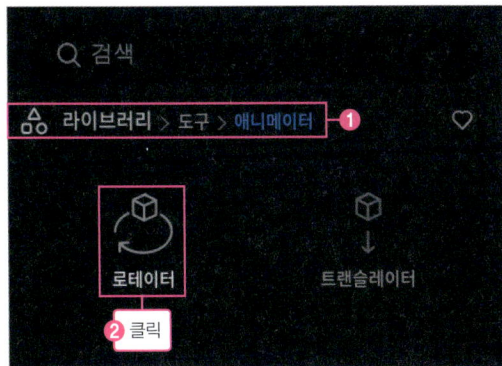

02 오른쪽 문틀의 힌지 부분인 ❶지점을 클릭합니다. Esc 키를 누르고 ❶지점의 로테이터 표식(⊙)을 클릭하면 회전축과 방향을 확인할 수 있습니다. '재생' 항목을 체크하고 각도 '120', 축 'Z', 애니메이션 '한번', 속도 '0.3', 딜레이 '0'으로 설정합니다.

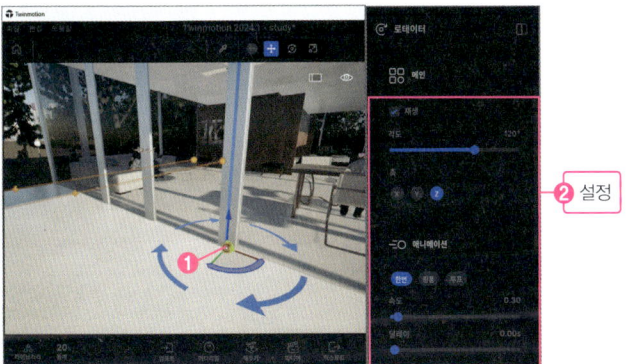

03 '트리거'를 '사용'으로 체크하고 '트리거 구역'을 '200cm'로 설정합니다. 속성 패널 가장 상단으로 이동해 오브젝트 '링크(🔗)'를 클릭합니다.

트리거를 켜면 시점이 가까워졌을 때 작동합니다.

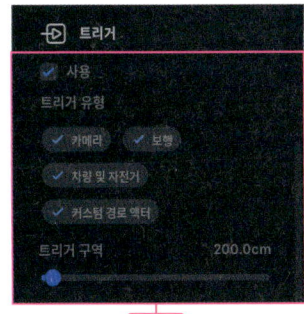
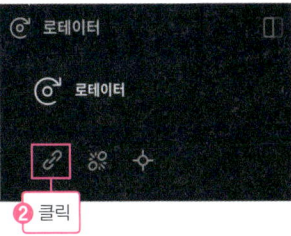

04 문틀 ❶, 유리 ❷, 문틀 ❸, 손잡이 ❹, 손잡이 소켓 ❺를 클릭하면 화살표 방향으로 '120°' 움직입니다. Esc 키를 눌러 선택을 해제하고 시점을 멀리한 후 다시 가까이하여 문이 반응하는지 확인합니다. Esc 키를 2번 눌러 작업을 종료합니다.

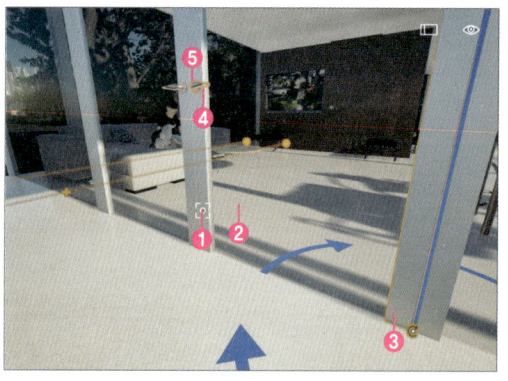 

05 실내로 진입하여 천장의 실링팬 ❶에 로테이터를 배치합니다. 계속 회전되도록 '각도'는 '360°', '축'은 'Z', '애니메이션'은 '루프', '속도'는 '1', '트리거'를 '꺼짐'으로 설정합니다. '링크(🔗)'를 클릭합니다.

 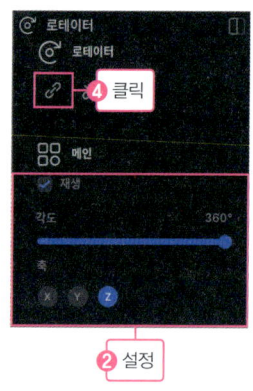 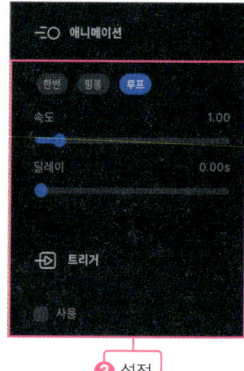

06 회전시킬 날개 4개를 클릭합니다. '애니메이션'을 '루프', '트리거'를 '꺼짐'으로 하여 항상 회전하게 합니다. Esc 키를 2번 눌러 작업을 종료합니다.

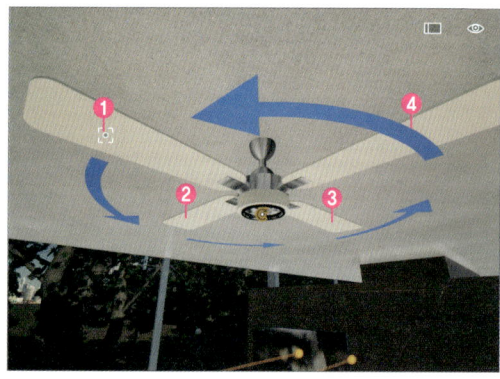 

STEP 9 HDRI 환경

01 현재 하늘은 맑은 하늘입니다. HRDI 하늘 이미지를 다운로드하기 위해 [파일] 메뉴의 [에픽게임즈 로그인]을 클릭해 로그인합니다.

> HDRI(High Dynamic Range Image)는 동적 명암비가 높은 이미지를 말합니다. 고정된 시점에서 보여지는 조명의 정보를 포함한 이미지로 시점에 따른 빛의 표현을 지원합니다.

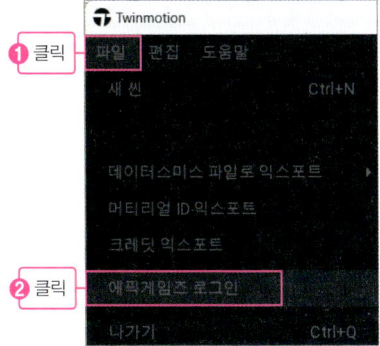

02 [라이브러리] 패널의 HDRI 환경에서 '하늘'을 클릭하고 '정오'의 '오버캐스트'로 이동해 'Noon Overcast 03'을 다운로드(⬇)를 클릭하고 작업화면으로 클릭 & 드래그합니다.

03 속성 패널에서 HDRI 환경을 클릭해 태양의 '강도', '회전' 등을 설정해 적절한 밝기와 구름 위치를 설정합니다.

> 세부 사항에 '태양을 HDRI로 잠금'을 해제하면 태양을 회전시켜도 그림자 위치를 고정시킬 수 있습니다.

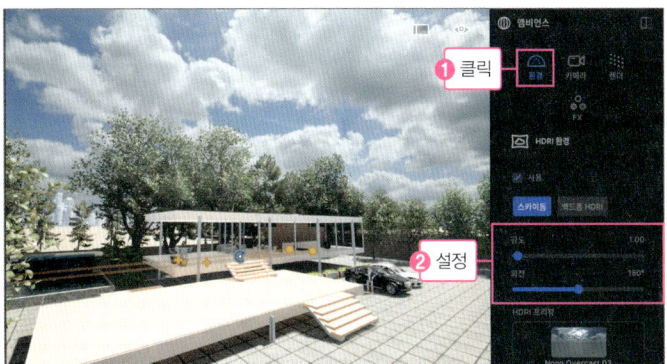
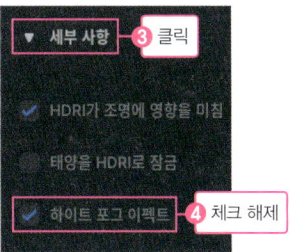

> **TIP**
>
> **HDRI 이미지 무료 다운로드와 적용**
>
> ① HDRI 이미지 무료 다운로드
>
> Poly Haven, HDRI-SKIES, NOEMOTION HDRS 등의 사이트에서 무료로 다운로드 가능합니다. 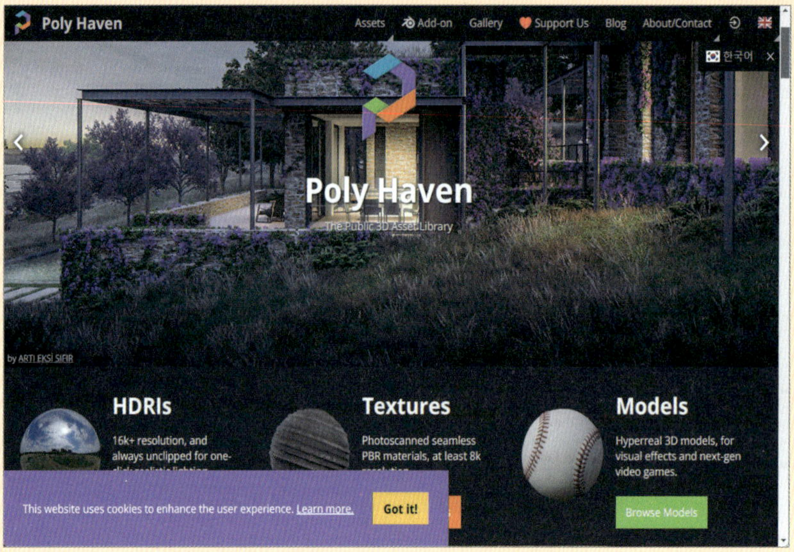
>
> ▲ 회원 가입 없이 이용할 수 있는 폴리해이븐(https://polyhaven.com)
>
> ② HDRI 이미지 적용
>
> 스카이돔 설정에서 ■을 클릭하고 '열기'를 클릭합니다. [예제파일/P05/Ch03] 폴더에서 'wide_street_01_4k' 파일 또는 직접 다운로드한 HDRI 파일을 클릭하고 [열기] 버튼을 클릭합니다.

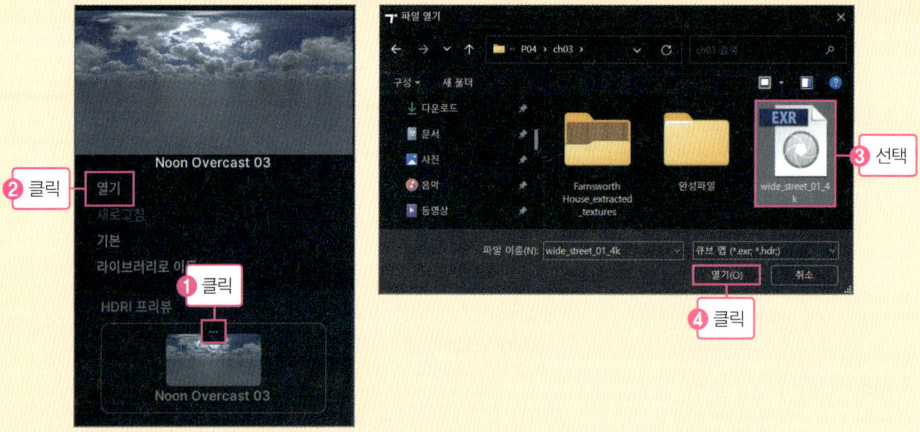

04 메뉴 세팅의 라이팅에서 스카이돔은 체크를 해제합니다.

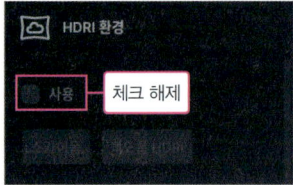

STEP 10 라이팅

01 침실로 들어와 [라이브러리] 패널의 '라이트'에서 'Area Light'를 클릭하고 ❸지점을 클릭합니다. Esc 키를 누르고 배치한 라이트 ❹를 클릭합니다.

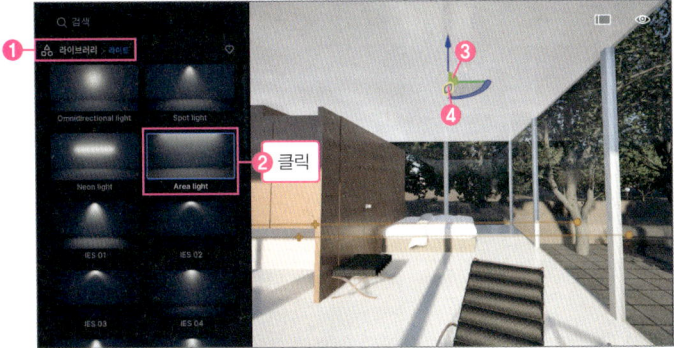

02 속성 패널에서 라이트의 길이는 '300cm', 너비는 '700cm'를 설정하고 라이트 영역이 침실 중간에 위치할 수 있도록 기즈모의 X, Y축을 클릭해 이동합니다.

03 배치한 라이트가 선택된 상태에서 속성 패널의 '기타'를 클릭합니다. 시간 설정에 따라 낮에는 켜지고 밤에는 꺼질 수 있도록 '주야식별'을 '켜짐'으로 설정합니다.

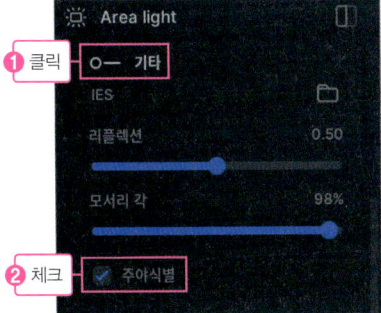

04 Shift 키를 누른 상태에서 축 ❶을 출입구 쪽으로 클릭 & 드래그합니다. 복사 설정 창에서 인스턴스 설정 후 숫자 '2개', 간격 '1000cm'로 설정하고 [확인] 버튼을 클릭합니다.

  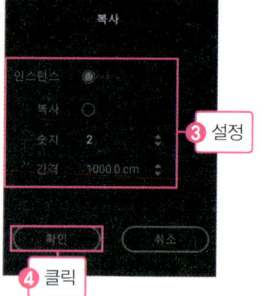

05 수조 위쪽으로 복사된 라이트 ❶을 클릭합니다. 축 ❷를 ❸지점으로 클릭 & 드래그합니다. 거실의 라이트 ❹도 중앙으로 이동합니다.

06 라이트 확인을 위해 [씬] 패널의 '앰비언스'를 클릭합니다. 속성 패널에서 '하루 중 시간'을 '00 : 00'으로 설정하고 세부 사항을 클릭해 달빛 강도를 '0.3'으로 변경합니다. 빛이 퍼지지 않고 바닥에는 자국이 선명합니다.

하루 중 시간을 설정할 수 없다면 HDRI 환경(스카이돔)이 비활성화 되어 있는지 확인합니다.

07 라이트 3개 중 하나를 클릭합니다. '감쇠'를 '1000cm'으로 설정하고 그 외 '강도', '컬러', '섀도(그림자)'는 작업자 취향으로 설정합니다.

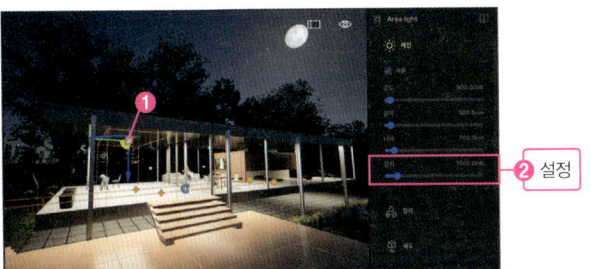

08 지붕 모서리 ❸부분에 네온 라이트를 배치합니다. '길이'는 '1000cm' 정도, '강도'는 '0.5~1lm'으로 설정하고 주야 식별을 '켜짐'으로 설정합니다.

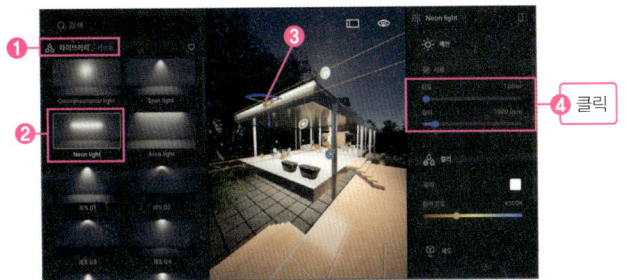

09 네온 라이트를 모서리 ❶(길이 3000cm), ❷(길이 1000cm), ❸(길이 2000cm)부분에 추가로 설치합니다. 라이트 배치 후 시간은 다시 '19:00' 정도로 어둡게 설정합니다.

> **TIP 라이트 선택**
> 라이트는 거리가 멀거나 가려져 있는 경우 잘 표시되지 않습니다. [씬] 패널의 필터를 사용해 선택하는 것이 편리하며, 목록 좌측에 표시된 눈 ❶을 클릭하면 해당 라이트가 꺼지고 우측 ┄ ❷를 클릭하면 상세 옵션을 사용할 수 있습니다.

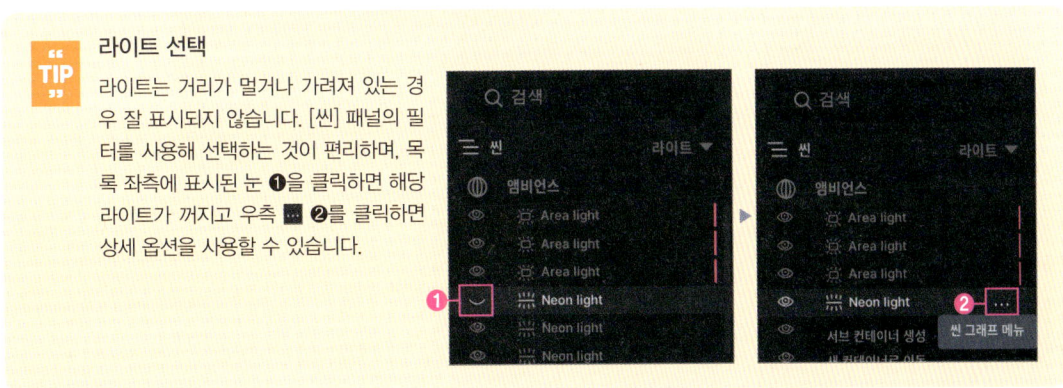

Chapter 03 • 트윈모션의 주요 도구 익히기 **445**

CHAPTER 04 렌더링 이미지 및 동영상 출력

STEP 1 이미지 저장

01 결과물 출력을 위해 이미지를 저장하겠습니다. 미디어에서 생성한 이미지는 스카이돔, 시간, 날씨를 별도로 설정하여 저장이 가능합니다. 플로우 메뉴의 [미디어] ❶에서 [이미지] ❷를 클릭하고 이전에 생성한 '조감도' ❸을 클릭합니다. 작업화면에서 시점을 조정하고 '새로고침' ❹를 클릭하면 현재 환경과 시점으로 갱신됩니다.

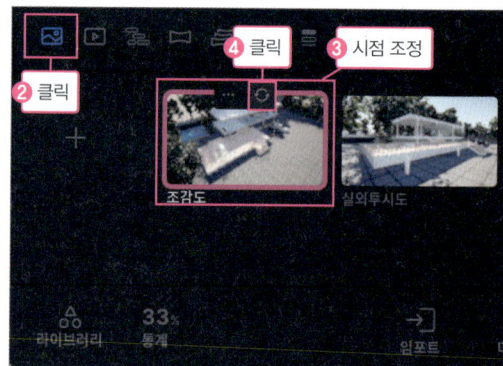

02 '실외투시도'를 클릭하고 속성 패널에서 '하루 중 시간'과 '태양 강도'를 설정하여 현재 뷰의 밝기를 조정합니다.

03 속성 패널에서 '카메라'를 클릭하고 '노출값(0.5~1)'을 설정합니다. 렌즈에서 '초점 거리'를 조정하고 '세부 사항'을 클릭합니다. 수직 형태가 왜곡되지 않도록 '패러렐리즘'을 체크합니다. 미디어의 '실외투시도'에서 '새로고침(◯)'을 클릭합니다.

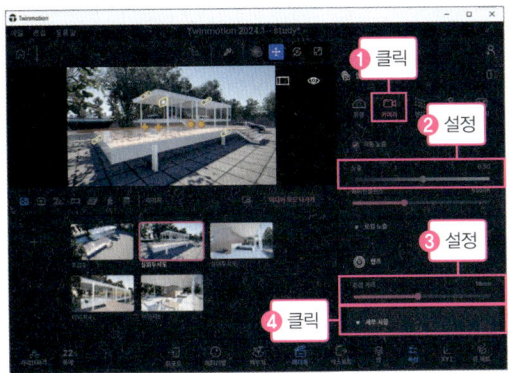 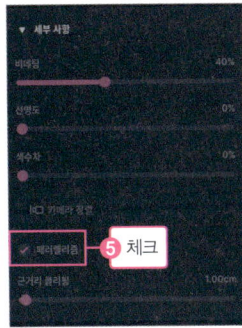 

04 겨울 이미지를 만들기 위해 '실외투시도'의 ▦ ❶을 클릭하고 '복제'를 클릭합니다. 복제된 실외투시도의 ▦ ❸을 클릭하고 '이름 바꾸기'를 클릭해 이름을 '실외투시도(겨울)'로 변경합니다.

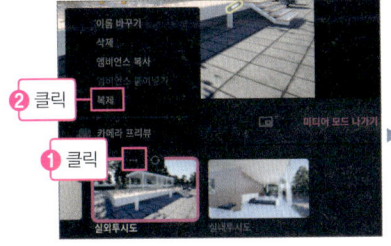 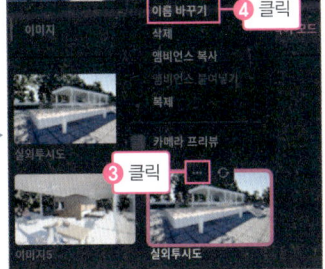 

05 속성 패널에서 환경을 클릭합니다. '하루 중 시간'을 '07 : 30', 계절은 '겨울(❄)'로 변경하고 이미지의 '새로고침(◯)'을 클릭합니다.

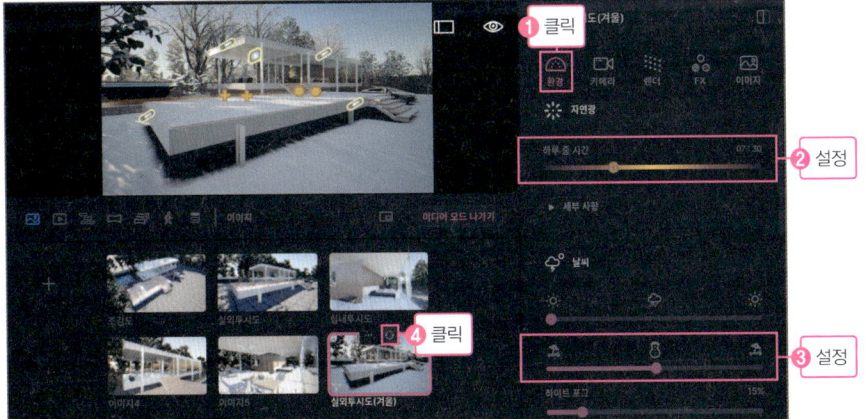

06 겨울 야간 이미지를 만들기 위해 '실외투시도(겨울)'의 ■ ❶을 클릭하고 '복제'를 클릭합니다. 복제된 '실외투시도(겨울)'의 ■ ❸을 클릭하고 '이름 바꾸기'를 클릭해 이름을 '실외투시도(겨울-야간)'으로 변경합니다.

07 '실외투시도(겨울-야간)' 이미지를 클릭합니다. 속성 패널에서 '하루 중 시간'은 '23 : 59'로 설정하고 세부 사항의 '달빛 강도'를 '0.3~0.5' 정도로 설정합니다. 설정을 갱신하기 위해 이미지의 '새로고침(■)'을 클릭합니다.

08 정면 이미지를 만들기 위해 '실외투시도'의 ■ ❶을 클릭하고 '복제'를 클릭합니다. 복제된 '실외투시도'의 ■ ❸을 클릭하고 '이름 바꾸기'를 클릭해 이름을 '정면'으로 변경합니다.

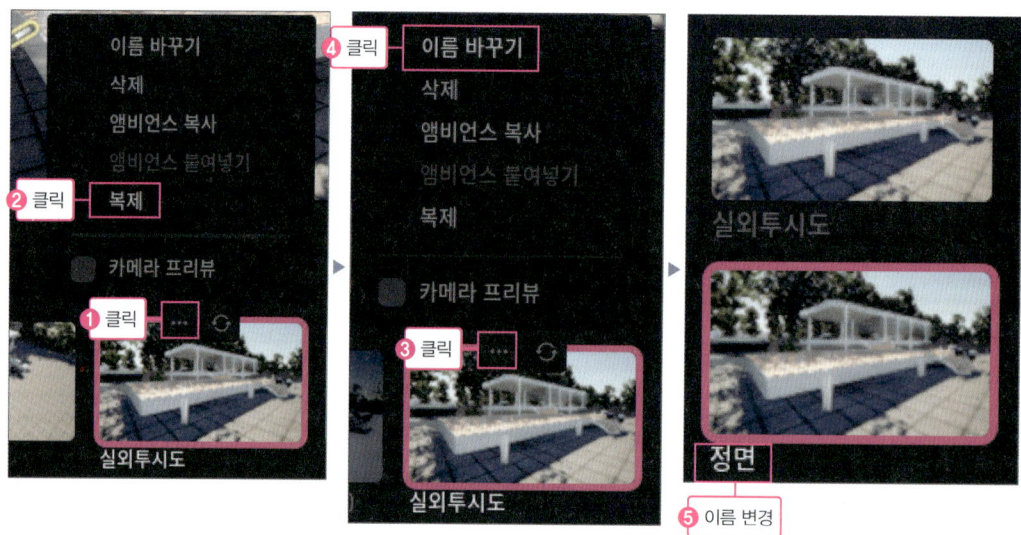

09 속성 패널에서 '카메라'를 클릭합니다. 렌즈의 '세부 사항'을 클릭하고 '카메라 정렬' ❸을 클릭합니다.

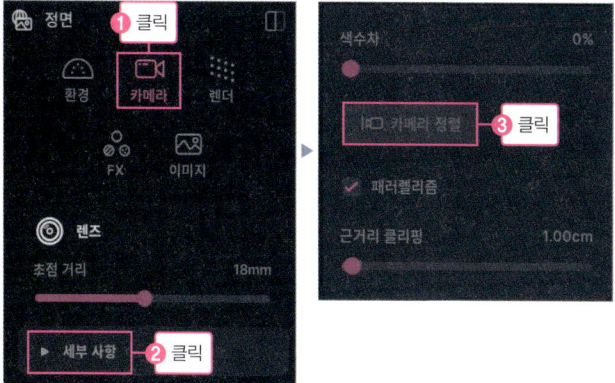

10 수직으로 주시할 면 ❶를 클릭하면 시점이 클릭한 면을 직각으로 바라보는 방향으로 변경됩니다.

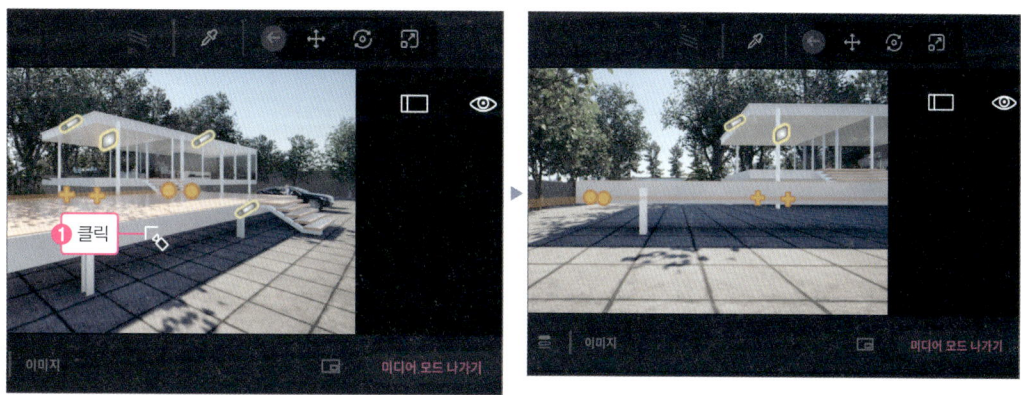

11 거리와 높이를 조절하고 이미지 설정을 갱신하기 위해 이미지의 '새로고침(　)'을 클릭합니다. '미디어 모드 나가기'를 클릭합니다.

12 출력하기 위해 워크플로우 메뉴의 [익스포트]를 클릭하고의 이미지의 '+' 를 클릭합니다.

13 '전체 선택'을 클릭하고 커서를 이미지 선택 창 바깥쪽인 ❷부분으로 이동합니다. 이미지를 클릭하고 'PNG' 포맷을 클릭합니다.

> Photoshop이 설치된 경우 가장 높은 품질인 'EXR' 포맷으로 설정합니다.

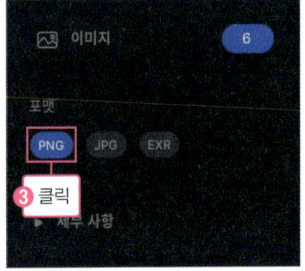

 이미지 포맷

① PNG
8비트 RGB 포맷으로 익스포트합니다. 무손실 압축을 사용하여 압축되므로 JPG보다 파일 크기가 크지만 데이터 손실이 없습니다.

② JPG
8비트 RGB 포맷으로 익스포트합니다. 손실 압축을 사용하여 압축되므로 PNG보다 파일 크기가 작지만 일부 데이터가 손실됩니다.

③ EXR
전문가급 32비트 RGB 포맷으로 익스포트합니다. 노출, 컬러 및 색조에 관한 다수의 정보가 포함됩니다.

14 [익스포트 시작]을 클릭하고 저장 폴더를 지정하면 이미지가 저장됩니다.

PC 하드웨어 사양에 따라 1분~3분 정도 소요됩니다.

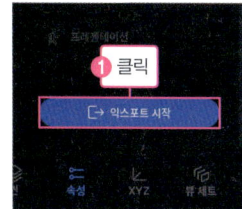  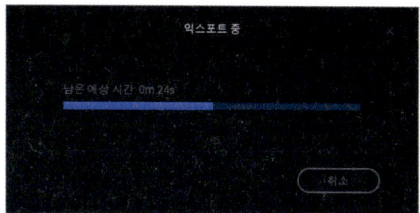

▲ 출력 이미지

> **TIP 이미지 해상도 설정**
>
> 속성 패널의 '이미지'를 클릭하고 '포맷'의 '아웃풋 크기'를 클릭하면 기본 Full HD외 고해상도를 설정할 수 있습니다.
>
>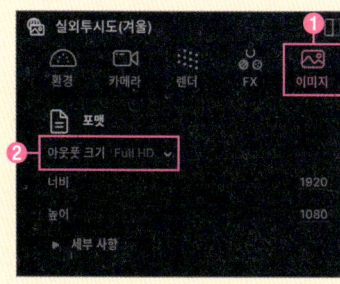

STEP 2 영상 출력

01 [씬] 패널에서 '앰비언스'를 클릭하고 '환경'을 클릭합니다. 'HDRI 환경'에서 '사용'에 체크하고 '스카이돔'을 클릭합니다. 작업화면을 동영상의 시작화면인 건축물을 내려다보는 시점으로 조정합니다.

PC가 고성능인 경우 건물 주변으로 나무 등 조경 요소를 좀 더 배치합니다.

02 워크플로우 메뉴의 [미디어]를 클릭하고 '비디오'를 클릭합니다. '비디오 생성'을 클릭하면 비디오의 시작 키 프레임(장면)이 등록됩니다.

> **TIP 키 프레임 옵션**
>
>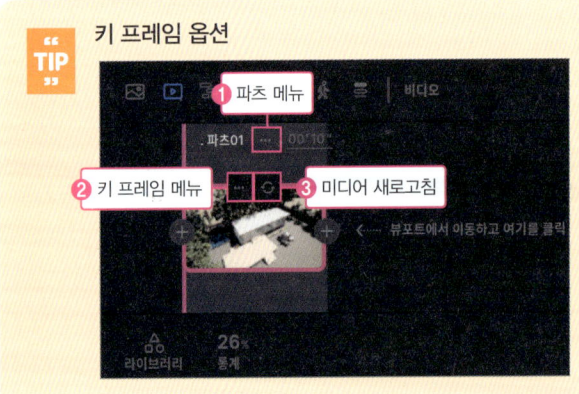
>
> ① 파츠는 키 프레임의 그룹 단위로 파츠 메뉴에는 병합, 이름 바꾸기, 복사 등의 옵션을 사용할 수 있습니다.
> ② 키 프레임 메뉴는 장면을 복사하고 삭제하는 옵션을 사용할 수 있습니다.
> ③ 미디어 '새로고침'은 수정한 장면의 정보를 갱신합니다.

03 시점을 오른쪽 방향으로 이동하고 '키 프레임 추가( )' ①을 클릭합니다. 추가한 장면은 영상의 끝부분이 됩니다. 각 장면 간 카메라가 이동하면서 영상을 만들어내므로 선홍색 수직선(키) ②를 클릭 & 드래그로 이동하면서 영상을 확인합니다. 장면의 시작과 끝이 마음에 들지 않으면 시점을 수정 후 '새로고침( )' ③을 클릭합니다.

  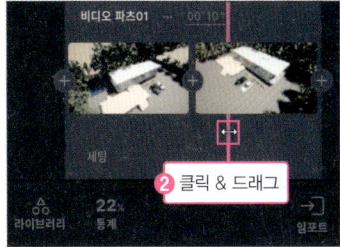

04 두 번째 장면의 위치에서 그대로 지상으로 내려오기 위해 M 키를 눌러 탐색 모드를 보행 모드로 변경합니다. 현재 위치가 지상으로 내려오면 시선이 건물 쪽을 향하도록 변경하고 '키 프레임 추가( )' ①을 클릭합니다. 3개의 키 프레임으로 첫 번째 비디오 파츠를 구성했습니다. '재생'을 클릭해 영상을 확인합니다. 파트를 추가하기 위해 '비디오 파츠 추가( )'를 클릭합니다.

키 프레임은 더 추가 할 수 있으며 각 키 프레임의 기본 재생 시간은 10초입니다.

05 보행 모드 상태에서 담장 쪽으로 이동해 '새로고침( )'을 클릭합니다. 두 번째 파츠의 시작 키 프레임 ②가 등록되었습니다.

 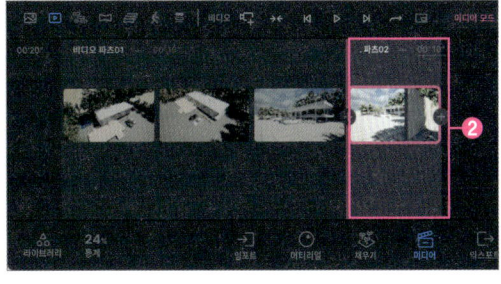

06 수조와 건물이 보이도록 이동하고 '키 프레임 추가(⊕)'를 클릭합니다. 선홍색 수직선(키)을 클릭 & 드래그로 이동하면서 영상을 확인합니다.

07 수조 앞까지 이동하고 '키 프레임 추가(⊕)'를 클릭합니다. 두 번째 파츠의 키 프레임을 모두 저장했습니다. 파츠 병합 ❷를 클릭해 파츠의 프레임을 압축합니다.

08 파츠 간 경계 지점에 페이드 효과를 넣기 위해 '가위 모양(✂)' ❶을 클릭하고 검은색으로 페이드를 클릭합니다. 이후 '재생(▶)' 버튼을 클릭하거나 선홍색 수직선(키)을 경계 지점에 두고 좌우로 이동해 장면 전환 시 검은색으로 바뀌는 것을 확인합니다.

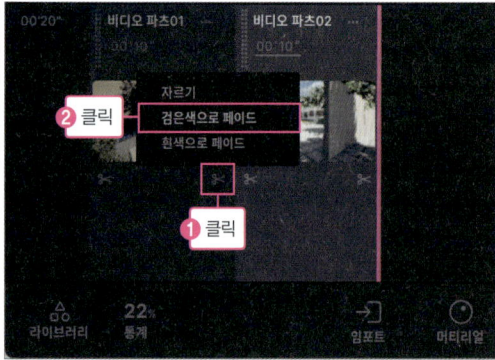

09 '비디오 파츠 추가(　)' ❶을 클릭해 새 파츠를 추가하고 보행 모드 상태에서 건물 정면으로 이동해 '새로고침(　)'을 클릭합니다. 세 번째 파츠의 시작 키 프레임이 등록되었습니다.

10 눈높이로 이동해야 하므로 보행 모드로 출입문 앞까지 이동합니다. 실내가 보이도록 하고 '키 프레임 추가(　)'를 클릭합니다.

> 콘크리트 바닥 턱에 걸린 경우 앞으로 이동되지 않습니다. 비행 모드로 변경해 앞으로 조금 이동 후 다시 보행 모드로 변경하면 됩니다.

11 실내로 들어가 출입문 방향으로 화면을 설정하고 '키 프레임 추가(　)'를 클릭합니다. 선홍색 수직선(키)을 클릭 & 드래그로 이동하면서 영상을 확인합니다.

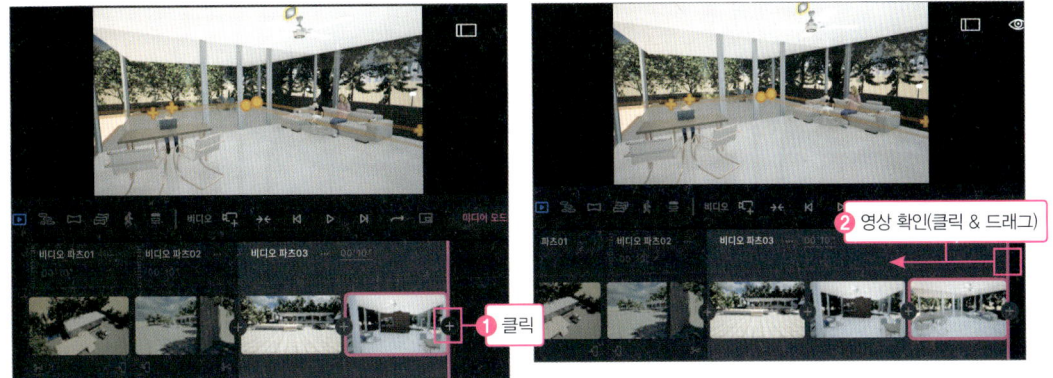

12 페이드 설정을 위해 파츠 병합 ❶을 클릭합니다. '가위 모양(✂)' ❷를 클릭하고 '검은색으로 페이드'를 클릭합니다.

 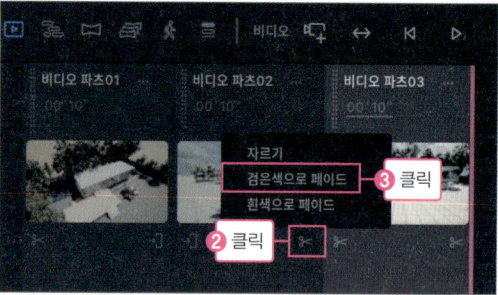

13 영상 전체를 '재생(▶)' 버튼을 클릭해 확인합니다. 각 파츠의 시간 및 효과를 추가로 보완하고 워크플로우 메뉴의 [익스포트(⤴)]를 클릭합니다. '비디오'의 '+' 를 클릭한 후 작성된 비디오 ❹를 클릭하고 커서를 비디오 선택 창 바깥쪽인 ❺부분으로 이동합니다.

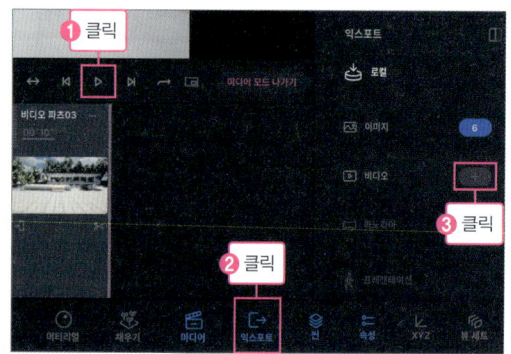 

14 출력할 비디오의 포맷을 'MP4'로 설정하고 '익스포트 시작'을 클릭합니다.

 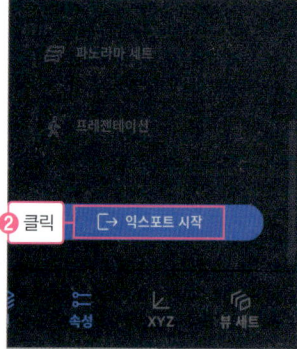

15 저장 폴더를 선택하면 익스포트가 진행되고 비디오가 저장됩니다. 출력된 영상을 재생시켜 확인합니다.

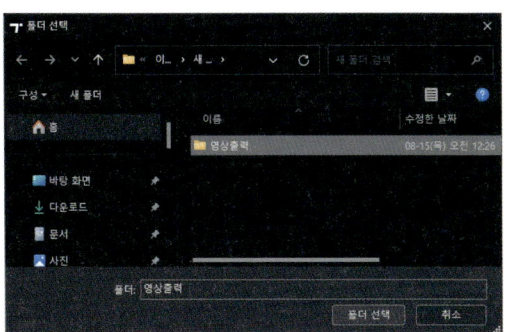 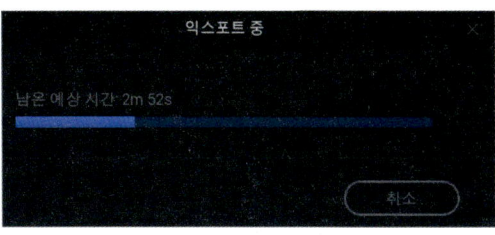

16 영상을 추가로 작성하기 위해 '비디오(▶)'를 클릭해 상위 옵션으로 이동합니다. 앞서 작성된 비디오의 ■을 클릭하고 '복제'를 클릭합니다.

 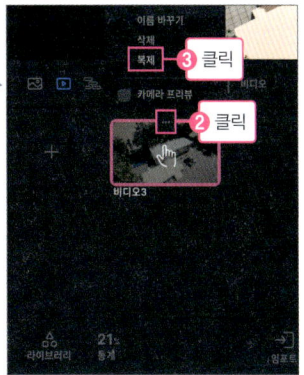

17 비디오의 ■ ❶을 클릭해 '이름 바꾸기'를 클릭합니다. 앞서 작성한 영상의 이름은 '기본' 복사한 영상은 '계절변화'로 변경합니다. 복사된 계절변화 비디오를 클릭합니다.

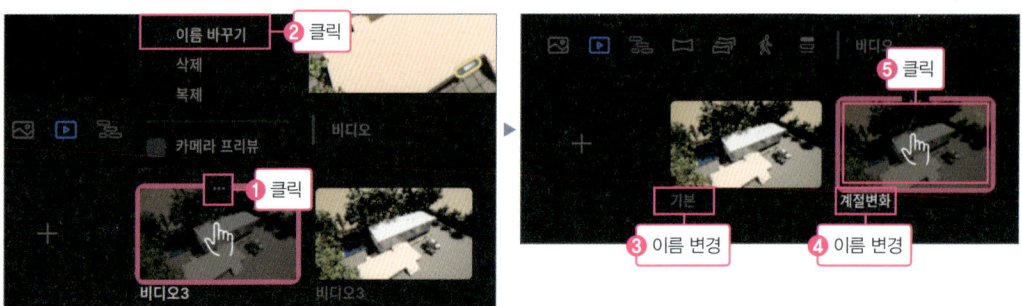

18 파츠02 ❶을 클릭하고 파츠 확대(⟷) ❷를 클릭합니다. 첫 번째 키 프레임을 클릭합니다. 속성 패널에서 환경의 날씨를 보면 맑음과 여름으로 설정되어 있음을 확인합니다.

19 두 번째 키 프레임 ❶을 선택하고 계절을 ❷부분으로 설정합니다.

20 세 번째 키 프레임 ❶을 선택하고 계절을 ❷부분으로 설정합니다. ❸을 클릭해 파츠02의 플레이 시간을 '30초'로 입력합니다.

21 ❶을 클릭하고 재생 ❷를 클릭해 계절과 날씨의 변화를 확인합니다.

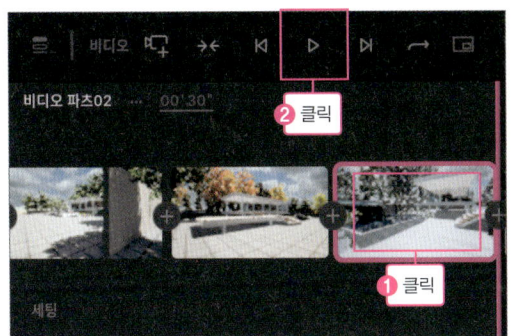 

Chapter 01　프레젠테이션 자료 작성

SketchUp 2025

LayOut 2025 활용 프레젠테이션

CHAPTER 01 프레젠테이션 자료 작성

LayOut은 SketchUp Pro(유료 버전)를 설치하면 자동으로 추가 설치되는 프로그램으로 SketchUp과 연동되어 사용됩니다. LayOut은 SketchUp의 모델 데이터를 그대로 가져오거나 이미지 자료를 첨부하여 도면화나 문서화를 목적으로 사용됩니다. 이전 파트에서 진행한 판스워스 하우스의 모델링/렌더링 자료를 사용해 프레젠테이션 자료를 LayOut을 활용해 작성해 보겠습니다.

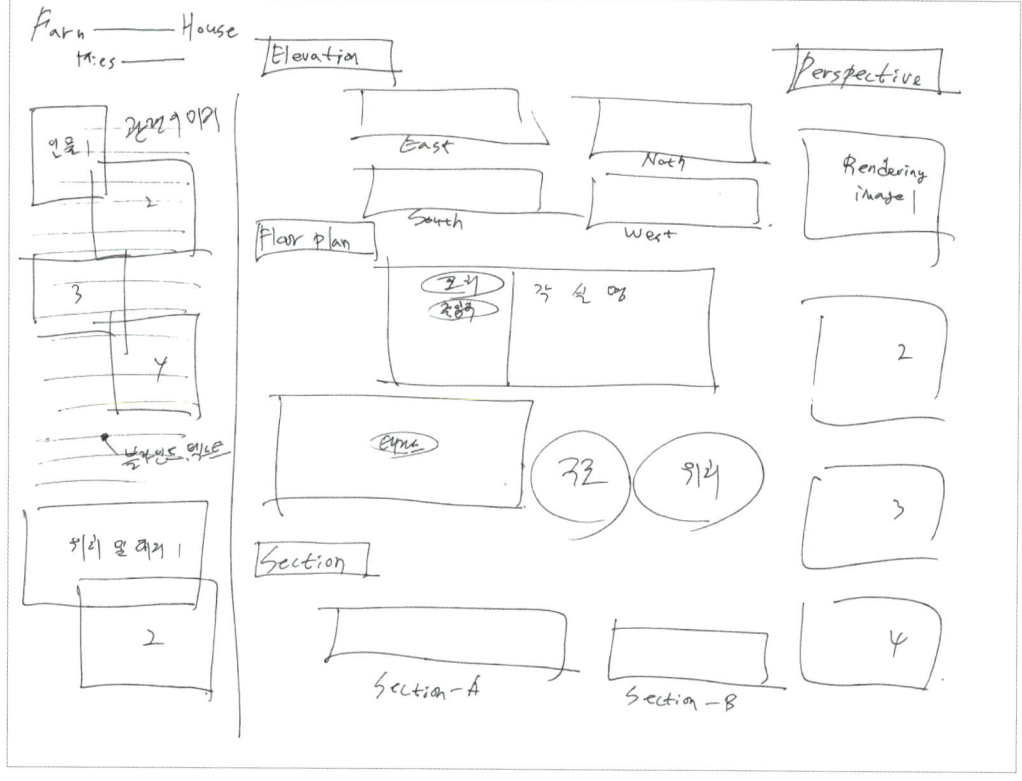

▲ 배치 계획 스케치(예시)

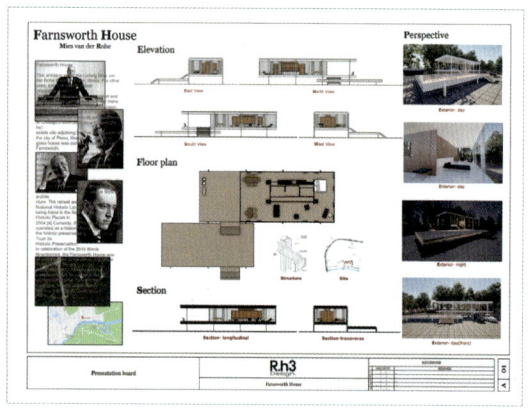
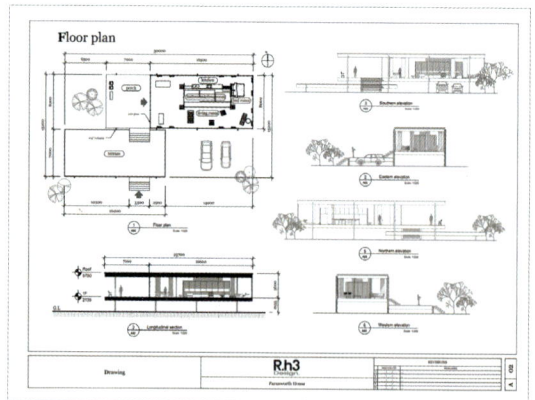

▲ 실습 내용

STEP 1 첨부 이미지 준비

01 모델링과 렌더링 이미지 외에 필요한 자료는 관련 서적이나 인터넷 등에서 찾아 저장합니다. 편의상 교재 진행에 필요한 자료는 [예제파일/P06/Ch01] 폴더의 파일을 사용합니다. 자료 폴더를 열어 이미지를 확인합니다.

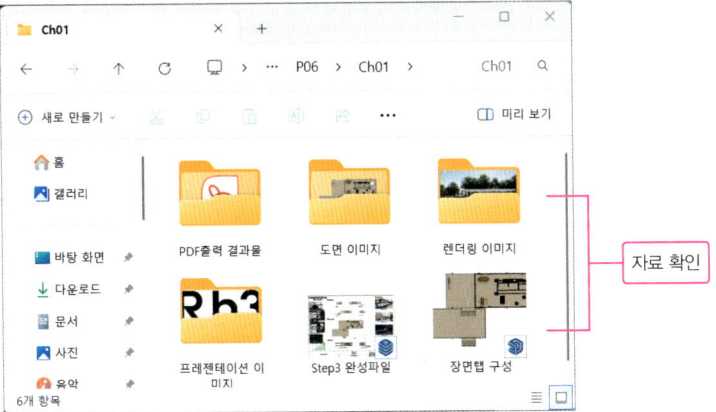

STEP 2 겉표지 작성

01 LayOut을 실행하고 우측 'More templates'을 클릭합니다. 템플릿 유형에서 'Titleblock'을 클릭하고 'Traditional'에서 'A3 Landscape'를 클릭합니다.

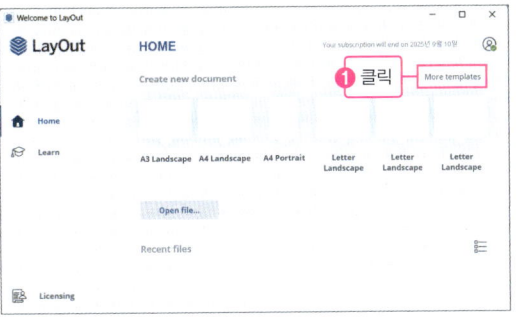 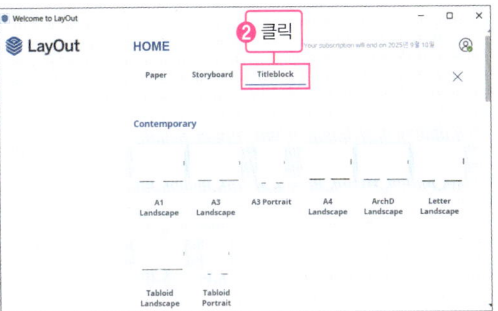

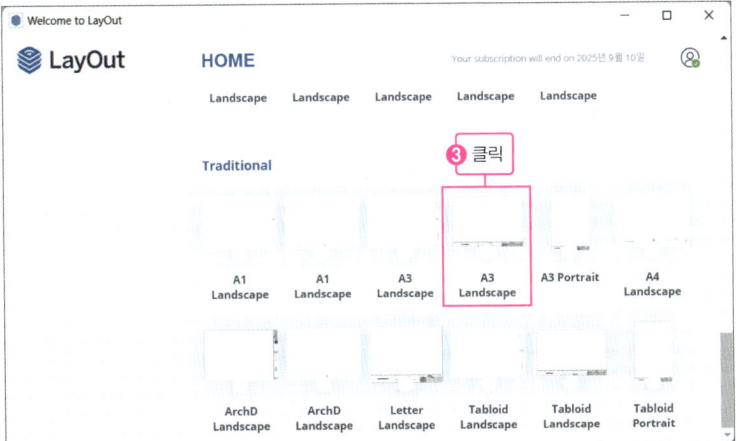

Chapter 01 • 프레젠테이션 자료 작성

02 LayOut의 작업환경은 스케치업과 매우 유사합니다. 크게 상단 풀다운 메뉴와 도구 막대, 우측 트레이, 하단 상태 막대로 구성됩니다.

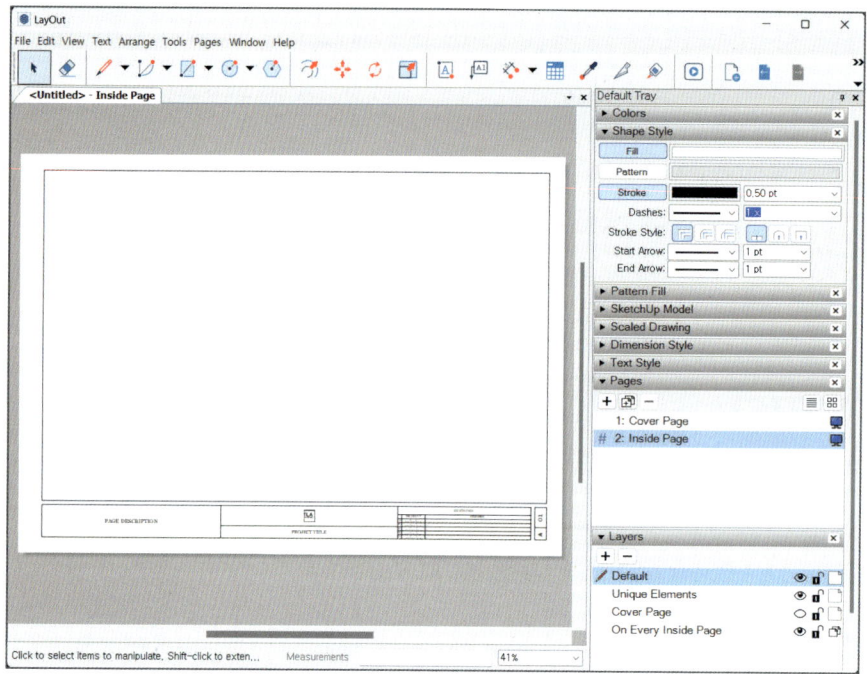

03 우측 [Pages] 트레이에서 'Cover Page'를 클릭합니다. 하단 표제란 중간에 있는 로고를 클릭하고, Delete 키를 눌러 삭제합니다.

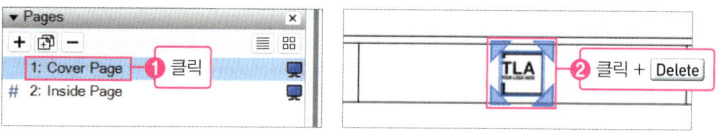

04 새로운 로고를 삽입하기 위해 [File] – [Insert]를 클릭합니다. [예제파일/P06/Ch01/프레젠테이션 이미지] 폴더에서 삽입할 'logo' 파일을 클릭하고 [열기] 버튼을 클릭합니다.

사용자가 직접 만든 이미지 로고를 사용해도 됩니다.

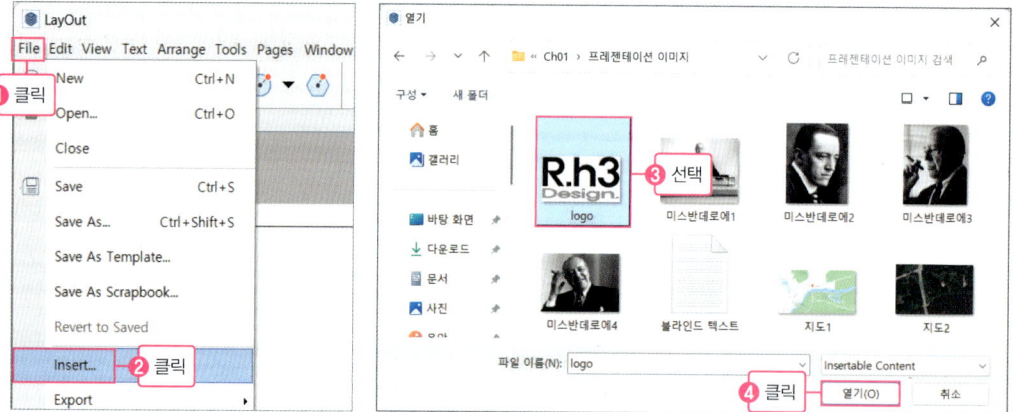

05 커서를 조절점 ❶로 이동합니다. Shift 키를 누른 상태에서 클릭 & 드래그로 크기를 조정한 후 하단 중앙으로 이동합니다.

객체가 선택된 상태에서 방향키(←,→,↑,↓)를 누르면 조금씩 움직일 수 있습니다.

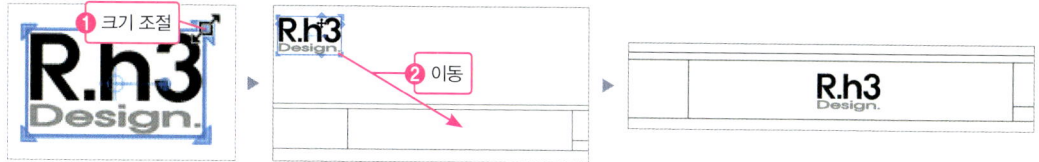

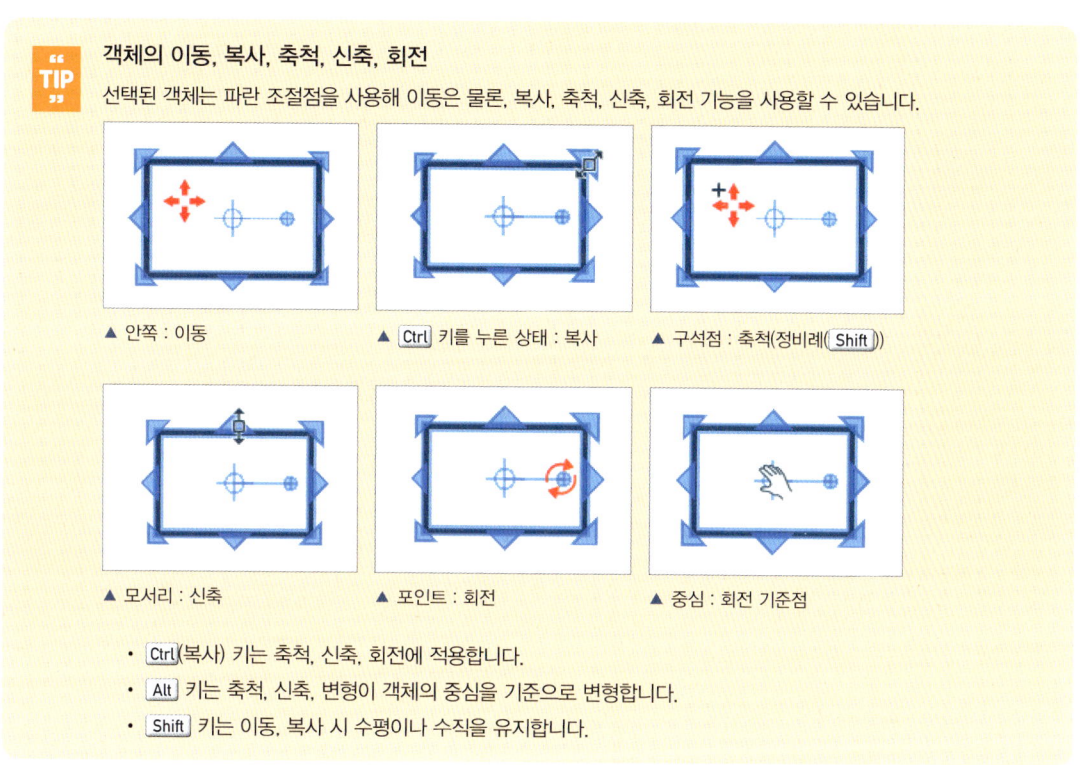

06 좌측 하단의 'PROJECT TITLE'을 더블 클릭하고 제목을 수정한 후 [Text Style] 트레이에서 문자 높이를 '20pt'와 '11pt'로 수정합니다.

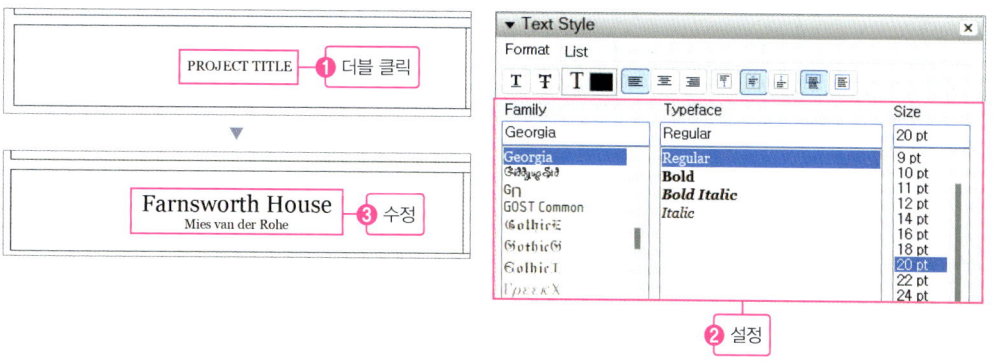

07 계속해서 기본 도구의 [Text] 도구를 클릭하고 우측 하단 ❷부분을 클릭합니다. [Text Style] 트레이에서 문자 높이를 '9pt'로 설정하고 다음과 같이 작성합니다.

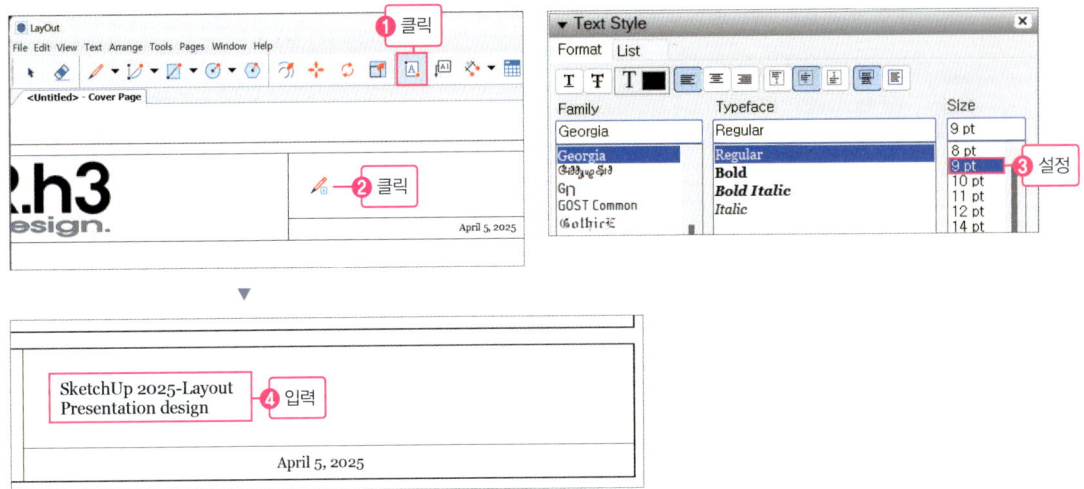

08 좌측 문자를 시트 중앙으로 복사한 후 '48pt'와 '24pt'로 크기를 수정합니다. 문자 영역이 좁아 가려지면 조절점을 클릭 & 드래그하여 충분히 넓혀줍니다.

문자를 클릭한 후 이동 표식이 나올 때 Ctrl 키를 누른 상태로 드래그합니다.

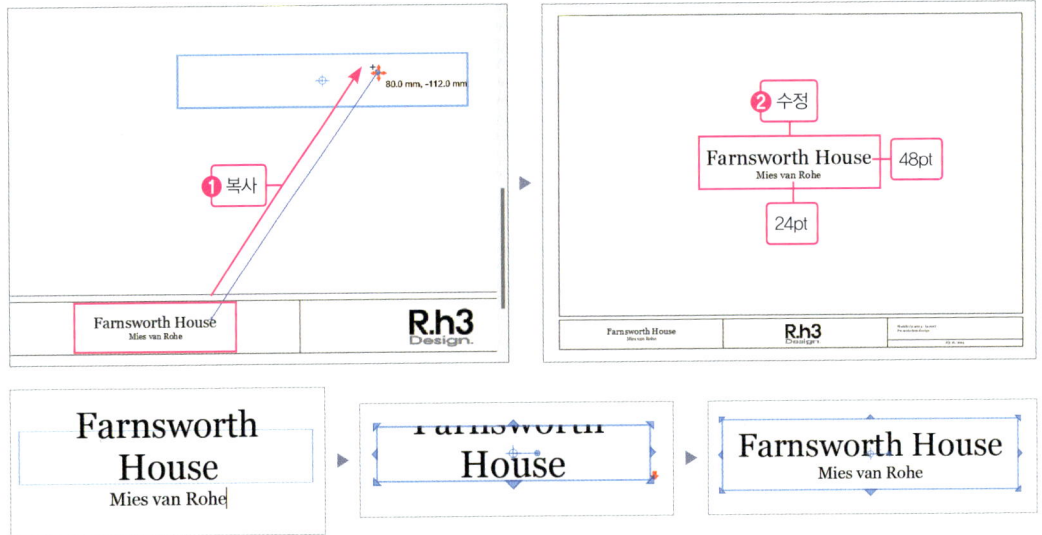

Auto-Text

① Auto-Text

앞에서 시트의 'PROJECT TITLE'을 더블 클릭해 문자를 수정할 때 표시된 '〈 〉'는 Auto-Text 입니다. 지정된 태그를 통해 일괄적으로 문자를 수정하는 것이 가능하고 동일한 내용이 반복적으로 사용될 경우 유용합니다.

A3 시트에서 태그로 지정된 'PROJECT TITLE'은 겉지 좌측 하단, 내지 중앙 하단에 표기되고 내지가 동일한 형태로 계속 사용될 경우 'PROJECT TITLE' 은 태그에 지정된 문자로 자동으로 변경됩니다.

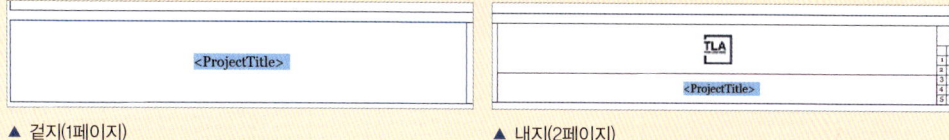

▲ 겉지(1페이지)   ▲ 내지(2페이지)

② Auto-Text 설정

[File] – [Document Setup]을 클릭합니다. 'Auto-Text'의 〈Project Tile〉 태그를 클릭하고 하단에 적용할 내용을 입력합니다. + 단추를 클릭하면 태그를 추가로 등록할 수 있습니다.

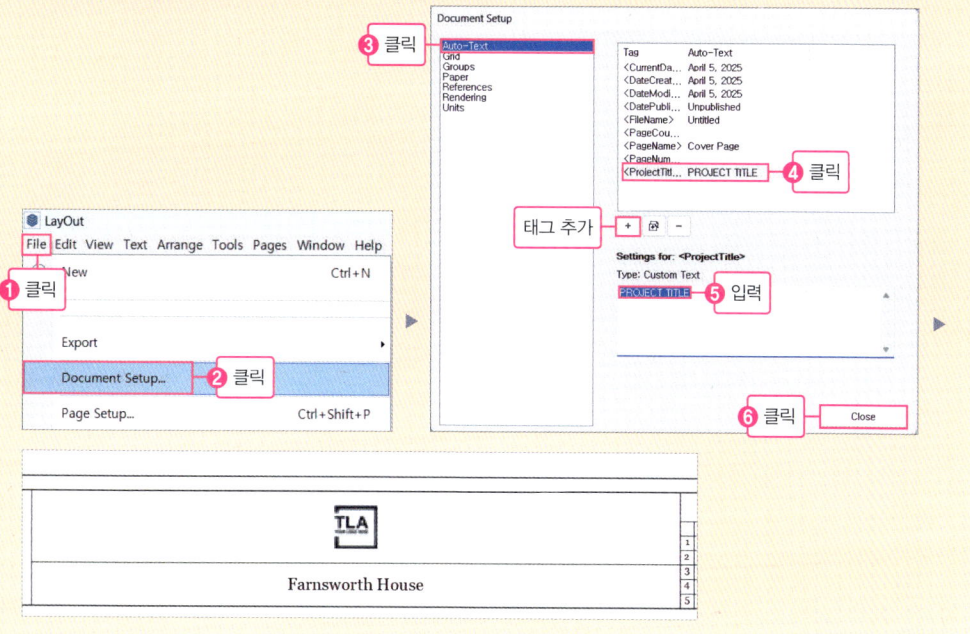

STEP 3 이미지 자료 레이아웃

01 STEP 2 까지의 작업 내용을 저장하고 [Pages] 트레이에서 'Inside Page'를 클릭해 다음 페이지로 이동합니다.

페이지 추가 및 이동은 상단의 아이콘( )을 클릭해도 됩니다.

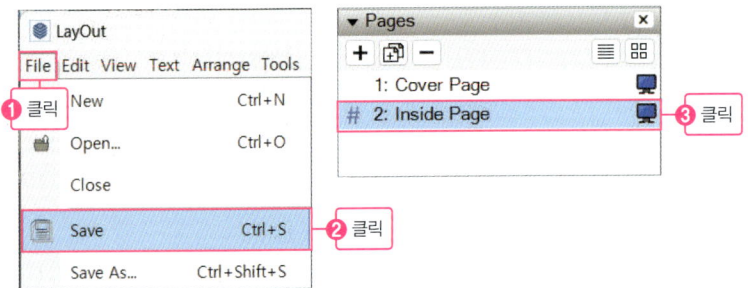

02 페이지 하단 내용을 다음과 같이 수정합니다. 하단 중앙의 로고는 이전 페이지(Cover Page)에서 Ctrl + C 키로 복사한 후 현재 페이지(Inside Page)에서 Ctrl + V 키로 붙여 넣기 할 수 있습니다.

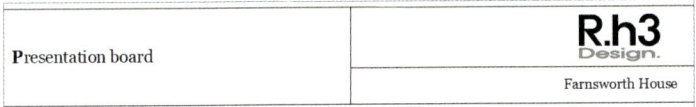

03 좌측에 배치할 미스반 데어로에 인물 이미지, 블라인드 텍스트와 지도 이미지를 [예제파일/P06/Ch01/프레젠테이션 이미지] 폴더에서 불러옵니다.

파일 선택 시 Ctrl 키를 누른 상태로 클릭하면 여러 장을 한 번에 삽입할 수 있습니다.

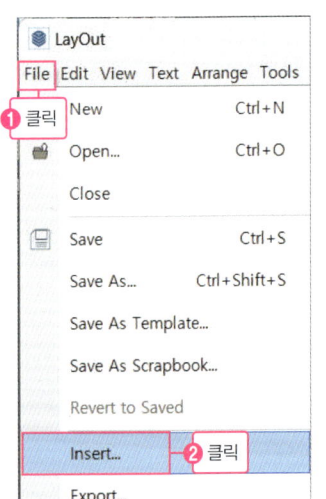 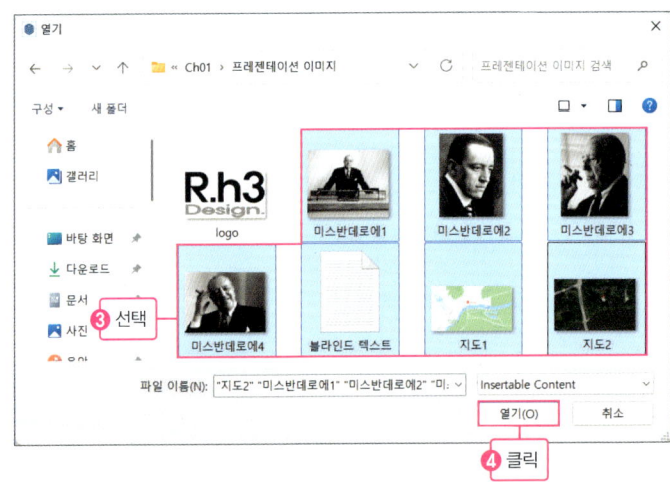

04 이미지는 구석점에서 클릭 & 드래그로 크기를 작게 조정해 우측에 펼쳐 놓습니다. 이미지 비율을 유지하기 위해 Shift 키를 누른 상태로 조정합니다.

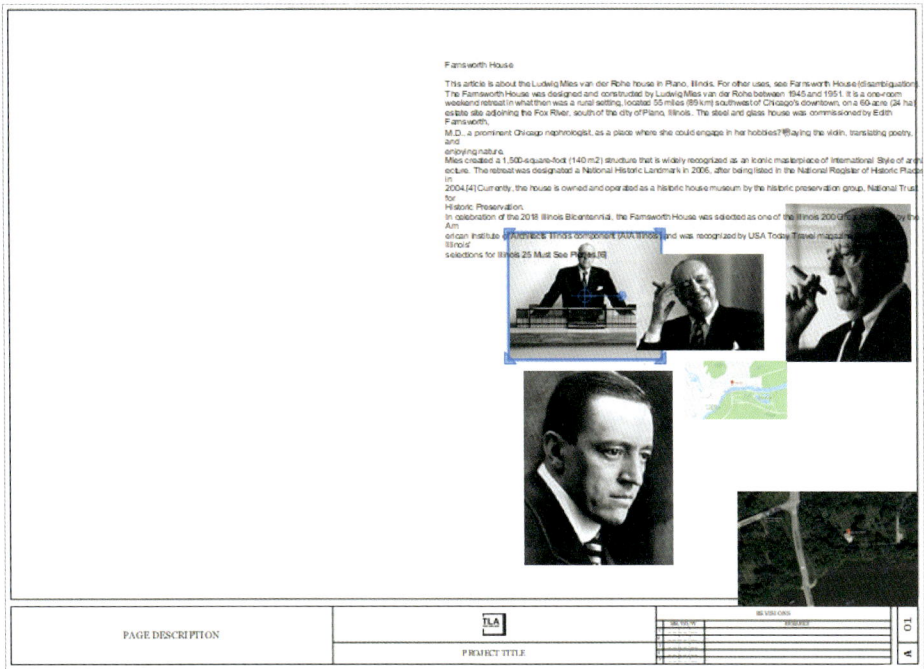

05 작업의 편의를 위해 Grid를 활성화합니다. 좌측 상단에 제목(큰 글자 28pt, 작은 글자 14pt)을 작성하고 다음과 같이 하나씩 배치해 나갑니다.

조금씩 움직일 때는 방향키(←, →, ↑, ↓)를 사용하며, 제목은 전 페이지에서 복사 후 크기를 수정해도 됩니다.

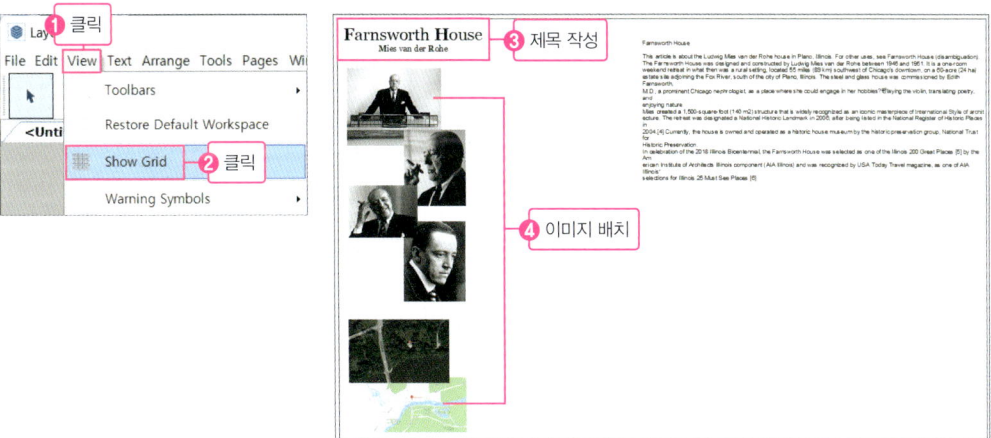

06 이미지에 검정 테두리를 적용하겠습니다. 6장의 이미지를 모두 선택하고 [Shape Style] 트레이에서 [Stroke] 버튼을 클릭합니다.

> Ctrl 키를 누른 상태로 클릭하면 다중 선택이 가능합니다.

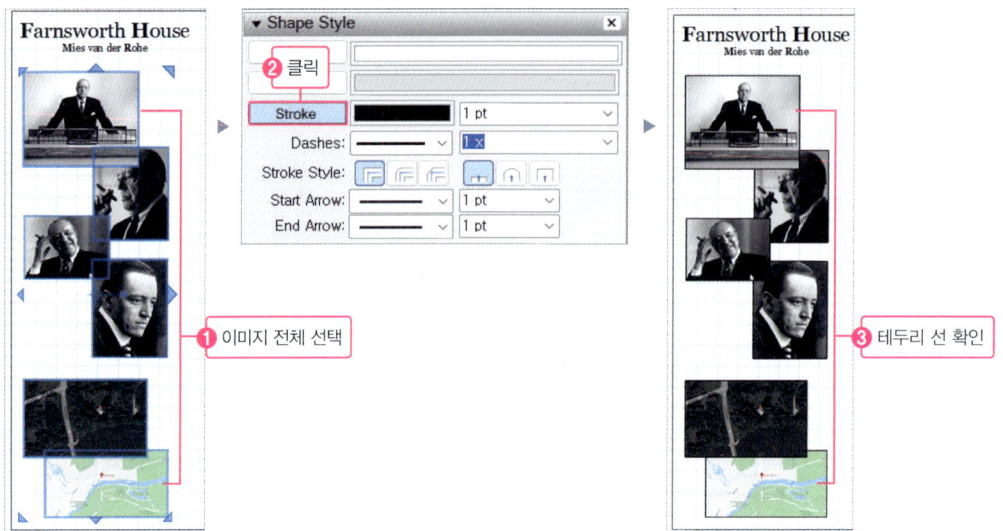

07 인물 사진의 순서를 변경하겠습니다. 이미지 ❶, ❷를 선택하고 마우스 오른쪽 버튼을 클릭합니다. [Arrange]의 [Bring to Front]를 클릭해 맨 앞으로 가져옵니다.

 Arrange(정렬 순서)
- Bring to Front : 맨 앞으로 가져오기
- Bring Forward : 한 단계 앞으로 가져오기
- Send Backward : 한 단계 뒤로 보내기
- Send to Back : 맨 뒤로 보내기

08 블라인드 텍스트 파일의 조절점을 이용해 좌측에 배치한 이미지의 폭과 높이로 수정합니다.

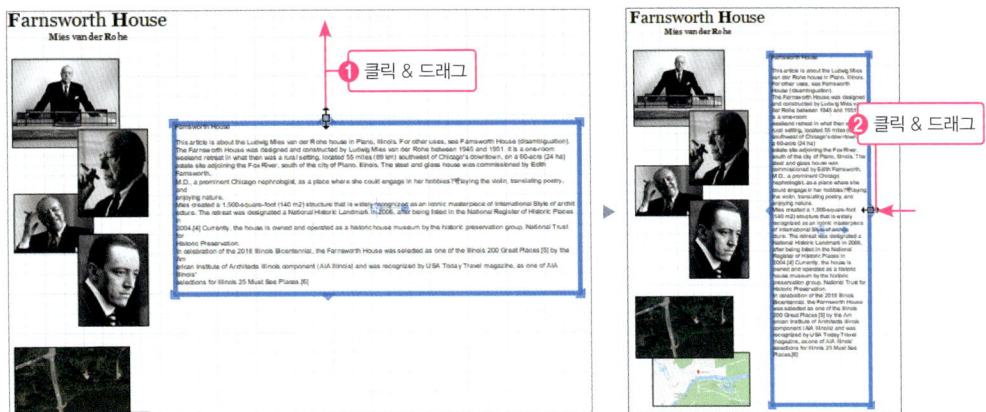

09 블라인드 텍스트를 클릭합니다. [Text Style] 트레이에서 문자 색상 ❷를 클릭하고 상단의 [Colors] 트레이에서 밝기를 중간 정도로 수정합니다.

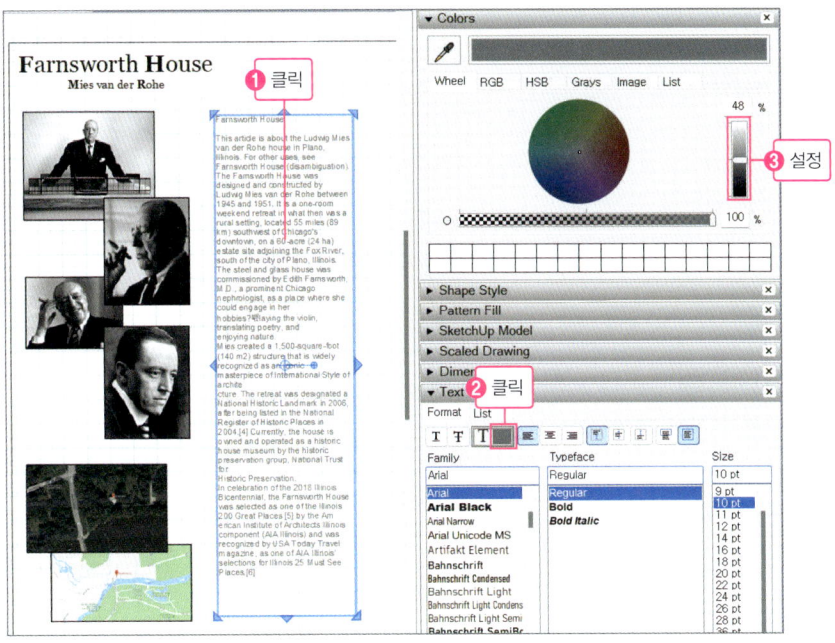

10 블라인드 텍스트를 사진 위로 이동하고 개인 성향에 따라 텍스트의 크기나 위치를 자연스럽게 조절합니다. 다음 작업을 위해 [File] – [Insert]를 클릭한 후 렌더링 이미지 4장을 [예제파일/P06/Ch01/렌더링 이미지] 폴더에서 모두 불러옵니다.

11 구석점에서 클릭 & 드래그로 크기를 작게 조절한 후 중앙에 펼쳐놓습니다. Text 도구를 사용해 ❷지점에 'Perspective'를 '20pt' 크기로 작성하고, 이미지 크기를 맞춰 보기 좋게 배치합니다.

이미지 비율을 유지하기 위해 4장의 이미지를 모두 선택 후 Shift 키를 누른 상태로 조절하고, 크기와 위치는 그리드를 기준으로 합니다.

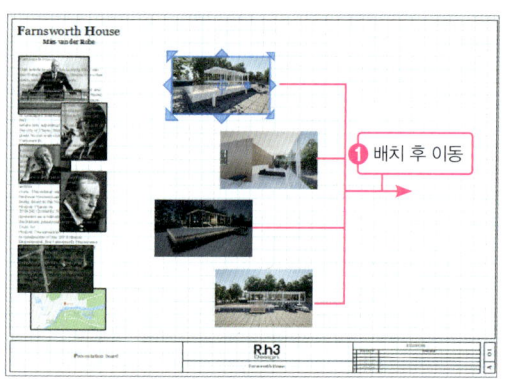
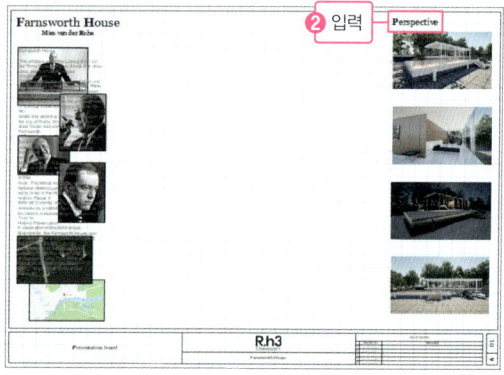

12 이미지의 내용을 Text 도구를 사용해 '9pt'로 하나만 작성합니다. 나머지는 복사 후 더블 클릭으로 수정합니다.

위쪽부터 ❶ Exterior-day, ❷ Interior-day, ❸ Exterior-night, ❹ Exterior-day(front)

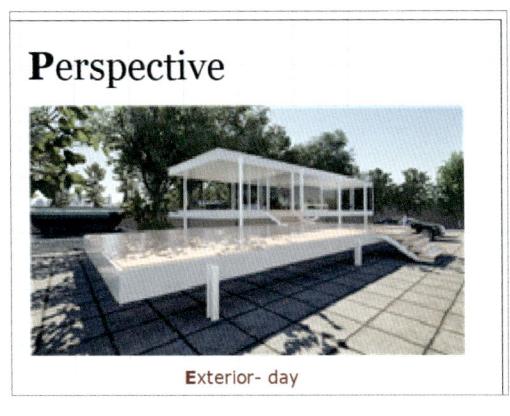

> **TIP** 이미지 렌더링 설정
>
> [File] 메뉴의 [Document Setup]을 클릭하고 'Rendering'을 클릭합니다. 'Display Resolution'의 기본 설정은 'Viewports(스케치업 모델)'과 'Images(사진)' 모두 'Medium'으로 설정되어 있습니다. 작업 창에 보여지는 이미지를 좀 더 선명하게 하려면 'High'로 변경합니다.
>
>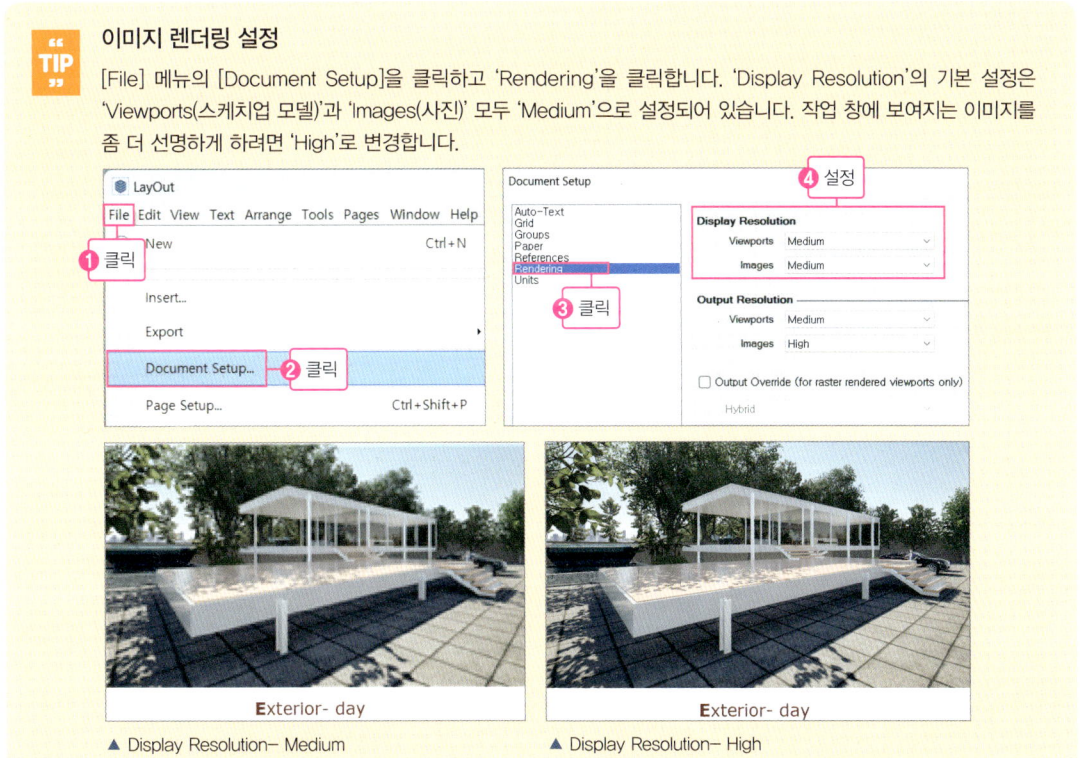
>
> ▲ Display Resolution- Medium   ▲ Display Resolution- High

13 앞에서 작성한 'Perspective' 문자를 다음과 같이 복사한 후 수정합니다.

위쪽부터 Elevation, Floor plan, Section

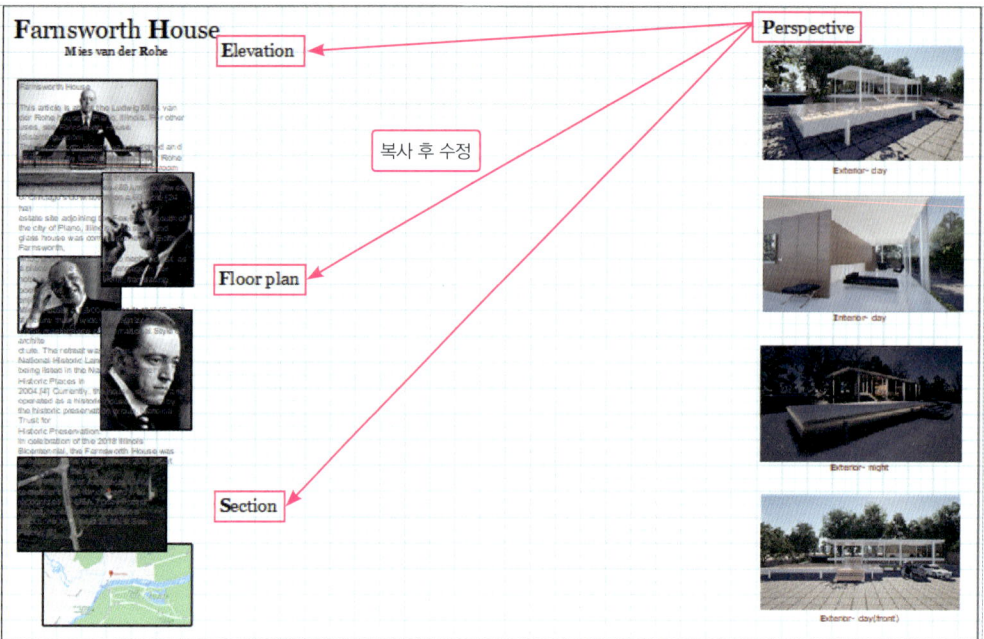

14 다음 작업을 위해 [File] – [Insert]를 클릭한 후 도면 이미지 9장을 [예제파일/P06/Ch01/도면 이미지] 폴더에서 모두 불러옵니다. 모든 이미지는 크기를 작게 조정해 우측이나 좌측 여백에 펼쳐 놓습니다.

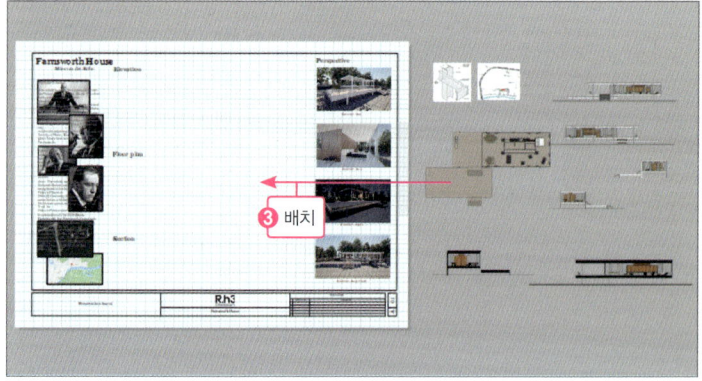

15 Elevation(입면도)을 다음과 같은 크기로 조정해 배치하고 문자는 우측의 렌더링 뷰에서 복사한 후 수정합니다. 각 도면의 이미지 크기는 그리드의 눈금을 기준으로 유사하게 맞춰줍니다.

좌측 위부터 ❶ East View, ❷ North View, ❸ South View, ❹ West View

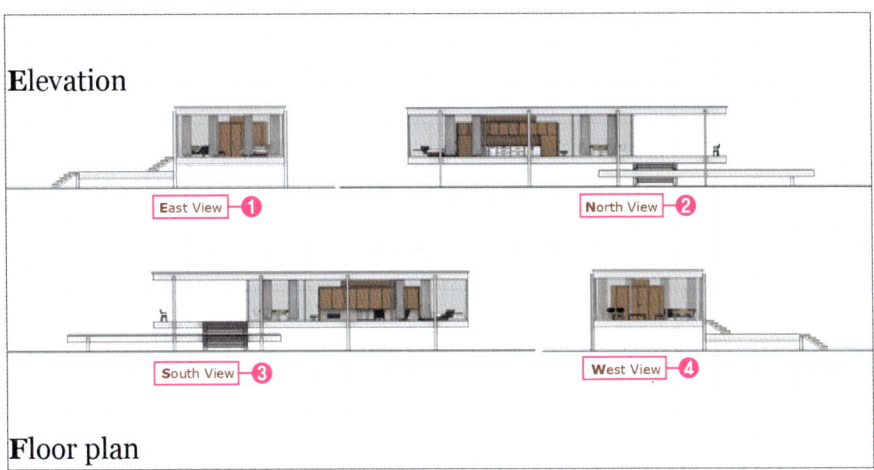

16 아래쪽 Section(단면도)을 다음과 같은 크기로 조정해 배치하고 문자는 우측의 렌더링 뷰나 Elevation(입면도)에서 복사한 후 수정합니다.

좌측부터 Section-longitudinal, Section-transverse

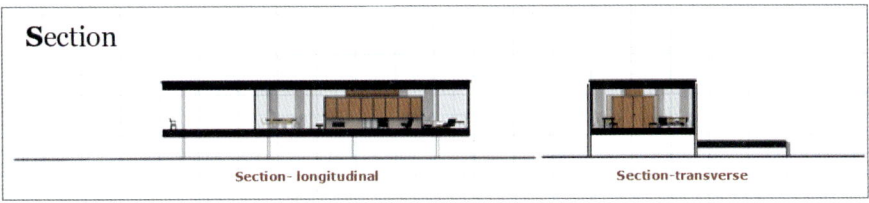

17 중앙의 남은 공간에 맞춰 평면도와 나머지 도면 이미지를 배치하고 Section(단면도)의 문자를 복사해 수정합니다.

좌측부터 Structure, Site

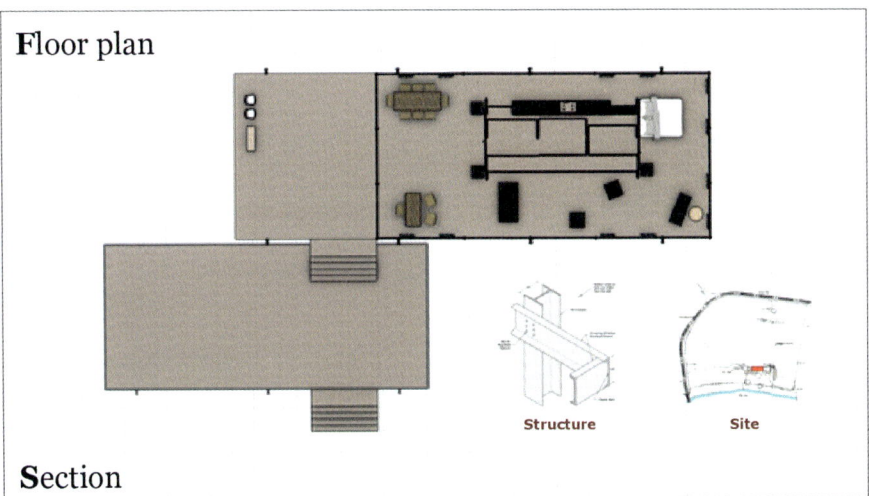

18 Grid를 해제하고 Presentation board 결과물을 확인합니다.

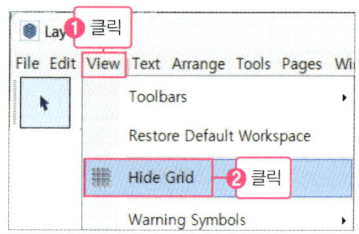
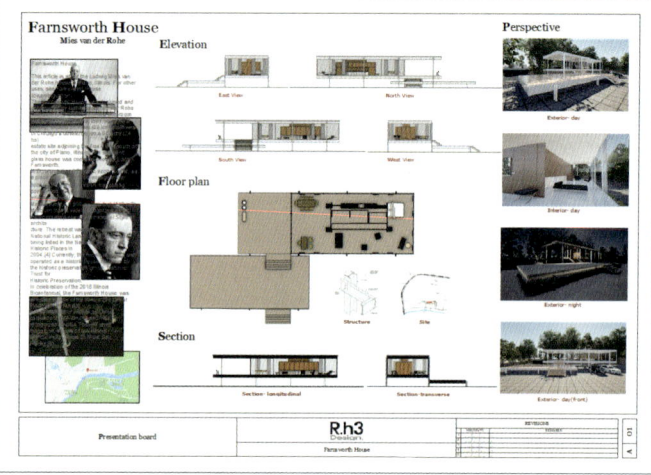

▲ 완성파일 : [예제파일/P06/Ch01/Step3 완성파일.layout]

> **TIP 그리드 설정**
>
> [File] 메뉴의 [Document Setup]을 클릭하고 'Grid'를 클릭합니다. 화면에 표시되는 그리드의 간격과 색상, 출력 여부를 설정할 수 있습니다.
>
>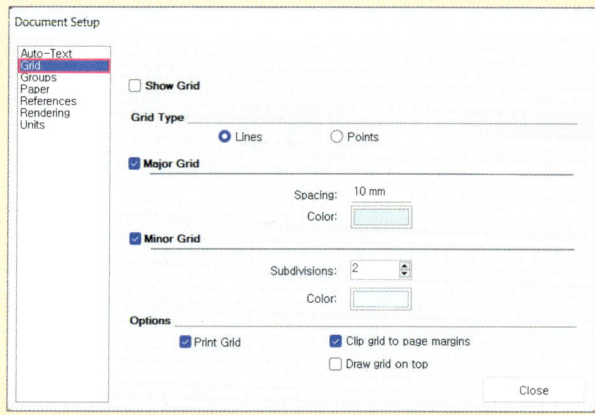
>
> 테두리 선 밖의 그리드는 [Paper]에서 'Margins(여백)'을 체크합니다.
>
>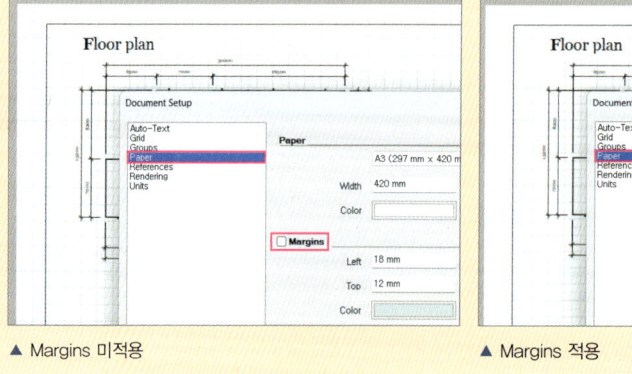
>
> ▲ Margins 미적용   ▲ Margins 적용

STEP 4 모델링 자료 레이아웃(도면화)

01 도면을 추가하고 치수를 기입하겠습니다. [Pages] 트레이에서 (Duplicate selected page)를 클릭해 페이지를 복사합니다. 저장된 파일이 없는 경우 [예제파일/P06/Ch01/Step3 완성파일.layout]을 불러옵니다.

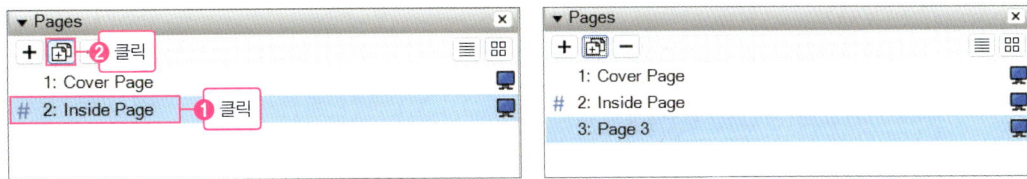

(Add a new page)은 빈 페이지를 추가하고, (Duplicate selected page)는 선택한 페이지의 내용을 복사해 페이지를 추가하므로 일부 내용을 그대로 사용할 경우 (Duplicate selected page)를 사용합니다.

02 좌측 상단의 제목을 제외한 나머지를 모두 삭제합니다. 클릭 & 드래그를 사용해 선택하고 남은 객체는 하나씩 선택해 Delete 키를 눌러 삭제합니다.

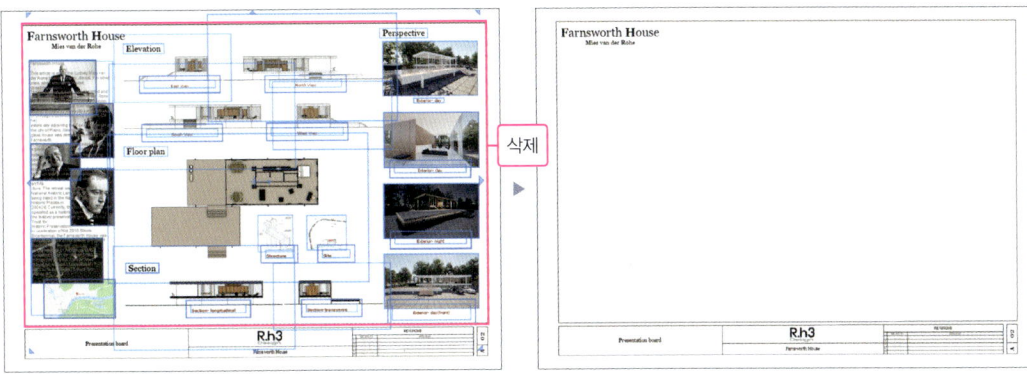

03 좌측 상단은 'Floor plan'으로 수정하고 좌측 하단은 'Drawing'으로 수정합니다.

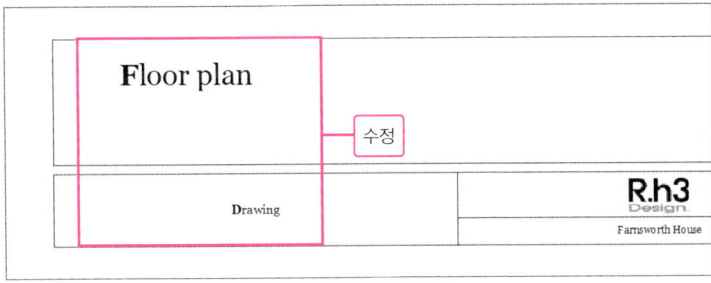

04 [File] 메뉴의 [Insert]를 클릭합니다. 현재 페이지에 배치할 스케치업 파일 '장면탭 구성.skp'을 [예제파일/P06/Ch01] 폴더에서 불러옵니다.

 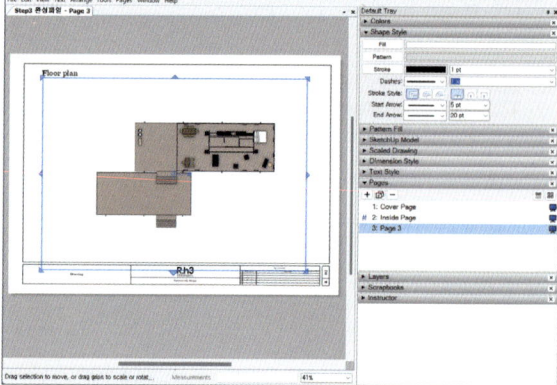

불러온 '장면탭 구성.skp' 예제파일은 사전에 필요한 장면을 추가해 그림과 같이 저장한 상태입니다.

[Insert]로 파일을 가져올 때 오류가 발생하는 경우 [Edit] 메뉴의 [Perferences]를 클릭하고 좌측 'Performance' 항목에서 'Enable Experimental Graphics Engine'를 체크해 활성화합니다.

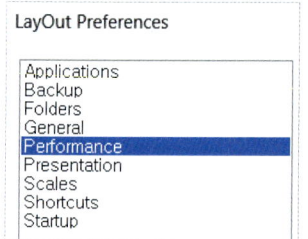 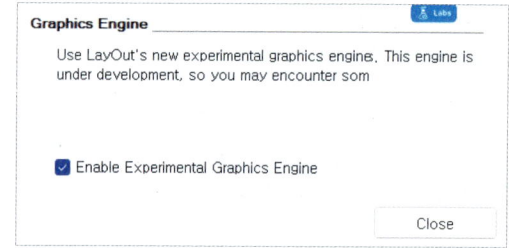

05 [SketchUp Model] 트레이의 'Scene'에서 '평면'을 클릭하고 'Ortho'는 '1mm:200mm (1:200)'을 클릭합니다.

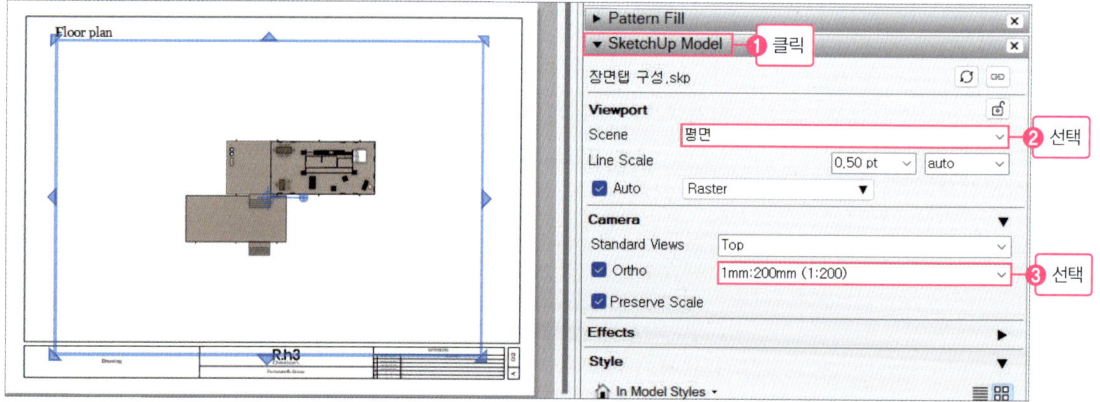

06 [SketchUp Model] 트레이의 'Style'에서 'In Model Styles'을 클릭하고 'Styles'을 클릭합니다. 'Default Styles'을 클릭하고 'HiddenLine'을 클릭합니다.

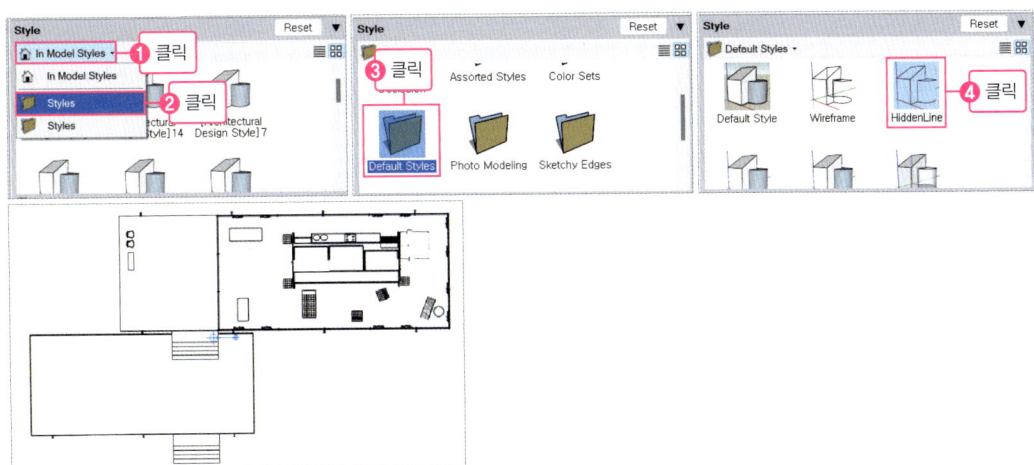

> **TIP 장면(Scene)의 스타일**
>
> Styles 도구에는 X-Ray, Back Edges, Wireframe, HiddenLine, Shaded, Shaded With Textures 등 스케치업 모델을 다양한 스타일로 변경할 수 있습니다. HiddenLine 모드로 변경하면 AutoCAD와 같은 도면 스타일로 변경이 가능합니다.
>
>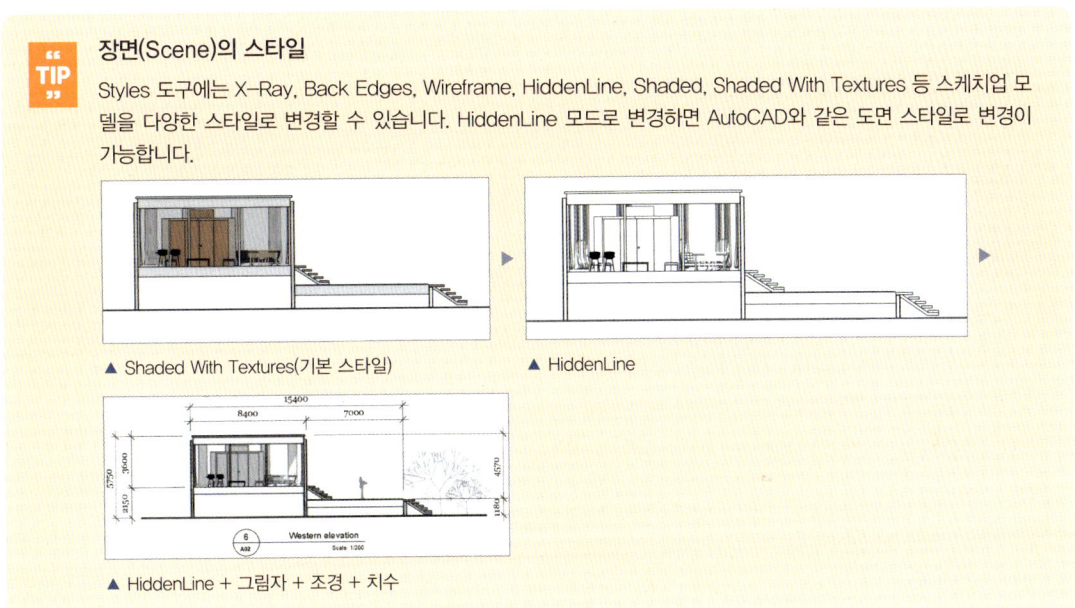
>
> ▲ Shaded With Textures(기본 스타일)   ▲ HiddenLine
>
> ▲ HiddenLine + 그림자 + 조경 + 치수

07 커서를 조절점 ❶로 이동해 클릭 & 드래그로 뷰의 크기를 도면에 맞추고 좌측 상단으로 이동합니다.

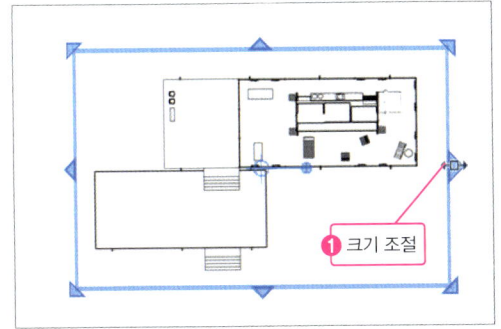 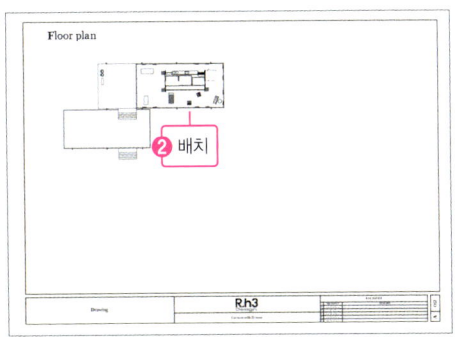

08 도면을 선명하게 보이기 위해 'Line Scale'은 '0.3', 모델의 표현 방식은 'Vector'로 설정합니다.

PC 사양에 따라 시간이 소요될 수 있습니다.

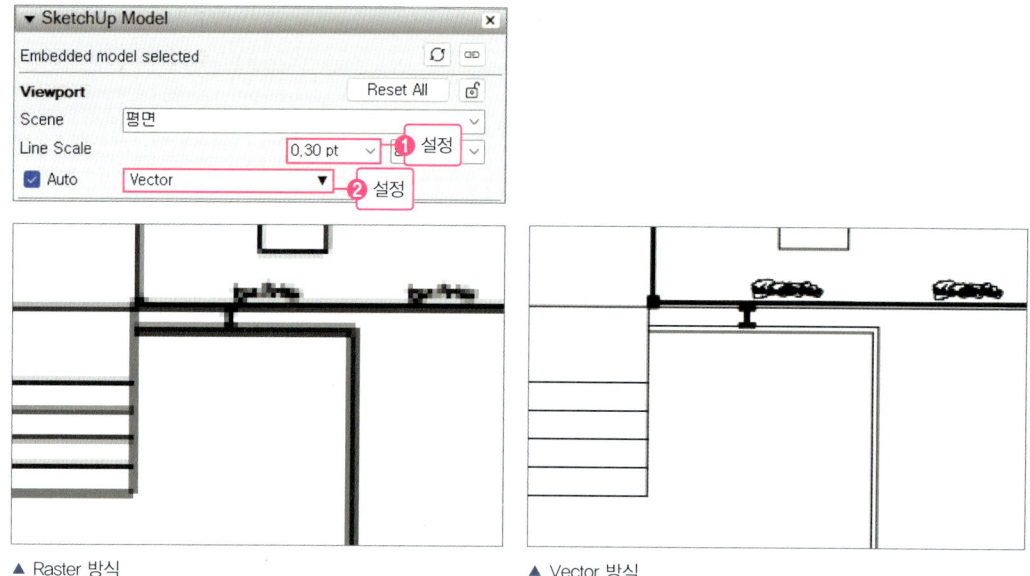

▲ Raster 방식   ▲ Vector 방식

스케치업 모델의 표현 방식

작업을 진행할 때 속도가 빠른 Raster 방식으로 진행하고, 결과물을 저장 및 출력할 때는 Hybrid 방식으로 설정하는 것이 좋습니다.

- Vector : 선이 깨끗하고 선명하나 그림자나 재질 효과를 적용할 수 없습니다.
- Raster : 선이 뚜렷하지 않으나 그림자나 재질 효과를 적용할 수 있습니다.
- Hybrid : 선이 깨끗하고 그림자나 재질 효과를 적용할 수 있으나 처리 속도가 느려집니다.

09 기본 도구에서 [Dimensions] 도구의 [Linear]를 클릭하고 [Dimension Style] 트레이에서 다음과 같이 설정합니다.

10 테라스 앞에서 치수 보조선이 시작되는 ❶지점과 ❷지점을 클릭하고 ❸지점을 클릭합니다.

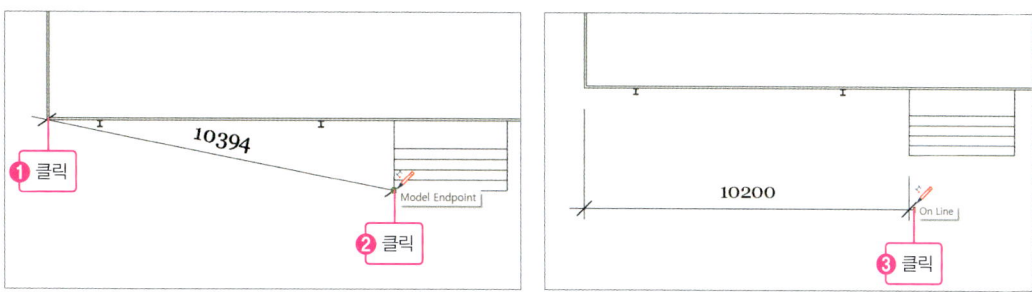

11 계속해서 ❶지점과 ❷지점을 클릭하고 ❸지점을 클릭합니다.

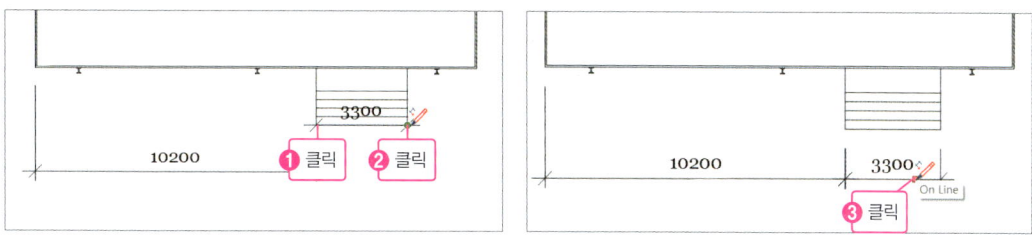

12 동일한 방법으로 평면도 주요 부분에 치수를 기입합니다. 좁은 공간에서 치수 문자가 밖으로 벗어났을 때 치수를 클릭하고 Above( )를 클릭하면 치수선 위로 정렬됩니다.

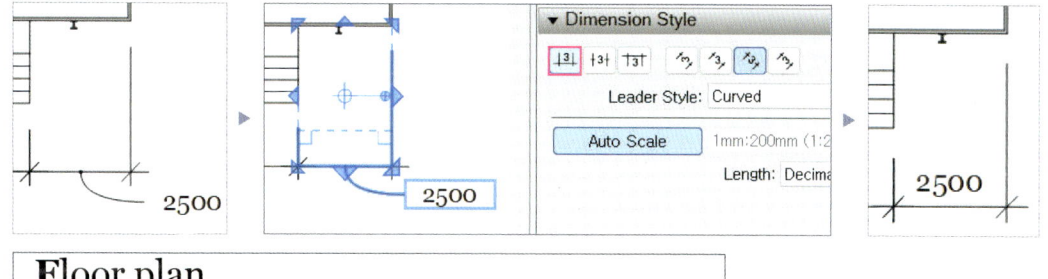

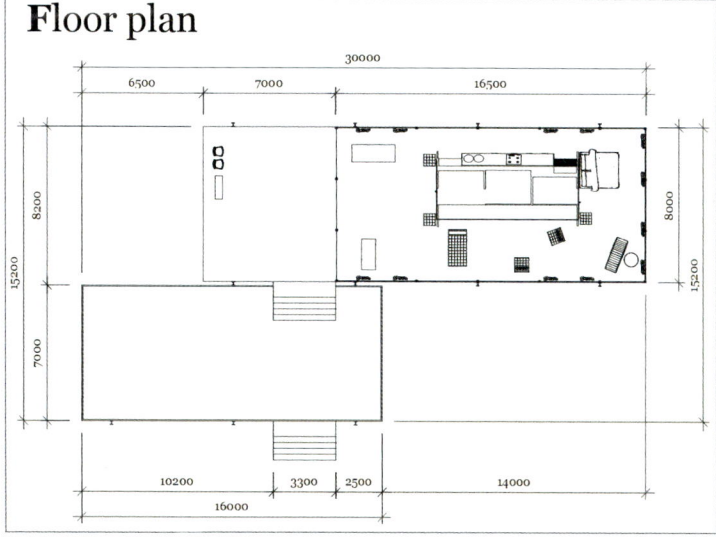

치수 위치를 클릭할 때 화면을 충분히 확대한 후 클릭합니다. 치수 기입 시 클릭 위치에 따라 값이 달라질 수 있습니다. 치수 도구를 사용하는 연습이므로 치수의 값이 교재와 동일할 필요는 없습니다.

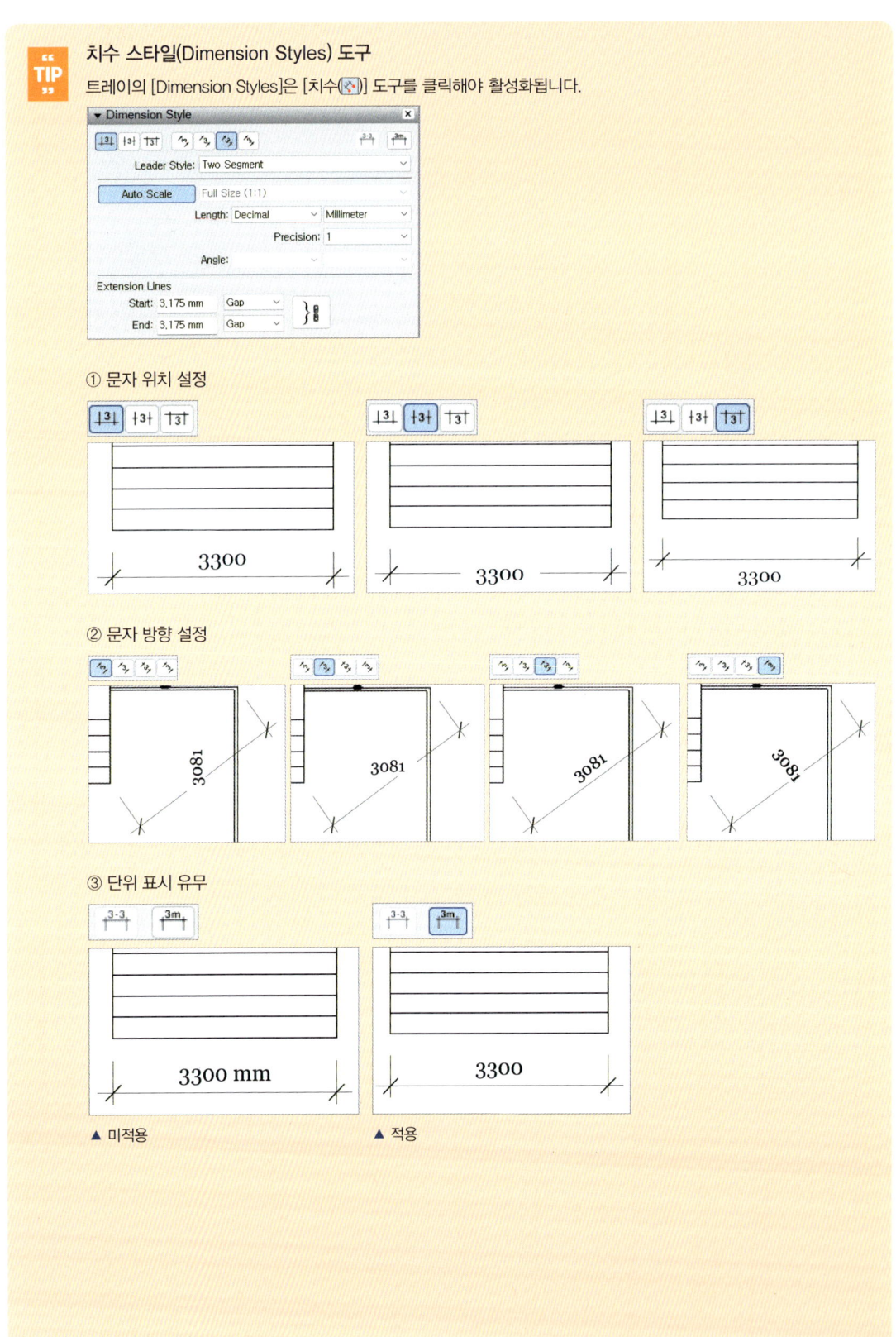

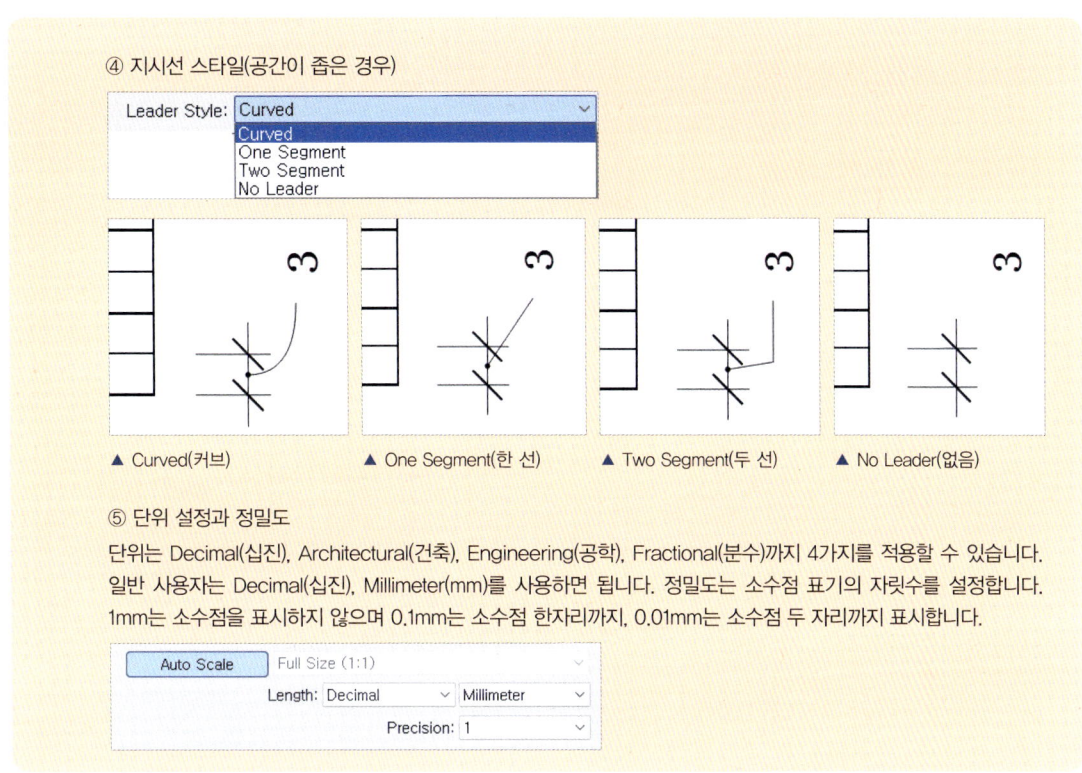

13 실명을 표기하기 위해 기본 도구의 Text( ) 도구를 클릭합니다. 테라스 한 부분을 클릭하고 '검은색', '9pt'의 크기로 'terrace'라 표기합니다.

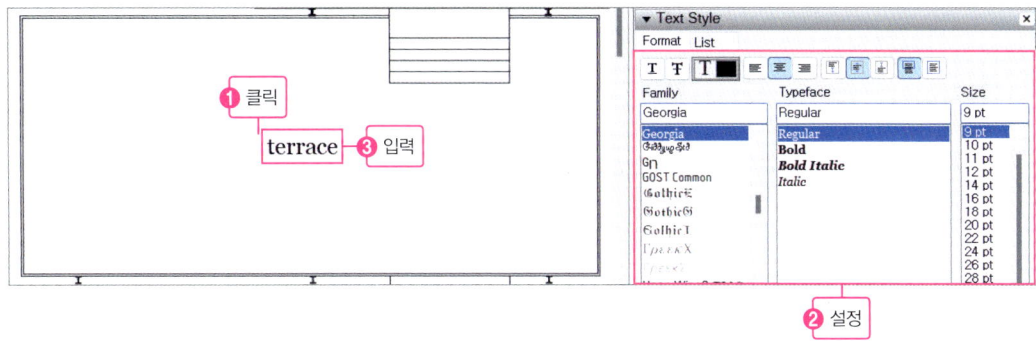

14 Rounded(◻) 도구를 클릭하고 [Shape Style] 트레이에서 다음과 같이 설정한 후 문자 외곽에 사각형을 그리고 방향키(↑, ↓)를 눌러 모서리의 둥근 정도를 조절합니다.

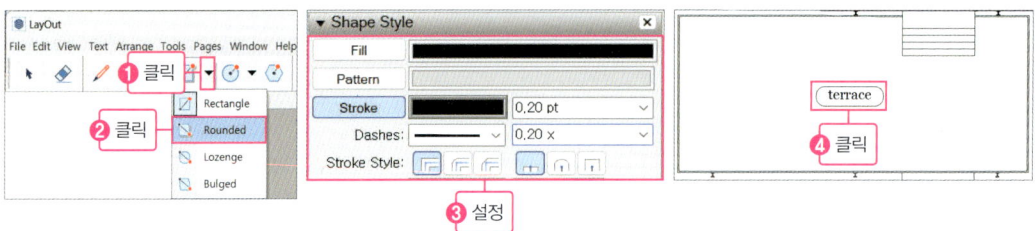

15 작성한 실명을 선택 도구를 이용해 각 실에 복사한 후 다음과 같이 수정합니다.

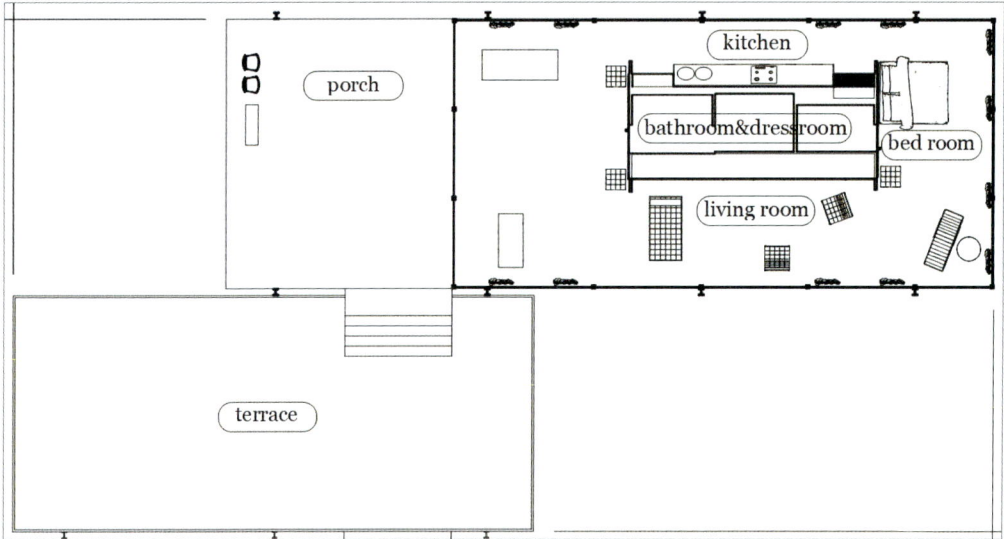

16 출입구 화살표, 방위 기호를 [Scrapbooks] 트레이에서 찾아 표시하겠습니다. [Scrapbooks] 트레이의 화살표 ❶을 클릭하고 'Arrows'를 클릭합니다. 페이지 이동 ❸을 클릭해 Arrows의 하위 항목을 확인하고 '2D straight'를 선택합니다.

Arrows의 하위 목록을 선택하려면 다시 화살표 ❶을 클릭해도 됩니다. Scrapbooks의 카테고리는 방향키 ↑, ↓ 와 ←, →로 탐색이 가능합니다.

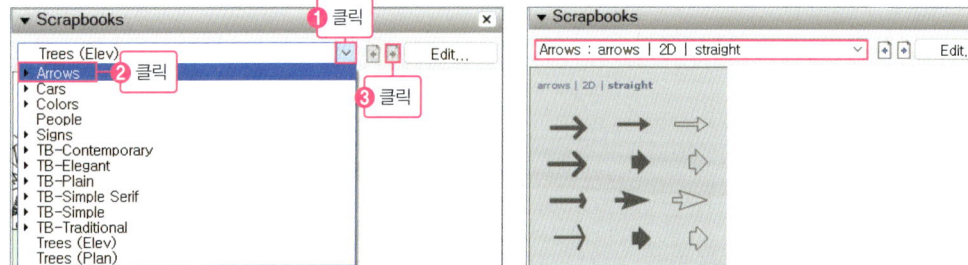

17 화살표 ❶을 클릭 & 드래그로 ❷지점에 끌어다 배치합니다.

18 배치된 화살표를 클릭하고 적당한 비율과 크기로 조절합니다. 수정된 화살표를 아래쪽 테라스 계단 앞에 복사한 후 90° 회전시킵니다.

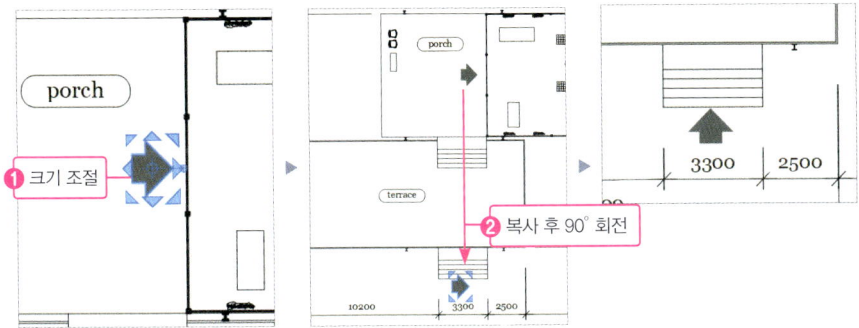

19 [Scrapbooks] 트레이의 화살표 ❶을 클릭한 후 'TB-Simple'을 클릭합니다. 'Drafting Symbols 1' 페이지에서 방위 기호 ❷와 타이틀 블록 ❸을 클릭 & 드래그로 끌어다 배치하고 크기를 조정합니다.

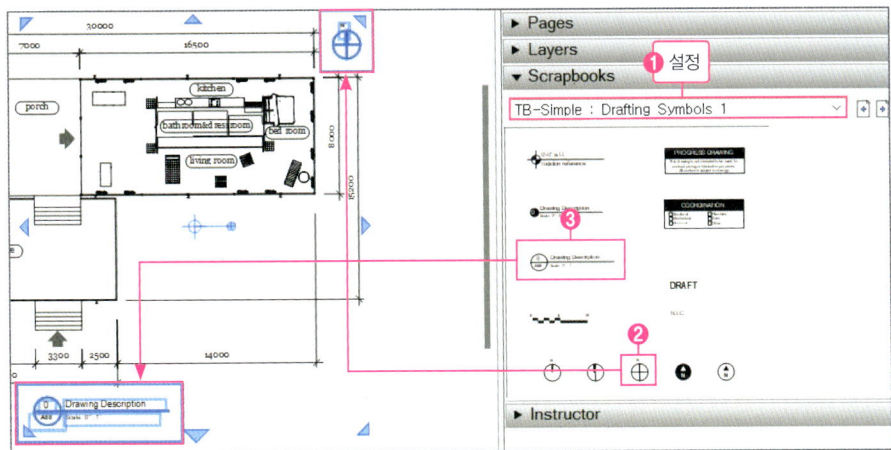

20 배치된 타이틀 블록을 더블 클릭해 내용을 수정하고 문자의 위치를 조정합니다.

위에 숫자 '1'은 도면 번호, 아래 'A02'는 시트 번호로 구분합니다.

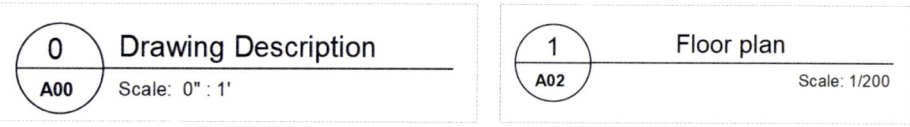

21 계속해서 평면도에 차량과 식재를 배치하겠습니다. [Scrapbooks] 트레이의 화살표 ❶을 클릭한 후 'Cars'를 클릭합니다. 'SUV' 페이지에서 차량 ❷, ❸, ❹를 클릭 & 드래그로 끌어다 배치합니다.

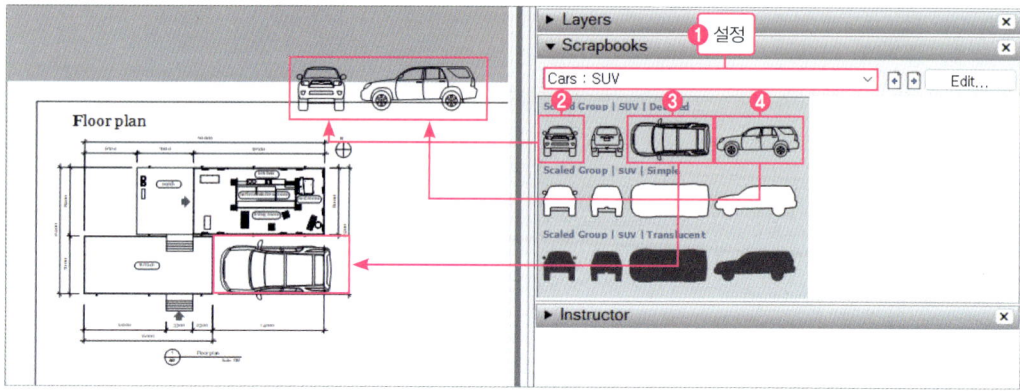

22 3개의 차량을 모두 선택하고 [Scaled Drawing] 트레이에서 '단위(Decimal, Millimeter)'와 '축척(1mm:200mm (1:200))'을 설정합니다.

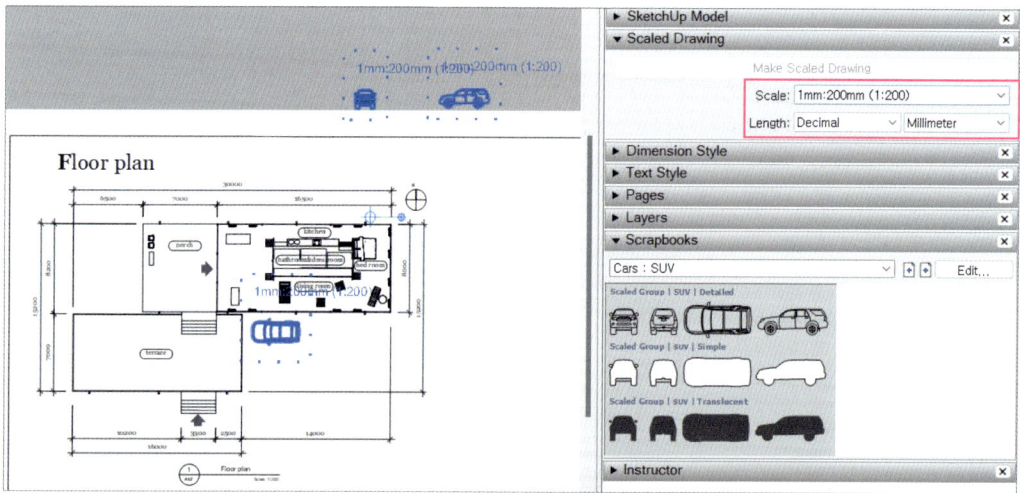

23 차량이 선택된 상태에서 [Shape Style] 트레이에서 선의 가중치는 '0.1', 색상은 '회색'으로 설정합니다.

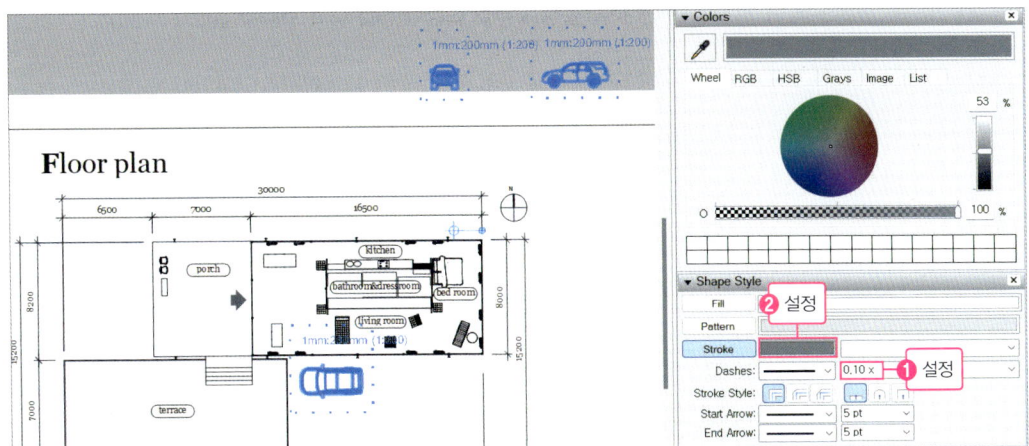

24 차량 ❶을 '90°' 회전시키고 [Scrapbooks] 트레이의 'Cars : Hybrid' 페이지에서 차량 ❷, ❸을 추가로 배치합니다.

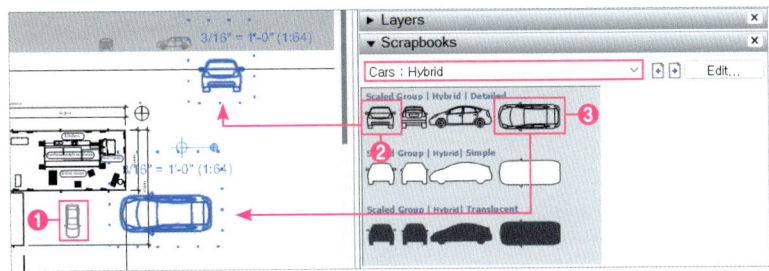

25 Hybrid 차량의 색상과 선 가중치, 축척을 설정하고 다음과 같이 배치합니다. 식재도 차량과 같은 방법으로 보기 좋게 배치합니다.

나머지 차량은 차후 작업에 사용합니다.

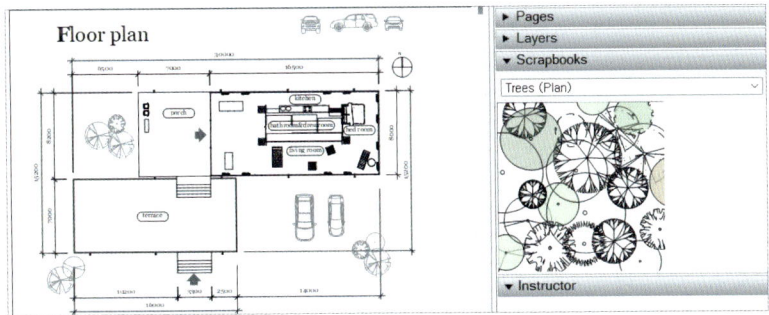

26 Label(📝) 도구를 클릭합니다. [Shape Style] 트레이에서 화살표 모양 ❶과 [Text Style] 트레이에서 문자 크기를 '6pt' 정도로 설정한 후 ❸, ❹를 클릭하고 내용을 입력합니다.

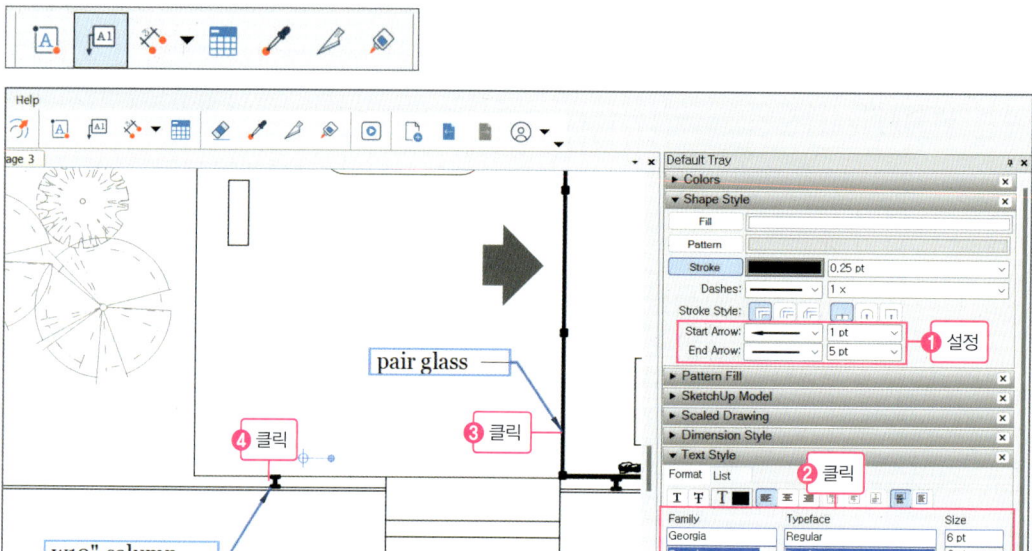

27 평면 뷰 하나만 아래쪽에 복사합니다. 평면 뷰 및 도면을 이루는 모든 요소를 선택한 후 마우스 오른쪽 버튼을 클릭하고 [Make Group]을 클릭해 그룹으로 지정합니다.

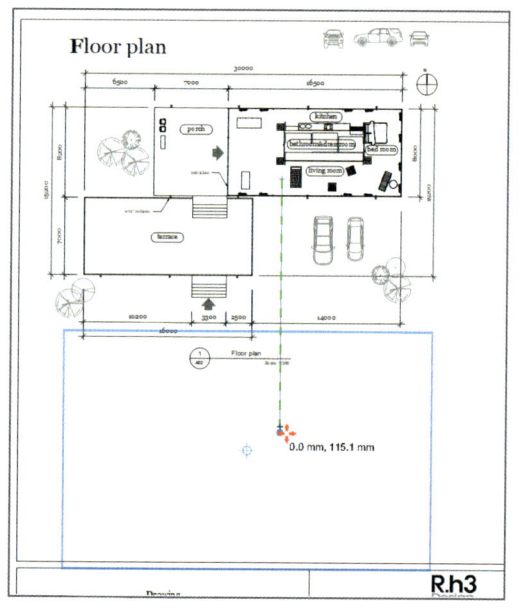
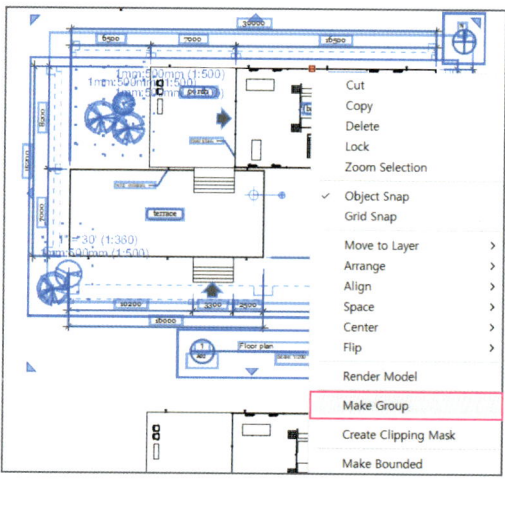

28 복사한 뷰를 클릭하고 [SketchUp Model] 트레이에서 종단면의 뷰를 설정합니다.

그림자 효과를 넣기 위해서는 이미지 형식을 Raster로 변경합니다.

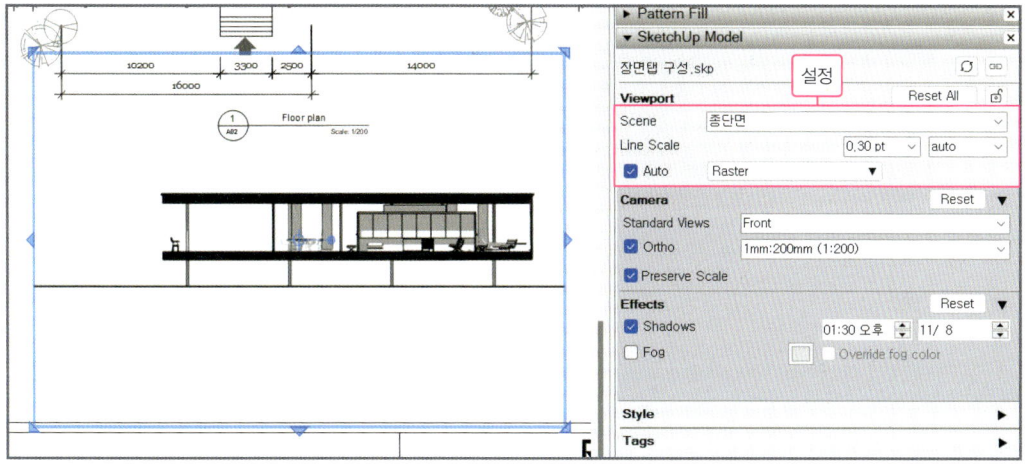

29 Rectangle( ) 도구를 클릭하고 [Shape Style] 트레이에서 지반 패턴을 설정합니다. ❷지점과 ❸지점을 클릭해 지반 패턴을 작성합니다.

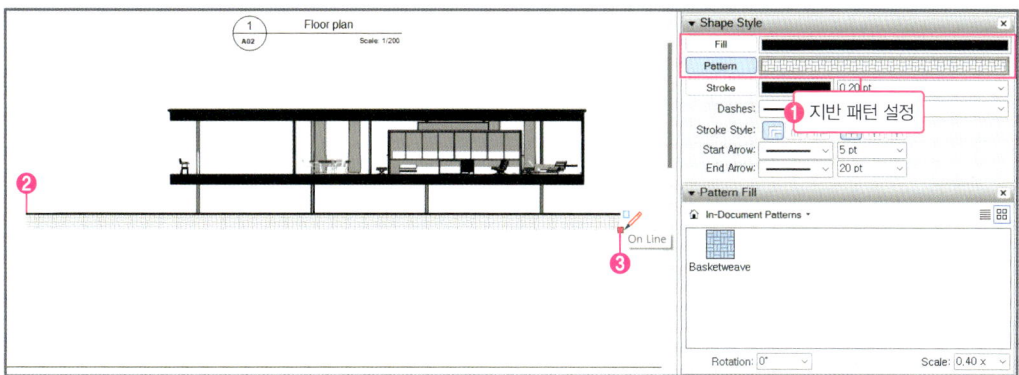

30 [Scrapbooks] 트레이의 화살표 ❶을 클릭한 후 'People'을 클릭합니다. 실루엣 인물 ❷, ❸을 클릭 & 드래그로 끌어다 배치합니다. 인물을 모두 선택하고 [Scaled Drawing] 트레이에서 '단위(Decimal, Millimeter)'와 '축척(1mm:200mm (1:200))'을 설정합니다.

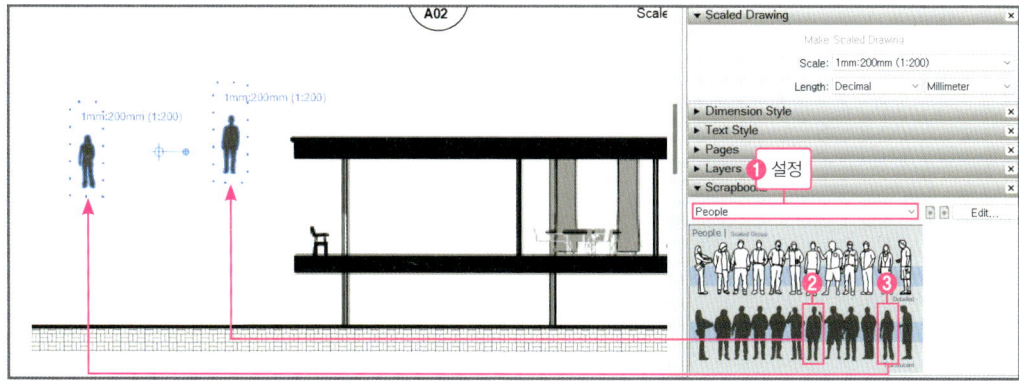

31 인물이 선택된 상태에서 [Colors] 트레이에서 투명도를 '50' 정도로 설정하고 보기 좋은 위치에 배치합니다.

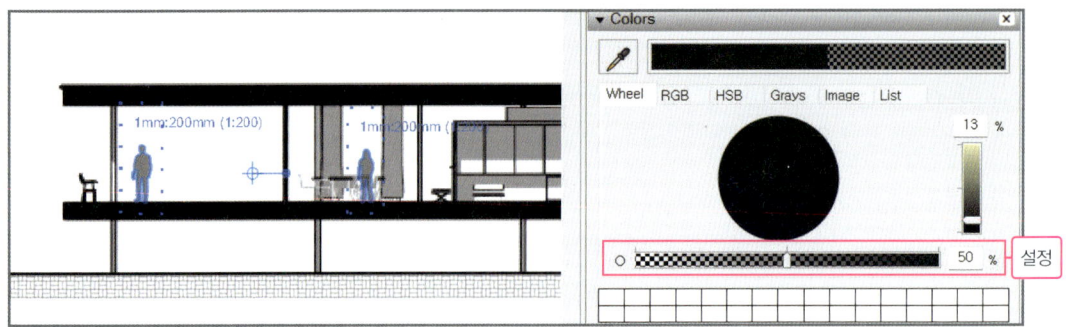

32 [Scrapbooks] 트레이의 화살표 ❶을 클릭한 후 'TB-Simple'을 클릭합니다. 'Drafting Symbols 1' 페이지에서 참조 기호 ❷를 클릭 & 드래그로 끌어다 배치하고 크기를 '1/200'로 조정합니다.

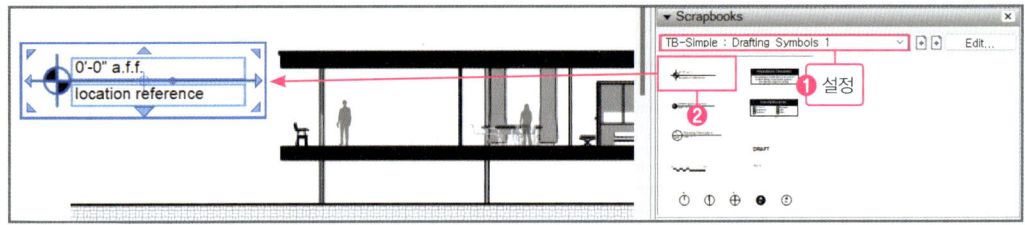

33 참조 기호를 문자가 수정될 때까지 더블 클릭해 'Roof, 5750'으로 수정하고 선의 길이도 조절합니다. Text(A) 도구를 클릭해 'G.L(H:9)'을 표기합니다.

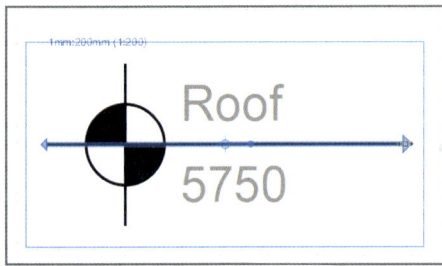
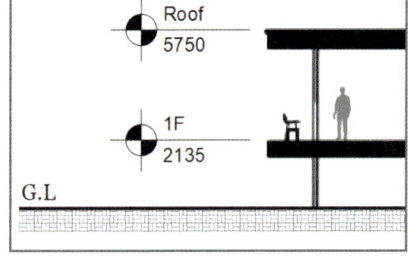

34 치수를 입력합니다. 평면도의 제목 블록(Floor plan)을 복사(Ctrl + C)해 종단면도(Longitudinal section)로 수정합니다.

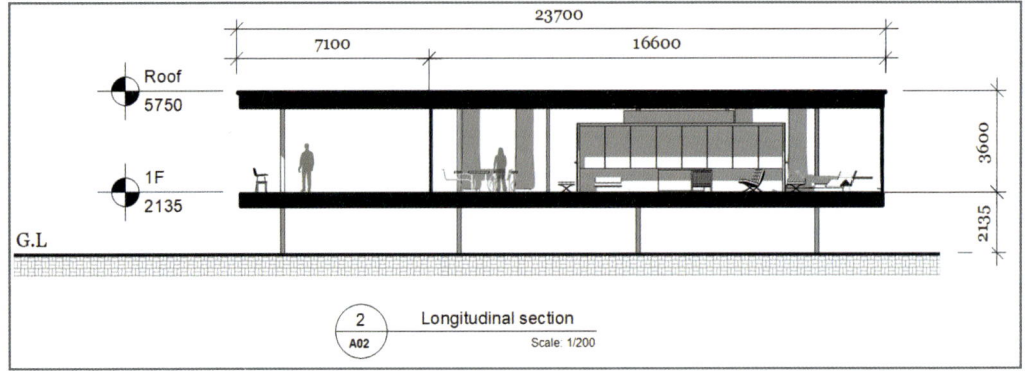

35 단면 뷰와 제목 블록을 우측 상단에 복사하고 단면 뷰 및 도면을 이루는 모든 요소를 선택합니다. 마우스 오른쪽 버튼을 클릭하고 [Make Group]을 클릭해 그룹으로 지정합니다.

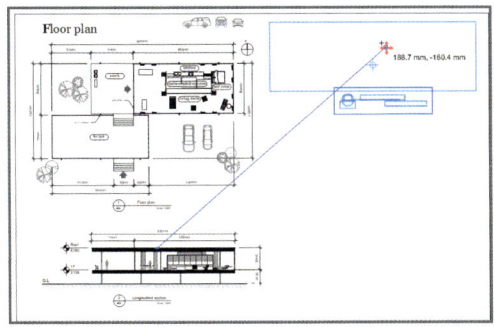
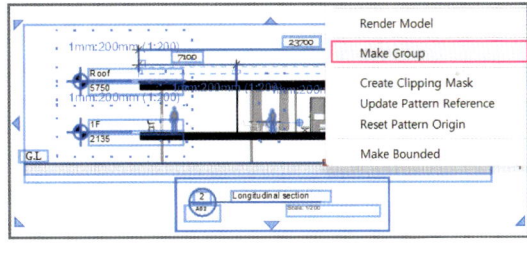

36 복사한 단면 뷰와 제목 블록을 다시 아래로 복사합니다. 복사 후 '*3'을 입력하고 Enter 키를 누릅니다.

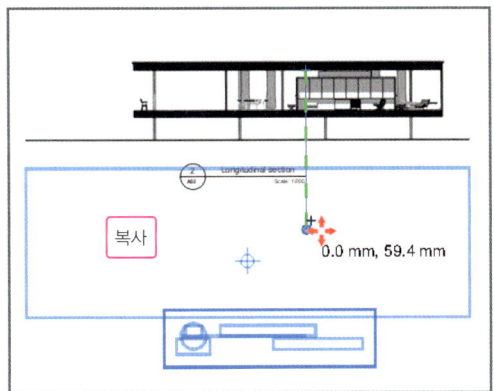
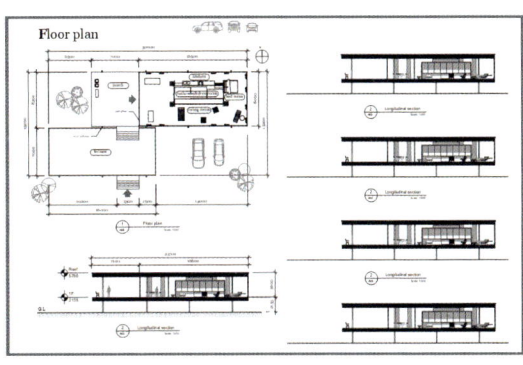

37 우측 첫 번째 뷰를 클릭하고 [SketchUp Model] 트레이에서 남측입면의 뷰를 설정합니다.

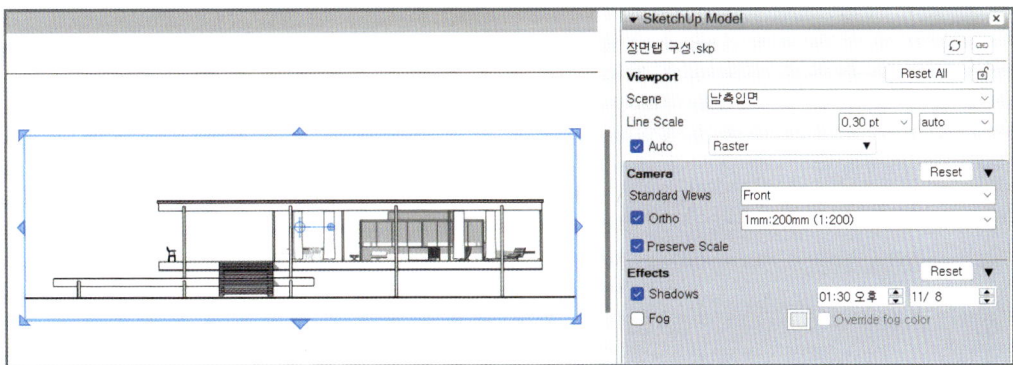

38 앞에서 작성한 차량과 인물을 복사해 배치합니다. 식재는 [Scrapbooks] 트레이에서 'Tree(Elev)'의 입면 식재를 배치하고 제목 블록을 수정합니다.

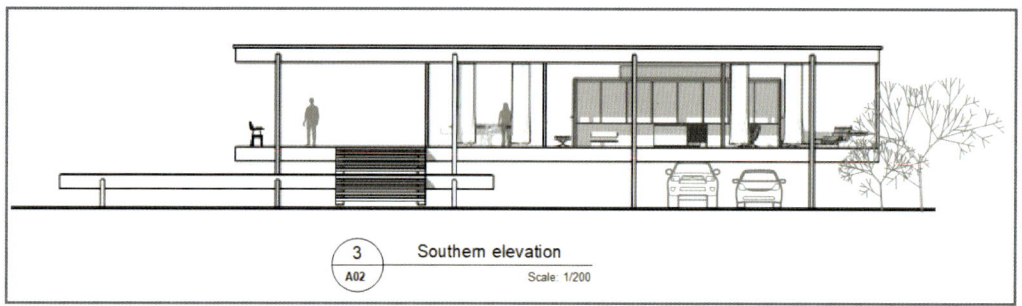

39 남측입면도와 동일한 방법으로 동측입면도, 북측입면도, 서측입면도를 작성합니다. 동측입면도의 차량은 앞서 작성한 것을 사용합니다.

① 동측입면도 설정

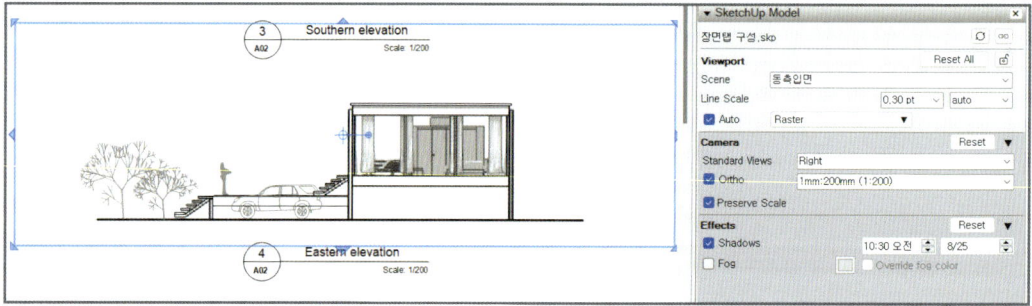

② 북측입면도 설정

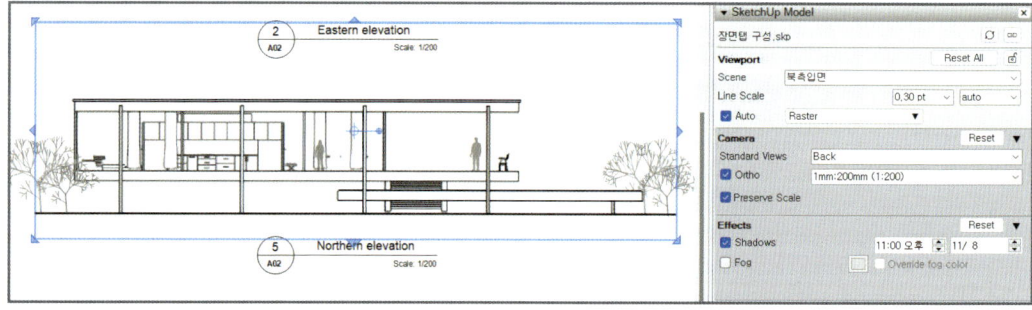

③ 서측입면도 설정

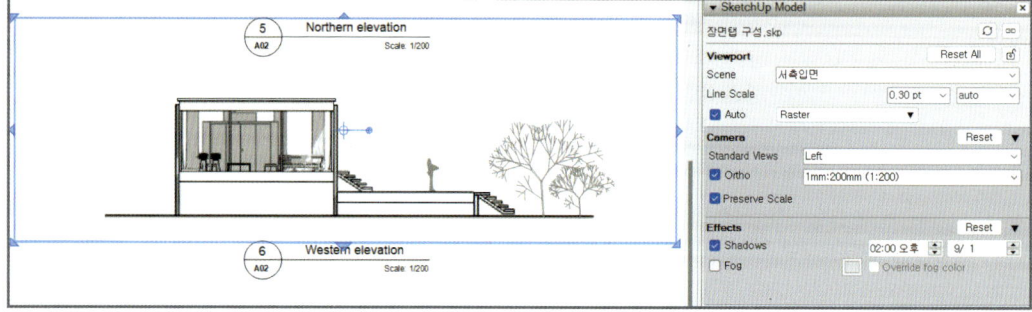

④ 도면의 위치를 세부적으로 조절해 완성합니다.

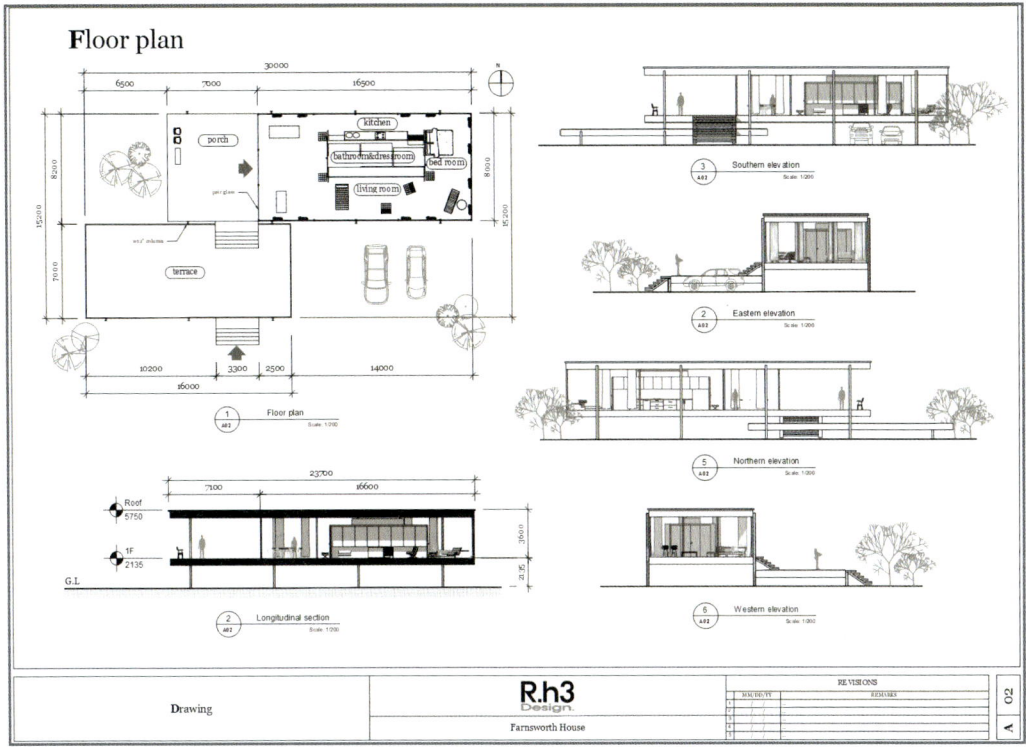

STEP 5 출력(PDF)

01 완성된 결과물을 PDF로 출력해 보겠습니다. 먼저 [File] – [Document Setup]을 클릭하고 'Rendering'의 'Output Resolution' 항목을 'High'로 설정합니다.

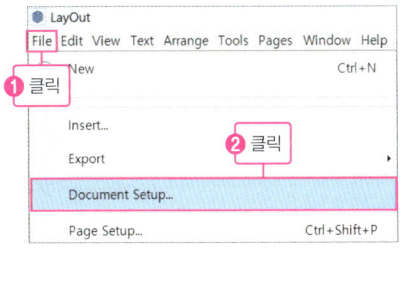 

02 [File] – [Export]를 클릭합니다.

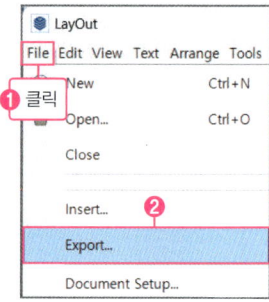

03 바탕 화면으로 저장 경로를 설정한 후 '판스워스하우스'로 파일 이름을 입력하고 [저장] 버튼을 클릭합니다. 품질을 설정하고 [Export] 버튼을 클릭합니다. PDF 뷰어가 설치되어 있다면 뷰어가 바로 실행됩니다.

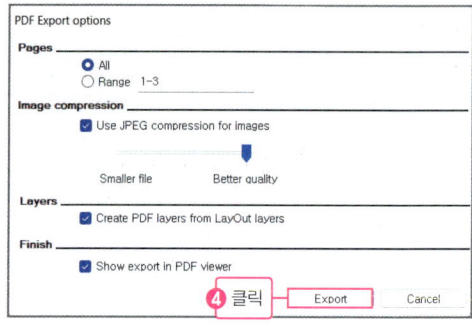
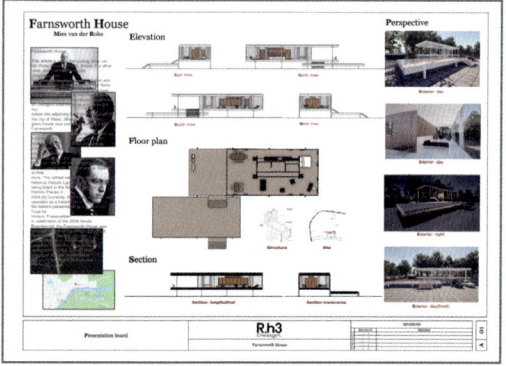
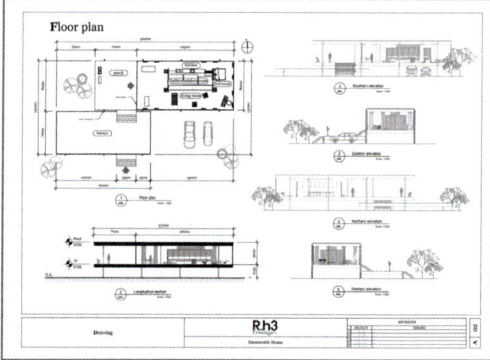

건축 인터리어 3D 입문자를 위한
스케치업 2025 with Ruby + Twinmotion

초 판 발 행	2025년 10월 17일
발 행 인	박영일
책 임 편 집	이해욱
저 자	황두환
편 집 진 행	IT 교재연구팀
표 지 디 자 인	김경모
편 집 디 자 인	김지현
발 행 처	시대인
공 급 처	(주)시대고시기획
출 판 등 록	제 10-1521호
주 소	서울시 마포구 큰우물로 75 [도화동 538 성지 B/D] 9F
전 화	1600-3600
팩 스	02-701-8823
홈 페 이 지	www.edusd.co.kr
I S B N	979-11-383-9911-1 (13000)
정 가	28,000원

※이 책은 저작권법에 의해 보호를 받는 저작물이므로, 동영상 제작 및 무단전재와 복제, 상업적 이용을 금합니다.
※이 책의 전부 또는 일부 내용을 이용하려면 반드시 저작권자와 (주)시대고시기획 · 시대인의 동의를 받아야 합니다.
※잘못된 책은 구입하신 서점에서 바꾸어 드립니다.

시대인은 종합교육그룹 (주)시대고시기획 · 시대교육의 단행본 브랜드입니다.